Matthias Geirhos

Entwurfsmuster

Das umfassende Handbuch

Rheinwerk
Computing

Liebe Leserin, lieber Leser,

es ist jetzt mehr als 20 Jahre her, dass vier Softwareentwickler gemeinsam ein Buch veröffentlichten, das die objektorientierte Programmierung revolutionierte. In ihrem Buch »Entwurfsmuster« stellten sie 23 Lösungen für immer wiederkehrende Aufgabenstellungen im Programmieralltag vor, die sich in nahezu jeder beliebigen Programmiersprache implementieren ließen.

Die Zeit ist seitdem nicht stehengeblieben. Neue Anforderungen in der Programmierung haben neue Musterlösungen hervorgebracht. Das vorliegende Buch ist eine wahre Fundgrube für alle, die in ihren Softwareprojekten auf bewährte Entwurfsmuster zurückgreifen wollen. Es werden sowohl die klassischen Entwurfs-, Struktur- und Verhaltensmuster vorgestellt, die von der »Gang of Four« anno 1994 definiert und beschrieben wurden, als auch Architektur-, Daten- und GUI-Muster. Darüber hinaus werden auch wichtige Design- und Entwicklungsprinzipien erklärt.

Jedes Entwurfsmuster wird in einem eigenen Abschnitt erläutert. Der Aufbau dieser Abschnitte ist immer derselbe: von der Beschreibung des Musters bis zur vollständigen Implementierung. Ausführlich werden die Einsatzmöglichkeiten für jedes Muster sowie Alternativen beschrieben.

Den Großteil der Muster können Sie in jeder beliebigen objektorientierten Programmiersprache anwenden. Die Muster werden im Buch an Java-Code erklärt, im Downloadpaket unter *www.rheinwerk-verlag.de/3538* finden Sie zusätzlich Implementierungen in C#.

Ich bin sicher, dass Sie aus diesem Buch viel Nutzen für Ihre tägliche Arbeit als Programmierer ziehen. Sollten Sie Fragen zum Buch haben, Lob oder Kritik äußern wollen, wenden Sie sich an mich. Ihre freundlichen Anmerkungen sind jederzeit willkommen.

Ihre Judith Stevens-Lemoine
Lektorat Rheinwerk Computing

judith.stevens@rheinwerk-verlag.de
www.rheinwerk-verlag.de
Rheinwerk Verlag · Rheinwerkallee 4 · 53227 Bonn

Auf einen Blick

Wir hoffen, dass Sie Freude an diesem Buch haben und sich Ihre Erwartungen erfüllen. Bitte teilen Sie uns doch Ihre Meinung mit. Eine E-Mail mit Ihrem Lob oder Tadel senden Sie direkt an die Lektorin des Buches: *judith.stevens@rheinwerk-verlag.de*. Im Falle einer Reklamation steht Ihnen gerne unser Leserservice zur Verfügung: *service@rheinwerk-verlag.de*. Informationen über Rezensions- und Schulungsexemplare erhalten Sie von: *sebastian.mack@rheinwerk-verlag.de*.

Informationen zum Verlag und weitere Kontaktmöglichkeiten finden Sie auf unserer Verlags-website *www.rheinwerk-verlag.de*. Dort können Sie sich auch umfassend und aus erster Hand über unser aktuelles Verlagsprogramm informieren und alle unsere Bücher versandkostenfrei bestellen.

An diesem Buch haben viele mitgewirkt, insbesondere:

Lektorat Judith Stevens-Lemoine, Anne Scheibe
Fachgutachten Torsten T. Will
Herstellung Norbert Englert
Korrektorat Friederike Daenecke, Zülpich
Einbandgestaltung Eva Schmücker
Typografie und Layout Vera Brauner
Satz SatzPro, Krefeld
Druck und Bindung C.H.Beck, Nördlingen

Dieses Buch wurde gesetzt aus der TheAntiquaB (9,35/13,25 pt) in FrameMaker.
Gedruckt wurde es auf chlorfrei gebleichtem Offsetpapier (90 g/m²).

Bibliografische Information der Deutschen Nationalbibliothek
Die Deutsche Nationalbibliothek verzeichnet diese Publikation in der Deutschen Nationalbibliografie; detaillierte bibliografische Daten sind im Internet über *http://dnb.d-nb.de* abrufbar.

ISBN 978-3-8362-2762-9

1. Auflage 2015, 1., korrigierter Nachdruck 2016

Für meine Mutter, in Liebe und Dankbarkeit

Inhalt

Vorwort

Die Entwicklung von Software lässt sich schwer mit anderen Tätigkeiten vergleichen. Sie ist gewiss insofern ein Handwerk, als dass man ein Handwerkszeug dafür braucht und handwerkliche Regeln beachten sollte. Aber wo das Handwerk oft Vergleichbares herstellt, entstehen bei Software immer Unikate, wobei zwei fertige Produkte oft nur wenig mehr miteinander gemeinsam haben als die Bibliotheken, die sie verwenden.

Die Softwareentwicklung ist keine Kunst, weil Software bestimmte Funktionen erfüllt. Dennoch finden wir eine Lösung elegant, und zweifelsohne braucht man für gute Lösungen ein gewisses Maß an Kunstfertigkeit.

Manche Software ist kunstvoll gestaltet, die Oberfläche ist eine Augenweide, die Bedienung geschmeidig wie eine Raubkatze und der Code kurz, elegant, leicht zu lesen, arm an Fehlern und frei von Wiederholungen. Allein mit Handwerk lässt sich das nicht erklären. Aus solchen Anwendungen spricht die Kunstfertigkeit des Entwicklers. Auch die Tatsache, dass selbst einfachste Aufgabenstellungen immer wieder zu neuen Lösungen und neuem Code führen, ist eine Besonderheit der Entwicklung von Software.

Andererseits ist da wieder das Handwerkszeug: die Entwicklerwerkzeuge zum Beispiel oder die Kenntnis der inneren Arbeitsweise des verwendeten SQL-Servers und natürlich das Wissen um Syntax und Semantik der verwendeten Programmiersprache und der verwendeten Bibliotheken.

Doch da ist noch etwas – etwas, das zwischen dem Handwerkszeug und der Kunst der Vollendung liegt: wiederverwendbarer Code, der mitunter schon über Jahrzehnte hinweg auf Eleganz und Ausdrucksstärke getrimmt wurde. Ihn gibt es auf den verschiedenen Stockwerken der Softwarepyramide: Ganz oben sind es die Bibliotheken, ganz unten die Algorithmen oder Teile davon.

Für Erstere gibt es die API-Dokumentationen, für Letztere Standardwerke zu Algorithmen. Vielleicht am interessantesten sind aber die wiederverwendbaren Bausteine der mittleren Ebene: die *Entwurfsmuster* – elegante, ausgereifte, wiederverwendbare Lösungen für bestimmte Aufgabenstellungen.

Nun ist der Begriff Entwurfsmuster kein geschützter Begriff, und wenn wir die Abstraktionspyramide hinauf- und hinunterklettern, begegnen uns auf allen Ebenen Muster. Neben den »klassischen« Entwurfsmustern, die vor rund 20 Jahren geprägt wurden, beschreibe ich hier auch einige wichtige Entwurfsmuster der anderen Ebenen: Architekturmuster zum Beispiel, Muster für die Verarbeitung von Daten sowie Muster, die eher im Zusammenhang mit Benutzeroberflächen gehandelt werden.

Noch eine Spur abstrakter sind die – gleichfalls wichtigen – Designprinzipien, die sich als roter Faden durch die gesamte Landschaft der Softwareentwicklung ziehen und die Sie hier ebenfalls behandelt finden.

Darüber handelt dieses Buch. Jeder, der ernsthaft Software entwickelt, kommt um die Kenntnis der Entwurfsmuster und deren verwandter Themen nicht herum. Es macht aus jedem Entwickler einen besseren Entwickler, und Anfängern erspart es die Mühe, immer wieder neue Lösungen für schon längst gelöste Probleme zu suchen.

Die eigentliche Kunst besteht nun darin, Problemstellungen zu erkennen, für die Entwurfsmuster Lösungen anbieten und diese an die eigenen Bedürfnisse zu adaptieren. Für beides möchte ich Ihnen in diesem Buch Hilfestellung geben. Sie werden sehen: Entwurfsmuster machen Spaß; sie erleichtern die Entwicklung ungemein, und – mal ehrlich – es wirkt einfach professioneller, wenn Entwickler in der Entwurfsmustersprache sprechen und wenn Begriffe wie Singleton, Fassade oder Proxy das Entwicklervokabular ergänzen.

Wenn Sie sich einmal an die Muster gewöhnt haben, dann werden Sie staunen, wie oft Sie diese in Bibliotheken, in Java, .NET, C++ & Co. finden werden und welchen Nutzen sie dort haben. Das eine oder andere Aha-Erlebnis ist nahezu garantiert.

Aber auch wenn einige Muster schon (kleinen) Kunstwerken gleichen, sind es letztlich doch handwerkliche Hilfsmittel, die Sie nach Belieben einsetzen, modifizieren und kombinieren können. Sie helfen Ihnen dabei, Zeit zu sparen, Komplexität zu reduzieren und sich mehr auf das Wesentliche zu konzentrieren: auf die zu lösende Aufgabe und darauf, diese möglichst kunstvoll in Szene zu setzen.

Matthias Geirhos, Februar 2015

Kapitel 1
Einführung

Wenn ich weiter gesehen habe als andere, so deshalb, weil ich auf den Schultern von Riesen stehe.
– Isaac Newton

Zunächst einmal: Herzlichen Dank, dass Sie sich für mein Buch entschieden haben. Sie können sich gar nicht vorstellen, wie ich mich darüber freue. Bevor wir *in medias res* gehen: Gestatten Sie mir bitte einige Anmerkungen dazu, was Sie in diesem Buch vorfinden.

1.1 Einleitung und allgemeine Hinweise

1.1.1 Für wen ist dieses Buch gedacht?

Kurz gesagt: Das Buch ist für alle, die mit dem Design, der Architektur oder der Entwicklung von Software zu tun haben, was einige spätere Themen einschließt, wie das Testen von Software. Es spielt keine Rolle, ob Sie Anfänger sind oder schon eine Weile entwickeln. Vielleicht sind nicht alle Muster gleich relevant für Sie, weil Sie zum Beispiel die Architektur Ihrer Anwendung gar nicht vorgeben. Aber auch dann hilft es in der täglichen Praxis, wenn Sie das zugrunde liegende Architekturmuster kennen.

Dieses Buch ist sowohl Lehr- als auch Nachschlagewerk, denn Sie werden vermutlich beides benötigen. Die einzelnen Kapitel und auch die einzelnen Abschnitte lassen sich weitgehend unabhängig voneinander lesen. Jeder Abschnitt erläutert ein einzelnes Entwurfsmuster, von den typischen Anwendungsfällen bis hin zur vollständigen Implementierung. Ich habe mich redlich bemüht, diese Informationshappen für Sie so leicht verdaulich wie nur möglich zu gestalten, aber Sie werden sehen, dass die einzelnen Muster unterschiedlich umfangreich und komplex sind. Unter diesem Gesichtspunkt ist das Buch also ein Lehrbuch.

Damit Sie sich schnell in einzelnen Entwurfsmustern zurechtfinden, ist jedes Muster strukturell identisch aufgebaut. Außerdem habe ich für Sie Musterimplementierungen zum Download bereitgestellt (*www.rheinwerk-verlag.de/3538*), sodass Sie das Buch auch als Nachschlagewerk nutzen können.

Um alle Beispiele verstehen zu können, benötigen Sie Grundkenntnisse in objektorientierter Entwicklung. Die Sprache ist dabei unwesentlich, wie Sie noch sehen werden, Sie können also in Java, Objective-C, C++, C#, VB.NET und vielen anderen Sprachen Nutzen aus den hier vorgestellten Mustern ziehen.

1.1.2 Muster erkennen

Die vielleicht wichtigste Fähigkeit ist die, typische Anwendungsfälle für Muster in den eigenen Aufgabenstellungen zu erkennen. Das Anwenden ist dann oft die einfachere (aber nicht unbedingt triviale) Aufgabe. Das wiederum erfordert ein wenig Übung und die Bereitschaft, die eigenen Probleme immer wieder auf Muster hin zu untersuchen. Mit der Zeit treten diese dann immer deutlicher aus bestehendem Code oder aus Spezifikationen hervor. Ich helfe Ihnen dabei, indem ich auf typische Lehrbuchbeispiele verzichte. Wenn ich also Fabrikmuster erläutere, dann bauen wir dort keine Pizzen oder Autos zusammen, sondern Objekte, die auch in Ihren eigenen Projekten vorkommen können.

1.1.3 Muster im weiteren Sinne

Neben den Entwurfsmustern im engeren Sinne, also den klassischen Mustern von Gamma, Johnson, Helm und Vlissides (siehe weiter hinten), finden Sie in diesem Buch noch zahlreiche Entwurfsmuster im weiteren Sinne. Manchmal sind es auch grundsätzliche Designprinzipien, die man kennen sollte, wie das *liskovsche Substitutionsprinzip*. Andere Muster haben mit Daten zu tun, zum Beispiel das von Martin Fowler geprägte *Data Transfer Object*. Wieder andere hängen mit bestimmten Produkten oder Technologien zusammen, wie *Dependency Injection* oder das *Model-View-Controller*-Muster.

Ich habe das Netz absichtlich ein wenig weiter ausgeworfen, weil seit der Vorstellung der ursprünglichen Muster schon zwei Jahrzehnte ins Land gingen und die Zeit in der Softwareentwicklung nun wirklich nicht stillstand. Ob Sie diese Muster nun Entwurfsmuster nennen oder nicht – jedenfalls sind es Muster, die Sie so (oder so ähnlich) in vielen Frameworks und Produkten finden und die Ihren eigenen Code genauso bereichern können, wie die Klassiker dies tun.

Auch über die Einteilung der Muster lässt sich in einigen Fällen streiten. Die Beschränkungen eines Buches verlangen aber, dass ich ein Muster irgendwo einordnen muss. Das Model-View-Controller-Muster ist so ein Beispiel. Es hätte problemlos auch als Architekturmuster durchgehen können. Aber zum Glück enthält dieses Buch ja auch noch einen Index.

1.1.4 Programmiersprachen und Frameworks

Die allermeisten Entwurfsmuster sind hinsichtlich der implementierenden Sprache und des verwendeten Frameworks nicht wählerisch. Allerdings benötigen Sie für einige der hier vorgestellten Muster wenigstens eine objektorientierte Sprache (OO-Sprache), die typische Eigenschaften besitzt – wie Vererbung, Schnittstellen und Polymorphie. Einige wenige Kapitel kommen weitgehend ohne Code aus, weil sie ein wenig weiter oben auf der Abstraktionspyramide angesiedelt sind, beispielsweise die Architekturmuster.

In der Implementierung gibt es natürlich Unterschiede. Sie finden dazu immer wieder Hinweise. So unterstützt beispielsweise C++ die Mehrfachvererbung, Java und C# tun das hingegen nicht, was dort selten jemand wirklich vermisst. Aus Gründen der Lesbarkeit und der Verständlichkeit musste ich mich natürlich dennoch für eine Sprache entscheiden, in der ich die Beispiele peu à peu aufbaue und erläutere. Die Wahl fiel diesmal nicht auf C#, das ich vorwiegend nutze, sondern auf die wohl meistverbreitete OO-Sprache überhaupt: Java. Ob Sie Java 5, 6, 7 oder 8 einsetzen, ist für die meisten Beispiele unerheblich. Aber auch hierzu finden Sie den einen oder anderen Tipp im Text. Außerdem dachte ich, es wäre für Sie vermutlich ungemein nützlich, den fertigen Code auch in anderen Sprachen vorzufinden, und habe die Muster daher in Java und C# implementiert. Sie können sie hier herunterladen: *www.rheinwerk-verlag.de/3538*.

Wenn Sie die Beispiele laden und ausführen möchten, dann benötigen Sie für Java üblicherweise Eclipse. Ich habe *Eclipse Luna* verwendet, und für C# verwende ich *Visual Studio*, Version 2012 oder 2013 – die Express-Edition genügt.

1.1.5 Babylon I: Deutsch vs. Englisch

Es ist schon ein Kreuz, gerade für uns Autoren: Wenn wir in unseren Beispielen vollständig aufs Englische bauen, leidet die Lesbarkeit doch merklich. Wollen wir alles eindeutschen, wirkt vieles gestelzt und manches gar lächerlich. Für manche Muster gibt es passable und auch gebräuchliche Übersetzungen, das »Beobachter«-Muster zum Beispiel. Andere Muster wiederum klingen im Deutschen gleich oder ähnlich, wie der »Adapter« oder der »Prototyp«. Wiederum andere Muster werden kaum eingedeutscht, wer sagt zum »Singleton«-Muster schon »Einzelstück«?

Die Muster selbst sind daher im Steckbrief jeweils zweisprachig aufgeführt, und auch der Wegweiser ist zweisprachig aufgebaut. Gleiches gilt für den Index, die erste Anlaufstelle, wenn Sie ein Muster suchen sollten. Ansonsten halte ich mich an unsere schöne Muttersprache, die ich vor allem für die Beispiele gebrauche. Und dort, wo es mir unumgänglich schien, verzeihen Sie mir hoffentlich ein (kleines) Maß an Denglisch.

1.1.6 Babylon II: Verwendung von Begriffen

Entwurfsmuster stehen nicht unbedingt im Ruf, leicht verständlich zu sein. Das liegt auch daran, dass die verwendete Sprache manchmal mit der von Entwicklern kollidiert.

Wenn Entwickler »Schnittstelle« sagen, dann meinen sie entweder eine Schnittstelle zwischen zwei Systemen, zum Beispiel eine Webservice-Schnittstelle, oder das Sprachmerkmal Schnittstelle (Interface), so wie in:

```
public interface MyInterface
...
public class MyClass implements MyInterface
...
```

Im weiteren Sinne – und so wird der Begriff bei Entwurfsmustern oft verwendet – ist eine *Schnittstelle* einfach alles, was eine Klasse ihrem Verwender anbietet, also zum Beispiel die Methoden `BucheBetrag()` und `HoleKontostand()`, egal ob in der Implementierung tatsächlich eine Schnittstelle verwendet wird. Wenn also die Rede davon ist, dass eine Fassade eine Schnittstelle anbietet, die eine Menge von Schnittstellen anderer Systeme kapselt, dann wissen Sie das jetzt einzuordnen.

Ein *Algorithmus* ist eine Handlungsvorschrift, die von der konkreten Programmiersprache unabhängig ist. Im Sinne der Mustersprache meine ich damit einfach Quellcode, der eine Aufgabe ausführt, zum Beispiel eine bestimmte Implementierung zum Abrufen von Datensätzen. Wenn das Strategie-Muster also den Algorithmus unabhängig vom Verwender austauschbar macht, dann heißt das also, dass zum Beispiel die Daten in der einen Implementierung aus einer Datenbank kommen können und in einer anderen Implementierung aus einer XML-Datenbank – und dass das Strategie-Muster dafür eine Art »Umschaltmechanismus« anbietet.

1.1.7 UML

Wenn Sie sich ein wenig mit der UML, der Unified Modeling Language, auskennen, sind Sie im Vorteil, denn für viele Muster finden Sie das zugehörige UML-Diagramm im Buch. Der für uns relevante Teil ist das UML-Klassendiagramm (siehe Abbildung 1.1). Die UML bietet noch viele weitere Diagramme an, die aber für das Verständnis hier nicht erforderlich sind.

Besonders wichtig sind für unser Thema:

- die Sichtbarkeit von Operationen und Attributen (z. B. public/private)
- Vererbung
- abstrakte Klassen

- statische Klassen und Operationen (Klassenattribute, statische Methoden)
- Schnittstellen
- Komposition und Aggregation

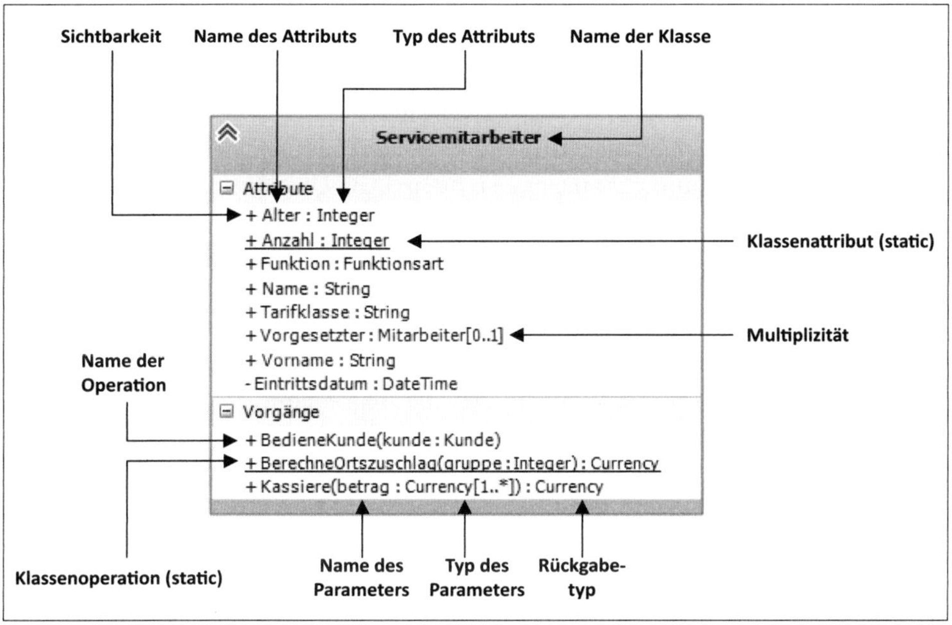

Abbildung 1.1 Anatomie einer Klasse in UML

1.1.8 Auf den Schultern von Riesen

Ehre, wem Ehre gebührt: Die meisten der hier vorgestellten Entwurfsmuster wurden von der Autorengemeinschaft *Erich Gamma*, *Richard Helm*, *Ralph Johnson* und *John Vlissides* bekannt gemacht, die heute liebevoll die *Gang of Four (GoF)* genannt wird. Erst ihr inzwischen legendäres Buch »Design Patterns – Elements of Reusable Object-Oriented Software« verhalf dem Thema und den darin beschriebenen 23 Mustern zum Durchbruch.

Viele der hier vorgestellten Muster gab es schon früher. Sie wurden verwendet, ohne dass die Entwickler einen Namen für sie gehabt hätten. Die vielleicht größte Leistung der GoF besteht darin, diese Muster erkannt, formalisiert, beschrieben und verbreitet zu haben.

Es gab noch viele weitere Väter, Mütter und Entdecker der hier vorgestellten Muster – zu viele, als dass ich sie hier alle aufzählen könnte. Ich habe mich dagegen entschieden, sie jeweils an Ort und Stelle zu würdigen, weil sonst schnell ein Geschichtsbuch entstanden wäre, denn viele Muster haben eine Historie und stammen oft von einer Autorengemeinschaft. Daher finden Sie im Anhang eine Literaturliste.

1.1.9 Der Aufbau eines Entwurfsmusters im Buch

Die meisten Entwurfsmuster sind auf dieselbe Art gegliedert. Den Anfang macht der Steckbrief, der den deutschen und englischen Namen der Muster nennt und – sofern vorhanden – auch weitere gebräuchliche Bezeichnungen auflistet sowie das Muster in seinen Ordnungsrahmen packt.

Danach folgt die allgemeine Beschreibung, noch bevor die Anwendungsfälle beschrieben werden. Das hat den Vorteil, dass Sie im weiteren Verlauf besser verstehen, warum ein Muster sich überhaupt für den einen oder anderen Einsatzweck eignet. Die Beschreibung umfasst auch meistens ein UML-Diagramm mit Legende.

Danach folgen wie gesagt die Anwendungsfälle, prototypische und ganz konkrete.

Das Kernstück ist dann die Implementierung. Ich erläutere das Muster Schritt für Schritt und gebe Hinweise zur Implementierung in verschiedenen Sprachen.

Den Rest des Abschnitts nehmen weitere Überlegungen zum Muster ein, zum Beispiel weitere Implementierungsdetails und die Abgrenzung zu anderen Mustern. Außerdem finden Sie hier den einen oder anderen Tipp und, sofern die Sache es notwendig macht, auch einmal eine Warnung.

1.1.10 Die Implementierung und die verwendete Programmiersprache

Die allermeisten Beispiele in diesem Buch sind mit Hilfe von Java umgesetzt. Wenn Sie einigermaßen fit in Java sind, könnten Sie vielleicht das eine oder andere im Code bemängeln. Einige Beispiele:

- Diese oder jene Variable kann treffender mit `final` gekennzeichnet werden.
- Klassen, die Schnittstellen implementieren, können die Methoden dieser Schnittstellen mittels `@override` annotieren, nicht nur Klassen, die Methoden ihrer Oberklassen überschreiben.
- Modernere Java-Versionen machen einem ein paar Dinge einfacher, beispielsweise gibt es seit Java 7 das *try-with-resources*-Statement, was den Code unter anderem kürzer und eleganter macht.
- Decimal-Datentypen eignen sich besser als ein `float` dazu, mit Währungsbeträgen zu rechnen.

Alles richtig, und die Liste ließe sich noch fortsetzen. Dass ich in vielen Fällen die Sprache nicht vollständig ausgereizt habe hat einen einfachen Grund: Klarheit durch Fokussierung auf die Muster selbst. Viele Entwurfsmuster sind schon umfangreich genug, ich wollte es meinen Leserinnen und Lesern ersparen, bei jedem Konstrukt die Frage zu stellen, ob dieses zum Muster, oder nur zur Implementierung gehört. Außerdem lässt sich der Code so viel leichter auf andere Zielsprachen übertragen und die Beschreibung wird dadurch kürzer.

Die Methodennamen in den UML-Diagrammen sind überwiegend großgeschrieben, während ich mich im Java-Quellcode an die gängigen Konventionen gehalten habe. Das ist in jeder Sprache anders, in C# beispielsweise beginnen öffentliche Methoden mit einem Großbuchstaben und Schnittstellen mit einem »I«.

Die Muster an sich verwenden allgemeine Begriffe. Das Befehlsmuster kennt z. B. eine Klasse `Befehl` mit einer Methode `FuehreAus()`. Im Praxisbeispiel wird daraus die Klasse `Spielzug`, und auch die Methoden sind so benannt, wie es zum Praxisbeispiel passt. Damit Sie beides leichter zusammenbringen, sind viele UML-Diagramme zweimal vorhanden: Einmal mit der allgemeinen Form des Musters und ein zweites Mal auf das Muster angewendet.

Zu einigen der beschriebenen Alternativen und Erläuterungen gibt es in der Fachwelt hitzige Diskussionen: Darf man in C++ das Schlüsselwort `friend` verwenden (und wann?) und welches Serialisierungsformat ist das beste? Auch hier habe ich die Alternativen zwar beschrieben, aber nicht immer ausführlich bewertet; aus Platzgründen, aber auch, weil es zu weit vom Thema wegführen würde.

In den Beispielsdateien finden Sie übrigens noch weitere Kommentare, die ich aus Platzgründen im Buch weggelassen habe. Sollte Ihnen etwas unklar sein, dann werfen Sie doch einen Blick in das Eclipse-Projekt.

1.1.11 Herstellerspezifische Technologien

An einigen Stellen, vor allem wenn es praktisch wird, musste ich mich entscheiden: Mit welchem SQL-Server soll ich die Beispiele aus dem Kapitel zu den Datenmustern umsetzen? Im Beispiel verwende ich den SQL-Server von Microsoft. Nicht ohne an dieser Stelle zu erwähnen, dass es viele weitere Produkte gibt, kommerzielle wie freie, die ich hätte verwenden können. Dieses Buch bevorzugt weder einen bestimmten Hersteller noch eine bestimmte Technologie, sondern versucht, anhand praktischer Beispiele den Bogen zu spannen, von der Erläuterung eines Musters bis hin zu den Details der Implementierung.

1.2 Was sind Entwurfsmuster und was sind sie nicht?

So, nun zum Thema. Was ist eigentlich ein Entwurfsmuster genau? Versuchen wir eine Definition:

Definition Entwurfsmuster

Ein Entwurfsmuster ist eine *anpassbare Lösung* für ein *nicht triviales* und immer *wiederkehrendes Problem* in der *Entwicklung*, dem *Design* und der *Architektur* von Software. Es ist damit ein Element der *Wiederverwendung*.

Der Begriff Entwurfsmuster – häufig spreche ich hier auch nur von *Mustern* – ist inzwischen Allgemeingut. Weitere, überwiegend synonym verwendete Begriffe und Übersetzungen sind:

- Design Patterns
- Solution Patterns
- Lösungsschablonen
- Software Patterns

1.2.1 Was Entwurfsmuster sind

Die wichtigsten Eigenschaften aus dieser Definition im Überblick:

- **Problem**: Es muss ein zu lösendes Problem vorliegen, beispielsweise die Notwendigkeit, in einer Anwendung von einem Objekt nur eine einzige Instanz zu haben.
- **Wiederverwendung**: Das Problem muss häufig genug vorkommen, damit sich das Wissen um und über Entwurfsmuster auch lohnt.
- **Lösung**: Das Muster muss das Problem natürlich lösen, und zwar auf eine anerkannte und im Laufe der Zeit erprobte, gut verstandene und elegante Art und Weise.
- **Nicht trivial**: Das zu lösende Problem muss eine gewisse Komplexität aufweisen, darf also nicht offensichtlich oder mit einfachsten Mitteln zu lösen sein. So kann ein Anwender eines Musters Nutzen daraus ziehen, dass jemand anderes das Problem bereits vollständig durchdacht und elegant und stimmig gelöst hat.
- **Konkret**: Sowohl das Problem als auch die Lösung müssen konkret sein. Es geht also nicht um abstrakte Grundsatzfragen der Informatik, sondern um ganz konkrete und praktische Aufgabenstellungen in der Entwicklung von Software. Auch die Lösung ist nicht lediglich eine amorphe Skizze, sondern ein fertig einsetzbares Konstrukt, auch wenn es noch der Überführung in Quellcode bedarf.
- **Anpassbar**: Die meisten Muster sind, wie gesagt, recht konkret. Aber es gibt fast immer auch den einen oder anderen Freiheitsgrad in der Implementierung und damit die Möglichkeit, das Muster an die eigenen Bedürfnisse anzupassen. Und auch die verwendete Sprache macht Unterschiede in der Implementierung notwendig.

So viel zu den Eigenschaften. Mindestens genauso interessant ist aber die gegenteilige Betrachtung, also die Antwort auf die Frage, worin sich Entwurfsmuster von anderen wiederverwendbaren Elementen in der Softwareentwicklung abgrenzen.

1.2.2 Was Entwurfsmuster nicht sind

Entwurfsmuster, dieser früher aufgrund der Arbeit der GoF hinreichend genau definierte Begriff, wird heute ein wenig inflationär gebraucht und manchmal auch missbraucht. Die folgenden Abschnitte sind meine Highlights gängiger Missverständnisse.

Algorithmen

Auch wenn viele Algorithmen größer und komplexer als Entwurfsmuster sind, sind sie doch auch immer ein oder zwei Spuren konkreter. Algorithmen sind eindeutige Handlungsvorschriften, zum Beispiel zum Sortieren von Listen oder zum Durchsuchen von Bäumen. Die Implementierungen sind daher sehr nah am Algorithmus.

Wenn Sie so wollen, dann gleicht ein Algorithmus einem Schritt-für-Schritt-Rezept, während ein Entwurfsmuster eher eine Schablone oder eine Blaupause ist. Diese Schablone ist zwar auch konkret, aber längst nicht so konkret wie ein Algorithmus.

Ein Algorithmus verlangt also im Wesentlichen die technische Fähigkeit, ihn elegant in die Zielsprache zu übertragen, während ein Entwurfsmuster ein wenig mehr geistige Transferleistung voraussetzt und Ihnen mehr Freiheit bei der Implementierung lässt.

Beispiel

Der Quick-Sort-Algorithmus ist ein rekursiver und unter gewissen Umständen relativ schneller Sortieralgorithmus, der nach dem Teile-und-herrsche-Prinzip arbeitet. In Pseudo-Code formuliert, sieht der Algorithmus (hier nur die äußere Funktion) so aus:

```
FUNKTION Sortiere(links, rechts)
   IF links < rechts DANN
      teiler = Partitioniere(links, rechts)
      Sortiere (links, teiler-1)
      Sortiere (teiler+1, rechts)
   ENDE IF
ENDE FUNKTION
```

Es ist leicht einzusehen, dass dieser Algorithmus relativ einfach in eine Zielsprache übersetzt werden kann. Die Herausforderung liegt hier eher in der konkreten Implementierung, also z. B. in der Frage, wie die Speicherverwaltung möglichst effizient gestaltet werden kann.

Vergleichen Sie damit nun ein beliebiges Muster, und Sie werden erkennen, dass Muster ein gutes Stück abstrakter sind.

Fertige Lösungen

Entwurfsmuster sind konkret genug, damit Sie sie in Code direkt auf Ihr Problem abbilden können, aber andererseits ist jedes Problem im Detail verschieden, und so können Sie ein Muster nur selten völlig unverändert übernehmen. Das beginnt schon mit der Benennung der Akteure, die dem fachlichen Kontext entsprechen sollte, und es endet mit den Details der Implementierung.

Manche Muster sind nur wenig mehr als ein Gerüst. Das Model-View-Controller-Muster (MVC-Muster) ist so ein Beispiel, das – naturgemäß – weder über das Modell noch über die View oder den Controller irgendwelche Annahmen machen kann.

Ein Programm nur aus einer Reihe von Mustern zusammenzusetzen wird also nicht funktionieren, allerdings kann eine Anwendung mehrere Muster gewinnbringend einsetzen.

Snippets oder Kopiervorlagen

Snippets, Kopierschablonen oder Kopiervorlagen sind in der jeweiligen Zielsprache erstellte und in unveränderter Form anwendbare Codebestandteile. Manchmal müssen natürlich auch solche Snippets noch angepasst bzw. erweitert werden, aber sie sind schon deshalb keine Muster, weil sie eben an die Zielsprache gebunden sind.

Muster sind nicht an eine bestimmte Sprache gebunden, die meisten hier vorgestellten Muster erfordern aber wenigstens eine Sprache, die Objekte und Vererbung kennt.

Beispiel

Die Fehlerbehandlung in Java könnte mit diesem Snippet ein wenig schneller von der Hand gehen:

```
try {
    |
} catch(@ExceptionType e) {
    |
}
```

Die Pipe-Symbole kennzeichnen dabei die Positionen des Cursors nach dem Einfügen, und das @-Symbol kennzeichnet zu ersetzende Bestandteile des Snippets.

Best Practices

Entwurfsmuster können schon Best Practices sein, aber dieser Begriff ist viel zu unspezifisch dafür. Eine Best Practice ist, ganz allgemein gesagt, eine optimale oder in der Praxis besonders bewährte Vorgehensweise – wofür auch immer.

Das gilt nun für das Design von Benutzeroberflächen genauso wie für die Abwicklung eines Betriebs nach der Insolvenz und ist schon daher mit dem Begriff *Entwurfsmuster* nicht gleichzusetzen.

Eine Lösung für alle Probleme

Die Nützlichkeit von Entwurfsmustern steht im unmittelbaren Zusammenhang mit dem Wiedererkennungswert, und dieser wiederum hängt direkt von der Anzahl der Anwendungsfälle ab. Schon aus diesem Grund haben sich lange Zeit die ursprünglichen 23 Muster der GoF gehalten, weil sie eben in Büchern und Veranstaltungen immer wieder gelehrt und in der Praxis vieler Entwickler tagtäglich genutzt werden.

Das bedeutet auch: Für viele Probleme gibt es kein Muster oder jedenfalls kein bekanntes Muster – entweder weil das Problem zu selten auftritt oder weil es jeweils ganz spezifisch im jeweiligen Kontext neu gelöst werden muss. Sicherheitsprobleme in verteilten Anwendungen gehören in die zweite Kategorie.

APIs

Eine API, d. h. eine Programmierschnittstelle, stellt Methoden, Klassen und andere Elemente und Konstrukte bereit, die ein Entwickler in seinen eigenen Anwendungen nutzen kann. APIs sind in den meisten Fällen entweder sprachgebunden (z. B. Java APIs), an eine Technologie gebunden (z. B. .NET-Klassen) oder an eine bestimmte Ausführungsumgebung gebunden (z. B. Windows WinRT-API).

Alle diese Einschränkungen grenzen APIs von Entwurfsmustern ab, die von alledem unabhängig sind. Allerdings können natürlich Entwurfsmuster in der Implementierung der APIs von großem Nutzen sein, und so nimmt es nicht Wunder, dass Entwurfsmuster in APIs eigentlich überall anzutreffen sind.

Beispiel

In der Klasse `javax.xml.xpath.XPathFactory` ist das Entwurfsmuster *Abstrakte Fabrik* umgesetzt. Sie enthält also eine statische Methode, die ein Objekt vom Typ `XPathFactory` erzeugt und zurückgibt:

```
public static final XPathFactory newInstance()
```

In anderen Fällen setzt eine gewisse Technologie wiederum das Verwenden eines Musters voraus oder begünstigt dies wenigstens. Das *MVVM*-Muster zum Beispiel wäre ohne gewisse Microsoft-Technologien (wie WPF oder Silverlight) und ohne HTML5 bestimmt nur halb so bekannt.

1.3 Der OO-Werkzeugkasten

Bevor wir ein kleines Beispiel zur Illustration betrachten, möchte ich an dieser Stelle einige Missverständnisse ausräumen, die für das Verständnis der Entwurfsmuster hinderlich wären. Die folgenden Abschnitte helfen Ihnen auch zu verstehen, warum manche Muster so aussehen, wie sie nun einmal aussehen. Es geht hier um ganz alltägliche Werkzeuge objektorientierter Programmiersprachen aus Sicht der Entwurfsmuster.

1.3.1 Schnittstellen-Implementierung vs. Klassen-Vererbung

In meiner Praxis erlebe ich sehr häufig, dass Entwickler (ganz besonders übrigens Dienstleister) glauben, in Schnittstellen den Stein des Weisen gefunden zu haben. Diese Entwickler gehen von folgender Denkweise aus:

Die Schnittstellen-Halbwahrheit

Wer gegen Schnittstellen programmiert, kann seinen Code später leicht erweitern und macht ihn unabhängig gegenüber einer konkreten Implementierung.

Manchmal liest (und sieht) man daher, dass für jede Klasse eine Schnittstelle zu erstellen sei. Sprachlich wird diese Praxis auch dadurch unterstützt, dass man landläufig von *Schnittstellenvererbung* spricht, wie auch von *Klassenvererbung* die Rede ist. Während Schnittstellen zwar von anderen Schnittstellen erben können, also deren Signaturen übernehmen, können Klassen von Schnittstellen rein gar nichts erben. Die Entwickler von Java haben das schön erkannt und das elegante Schlüsselwort `implements` verwendet, um klarzustellen, dass Klassen von Schnittstellen eben nicht *erben* können, sondern diese lediglich *implementieren*, während Klassen über das Schlüsselwort `extends` auch wirklich von anderen Klassen erben können.

Kurz gesagt:

Schnittstelle vs. Klasse

Eine *implementierte Schnittstelle* erzwingt eine Menge an Operationen, die die Schnittstelle definiert. Wer die Schnittstelle implementiert, ist also kompatibel zu einem Client, der nicht gegen die konkrete Klasse, sondern gegen die Schnittstelle programmiert, egal aus welcher Vererbungshierarchie die Klasse kommen mag. Darin besteht der große Vorteil: Man kann einem alten Hund, pardon einer alten »Klasse«, also neue Tricks beibringen.

Eine *vererbte Klasse* erbt nicht nur die Schnittstelle, also den Typ, der Basisklasse, sondern auch dessen Implementierung. Ein Subtyp kann die Klasse also erweitern (daher das Schlüsselwort `extends` in Java) oder die Implementierung überschreiben.

Dabei ist es nun egal, ob eine Variable den Typ der Basisklasse oder den Typ der Unterklasse hat. Entscheidend für die Wahl, welcher Code ausgeführt wird, ist der Typ des konkret instanziierten Objekts. Man nennt dieses Verhalten *Polymorphie* und die Methoden, die in abgeleiteten Klassen überschrieben werden können, *virtuelle Methoden*.

Die meisten Entwurfsmuster arbeiten mit der klassischen Vererbung, häufig sogar mit abstrakten Basisklassen, also Basisklassen ohne konkrete Implementierung. Das hat seinen Sinn, und Sie sollten dies nicht ohne Grund ändern. Häufig sieht man zusätzlich zu der Vererbung auch noch eine implementierte Schnittstelle, zum Beispiel dann, wenn eine Kommandoklasse (des Befehl-Entwurfsmusters) nicht nur von der Basisklasse `Command` erbt, sondern zusätzlich noch die Schnittstelle `ICommand` implementiert. Das ist im besten Fall unnötig, schafft neue Komplexität und eröffnet einem Client eine weitere, ebenfalls unnötige Wahlmöglichkeit: Er kann nun auf die Basisklasse casten oder auf die Schnittstelle.

Beachten Sie daher Folgendes:

Leitsatz zum Umgang mit Schnittstellen

Es gilt: Vererbung *vor* Schnittstellenimplementierung. Verwenden Sie Schnittstellen immer dann, wenn Sie

- Objekten, die aus verschiedenen Klassenhierarchien stammen, ein gemeinsames Verhalten beibringen müssen, oder
- Querschnittsfunktionen implementieren (zum Beispiel für verschiedene Listen die Fähigkeit, sortierbar zu sein) oder
- eine Technologie einsetzen, die Schnittstellen für ihre korrekte Funktionsweise erforderlich machen.

In den meisten anderen Fällen sollten Sie der Vererbung den Vorzug geben.

Warum Sie das tun sollten, das wird klar, wenn wir uns die Nachteile ansehen, die aus der Verwendung von Schnittstellen entstehen können:

- **Redundanz**: Da Schnittstellen keine Funktionalität implementieren, wird dieselbe Funktionalität häufig mehrfach entwickelt.
- **Inkompatibilität**: Das größte Problem besteht aber darin, dass Sie Schnittstellen nicht erweitern oder verändern können, ohne dass Sie mit allen Klassen brechen, die diese Schnittstellen bereits in ihrer alten Version implementieren. Das betrifft natürlich ganz besonders Entwickler von Bibliotheken, die gar nicht wissen können, wer ihre Schnittstellen in eigenen Klassen implementiert.

Nun gibt es aber häufiger den Fall, dass eine Basisklasse zwar eine Schnittstelle bereitstellen soll, aber selbst noch nichts Vernünftiges implementieren kann. Dann ist eine abstrakte Basisklasse vielleicht der richtige Weg. Sie werden sehen, dass Entwurfsmuster sehr häufig abstrakte Basisklassen einsetzen, vermutlich jedenfalls häufiger als die meisten Entwickler.

Auch hier spricht einiges für abstrakte Basisklassen und gegen Schnittstellen:

- Es ist nicht unwahrscheinlich, dass Sie später aus der abstrakten Basisklasse eine gewöhnliche Basisklasse machen wollen, weil Sie eine neue Funktion hinzufügen möchten, die bereits in der Basisklasse eine vernünftige Implementierung zulässt. Eine solche Änderung können Sie vornehmen, ohne dass Sie die Klassen, die von dieser Basisklasse abgeleitet wurden, groß ändern müssen.
- Viele Programmiersprachen erlauben es, dass Sie nur Teile (zum Beispiel einzelne Methoden) einer Klasse abstrakt machen, für andere Methoden aber wiederum Implementierungen in der Basisklasse anbieten.

1.3.2 Is-A vs. Has-A

Oder, anders gesagt: IST EIN vs. HAT EIN. Die klassische Vererbung begründet ein *Is-A-Verhältnis*. Ein Objekt vom Typ `Hund` ist also auch ein Objekt vom Typ `Tier`. Die Klasse `Hund` hat nahezu unbeschränkten Zugriff auf die Klasse `Tier`, nicht aber umgekehrt. Das hat Vorteile, aber auch Nachteile, denn zum einen können Klassen meist nur von einer Basisklasse erben, und selbst wenn Mehrfachvererbung möglich ist, wie in C++ zum Beispiel, entsteht daraus nicht selten hoch komplexer und fehleranfälliger Code. Andererseits ist es vielleicht überhaupt nicht gewünscht, dass eine Klasse auf eine andere Klasse Zugriff erhält.

Einige der hier vorgestellten Muster – und ich finde, es sind die besonders eleganten – beziehen ihre Stärke daher nicht aus der Vererbung, sondern aus der *Komposition* von Objekten. Das Kompositum-Muster hat sogar seinen Namen davon. Diese Komposition begründet nun eine *Has-A*-Beziehung: Ein Objekt hat also Zugriff auf verschiedene andere Objekte, von denen es nur die Schnittstellen, nicht aber die interne Arbeitsweise kennt.

Die klassische Vererbung hat natürlich den Charme, die Implementierung in Unterklassen ändern zu können. Andererseits sind Ober- und Unterklasse natürlich aufs Engste miteinander verbunden, und nicht selten bedingen Änderungen an der Oberklasse zumindest einen intensiven Test aller davon abgeleiteten Unterklassen. Häufig müssen sogar Details der Implementierung verändert werden. Ober- und Unterklasse sind außerdem zur Compilezeit miteinander verwoben. Polymorphie sorgt zwar dafür, dass zur Laufzeit der richtige Code ausgeführt wird, also der Code, der zur Klasse des konkreten Objekts gehört, aber das ist dann auch schon die ganze Dynamik.

In der Realität geht es häufig darum, zur Laufzeit ein gewisses Verhalten aus verschiedenen Teilen zusammenzubauen, also ein Objekt zu kreieren, das wiederum aus Teilobjekten besteht, die alle ein bestimmtes Einzelverhalten implementieren. Was daraus entsteht, ist jeweils einzigartig, und keine Vererbungshierarchie ist dieser Komposition im Weg. Das *Erbauer*-Muster ist ein Beispiel für ein Entwurfsmuster, das genau das zum Ziel hat.

Manchmal ist die Bildung von Unterklassen logisch, manchmal scheint die Oberklasse aber auch nicht recht zu passen, weil sie beispielsweise viel Funktionalität implementiert, die die Unterklasse gar nicht benötigt, oder weil die Unterklasse eine ganz neue Funktionalität umsetzen möchte. Das ist, wie gesagt, auch der Fall, wenn das konkrete Verhalten eines Objekts erst zur Laufzeit bestimmt werden kann.

Objektkomposition ist daher, ganz allgemein gesprochen, ein weiteres Mittel, um die Abhängigkeit zwischen verschiedenen Klassen zu verringern, und das ist meist eine gute Idee in stark vernetzten Systemen. Oder, anders gesagt:

Leitsatz zur Objektkomposition

Wo immer es möglich ist, sollten Sie lieber Objekte komponieren, als Klassen zu vererben.

Plug-in-Systeme sind ein gutes Beispiel für Systeme, die sich zur Laufzeit aus verschiedenen Komponenten, also Objekten, zusammensetzen. Im Idealfall lassen sich dann einzelne Komponenten austauschen und auch zur Laufzeit neu dazukonfigurieren, ohne das bestehende System in seiner Funktion zu stören.

Aber auch hier gilt: Hüten Sie sich vor den Extremen!

1.4 Ein kleines Beispiel aus der Praxis

Nehmen wir einmal als nicht ganz fiktives Beispiel eine Webanwendung, die zur Vermittlung von Sprachreisen dient. Alles beginnt, wie so häufig, mit dem, was Verantwortliche gerne als »gesunden Optimismus« und Projektmanager als »agil« bezeichnen – kurz: Es wurde einfach mal drauflosentwickelt.

1.4.1 Die Anforderung

Es gibt eine Klasse pro Webanfrage, also zum Beispiel für

- Login
- Suchen von Sprachreisen
- Buchen
- Impressum usw.

Natürlich funktioniert die Webanwendung am Ende auch. Die Anwendung hat vielleicht 30 Klassen, zwei einfach strukturierte Datenbanken (für den Produktkatalog und die Kunden) und tut, was man von ihr verlangt. Sie sieht vielleicht so ähnlich wie im Schema von Abbildung 1.2 aus:

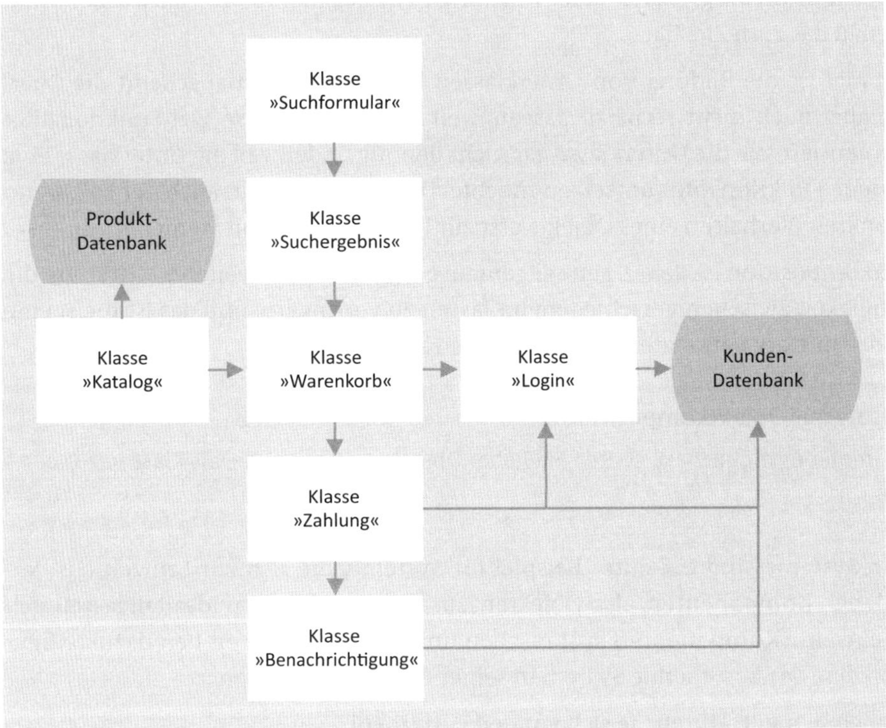

Abbildung 1.2 Eine einfache Webanwendung, die auf die »herkömmliche« Art geschrieben wurde. Die Pfeile geben den Fluss durch die Anwendung an.

1.4.2 Und dann kommt die Änderung der Anforderung

Irgendwann, in gar nicht allzu ferner Zeit hat ein Manager eine Idee: Man könnte die Anwendung doch auch auf Mobilgeräten zugänglich machen, wer hat schon auf Reisen einen Desktop-PC dabei?

Schnell wird klar: Die zu generierende Seite muss für mobile Clients völlig anders aussehen. Wird jetzt nicht auf Entwurfsmuster geachtet, entsteht schnell so etwas wie hier im Pseudocode dargestellt:

```
WENN Browser = MOBIL DANN
  GeneriereHtmlFuerMobil()
SONST
  GeneriereHtmlFuerDesktop()
ENDE
```

Praktisch alle Klassen bekommen auf diese Art eine Browserweiche verpasst, und das Problem – die Auswahl der geeigneten Darstellung – wird auf den gesamten Code verteilt.

Aber auch das ist vielleicht noch überschaubar. Der nächste Vorschlag lässt nicht auf sich warten: Neben dem eigenen Login soll nun auch ein Login über Google, Microsoft Live und Facebook möglich sein.

1.4.3 Der Versuch, das Ganze doch noch irgendwie hinzubekommen

Die Lösung könnte nun wiederum so aussehen:

- Ergänze die Datenbank um weitere Felder, wie sie Google, Facebook und Microsoft benötigen, während andere Felder – zum Beispiel das Passwortfeld – in einzelnen Fällen nun nicht mehr benötigt werden.
- Füge vier Radiobuttons auf der Login-Seite hinzu, um die Art des Logins für den Anwender auswählbar zu machen.
- Je nach Antwort, Sie ahnen es bestimmt schon, gibt es wieder einen ELSE-Zweig, in dem der Code dann zu finden ist.

Natürlich hilft die Objektorientierung mit ihren Möglichkeiten. Sie könnten zum Beispiel

- eine Schnittstelle, sagen wir `ILogin`, entwickeln und vier Klassen für alle vier Provider, die diese Schnittstellen implementieren, oder aber
- eine abstrakte Basisklasse entwerfen und vier konkrete Implementierungen dafür schreiben.

Der Code ist nun schon ein wenig übersichtlicher:

```
WENN LoginType = Facebook DANN
  loginForm = NEW FacebookLoginForm()
SONST WENN LoginType = Google DANN
  loginForm = NEW GoogleLoginForm()
...
```

Manche der angebotenen Alternativen, Microsoft zum Beispiel, verlangen, dass Sie statt einer eigenen Login-Seite ein Redirect auf deren Login-Seite einrichten. Sie sehen schon: noch mehr IF-ELSE-Anweisungen.

Und dennoch besteht ein Problem weiter: Was soll mit dem Passwort geschehen? Es wird nur für die eigene Implementierung gebraucht, nicht aber für die Login-Prozeduren der anderen Anbieter.

So oder so ähnlich präsentieren sich viele Probleme in der Praxis. Mit ein wenig Wissen und Fantasie ist jedes Problem schon lösbar, aber die Lösungen sind häufig

- unnötig komplex, weil der Code stark verschachtelt oder stark zerklüftet ist
- schwer zu warten
- noch schwerer zu erweitern
- nicht frei von redundantem Code
- widersprüchlich, weswegen immer wieder weitere Fallunterscheidungen im Code untergebracht werden

Freilich, bei den beiden Anforderungen wird es nicht bleiben. Vielleicht soll demnächst die Hosting-Plattform ausgetauscht werden, oder soll statt einer MS-SQL-Datenbank MySQL zum Einsatz kommen? Oder soll der Warenkorb in der Datenbank persistiert und dazu die Benutzerverwaltung aufgebohrt werden? Wie auch immer: Wenn es um Komplexität geht, dann gilt häufig: 1+1 > 2, denn jeder neue Code muss nicht nur für sich funktionieren, sondern auch im Zusammenspiel mit all den vielen anderen Klassen, Tabellen und weiteren Systemen einer Anwendung.

Solchen Problemen ist auch gemeinsam, dass wir mit der Objektorientierung allein nicht weit genug kommen, weil Objekte, Schnittstellen und Vererbung allein noch nicht ausreichen, um das Problem mit Butz und Stängel aus der Welt zu schaffen.

1.4.4 Entwurfsmuster als Lösung

Hier kommen nun die Entwurfsmuster ins Spiel. Die Webanwendung, aus Sicht des MVC-Entwurfsmusters, lässt sich dann so darstellen wie in Abbildung 1.3.

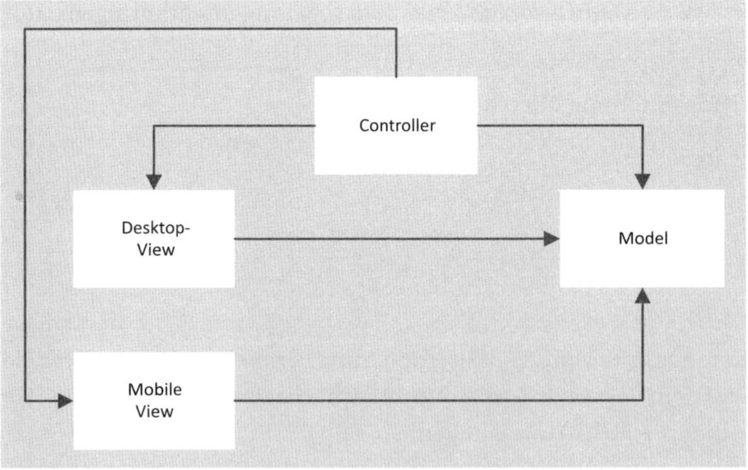

Abbildung 1.3 Die Webanwendung mit zwei Views

Entscheidend sind nun die Akteure, die Sie in einem späteren Kapitel noch kennenlernen werden. Hier sei nur so viel gesagt: Jeder Akteur hat seine spezifischen Aufgaben und Abhängigkeiten. Der Controller kann beispielsweise auf die View zugreifen und diese steuern, die View kann aber nicht direkt auf den Controller zugreifen, sondern ist lediglich indirekt angebunden, und zwar über einen Beobachter-Mechanismus (der selbst wiederum einem Muster entspringt). Das Muster führt also nicht nur eine zweite View ein, was ziemlich trivial gewesen wäre, sondern geht weit darüber hinaus.

Man muss sich also auf ein Muster erst einmal im Ganzen einlassen. Es ist nicht einfach möglich, Teile eines Musters herauszugreifen, ohne dadurch das Muster – und dessen Vorteile – zu zerstören. Die meisten Muster bringen aber dennoch Varianten mit. Im obigen Beispiel könnte es mehrere Controller geben, einen Controller für jede View, wenn sich die Views in ihrer Darstellung und in ihrem Verhalten stark voneinander unterscheiden würden.

Das letzte Beispiel zeigt auch: Muster lassen sich häufig kombinieren. Denn Controller könnten auch von einer gemeinsamen Basisklasse erben, sodass es einfach ist, neue Controller hinzuzufügen, ohne jeweils die gesamte Steuerungslogik neu entwickeln zu müssen. Für die Instanziierung der Controller selbst gibt es ebenfalls wieder eine Reihe von Mustern, die Sie ebenfalls in diesem Buch finden.

1.5 Überlegungen zum Einsatz

So viel über das Wesen von Entwurfsmustern. Bevor wir nun richtig loslegen, folgen hier nun einige allgemeine, aber wichtige Hinweise zum Einsatz von Entwurfsmustern.

1.5.1 Erkenne das Muster

Jedes Muster besteht aus einem

- zu lösenden Problem,
- einem mehr oder minder abstrakten Kern,
- schmückendem Beiwerk drum herum und
- Implementierungsdetails.

Es kommt darauf an, ob Ihre Problemstellung zum Kern eines Musters passt – nur in diesem Fall ist die Verwendung wirklich von Vorteil.

Beispiel: Singleton-Muster

Problem

Der Kern des *Singleton*-Musters ist, dass das Muster sicherstellt, dass es genau nur ein Exemplar gibt, auf das über einen – meist global zugreifbaren – Bezeichner zugegriffen werden kann. Ihr Problem passt also zu diesem Muster, wenn Sie genau das sicherstellen müssen, zum Beispiel wenn es lediglich eine zentral genutzte Ressource gibt.

Kern

Der zentrale Kern ist hier, dass die einzige Instanz durch ein statisches Feld sichergestellt wird. Außerdem soll ein privater Konstruktor verhindern, dass ein Anwender selbst Instanzen des Objekts anlegt.

Schmückendes Beiwerk

Vielleicht dient eine statische Initialisierungsmethode dazu, das Objekt bei der ersten Verwendung zu initialisieren. Das ist natürlich für die Lösung wichtig, für das Muster allerdings nicht, weil es ja nicht darum geht, wie genau das zu erstellende Objekt aussehen soll, sondern eben darum, dass es davon nur ein Exemplar gibt. Oder Sie entscheiden sich, das Objekt nicht erst beim ersten Zugriff zu erstellen, sondern deterministisch beim Programmstart.

Implementierungsdetails

In der Implementierung könnte eine wichtige Frage sein, ob in der Programmiersprache der Wahl die Erzeugung des Objekts threadsicher ist und überhaupt sein muss. Diese Details unterscheiden sich von Sprache zu Sprache.

Manche der Muster unterscheiden sich nur im Detail, dann sind sowohl die präzise Kenntnis der Muster gefragt als auch genaues Hinsehen. Bei den Erzeugungsmustern gibt es welche, mit denen verschiedene Ableitungen von Objekten erstellt werden können (die abstrakte Fabrik), und solche, bei denen ein Objekt einer einzigen Klasse erstellt wird, dieses aber in verschiedenen Konfigurationen (der Erbauer, zum Beispiel).

1.5.2 Dokumentation und Bezeichnung

Der Verständlichkeit Ihres Codes hilft es manchmal ungemein, wenn Sie die Verwendung eines Musters kommentieren, zum Beispiel durch einen Kommentar im Code:

```
//Command Pattern
//Client=Main Application Form, Command=Execute, Receiver=Canvas
```

Es gibt ziemlich viele Muster, und nicht immer kennen Entwickler das Muster oder erkennen es gar aus dem Code.

Die Benennung ist ebenfalls wichtig. Oft liest man, dass Objekte wie die Bausteine der Muster benannt sind. Und so gibt es eben ein Objekt mit dem Namen `Singleton`. Das ist selten eine gute Idee, denn in Ihren Code sollten die fachlich zu lösenden Probleme die erste Geige spielen, nicht die Muster selbst. Aber es spricht natürlich nichts dagegen, den Namen um den entsprechenden UML-Akteur zu ergänzen, also zum Beispiel Namen zu wählen wie:

- `ConfigurationSingleton` (Singleton-Muster)
- `PageController` (MVC-Muster)
- `TaskFactory` (Abstract Factory Method)

Auch hier kann ein Kommentar oder ein eingestreutes UML-Diagramm es Dritten erleichtern, die Zusammenhänge in Ihrem Code zu verstehen.

1.5.3 Anti-Patterns

Gelegentlich kann es förderlich sein, sich sogenannte Anti-Patterns anzusehen, also das, was man möglichst nicht tun sollte, um daraus dann das optimale Verhalten – also das Gegenteil – abzuleiten. Der Vorteil dieses Verfahrens ist es, dass einem wieder bewusst wird, welche Probleme eigentlich im Detail zu lösen sind.

Beispiel

Ein bekanntes Anti-Pattern ist es, SQL-Statements im Code zusammenzusetzen:

```
String sql = "INSERT INTO table(field1) VALUES("+editField1.Text+")";
```

Dieses Beispiel verdeutlicht, wo die Gefahren liegen, nämlich in dem ungeprüften Hinzufügen von User-Control-Inputs zu einem SQL-Statement, was Angreifern Tür und Tor öffnet. Man nennt solche Angriffe auch *SQL Injection*.

Anti-Patterns (warum gibt es dafür eigentlich kein eingängiges deutsches Wort?) kommen in verschiedenen Ausprägungen daher. Sie verschlimmbessern also zum Beispiel:

- die Sicherheit einer Anwendung (wie im Beispiel oben)
- die Größe einer Anwendung durch überflüssigen oder redundanten Code
- die Stabilität einer Anwendung

Manchmal sind Muster in den Augen einiger zugleich auch Anti-Patterns. Das Singleton-Muster kann als Beispiel herhalten. Als Muster stellt es die Einzigartigkeit eines Objekts sicher, aber es schränkt auch ein, weil es zum Beispiel der Skalierbarkeit im Wege steht – was es im Einzelfall gleichzeitig zu einem Anti-Pattern macht.

1.5.4 Verhältnismäßigkeit

Ein Muster muss zum Problem passen, nicht nur fachlich, sondern auch im Hinblick auf die Komplexität des Problems und die Komplexität des Musters. Das soll heißen:

Einfache Probleme kann man ruhig auch einfach lösen. Nur weil man einen Hammer hat, wird nicht automatisch alles zum Nagel.

Obwohl es raffinierte Muster für die Objekterzeugung gibt, werden Sie dennoch an vielen Stellen einfach ein Objekt auf die gewöhnliche Art und Weise erzeugen wollen. Um die Verhältnismäßigkeit zu bewerten, können die folgenden Fragen dienen:

- Was ist die nächstbeste Alternative, die ohne Muster auskommt?
- Welchen Implementierungsaufwand kostet das Muster?
- Welchen Pflegeaufwand erwarte ich? Spart das Muster über die Zeit Aufwand und Kosten?
- Wird sich die Programmfunktion ändern, vor allem: Wird sie in nächster Zeit erweitert werden?
- Kann Code von anderen Programmteilen wiederverwendet werden, um das Problem vielleicht einfacher und schneller zu lösen?

1.6 Wegweiser

Was erwartet Sie in diesem Buch? Hier folgt nun, als Appetizer und der Übersichtlichkeit halber, eine kurze Darstellung der Kapitel und der Muster.

Die Muster können unabhängig voneinander gelesen werden. Sie können sich also gerade das Muster herauspicken, das für Ihre Praxis nützlich ist oder Ihrem Interesse entspricht. Querverbindungen zwischen den Mustern können (und sollten) Sie folgen, denn dadurch treten vor allem die Unterschiede zutage, und Sie können leichter entscheiden, welches Muster für den konkreten Einsatzzweck wirklich das beste ist.

Wenn Sie wollen, können Sie diesem (ganz und gar subjektiven) »Leseplan« folgen, der die wichtigsten Dinge an den Anfang Ihrer Lektüre stellt. In der »ersten Welle« könnten das die folgenden Kapitel sein:

1. Designprinzipien (dort vor allem: *Open-Closed-Principle, Dependency Inversion Principle* und *Single Responsibility Principle*)
2. Abstrakte Fabrik
3. Fabrikmethode
4. Singleton
5. Fassade
6. Proxy
7. Befehl
8. Iterator
9. Beobachter

10. Strategie
11. Datentransferobjekt
12. Spätes (verzögertes) Laden
13. Konkurrierender Zugriff auf Daten
14. Dependency Injection
15. Model View Controller

Die zweite Welle:

1. Adapter
2. Dekorierer
3. Schablonenmethode
4. Kompositum
5. Datenzugriffsobjekt
6. Unit of Work
7. Model View ViewModel (MVVM)

Die dritte Welle umfasst dann den Rest der Kapitel.

1.6.1 Erzeugungsmuster (Creational Design Patterns)

Los geht es in Kapitel 2 mit einigen »klassischen« Entwurfsmustern, nämlich den Mustern, die Objekte erzeugen:

Fabrikmethode (Factory Method)

Dieses beliebte Muster beschreibt eine Methode, die ein Objekt erzeugt und zurückgibt, wobei Unterklassen über den konkreten Typ des zu erzeugenden Objekts entscheiden.

Einzelstück (Singleton)

Ein Singleton stellt sicher, dass es von einer Klasse nur ein einziges Objekt geben kann, und eignet sich damit für zentrale, nur einmal vorhandene Ressourcen.

Multiton

Dieses Muster erweitert das Singleton-Muster um einen festen Pool von Objekten, zum Beispiel um fünf offene Datenbankverbindungen, die von Clients angefordert und verwendet werden können.

Abstrakte Fabrik (Abstract Factory)

Dieses Muster kann Objekte beliebiger Ebenen in Vererbungshierarchien erzeugen, ohne dass ein Verwender diese kennen muss.

Erbauer (Builder)

Mit dem Erbauer-Muster lassen sich zum Beispiel Objekte aus verschiedenen Teilen konstruieren, indem die Erstellung eines komplexeren Objekts von seiner Darstellung getrennt wird.

Prototyp (Prototype)

Mithilfe dieses Musters lassen sich immer neue Instanzen auf Grundlage einer prototypischen Instanz erzeugen, durch Kopieren und Anpassen des Prototyps.

1.6.2 Strukturmuster (Structural Design Patterns)

Die nächste Gruppe von Entwurfsmustern, die in Kapitel 3 beschrieben werden, ist ein wenig komplexer und beschreibt Strukturen, zum Beispiel durch Komposition von kleineren Objekten zu einem größeren Objekt.

Adapter

Der Adapter bringt Klassen zusammen, die eigentlich aufgrund von nicht kompatiblen Schnittstellen nicht zusammenarbeiten könnten, indem er eine Schnittstelle in eine andere übersetzt.

Brücke (Bridge)

Mit der Brücke lassen sich Implementierung und Schnittstelle voneinander trennen, sodass beide unabhängig voneinander verändert werden können.

Kompositum (Composite)

Mithilfe dieses Musters lassen sich komplexere Objekte aus einfacheren Objekten erzeugen.

Dekorierer (Decorator)

Anstatt Unterklassen zu bilden, können Sie eine Klasse mit dem Decorator-Muster um neue Funktionalitäten dynamisch erweitern.

Fassade (Facade)

Eine Fassade ist eine einheitliche und vereinfachte Schnittstelle, die einen einfachen und konsistenten Zugang zu einer Menge von Schnittstellen eines Subsystems ermöglicht.

Fliegengewicht (Flyweight)

Das Fliegengewicht (welch schöner Name) macht die Verwendung vieler Objekte einfacher und performanter, die zudem variable Informationen teilen.

Proxy

In diesem besonders bekannten Entwurfsmuster dient ein Proxy-Objekt dazu, auf ein anderes, nachgelagertes Objekt zuzugreifen, und zwar in einer kontrollierten Art und Weise.

1.6.3 Verhaltensmuster (Behavioral Design Patterns)

Bei den Verhaltensmustern aus Kapitel 4 geht es um das Verhalten von Objekten zueinander, also um die Interaktion zwischen Objekten und die Aufteilung von Zuständigkeiten zwischen Objekten. Verhaltensmuster sind besonders zahlreich und wichtig, weil sie unser Augenmerk auf das Muster – die kontrollierte Interaktion – richten und nicht von uns verlangen, dass wir den Kontrollfluss selbst aus dem Programm herauslesen.

Zuständigkeitskette (Chain of Responsibility)

Die Zuständigkeitskette erlaubt es, dass mehrere Objekte miteinander verkettet werden, damit sie gemeinsam eine eingehende Anforderung verarbeiten. Diese Anforderung wird so lange entlang der Kette weitergereicht, bis eines der Objekte in der Kette die Anforderung bearbeiten kann.

Befehl (Command)

Das Befehlsmuster kapselt Befehle in Objekten, die dann parametrisiert oder auch weitergeleitet, verzögert oder für ein späteres Undo gespeichert werden können.

Interceptor

Mithilfe einer Umleitung wird die ursprüngliche Kette der Verarbeitung um ein neues Glied erweitert, sodass die Funktionalität bequem erweitert werden kann.

Interpreter

Mithilfe eines Interpreters lassen sich Probleme in einer eigenen Sprache beschreiben. Der Interpreter interpretiert dann die Grammatik dieser Sprache und löst das Problem.

Iterator

Das Iterator-Muster ist ebenfalls häufig anzutreffen. Es ermöglicht das sequenzielle Durchlaufen einer Menge von Objekten oder der Elemente eines zusammengesetzten Objekts.

Vermittler (Mediator)

Ein Vermittler-Muster vermittelt zwischen verschiedenen Objekten, indem es das Zusammenwirken dieser Objekte in sich kapselt.

Memento

Das Memento-Muster erstellt eine Momentaufnahme des inneren Zustands eines Objekts, sodass später das Objekt wieder in diesen Zustand versetzt werden kann, zum Beispiel um ein Undo zu ermöglichen.

Beobachter (Observer)

Mithilfe eines Observers lassen sich beliebig viele Beobachter-Objekte benachrichtigen, sobald sich am beobachteten Objekt etwas verändert, ohne dass das zu beobachtende Objekt seine Beobachter vorher kennen muss.

Zustand (State)

Dieses Chamäleon unter den Mustern erlaubt es, dass ein Objekt sein Verhalten ändert, sobald sich sein innerer Zustand ändert. Von außen sieht es also so aus, als ob eine andere Klasse verwendet würde.

Stratregie (Strategy)

Eine Strategie ist im Kontext dieses Musters ein bestimmtes Verhalten (oder ein bestimmter Algorithmus). Das Strategie-Muster gestattet es nun, dass dieses Verhalten zur Laufzeit ausgetauscht werden kann, und zwar in Abhängigkeit vom Verwender.

Schablonenmethode (Template Method)

Eine abstrakte Klasse definiert ein »Skelett« eines Algorithmus, dessen konkrete Teile dann an Unterklassen delegiert werden.

Besucher (Visitor)

Dieses Muster trennt eine Klassenhierarchie von einer zweiten Klassenhierarchie, die die Operationen enthält.

1.6.4 Architekturmuster (Architectural Design Patterns)

In Kapitel 5 geht es weniger um Code als in den anderen Kapiteln, weil die hier beschriebenen Muster weniger Design oder Implementierung unterstützen, sondern die Architektur einer Anwendung oder eines Systems von Anwendungen.

Kleine Architekturmusterkunde

Am Anfang steht ein Überblick über typische Architekturstile: was sie ausmacht und worin sie sich unterscheiden.

The (8) Fallacies of Distributed Computing

Dieser Abschnitt beschäftigt sich mit verteilten Anwendungen und dem, was dort in der Praxis häufig zu Problemen führt.

Serviceorientierte Architektur (Service-oriented Architecture – SOA)

SOA beschreibt ein Paradigma, wie verteilte Komponenten, also Komponenten die auf verschiedenen Rechnern in verschiedenen Prozessen laufen, miteinander interagieren können.

Event Sourcing

Beim Event Sourcing geht es darum, die Ereignisse zu speichern, um auf diese Weise die Zeit zurückdrehen zu können oder um eine vollständige Dokumentation allen Geschehens zu erhalten.

Command Query Responsibility Segregation (CQRS)

Im Kern geht es um die Tatsache, dass das Lesen von Daten und das Verändern von Daten zwei völlig verschiedene Vorgänge sind, die auch verschiedene Vorgehensweisen beim Design von Informationsverarbeitungssystemen ratsam machen.

1.6.5 Datenmuster (Data Design Patterns)

In Kapitel 6 geht es um Entwurfsmuster, die im Zusammenhang mit der Verarbeitung von Daten stehen.

Unit of Work

Dieses Muster passt eigentlich an verschiedene Stellen dieses Buchs. Es beschreibt, wie eine Sammlung von Objekten – üblicherweise Geschäftstransaktionen – gemeinsam und koordiniert in die Datenquelle geschrieben werden.

Transaktionen

Dieser Abschnitt beschäftigt sich mit lokalen und verteilten Transaktionen, sowie ihren Eigenschaften und Besonderheiten – ein Thema, das in der Praxis häufig zu den verschiedensten Problemen führt.

Datentransferobjekt (Data Transfer Object)

Ein Datentransferobjekt dient dazu, Daten zu bündeln, sodass sie in einem Aufruf vom Aufrufer an seine Gegenstelle übertragen werden können.

Table Data Gateway

Das Table Data Gateway ist ein Objekt, das die Verbindung zu einer Datenbanktabelle kapselt.

Row Data Gateway

Im Gegensatz dazu verwaltet dieses Muster die Verbindung zu einem Datensatz, es gibt also für jeden Datensatz eine eigene Instanz eines Row Data Gateways.

Identity Map / Identity Function

Mithilfe dieses Musters lässt sich ein Cache realisieren. Es kann prima mit einem Row Data Gateway kombiniert werden.

Optimistisches Sperren

Dieser und der nächste Abschnitt beschreiben die beiden grundlegenden Sperrmechanismen, die in Mehrbenutzersystemen ungemein wichtig sind. Zunächst betrachten wir das optimistische Sperren, das Locks vermeidet.

Pessimistisches Sperren

Das pessimistische Sperren beruht im Kern auf Locking, also auf dem Sperren von Ressourcen für die gleichzeitige Verwendung.

Vererbung

Mit der Frage, wie sich die Vererbung der OO-Welt in der Welt der relationalen Datenbanken abbilden lässt, befasst sich der letzte Abschnitt von Kapitel 6.

1.6.6 GUI-Muster

In Kapitel 7 beschreibe ich einige Muster, die (vor allem) für Benutzeroberflächen und zur Interaktion mit dem Anwender eingesetzt werden.

Model View Controller (MVC)

Hier wird ein Muster beschrieben, das aus einem Modell (den darzustellenden Daten), einer Präsentationsschicht und einem Controller (für die Interaktion) besteht. Das Muster wird vor allem in Webanwendungen gern und häufig eingesetzt, und auch einige Technologien, wie ASP.NET MVC, erfordern oder begünstigen seine Verwendung.

Model View Presenter (MVP)

Auch dieses Muster kennt wieder drei Akteure: das Modell (die Logik) und die Ansicht der Daten (für Ein- und Ausgaben) sowie den Präsentator, das verbindende Element zwischen Modell und Ansicht, der die Abläufe steuert und die Funktionalität implementiert.

Model View ViewModel (MVVM)

MVVM ist eine Variante von MVC. Es ist vor allem bekannt geworden durch Microsoft-UI-Technologien wie WPF und Silverlight, aber auch durch HTML5. Im Kern geht es dabei um die Trennung der Verantwortlichkeiten zwischen den Entwicklern und den Designern einer Anwendung.

1.6.7 Design- und Entwicklungsprinzipien (Design Principles)

In Kapitel 8 beschreibe ich wichtige Designprinzipien und allgemeine Prinzipien der Softwareentwicklung. Vielleicht erkennen Sie einige oder alle davon aus Ihrem Informatikstudium wieder. Dann betrachten Sie es einfach als willkommene Wiederholung; ansonsten helfen diese Prinzipien vor allem bei der Diskussion mit Kollegen und bei dem Design von Lösungen.

Merkmale schlechten Designs

Den Anfang machen einige Überlegungen zu gutem und schlechtem Design, sozusagen als Motivation für die im Folgenden vorgestellten Prinzipien. Es folgen die *SOLID-Prinzipien*:

Eine-Verantwortlichkeit-Prinzip (Single Responsibility Principle)

Das vielleicht wichtigste Muster aus diesem Kapitel besagt, dass jede Klasse (aber auch jede Methode) einem einzigen Zweck dienen soll, was die Komplexität reduziert, die Wartbarkeit und die Testbarkeit verbessert – neben vielen anderen Vorteilen.

Offen-Geschlossen-Prinzip (Open-Closed-Principle)

Softwarebausteine, wie Klassen und Funktionen, sollen offen für Erweiterungen sein (*Open*), aber nicht modifiziert werden können (*Closed*).

Liskovsches Substitutionsprinzip (Liskov's Substitution Principle)

Bei diesem Prinzip geht es um die Forderung, dass ein Programm statt mit Objekten einer Basisklasse auch mit Objekten abgeleiteter Klassen zurechtkommen muss.

Schnittstellenaufteilungsprinzip (Interface Segregation Principle)

In diesem Muster geht es um die Frage, wie umfangreich Schnittstellen sein dürfen, damit die implementierenden Klassen nicht unnötig umfangreich werden und vor allem keine unnötigen Member implementieren müssen.

Dependency-Inversion-Prinzip (Dependency Inversion Principle)

Weiter geht es mit der Umkehrung der Verantwortung (*Inversion*) und den Abhängigkeiten von Modulen (*Dependency*). Häufig wird dieses Muster auch im Zusammenhang mit Dependency-Injection-Containern genannt.

Das agile Manifest (Agile Manifesto)

Der Abschnitt, der das agile Manifest und seine Werte und Prinzipien beschreibt, entfernt sich ein Stück weit vom Kern dieses Buchs, den Mustern. Ich habe ihn aufgenommen, weil so viele Publikationen auf das agile Manifest verweisen und weil es das Fundament der agilen Softwareentwicklung darstellt.

Designprinzipien (Design Principles)

Wieder eine Spur konkreter sind die Designprinzipien, die einem immer und immer wieder begegnen und die oft ein guter Ratgeber sind, ganz unabhängig von Technologie und Programmiersprache. Man sollte sie einfach kennen.

Design Smells und Anti-Patterns

Schlechtes Softwaredesign verrät sich meist durch Design Smells und die Verwendung von Anti-Patterns. Die wichtigsten davon finden Sie in drei Abschnitten: zu Abstraktionen, zur Kapselung und zu Hierarchien.

Kapitel 2
Erzeugungsmuster

Hätte man bei der Erschaffung der Welt eine Kommission eingesetzt, dann wäre sie heute noch nicht fertig.
– George Bernard Shaw

Erzeugungsmuster haben an Bedeutung zugenommen, und zwar in dem Maße, wie Software flexibler, konfigurierbarer, modulorientierter und orchestrierbarer wurde. Die Erzeugungsmuster sind für die Erzeugung von Objekten in OO-Sprachen da, das verrät bereits der Name.

Früher war die Sache einfach. Objekte wurden statisch im Code erzeugt, so zum Beispiel:

```
MwstCalculator calculator = new MwstCalculator ();
float vat = calculator.berechne(4500);
```

Natürlich bietet das keine ausreichende Flexibilität, denn wenn die Berechnung der Mehrwertsteuer für verschiedene Länder durchgeführt werden soll, braucht man bereits eine weitere Fallunterscheidung, entweder über einen mitgeführten Parameter wie

```
MwstCalculator calculator = new MwstCalculator("DE");
```

oder über eine klassische Vererbungshierarchie:

```
MwstCalculator calculator = new MwstCalculatorDE();
```

Schon bald kam der Gedanke auf, weitere Funktionalitäten einer bestehenden Installation hinzuzufügen, meist indem weitere Dateien kopiert und diese in einer Konfiguration bekannt gemacht werden, sagen wir die Mehrwertsteuerberechnung für Kasachstan – für ein zusätzliches Salär versteht sich. Der Markt der Add-ins war geboren und die Softwareentwicklung um ein weiteres Problem reicher: Wie lässt sich die Erzeugung von Objekten zur Laufzeit flexibel und konfigurierbar steuern?

Noch mehr Flexibilität erfordern Softwaresysteme, deren Objekte nicht mehr von festen Vererbungshierarchien abhängen, sondern deren Komponenten nur lose gekoppelt sind. Man spricht dann auch häufig davon, dass diese Komponenten »komponiert« oder »orchestriert« werden. Besonders in Java wurden (und werden) dafür gern *Dependency Injection Container* eingesetzt, also Softwarekomponenten, die die Abhängigkeiten eines Objekts zur Laufzeit auflösen – und dafür Muster einsetzen, wie sie in diesem Kapitel beschrieben werden.

Natürlich gibt es viele weitere Gründe, Objekte nicht einfach mittels `new` im Code zu instanziieren, aber die Grundidee, die hinter allen Erzeugungsmustern steckt, ist immer dieselbe: Der Teil des Codes, der ein Objekt eines bestimmten Typs benötigt, weiß nichts über dessen Erzeugung. Stattdessen beauftragt er eine (oder mehrere) Erzeugerklassen, die dieses Wissen kapseln und damit steuern können,

- *welches* konkrete Objekt erzeugt werden soll,
- *wie* das geschieht,
- welche weiteren Klassen an der Erzeugung beteiligt sind (*wer* das Objekt also wirklich erzeugt) und
- mitunter *wann* es erzeugt wird.

Wenn das konkrete Objekt schon nicht bekannt ist (nur die Erzeugerklasse kennt es), braucht der Code, der das Objekt schließlich verwenden möchte, natürlich einen flexibleren Zugang zum Objekt. Daher wird sehr häufig gegen Schnittstellen programmiert oder – seltener – eine abstrakte Basisklasse verwendet, der »kleinste gemeinsame Nenner aller infrage kommenden Objekte«:

```
MwstInterface calculator = MwstFactory.create("DE");
```

Sie werden in diesem Kapitel alle gebräuchlichen Erzeugungsmuster kennenlernen. Manche davon ergänzen sich, andere wiederum sind Alternativen, aus denen Sie wählen können – ich gehe jeweils an Ort und Stelle auf die Querverbindungen der Muster untereinander ein.

Das ist ein Praxisbuch, und daher gehe ich in jedem Kapitel auch auf Beispiele ein, wie sie in der Praxis eben anzutreffen sind. Denn schließlich ist das Wichtigste an Entwurfsmustern, ihre Einsatzmöglichkeiten zu (er)kennen, den Rest kann man schließlich im Bedarfsfall nachlesen.

Meist gibt es für ein Erzeugungsproblem gleich mehrere Muster, die infrage kommen. Um das »richtige« Muster auszuwählen, oder sagen wir besser: das geeignetste Muster, können Sie einige Fragen an die hier vorgestellten Muster stellen:

- Kann das Muster nur einen Objekttyp erzeugen oder eine ganze Hierarchie an Objekten?
- Geht es im Kern darum, Objekte aus einer Hierarchie zu erzeugen, oder darum, Objekte aus verschiedenen Komponenten zu bauen?
- Wie groß ist die Lösung, in die das Muster passen soll?

- Gibt es ganz spezielle Anforderungen, zum Beispiel die, dass es nur genau ein Objekt geben darf?

Auch dann gibt es noch Fälle, in denen mehrere Muster passen. Ich empfehle Ihnen dann, nicht gleich auf das einfachste Muster, die Fabrikmethode, zu verfallen, sondern auch den anderen, komplexeren Mustern eine Implementierungschance zu geben.

Aber genug der Vorrede, beginnen wir mit dem Inbegriff des Erzeugungsmusters, der Fabrikmethode.

2.1 Fabrikmethode

Der Begriff *Factory* (Fabrik) wird ein wenig inflationär gebraucht. In Frameworks wimmelt es nur von Factorys, und nicht immer wird dieser Begriff einheitlich verwendet. Das Fabrikmethode-Entwurfsmuster definiert zuallererst eine Methode, die ein Objekt erzeugt. Welche Klasse instanziiert wird, entscheidet die konkrete Klasse, die diese Methode implementiert. Es gibt also zwei Vererbungshierarchien: eine mit den Factory-Klassen und eine zweite mit den zu erzeugenden Objekten, den »Produkten«.

2.1.1 Steckbrief

Deutscher Name: Fabrikmethode

Englischer Name: Factory Method

Gruppe: Erzeugungsmuster

2.1.2 Beschreibung

UML

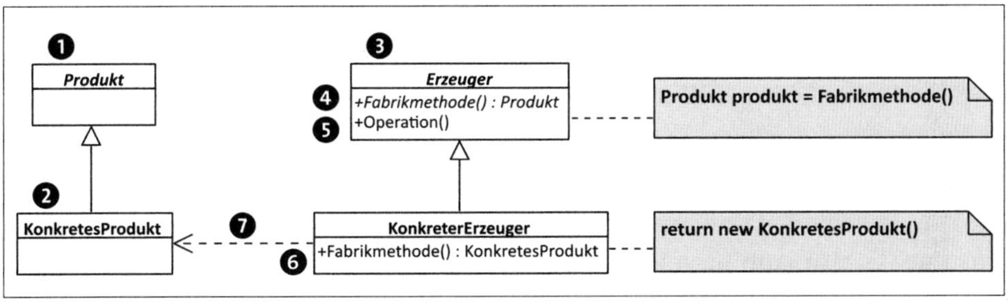

Abbildung 2.1 Das Fabrikmethode-Muster in UML

Nr.	Erläuterung
❶	Die abstrakte Basisklasse des zu erstellenden Objekts
❷	Die Klasse des konkret zu erstellenden Objekts
❸	Die abstrakte Basisklasse, deren wichtigste Aufgabe die Bereitstellung der Fabrikmethode ist
❹	Die Fabrikmethode. Diese kann entweder abstrakt sein oder selbst schon ein »Basisobjekt« erzeugen.
❺	Eine beliebige Operation, die ein Objekt vom Typ `Produkt` bzw. dessen Ableitungen benötigt
❻	Die in der Unterklasse überschriebene Fabrikmethode, die nun das konkrete Objekt instanziiert und zurückgibt
❼	Die konkrete Klasse zur Erstellung eines Objekts muss natürlich einen Verweis auf die Klasse mit dem konkreten Produkt haben, die Klasse also kennen – daher diese Abhängigkeit. Und auch der Erzeuger kennt die Produktklasse.

Tabelle 2.1 Akteure des Fabrikmethode-Musters

Erläuterungen

Wie in allen Erzeugungsmustern geht es um die Erstellung eines Objekts, und zwar eines Objekts, das von der abstrakten Basisklasse `Produkt` abgeleitet ist. Häufig wird die Basisklasse abstrakt sein, sie muss es aber nicht grundsätzlich sein. Nehmen wir einmal ein System, in dem Geschäftsvorfälle bearbeitet werden, ein ERP-System (*Enterprise Resource Planning*). Dann könnte die konkrete Vererbungshierachie so wie in Abbildung 2.2 aussehen.

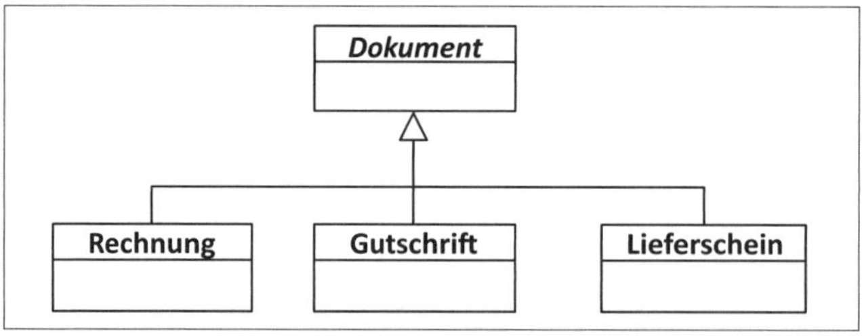

Abbildung 2.2 Ein konkretes Beispiel für die zu erstellenden Objekte

Die Klasse *Dokument* ist hier abstrakt, weil es in der Praxis eben immer nur konkrete Dokumente, also zum Beispiel Gutschriften, gibt, die reale Geschäftsvorfälle abbilden; dennoch wird sie Methoden und Felder enthalten, zum Beispiel ein Feld zur Aufnahme der Belegnummer.

Die nächste Klasse im Bunde ist die `Erzeuger`-Klasse. In unserem Beispiel wird das eine Klasse sein, die zur Faktur von Belegen dient. Nennen wir sie einmal `Fakturierer`. Auch sie kann, muss aber nicht abstrakt sein, kann also auch schon eine Standardimplementierung enthalten. Auf jeden Fall wird sie an irgendeiner Stelle ein Objekt benötigen, im Beispiel also ein Dokument. Im UML-Diagramm aus Abbildung 2.1 ist das durch die Methode `Operation()` angedeutet. Für die Objekterstellung ist die Factory-Methode zuständig, also `Fabrikmethode()`. Sie gibt ein Objekt vom Typ `Dokument` zurück. Wenn die `Dokument`-Klasse abstrakt ist, dann muss es auch die `Fakturierer`-Klasse sein, denn eine abstrakte Klasse kann eben nicht instanziiert werden. Diese Aufgabe wird den Ableitungen von `Fakturierer` zuteil, also zum Beispiel der Klasse `GutschriftFakturierer`. Diese konkreten Implementierungsklassen erzeugen jeweils ein Dokument vom gewünschten Typ.

2.1.3 Anwendungsfälle

An vielen Stellen gibt es abstrakte Klassen mit jeweils einer variablen Anzahl von Implementierungen. Vor allem Bibliotheken und Frameworks arbeiten ausgiebig damit.

Einige Beispiele, diesmal aus dem .NET-Framework:

- die abstrakte Basisklasse `System.IO.Stream` und deren Ableitungen `GZipStream`, `MemoryStream` oder `SqlFileStream`
- die ebenfalls abstrakte Basisklasse `DbConnection` und die konkreten Klassen `SqlConnection` oder `OracleConnection`

Als Entwickler programmieren wir nun gern gegen die Basisklasse und überlassen »die Details« den untergeordneten Klassen, also beispielsweise die Implementierung einer Stored Procedure für den SQL-Server und Oracle.

Nun wird die Entscheidung über die konkret zu implementierende Klasse erst sehr spät, zur Laufzeit, getroffen, zum Beispiel durch die Konfiguration in der Anwendungskonfigurationsdatei, ob als SQL-Server *Oracle* oder der *Microsoft SQL-Server* zum Einsatz kommt.

Betrachten wir das Beispiel von oben weiter: die Belegverarbeitung. Nehmen wir einmal an, fleißige Menschen im Kundenservice erfassen Tag für Tag Geschäftsvorfälle: Kündigungen, Bestellungen, Gutschriften, Auslieferungen und vieles mehr. Die `fakturiereDokumente`-Methode kann nun unmöglich wissen, welche konkreten Objekte benötigt werden (soll heißen, welche Belege fakturiert werden sollen), aber sie weiß, dass für jeden Geschäftsvorfall ein konkretes Belegobjekt benötigt wird und wann es im Prozess zu erzeugen ist. Daher wird lediglich die Fabrikmethode aufgerufen; die eigentliche Objekterzeugung findet aber erst in den konkreten, abgeleiteten Klassen statt, wie in der Klasse `GutschriftFakturierer`.

Diese Implementierung ist nun also ausgelagert, vermutlich in ganz eigenen Bibliotheken. Sie ist auch erweiterbar, und in der Praxis werden Implementierungen häufig sogar zur Laufzeit bei Bedarf dazu geladen. Wir sind damit in der Lage, das Framework, also die Klassen zur Steuerung des Prozesses (der Belegverarbeitung), von der Implementierung zu trennen.

Damit ergeben sich die wichtigsten Anwendungsfälle:

- Die konkret zu erzeugenden Objekte sollen bequem erweiterbar sein.
- Sie sind im Framework zur Entwicklungszeit nicht bekannt, und dennoch soll damit gearbeitet werden.

Auf der anderen Seite muss es auch möglich sein, im Framework-Code etwas Sinnvolles zu leisten, also das Objekt zu erzeugen und damit zu arbeiten, egal welches konkrete Objekt zur Laufzeit dann tatsächlich verwendet wird. Hätten Rechnungen und Gutschriften wenig oder nichts miteinander zu tun, dann wäre dieses Muster nicht von Nutzen.

2.1.4 Implementierung

Führen wir unser Beispiel zur Belegverarbeitung aus. Zunächst betrachten wir die »Produktklassen«, also das Dokument und die konkreten Belegtypen.

Produkt / Konkretes Produkt

```
public abstract class Dokument
{
  private int belegnummer;

  public int getBelegnummer()
  {
    return belegnummer;
  }
  public void setBelegnummer (int belegnummer)
  {
    if (belegnummer > 0)
      this.belegnummer = belegnummer;
  }
}
public class Rechnung extends Dokument
{
}
```

```
public class Gutschrift extends Dokument
{
  //Besser: java.math.BigDecimal, wenn exakte Beträge im Spiel sind
  private float Gutschriftbetrag;

  //getter & setter
}
public class Lieferschein extends Dokument
{
}
```

Listing 2.1 Die abstrakte Dokument-Klasse und deren Ableitungen

Das Fabrikmethode-Muster stellt an diese Klassen keine besonderen Anforderungen. Sie benötigen keine speziellen Methoden oder Felder und auch keine besondere Implementierung. Das ist in der Praxis wichtig, denn diese Vererbungshierarchie ist ja Teil der Geschäftsdomäne, und sie bestimmt auch, wie diese Klassen aussehen sollen.

Erzeuger / Konkreter Erzeuger

Die Erzeugerklasse enthält nun die Fabrikmethode und eine weitere Methode, die ein Objekt vom Typ `Dokument` benötigt:

```
public abstract class Fakturierer
{
  public abstract Dokument erzeugeDokument();

  public void fakturiereDokument()
  {
    Dokument dokument = erzeugeDokument();
    //Arbeite mit Dokument
  }
}
```

Listing 2.2 Die abstrakte Erzeugerklasse »Fakturierer«

Die Fabrikmethode ist abstrakt, sie gibt ein Objekt vom ebenfalls abstrakten Typ `Dokument` zurück. Dennoch enthält sie auch eine Methode, in der sie mit dem erzeugten Objekt etwas Sinnvolles anstellen kann, nämlich die Methode `fakturiereDokument`. Hier wird das Dokument beispielsweise

- berechnet
- gebucht

- gedruckt
- archiviert

Diese »Arbeitermethode« kann in der Praxis natürlich auf mehrere Methoden aufgeteilt sein, von denen alle oder einige virtuell sind, sich also in den abgeleiteten Klassen in ihrem Verhalten überschreiben lassen. Weiten wir dazu die Klasse ein wenig aus, um sie praxisnäher zu gestalten:

```
public abstract class Fakturierer
{
  public abstract Dokument erzeugeDokument();

  public void fakturiereDokument()
  {
    Dokument dokument = erzeugeDokument();
    if (!isValid(dokument))
      throw new IllegalArgumentException(
        "Das zu verarbeitende Dokument ist nicht gültig");
  }

  public boolean isValid(Dokument dokument)
  {
    if (dokument.getBelegnummer() == 0)
      return false;
    return true;
  }
}
```

Listing 2.3 Die um eine virtuelle Methode erweiterte Erzeugerklasse

Besonders praktisch ist das Fabrikmethode-Muster natürlich, wenn ein großer Teil der Geschäftslogik bereits in der Erzeugerklasse enthalten ist und abgeleitete Klassen nur noch einzelne Verhaltensweisen ändern, wie die Validierung in der nun abgeleiteten Klasse `GutschriftFakturierer`:

```
public class GutschriftFakturierer extends Fakturierer
{
  @Override
  public Dokument erzeugeDokument()
  {
    return new Gutschrift();
  }
```

```
  @Override
  public boolean isValid(Dokument dokument)
  {
    return super.isValid(dokument) &&
     ((Gutschrift)dokument).getGutschriftbetrag() > 0;
  }
}
```

Listing 2.4 Die konkrete Erzeugerklasse »GutschriftFakturierer«

Die konkrete Erzeugerklasse kennt nun den Typ des konkret zu erzeugenden Dokuments, im Beispiel die Gutschrift, daher erzeugt nun die überschriebene Fabrikmethode ein Objekt vom Typ `Gutschrift`.

Im Beispiel wurde nicht nur die Fabrikmethode überschrieben, sondern auch die Validierung erweitert, sodass die Basisklasse nur das Vorhandensein einer Belegnummer prüft und die abgeleiteten Erzeugerklassen die Besonderheiten des jeweils zu verarbeitenden Dokuments in die Validierung einbringen.

2.1.5 Weitere Überlegungen und Alternativen

Der Grundgedanke dieses Musters ist es, Spezifika – also zum Beispiel die Details einer Gutschrift – aus dem Framework herauszuhalten, damit die Klasse `Fakturierer` weitgehend unabhängig davon entwickelt werden kann.

Allerdings hängt an diesem Muster ein Preisschild: Es werden zwei Vererbungshierarchien benötigt, eine für die zu erzeugenden Produkte und eine weitere für die Erzeuger, die Hand in Hand entwickelt werden müssen. Ein Client, also der Code, der die Erzeugerklassen verwendet, muss sich darauf einstellen, indem er immer die richtige Erzeugerklasse verwendet. Man könnte argumentieren, das Ableiten der Erzeugerklasse sei eine Doppelung der ohnehin schon vorhandenen Produkthierarchie – und hätte damit recht.

Weitere Hierarchieebenen, noch mehr Erzeuger oder die Alternative: Fabrikmethoden mit Parametern

Besonders deutlich wird das, wenn wir eine oder mehrere weitere Ebenen einziehen, also zum Beispiel die Rechnung weiter unterteilen in:

- Nachnahmerechnung
- Vorausrechnung
- Teilzahlungsrechnung

Andererseits ist es eine Stärke dieses Musters, dass genau das möglich ist – und zwar in vielen Fällen auch noch zu einem späteren Zeitpunkt.

Dennoch: Manchmal ist ein Muster des Musters wegen schlicht zu viel des Guten. Daher sollten Sie grundsätzlich überlegen, die Auswahl des konkreten Produkts nicht allein durch Ableitung zu bewerkstelligen, sondern indem Sie der Fabrikmethode einen Parameter mitgeben. Fügen wir nun die dritte Ebene ein, also die verschiedenen Rechnungstypen:

```
public class Nachnahmerechnung extends Rechnung {
}
public class Vorausrechnung extends Rechnung {
}
public class Teilzahlungsrechnung extends Rechnung {
}

public enum Rechnungstyp
{
  NACHNAHMERECHNUNG,
  VORAUSRECHNUNG,
  TEILZAHLUNGSRECHNUNG
}
```

Der Aufzählungstyp `Rechnungstyp` ist reiner Komfort zur Gewährleistung der Typsicherheit. In vielen realen Projekten findet man einfach einen Integerwert zur Differenzierung der verschiedenen Typen. Wobei viele Sprachen, nicht zuletzt Java, eine Aufzählung letztendlich auch wieder zu einem Integer machen.

```
public class RechnungFakturierer extends Fakturierer
{
  @Override
  public Dokument erzeugeDokument()
  {
    return new Rechnung();
  }

  public Rechnung erzeugeRechnung(Rechnungstyp rechnungstyp)
  {
    switch (rechnungstyp)
    {
      case NACHNAHMERECHNUNG:
        return new Nachnahmerechnung();

      case TEILZAHLUNGSRECHNUNG:
        return new Teilzahlungsrechnung();
```

```
      case VORAUSRECHNUNG:
        return new Vorausrechnung();

      default:
        return new Rechnung();
    }
  }
}
```

Listing 2.5 Fabrikmethode mit Parameter

Die Klasse `Rechnungfakturierer` bietet dieselbe Fabrikmethode wie auch die beiden anderen Fakturierer, damit wird eine »gewöhnliche« Rechnung erzeugt, also ein Objekt der Klasse `Rechnung`.

Zudem enthält sie eine zweite Fabrikmethode, `erzeugeRechnung`, die den Typ der zu erzeugenden Rechnung entgegennimmt und im Code selbst die Fallunterscheidung vornimmt. Gibt es diesen Typ nicht, wird wiederum eine gewöhnliche Rechnung erzeugt.

In diesem Beispiel sieht man auch: Beide Verfahren lassen sich auch in einer Erzeugerhierarchie mischen.

Allerdings könnte man nun zum Extrem greifen und eine einzige, potenziell riesige Fabrikmethode schreiben, die alle Objekte erzeugen kann. Dagegen sprechen einige Dinge:

- Die Erzeugerklasse muss alle Produktklassen kennen, weil sie diese ja alle instanziieren können muss.
- Die Erweiterbarkeit ist eingeschränkt, weil nicht einfach neue Erzeugerklassen der bestehenden Ableitungshierarchie hinzugefügt werden können.
- Im ursprünglichen Ansatz können die konkreten Erzeugerklassen auch in anderen Bibliotheken residieren und somit auch eigenständig ausgeliefert und gepflegt werden. Im neuen Ansatz geht das nicht mehr.
- Die Übersichtlichkeit leidet doch stark und nimmt mit der Anzahl der Produktklassen schnell ab.
- Es geht die Fähigkeit verloren, in den abgeleiteten Erzeugerklassen den Code weiter zu strukturieren, ohne dass die übergeordneten Klassen davon betroffen wären. Beispielsweise könnte die Erzeugung eines Produkts weiter unten im Ableitungsbaum ja viel komplexer sein, und diese Komplexität wäre dann in der großen Fabrikmethode zu finden (oder in einer von ihr aufgerufenen Methode) – wo sie nicht hingehört.

Abstrakte und konkrete Erzeugerklassen und Fabrikmethoden

Das Beispiel von eben mischt zwei verschiedene Arten von Erzeugerklassen:

- Die Basisklasse `Fakturierer` ist abstrakt. Das gilt ebenso für die Fabrikmethode `erzeugeDokument` und die Produktklasse `Dokument`. Jedem Client ist schnell klar: Objekte vom Typ `Dokument` lassen sich nicht erzeugen, und die Compiler verhindern dies zuverlässig.
- Die abgeleitete Klasse `RechnungFakturierer` erzeugt Objekte der Klasse `Rechnung`, aber auch Objekte von davon abgeleiteten Klassen, also Gutschriften, Teilzahlungsrechnungen und Vorausrechnungen. Die Klasse `Rechnung` ist also selbst eine verwendbare Klasse und wiederum Basis für weitere Ableitungen.

Aus der Kombination von Erzeugerklasse und Fabrikmethode ergeben sich drei Möglichkeiten, die alle im Zusammenhang mit dem Entwurfsmuster *Fabrikmethode* anwendbar sind:

- **Abstrakte Erzeugerklasse enthält eine abstrakte Fabrikmethode**: Ableitung notwendig, da sonst kein Objekt erzeugt werden kann.
- **Abstrakte Erzeugerklasse, enthält aber konkrete Fabrikmethode**: Es wird ein »Defaultobjekt« erzeugt.
- **Konkrete Erzeugerklasse und konkrete Fabrikmethode**: Es wird ebenfalls ein »Defaultobjekt« erzeugt.

Die fachliche Aufgabenstellung bestimmt, welche Variante zum Einsatz kommt. Vor allem müssen Sie bei der Entscheidung die Frage betrachten, ob es überhaupt ein »Defaultobjekt« geben kann, das eine Erzeugerklasse ohne Ableitung erzeugen kann.

Erzeugerklasse vs. Produktklasse

In vielen Fällen ist es sinnvoller, die Geschäftslogik nicht in die Erzeugerklasse zu packen, sondern diese lediglich für die Objekterzeugung zu nutzen, weil die Geschäftslogik sicherlich auch außerhalb der Erzeugerklasse verwendet wird. Die Geschäftslogik in die Businessobjekte zu integrieren liegt dann näher. Im Beispiel betrifft das die Validierung, die wir besser so implementieren sollten:

```
public abstract class Dokument
{
  private int belegnummer;

  public int getBelegnummer()
  {
    return belegnummer;
  }
```

```
  public void setBelegnummer (int belegnummer)
  {
    if (belegnummer > 0)
      this.belegnummer = belegnummer;
  }

  public boolean isValid()
  {
    return belegnummer > 0;
  }
}

public class Gutschrift extends Dokument
{
  ...
  @Override
  public boolean isValid()
  {
    return super.isValid() && (gutschriftbetrag > 0);
  }
}

... (class Fakturierer)
public void fakturiereDokument()
{
  Dokument dokument = erzeugeDokument();
  if (!dokument.isValid())
    throw new IllegalArgumentException(
      "Das zu verarbeitende Dokument ist nicht gültig");
}
```

Listing 2.6 Alternative mit Geschäftslogik (Validierung) in der Produktklasse

Sie sehen schon, dass diese Alternative eleganter ist, weil sie kürzer ist und Ihnen zudem das Casten auf den konkreten Produkttyp erspart. Und was eleganter ist, ist meist auch besser.

Statische Fabrikmethoden

Ich habe es schon erwähnt: Heutige Bibliotheken und Framework wimmeln nur so von Factorys. Häufig sind das allerdings nicht Factorys im Sinne des Erfinders, also so, wie sie hier beschrieben sind, sondern statische Methoden, die ein Objekt erzeugen und zurückgeben.

Als Beispiel kann die Task-Klasse aus dem .NET-Framework dienen, stellvertretend für viele weitere Beispiele. Diese Klasse ist eine »gewöhnliche« Klasse, kann also instanziiert werden und stellt dann eine abzuarbeitende Aufgabe dar. Allerdings birgt sie auch eine Besonderheit, und zwar eine Fabrik im Inneren:

```
public static TaskFactory Factory
```

Die Eigenschaft gibt also ein Objekt vom Typ TaskFactory zurück, eine Fabrik also. Und diese Fabrik definiert eine statische Methode, StartNew, die es zudem noch in vielen Überladungen gibt, zum Beispiel diese:

```
public Task StartNew(Action action, CancellationToken cancellationToken)
```

Erstellt wird also ein Objekt der Klasse Task. Damit kann die Task-Klasse selbst verwendet werden, um über eine Fabrik ein Objekt von sich selbst zu erzeugen, also:

```
Task myTask = Task.Factory.StartNew(…)
```

In Methoden wie dieser wird also das Objekt erzeugt und manchmal auch vorkonfiguriert und damit als »Defaultobjekt« zurückgegeben. Das ist komfortabel, weil vom Entwickler leicht benutzbar.

In anderen Fällen wird die Factory selbst wie ein gewöhnliches Objekt erstellt, und zwar mithilfe einer der Konstruktoren, die die Fabrik auf einen bestimmten Typ von Objekten einstellen. Die Fabrikmethode erzeugt dann diese immer gleichen Objekte, wenn Sie wollen wie am Fließband. Die TaskFactory-Klasse selbst ist dafür ein gutes Beispiel, denn ein Objekt davon lässt sich z. B. so erzeugen:

```
TaskFactory tf =
 new TaskFactory(TaskScheduler.FromCurrentSynchronizationContext());
```

Alle damit erstellten Tasks werden also im aktuellen Synchronisationskontext ausgeführt, was nichts anderes bedeutet, als dass sie im Thread des Aufrufers laufen.

```
Task myTask = Tf.StartNew(…)
```

Sie sehen schon: Mit dem hier beschriebenen Entwurfsmuster *Fabrikmethode* hat das wenig zu tun, schon allein deshalb, weil keine Ableitungen im Spiel sind und auch andere Akteure des Musters fehlen. Dennoch wird es häufig synonym verwendet und kann in der Praxis ebenso gewinnbringend eingesetzt werden wie die »richtige« Fabrikmethode.

Zum Schluss zeige ich Ihnen noch ein Beispiel für die Implementierung:

```
public class MyFactory
{
  private String defaultEigenschaft;
```

```
  public MyObject create(String eineEigenschaft)
  {
    return new MyObject(eineEigenschaft);
  }

  public MyFactory(String defaultEigenschaft)
  {
    this.defaultEigenschaft = defaultEigenschaft;
  }

  public MyFactory()
  {
  }

  public MyObject create()
  {
    return new MyObject(defaultEigenschaft);
  }
}
```

Listing 2.7 Die Klasse »MyFactory«

Diese Klasse `MyFactory` ist nicht statisch, und es gibt einen Konstruktor, der einen Standardparameter für alle neu erzeugten Objekte vom Typ `MyObject` entgegennimmt. Auf diese Weise ließen sich jetzt freilich beliebig viele Objekte erzeugen, die aber alle über den Konstruktor parametrisiert werden müssten. Hier kommt nun die nächste Klasse ins Spiel:

```
public class MyObject
{
  private static MyFactory factory = new MyFactory();
  private String eineEigenschaft;

  public MyObject(String eineEigenschaft)
  {
    factory = new MyFactory();
    this.eineEigenschaft = eineEigenschaft;
  }

  public static MyFactory getFactory()
  {
```

```
    return factory;
  }
}
```

Listing 2.8 Die Klasse »MyObject«

Ihre wichtigste Eigenschaft ist das statische Feld `factory`, die ein Objekt vom Typ `MyFactory` zurückgibt, ohne Standardparameter.

Die Verwendung ist nun höchst komfortabel. Zunächst betrachten wir die Varianten ohne explizite Erstellung der Factory:

```
MyObject parameterlosesObjekt = MyObject.getFactory().create();
MyObject objektMitParameter = MyObject.getFactory().create("einParameter");
```

Man sieht, es lassen sich damit Objekte mit und ohne Parameter erzeugen. Nun folgt die Variante, in der ein Client die Factory selbst erzeugt und mit einem Defaultparameter vorkonfiguriert:

```
MyFactory factory = new MyFactory("eine Default-Eigenschaft");
MyObject objektMitDefaultParameter = factory.Create();
```

Alle Aufrufe von `create()` erzeugen nun Objekte mit dem bei der Erzeugung der Factory angegebenen Parameter.

2.2 Singleton

Das Singleton-Muster hat vielleicht nicht den besten Ruf, was daran liegt, dass in Zeiten von Multicore-Systemen Parallelisierung der Trend ist, während das Singleton-Muster sicherstellt, dass es von einer Klasse jeweils nur genau ein Objekt gibt. Das ist das genaue Gegenteil, denn wenn es nur ein Objekt gibt, kann auch zu einer Zeit nur jeweils ein Thread Änderungen am Objekt vornehmen.

2.2.1 Steckbrief

Deutscher Name: Singleton

Alternativer deutscher Name: Einzelstück (eher selten verwendet)

Englischer Name: Singleton

Gruppe: Erzeugungsmuster

2.2.2 Beschreibung

UML

Das Singleton-Muster zählt zu den einfachen Mustern. Entsprechend übersichtlich fällt das UML-Diagramm in Abbildung 2.3 aus.

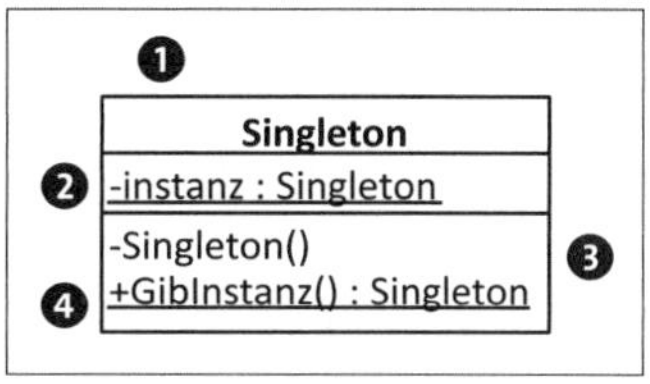

Abbildung 2.3 Das Singleton-Muster in UML

Nr.	Erläuterung
❶	Der Name der Klasse, hier exemplarisch »Singleton« benannt
❷	Der eigentliche Speicher für das Objekt ist ein Klassenattribut. Es ist privat, weil nur die *Singleton*-Klasse selbst es zuweisen darf.
❸	Der private Konstruktor verhindert, dass die *Singleton*-Klasse außerhalb der *Singleton*-Klasse selbst instanziiert werden kann.
❹	Clients greifen auf das *Singleton*-Objekt über diese öffentliche Klassenmethode zu.

Tabelle 2.2 Akteuere des Singleton-Musters

Erläuterungen

Beim Singleton-Muster geht es um Einzigartigkeit, also darum, dass ein Objekt nur einmal im Speicher vorhanden ist. Das ist unter allen Umständen zu gewährleisten, und das technische Mittel, um das zu gewährleisten, sind Klassenmethoden und Klassenattribute.

Daher ist zuerst einmal zu verhindern, dass irgendjemand die Singleton-Klasse selbst instanziiert. Daher wird der Konstruktor kurzerhand als `private` (oder `protected`) deklariert. Und wo kein Konstruktor vorhanden (oder zugreifbar) ist, kann kein Objekt erzeugt werden.

Die *Singleton*-Klasse selbst erhält nun eine Klassenmethode, `GibInstanz`, die das Objekt erzeugt und in der ebenfalls statischen Klassenvariable `instanz` speichert. Sie tut das aber nur beim ersten Mal. Zukünftig wird dann einfach das Objekt über diese Variable zurückgegeben.

2.2.3 Anwendungsfälle

Das Singleton-Muster ist überall dort sinnvoll anzuwenden, wo es naturgemäß nur eine einzige Ressource gibt oder wo wir aus anderen Gründen den Zugriff zentralisieren wollen. Einige Beispiele:

- **Zugriff auf zentrale (Hardware)-Ressourcen:** So kann beispielsweise nur ein Softwaresystem zu einer bestimmten Zeit auf einen installierten Scanner zugreifen.
- **Bereitstellung eines Verteilmechanismus, zum Beispiel eines Druckerpools:** Während die Abarbeitung selbst durch mehrere Objekte stattfinden kann (häufig außerdem multithreaded), ist die Queue selbst als Singleton implementiert.
- **Zur fachlichen Serialisierung:** Denken Sie an ein System zur Faktur von Rechnungen. Dort könnte die Klasse zur Vergabe der Belegnummer als Singleton ausgeführt sein. Damit ist sichergestellt, dass zwei (gleichzeitig) anfragende Clients dennoch zwei aufeinander folgende Belegnummern erhalten.
- **Bei Klassen, deren Instanziierung großen Aufwand kostet:** Nehmen wir eine Konfigurationsklasse, die selbst eine große Konfigurationsdatei lädt. Sie wollen vermutlich nicht, dass bei jedem der häufigen Zugriffe auf die Konfiguration stets ein neues Objekt erzeugt wird, das dann immer wieder diese Datei laden muss.

Wie gesagt: Das Singleton-Muster implementiert diese Anforderungen dadurch, dass es von einer (Singleton-)Klasse immer nur ein konkretes Objekt gibt. Das ist keine bloße Konvention, sondern wird durch die Implementierung technisch sichergestellt. Allerdings muss diese Klasse dann auch folgerichtig einen globalen Zugriff ermöglichen.

In der Praxis gibt es viel mehr zentrale Ressourcen, die jeweils nur von einem Client genutzt werden können, als es den Anschein hat, wenn man die Bibliotheken von Java, .NET, C++ & Co. sichtet. So kann eine Festplatte nur eine einzige Schreib- oder Leseoperation gleichzeitig bedienen, wenn die Anfrage nicht vom internen Cache beantwortet werden kann, und es gibt auch ungleich mehr gleichzeitig laufende Threads, als physikalische Prozessoren (bzw. Kerne) vorhanden sind. Meist werden diese Ressourcen »weiter hinten« im gesamten Prozess fair aufgeteilt. Üblicherweise geschieht dies durch Warteschlangen, in die die Anfragen in ihrer Reihenfolge und Priorität eingereiht werden. Häufig kommen zudem Zeitscheibenverfahren zum Einsatz, wie bei der Zuteilung von Rechenzeit an laufende Threads, um eine Gleichzeitigkeit zu simulieren, wo in Wirklichkeit ein echter »Singleton« am Werke ist.

Wie auch immer: Hier geht es um das Singleton-Muster, und dessen Reichweite ist begrenzt. In .NET und in Java wird ein Singleton üblicherweise über statische Methoden implementiert, und die stellen eine Eindeutigkeit, vereinfacht gesagt, nur in dem aktuell laufenden Prozess sicher.

2.2.4 Implementierung

Die wichtigste Aufgabe des Codes ist sicherzustellen, dass es auch wirklich nur ein Objekt der Klasse gibt. Dafür gibt es in Programmiersprachen das Konzept der Klassenattribute, die sich daher für die Implementierung gut eignen.

Nehmen wir als Beispiel eine Konfigurationsklasse, sodass sich die Konfiguration von beliebigen Stellen im Code lesen und schreiben lässt.

Die Klasse selbst ist öffentlich und bietet Methoden zum Lesen und Schreiben von Konfigurationsdaten, wie wir das auch tun würden, ohne das Singleton-Muster anzuwenden.

```
public class Konfiguration
{
  private HashMap<String, String> keyValuePaare;

  public Konfiguration()
  {
    keyValuePaare = new HashMap<String, String>();
    //Lade die Konfiguration aus einer Datei
  }

  public HashMap<String, String> getWerte()
  {
    return keyValuePaare;
  }

  public String getWert(String key)
  {
    if (keyValuePaare.containsKey(key))
      return keyValuePaare.get(key);
    else
      return null;
  }

  public void setWert(String key, String value)
  {
    if (keyValuePaare.containsKey(key))
      keyValuePaare.replace(key, value);
    else
      keyValuePaare.put(key, value);
    schreibeKonfiguration();

  }
```

```
  private void schreibeKonfiguration()
  {
    //Konfiguration zurück auf Datenträger schreiben
  }
}
```

Listing 2.9 Die Klasse »Konfiguration« noch ohne Singleton-Eigenschaften

Die Implementierung der Konfiguration ist nicht weiter wichtig. In diesem sehr einfachen Beispiel wird die Konfiguration auf sehr einfache Weise in einem assoziativen Speicher verwaltet.

Um nun das Singleton-Muster anzuwenden, sind drei Schritte notwendig:

1. Zunächst müssen Sie verhindern, dass Anwender die Klasse selbst im Code instanziieren. Das geht am einfachsten, indem der Konstruktor `private` wird:

   ```
   private Konfiguration()
   {
     keyValuePaare = new HashMap<String, String>();
     // Lade die Konfiguration aus einer Datei
   }
   ```

2. Als Nächstes wird ein Feld benötigt, in dem das `Konfiguration`-Objekt gespeichert wird. Üblicherweise wird das Objekt `Instanz` (`Instance`) genannt, aber das ist reine Konvention.

   ```
   private static Konfiguration instanz;
   ```

   Man könnte bereits jetzt den statischen Initialisierer verwenden und das Objekt an Ort und Stelle erzeugen:

   ```
   private static Konfiguration _instanz = new Konfiguration();
   ```

   In den meisten Programmiersprachen ist diese Vorgehensweise threadsicher. Oder Sie wählen die gebräuchlichere Vorgehensweise aus dem letzten Schritt.

3. Dieser letzte Schritt besteht darin, einem Client einen Zugriff auf das `Konfiguration`-Objekt zu bieten, denn er kann ja selbst kein Objekt mehr erstellen; der private Konstruktur verhindert dies ja.

   ```
   private static Konfiguration gibInstanz()
   {
     if (instanz == null)
       instanz = new Konfiguration();
     return instanz;
   }
   ```

Das Objekt wird in diesem Beispiel erzeugt, sobald zum ersten Mal auf die `gibInstanz`-Methode und damit auf das `Konfiguration`-Objekt selbst zugegriffen wird (man nennt das auch *Lazy Loading*). Der Vorteil liegt auf der Hand: Wird auf das Objekt überhaupt nie zugegriffen, sparen wir uns das Erstellen von vornherein.

Ein Client kann ohnehin nur über den Getter `gibInstanz()` Zugriff erhalten. Der Client kann daher in der Verwendung überhaupt keinen Fehler machen.

```
String einWert = Konfiguration.gibInstanz().getWert("einKey");
```

bzw.:

```
Konfiguration.gibInstanz().setWert("einKey", "einKey");
```

2.2.5 Weitere Überlegungen und Alternativen

Das Singleton-Muster hat eine lange Geschichte und zählt daher zu den bekanntesten und am besten verstandenen Mustern überhaupt. Dennoch (oder gerade deshalb) gibt es einige Variationen.

Globale Variablen

In der Praxis sieht man anstelle des Singleton-Musters häufig globale Variablen. Das Singleton-Muster hat allerdings einige Vorteile, denn der Charme des Singletons besteht darin, dass der Zugriff strikt kontrolliert ist, während eine globale Variable von überall aus zugreifbar ist. Außerdem kann das `Konfiguration`-Objekt in einem eigenen Namensraum leben und bequem in ein eigenes Package bzw. eine eigene DLL ausgelagert werden. Und die `Konfiguration`-Klasse wird erst dann instanziiert, wenn sie auch wirklich zum ersten Mal benötigt wird. Nicht umsonst hat es sich inzwischen herumgesprochen, dass globale Variablen, in aller Regel jedenfalls, vermieden werden sollten.

Statische Klasse

Manchmal wird die `Konfiguration`-Klasse auch vollständig zur statischen Klasse umfunktioniert. Allerdings sind Sie dann hinsichtlich der Implementierung eingeschränkt, denn eine gewöhnliche Klasse kann ihren eigenen Zustand einfach viel bequemer in privaten Variablen speichern und auch nichtstatische Methoden für den Client anbieten.

Vererbung

Grundsätzlich verträgt sich das Singleton-Muster auch mit Vererbung, allerdings darf die Sichtbarkeit des Konstruktors dann nicht mehr `private` sein, sondern `protected`, sodass die abgeleitete Klasse auf den Konstruktor der Singleton-Basisklasse zugreifen kann. Dennoch rate ich davon ab, schon allein deshalb, weil ein Anwender der Singleton-Klasse dies im Regelfall nicht erwarten würde. Um diesen Gedanken explizit auszudrücken, bieten die meisten Sprachen eine Versiegelung der Klasse an. In C# lässt sich eine Klasse so gegen Vererbung absichern:

```
public sealed class Konfiguration
```

In Java geschieht das auf diese Weise:

```
public final class Konfiguration
```

Einzigartig, aber was?

Die Reichweite des Musters ist eingeschränkt. Im .NET-Framework beispielsweise wird die Eindeutigkeit einer statischen Variable lediglich für eine Application Domain gewährleistet. Nehmen wir einmal an, die Klasse zur Erstellung der nächsten Belegnummer wäre nicht mehr lokal vorhanden, sondern in einem Webservice implementiert. Das ist eine realistische Annahme, weil die meisten Systeme, die Belege verarbeiten, natürlich mehrere Benutzer gleichzeitig zulassen.

Weitere Beispiele für Einzigartigkeit sind:

- transaktionsverarbeitende Systeme, die einzelne Transaktionen voneinander isolieren, indem sie diese serialisieren
- Queuing-Systeme, die über einen zentralen Service Elemente entgegennehmen, die sie dann in die Warteschlange einreihen
- Betriebssystem-APIs, die nur von jeweils einem Prozess verwendet werden können

Das geht natürlich über dieses Kapitel hinaus, und jedes der oben genannten Systeme bringt einen eigenen Mechanismus mit, um die Singleton-Eigenschaft sicherzustellen. In WCF, einer Bibliothek zur Erstellung von Services, geht das zum Beispiel über Attribute:

```
[ServiceBehavior(InstanceContextMode=InstanceContextMode.Single)]
public class MyService:IMyService
```

Als Anwender des Singleton-Musters sollten Sie darauf achten, dass auch wirklich die gesamte Aufrufkette – eventuell auch über den Prozess oder gar über den eigenen Rechner hinaus – das Singleton-Prinzip richtig und vollständig umsetzt.

Threadsicherheit

Machen wir uns nichts vor: Threadsicherheit verkompliziert die Dinge. Im Falle des Singleton-Musters sind natürlich die Methoden selbst threadsicher zu gestalten, wie bei jeder anderen Klasse auch. Außerdem sollte die Erzeugung des Objekts selbst nur von einem Thread aus erfolgen. Da dies allerdings nur beim ersten Zugriff geschieht ist, das Problem häufig nicht sehr groß.

Die genaue Implementierung (will man es denn perfekt machen) hängt von der verwendeten Sprache und manchmal sogar von deren spezifischer Version ab.

Für Java bieten sich gleich fünf Lösungsmöglichkeiten an:

- Möglichkeit 1 besteht darin, den ersten Zugriff kontrolliert von einem Thread durchzuführen, was natürlich die Vorteile des Lazy Loading zunichtemacht. Für wenig aufwendige Objekte, auf die aber sehr häufig zugegriffen wird, ist das eine absolut akzeptable Vorgehensweise.
- Wie schon oben erwähnt, kann die Initialisierung des Singleton-Objekts auch schon über einen statischen Initialisierer stattfinden:

  ```
  private static Konfiguration instanz = new Konfiguration();
  ```

  Die garantiert threadsichere Initialisierung wird dann beim Laden der Klasse durch die JVM ausgeführt.
- Eine sehr einfache Möglichkeit wäre es auch, die Methode zum Abruf und zur Erzeugung der Instanz, `gibInstanz()`, als `synchronized` zu markieren:

  ```
  public static synchronized Konfiguration gibInstanz()
  {
    if (instanz == null)
      instanz = new Konfiguration();
    return instanz;
  }
  ```

  Der Schönheitsfehler dabei ist, dass ja das Objekt nur einmal erzeugt werden muss, der Zugriff darauf – über dieselbe Methode – aber sehr oft geschieht und somit auch die lesenden Zugriffe auf das Singleton-Objekt synchronisiert werden.
- Die vierte Möglichkeit sperrt daher nur das Erzeugen des Singleton vor dem gleichzeitigen Zugriff mehrerer Threads, durch »doppelt überprüfte Sperrung«:

  ```
  private volatile static Konfiguration instanz;
  ...
  public static synchronized Konfiguration gibInstanz()
  {
    if (instanz == null)
    {
      synchronized (Konfiguration.class)
      {
        if (instanz == null)
          instanz = new Konfiguration();
      }
  ```

```
    }
    return instanz;
  }
```

Hier wird der synchronisierte Code auch wirklich nur noch dann ausgeführt, wenn das Singleton-Objekt noch nicht initialisiert wurde.

- Die fünfte Lösung ist ein wenig exotischer, aber spannend. Sie funktioniert mit Enums:

```
public enum Konfiguration
{
  INSTANCE;
... Methoden und andere Member
```

Die anderen Methoden und Member übernehmen Sie einfach von oben, außer natürlich der `gibInstanz()`-Methode, die hier nicht mehr erforderlich ist. Der Zugriff ist einfach und elegant über das Enum-Member möglich, die Java VM garantiert die threadsichere Initialisierung des Singletons.

```
String einWert = Konfiguration.INSTANCE.getWert("einKey");
```

Auch bei dieser Variante wird das Objekt erst beim ersten Zugriff erstellt. Der Nachteil könnte natürlich sein, dass Sie von Ihren Kollegen als Nerd angesehen werden.

Multiton

Auch wenn das Singleton-Muster die Einzahl schon im Namen trägt: Grundsätzlich kann das Muster auch verwendet werden, um eine endliche Zahl von Objekten zu erzeugen. Das entsprechende Muster heißt dann folgerichtig *Multiton*, und Sie finden dessen Beschreibung im nächsten Abschnitt.

Gefahren

Singletons sind eine prima Sache, wenn man sie denn sparsam einsetzt und nicht exzessiv und aus reiner Bequemlichkeit. Auch wenn Singletons meist besser sind als globale Variablen, teilen sie dennoch einige ihrer Schwachstellen. Ein Client, der sein eigenes Objekt besitzt, kann auch dessen Lebensdauer kontrollieren, während die Lebensdauer des Singletons vom Laufzeitsystem kontrolliert wird. Außerdem wird die Testbarkeit erschwert, weil sich das Objekt nicht so ohne Weiteres z. B. durch ein Mock-Objekt ersetzen lässt. Und es besteht auch immer die Gefahr, dass durch das Singleton Ausführungsstränge serialisiert werden, die eigentlich parallel ausgeführt werden könnten.

2.2.6 Vollständige Implementierung

```
public final class Konfiguration
{
  private HashMap<String, String> keyValuePaare;
  private static Konfiguration instanz = new Konfiguration();

  private Konfiguration()
  {
    keyValuePaare = new HashMap<String, String>();
    //Lade die Konfiguration aus einer Datei
  }

  //synchronized ist hier optional
  public static synchronized Konfiguration gibInstanz()
  {
    return instanz;
  }

  public HashMap<String, String> getWerte()
  {
    return keyValuePaare;
  }

  public String getWert(String key)
  {
    if (keyValuePaare.containsKey(key))
      return keyValuePaare.get(key);
    else
      return null;
  }

  public void setWert(String key, String value)
  {
    if (keyValuePaare.containsKey(key))
      keyValuePaare.replace(key, value);
    else
      keyValuePaare.put(key, value);
    schreibeKonfiguration();

  }

  private void schreibeKonfiguration()
  {
```

```
    //Konfiguration zurück auf Datenträger schreiben
  }
}
```

Listing 2.10 Vollständige Singleton-Implementierung in der einfachsten Version

2.3 Multiton

Das Multiton-Muster ist das natürliche Geschwister des Singleton, das im vorherigen Abschnitt behandelt wurde. Bitte lesen Sie die dortigen Ausführungen, denn ich fasse mich hier kurz und gehe (im Wesentlichen) nur auf die Unterschiede ein.

Eine Multiton-Klasse arbeitet genauso wie eine Singleton-Klasse, allerdings mit dem wichtigen Unterschied, dass es nicht genau ein Objekt davon gibt, sondern mehrere (aber nicht beliebig viele).

Man kann sich darüber streiten, ob es das Multiton-Muster wirklich gibt oder ob nicht das Anlegen mehrerer Objekte eine Eigenschaft des Singletons ist; daher findet man in der Wissenschaft mal die eine, mal die andere Sichtweise. Wie auch immer: Wenn es Ihnen – wie mir – merkwürdig vorkommt, dass ein Singleton eben nicht mehr singulär ist, dann sprechen Sie lieber vom Multiton-Muster; wenn nicht, dann betrachten Sie diesen Abschnitt einfach als Erweiterung des vorherigen.

2.3.1 Steckbrief

Deutscher Name: Multiton

Englischer Name: Multiton

Gruppe: Erzeugungsmuster

2.3.2 Beschreibung

UML

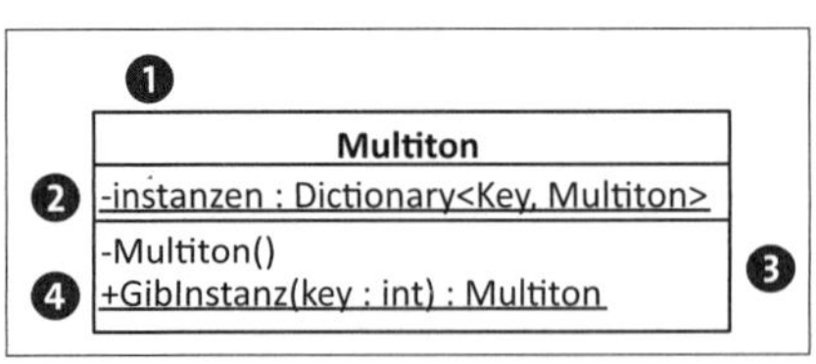

Abbildung 2.4 Das Multiton-Muster in UML

Nr.	Erläuterung
❶	Der Name der Klasse, hier exemplarisch »Multiton« benannt
❷	Der eigentliche Speicher für die Objekte ist ein Klassenattribut. Er ist privat, weil nur die Multiton-Klasse selbst darauf zugreifen und darin Instanzen erzeugen darf.
❸	Der private Konstruktor verhindert, dass die Multiton-Klasse außerhalb der Singleton-Klasse selbst instanziiert werden kann.
❹	Clients greifen auf das Multiton-Objekt über diese öffentliche Klassenmethode zu. Optional kann der Schlüssel mitgegeben werden, wenn ein Client eine bestimmte Instanz erhalten möchte.

Tabelle 2.3 Akteure des Multiton-Musters

Beschreibung

Im Grunde gibt es nur zwei Unterschiede zum Singleton-Muster:

- Statt einer einfachen statischen Klassenvariablen zur Speicherung der einzigen Instanz der Klasse gibt es eine (ebenfalls statische) Liste von Multiton-Objekten, weil es ja nun mehrere Objekte geben kann.
- Die `GibInstanz`-Methode muss nun wissen, welches Objekt zurückgegeben werden soll, daher enthält sie nun einen Schlüssel als Übergabeparameter.

2.3.3 Anwendungsfälle

Dieses Muster eignet sich für dieselben Szenarien wie das Singleton-Muster, sofern ein einzelnes Objekt nicht ausreicht. Einige Beispiele:

- Vielleicht stehen in einem Rechner mehrere Hardwareressourcen des gleichen Typs zur Verfügung. Dann können sie durch jeweils eine eigene Instanz der Multiton-Klasse abgebildet werden.
- Häufig gibt es softwaretechnisch »teure« Ressourcen, Datenbankverbindungen sind ein Beispiel dafür. Eine Verbindung zu einem Datenbankserver aufzubauen, nebst Authentifizierung, kann schon einmal eine Sekunde in Anspruch nehmen. Eine solche Ressource lässt sich mit einem Multiton bei Bedarf erstellen und für andere Clients wiederverwenden. Man spricht dann auch von *Object Pooling*.

2.3.4 Implementierung

Ich hatte es schon angesprochen: Datenbankverbindungen lassen sich mit Gewinn in einem Pool speichern und wiederverwenden. Um einen solchen Pool zu erstellen, benötigen wir zunächst die Multiton-Klasse:

```
public class DbPoolConnection
```

Sie ist `public` wie auch beim Singleton, weil sie ja von jeder Stelle des Codes aus zugreifbar sein soll, um Datenbankverbindungen zu erzeugen und abzurufen.

Als Nächstes benötigen wir wieder einen statischen Speicher für die Multiton-Instanzen. Da es diesmal mehrere sind, ist eine Collection eine gute Wahl, also die Klasse `HashMap<K, V>` in Java oder die `Dictionary`-Klasse des .NET-Frameworks:

```
private static HashMap<Integer, DbPoolConnection> instanzen =
 new HashMap<Integer, DbPoolConnection>();
```

Im Grunde ist die Entscheidung für die eine oder andere Collection-Klasse an dieser Stelle nicht so wichtig. Die beiden erwähnten Klassen bieten aber einen sehr schnellen und direkten Zugriff auf ihre Elemente über den Schlüssel und eignen sich daher für eine performante Implementierung recht gut. Auch hier wird wieder aus Gründen der Threadsicherheit der Typinitialisierer verwendet.

Die `DbConnectionPool`-Klasse soll auch Arbeit verrichten und nicht nur akademische Berechtigung haben, daher unterhält die Klasse auch eine Verbindung zu einer Datenbank, die hier durch die Klasse `DatabaseConnection` angedeutet ist:

```
private DatabaseConnection dbConnection;
private DbPoolConnection()
{
  dbConnection = new DatabaseConnection("Ein Connection-String");
  dbConnection.Open();
}
public DatabaseConnection getDatabaseConnection()
{
  return dbConnection;
}
```

Um an eine Instanz zu gelangen, ist die statische Methode `gibInstanz` zuständig:

```
public static DbPoolConnection gibInstanz(Integer key)
{
  synchronized(instanzen)
  {
    DbPoolConnection instanz = instanzen.get(key);
    if (instanz == null)
    {
      instanz = new DbPoolConnection();
      instanzen.put(key, instanz);
    }
```

```
    return instanz;
  }
}
```

An die Stelle des Keys kann natürlich auch der Zufall treten, wenn es dem Client egal ist, welche Instanz er erhält.

Die Methode prüft zunächst, ob die statische Collection-Klasse ein Multiton-Objekt mit dem angegebenen Schlüssel enthält, und erzeugt es bei Bedarf. Zum Schluss wird immer ein Objekt zurückgegeben.

Ein Client kann nun einfach auf die statische Methode `gibInstanz` zugreifen:

```
DbPoolConnection einPoolObjekt = DbPoolConnection.gibInstanz(5);
einPoolObjekt.getDatabaseConnection();
```

2.3.5 Weitere Überlegungen und Alternativen

Es gelten die Ausführungen im Abschnitt zum Singleton (siehe Abschnitt 2.2.5). Die Threadsicherheit wird im Beispiel durch eine einfache Sperre erreicht; auch hier sind elegantere Versionen denkbar. Allerdings ist der kritische Code sehr kurz, jedenfalls wenn keine Datenbankverbindung erstellt werden muss. Daher ist die Lösung hier vertretbar.

2.3.6 Vollständige Implementierung

```
public class DbPoolConnection
{
  private static HashMap<Integer, DbPoolConnection> instanzen =
    new HashMap<Integer, DbPoolConnection>();

  private DatabaseConnection dbConnection;
  private DbPoolConnection()
  {
    dbConnection = new DatabaseConnection("Ein Connection-String");
    dbConnection.Open();
  }

  public DatabaseConnection getDatabaseConnection()
  {
    return dbConnection;
  }

  public static DbPoolConnection gibInstanz(Integer key)
```

```
    {
      synchronized(instanzen)
      {
        DbPoolConnection instanz = instanzen.get(key);
        if (instanz == null)
        {
          instanz = new DbPoolConnection();
          instanzen.put(key, instanz);
        }
        return instanz;
      }
    }
}
```

Listing 2.11 Vollständige Multiton-Implementierung

2.4 Abstrakte Fabrik

Manchmal geht es bei der Erzeugung von Objekten nicht nur um ein Objekt, sondern sogar um eine ganze Familie von Objekten. Nehmen wir einmal an, Sie erstellen eine Software für die Hausautomation. Dazu gehören ganz verschiedene Objekte, wie Sensoren (zum Beispiel für die Messung der Temperatur) und Aktoren (wie für das Aus- und Einfahren der Jalousien). Das sind in der OO-Welt ganz typische Objekte.

Nun haben es solche Technologien so an sich, dass es zumeist verschiedene miteinander konkurrierende Systeme gibt. Und genau da liegt die Hauptanwendung dieses Musters: einen Klienten (in unserem Beispiel wäre das die Software zur Steuerung dieser Geräte) von einer konkreten Objektfamilie unabhängig zu machen.

Ein »Klassiker«, der bei diesem Muster häufig ins Spiel gebracht wird, sind verschiedene Oberflächenelemente, wie Listen, Comboboxen oder Eingabefelder, die es auch in verschiedenen Varianten gibt. Diese Varianten sind zwar in ihrer Grundfunktion gleich (ein Eingabefeld ist nun einmal ein Eingabefeld), unterscheiden sich aber in ihrem Aussehen und teilweise auch in ihrem Verhalten.

2.4.1 Steckbrief

Deutscher Name: Abstrakte Fabrik

Englischer Name: Abstract Factory

Auch bekannt als: Kit

Gruppe: Erzeugungsmuster

2.4.2 Beschreibung

Für die Erläuterungen ist es diesmal hilfreich, wenn wir das Praxisbeispiel gleich 1:1 in die UML-Klassen übersetzen. Die beiden Varianten der Heimautomation nennen wir HOMEBUS und PROBUS.

UML

Das UML-Diagramm in Abbildung 2.5 sieht komplizierter aus, als es in Wirklichkeit ist, also erschrecken Sie bitte nicht.

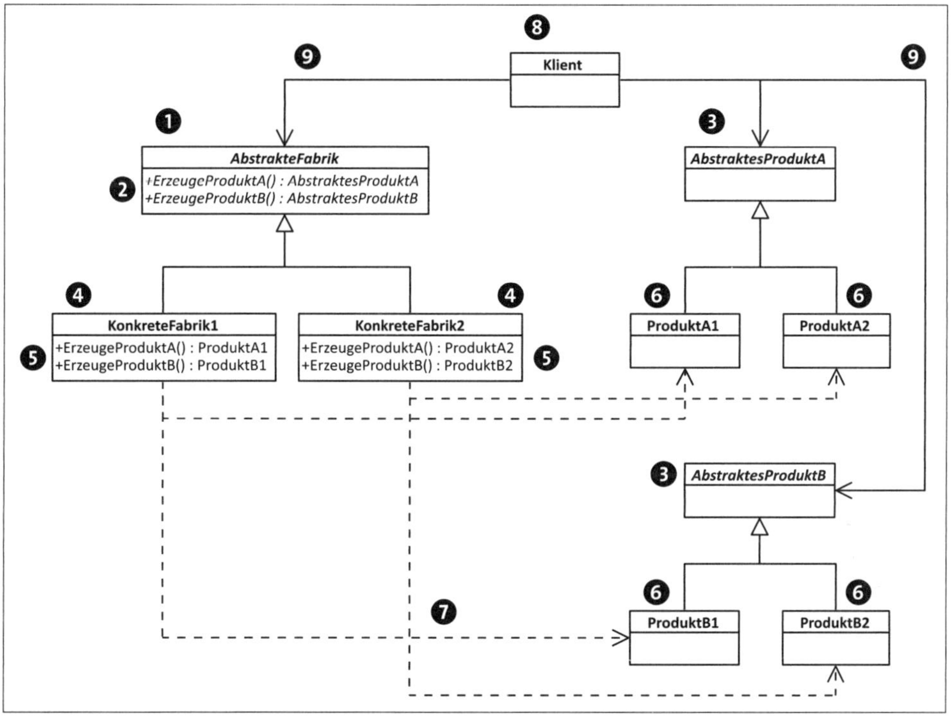

Abbildung 2.5 Das Abstrakte-Fabrik-Muster in UML

Nr.	Erläuterung
❶	Die *AbstrakteFabrik*-Klasse ist, der Name verrät es schon, eine abstrakte Klasse oder auch eine Schnittstelle. In unserem Beispiel nennen wir die Klasse `HeimautomationFabrik`.

Tabelle 2.4 Akteure des Abstrakte-Fabrik-Musters

Nr.	Erläuterung
❷	Die *AbstrakteFabrik*-Klasse enthält nun für jedes zu erzeugende Produkt eine eigene ebenfalls abstrakte Methode, konkret also: ▶ `erzeugeTemperaturSensor` ▶ `erzeugeJalousieAktor`
❸	Zu jedem Produkt gibt es ein *abstraktes Produktobjekt*. Hier sind es: ▶ `TemperaturSensor` ▶ `JalousieAktor`
❹	Bislang war alles abstrakt. Nun folgen die ersten konkreten, also implementierenden Klassen. Die *konkreten Fabriken* erben von *AbstrakteFabrik* (oder implementieren die Schnittstelle *AbstrakteFabrik*). Für jede Produktfamilie gibt es eine eigene Klasse: ▶ `HomebusFabrik` ▶ `ProbusFabrik` Die Zahlen 1 und 2 im UML-Diagramm deuten es schon an, dass es natürlich beliebig viele Produktfamilien und damit konkrete Fabrikklassen geben kann.
❺	Die *konkreten Fabrikklassen* implementieren nun die Methoden zur Erzeugung der eigentlichen Objekte und geben das jeweils richtige Objekt der Produktfamilie zurück. Wir können die Methodennamen natürlich nicht ändern; sie müssen so heißen wie auch in der abstrakten Fabrik, sonst würden wir sie etwa so nennen wie »erzeugeHomebusTemperaturSensor«.
❻	Die »richtigen« *Produkte* für den HOMEBUS sind: ▶ `HomebusTemperaturSensor` ▶ `HomebusJalousieAktor` Und für den PROBUS entsprechend: ▶ `ProbusTemperaturSensor` ▶ `ProbusJalousieAktor` Natürlich bringen diese Produkte viele Methoden und Felder mit, zum Beispiel zum Auslesen oder Setzen von Werten. Diese sind aber für das Wesen des Musters nicht wichtig und wurden daher im Diagramm weggelassen. In der Beispielimplementierung unten sind sie aber enthalten.
❼	Damit die konkreten Fabriken das jeweils richtige Zielobjekt erzeugen können, müssen sie es natürlich kennen und erstellen können, daher diese Assoziationen im UML-Diagramm.

Tabelle 2.4 Akteure des Abstrakte-Fabrik-Musters (Forts.)

Nr.	Erläuterung
❽	Der *Klient* ist die Klasse, die Objekte benötigt. In unserem Fall werden wir sie `HeimController` nennen.
❾	All die Mühe hat einen Hauptzweck: Der *Klient* muss nun nicht die konkreten Produkte und konkreten Fabriken kennen. Er kann gegen die abstrakten Produkte und Fabriken programmieren, was ihn (neben vielen weiteren Vorteilen) für Erweiterungen und Änderungen unempfindlich macht, zum Beispiel wenn demnächst ein neuer Anbieter im Heimautomationsmarkt seine Produkte in unsere Software integrieren möchte.

Tabelle 2.4 Akteure des Abstrakte-Fabrik-Musters (Forts.)

Erläuterungen

So viel nun zum Spielfeld, auf dem die Akteure aufgestellt sind. Der Vorteil ist auch schon umrissen worden: Der Heimcontroller muss nur noch wissen, was Temperatursensoren und Jalousieaktoren sind und wie und wofür sie eingesetzt werden. Er braucht aber nicht mehr wissen, welche konkreten Typen von solchen Sensoren und Aktoren es gibt.

Was diese können, das ist bereits in den abstrakten Klassen

- `TemperaturSensor`
- `JalousieAktor`

festgelegt. Nicht alle konkreten Klassen müssen diese Schnittstelle auch zu 100% implementieren. Es könnte durchaus sein, dass der Jalousieaktor der Firma *HOMEBUS* nur das Herauf- und Herunterfahren der Jalousien unterstützt, nicht aber das Verstellen der Lamellen – irgendwo muss ja ein Unterschied zum Wettbewerber *PROBUS* sein.

Das Muster erleichtert also die Integration neuer Produktfamilien, die dann jeweils ihre ganz eigenen Versionen (also Objekte) der Sensoren und Aktoren mitbringen. Damit wird eine Software viel leichter portierbar, erweiterbar und auch wartbar.

2.4.3 Anwendungsfälle

Ein typischer Einsatzzweck sind Klassenbibliotheken. Nehmen Sie dazu einmal an, dass eine der beiden Firmen, sagen wir PROBUS, eine Klassenbibliothek zur Steuerung des Eigenheims entwirft, mit dieser Bibliothek aber einen De-facto-Standard schaffen möchte. Damit das klappt, Firmen wie HOMEBUS also darauf anspringen, muss die Bibliothek generisch sein und darf keine konkreten Objekte der Firma PROBUS enthalten.

Ganz konkret könnte die Bibliothek also einen Klienten (das Steuerungsmodul) enthalten und die jeweils abstrakten Klassen für die Produkte (also Sensoren und Aktoren) und die dazugehörigen Fabriken. Fabriken und Produkte sind zwar abstrakt, können aber dennoch bereits Funktionen enthalten, die über alle Produktfamilien einheitlich sind – wir können schließlich sicher davon ausgehen, dass ein Temperatursensor die aktuelle Temperatur dem Homecontroller melden wird. Dieser Homecontroller wird dann zum Beispiel bereits Funktionen für das Abrufen der Temperatur und das Logging derselben mitbringen – nebst schicken Funktionen für die Darstellung versteht sich.

Die konkreten Fabriken und Produkte verpackt PROBUS hingegen in einer eigenen auslieferbaren DLL, die ein Kunde, der sich für das System dieser Firma entscheidet, dann mitgeliefert bekommt, während die Kunden der Firma HOMEBUS eben deren DLL erhalten.

Was nun konkrete Produkte sind, das ist freilich Sache des jeweiligen fachlichen Problems.

Zusammengefasst lässt sich sagen, dass sich das Muster also eignet, wenn

- es mehrere Objekte gibt, die jeweils zu einer Produktfamilie gehören.
- bereits heute oder in naher Zukunft weitere Produktfamilien dazukommen.
- der Klient von den Spezifika der Objekterzeugung befreit werden soll (wobei das praktisch für alle Muster dieses Kapitels zutrifft).
- die Objekte untereinander Abhängigkeiten besitzen, sodass immer die gesamte Produktfamilie ergänzt oder ausgetauscht wird und nicht nur einzelne Objekte. In unserem Beispiel ist klar: Controller, Sensoren und Aktoren gehören zusammen, schließlich sollen die Jalousien bei Frostgefahr automatisch eingefahren werden: Temperatursensor und Jalousieaktor wirken also über den Heimcontroller zusammen.
- Sie vermeiden wollen, dass Objekte verschiedener Familien gemischt werden. Auch das ist einleuchtend, wenn wir annehmen, dass die Systeme der Firma PROBUS und die von HOMEBUS nicht kompatibel sind.

Gerade die letzten beiden Punkte der Aufzählung haben es in sich, denn realisiert werden sie gerade dadurch, dass die Fabrikklassen für jedes zu erzeugende Objekt eine eigene Methode mitbringen. Die Art und Menge der zu erzeugenden Produkte ist also in der Schnittstelle festgelegt.

Und, wie immer bei Schnittstellen, erfordert das Erweitern einer Schnittstelle auch automatisch, dass alle konkreten Fabrikklassen erweitert werden müssen. Wenn also PROBUS sich dazu entschließt, ein neues Produkt auf den Markt zu bringen (sagen wir, ein Telefongateway zur Meldung von Einbrüchen an den Hausbesitzer), dann muss auch die Klasse zur Erzeugung der HOMEBUS-Objekte diesen Typ von Objekten erzeugen können.

2.4.4 Implementierung

Gut, mischen wir nun den Markt für Häuslebauer auf, und erstellen wir den Heimcontroller, sowie Sensoren und Aktoren. Dafür können wir auf andere Muster dieses Kapitels zurückgreifen, die ich (welch Zufall) bereits vorher beschrieben habe.

Die Aufgabenstellung

Die Aufgabe wurde des Verständnisses wegen bereits beschrieben. Zur besseren Übersicht (es sind ja doch einige Klassen), hier noch einmal das UML-Diagramm, diesmal ergänzt um die konkreten Klassen der Aufgabenstellung.

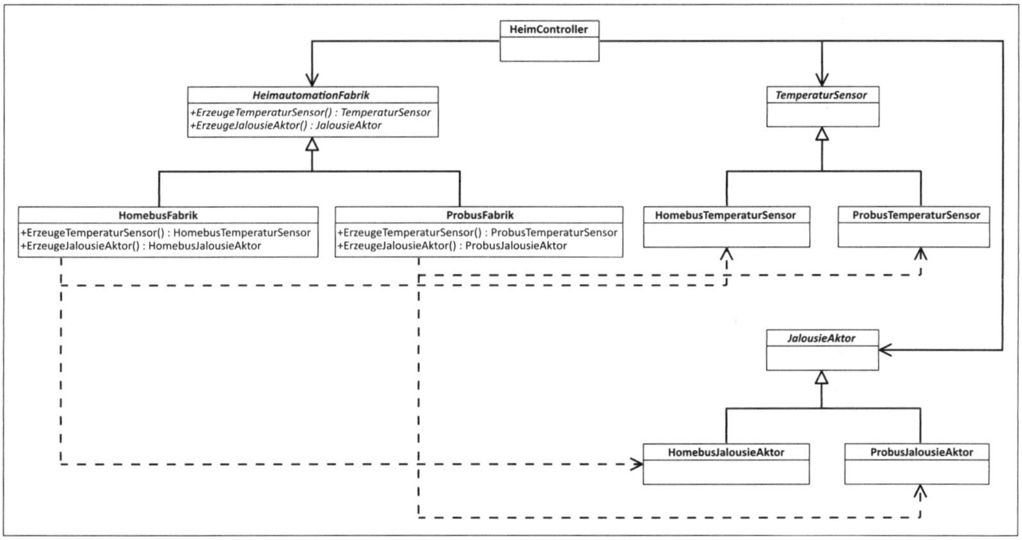

Abbildung 2.6 Das Abstrakte-Fabrik-Muster für den Heimcontroller

AbstrakteFabrik (HeimautomationFabrik)

```
public abstract class HeimautomationFabrik
{
  public abstract TemperaturSensor erzeugeTemperaturSensor();
  public abstract JalousieAktor erzeugeJalousieAktor();
}
```

Listing 2.12 Die Klasse »HeimautomationFabrik«

Die abstrakte Fabrikklasse ist wenig aufregend. Die Klasse selbst ist abstrakt, weil sie neben den beiden Fabrikmethoden keine weiteren Funktionalitäten besitzt und selbst diese beiden Methoden erst in den abgeleiteten, konkreten Fabriken implementiert werden. So, wie sie ist, hätten wir auch eine Schnittstelle daraus machen können:

```
public interface HeimautomationFabrikInterface
{
  public TemperaturSensor erzeugeTemperaturSensor();
  public JalousieAktor erzeugeJalousieAktor();
}
```

Allerdings muss das nicht so sein. Die abstrakte Fabrik könnte beispielsweise die Verbindungen zum Heimcontroller verwalten, dessen Konfigurationsdaten aus einer Datei lesen und an die Produktobjekte weitergeben.

Abstrakte Produktklassen (TemperaturSensor und JalousieAktor)

Die beiden Produktklassen sind ja ebenfalls abstrakt. Im Gegensatz zur abstrakten Fabrikklasse ist es aber sehr wahrscheinlich, dass Sie hier Funktionalität unterbringen möchten – wenn vielleicht nicht jetzt, dann in zukünftigen Versionen. Eine Schnittstelle wäre dann zu unflexibel. Für unsere beiden Produktarten trifft das jedenfalls zu:

```
public abstract class TemperaturSensor
{
  private float aktuelleTemperatur;

  public float getAktuelleTemperatur()
  {
    return aktuelleTemperatur;
  }

  protected void setAktuelleTemperatur(float temperatur)
  {
    aktuelleTemperatur = temperatur;
  }

  public abstract float holeTemperatur();
}
```

Listing 2.13 Die Klasse »TemperaturSensor«

Und Gleiches gilt für den Jalousieaktor:

```
public abstract class JalousieAktor
{
  private float aktuelleStellung;

  public float getAktuelleStellung()
  {
    return aktuelleStellung;
  }

  public void auf(float wert)
  {
    float zielWert = aktuelleStellung - wert;
    if (aktuelleStellung < 0)
      aktuelleStellung = 0;
    //interne Methode aufrufen
  }

  public void ab(float wert)
  {
    float zielWert = aktuelleStellung + wert;
    if (aktuelleStellung > 100)
      aktuelleStellung = 100;
    //Interne Methode aufrufen
  }
}
```

Listing 2.14 Die Klasse »JalousieAktor«

Die Funktionalität ist hier natürlich nur angedeutet, aber es ist Ihnen bestimmt völlig klar, was beide Klassen für Felder und Methoden benötigen, um etwas Sinnvolles anstellen zu können.

Konkrete Fabriken (HomebusFabrik und ProbusFabrik)

Nun geht es um die Fabriken, die von unseren beiden fiktiven Unternehmen bereitgestellt werden. Sie erstellen konkrete Objekte, also Sensoren und Aktoren des jeweiligen Unternehmens:

```
public class HomebusFabrik extends HeimautomationFabrik
{
  @Override
  public TemperaturSensor erzeugeTemperaturSensor()
  {
```

```
    return new HomebusTemperaturSensor();
  }

  @Override
  public JalousieAktor erzeugeJalousieAktor()
  {
    return new HomebusJalousieAktor();
  }
}

public class ProbusFabrik extends HeimautomationFabrik
{

  @Override
  public TemperaturSensor erzeugeTemperaturSensor()
  {
    return new ProbusTemperaturSensor();
  }

  @Override
  public JalousieAktor erzeugeJalousieAktor()
  {
    return new ProbusJalousieAktor();
  }
}
```

Listing 2.15 Die Klassen »HomebusFabrik« und »ProbusFabrik«

Neben der simplen Erzeugung der Objekte würden diese beiden Klassen in der Praxis vermutlich noch speziellen Herstellercode enthalten, zum Beispiel zur Konfiguration der Sensoren und Aktoren und für die Verbindungssteuerung.

Die Signaturen der Fabrikmethoden sind unverändert, wir haben ja von der Klasse `HeimautomationFabrik` abgeleitet und die abstrakten Methoden implementiert. Hier kommt jetzt Polymorphie ins Spiel: Die Methoden geben die jeweils abstrakte Produktklasse zurück (z. B. `TemperaturSensor`), erzeugen aber konkrete Produktklassen (z. B. `ProbusTemperaturSensor`).

Konkrete Produktklassen (HomebusTemperaturSensor, ProbusJalousieAktor ...)

Die von den konkreten Fabriken erzeugten Objekte müssen wir natürlich noch definieren:

```
public class HomebusTemperaturSensor extends TemperaturSensor
{
  @Override
  public float holeTemperatur()
  {
    //Mit Hardware kommunizieren, Wert abrufen und zurückgeben
    float temperatur = 42;
    setAktuelleTemperatur(temperatur);
    return temperatur;
  }
}

public class HomebusJalousieAktor extends JalousieAktor
{
  @Override
  public void auf(float wert)
  {
    //Mit Hardware kommunizieren
    super.auf(wert);
  }

  @Override
  public void ab(float wert)
  {
    //Mit Hardware kommunizieren
    super.ab(wert);
  }
}
```

Listing 2.16 Die Klassen »HomebusTemperaturSensor« und »HomebusJalousieAktor«

Die Varianten der Firma PROBUS sehen gleich aus, ich habe sie daher an dieser Stelle weggelassen. Im Download-Paket auf *www.rheinwerk-verlag.de/3538* sind natürlich alle Dateien enthalten.

Da die grundlegende Steuerung schon in den abstrakten Produktklassen erfolgt, ist die Hauptaufgabe der Klassen die Kommunikation mit der jeweiligen herstellerspezifischen Hardware. Und natürlich sind dort auch Funktionalitäten enthalten, die sich von Anbieter zu Anbieter unterscheiden.

Klient (HeimController)

Der Klient bringt nun Fabriken und Produkte zusammen. In unserem kleinen Beispiel könnte das eine Software mit schicker GUI sein, in der Temperaturen abgefragt und Jalousien verstellt werden können. Die Klasse sähe dann so aus:

```
public class HeimController
{
  HeimautomationFabrik fabrik;

  TemperaturSensor temperaturSensor;
  JalousieAktor jalousieAktor;

  public HeimController(HeimautomationFabrik fabrik)
  {
    this.fabrik = fabrik;
    erzeugeProdukte();
  }

  private void erzeugeProdukte()
  {
    temperaturSensor = fabrik.erzeugeTemperaturSensor();
    jalousieAktor = fabrik.erzeugeJalousieAktor();
  }

  public float getAktuelleTemperatur()
  {
    temperaturSensor.holeTemperatur();
    return temperaturSensor.getAktuelleTemperatur();
  }

  public void auf(float wert)
  {
    jalousieAktor.auf(wert);
  }

  public void ab(float wert)
  {
    jalousieAktor.ab(wert);
  }
}
```

Listing 2.17 Die Klasse »HeimController«

Charmant ist nun, dass der `HeimController` – der auch von einem Dritthersteller kommen könnte – weder die konkreten Produkte der beiden Firmen noch deren konkreten Fabrikklassen kennen muss. Die Programmierung findet ausschließlich über die Schnittstellen bzw. die abstrakten Basisklassen statt. Welcher Hersteller zum Zuge kommt, das geben wir in der obigen Klasse von außen hinein, und zwar über den Konstruktor des Heim-Controllers:

```
ProbusFabrik fabrik = new ProbusFabrik();
HeimController controller = new HeimController(fabrik);
```

Das Erzeugen der Produkte übernimmt der Controller bereits im Konstruktor:

```
public HeimController(HeimautomationFabrik fabrik)
{
  this.fabrik = fabrik;
  erzeugeProdukte();
}

private void erzeugeProdukte()
{
  temperaturSensor = fabrik.erzeugeTemperaturSensor();
  jalousieAktor = fabrik.erzeugeJalousieAktor();
}
```

Natürlich bietet der Heim-Controller jetzt auch noch Funktionalitäten zum Abrufen der Temperatur und zum Herunter- und Herauffahren der Jalousien, die er dann an die zuständigen Produkt-Objekte delegiert. Diese wissen nun über die abgeleiteten Produktklassen der Hersteller, wie sie das mit der jeweils vorhandenen Hardware umsetzen können.

```
double aktuelleTemperatur = controller.getAktuelleTemperatur();
controller.auf(30);
controller.ab(30);
```

Damit schließt sich der Kreis, und die Implementierung des Musters ist komplett. Es stellen sich nun einige Fragen, zum Beispiel »Wo ist der Haken?« und »Sind 10 Klassen nicht ein wenig viel?«. Lesen Sie weiter.

2.4.5 Weitere Überlegungen und Alternativen

Das Abstrakte-Fabrik-Muster ähnelt den Fabrikmethoden, die bereits beschrieben wurden. Eigentlich sind die Erzeuger-Methoden ja nichts anderes. Was dieses Muster unterscheidet, sind die verschiedenartigen Objekte, die eben alle einer Produktfamilie angehören und die auch untereinander Beziehungen aufweisen können.

Dabei unterstützt dieses Muster einerseits die enge Beziehung der Produkte einer Familie, und es stellt andererseits sicher, dass sich die Produkte verschiedener Familien nichts ins Gehege kommen – schließlich verwendet der Klient zu einer Zeit nur eine konkrete Fabrik – und damit eine Produktfamilie.

Singleton

Ein Klient benötigt, in aller Regel jedenfalls, lediglich ein Exemplar einer konkreten Fabrik. Daher liegt es nahe, die konkreten Fabriken als Singletons zu implementieren.

Manchmal, wie auch in unserem Beispiel, wird sogar nur eine einzige konkrete Fabrik zur Laufzeit benötigt, weil eben schon zu Beginn der Anwendung feststeht, ob Hard- und Software der Firma HOMEBUS oder PROBUS installiert ist. Dann könnte man das Singleton-Muster (entgegen der Lehre) ein wenig abwandeln und die abstrakte Fabrik selbst zum Singleton machen:

```
public abstract class HeimautomationFabrik
{
  private static HeimautomationFabrik instanz;

  public abstract TemperaturSensor erzeugeTemperaturSensor();
  public abstract JalousieAktor erzeugeJalousieAktor();

  public static void initialisiere(HeimautomationFabrik fabrik)
  {
    instanz = fabrik;
  }

  public static HeimautomationFabrik getInstanz()
  {
    if (instanz != null)
      return instanz;
    else
      throw new RuntimeException("Bitte zuerst Fabrik initialisieren");
  }
}
```

Listing 2.18 Die abstrakte Fabrik als Singleton-Lieferant

Natürlich müsste dann von außen angegeben werden, welche konkrete Fabrik verwendet werden soll, daher die `initialisiere`-Methode, die eine konkrete Fabrik als Parameter entgegennimmt. Über `getInstanz` lässt sich dann wie gewohnt auf diese zugreifen.

```
HeimautomationFabrik.initialisiere(new HomebusFabrik());
JalousieAktor ja = HeimautomationFabrik.getInstanz().erzeugeJalousieAktor();
```

Produktfamilien oder Varianten?

Ein Nachteil dieses Musters ist der Aufwand in der Implementierung. Nicht weniger als zehn Klassen werden für unser Beispiel benötigt, dabei haben wir gerade einmal zwei verschiedene Produkte implementiert.

Der Aufwand bei der Erstimplementierung ist dabei das eine, meist problematischer ist der Aufwand, der bei einer späteren Erweiterung entsteht, denn für jede neue Produktfamilie müssen wiederum alle Produktklassen und die konkrete Fabrikklasse dafür geschrieben werden. Wenn es »echte« Produktfamilien sind – die Produktfamilien also eigenständig sind und keine oder nur wenige Eigenschaften teilen –, dann ist der Aufwand gerechtfertigt. Wenn es aber eher Varianten sind, dann eignet sich vielleicht das Prototyp-Muster besser, ein weiteres Erzeugungsmuster, das in Abschnitt 2.6 beschrieben wird. Sie können dieses Muster auch kombinieren, indem Sie lediglich die konkrete Fabrik als Prototyp konstruieren, den Rest aber so belassen, wie es dieses Muster vorgibt.

Erweiterbarkeit

Ein Nachteil, den sowohl Schnittstellen als auch abstrakte Klassen teilen, ist die schwere Erweiterbarkeit. Soll ein neues Produkt hinzugefügt werden, zum Beispiel ein Regensensor, dann ist die abstrakte Fabrik um eine neue Methode zu erweitern. Das bricht mit bestehendem Code, denn der Compiler quittiert den Kompiliervorgang fortan mit der Meldung, die abgeleitete Klasse würde die abstrakte Klasse nicht vollständig implementieren (Gleiches gilt, wenn eine Schnittstelle verwendet wurde). Das sollten Sie bedenken, wenn Sie sich für dieses Muster entscheiden.

Gelegentlich wird empfohlen, doch nur eine Erzeugermethode zu definieren, die den Typ des Objekts als Parameter entgegennimmt, wie zum Beispiel:

```
public abstract Produkt erzeugeSensor(String produktTyp);
```

Das löst das Problem nicht wirklich zufriedenstellend. Zum einen kann die Methode ja nur einen Typ zurückgeben, hier den (sehr) abstrakten Typ `Produkt`. Zum anderen muss der Produkttyp innerhalb des Codes aufgelöst werden, um ein konkretes Objekt zu erzeugen, was meist nicht sehr performant möglich ist, vor allem aber nicht mehr typsicher ist. Es könnte ja nun sein, dass eine konkrete Fabrik eine Art von Produkt absichtlich oder versehentlich nicht unterstützt. Die Folge wären Laufzeitfehler oder umfangreiche Validierungen innerhalb des Klienten.

Ein wenig besser wäre es, würde die abstrakte Fabrikklasse die Typen der Produkte bereits fest vorgeben, zum Beispiel in Form einer Liste:

```
ArrayList produktTypen = new ArrayList<>();
...
produktTypen.add("regensensor");
produktTypen.add("jalousieaktor");
...
```

Die Erzeugermethode, von der es in dieser Variante ebenfalls nur eine geben muss, würde dann den Produkttyp nur dann instanziieren, wenn er in der Liste enthalten ist. Aber auch hier stellt sich die Frage: Was soll die Erzeugermethode denn zurückgeben, wenn der angefragte Typ nicht unterstützt wird? Null etwa oder eine Exception? In beiden Fällen muss der Klient mit dem Ergebnis umgehen können.

Denkbar ist auch, dass die Produktklassen selbst eine Liste mit den von ihnen konkret unterstützten Produkttypen implementieren. Vielleicht bietet HOMEBUS ja überhaupt keine Jalousieaktoren an? Diese Variante bietet zumindest die Möglichkeit, dass Klient und konkrete Fabrik sich über den implementierten Leistungsumfang austauschen können und während der Laufzeit keine Fehler auftreten. Der HeimController-Klient könnte dann zum Beispiel aus der Konfiguration der Heimlösung Jalousieaktoren erst gar nicht anbieten.

Aber dabei entfernen wir uns immer mehr vom ursprünglichen Muster – und damit auch von den Vorteilen.

2.5 Erbauer

Dieses Pattern scheint, begrifflich gesehen, der Inbegriff aller Erzeugungsmuster zu sein, wird aber in der Praxis eher seltener verwendet. Es kommt immer dann zum Zuge, wenn es gilt, die Erzeugung eines Objekts von dessen Darstellung (Repräsentation) zu trennen.

Am Ende des Prozesses entsteht immer ein konkretes Objekt, das selbst aus verschiedenen Teilen besteht. Welche das sind und welche Schritte für deren Erstellung nötig sind, soll der Client nicht wissen, und derselbe Erstellungsprozess soll Objekte mit verschiedenen Teilen liefern können, ohne angepasst werden zu müssen.

Wenn Ihnen das jetzt nicht so recht klar ist: Werfen Sie einen Blick auf die Anwendungsfälle und die Implementierung, denn dieses Muster ist schon recht abstrakt.

2.5.1 Steckbrief

Deutscher Name: Erbauer
Englischer Name: Builder
Gruppe: Erzeugungsmuster

2.5.2 Beschreibung

UML

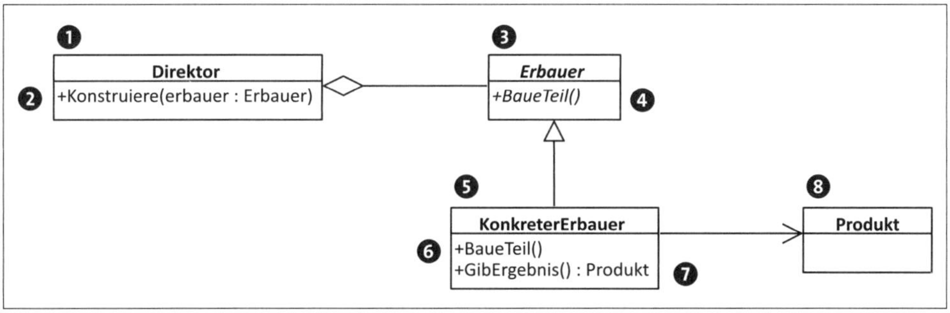

Abbildung 2.7 Das Builder-Muster in UML

Nr.	Erläuterung
❶	Das *Direktor*-Objekt, das das Erstellen des Objekts startet
❷	Der *Direktor* besitzt eine `Konstruiere`-Methode. Das ist eine Methode, die eine Arbeit verrichtet, beispielsweise die Elemente einer Datei in ein anderes Format zu konvertieren.
❸	Die *Erbauer*-Basisklasse ist abstrakt. Sie definiert (üblicherweise jedenfalls) kein eigenes Verhalten.
❹	Die `BaueTeil`-Methode verrichtet die Arbeit, jedenfalls in den Ableitungen, denn in der abstrakten *Erbauer*-Klasse ist diese Methode ebenfalls abstrakt
❺	Es gibt meist mehrere Ableitungen der *Erbauer*-Klasse, die dann konkret wissen, wie eine bestimmte Variante des Produkts zu erstellen ist.
❻	Die konkrete Klasse überschreibt die `BaueTeil`-Methode der abstrakten *Erbauer*-Basisklasse mit einer individuellen Implementierung.

Tabelle 2.5 Akteure des Erbauer-Musters

Nr.	Erläuterung
❼	Außerdem liefert die konkrete *Erbauer*-Klasse das `Produkt`, also das Ergebnis der Arbeit, über die `GibErgebnis`-Methode zurück.
❽	Das *Produkt* ist die gewünschte Repräsentation, d. h. das Ergebnis des Bauvorgangs.

Tabelle 2.5 Akteure des Erbauer-Musters (Forts.)

Erläuterungen

Da ist zunächst die *Director*-Klasse, die von einem Client erstellt und verwendet wird. Sie enthält eine `Konstruiere`-Methode, die dafür sorgt, dass ein Objekt, das *Produkt*, zusammengebaut und konfiguriert wird. Der *Direktor* kann beispielsweise eine Klasse zum Einlesen von Artikeln aus einem ERP-System sein, und das Einlesen und Verarbeiten der Artikel findet in der `Konstruiere`-Methode statt, die dann natürlich anders heißt. Nehmen wir einmal an, »verarbeiten« heißt dort, dass die Artikel in andere Zielformate konvertiert werden, XML oder EDIFACT zum Beispiel.

Die *Erbauer*-Basisklasse ist abstrakt, und die einzige (für das Muster) wichtige Methode ist die `BaueTeil`-Methode. Sie verrichtet die Arbeit, jedenfalls in den Ableitungen, denn in der abstrakten *Erbauer*-Klasse ist diese Methode ebenfalls abstrakt. Im Beispiel könnte diese Methode `konvertiereProdukt` heißen und die tatsächliche Konvertierung durchführen.

Es gibt meist mehrere Ableitungen der *Erbauer*-Klasse, eben für die Konvertierung in EDIFACT oder einfaches XML. Wie ein Produkt zu konvertieren ist, wissen die Ableitungen der *Erbauer*-Klasse, also beispielsweise die Klassen `KonvertiereEDIFACT` und `KonvertiereXML`.

Diese konkreten Erbauer-Klassen geben dann das Produkt nach dessen Erzeugung zurück (Methode `GibErgebnis`, wobei das Produkt in unserem Beispiel der konvertierte Artikel aus dem ERP-System ist).

2.5.3 Anwendungsfälle

Der Klassiker für dieses Muster ist die Konvertierung in verschiedene Zielformate. Der *Direktor* ist dann eine Klasse, die beispielsweise eine Datei einliest und für jede Zeile, die zu konvertieren ist, einen *Erbauer* bemüht – zum Beispiel eben Produkte aus einer ERP-Software in verschiedene Austauschformate.

Solche Konvertierungsaufgaben erfordern es natürlich, dass für jedes Element der zu konvertierenden Menge ein Erbauer beauftragt wird. Bei einer Konvertierung von Texten in verschiedene Zielformate, sagen wir UTF-8 oder Plain ASCII, muss vielleicht jeder Token einzeln konvertiert werden, beim ERP-Beispiel von oben ist es eine Liste von Produkten, die einzeln konvertiert werden. Die Unterklassen der abstrakten *Erbauer*-Klasse sind dann Klassen für die verschiedenen Zielformate, wie eben UTF-8 oder ASCII.

Ein anderer Paradefall für dieses Beispiel sind Objekte, die aus verschiedenen Teilen zusammengesetzt sind bzw. die in verschiedenen Varianten vorkommen können. Solche Objekte werden auch *Komposita* genannt. Eine CAD-Anwendung könnte zum Beispiel verschiedene Fenster zur Auswahl anbieten, die einer Zeichenfläche hinzugefügt werden können.

Die Klassen aus dem UML-Diagramm lassen sich dann fachlich so abbilden:

UML-Klasse	Klasse im CAD-Beispiel
Direktor	Zeichenfläche
Erbauer	FensterBauer
KonkreterErbauer	Ableitungen zum Bauen von Dachfenstern, Gauben, Fenstern für Wintergärten etc.
Produkt	Entsprechende Fenster-Objekte, wie oben also Gauben, Wintergartenfenster, Dachfenster usw.

Tabelle 2.6 Bauer-UML-Beispiel im Praixsfall

Der Client wäre übrigens die CAD-Anwendung selbst. Ganz praktisch gesehen würde es vermutlich einen Eventhandler geben, wenn der Anwender auf ein Toolbar-Symbol klickt, zum Beispiel das Symbol zur Erstellung von Dachfenstern.

Der Charme des Erbauer-Musters besteht nun darin, dass die Komplexität zur Erstellung von Fenstern und die Erzeugung entsprechender Produkt-Objekte in den konkreten Erbauerklassen versteckt sind. Die Vorteile:

- Es können jederzeit neue Fenstertypen hinzugefügt werden, ohne an der Direktor-Klasse (der CAD-Arbeitsfläche in unserem Beispiel) Änderungen vornehmen zu müssen. Wir müssen lediglich eine neue konkrete Erbauer-Klasse erzeugen (z. B. zur Erstellung von Schiffsfenstern) und den Direktor aus dem CAD-Client heraus damit aufrufen.
- Die Software ist auch besser wartbar, weil die Komplexität dort versteckt wird, wo sie hingehört – in der konkreten Implementierung.

2.5.4 Implementierung

Ein geeignetes Praxisbeispiel zu finden ist gar nicht so leicht. Lehrbücher benutzen häufig abstrakte Beispiele, wie ein Pizzaobjekt (das aus verschiedenen Teilen, dort

»Zutaten«, besteht) oder ein Fahrzeug mit unterschiedlicher Ausstattung. Andererseits ist das vielleicht Wichtigste an Entwurfsmustern, sie in der täglichen Arbeit zu erkennen, also Aufgabenstellungen auszumachen, für die sich bestimmte Muster gut eignen. Und Pizzaobjekte oder Fahrzeuge kommen vermutlich auch bei Ihnen eher selten vor.

Um Anwendungsfälle für das Erbauer-Muster zu erkennen, helfen die folgenden Fragen:

- Wird immer ein Objekt derselben Klasse benötigt?
- Enthält dieses Objekt verschiedene Teile beziehungsweise kommt es in verschiedenen Varianten vor?
- Ist im eigenen Code der Konstruktor einer Klasse häufig überladen? Das ist häufig ein Hinweis darauf, dass das Objekt in vielen Konfigurationen vorkommt.
- Soll etwas konvertiert werden?

Die Aufgabenstellung

In diesem Abschnitt implementieren wir Layoutmanager. Sie dienen in GUIs dazu, Komponenten anzuordnen. Die GUI-Bibliotheken von Java (AWT/Swing) bringen bereits eine ganze Reihe von Layoutmanagern mit. Wir beschränken uns auf die drei Beispiele aus Abbildung 2.8.

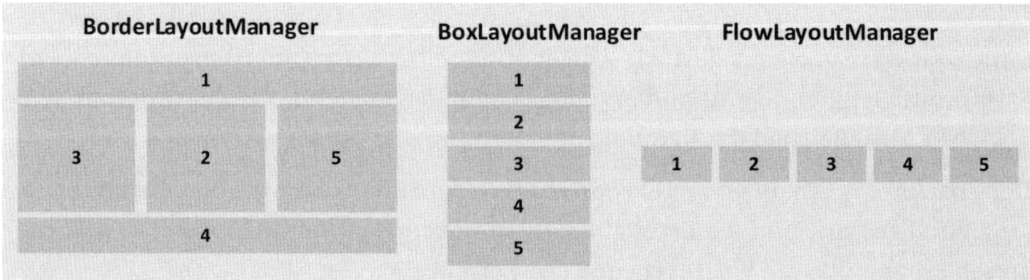

Abbildung 2.8 Verschiedene Layoutmanager

Im Beispiel sind jeweils fünf Controls auf verschiedene Arten angeordnet. Was genau diese Controls sind und wie das Ergebnis aussieht, ist für die Anwendung des Musters nicht weiter wichtig. Die Controls könnten Controls einer beliebigen Oberflächenbibliothek sein und das Ergebnis eine Windows-Form oder – in unserem Fall – Controls Widgets, und das Ergebnis ist HTML-Code.

Dieses Beispiel nutzt zwei Einsatzmöglichkeiten des Erbauer-Musters gleichzeitig: Es werden verschiedene Repräsentationen derselben Sache erzeugt (d. h. verschiedene Layouts), und das zu erstellende Objekt, die HTML-Seite, besteht aus mehreren Teilen, eben den Widgets.

Produkt (HtmlPage)

Die Klasse *Produkt* im UML-Diagramm steht für das zu erstellende Objekt, also die HTML-Seite. Ich habe sie daher `HtmlPage` genannt. Das Produkt enthält die Bestandteile, also die Widgets, die in einer Liste gespeichert werden. Außerdem enthält sie den fertig generierten HTML-Code, der durch die Layoutmanager später erzeugt wird und über die Eigenschaft `HtmlCode` abgreifbar ist.

```
public class HtmlPage
{
  private ArrayList<Widget> widgets = new ArrayList<Widget>();

  private String htmlCode;

  public ArrayList<Widget> getWidgets()
  {
    return widgets;
  }

  public String getHtmlCode()
  {
    return htmlCode;
  }

  public void setHtmlCode(String htmlCode)
  {
    this.htmlCode = htmlCode;
  }
}
```

Listing 2.19 Die Klasse »HtmlPage«

Die Produktklasse führt selbst keine Operationen aus, die Implementierung ist also recht einfach.

Abstrakte Erbauer-Klasse (LayoutManager)

Die Klasse `LayoutManager` übernimmt diese Aufgabe. Die Methode `baueTeil` aus dem UML-Diagramm findet ihre Entsprechung in der abstrakten Methode `addWidget`. Diese Methode »konfiguriert« das Produkt.

Die Methode `render` entspricht der `gibErgebnis`-Methode. Hier wird der HTML-Code aus den Widgets gerendert und das Ergebnis im Produkt, der `HtmlPage`, gespeichert. Die Implementierung unterscheidet sich hier allerdings ein klein wenig vom UML-Vorbild. Im UML-Diagramm gibt die `gibErgebnis`-Methode das Produkt direkt zurück, während die render-Methode nur das Ergebnis berechnet und der Zugriff auf das Produkt über das Feld htmlPage (also dessen Getter- und Setter-Methoden) der Klasse LayoutManager erfolgt. Sie ist dort auch nur in der konkreten Ableitung enthalten.

```
public abstract class LayoutManager
{
  private HtmlPage htmlPage;

  public abstract void addWidget(Widget widget);
  public HtmlPage getHtmlPage()
  {
    return htmlPage;
  }
  public abstract void render();

  public LayoutManager()
  {
    htmlPage = new HtmlPage();
  }
}
```

Listing 2.20 Die Klasse »LayoutManager«

Konkrete Erbauerklasse (BorderLayoutmanager, BoxLayoutmanager, FlowLayoutmanager)

Die drei Layout-Manager-Klassen sind jeweils gleich aufgebaut. Sie unterscheiden sich lediglich in der Generierung des HTML-Codes. Je nach Layout werden die Widgets in einer Reihe, in einer Spalte oder mit Kopf- und Fußzeile angezeigt.

```
public class BorderLayoutManager extends LayoutManager
{
  @Override
  public void addWidget(Widget widget)
  {
    getHtmlPage().getWidgets().add(widget);
  }

  @Override
  public void render()
  {
    getHtmlPage().setHtmlCode(renderHtmlFromWidgets());
  }

  private String renderHtmlFromWidgets()
```

```
  {
    return "HTML-Code für BorderLayout";
  }
}
```

Listing 2.21 Die Klasse »BorderLayoutManager«

Kernstücke sind natürlich die addWidget-Methode, die das Widget der Auflistung aller Widgets hinzufügt, und die Methode render, die den HTML-Code rendert. Das Hinzufügen von Widgets und das Rendern müssen hier getrennt werden, da für das Layouten erst alle Widgets hinzugefügt werden müssen.

Direktor (Layouter)

Die Direktor-Funktion übernimmt die Klasse Layouter. Sie wird mit den zu rendernden Widgets initialisiert und enthält die Methode DoLayout, das Pendant zur Methode Konstruiere aus dem UML-Diagramm.

```
public class Layouter
{
  private ArrayList<Widget> widgets;
  private HtmlPage htmlPage;

  public Layouter(ArrayList<Widget> widgets)
  {
    this.widgets = widgets;
  }

  public void doLayout(LayoutManager layoutManager)
  {
    for (Widget widget: widgets)
    {
      layoutManager.addWidget(widget);
    }
    layoutManager.render();
    htmlPage = layoutManager.getHtmlPage();
  }

  public void printLayoutedHtmlCode()
  {
    System.out.println("HTML: "+htmlPage.getHtmlCode());
  }
}
```

Listing 2.22 Die Klasse »Layouter«

Diese Methode fügt zunächst alle Widgets dem Layout-Manager hinzu und ruft dann dessen Render-Methode auf. Anschließend lässt sich die fertige HTML-Seite über die Methode PrintLayoutedHtmlCode abrufen.

Die Hilfsklasse Widget ist nicht weiter kompliziert. Sie enthält lediglich dessen HTML-Code:

```
public class Widget
{
  private String htmlCode;

  public String getHtmlCode()
  {
    return htmlCode;
  }

  public Widget(String htmlCode)
  {
    this.htmlCode = htmlCode;
  }
}
```

Listing 2.23 Die Klasse »Widget«

Client

Damit sind wir fast fertig. Es fehlt nur noch der Client, der den Direktor (die Klasse Layouter) mit dem Rendering der HTML-Seite beauftragt, und zwar für jeden Layouter ein Mal:

```
string widgetHtmlCode = "Widget HTML Code";
List<Widget> widgets = new List<Widget>();
for (int i=0; i<5 ;i++)
    widgets.add(new Widget(widgetHtmlCode));
Layouter layouter = new Layouter(widgets);

layouter.doLayout(new BorderLayoutManager());
layouter.printLayoutedHtmlCode();

layouter.doLayout(new BoxLayoutManager());
layouter.printLayoutedHtmlCode();

layouter.doLayout(new FlowLayoutManager());
layouter.printLayoutedHtmlCode();
```

Listing 2.24 Der Client für das Builder-Muster

Vorher benötigen wir noch ein paar Widgets. Die Ausgabe beweist: Es wird tatsächlich bei jedem `doLayout`-Auftritt ein neues, anderes HTML generiert:

```
HTML: HTML-Code für BorderLayout
HTML: HTML-Code für BoxLayout
HTML: HTML-Code für FlowLayout
```

2.5.5 Weitere Überlegungen und Alternativen

Das Erbauer-Muster unterscheidet sich von der abstrakten Fabrik, die ebenfalls in diesem Kapitel zu finden ist. Auch deren Hauptaufgabe ist die Erzeugung eines komplexen Objekts. Das Erbauer-Muster erschafft das Objekt allerdings Schritt für Schritt über die `baueTeil`-Methoden (`addWidget`-Methoden im obigen Beispiel). Erst am Ende wird das Produkt (die fertige HTML-Seite) zurückgegeben, und zwar über die Methode `gibErgebnis` (Methode `render` im Beispiel). Wenn das Erstellen also ein mehrteiliger Prozess ist, dann ist das Erbauer-Muster geeignet, während die abstrakte Fabrik dafür auch abgeleitete Produkt-Objekte erstellen und zurückgeben kann.

An die Stelle einer abstrakten Erbauer-Klasse kann grundsätzlich auch eine Schnittstelle treten. Allerdings kommt bei diesem Muster schnell der Wunsch auf, doch noch die eine oder andere Aufgabe in dieser Klasse zu übernehmen, wie das Erstellen der `HtmlPage` im Beispiel. Daher bevorzuge ich tatsächlich die abstrakte Klasse, die aber dafür nicht unbedingt abstrakt sein muss. Die `baueTeil`-Methode kann auch virtuell sein und in den abgeleiteten Erbauer-Klassen überschrieben werden.

Als Alternative werden häufig auch Produkt-Klassen mit mehreren überladenen Konstruktoren genannt, in denen die Klasse dann entsprechend den Wünschen konfiguriert wird. Das ist allerdings keine echte Alternative, weil ihr praktisch alle Vorteile des Erbauer-Musters fehlen – vor allem die Entkopplung des Clients von der Erzeugung des Produkts.

2.6 Prototyp

In der Softwareentwicklung verstehen wir unter einem Prototyp häufig einen ersten Entwurf, der meist noch über keine oder sehr wenige Funktionen verfügt und zur Anschauung und Diskussion dient. Im ursprünglichen Wortsinn jedoch ist ein Prototyp *ein einzelnes Exemplar, das als Vorlage zur späteren Serienfertigung verwendet wird.*

Und genau darum geht es in diesem Muster. Es wird ein prototypisches Exemplar erzeugt, von dem später beliebig viele identische (oder wenigstens ähnliche) Kopien erzeugt werden.

Wenn Sie mit Vorlagen arbeiten, beispielsweise unter Microsoft Word, dann ähnelt dieses Verfahren diesem Muster. Denn das Erstellen eines neuen Dokuments aus einer Vorlage bedeutet im Wesentlichen, eine Kopie dieser Vorlage anzufertigen, die Sie anschließend bearbeiten können.

2.6.1 Steckbrief

Deutscher Name: Prototyp
Englischer Name: Prototype
Gruppe: Erzeugungsmuster

2.6.2 Beschreibung

Im Vergleich zu anderen Erzeugungsmustern kommt dieses Muster mit weniger Klassen aus. Das liegt daran, dass bei diesem Muster keine Erzeuger-Hierarchie verwendet wird, sondern lediglich eine Produkthierarchie.

Das ist vor allem dann von Vorteil, wenn besonders viele Typen von Objekten erzeugt werden sollen, die sich vielleicht nur in einzelnen Aspekten voneinander unterscheiden. Dann lohnt es sich vielleicht nicht, für jeden Objekttyp eine eigene Klasse zu erstellen.

UML

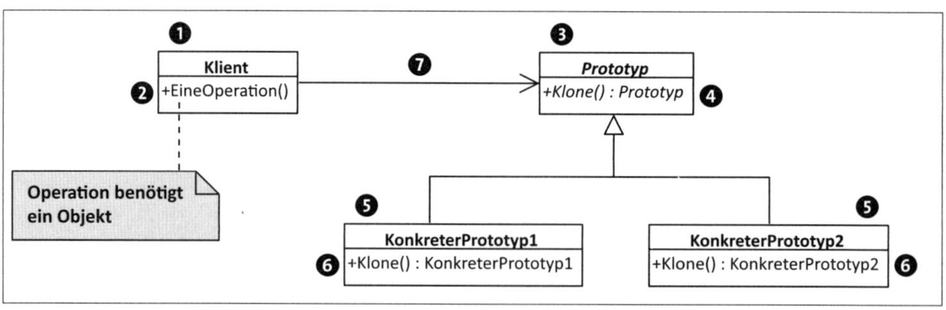

Abbildung 2.9 Das Prototyp-Muster in UML

Erläuterungen

Nr.	Erläuterung
❶	Auch bei diesem Muster steht ein *Klient* im Zentrum, der ein Objekt eines bestimmten Typs benötigt.
❷	Dieses Objekt benötigt er zum Beispiel in einer seiner *Methoden*.
❸	Die *Prototyp*-Schnittstelle ist eine Schnittstelle (im Sinne der OO-Sprachen) oder eine abstrakte Klasse.
❹	Dort wird eine `Klone`-Methode definiert, die eine Kopie von sich selbst zurückliefert.
❺	Diese Schnittstelle wiederum wird von eigenen Klassen (*KonkreterPrototyp1+2*) implementiert.
❻	Deren `Klone`-Methoden erzeugen dann jeweils Kopien von sich selbst und geben diese zurück.
❼	Der *Klient* muss nun lediglich die *Prototyp*-Schnittstelle kennen, um ein Objekt – das diese Schnittstelle implementiert – klonen zu können. Daher rührt diese gerichtete Assoziation im UML-Diagramm.

Tabelle 2.7 Akteure des Prototyp-Musters

2.6.3 Anwendungsfälle

Kurz gesagt spielt dieses Muster vor allem dann seine Stärken aus, wenn die Erzeugung von Objekten durch Klonen einfacher und schneller ist als das erstmalige Erzeugen von Objekten.

Natürlich ist in jedem Fall erst einmal das erste Objekt zu erzeugen. Dafür können Sie die hier vorgestellten Muster verwenden, die auch über eine Erzeugerhierarchie verfügen. Sie könnten beispielsweise das Abstrakte-Fabrik-Muster verwenden, um damit die Sensoren und Aktoren aus dem dort vorgestellten Anwendungsfall zu erzeugen, und anschließend diese Objekte nur noch mit dem Prototyp-Muster kopieren.

Damit ist auch schon ein Paradefall beschrieben: das Laden von Objektzuständen aus Dateien. Denn natürlich ist das Dateisystem um viele Größenordnungen langsamer als der Arbeitsspeicher, sodass Sie ein Objekt vermutlich nur einmal beim Programmstart vor der ersten Verwendung erstellen und dabei aus der Konfigurationsdatei konfigurieren wollen. Im Anschluss hilft Ihnen das Prototyp-Muster, dieses Objekt immer wieder aufs Neue zu vervielfältigen.

Was Sie mit diesem prototypischen Objekt machen, ist dabei eigentlich zweitrangig. Sie könnten es zum Beispiel nehmen und damit eine GUI-Werkzeugleiste füllen oder es sich in einer internen Struktur für das spätere Klonen merken – das Prototyp-Muster macht keine Vorhersagen darüber, wie ein Klient an die zu klonenden Objekte kommt.

2.6.4 Implementierung

Für die Implementierung habe ich ein Praxisbeispiel gewählt, das sich wie kaum ein anderes für dieses Muster eignet: Dienstpläne.

Die Aufgabenstellung

Es gibt Aufgaben, die scheinen einem Fass ohne Boden zu gleichen. Egal wie viele Sonderfälle man schon berücksichtigt hat, immer kommt ein weiterer Kunde, der einen eines Besseren belehrt. Das ist besonders häufig der Fall, wenn Menschen oder Geld im Spiel sind. Und die Schwierigkeiten potenzieren sich, wenn eine Software beides berücksichtigen muss, wie zum Beispiel bei der Erstellung von Dienstplänen.

Kurz gesagt geht es bei Dienstplänen um die Einteilung von Arbeitszeit, Pausen, Urlauben etc. nach verschiedensten gesetzlichen Bestimmungen, Vorlieben und – natürlich – den betrieblichen Erfordernissen.

Wollten Sie nun für jede Art von Urlaub, Krankheit, Arbeit, Pause usw. ein eigenes Objekt erstellen, dann bräuchten Sie vermutlich Tausende von Klassen, was die Software schwer zu erweitern und noch schwerer zu warten macht.

Wir machen das daher ein wenig anders und definieren nur drei Klassen: *Urlaub*, *Arbeitszeit* und *Krankheit*. Diese Klassen sind vielfältig konfigurierbar, und die Konfigurationen lesen wir beim Programmstart aus einer XML-Datei. Die Damen und Herren vom Consulting können diese Datei für einen Kunden leicht anpassen und damit neue Möglichkeiten in der Dienstplangestaltung schaffen.

Prototyp (DienstplanObjekt)

Wie so häufig bei den Erzeugungsmustern ist auch hier eine abstrakte Klasse die Mutter der Hierarchie, nämlich die Klasse `DienstplanObjekt`. Dieses Muster eignet sich auch besonders gut für die Umsetzung mit einer Schnittstelle. Und die meisten Frameworks bringen diese Klasse schon von Haus aus mit. In Java heißt sie `Cloneable`, in .NET `ICloneable`; beide bestehen aus einer einfachen Clone-Methode.

```
public interface ICloneable
{
   Object Clone();
}
```

Listing 2.25 Die Klone-Variante aus dem .NET-Framework

Im Grunde genommen könnten wir nun auf die abstrakte Prototyp-Klasse verzichten und einfach die `Cloneable`-Schnittstelle implementieren. Allerdings haben alle Dienstplanobjekte gemeinsame Eigenschaften und Fähigkeiten, zum Beispiel einen Namen und auch eine Dauer. Aus diesem Grund verwenden wir im Beispiel dennoch eine abstrakte Klasse, die aber selbst wiederum `ICloneable` implementiert:

```
package Prototyp;

import org.w3c.dom.*;

public abstract class DienstplanObjekt implements Cloneable
{
  private String objektName;
  private float dauer;

  public String getObjektName()
  {
    return objektName;
  }
  protected void setObjektName(String objektName)
  {
    this.objektName = objektName;
  }

  public float getDauer()
  {
    return dauer;
  }
  protected void setDauer(float dauer)
  {
    this.dauer = dauer;
  }

  public Object clone()
  {
    Object clone = null;
    try
```

```
    {
      clone = super.clone();
    }
    catch (CloneNotSupportedException e)
    {
      e.printStackTrace();
    }
    return clone;
  }

  public abstract DienstplanObjekt klone();
}
```

Listing 2.26 Die Klasse »DienstplanObjekt«

Die wichtigste Methode ist die `clone`-Methode, getreu dem UML-Diagramm von oben. Sie ist diesmal englisch benannt, weil sie so in der `Cloneable`-Schnittstelle definiert wurde. Die Implementierung der Methode ist unspektakulär. Sie ruft die Methode von Objekt, der Wurzelklasse im Java-Framework auf und protokolliert eventuell auftretende Fehler.

Die abgeleiteten Klassen hingegen überschreiben die `Klone`-Methode.

KonkreterPrototyp (Urlaub, Arbeit, Krankheit)

Die drei konkreten Prototypen, die drei Dienstplan-Objekt-Klassen, erben nun von der abstrakten Prototyp-Klasse `DienstplanObjekt`. Sie bringen natürlich neue Fähigkeiten mit. Zum Beispiel enthält die Klasse `Urlaub` die Information, ob dieser bezahlt oder nicht bezahlt sein soll.

```
public class Urlaub extends DienstplanObjekt
{
  private boolean istBezahlt;

  private void setIstBezahlt(boolean istBezahlt)
  {
    this.istBezahlt = istBezahlt;
  }
  public boolean getIstBezahlt()
  {
    return istBezahlt;
  }

  @Override
  public Urlaub klone()
```

```
  {
    return (Urlaub) super.clone();
  }

  public static Urlaub erzeugeVonXML(Element element)
  {
    Urlaub urlaub = new Urlaub();
    String name = element.getAttribute("name");
    urlaub.setObjektName(name);
    urlaub.setDauer(
     Float.parseFloat(element.getChildNodes().item(0).getNodeValue()));
    urlaub.istBezahlt = Boolean.parseBoolean(element.getAttribute("bezahlt"));
    return urlaub;
  }
}
```

Listing 2.27 Die Klasse »Urlaub«

Die `Klone`-Methode wurde hier überschrieben. Sie gibt nun ein Objekt vom konkreten Typ `Urlaub` zurück und nicht mehr, wie in der Basisklasse, vom abstrakten Typ `DienstplanObjekt`.

In der Klasse ist eine statische Fabrikmethode implementiert, die das Objekt aus einem XML-Knoten erzeugt. Das ist der aufwendige Teil, den wir ja gerade mit dem Prototyp-Muster für künftige Kopien des Objekts vermeiden wollen.

```
<configuration>
    <urlaube>
        <urlaub name="halber_tag" bezahlt="true">0.5</urlaub>
        <urlaub name="ganzer_tag" bezahlt="true">1</urlaub>
        <urlaub name="halber_tag_unbezahlt" bezahlt="false">0.5</urlaub>
        <urlaub name="ganzer_tag_unbezahlt" bezahlt="false">1</urlaub>
    </urlaube>
    <!-- Krankheiten und Arbeitszeitobjekte kommen hier -->
</configuration>
```

Listing 2.28 Die XML-Datei zur Definition der Urlaube

Die weiteren Klassen `Krankheit` und `Arbeit` sind analog aufgebaut.

Klient (Dienstplan)

Kommen wir nun zum Klient, dem Dienstplan selber. Er muss zunächst einmal die XML-Datei einlesen und aus dem Knoten Objekte erzeugen, die er dann zum späteren Klonen in einer `HashMap` speichert.

```
package Prototyp;

import java.io.File;
import java.util.HashMap;
import javax.xml.parsers.DocumentBuilder;
import javax.xml.parsers.DocumentBuilderFactory;
import org.w3c.dom.*;

public class Dienstplan
{
  HashMap<String, Urlaub> urlaubObjekte = new HashMap<String, Urlaub>();

  public Dienstplan()
  {
    try
    {
      DocumentBuilderFactory dbFactory = DocumentBuilderFactory.newInstance();
      DocumentBuilder dBuilder = dbFactory.newDocumentBuilder();
      Document xml = dBuilder.parse(new File("dienstplanobjekte.xml"));
      xml.getDocumentElement().normalize();


      NodeList urlaubNodes =
       xml.getElementsByTagName("urlaube").item(0).getChildNodes();
      for (int i=0; i<urlaubNodes.getLength(); i++)
      {
        Node node = urlaubNodes.item(i);
        if (node.getNodeType() == Node.ELEMENT_NODE)
        {
          Element element = (Element)node;
          Urlaub urlaub = Urlaub.erzeugeVonXML(element);
          urlaubObjekte.put(urlaub.getObjektName(), urlaub);
        }
      }
    }
    catch (Exception e)
    {
      e.printStackTrace();
    }
  }
```

```
  public Urlaub kloneUrlaubsObjekt(String key)
  {
    if (urlaubObjekte.containsKey(key))
      return urlaubObjekte.get(key).klone();
    else
      return null;
  }
}
```

Listing 2.29 Die Klasse »Dienstplan«

Man kann sich leicht vorstellen, dass in einer schicken Oberfläche diese Objekttypen als Icons präsentiert werden, die ein Anwender dann in den Dienstplanraster ziehen kann. Bei jedem Ablegen wird mit der `Klone`-Funktion eine neue Kopie erstellt. Die Methode `kloneUrlaubsObjekt` macht genau das – sie sucht das Objekt mit dem übergebenen Namen und gibt eine Kopie von ihm zurück:

```
Dienstplan dienstplan = new Dienstplan();
Urlaub halberTagUrlaub = dienstplan.kloneUrlaubsObjekt("halber_tag");
```

Das so erstellte Objekt hat alle Eigenschaften des ursprünglichen Objekts, hier also den Namen, die Dauer der Abwesenheit und die Information, ob der Urlaub bezahlt wird oder nicht.

2.6.5 Weitere Überlegungen und Alternativen

Ich habe schon erwähnt, dass es dem Muster egal ist, woher der Klient die Prototyp-Objekte erhält, die er im späteren Verlauf kopieren kann. In unserem Dienstplan werden die Objekte durch das Einlesen von einer XML-Datei erzeugt und in einer `HashMap`, also einer Key-Value-Datenstruktur, gespeichert. In der Praxis ist das ein großer Vorteil, denn auch andere Klassen könnten nun ihrerseits wiederum neue Prototyp-»Kopiervorlagen« zum System hinzufügen oder bestehende entfernen – und das zur Laufzeit. Durch die Konfiguration, also den Aufbau der XML-Datei, wird der Funktionsumfang der Dienstplansoftware vorgegeben und kann auf diese Weise auch recht leicht erweitert werden. Das Anlegen neuer Dienstplan-Objekt-Typen wird zu einer Konfigurationsangelegenheit, zumindest wenn keine grundlegend neuen Funktionen erwartet werden.

Der Klient muss die jeweiligen Besonderheiten der zu klonenden Klassen zudem nicht kennen. Er ruft einfach die `klone`-Funktion auf, wenn er ein neues Objekt eines bestimmten Typs benötigt.

Flache vs. tiefe Kopie

Das Kopieren von Objekten scheint eine einfache Sache zu sein – aber weit gefehlt, in der Praxis ist das Kopieren häufig eine äußerst vertrackte Angelegenheit, die schon Anlass zum Haareraufen geben kann.

In unserem Beispiel haben wir die Sache einfach gelöst. Die `Klone`-Methode ruft die `clone`-Methode der Java-Runtime-Bibliothek auf. Im Wesentlichen kopiert diese Methode einfach alle Felder des Objekts und erzeugt auf diese Weise eine flache Kopie. Die `MemberwiseClone`-Funktion macht dasselbe für die Sprachen des .NET-Frameworks.

Die meisten Objekte sind keine flachen Objekte, sondern Objektgraphen, beinhalten also nicht nur einfache Felder, sondern Referenzen auf weitere Objekte, die selbst wiederum Objekte beinhalten können.

Eine flache Kopie kopiert nun lediglich die Felder. Ein Feld, das auf ein Objekt zeigt – sagen wir eine Variable auf die Klasse `DienstplanRegel` – zeigt in der Kopie also auf dasselbe Objekt, weil ja lediglich der Referenzzeiger kopiert wird, nicht aber das Objekt an sich. Wird im Gegensatz dazu der gesamte Objektgraph kopiert, spricht man von einer tiefen Kopie. Bei Werten wird (in aller Regel jedenfalls) auch bei einer flachen Kopie der Wert selbst kopiert. Ein Urlaubsobjekt mit einer Dauer von drei Tagen und ein Klon von ihm haben also beide ein Feld mit dem Wert 3.

Häufig ist eine flache Kopie genau das, was benötigt wird. Wenn nicht, dann müssen die konkreten Prototypen die `Klone`-Methode so implementieren, dass auch die abhängigen Objekte kopiert werden. Allerdings müssen dann auch alle Klassen diese Methode implementieren, was schon eine schwere Bürde ist. Bei bestehenden Klassen lässt sich diese Funktion vielleicht gar nicht nachrüsten, wenn sie zum Beispiel versiegelt sind und keine weiteren Ableitungen ermöglichen. Das ist einer der Hauptgründe dafür, warum Frameworks wie Java bereits eine Schnittstelle für das Klonen mitbringen. Aber trotzdem gibt es natürlich keine Garantie dafür, dass eine Klasse diese Schnittstelle auch implementiert. Ein weiteres, wenn auch selteneres Problem sind zirkuläre Referenzen, die zu Endlosschleifen beim Klonen führen können, wenn die Funktion dafür nicht richtig implementiert wurde.

Verbindung zu anderen Mustern

Der Vorteil des Prototyp-Musters ist es, dass neben der Produkthierarchie keine parallele Erzeugerhierarchie benötigt wird wie in anderen Mustern. Das ist aber auch der Nachteil, denn gerade mit der Trennung der Produkte von deren Erzeugern ist auch eine Trennung der Verantwortlichkeiten verbunden. Die Produktklassen müssen nur noch Produktklassen sein, sich also nur um die fachliche Domäne kümmern, während die Erzeugerklassen Spezialisten für die Objekterstellung sind und – in

Grenzen freilich – unabhängig von den Produktklassen weiterentwickelt werden können.

In der Praxis lässt sich das Prototyp-Muster aber gut kombinieren. So könnten wir unsere Dienstplanobjekte mithilfe des Abstrakte-Fabrik-Musters einmalig erzeugen und die so erstellten Objekte dann mit dem Prototyp-Muster weiter kopieren. Die ganze Logik zum Einlesen einer XML-Datei wäre dann gut gekapselt, das Klonen aber weiterhin einfach und schnell möglich.

Varianten vs. echte Funktionen

Nicht immer ist es von vornherein abzusehen, ob eine neue Klasse wirklich neue Funktionen mit sich bringt oder nur eine Variation einer bestehenden Klasse ist. Im Beispiel wäre es auch denkbar, statt eines Felds `istBezahlt` zwei Ableitungen der Klasse `Urlaub`, sagen wir `UnbezahlterUrlaub` und `BezahlterUrlaub`, zu erstellen. Je mehr Variationen im Spiel sind, desto eher ist das Prototyp-Muster anzuwenden. Wenn hingegen »echte« Klassen im Spiel sind, neue Klassen also Methoden überschreiben, neue Felder mitbringen oder neue Sachverhalte kapseln, dann sind die anderen Muster dieses Kapitels eine Alternative.

Kapselung

Die meisten Erzeugungsmuster haben eines gemeinsam: Ein Klient soll von den konkreten Produktklassen ferngehalten werden. Er muss sie also nicht kennen, um sie zu benutzen. Das ist auch beim Prototyp so. Die Klasse `Dienstplan` kennt zwar die Klasse `Urlaub`, wir hätten aber ohne Weiteres stattdessen die abstrakte Basisklasse verwenden können:

```
HashMap<String, DienstplanObjekt> dienstplanObjekte =
  new HashMap<String, DienstplanObjekt>();
```

In diese Objektliste ließen sich nun sowohl Urlaube als auch Krankheiten und Arbeitszeitobjekte hineinpacken, die unser Klient dann bei Bedarf klonen könnte. Würden wir jedem Objekt noch eine Gruppe mitgeben, so könnte der Klient die Objekte in einer Oberfläche gruppiert anordnen und bräuchte dennoch keine Kenntnis der konkreten Produktklassen zu haben.

Objektinitialisierung

Ein geklontes Objekt sollte für einen Klienten »out of the box« verwendbar sein. Das soll heißen: Der innere Zustand einer Klasse muss in sich stimmig, also valide sein.

Es gibt durchaus Fälle, in denen ein Objekt aber vor der ersten Verwendung initialisiert werden muss. Natürlich könnte man eine `Initialisiere`-Funktion schreiben und diese nach dem Klonvorgang aufrufen, würde dann aber die Funktionsfähigkeit des Objekts von diesem Aufruf abhängig machen, was fehleranfällig und schwer lesbar ist. (Woher soll ein Klient das denn wissen?) In einem solchen Fall rate ich von diesem Muster ab. Unter Umständen ließe sich die `Klone`-Methode noch um einen Parameter erweitern. Durch die Veränderung der Schnittstelle müssen aber alle konkreten Produktklassen denselben Parameter auch sinnvoll verwenden können, weil sie die Schnittstelle ja eins zu eins implementieren müssen.

In anderen Fällen sind Objekte untrennbar mit anderen Objekten verbunden. Transaktionen hängen vielleicht von einem Transaktionskontext ab oder SQL-Kommandos von einer geöffneten Datenbankverbindung. Auch dann eignen sich andere Muster, zum Beispiel die Fabrikmethode, besser.

Kapitel 3
Strukturmuster

Nicht wenige Experten sehen ihre Daseinsberechtigung darin, einen relativ einfachen Sachverhalt unendlich zu komplizieren.
– Pierre Elliott Tudeau

Im letzten Kapitel ging es um die Erzeugung von Objekten. Auch dort hatten wir bereits mit etwas komplexeren Strukturen zu tun. Das Erbauer-Muster zum Beispiel hat ein Objekt aus verschiedenen Teilen zusammengesetzt.

Damit hört die Komplexität von Objekten natürlich nicht auf, denn Objekte können auf vielfältige Weise wiederum aus anderen Objekten zusammengesetzt werden. Komposition nennt man das, und damit ist die Hauptaufgabe der hier vorgestellten Muster auch schon genannt.

Nun bringen alle OO-Sprachen bereits seit jeher Mittel mit, um solche Strukturen aus einfachen Mitteln zu bauen. Vor allem sind hier die Vererbung und die daraus resultierende Polymorphie zu nennen, die es einer Klasse erlaubt, die Funktionen der Oberklasse zu überschreiben, ohne dass ein Anwender der Klasse den konkreten Typ der Klasse kennen müsste. Wenn wir solche Hilfsmittel einmal »Hilfsmittel der ersten Ordnung« nennen, so sind die Strukturmuster auf höheren Ebenen angesiedelt. Sie verwenden natürlich auch Vererbung und Schnittstellenimplementierung – klar, was auch sonst –, schaffen aber zusätzliche Abstraktionen, indem sie beispielsweise Klassen zueinander kompatibel machen (wie das Adapter-Muster) oder auch für eine klare Trennung der Verantwortlichkeit sorgen (wie im Falle des Brücken-Musters).

In der Praxis lösen alle diese Muster wieder vielfältige Probleme, von denen Sie vielleicht gar nicht wussten, dass Sie sie haben (oder hatten), weil die hier vorgestellten Muster in Frameworks und anderen Produkten bereits seit vielen Jahren zu finden sind. Das Proxy-Muster ist so ein Beispiel, bei dem ein Entwickler mit einem Stellvertreter-Objekt (dem Proxy) arbeitet, anstelle mit der echten Klasse im Hintergrund. Beim Zugriff auf entfernte Ressourcen, wenn das verwendete Objekt also auf einer anderen Maschine, in einem anderen Prozess beheimatet ist, bleibt Ihnen gar nichts anderes übrig, als mit einer lokalen Proxy-Klasse zu hantieren. Frameworks wie das WCF-Framework (*Windows Communication Foundation*) generieren daher solche Proxys aus (Web)Services und tun so, als ob wir damit direkt auf einer entfernten

Maschine arbeiten könnten. Das WCF-Framework versteckt die nötige Komplexität vor uns, und das Proxy-Muster macht die Sache komfortabel.

Manche der hier vorgestellten Muster haben ein klares Profil (das eben erwähnte Proxy-Muster gehört dazu), andere Muster wiederum sind austauschbar oder ergänzen sich. Ich gehe dann wieder an Ort und Stelle darauf ein.

3.1 Adapter

Schon wieder so ein Begriff, der im Grunde so spezifisch ist wie ein Politiker im Wahlkampf. Im Falle des Adapter-Musters ist er aber gut gewählt, denn so, wie ein Stromadapter das Stromnetz und den Verbraucher zusammenkommen lässt, so hilft das Adapter-Muster dabei, zwei an sich inkompatible Schnittstellen miteinander zu verbinden.

3.1.1 Steckbrief

Deutscher Name: Adapter

Auch bekannt als: Wrapper

Englischer Name: Adapter

Gruppe: Strukturmuster

3.1.2 Beschreibung

Das Adapter-Muster gibt es in zwei Varianten:

- Der *Klassenadapter* bedient sich der Mehrfachvererbung und erbt sowohl von der Schnittstelle des Zielsystems (also der Klasse, die ein Klient verwenden möchte) als auch von der zu implementierenden Klasse.
- Der *Objektadapter* kommt ohne Mehrfachvererbung aus, indem er eine Operation (in der Regel also einen Methodenaufruf) auf ein Objekt der adaptierten Klasse abbildet.

Ich stelle hier beide Varianten vor, in der Implementierung beschränke ich mich allerdings auf den Objektadapter, einfach weil die meisten OO-Sprachen (Java, C#, VB.NET & Co.) keine echte Mehrfachvererbung von Klassen bieten, sondern lediglich mehrere Schnittstellen auf einmal implementieren können – was für dieses Muster nicht ausreicht.

UML – Klassenadapter

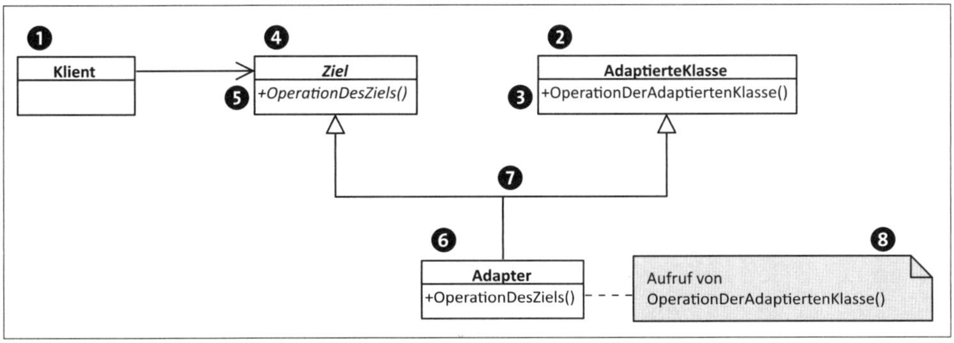

Abbildung 3.1 Der Klassenadapter in UML

Erläuterungen zum Klassenadapter

Der Klassenadapter heißt so, weil er auf Klassenebene arbeitet, indem er von den zwei Klassen *Ziel* und *AdaptierteKlasse* erbt. Die Lösung des Problems findet also zur Entwurfszeit statt.

Nr.	Erläuterung
❶	Am Anfang steht ein *Klient*, der gern die Funktionen einer Klasse nutzen möchte.
❷	Diese Klasse, die der Klient nutzen möchte, nennt das Muster die *Adaptierte-Klasse*.
❸	Diese wiederum definiert natürlich gewisse *Operationen*, die mit dem Ziel inkompatibel sind.
❹	Das *Ziel* ist die abstrakte Klasse oder Schnittstelle, die ein Klient nutzen kann.
❺	Die Inkompatibilität zwischen dem Ziel und der adaptierten Klasse wird hier angedeutet, indem die Operation des Ziels hier `OperationDesZiels` heißt, während ich die Operation der adaptierten Klasse, die der Klient gern nutzen möchte, `OperationDerAdaptiertenKlasse` genannt habe.
❻	Der *Adapter* bringt den Klient (über dessen verwendete Schnittstelle *Ziel*) und die adaptiere Klasse zusammen.
❼	Dazu *erbt* der Adapter in der Klassenversion dieses Musters sowohl von der Schnittstelle *Ziel* als auch von der zu adaptierenden Klasse, deren Operationen er damit implementiert.

Tabelle 3.1 Akteure des Klassenadapters

Nr.	Erläuterung
❽	Da der Adapter auch von *Ziel* erbt, implementiert er folglich auch die Operation `OperationDesZiels` von dessen Schnittstelle. Da er andererseits aber auch von der adaptierten Klasse erbt, kann er in dieser Operation leicht die Operation der adaptierten Klasse aufrufen. Damit ist der Adapter komplett.

Tabelle 3.1 Akteure des Klassenadapters (Forts.)

Die zweite Version, *Objektadapter* genannt, arbeitet zur Laufzeit, verwendet also ein konkretes Objekt des Typs *AdaptierteKlasse*. Dafür wird keine Mehrfachvererbung benötigt, und Adapter und adaptierte Klasse müssen erst zur Laufzeit zueinander finden.

UML – Objektadapter

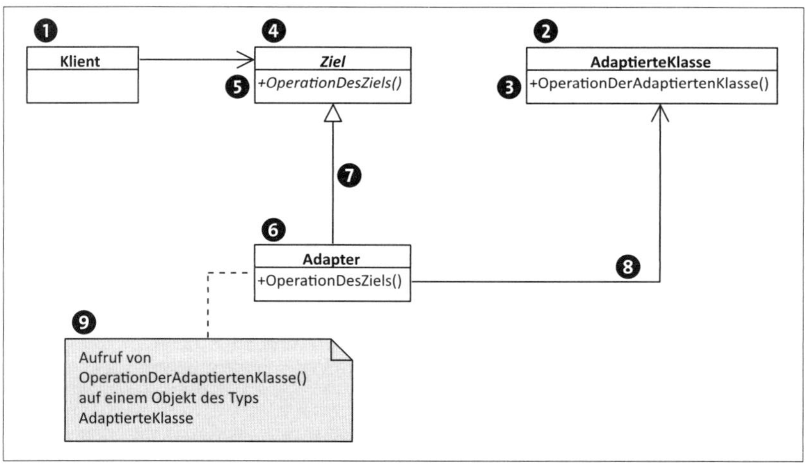

Abbildung 3.2 Der Objektadapter in UML

Erläuterungen zum Objektadapter

Hinweis: Wenn Sie bereits die Erläuterungen zum Klassenadapter gelesen haben, können Sie hier gleich zu Punkt 7 springen.

Nr.	Erläuterung
❶	Am Anfang steht auch hier ein *Klient*, der gern die Funktionen einer Klasse nutzen möchte.
❷	Diese Klasse, die der Klient nutzen möchte, nennt das Muster die *Adaptierte-Klasse*.

Tabelle 3.2 Akteure des Objektadapters

Nr.	Erläuterung
❸	Diese wiederum definiert natürlich gewisse *Operationen*, die mit dem Ziel inkompatibel sind.
❹	Das *Ziel* ist die abstrakte Klasse oder Schnittstelle, die ein Klient nutzen kann.
❺	Die Inkompatibilität zwischen dem Ziel und der adaptierten Klasse wird hier angedeutet, indem die Operation des Ziels hier `OperationDesZiels` heißt, während ich die Operation der adaptierten Klasse, die der Klient gern nutzen möchte, `OperationDerAdaptiertenKlasse` genannt habe.
❻	Der *Adapter* bringt den Klient (über dessen verwendete Schnittstelle *Ziel*) und die adaptiere Klasse zusammen.
❼	Dazu *erbt* der Adapter in dieser Version lediglich von der Schnittstelle des Ziels, implementiert also dessen Funktion `OperationDesZiels`.
❽	Der Adapter kennt dazu zur Laufzeit ein Objekt des Typs der zu adaptierenden Klasse (*AdaptierteKlasse*), meisten indem er das Objekt selbst erzeugt und in einem privaten Feld speichert.
❾	Beim Aufruf der Operation `OperationDesZiels` durch den Klienten wird nun vom Adapter die Operation `OperationDerAdaptiertenKlasse` auf dem Objekt aufgerufen, das der Adapter zuvor erzeugt hat.

Tabelle 3.2 Akteure des Objektadapters (Forts.)

3.1.3 Anwendungsfälle

Es geht darum, einen Klienten über die eigene Schnittstelle des Klienten mit einer fremden Klasse bzw. einem fremden Objekt zu vereinen, so viel ist klar. Das ist meist dann wichtig, wenn Sie ohnehin schon Klassen haben, die ein bestimmtes Interface vorgeben und eine andere Klasse dazu passend machen müssen.

Das kommt recht häufig vor, jedenfalls häufiger, als man dieses Muster in der Praxis vorfindet. Ein Klient, also Ihre eigene Anwendung, wird ja bereits über eigene Schnittstellen bzw. Basisklassen verfügen. Und es gehört nicht viel negatives Denken dazu, sich vorzustellen, dass eine Klassenbibliothek eine andere, wahrscheinlich inkompatible Schnittstelle anbietet, Sie deren Funktionalität aber in Ihrer Anwendung nutzen möchten.

Entscheidend dabei ist die Ziel-Schnittstelle des Klienten, denn natürlich könnte ein Klient die Sache trivial lösen, indem er die adaptierte Klasse instanziiert und einfach alle Methoden aufruft, Events abonniert etc., die er gerade benötigt. Die Zielschnittstelle aber soll verhindern, dass ein Klient die konkrete Klasse *AdaptierteKlasse* kennen muss. Klient und Funktionalität werden über die Schnittstelle also voneinander abstrahiert, was ein hohes Gut darstellt.

Das hat natürlich seine Grenzen, denn ein Adapter muss erst einmal in der Lage sein, die adaptierte Klasse mit der Ziel-Schnittstelle kompatibel zu machen. Im UML-Beispiel wird dazu einfach die Operation der adaptierten Klasse in der Operation der Ziel-Schnittstelle aufgerufen; ein Schelm wer dabei denkt, dass die Praxis vielleicht ein Jota vertrackter sein könnte.

Idealerweise fügt der Adapter sich dabei nahtlos in die Vererbungshierarchie des Klienten ein, und in der Praxis werden Sie ihn vermutlich nicht einmal Adapter nennen oder ihm das Wort »Adapter« anhängen, wie im Praxisbeispiel weiter hinten.

In gewissen Grenzen kann ein Adapter auch zusätzliche Funktionalität nachrüsten, die die adaptierte Klasse so gar nicht bereitstellt. Oft ist dies schon allein deshalb nötig, weil die Zielschnittstelle diese Funktionalität einfach fordert.

Die Frage, ob der Klassenadapter oder der Objektadapter verwendet werden soll, können Sie anhand dieser kleinen Gegenüberstellung beantworten:

Spricht eher für den Klassenadapter	Spricht eher für den Objektadapter
Die Anzahl der Klassen ist gering.	Die Anzahl der Klassen ist hoch.
Die Klassen sind bereits zur Entwurfszeit vollständig bekannt.	Es finden häufig Erweiterungen statt, und die konkreten Objekte sind erst zur Laufzeit bekannt.
Es wird eine tiefe Integration benötigt, z. B. wenn der Adapter auch auf Interna der adaptierten Klasse zugreifen soll.	Die Tiefe der Integration ist nicht sehr hoch, und die nach außen hin sichtbare Schnittstelle der adaptierten Klasse genügt, um den Adapter zu bauen.
Sie nutzen z. B. C++, das echte Mehrfachvererbung bietet.	Sie nutzen eine OO-Sprache ohne Mehrfachvererbung.
Sie wollen Funktionen der adaptierten Klasse überschreiben.	Sie kommen mit der Funktion der adaptierten Klasse grundsätzlich zurecht.
Die Objekterstellung soll außerhalb des Adapters stattfinden, z. B. durch ein Erzeugungsmuster aus Kapitel 2.	Es ist in Ordnung, wenn der Adapter die adaptierte Klasse selbst instanziiert und Operationen darauf ausführt.
Es gibt keine oder keine tiefere Vererbungshierarchie bei den adaptierten Klassen.	Die Vererbungshierarchie ist umfangreicher, und ein Adapter soll sowohl mit der Basisklasse der adaptierten Klasse als auch mit deren Unterklassen zurechtkommen.

Tabelle 3.3 Klassenadapter und Objektadapter im Vergleich

3.1.4 Implementierung

Ich verwende hier dasselbe Beispiel für beide Adapterarten, zunächst für den Klassenadapter. Mehrfachvererbung von Klassen wird nicht vorausgesetzt, schon allein deshalb, weil die Beispielsprache Java dieses Gimmick nicht beherrscht.

Die Aufgabenstellung

Ein passendes Beispiel zu finden ist nicht schwierig, schließlich sind inkompatible Systeme, die aber im Grunde dasselbe erledigen, in der IT allgegenwärtig.

Ein Beispiel sind Workflow-Systeme. Eine Workflow-Engine kann Workflow-Objekte ausführen. Das können Kontrollstrukturen sein, beispielsweise Schleifen oder Bedingungen, oder auch einfache Anweisungen. Ein typischer Workflow könnte so aussehen wie in Abbildung 3.3.

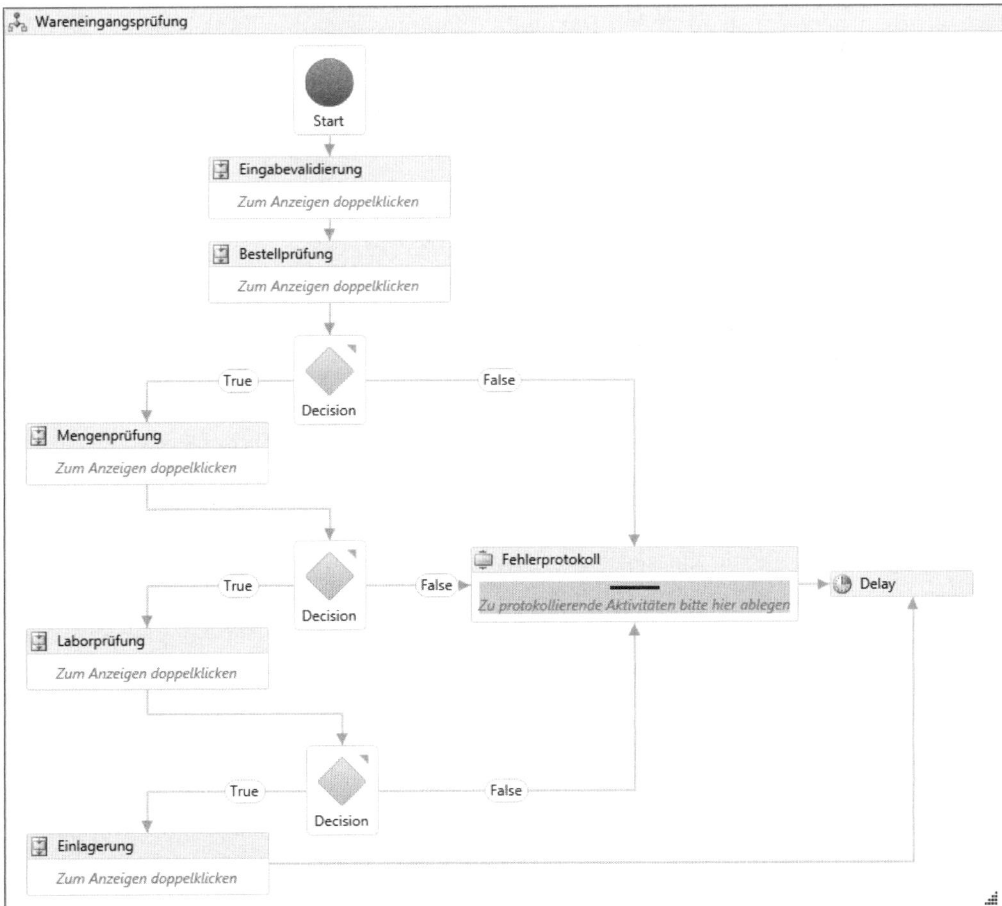

Abbildung 3.3 Ein klassischer Workflow

Dargestellt ist ein sequenzieller Workflow, in dem die einzelnen Workflow-Schritte der Reihe nach ausgeführt werden. Diese Workflow-Schritte sind in der OO-Welt natürlich Objekte, die jeweils zu einer Klasse gehören, beispielsweise der Workflow-Schritt *Laborprüfung*. Jeder Workflow-Schritt kann selbst wiederum aus verschiedenen Schritten aufgebaut sein – im Endeffekt ergibt sich so ein klassischer Ausführungsbaum.

Nun kann eine Workflow-Engine der Natur nach nur mit Workflow-Objekten umgehen, die sie kennt. Das beginnt schon damit, dass sie die Objekte ja ausführen muss, wofür sie in aller Regel die `execute`-Methode des Workflow-Objekts aufruft. Auch die Rückgabetypen müssen bekannt sein. Das Workflow-Objekt könnte bei seiner Ausführung ja einen Fehler verursachen, den es der Engine dann zurückmeldet, die diesen dann wiederum grafisch anzeigt.

Kurz: Will eine solche Workflow-Engine andere Workflow-Objekte ausführen als die eigenen, benötigt sie für jeden Typ einen Adapter (siehe Abbildung 3.4).

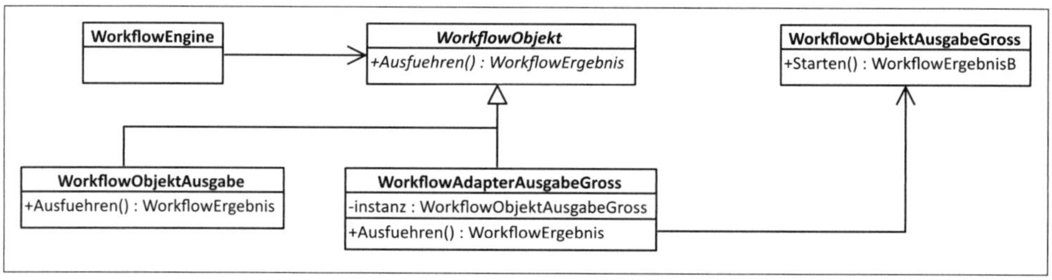

Abbildung 3.4 Das UML-Diagramm des Adapter-Musters im Praxisbeispiel

Die Workflow-Engine kennt ihre eigenen Objekte, die alle von der gemeinsamen Basisklasse `WorkflowObjekt` erben und die auch alle ein Ergebnis des Typs `WorkflowErgebnis` liefern. Die Klasse `WorkflowObjektAusgabe` ist so ein Beispiel. Sie realisiert eine Konsolenausgabe.

Das gilt nicht für die Klassen eines Drittanbieters für Workflow-Objekte, die schon anders aufgerufen werden (über die `starten`-Methode) und die auch ein anderes Rückgabeobjekt vom Typ `WorkflowErgebnisB` zurückliefern. Der Adapter `WorkflowAdapterAusgabeGross` soll nun diese Dritttherstellerkomponente mit der Workflow-Engine kompatibel machen.

Ziel (WorkflowObjekt)

Das Ziel ist das ganz konkrete Workflow-Objekt, mit dem unsere Engine kompatibel ist. Es kann eine (abstrakte) Basisklasse sein oder eine Schnittstelle. Wie auch immer, auf jeden Fall gibt sie das Ergebnis seiner Ausführung an die Workflow-Engine zurück. Dafür ist die Klasse `WorkflowErgebnis` da:

```
public class WorkflowErgebnis
{
   private String objektId;
   private boolean warErfolgreich;
   private String fehlermeldung;

   public WorkflowErgebnis(String objektId)
   {
      this.objektId = objektId;
   }

   public boolean isWarErfolgreich()
   {
      return warErfolgreich;
   }
   public void setWarErfolgreich(boolean warErfolgreich)
   {
      this.warErfolgreich = warErfolgreich;
   }

   public String getFehlermeldung()
   {
      return fehlermeldung;
   }

   public void setFehlermeldung(String fehlermeldung)
   {
      this.fehlermeldung = fehlermeldung;
   }

   public String getObjektId()
   {
      return objektId;
   }
}
```

Listing 3.1 Die Klasse »WorkflowErgebnis«

Die Klasse informiert die Engine darüber, ob die Ausführung erfolgreich (also ohne Fehler möglich) war und nennt ihr die Fehlermeldung, falls die Ausführung fehlschlug. Das Ziel, die Klasse `WorkflowObjekt`, ist die Mutter aller Workflow-Objekte und die Mutter des Adapters:

```
public abstract class WorkflowObjekt
{
  private ArrayList<WorkflowObjekt> workflowObjekte;
  private String objektId;

  public WorkflowObjekt(String objektId)
  {
    workflowObjekte = new ArrayList<WorkflowObjekt>();
    this.objektId = objektId;
  }

  public void addWorkflowObjekt(WorkflowObjekt workflowObjekt)
  {
    workflowObjekte.add(workflowObjekt);
  }

  public WorkflowErgebnis ausfuehren()
  {
    WorkflowErgebnis ergebnis = new WorkflowErgebnis(objektId);
    for (WorkflowObjekt workflowObjekt: workflowObjekte)
    {
      try
      {
        WorkflowErgebnis ergebnisKindObjekt = workflowObjekt.ausfuehren();
        if (!ergebnisKindObjekt.isWarErfolgreich())
          return ergebnisKindObjekt;
      }
      catch(Exception e)
      {
        ergebnis.setWarErfolgreich(false);
        ergebnis.setFehlermeldung(e.getMessage());
        return ergebnis;
      }
    }
    ergebnis.setWarErfolgreich(true);
    return ergebnis;
  }
}
```

Listing 3.2 Die Klasse »WorkflowObjekt«

Jedes Objekt ist durch eine ID gekennzeichnet, sodass wir später die einzelnen Objekte auseinanderhalten können. Ansonsten ist nur noch die ausfuehren-Methode interessant, die dieses Objekt – Überraschung! – ausführt und eventuelle Fehler während der Ausführung abfängt und zurückmeldet. Die Ausführung wird beim ersten aufgetretenen Fehler abgebrochen.

Hier sehen Sie noch ein ganz konkretes Workflow-Objekt zur Ausgabe einer Konsolenmeldung:

```
public class WorkflowObjektAusgabe extends WorkflowObjekt
{
  private String ausgabeText;

  public WorkflowObjektAusgabe(String objektId, String ausgabeText)
  {
    super(objektId);
    this.ausgabeText = ausgabeText;
  }

  @Override
  public WorkflowErgebnis ausfuehren()
  {
    WorkflowErgebnis ergebnis = getErgebnisObjekt(); // Implementierung siehe
                                                      // Downloadmaterial
    try
    {
      System.out.println(ausgabeText);
      return super.ausfuehren();
    }
    catch(Exception e)
    {
      ergebnis.setWarErfolgreich(false);
      ergebnis.setFehlermeldung(e.getMessage());
      return ergebnis;
    }
  }
}
```

Listing 3.3 Die konkrete Workflow-Klasse »WorkflowObjektAusgabe«

Natürlich tut diese Klasse etwas: Sie gibt eine Meldung auf der Konsole aus und erhält dafür den auszugebenden Text im Konstruktor.

AdaptierteKlasse (WorkflowObjektAusgabeGross)

Die Objekte des anderen Herstellers machen natürlich im Grunde dasselbe, sie sollen ja grundsätzlich mit der Workflow-Engine kompatibel sein – aber sie tun das halt auf eine etwas andere Art und Weise, sonst bräuchten wir ja keinen Adapter. Zunächst einmal ist das Rückgabeobjekt anders, nämlich einfacher, gestrickt:

```
public class WorkflowErgebnisB
{
  private int ergebnis;

  public void setErgebnis(int ergebnis)
  {
    this.ergebnis = ergebnis;
  }
  public int getErgebnis()
  {
    return ergebnis;
  }
}
```

Listing 3.4 Die Rückgabeklasse des Dritthersteller-Workflow-Objekts

Ansonsten gibt auch diese Klasse etwas an der Konsole aus, diesmal in Großbuchstaben:

```
public class WorkflowObjektAusgabeGross
{
  private String ausgabeText;

  public WorkflowObjektAusgabeGross(String ausgabeText)
  {
    this.ausgabeText = ausgabeText;
  }

  public WorkflowErgebnisB starten()
  {
    System.out.println(ausgabeText.toUpperCase());
    WorkflowErgebnisB ergebnis = new WorkflowErgebnisB();
    ergebnis.setErgebnis(1);
    return ergebnis;
  }
}
```

Listing 3.5 Die Klasse »WorkflowObjektAusgabeGross«, die zu adaptierende Klasse

Das ist ganz typisch für das Adapter-Muster: Die zu adaptierende Klasse ist zwar fachlich kompatibel, aber technisch doch anders realisiert; sie unterstützt beispielsweise

Funktionen nicht, oder Übergabe- und Rückgabeobjekte haben andere Typen. Die Unterschiede der adaptierten Klasse zur Klasse `WorkflowObjekt` sind:

- Die adaptierte Klasse unterstützt keine weiteren Kind-Workflow-Objekte, vermutlich weil diese Bibliothek ein eigenes »Sequenz-Workflow-Objekt« für solche Aufgaben kennt.
- Die Methode für die Ausführung ist anders benannt.
- Das Rückgabeobjekt hat einen anderen Typ und ist einfacher aufgebaut.
- Es gibt keine Objekt-ID, vermutlich weil das Fremdsystem die Objekte in der Workflow-Engine speichert und dort eindeutig identifiziert.

In der Praxis hätte vermutlich auch die `WorkflowObjektAusgabeGross`-Klasse eine Basisklasse, aber das ist für dieses Muster nicht von Belang, denn (meistens) adaptiert ein Adapter immer eine ganz konkrete Klasse. Wenn allerdings alle Klassen des Drittherstellers gleich aufgebaut sind, dann spricht nichts dagegen, nur einen Adapter zu erstellen, der dann alle Workflow-Klassen des Herstellers adaptieren kann. Ersetzen Sie dann einfach die konkrete Klasse `WorkflowObjektAusgabeGross` durch die Basisklasse (oder Schnittstelle) aller Workflow-Klassen des Herstellers.

Adapter (WorkflowAdapterAusgabeGross)

Der Adapter hat nun die Aufgabe, die Klasse `WorkflowObjektAusgabeGross` mit der Basisklasse für die eigenen Workflow-Objekte (`WorkflowObject`) kompatibel zu machen:

```
public class WorkflowAdapterAusgabeGross extends WorkflowObjekt
{
  private WorkflowObjektAusgabeGross instanz;

  public WorkflowAdapterAusgabeGross(String objektId, String ausgabeText)
  {
    super(objektId);
    instanz = new WorkflowObjektAusgabeGross(ausgabeText);
  }

  @Override
  public WorkflowErgebnis ausfuehren()
  {
    WorkflowErgebnis ergebnis = getErgebnisObjekt(); // Implementierung siehe
                                                      // Downloadmaterial

    WorkflowErgebnisB ergebnisB = instanz.starten();
    if (ergebnisB.getErgebnis() > 0)
      ergebnis.setWarErfolgreich(true);
```

```
    else
    {
      ergebnis.setWarErfolgreich(false);
      ergebnis.setFehlermeldung("n/a");
    }
    if (ergebnis.isWarErfolgreich())
      return super.ausfuehren();
    else
      return ergebnis;
  }
}
```

Listing 3.6 Der Adapter – die Klasse »WorkflowAdapterAusgabeGross«

Unser Adapter erstellt zuerst einmal eine Instanz der zu adaptierenden Klasse. In der `ausfuehren`-Methode, die der Adapter vom `WorkflowObjekt` geerbt hat, wird die anders lautende Methode dieser Klasse aufgerufen, und das Ergebnis wird in den Typ `WorkflowErgebnis` übersetzt. Im Fehlerfall wird als Fehlermeldung »n/a« übergeben, weil die zu adaptierende Klasse keine Fehlermeldungen unterstützt.

Klient (WorkflowEngine)

Die ganze Mühe hat nur einen Zweck: Ein Klient, das ist in unserem Fall die Workflow-Engine, soll überhaupt nicht wissen, dass die zu adaptierende Klasse von einem anderen Hersteller stammt. Dies wird dadurch erreicht, dass der Adapter vom gemeinsamen Basisobjekt `WorkflowObjekt` erbt, wie alle anderen »nativen« Workflow-Objekte eben auch.

```
public class WorkflowEngine
{
  ArrayList<WorkflowObjekt> workflowObjekte;

  public WorkflowEngine()
  {
    workflowObjekte = new ArrayList<WorkflowObjekt>();
  }

  public void addWorkflowObjekt(WorkflowObjekt workflowObjekt)
  {
    workflowObjekte.add(workflowObjekt);
  }

  public WorkflowErgebnis alleWorkflowsAusfuehren()
  {
```

```
    for (WorkflowObjekt workflowObjekt: workflowObjekte)
    {
      WorkflowErgebnis ergebnis = workflowObjekt.ausfuehren();
      if (!ergebnis.isWarErfolgreich())
        return ergebnis;
    }
    WorkflowErgebnis gesamtErgebnis = new WorkflowErgebnis("engine");
    gesamtErgebnis.setWarErfolgreich(true);
    return gesamtErgebnis;
  }
}
```

Listing 3.7 Die Klasse »WorkflowEngine«

Die Engine beinhaltet, einem gewöhnlichen Workflow-Objekt nicht unähnlich, eine Reihe von Workflow-Objekten, darunter vielleicht auch einige Adapterobjekte. Sie führt diese der Reihe nach aus und meldet das Ergebnis zurück an den Aufrufer, zum Beispiel eine GUI, aus der der Workflow gestartet wurde:

```
WorkflowEngine engine = new WorkflowEngine();

WorkflowObjektAusgabe kleineAusgabe =
 new WorkflowObjektAusgabe("1", "kleine ausgabe");
engine.addWorkflowObjekt(kleineAusgabe);
WorkflowAdapterAusgabeGross grosseAusgabe =
 new WorkflowAdapterAusgabeGross("2", "grosse ausgabe");
engine.addWorkflowObjekt(grosseAusgabe);

WorkflowErgebnis ergebnis = engine.alleWorkflowsAusfuehren();
```

Listing 3.8 Die Steuerung der Engine von außen

Das ist nun sehr charmant: Hätten wir den Adapter nicht als solchen bezeichnet, könnten wir aus dem Code heraus gar nicht wissen, dass wir es hier mit einem adaptierten Workflow-Objekt zu tun haben. Das Objekt verhält sich ganz so wie auch alle anderen Objekte, ja sogar Kind-Workflow-Objekte sind möglich, obwohl die adaptierte Klasse das selbst gar nicht unterstützt:

```
...
WorkflowAdapterAusgabeGross grosseAusgabe =
 new WorkflowAdapterAusgabeGross("2", "grosse ausgabe");
WorkflowObjektAusgabe kindAusgabe =
 new WorkflowObjektAusgabe("3", "kleine unterausgabe");
grosseAusgabe.addWorkflowObjekt(kindAusgabe);
...
```

Führen wir den Workflow aus, dann erhalten wir das erwartete Ergebnis:

```
kleine ausgabe
GROSSE AUSGABE
kleine unterausgabe
```

3.1.5 Weitere Überlegungen und Alternativen

Im vorherigen Beispiel haben wir einen Objektadapter implementiert. Ein solcher verwendet Objektkomposition, unterhält also eine Instanz auf die zu adaptierende Klasse und delegiert die Anforderung zur Laufzeit an diese Instanz. Man bezeichnet solche Klassen auch als *Wrapperklassen* oder *Hüllenklassen*.

Auf solche Hüllen trifft man sowohl in Java als auch in der .NET-Welt, beispielsweise bei der Verwendung primitiver Datentypen. Dort gibt es für jeden primitiven Datentyp eine entsprechende Wrapper-Klasse. Die Klasse `Integer` in Java legt sich also um den Datentyp `int`. Der eigentliche Wert wird in einem privaten Feld gespeichert:

```
private final int value;
```

Ein als *Boxing* und *Unboxing* bekannter Mechanismus lässt uns diese Klassen anstelle der primitiven Datentypen verwenden, wobei Java (und .NET) die primitiven Typen dabei automatisch in Objekte verpackt (*Boxing*) und wieder auspackt (*Unboxing*).

Bei der Entscheidung, ob ein Objekt- oder ein Klassenadapter die richtige Wahl ist, hilft Ihnen Tabelle 3.3.

Die vielleicht wichtigste Frage, die man sich bei diesem Muster stellen sollte, liegt nahe: Ist die zu adaptierende Klasse wirklich inhaltlich kompatibel? Vermittelt der Adapter also nur zwischen zwei verschiedenen Implementierungswelten (im Beispiel sind es verschiedene Rückgabetypen), oder greift er auch inhaltlich mehr oder minder stark in die zu adaptierende Klasse ein (im Beispiel betrachteten wir die Fähigkeit, dass ein Workflow-Objekt Unterobjekte beinhalten kann). Im letzten Fall gibt es eine Grenze, die sich nur schwer in Worte fassen lässt. Wenn Sie bei der Umsetzung merken, dass Sie immer mehr Klimmzüge machen müssen, um die zu adaptierende Klasse kompatibel zum Ziel zu machen, dann sollten Sie irgendwann die Reißleine ziehen und ein anderes Muster wählen. Oder anders gesagt: Das Erstellen des Adapters sollte wesentlich weniger Aufwand verursachen, als die Erstellung der zu adaptierenden Klasse versursacht hat.

Ähnliche Muster

Die *Brücke* hat einen ähnlichen Zweck wie der Adapter. Beim Adapter steht allerdings die Kompatibilität zweier Schnittstellen im Vordergrund – eine Schnittstelle A soll auf eine Schnittstelle B abgebildet werden, während die Brücke vornehmlich das Ziel verfolgt, Schnittstelle und Implementierung voneinander zu trennen.

Eine *Fassade* ist eine Hüllenklasse, ganz so wie der Adapter. Aber auch hier gibt es einen Unterschied: Die Fassade kann eine völlig andere Schnittstelle nach außen zur Verfügung stellen, oft eine einfachere; es wird also nicht der gesamte Funktionsumfang zur Verfügung gestellt. Der Adapter könnte dies natürlich auch tun, seine Aufgabe ist es aber vor allem, die Schnittstelle an eine andere anzupassen.

Das *Dekorierer-Muster* kann ein Objekt erweitern, ohne dass dafür die Schnittstelle geändert werden müsste. Das ist für einen Klienten transparenter, eben weil die ursprüngliche Schnittstelle unverändert bleibt.

Ein *Proxy* stellt – ganz wie der Adapter – ein Ersatzobjekt für einen Klienten zur Verfügung, verändert allerdings nicht die Schnittstelle des zu ersetzenden (zu adaptierenden) Objekts.

Hierarchien

Gerade das Praxisbeispiel ist eigentlich dafür prädestiniert, eine komplexe Vererbungslandschaft umzusetzen. Sieht man sich reale Workflow-Engines an, dann gibt es dort Basistypen für Container-Workflow-Klassen, für primitive Workflow-Klassen oder für solche, die Webservices aufrufen können.

Das ist für dieses Muster kein größeres Problem. Ein Adapter könnte für eine ganze Hierarchie von Klassen zuständig sein. Moderne Sprachen, so auch Java, unterstützen Generics, sodass der konkrete Typ der adaptierten Klasse austauschbar wird.

3.2 Brücke

Für gewöhnlich unterscheiden wir in der OO-Welt zwischen einer Schnittstelle und ihrer Implementierung. Die Schnittstelle kann eine (häufig) abstrakte Basisklasse oder eine Schnittstelle im Sprachsinne sein. Implementierungen entstehen dann durch Vererbung bzw. Implementierung dieser Schnittstelle.

Diese Vorgehensweise bringt Implementierung und Schnittstelle (die sogenannte Abstraktion) recht eng zusammen, was in den meisten Fällen erwünscht ist oder jedenfalls kein echtes Problem darstellt.

Dennoch gibt es Fälle, in denen man die Schnittstellen sauber von den Implementierungen trennen möchte, zum Beispiel wenn man beides weitgehend getrennt voneinander entwickeln will. Durch die Vermischung von Schnittstelle und Implementierung leidet nämlich die Übersichtlichkeit, und nicht selten kommt es vor, dass in einem Projekt Schnittstellenklassen, Implementierungsklassen und viele weitere Schnittstellen bzw. abstrakte Klassen vermischt sind. Als Verwender stellt man sich da manchmal die Frage, was da noch Schnittstelle ist und wo schon die Implementierung beginnt, und wünscht sich eine saubere Trennung.

Das Brückenmuster erlaubt es, genau das zu tun. Durch die Trennung der Implementierung von den Schnittstellen ist es möglich, die Implementierung auf einfache Art und Weise zur Laufzeit auszutauschen oder auch die Schnittstelle wiederzuverwenden.

3.2.1 Steckbrief

Deutscher Name: Brücke

Englischer Name: Bridge

Gruppe: Strukturmuster

3.2.2 Beschreibung

Das Brückenmuster trennt die Schnittstelle von der Implementierung dadurch, dass es zwei unterschiedliche Klassenhierarchien gibt, eben eine für die Abstraktion (die Schnittstelle) und eine weitere für die Implementierung. Aber was heißt Abstraktion und was wiederum Implementierung?

Am besten stellen Sie sich die *Abstraktionshierarchie* als die Definition von etwas vor. Das wohl am häufigsten zitierte Beispiel sind Fenster oder Steuerelemente. Dort gibt es vielleicht eine Control-Basisklasse und davon abgeleitete Textboxen (von denen wiederum vielleicht ein RTF-Control abgeleitet wurde) sowie Comboboxen, Checkboxen und viele weitere Steuerelemente. Diese Control-Hierarchie, die in diesem Muster eben Abstraktionshierarchie heißt, definiert die Controls und auch deren Verhalten. Zum Beispiel würde eine Textbox über eine Eigenschaft verfügen, in der die maximale Eingabelänge gespeichert wäre, oder eine Combobox verfügte über eine Methode, um deren Listeneinträge zu leeren.

Daneben gibt es nun die zweite Hierarchie, die der *Implementierer*. Die Beziehung zwischen Abstraktion und Implementierer ist nun dergestalt, dass die Abstraktion den Implementierer braucht, weil er der Definition sozusagen digitales Leben einhaucht. Im Falle der Controls wären das Klassen zum Zeichnen für verschiedene Ausgabegeräte, sagen wir für Smartphones oder den klassischen Desktop. Das wären im Beispiel zwei konkrete Implementierer, es könnte aber natürlich viele weitere geben.

Wären nun Abstraktion und Implementierer aufs Engste miteinander verbunden, dann wäre es kaum möglich, dass sich die beiden Klassenhierarchien unabhängig voneinander entwickeln lassen. Daher bringen die Implementierer häufig nur einige grundlegende Funktionen mit, die von den Abstraktionsklassen dann aufgerufen werden. Das könnten in unserem Beispiel Methoden sein, wie

- `zeichneRahmen()`
- `zeichnePfeilNachUnten()`
- `fuelleFensterMitFarbe()`
- `zeichneText()`

und ähnliche. Die Implementierung wäre nun für Mobilgeräte anders als für die Desktopvariante: Vielleicht sind die Rahmenstärken anders, die Pfeile sind größer (weil man sie mit dem Finger treffen muss) usw. Man kann sich nun gut vorstellen, dass man mit relativ wenigen Methoden schnell und in Grenzen auch unabhängig von den Controls ein neues Aussehen definieren kann – was ja ganz im Sinne dieses Musters ist.

UML

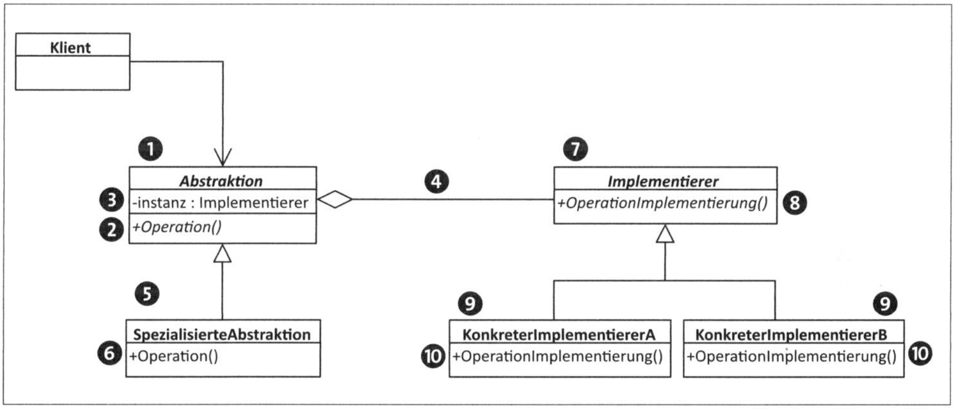

Abbildung 3.5 Die Brücke in UML

Erläuterungen

Nr.	Erläuterung
❶	Die Klasse *Abstraktion* begründet die Schnittstellenhierarchie.
❷	Die Schnittstelle besitzt natürlich auch Methoden.
❸	Außerdem hält die Klasse *Abstraktion* eine Referenz auf ein Objekt vom Typ `Implementierer`.

Tabelle 3.4 Akteure des Brückenmusters

Nr.	Erläuterung
❹	Die Verbindung zu einem Implementierer kann zur Laufzeit geschehen, daher ist die Verbindung zwischen den beiden Klassen als Aggregation ausgeführt und nicht als Komposition. Oder anders gesagt: Die Koppelung zwischen den beiden Klassen ist nur lose. In der Methode `Operation()` wird nun die entsprechende Methode des Implementierers aufgerufen.
❺	Das Brückenmuster erlaubt beliebig viele *spezialisierte Abstraktionsklassen*, die alle von der Klasse *Abstraktion* erben.
❻	Die spezialisierten Abstraktionsklassen erben die Methoden der Basisklasse und bringen vielleicht auch neue Member ins Spiel.
❼	Die Klasse *Implementierer* begründet die Implementierer-Hierarchie, ist also die (abstrakte) Basisklasse für alle Implementierungen.
❽	Die Schnittstelle des Implementierers muss nun nicht 1:1 der Schnittstelle der Abstraktion entsprechen, denn beide Hierarchien sollen ja weitgehend unabhängig voneinander entwickelt werden.
❾	Wiederum gibt es für die abstrakte Implementierer-Klasse ganz konkrete Klassen, die davon erben.
❿	Diese konkreten Klassen implementieren nun die Methoden der Implementierer-Basisklasse entsprechend ihren Fähigkeiten.

Tabelle 3.4 Akteure des Brückenmusters (Forts.)

3.2.3 Anwendungsfälle

Das Brückenmuster ist ein wenig abstrakt, und seine Vorteile erschließen sich erst einmal nicht auf den ersten Blick. Die Verwendung von zwei verschiedenen Hierarchien – eine für die Abstraktion und eine weitere für die Implementierung – scheint erst einmal unnötig kompliziert zu sein, und tatsächlich ist die höhere Komplexität ein Nachteil dieses Musters.

Damit Sie die Vorteile sehen, folgt hier ein Beispiel aus meiner eigenen Praxis. In (praktisch) jeder Geschäftsanwendung gibt es die Notwendigkeit, Dateien zu verwalten. In meinem Fall sind das dröge Ausgangsrechnungen, Lieferscheine, Eingangsrechnungen, Bestellbestätigungen und weitere Belege.

Diese Dateien liegen natürlich irgendwo, häufig im Dateisystem. Das ist aber häufig nicht optimal, denn natürlich sind diese Belege mit Datenbankinhalten verknüpft. Eine Rechnung ist sowohl in Datenbanktabellen vorhanden als auch als gerenderter Beleg, und es wäre schön, wenn beides untrennbar verbunden wäre. Denn dann könnten beides – Datenbanktabellen und Dateien – in derselben Datensicherung gespeichert werden und beim Löschen der Rechnung in den Datenbanktabellen würde auch gleich der zugehörige Beleg gelöscht werden.

Dafür gibt es Technologien, beispielsweise bietet Microsofts SQL-Server *Filestream* an, was genau das tut – die transaktionale Welt der Datenbanken mit der Welt der Dateien zu vereinen.

In der klassischen Welt würden Sie nun so etwas machen wie in Abbildung 3.6 dargestellt:

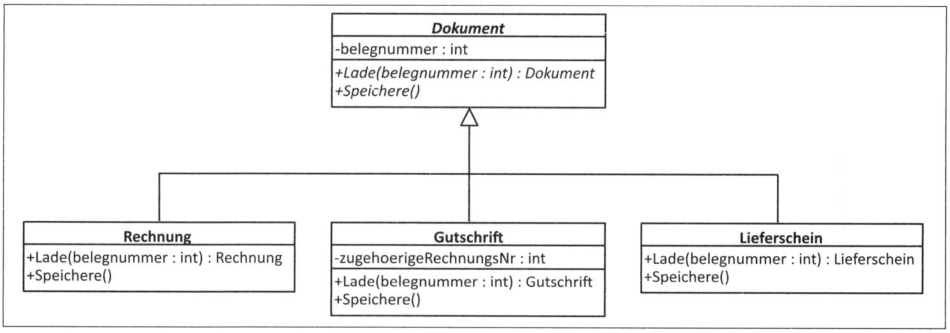

Abbildung 3.6 Die Dokumentwelt noch ohne das Brückenmuster

Die einzelnen Klassen würden natürlich jeweils eigene Felder beinhalten, die Klasse `Gutschrift` zum Beispiel die zugehörige Rechnungsnummer. Die `Lade`- und `Speichere`-Methoden würden die Filestream-API verwenden, um sich selbst zu speichern oder zu laden.

Nun ist die Welt kompliziert und – glauben Sie mir – dort, wo ich arbeite, vielleicht noch ein wenig komplizierter. Und so gibt es die Anforderung, Belege auch zu archivieren, wofür eine eigene Archivierungssoftware eingesetzt wird. Zudem sind einige Tochtergesellschaften noch auf dem alten SQL-Server unterwegs, der noch kein Filestream unterstützt (und eine Archivierungssoftware haben sie auch nicht), deshalb wollen sie ihre Belege gern im Dateisystem unterbringen.

Dort versagt nun die klassische Vererbung (jedenfalls praktisch), denn wir müssten jede Dokumentklasse in jeder Speicherversion abbilden, das sind schon einmal

4 Dokumentklassen × 3 Speichertechnologien = 12

zu entwickelnde Klassen. Und Sie glauben mir bestimmt, dass es natürlich nicht bei den drei Belegtypen bleibt.

Klassischerweise würden wir diese Klassen in etwa so benennen:

- `RechnungFilestream`
- `RechnungFilesystem`

- `GutschriftArchivsystem`
- ...

Das ist aber kaum das, was wir wollen. Wenn überhaupt, soll sich die Klassenhierarchie fachlich weiterentwickeln (es kommen also neue Belege dazu), nicht aber nach technischen Möglichkeiten.

Und damit ist auch schon beschrieben, wofür sich dieses Muster am besten eignet: Es kommt immer dann zum Einsatz, wenn zwei verschiedene Hierarchien parallel gepflegt werden müssen und die einzelnen Hierarchien (hier die Dokumenthierarchie und die Speicheranbieterhierarchie) im Prinzip unabhängig voneinander entwickelt werden können.

Dafür ist es am besten, wenn die beiden Hierarchien zwar miteinander verbunden sind (klar, ein Beleg muss gespeichert und geladen werden, und dafür braucht es einen konkreten »Provider«), aber andererseits auch verschiedene Aspekte abbilden und verschiedene Zuständigkeiten haben. Man sagt dann auch, dass die beiden Aspekte orthogonal zueinander stehen.

Im althergebrachten Fall der Vererbung in nur einer Hierarchie müssten alle Technologien zudem zur Kompilierzeit bekannt sein, weil der Compiler bei der Vererbung die Basisklassen ja kennen muss. Das ist wenig optimal, wenn wir von der praxisnahen Annahme ausgehen, dass wir zur Laufzeit (sagen wir über eine Konfiguration) den verwendeten Provider festlegen und auch neue Provider jederzeit nachrüsten können wollen.

Und so trennen sich nun die beiden Hierarchien. Das UML-Diagramm, abgebildet auf unser Beispiel, sieht daher so wie Abbildung 3.7 aus.

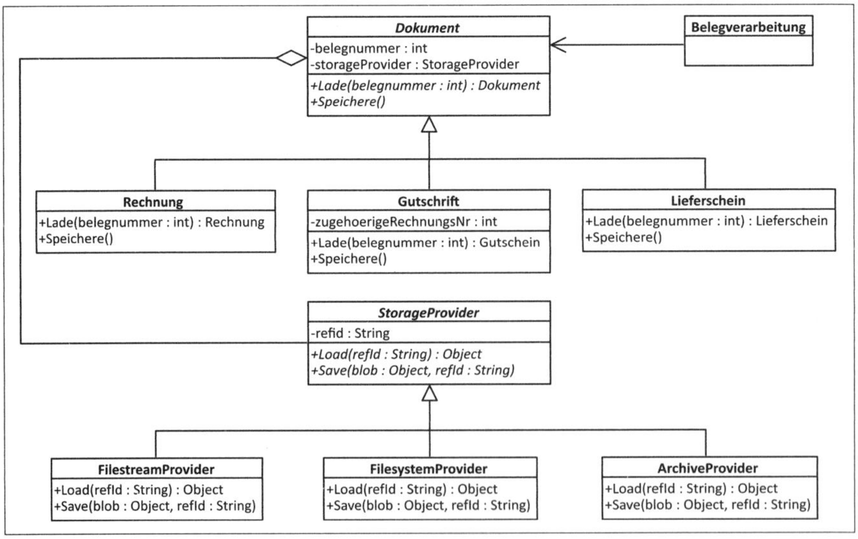

Abbildung 3.7 Das Brückenmuster im Praxisbeispiel

Die Schnittstellen beider Hierarchien sind ähnlich, aber nicht identisch. Die `StorageProvider` kennen keine Belegnummer, sondern arbeiten mit eindeutigen Objektreferenzen (hier als String ausgeführt), außerdem sind die Methodennamen diesmal in englischer Sprache.

3.2.4 Implementierung

Für die Implementierung beschreibe ich exemplarisch den `FilesystemProvider` und die Klasse `Gutschrift`. Die anderen Provider und Dokumentklassen sind analog dazu aufgebaut. Sie finden sie im Download-Paket unter *www.rheinwerk-verlag.de/3538*.

Abstraktion (Dokument)

```
public abstract class Dokument
{
  private StorageProvider storageProvider;
  private int belegNummer;
  private Blob blob;

  public Dokument(StorageProvider storageProvider, int belegNummer)
  {
    this.storageProvider = storageProvider;
    this.belegNummer = belegNummer;
  }

  public StorageProvider getStorageProvider()
  {
    return storageProvider;
  }

  public abstract void lade(int belegNummer);
  public abstract void speichere();
  public abstract Blob erstelleDruckbild();

  public int getBelegNummer()
  {
    return belegNummer;
  }
  public void setBelegNummer(int belegNummer)
  {
    this.belegNummer = belegNummer;
  }
```

```
  public Blob getBlob()
  {
    return blob;
  }
  public void setBlob(Blob blob)
  {
    this.blob = blob;
  }
}
```

Listing 3.9 Die Klasse »Dokument«

Die Wurzel der Hierarchie für die Abstraktionsklassen definiert die Methoden, die alle Dokumente aufweisen müssen, und das Feld `belegNummer`, denn alle Belege werden über diese Nummer eindeutig identifiziert, egal von welchem Typ sie sind.

Über den Konstruktor erhält das spätere Objekt den konkreten Provider, der für das Laden und Speichern von Belegen verwendet werden soll, und die eben erwähnte Belegnummer. Beides merken wir uns in privaten Variablen. Der Provider wird erst von den abgeleiteten Abstraktionsklassen verwendet, wie zum Beispiel der Klasse `Gutschrift`, denn nur konkrete Dokumente können gespeichert und geladen werden – was über die entsprechenden abstrakten Methoden geschieht. Das mit dem Beleg assoziierte Dokument wird in der Variable `blob` (das steht für *Binary Large Object*) gespeichert, zum Beispiel im Format PDF. Das Generieren dieses Druckbilds geschieht über die Methode `erstelleDruckbild` in den konkreten Belegklassen.

SpezialisierteAbstraktion (Gutschrift)

Die Klasse `Gutschrift` erbt von der Klasse `Dokument`, die ja abstrakt ist.

```
public class Gutschrift extends Dokument
{
  private int zugehoerigeRechnungsNr;
  private Blob rechnungBlob;

  public Gutschrift(StorageProvider storageProvider,
   int belegNummer, int zugehoerigeRechnungsNr)
  {
    super(storageProvider, belegNummer);
    this.zugehoerigeRechnungsNr = zugehoerigeRechnungsNr;
  }

  @Override
  public void lade(int belegNummer)
  {
```

```
    setBlob(getStorageProvider().load(String.valueOf(belegNummer)));
    rechnungBlob =
     getStorageProvider().load(String.valueOf(zugehoerigeRechnungsNr));
    setBelegNummer(belegNummer);
  }

  @Override
  public void speichere()
  {
    getStorageProvider().save(erstelleDruckbild(),
     String.valueOf(getBelegNummer()));
  }

  public int getZugehoerigeRechnungsNr()
  {
    return zugehoerigeRechnungsNr;
  }
  public void setZugehoerigeRechnungsNr(int zugehoerigeRechnungsNr)
  {
    this.zugehoerigeRechnungsNr = zugehoerigeRechnungsNr;
  }

  @Override
  public Blob erstelleDruckbild()
  {
    //PDF rendern und zurückgeben
    return new Blob("PDF-Inhalt");
  }
}
```

Listing 3.10 Die Klasse »Gutschrift«

In der nun konkreten Dokumentklasse `Gutschrift` implementieren wir die abstrakten Methoden der Basisklasse `Dokument`. Das Erstellen des Blobs (des PDF-Objekts) übernimmt ein komplizierter Reporting-Renderer (hier natürlich nur angedeutet). Die Klasse braucht auch ein neues Feld, denn eine Gutschrift gehört auch immer zu einer Rechnung, weswegen die Rechnungs-Nr. ebenfalls im Konstruktor übergeben und in einer privaten Variable gespeichert wird.

Entscheidend sind nun die `lade`- und `speichere`-Methoden, die erstmals auf den `StorageProvider` zugreifen und dessen `load` und `save`-Methoden verwenden. Auch hier ist die Funktionalität wieder exklusiv auf die `Gutschrift`-Klasse zugeschnitten, denn neben dem PDF für die Gutschrift selbst wird dort auch noch das PDF für die zugehörige Rechnung geladen und lokal gespeichert. Darin liegt ja der Sinn, die Abstraktionsklassen in spezialisierten Abstraktionsklassen weiter zu verfeinern.

Implementierer (StorageProvider)

Kommen wir nun zur zweiten Hierarchie, die der Implementierer, die ja unabhängig von der Hierarchie der Dokumente sein soll.

```
public abstract class StorageProvider
{
  public abstract Blob load(String refId);
  public abstract void save(Blob blob, String refId);
}
```

Listing 3.11 Die Klasse »StorageProvider«

Die Klasse ist übersichtlich, ihre Methoden sind abstrakte Methoden, weil das Laden und Speichern von Dokumenten sich von Technologie zu Technologie einfach zu sehr unterscheidet, um in der Basisklasse der Implementierer bereits etwas Sinnvolles zu tun. Wir hätten also genauso gut auch eine Java-Schnittstelle für die Implementierung verwenden können.

KonkreterImplementierer (FilesystemProvider)

Die Implementierung für das Dateisystem nutzt Standardfunktionen für das Laden und Speichern von Dateien:

```
public class FilesystemProvider extends StorageProvider
{
  private String path;

  public FilesystemProvider(String path)
  {
    this.path = path;
  }

  @Override
  public Blob load(String refId)
  {
    try
    {
      Scanner in = new Scanner(new FileReader(path+refId));
      Blob blob = new Blob(in.next());
      in.close();
      return blob;
    }
```

```
    catch(Exception e)
    {
      return new Blob(e.getMessage());
    }
  }

  @Override
  public void save(Blob blob, String refId)
  {
    try
    {
      PrintWriter out = new PrintWriter(path+refId);
      out.write(blob.getText());
      out.close;
    }
    catch(Exception e)
    {
      //Nur für Demozwecke
    }
  }
}
```

Listing 3.12 Die Klasse »FilesystemProvider«

Die Basisklasse `StorageProvider` verlangt, dass wir die `load` und `save`-Methode dort implementieren, mehr nicht. Allerdings ist es schon praktisch, wenn der Provider nicht im aktuellen Verzeichnis seine Dateien liest und schreibt, sondern in einem angegebenen Basisverzeichnis. Daher nimmt der Konstruktor dieser Klasse ein solches Verzeichnis entgegen, und die Methoden zum Laden und Schreiben hängen den Dateinamen an den Pfad an.

Damit schließt sich nun der Kreis. Die Zuständigkeiten zwischen Dokumenten und Storage-Providern sind klar getrennt. Die Dokumente repräsentieren die fachliche Domäne, sie beinhalten für den Geschäftsvorfall relevante Daten und sind in der Lage, ein Druckbild von sich selbst zu erzeugen. Die Storage-Provider hingegen kennen sich zwar nicht mit Dokumenten aus, wohl aber damit, wie sich Blobs in verschiedenen Technologien speichern und wieder laden lassen.

Aber das Wichtigste war unser ursprüngliches Ziel: Dokumente und Storage Provider sollten so weit wie möglich unabhängig voneinander entwickelt werden. Dieses Ziel ist erreicht, denn wir können ohne Probleme einen neuen Provider erstellen. Dazu müssen wir lediglich die `save`- und `load`-Methode entsprechend implementieren; die Dokumentenhierarchie muss dafür nicht überarbeitet werden, denn die Basisklasse `Dokument` arbeitet ihrerseits nur mit dem abstrakten Objekt des Typs `StorageProvider`.

Klient (Belegverarbeitung)

Das Erstellen einer neuen Gutschrift mit anschließendem Speichern ist nun keine Zauberei mehr:

```
StorageProvider provider = new FilesystemProvider("c:/temp/");
Gutschrift gutschrift = new Gutschrift(provider, 12345, 67890);
gutschrift.speichere();
```

Die wichtigste Aktion ist hier das Erstellen eines geeigneten Storage-Providers, den wir unserer Gutschrift mit auf den Weg geben. Die `speichere`-Methode ruft dann dessen `save`-Methode auf, die dann wiederum die Datei erzeugt und den Inhalt des Blobs speichert.

Nicht komplizierter ist das Laden eines Dokuments von der Festplatte:

```
...
gutschrift.lade(12345);
```

Die Methode liest erwartungsgemäß sowohl die Gutschrift selbst als auch die zugehörige Rechnung ein.

3.2.5 Weitere Überlegungen und Alternativen

Nun noch einmal im Detail: Wann genau eignet sich das Brückenmuster?

- wenn die Erweiterung einer Klassenhierarchie viele weitere Klassen mit sich bringen würde, weil verschiedene Aspekte einer Klasse eine Differenzierung notwendig machen (wie im Beispiel mit den Controls das Zielsystem)
- wenn während der Kompilierzeit die Implementierer nicht bekannt sein sollen – eine unumgängliche Maßnahme, wenn Sie die klassische Vererbung einsetzen. Das kann zum Beispiel dann der Fall sein, wenn zur Laufzeit die Implementierung ausgetauscht werden soll.

  Die direkte Folge der fehlenden Kompilierzeit-Abhängigkeit zwischen Implementierer und Abstraktion ist, dass ein Klient nicht neu kompiliert werden muss, wenn die Implementierung sich ändert, sodass die Implementierung auch bequem eigenständig ausgerollt werden kann.
- wenn die Definition von etwas (z. B. die Controls) weitgehend unabhängig von seiner Verwendung ist (z. B. dem Zeichnen) und daher auch unabhängig voneinander entwickelt werden kann
- wenn eine oder mehrere Implementierungsklassen von einer oder mehreren Abstraktionsklassen wiederverwendet werden können. Im Falle der Controls gibt es bestimmt noch weitere Controls, die für ihre Darstellung einen Pfeil nach unten zeichnen müssen.

So weit, so gut, aber woher hat dieses Muster seinen Namen? Wo ist die Brücke? Als Brücke bezeichnet dieses Muster eben genau die Verbindung zwischen Abstraktion und Implementierer, denn die Abstraktion gelangt ja über die Referenz zum Implementierer, und damit sind die beiden Hierarchiewelten überbrückt (siehe Abbildung 3.8).

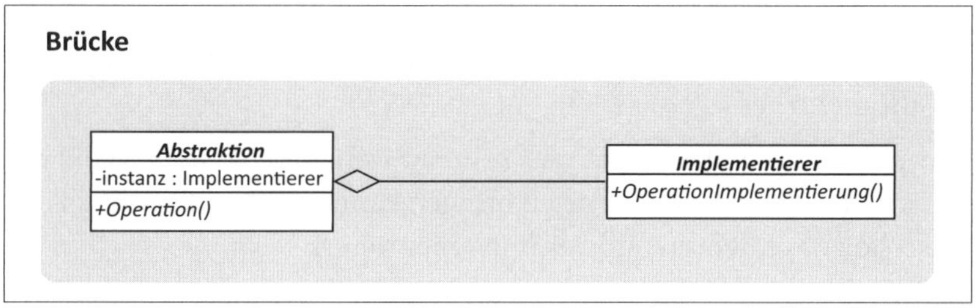

Abbildung 3.8 Wie die Brücke zu ihrem Namen kam

Ähnliche Muster

Ein Adapter arbeitet ähnlich, hat aber als Hauptzweck die Kompatibilität zwischen zwei Schnittstellen, während die Motivation der Brücke die Trennung zwischen zwei Hierarchien zum Zwecke der getrennten Weiterentwicklung ist.

Die abstrakte Fabrik kann eine Brücke erstellen, auch wenn dieser Fall nicht sehr häufig vorkommen sollte.

Inkompatibilitäten

Es war schon davon die Rede: Getrennte Entwicklung bedeutet auch immer, dass die Dinge früher oder später auseinanderlaufen. Das Brückenmuster ist aber flexibel genug, sodass die Schnittstelle der Implementierer eben nicht zu 100% zu den Anforderungen der Abstraktionsklassen passen muss.

Einige Beispiele:

- Die Dokumentklassen können sich im Beispiel nur laden und speichern, aber sie könnten ja auch gelöscht werden. Dieses Löschen würde physisch durch den Implementierer umgesetzt werden, wie auch die beiden anderen Operationen. Für den `ArchiveStorageProvider` wäre das aber gar nicht möglich, weil ein Archiv revisionssicher ist und per se das Löschen nicht zulässt. Dieser Provider würde also z. B. eine Exception auslösen, bei dem Versuch, dies zu tun.
- Umgekehrt gibt es auch Methoden, die ein Implementierer zwar anbietet, die aber nicht von allen Abstraktionsklassen genutzt werden. Das Kopieren könnte so eine Aktion sein, von der gewisse Dokumentklassen von Rechts wegen ausgenommen sind, weil es eben keine doppelten Rechnungen geben darf, obwohl das technisch natürlich möglich wäre. Das Kopieren von Bestellbestätigungen wäre hingegen vermutlich ohne Weiteres möglich.

- Auch die Implementierung im Detail kann zu jeder Zeit und unabhängig von den Dokumentklassen geändert werden. Das wäre so, wenn später nun auch der `ArchiveStorageProvider` ein Löschen zuließe, dies aber nur logisch tun würde, also durch Setzen einer Löschmarkierung.

Wann eignet sich dieses Muster nicht?

Der Natur nach eignet sich das Brückenmuster weniger, wenn die Voraussetzungen nicht vorliegen, also wenn

- es nur eine Implementiererklasse gibt und keine weitere in Sicht ist, obwohl die Trennung auch in diesem Fall einen Vorteil bringen kann – denken Sie nur an das getrennte Ausrollen des Klienten und des Implementierers.
- ein Implementierer fachlich oder technisch so eng mit einer Abstraktionsklasse verbunden ist, dass die direkte Ableitung einfacher und sinniger ist.
- eine Implementiererklasse nur für eine Abstraktion zuständig ist, eine Wiederverwendung also ausgeschlossen ist.

3.3 Kompositum

Das wesentliche Merkmal komplexerer Objekte ist es, dass sie aus einfacheren Objekten zusammengesetzt sind, die häufig aus noch einfacheren Objekten bestehen – und seien es nur Strings oder Arrays.

Auf diese Weise entstehen Baumstrukturen oder, vornehmer ausgedrückt, es entstehen *Teil-Ganzes-Hierarchien*. Solcherlei Objekte zu erstellen ist einfach (dem `new`-Operator sei gedankt), sie aber in der eigenen Anwendung so zu behandeln wie einfache Objekte ist eine Kunst, die dieses Muster beherrscht.

3.3.1 Steckbrief

Deutscher Name: Kompositum
Englischer Name: Composite
Gruppe: Strukturmuster

3.3.2 Beschreibung

Es gibt Fälle, in denen Klienten sowohl einfache Objekte verwenden als auch komplexere Objekte und das in derselben Weise tun wollen. Denken Sie an die Modellierung von Geschäftsprozessen innerhalb eines BPM-Editors (*Business Process Modeling*).

Der Anwender kann eine ganz einfache Aktion in die Zeichenfläche ziehen, sagen wir, eine Aktion, die eine E-Mail versendet, oder eine komplexe Aktion, zum Beispiel das Auslösen einer Bestellung über einen Webservice – aus Sicht des Klienten, des BPM-Editors, sind es einfach Objekte, die miteinander verknüpft sind, sodass eine Aktion einer anderen folgt.

UML

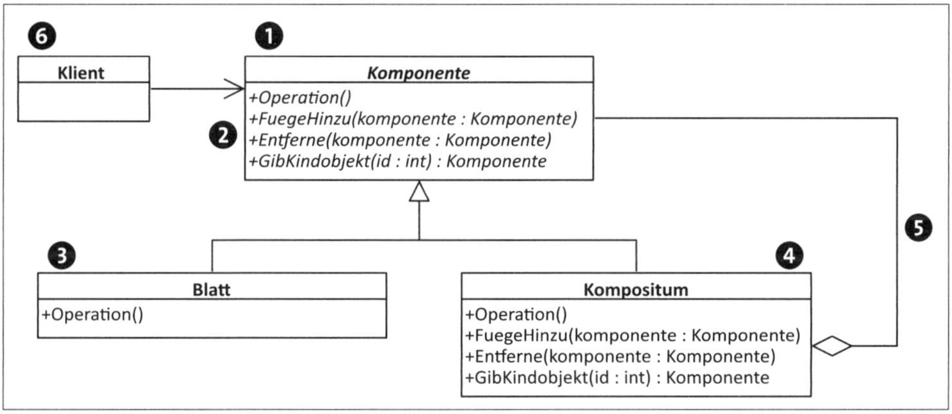

Abbildung 3.9 Das Kompositum-Muster in UML

Erläuterungen

Nr.	Erläuterung
❶	Die *Komponente* ist die Schnittstelle für alle weiteren Objekte. Für gewöhnlich wird man eine abstrakte Klasse verwenden und dort bereits ein Standardverhalten für alle abgeleiteten Klassen implementieren.
❷	Die Methode `Operation` ist so eine Methode, die alle Klassen implementieren. Im Praxisbeispiel ist das die `Ausfuehren`-Methode für die Workflow-Objekte. Daneben gibt es weitere Methoden zum Aufbau und zur Verwaltung der Baumstruktur.
❸	Das *Blattobjekt* (davon kann es natürlich eine ganze Menge geben) ist das Ende der Komposition. Es enthält also keine weiteren Objekte mehr. Im Workflow wären das primitive Workflow-Objekte, zum Beispiel eine einfache Zuweisung oder das Ausgaben eines Texts auf der Konsole.
❹	Die Klasse *Kompositum* enthält, im Gegensatz zu den Blattklassen, weitere Objekte vom Typ der Basisklasse *Komponente*, also entweder *Blattobjekte* oder weitere *Komposita*.

Tabelle 3.5 Akteure des Kompositum-Musters

Nr.	Erläuterung
❺	Dazu halten wir in der Klasse *Kompositum* eine Liste mit allen enthaltenen Komponenten. Vielleicht bringen die spezialisierten Klassen auch neue Methoden und Felder ins Spiel.
❻	Der Klient arbeitet ausschließlich mit dem Typ *Komponente*, und das kann jetzt alles sein – von einem einfachen Blattobjekt bis hin zu komplexen Bäumen mit vielen Blattobjekten und weiteren Komponenten.

Tabelle 3.5 Akteure des Kompositum-Musters (Forts.)

Das Muster, jedenfalls in seiner Reinform, deklariert die Methoden zum Hinzufügen, Entfernen und Abrufen von Kindobjekten in der Schnittstelle `Komponente`.

Da auch `Blatt` diese Schnittstelle erbt, stellt sich die Frage: Was soll ein Blattobjekt mit diesen Methoden, da es schon per definitionem überhaupt keine Kindobjekte haben kann? Im Grunde kann es nicht viel mehr tun, als eine `UnsupportedOperationException` auslösen. Das kostet Sicherheit, denn man weiß ja nie, wer die Methoden auf einem Blattobjekt aufruft.

Der Vorteil wiederum ist, dass Sie nur eine Schnittstelle haben und Blattobjekte und Komposita auf dieselbe Art und Weise im Code behandeln können. Die Alternative ist, die Kindoperationen nur in der Klasse `Kompositum` und deren Ableitungen zu deklarieren (siehe Abbildung 3.10).

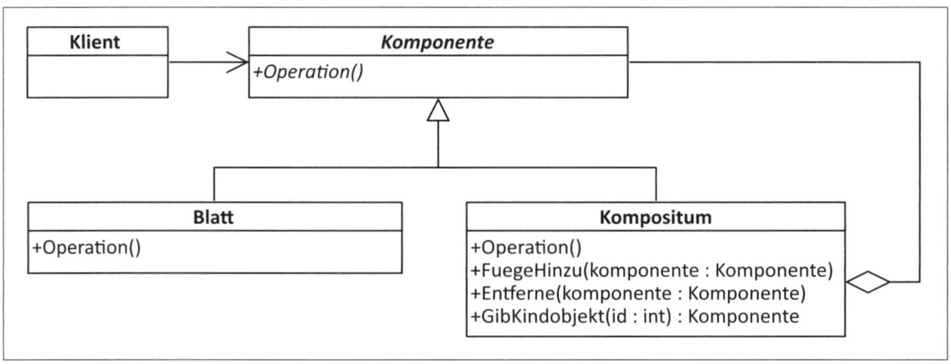

Abbildung 3.10 Alternatives UML-Diagramm für das Kompositum-Muster

Das ist sicherer, keine Frage, zwingt Sie aber, im Klient an der einen oder anderen Stelle den generischen Typ `Komponente` auf den spezialisierten Typ `Kompositum` zu casten. Andererseits müssen Sie im Klient schon wissen, um welchen konkreten Typ es sich handelt, schon allein weil Sie vielleicht Menüeinträge ein- oder ausblenden, je nachdem, ob der Benutzer ein Blattobjekt oder ein Kompositum selektiert hat. Kurz:

Ich empfehle Ihnen die zweite Variante, die wir im Praxisbeispiel auch umsetzen werden.

3.3.3 Anwendungsfälle

Inzwischen ist klar: Es geht um Objektbäume. Wie alle anderen Bäume auch gibt es dort Blattobjekte und Komposita (man könnte auch Container dazu sagen). Ein auf diese Art und Weise zusammengesetztes Objekt sieht dann zum Beispiel so aus wie in Abbildung 3.11.

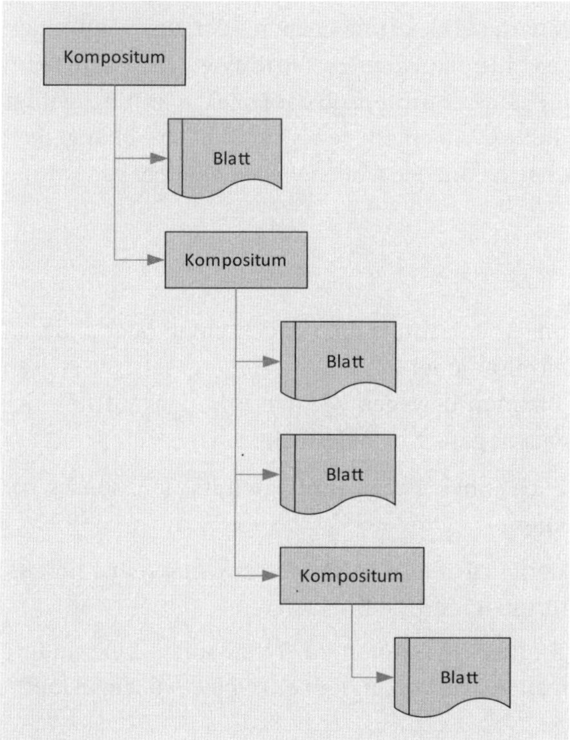

Abbildung 3.11 Eine Baumstruktur aus Blattobjekten und Kompositum-Objekten

Eignung

Damit eignet sich dieses Muster, wenn

- erst einmal überhaupt solche komplexeren Strukturen in Ihrer Anwendung vorkommen
- die Komplexität nicht immer gleich ist, die Objekte also zur Laufzeit aus verschiedenen Elementen zusammengebaut werden können, wie im Beispiel des BPM-Editors. Solche Objekte sind also rekursiv aus immer weiteren Objekten zusammengesetzt.

- ein Klient mit Objekten ganz unterschiedlicher Komplexität in derselben Art und Weise arbeiten muss.
- die Komposita und Blattknoten erweitert werden sollen, zum Beispiel um neue BPM-Objekte. Die zentrale Schnittstelle `Komponente` macht dann keine Änderung im Klient erforderlich.

Damit eignet sich dieses Muster für ein weites Feld von Aufgabenstellungen. Häufig sind diese Aufgabenstellungen dergestalt, dass wirklich verschiedene Typen zusammengesetzt werden können, wenn sie nur von der zentralen Schnittstelle `Komponente` abgeleitet wurden. Es gibt aber auch die Fälle, in denen ein `Kompositum`-Objekt nur gewisse andere Objekte beinhalten darf, sei es aus fachlichen oder aus technischen Gründen. Auch dann lässt sich dieses Muster anwenden. Sie müssen aber dann beim Hinzufügen von neuen Objekten zur Laufzeit prüfen, ob das Objekt, das hinzugefügt werden soll, in diesem Kontext erlaubt ist. Ab einem gewissen Grad an Abhängigkeiten verliert dieses Muster aber an Charme und Sie wollen vielleicht lieber ganz einfache Ableitungen verwenden.

Vorsicht, Rekursion!

Dieses Muster verwendet Rekursion, eine Technik, die für den einen oder anderen Entwickler so verwirrend ist wie Zeitreisen oder das Umsatzsteuergesetz. Sie sollten sich also einigermaßen sicher in Bäumen bewegen können und den Aufruf einer Methode aus sich selbst heraus für etwas ganz Normales halten.

Bei dieser Gelegenheit präsentiere ich Ihnen zwei Begriffsdefinitionen, sodass wir dasselbe unter den Begriffen verstehen:

- Unter *Rekursion* verstehen wir den Aufruf einer Methode aus sich selbst heraus. Rekursion ist das Mittel der Wahl, um Bäume zu traversieren.
- *Traversieren* bedeutet, Bäume Knoten für Knoten zu durchlaufen. Eine andere Möglichkeit ist es, die Rekursion aufzubrechen, indem ein Objekt »flachgeklopft« wird.

Typischer Anwendungsfall

Ein kleines Beispiel aus meiner Praxis mag das illustrieren. Dort gibt es eine Anwendung zur Selektion von Adressen, eine mitunter komplizierte Angelegenheit, weil der menschlichen Vorstellungskraft nur die technischen Grenzen gesetzt sind.

Daher ist die Selektion in Bäumen abgebildet, die von der Fachabteilung (der Abteilung Adressselektion) selbst definiert werden können, was in XML geschieht. Diese Bäume werden dem Anwender in einem *Treeview*-Control angezeigt. Dieses Control ist das Mittel der Wahl, um Bäume in GUI-Anwendungen zu verwalten.

Die einzelnen Knoten können nun Container sein (*Kompositumobjekte*) oder Selektionsknoten (*Blattobjekte*), und beides gibt es in verschiedenen Varianten (sprich Ableitungen der Klasse *Komponente*), zum Beispiel zur Selektion nach Firmengröße oder nach Branchen; oder, im Falle der Komposita, gewöhnliche Containerknoten, oder Container, bei denen der Anwender nur eine Selektion auswählen darf.

3.3.4 Implementierung

Für die Implementierung habe ich ein Praxisbeispiel gewählt, das recht häufig vorkommt und ein wenig dem Workflow-Beispiel aus dem Adapter-Muster (siehe Abschnitt 3.1.4) ähnelt: einen *Business-Process-Modeling*-Editor (*BPM*-Editor).

Die Aufgabenstellung

Mit einem BPM-Editor lassen sich Geschäftsprozesse modellieren, also Abläufe in Unternehmen. Dazu gehören:

- *Eingangsbedingungen:* Der Prozess *Warenannahme* startet, sobald eine Warenlieferung eingetroffen ist.
- *Sequenzielle Aktionen:* Zuerst trifft die Ware beim Lageristen ein, danach wird eine Stichprobe gezogen.
- *Fallunterscheidungen:* War die Prüfung der Stichprobe erfolgreich, dann wird die Ware eingelagert, sonst ...
- *Verzweigungen:* ... wird der Prozess *Reklamation* gestartet.

Für das Verständnis soll diese kleine Aufzählung genügen. Wichtig ist hier nur, dass solche BPM-Objekte primitiver Natur sein können (jemand wird informiert, ein Status wird gesetzt, eine Datei wird erzeugt) – dann benötigen wir Blattobjekte. Die Objekte können aber auch komplexer und selbst wiederum aus anderen Objekten zusammengesetzt sein, Fallunterscheidungen zum Beispiel bis hin zu ganzen BPM-Prozessen.

BPM-Prozesse können zweierlei: Sie sind als Dokumentation zu gebrauchen, daher können die einzelnen Objekte sich selbst zeichnen – nicht zuletzt sind BPM-Editoren ja in aller Regel grafische Editoren. Und man kann sie ausführen. Dann wird ein Prozess gestartet, und der BPM-Prozess wartet dann zum Beispiel so lange, bis eine Eingangsbedingung zutrifft, oder aber die Engine führt die einzelnen Objekte sequenziell aus, ganz so, wie es im BPM-Prozess modelliert wurde.

Wenden wir die konkrete Aufgabenstellung auf das Kompositum-Muster an, dann kommt das UML-Diagramm aus Abbildung 3.12 dabei heraus.

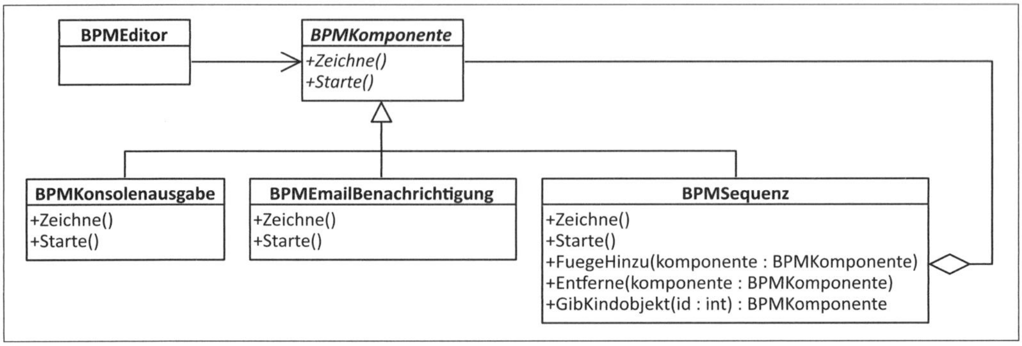

Abbildung 3.12 Das Kompositum-Muster im Praxisbeispiel »BPM-Editor«

Um das Beispiel nicht ausufern zu lassen, gibt es bei diesem Editor nur zwei Blattobjekte: eines für die Ausgabe auf der Konsole und eines für den Versand einer E-Mail. Daneben gibt es ein Kompositum-Objekt, das seine Kindobjekte einfach der Reihe nach ausführt. In der Welt der Workflows wird das als Sequenz bezeichnet.

Komponente (BPMKomponente)

Die Schnittstelle *Komponente* habe ich, wie eigentlich fast immer in diesem Buch, als abstrakte Klasse ausgeführt. Sie ist für unser Beispiel allerdings sehr, sehr übersichtlich und enthält nicht mehr als die Schnittstellenmethoden, die sowohl Blattobjekte als auch Kompositum-Objekte brauchen, und eine eindeutige ID, was immer eine gute Idee ist, wenn es um Workflows geht.

```
public abstract class BPMKomponente
{
  private int id;

  public abstract void zeichne();
  public abstract void starte();

  public BPMKomponente(int id)
  {
    this.id = id;
  }
}
```

Listing 3.13 Die Klasse »BPMKomponente«

Dennoch: In der Praxis würden wir auch schon in der Wurzelklasse des Kompositum-Musters eine Menge Arbeit erledigen, die Ausführung loggen (in der Methode `starte`) oder einen Prozess für die Ausführung starten.

In diesem Beispiel wird ein sehr einfacher BPM-Workflow beschrieben. Freilich wäre es praktischer, wenn die einzelnen Komponenten nicht immer nur sequenziell ausgeführt würden, sondern wenn man beliebige Sprünge definieren könnte. Dafür gibt es ganz verschiedene Workflow-Typen, zum Beispiel die sogenannten *State Machines*. Das würde uns aber sehr weit vom eigentlichen Beispiel wegführen, weshalb ich auf diese Komplexität verzichtet habe. Ein Beispiel für eine State Machine finden Sie bei der Implementierung des Zustands-Musters in Abschnitt 4.9.

Blatt (BPMKonsolenausgabe und BPMEmailBenachrichtigung)

Die beiden Blattknoten brauchen nur die beiden Methoden zum Ausführen des BPM-Workflow-Schritts und zum Zeichnen der zugehörigen Grafik zu implementieren. Ansonsten sind sie rein fachbezogener Natur.

```
public class BPMKonsolenausgabe extends BPMKomponente
{
  private String text;

  public BPMKonsolenausgabe(int id, String text)
  {
    super(id);
    this.text = text;
  }

  @Override
  public void zeichne()
  {
    //Zeichnen des Controls
  }

  @Override
  public void starte()
  {
    System.out.println(text);
  }
}
```

Listing 3.14 Die Klasse »BPMKonsolenausgabe«

Auf die Darstellung der Klasse `BPMEmailBenachrichtigung` können wir verzichten, da sie ähnlich aufgebaut ist und lediglich E-Mails versendet, anstatt eine Eingabe auf die Konsole zu schicken.

Kompositum (BPMSequenz)

Interessanter ist da schon das Kompositum, im Beispiel eine Sequenz von weiteren Blattobjekten oder Komposita.

```
public class BPMSequenz extends BPMKomponente
{
  ArrayList<BPMKomponente> komponenten;

  public BPMSequenz(int id)
  {
    super(id);
    komponenten = new ArrayList<BPMKomponente>();
  }

  @Override
  public void zeichne()
  {
    //Zeichnen
  }

  public void fuegeHinzu(BPMKomponente komponente)
  {
    komponenten.add(komponente);
  }

  public void entferne(BPMKomponente komponente)
  {
    if (komponenten.contains(komponente))
      komponenten.remove(komponente);
  }

  public BPMKomponente gibKindobjekt(int index)
  {
    if (index >= 0 && index < komponenten.size())
      return komponenten.get(index);
    else
      return null;
  }

  @Override
  public void starte()
  {
    for (BPMKomponente komponente: komponenten)
```

```
      {
        komponente.starte();
      }
    }
}
```

Listing 3.15 Die Klasse »BPMSequenz«

Das Kompositum hält seine Referenzen auf die Kindobjekte, die es enthält, in einer `ArrayList`, durch die es bequem iterieren kann. Diesen Umstand macht sich die Klasse zunutze, indem sie die `starte`-Methode so implementiert, dass alle Kindobjekte gestartet werden. Diese Kindobjekte sind `BPMKomponente`-Objekte, also Blattobjekte oder Komposita. Im Endeffekt findet also eine rekursive Verarbeitung statt, bis hinunter zum letzten Blattobjekt.

Die restlichen Methoden sind der Verwaltung der Kindobjekte geschuldet, die natürlich hinzugefügt, entfernt und dem Klient auf Anfrage zurückgegeben werden müssen.

Klient (BPMEditor)

Der Editor erzeugt nun einen BPM-Workflow, indem er erst einmal eine Sequenz erzeugt, die als äußerste Hülle um den Workflow dient. Das ist in diesem Sujet eine häufige Vorgehensweise:

```
BPMSequenz lagerEingangWorkflow = new BPMSequenz(1);
```

Das Beispiel zeigt bereits, wie die ursprüngliche Entscheidung (die Methoden zum Verwalten der Kindobjekte nur in der Klasse `BPMSequenz` zu implementieren) die Abhängigkeit des Klienten erhöht hat. Wir benötigen den Typ `BPMSequenz`. Hätten wir hingegen diese Methoden bereits in `BPMKomponente` untergebracht, wäre der Klient weniger starr an die Klasse gekoppelt:

```
BPMKomponente lagerEingangWorkflow = new BPMSequenz(1);
```

Andererseits kann so auch niemand auf die Idee kommen, etwas zu schreiben wie:

```
BPMKomponente komponente = new BPMKonsolenausgabe(99, "Ausgabe");
komponente.fuegeHinzu(…);
```

Der Compiler bzw. die statische Typisierung des Compilers würde dem zuverlässig einen Riegel vorschieben.

Der weitere Workflow ist schnell geschrieben:

```
BPMKomponente ausgabe = new BPMKonsolenausgabe(2, "Neue Ware ist da");
lagerEingangWorkflow.fuegeHinzu(ausgabe);
```

```
BPMSequenz warenPruefung = new BPMSequenz(3);
BPMKomponente informiereLabor =
 new BPMKonsolenausgabe(4, "Bitte Stichprobe ziehen");
warenPruefung.fuegeHinzu(informiereLabor);
lagerEingangWorkflow.fuegeHinzu(warenPruefung);

lagerEingangWorkflow.starte();
```

```
Die Ausgabe ist wie erwartet:
Neue Ware ist da
Bitte Stichprobe ziehen
```

3.3.5 Weitere Überlegungen und Alternativen

Das Kompositum-Muster ist einfach, hat es aber in sich. Und so gibt es viele Varianten und Ergänzungen für dieses Muster. Eine erste wurde schon beschrieben: die Entscheidung für die Deklaration der Verwaltungsmethoden für Kindobjekte in der Klasse `Komponente` oder `Kompositum`.

Klassenhierarchien

Die Hierarchie des BPM-Editors ist kaum komplexer, als es das Muster im Minimum verlangt. Aber das ist häufig nicht so. Auch für den Editor bieten sich weitere Ebenen an. Betrachten Sie zum Beispiel den Ausschnitt einer Klassenhierarchie in Abbildung 3.13.

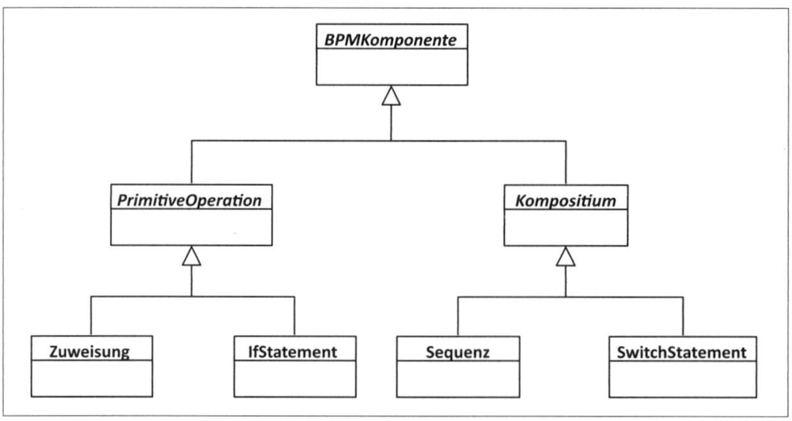

Abbildung 3.13 Der BPM-Editor mit einer weiteren Ebene

Die weiteren Ebenen können wiederum nur Schnittstellen bzw. abstrakte Klassen sein oder selbst Verhalten implementieren. Im Beispiel gibt es die Schnittstelle `PrimitiveOperation` als Basisklasse für alle Operationen, die keine Kindobjekte besitzen.

Bäume und Rekursion

In Bäumen zu navigieren ist wie gesagt eine Aufgabe der Rekursion. Die Navigation, das Traversieren, kann beliebig einfach oder komplex sein und durch einen Verweis des Kindobjekts auf sein Elternobjekt in gewissen Fällen erleichtert werden.

Für den BPM-Editor kann die Ausführung auf diese Weise gesteuert werden. Denken Sie nur an ein Bedingungsobjekt, das je nach Ausdruck die Kontrolle vom Kindobjekt wieder zurück an das Elternobjekt geben möchte.

Die Implementierung ist einfach möglich, und zwar in der Klasse `BPMKomponente`. Das oberste Objekt speichert dann einfach den `null`-Wert für das Elternobjekt:

```
BPMKomponente elternObjekt = null;
```

Die Schwierigkeit bei dieser redundanten Speicherung der Referenzen ist natürlich, dass die Referenzen zusammenpassen müssen – es darf also nicht passieren, dass ein Kindobjekt eine Referenz auf ein Elternobjekt hält, das dieses wiederum überhaupt nicht in seiner Liste der Kindobjekte hat.

Sie sollten in diesem Fall die Methoden so umbauen, dass sie automatisch die Elternreferenzen verwalten, also in den `entferne-`, `fuegeHinzu-` und (vielleicht noch) `verschiebe-`Methoden.

Eine weitere Gefahr sind Schleifen und die damit verbundenen Endlosschleifen in der Programmausführung. Das geschieht immer dann, wenn einem Kompositum ein Kindobjekt hinzugefügt wird, das bereits ein Elternobjekt ist. Diese Gefahr spricht wiederum für das Speichern der Elternreferenz, denn auf diese Weise lässt sich leicht die Kette der Elternobjekte bis zum obersten Objekt durchgehen und das Hinzufügen unterbinden, falls die Objektreferenz dabei auftaucht. Eine bessere Implementierung der `FuegeHinzu`-Methode wäre also:

```
public void fuegeHinzu(BPMKomponente komponente) //Hier nur eine Ebene
{
  if (komponente.elternObjekt != null)
    throw new AssertionError(
     "Das Kindobjekt ist bereits Kind eines anderen Elternobjekts");

  if (komponenten.contains(komponente))
    throw new AssertionError("Dieses Kindobjekt ist bereits enthalten");
  //evtl. noch weitere Prüfungen, die sich über den ganzen Baum erstrecken
  BPMKomponente zuPruefendeKomponente = komponente.getElternObjekt();
  while (zuPruefendeKomponente != null)
  {
    if (zuPruefendeKomponente == komponente)
      throw new AssertionError(
       "Keine Schleifen erlaubt, Sie wollen doch nicht ewig warten?");
```

```
        zuPruefendeKomponente = zuPruefendeKomponente.getElternObjekt();
    }

    komponenten.add(komponente);
    komponente.elternObjekt = this;
}
```

Listing 3.16 Die etwas sicherere Methode »fuegeHinzu«

Kindobjektspeicher

Das Beispiel verwendet eine einfache `ArrayList` zum Speichern der Kindobjekte. Die Wahl des Objektspeichers gibt die Möglichkeiten vor. Eine verkettete Liste erlaubt es sehr schnell, sich von Objekt zu Objekt zu hangeln – wenn auch nur seriell in eine (oder zwei) Richtungen. Hashtabellen bzw. andere assoziative Speicher erlauben den direkten Zugriff auf ein Kindobjekt anhand eines Schlüssels, zum Beispiel anhand der ID der Workflow-Komponente. Arrays sind, jedenfalls in den meisten Programmiersprachen, sehr schnell, weil eine einfache Zeigerarithmetik den Zugriff auf die Elemente des Arrays beschleunigt. Bei großen Bäumen und häufigen Zugriffen kann das wichtig werden.

Das Kompositum-Muster macht selbst keine Zusicherungen über gewisse Eigenschaften zur Performance – im Gegenteil: Wie die meisten Muster mischt es sich sehr wenig in die Implementierung ein. Dabei ist vor allem die Suche in nicht ausgeglichenen Bäumen oft langsam. Wenn Sie also in großen, komplexen Bäumen umfangreiche Suchen durchführen, dann sollten Sie vielleicht lieber einen gängigen Algorithmus implementieren, der für ein gutes Verhältnis zwischen der Größe und Tiefe des Baums und der Suchzeit einsteht. Unter Umständen ist dieser Algorithmus dann aber mit dem hier vorgestellten Muster inkompatibel.

Unter Umständen ist die Reihenfolge wichtig, in der die Kindobjekte abgelegt sind. Sicherlich ist das so bei unserem Beispiel, denn ein BPM-Editor sollte schon genau wissen, in welcher Reihenfolge seine Objekte ausgeführt werden. Außerdem müssten wir in der Praxis auch noch Funktionen zum Verschieben von Kindobjekten implementieren, was aber kein größeres Problem darstellt.

Objektorientiertes Kaffeekränzchen

Das Kompositum-Muster ist ein wenig gefährlich, einfach weil es dem Klienten ermöglicht, mit Bäumen genauso einfach zu arbeiten wie mit einfachen Blattobjekten ohne Kindobjekte.

Ein allzu inflationärer Umgang mit Objektbäumen nenne ich gerne ein »objektorientiertes Kaffeekränzchen«. Unter Umständen, natürlich je nach Anwendungsfall, ist eine flache Liste oder eine andere, einfachere Datenstruktur genau das, was Sie stattdessen brauchen.

Breite und tiefe Bäume führen leicht zu Speicherlecks, die zudem noch extrem schwer aufzuspüren sind. Offensichtlich ist das bei nicht verwalteten Sprachen ohne Garbage Collector; aber auch verwaltete Sprachen mit GC sind anfällig dafür, einfach weil aufgrund der vielfältigen Objektreferenzen schnell einmal eine Referenz vergessen wird – und eine benutzte Objektreferenz verhindert das Aufräumen des Speichers zuverlässig.

Noch eine Stufe brisanter wird das Problem, wenn Sie für die schnellere Verarbeitung Caches einsetzen, die letztendlich nichts anderes als weitere Objektreferenzen sind – mal ganz abgesehen davon, dass mit den Strukturen auch die Referenzen in allen Caches aktualisiert werden müssen.

Auch die Performance leidet unter allzu tiefen und breiten Bäumen, erst recht, wenn die enthaltenen Objekte selbst aufwendige Operationen ausführen oder wertvolle Ressourcen halten (zum Beispiel Verbindungen zu Datenbanken).

Alternativen

Vom Durchlaufen des Baums war schon die Rede. Hierfür können Sie auch das Iterator-Muster verwenden.

Kompatibel zu diesem Muster ist auch der Dekorierer.

3.4 Dekorierer

Auch beim Dekorierer ist es ein Ziel, einem Objekt neue Funktionalitäten beizubringen, und zwar auch hier ohne Klassenvererbung, also ohne Erweiterung durch Vererbung. Ein Objekt wird also zur Laufzeit dynamisch mit neuen Zuständigkeiten bzw. Funktionen »dekoriert«.

3.4.1 Steckbrief

Deutscher Name: Dekorierer
Auch bekannt als: Wrapper
Englischer Name: Decorator
Gruppe: Strukturmuster

3.4.2 Beschreibung

Manche Muster haben ja eher blumige Namen. Der Dekorierer ist so ein Exemplar. Stellen Sie sich einfach ein Objekt, sagen wir ein Bild, vor, das Sie dekorieren wollen.

Sie würden wahrscheinlich einen Bilderrahmen um das Bild anbringen, was auch den alternativen Namen *Wrapper* erklärt (wenn auch leidlich).

Natürlich, die erste Idee ist sicherlich Vererbung. Aber das hat einige Konsequenzen bzw. Einschränkungen:

- Sie benötigen erst einmal Zugriff auf die Klasse.
- Die Klasse selbst darf nicht versiegelt (sealed) sein, was bei einigen interessanten Klassen der bekannten Frameworks durchaus der Fall ist.
- Vererbung findet immer zur Kompilierzeit statt. Ein Klient kann nicht zur Laufzeit selbst steuern, welche Objekte um welche Funktionen angereichert werden sollen.
- Vererbung ist außerdem recht unflexibel, nicht zuletzt weil das statische Typsystem des Compilers und der verwendeten Sprache die Möglichkeiten vorgeben.

Das vermeidet der Dekorierer, indem er das zu dekorierende Objekt in den Dekorator (auch ein Objekt) packt und gegenüber dem Klienten wie das zu dekorierende Objekt auftritt, also dessen Schnittstelle bedient. Im Hintergrund werden die Aufrufe an das zu dekorierende Objekt weitergeleitet – es sei denn, die Funktion wäre neu (was ja der Sinn des Dekorators ist, neue Funktionen für ein Objekt bereitzustellen).

UML

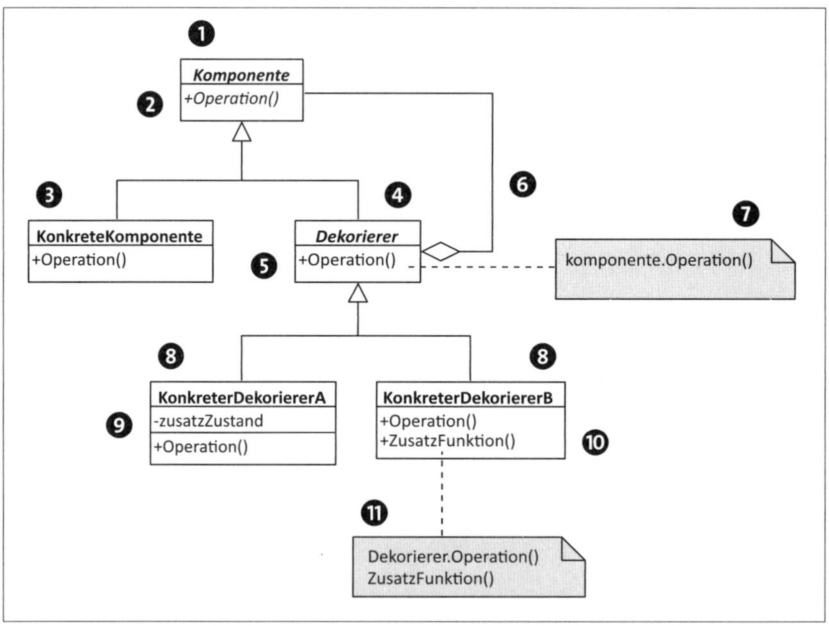

Abbildung 3.14 Der Dekorierer in UML

Erläuterungen

Nr.	Erläuterung
❶	Alles beginnt mit einer gewöhnlichen *Schnittstelle* (also auch hier einer Schnittstelle im Sprachsinne oder einer abstrakten Klasse) – der *Komponente*.
❷	Diese *Schnittstelle* verlangt, dass abgeleitete Klassen Methoden oder andere Felder implementieren, hier die Methode `Operation`.
❸	Natürlich gibt es von dieser Schnittstelle auch ganz konkrete Implementierungen. Diese Klassen (bzw. die davon erstellten Objekte zur Laufzeit) sollen um neue »Features« erweitert werden.
❹	Dafür wird eine weitere Schnittstelle gebildet (der *Dekorierer*), eine weitere Ableitung der *Komponente*.
❺	Auf diese Weise bedient der Dekorierer dieselbe Schnittstelle wie auch die Komponente. Im UML-Beispiel gibt es also auch dort die Methode `Operation`.
❻	Der Dekorierer besitzt eine *Referenz* auf ein Objekt vom Typ *Komponente*.
❼	An diese Referenz delegiert er die Aufrufe der Methode `Operation`.
❽	Damit ist noch nichts gewonnen; es wurde ein Wrapper geschaffen, der nach außen hin so auftritt wie auch ein Objekt vom Typ *Komponente*. Interessant wird es nun, wenn vom Dekorierer weitere Ableitungen gebildet werden, die *KonkretenDekorierer*.
❾	Diese konkreten Dekorierer müssen nun natürlich neue Funktionen mitbringen, um interessant zu sein. Im ersten Beispiel ist das ein *neuer Zustand*, den ein Objekt vom Typ *KonkreterDekoriererA* annehmen kann.
❿	Eine zweite Möglichkeit sind *zusätzliche Methoden*, hier die Methode `ZusatzFunktion` der Klasse *KonkreterDekoriererB*.
⓫	Der *konkrete Dekorierer B* leitet nun alle Anfragen an die Methode `Operation` an die Basisklasse weiter, die diese wiederum an die Referenz des zu dekorierenden Objekts weiterleitet. Die Methode `ZusatzFunktion` ist direkt in der Klasse *KonkreterDekoriererB* implementiert.

Tabelle 3.6 Akteure des Dekorierers

3.4.3 Anwendungsfälle

Wie auch schon bei anderen Mustern ist einer der wichtigsten Gründe dafür, dieses Muster anzuwenden, die Vermeidung von ausufernden Klassenhierarchien. Das geschieht immer dann, wenn eine Klasse in verschiede Richtungen entwickelt werden soll.

Nehmen wir einmal an, Sie hätten eine Klassenhierarchie mit, sagen wir, zehn ganz unterschiedlichen Klassen. Sie entscheiden sich nun, diesen Klassen neue Funktionen zu spendieren, zum Beispiel die Fähigkeit, sich auf einem Datenträger zu speichern (man nennt das dann Serialisierung bzw. Deserialisierung). An sich ist das eine legitime Forderung, aber schon werden aus zehn Klassen zwanzig Klassen, jeweils eine mit und eine ohne Serialisierungsfunktion. Bei der nächsten Unterscheidung werden daraus schon vierzig Klassen, und irgendwann reicht auch der Datenbereich eines Integers nicht mehr aus, um die Klassen zu zählen (okay, das war übertrieben).

Wie auch immer, das Dekorierermuster eignet sich, wenn

- neue Funktionen zu bestehenden Klassen hinzugefügt werden sollen, ohne für jede Funktion neue Unterklassen bilden zu müssen
- Sie zur Laufzeit den Dekorierer einsetzen bzw. austauschen möchten und nicht statisch, zur Kompilierzeit. Allein das ist schon ein riesiger Vorteil.
- es sich eher um »Aspekte« einer Sache handelt, sodass eine Vererbung ohnehin nicht ihre volle Stärke ausspielen könnte
- Sie mehrere Dekorierer an ein Objekt anhängen wollen

Besonders der zweite Punkt verdient Beachtung. In vielen Softwaresystemen ist man es heute gewöhnt, dass Anwender zur Laufzeit Entscheidungen treffen können und nicht bereits zum Zeitpunkt der Erstellung der Software.

Manche dieser Entscheidungen sind teuer. Denken Sie zum Beispiel an die Kommunikation über ein Netzwerk. Im Intranet soll diese möglichst einfach stattfinden, die Sicherheit ist hier vielleicht nicht besonders wichtig. Jeder Overhead, der sich durch Verschlüsselung und Authentifizierung zwangsläufig ergibt, ist daher nicht willkommen – und in Hinblick auf die Sicherheit sind die Kosten bisweilen immens, gemessen in CPU-Zeit und Traffic. Im Internet sieht die Sache natürlich anders aus, und so könnte man ein Objekt, sagen wir einen Proxy, mit diesen Fähigkeiten auszeichnen, also dekorieren.

There is no such thing as a free lunch heißt es, und das gilt auch für den Dekorierer. Ein Dekorierer ist ein Wrapper, und jeder Aufruf einer Basisfunktionalität muss zweimal stattfinden: einmal an den Dekorierer und ein zweites Mal vom Dekorierer zum dekorierenden Objekt, das ja weiterhin die Basisfunktionalitäten abbildet. Das gilt es also zu bedenken – nicht umsonst spricht man auch von einem Wrapper.

Das Dekorierermuster findet man in der Praxis recht häufig, vor allem die gängigen APIs verwenden das Muster für ihre Zwecke. Ein schönes Beispiel findet man in der Java-API. Dort gibt es für Eingabeströme diverse Klassen (siehe Abbildung 3.15).

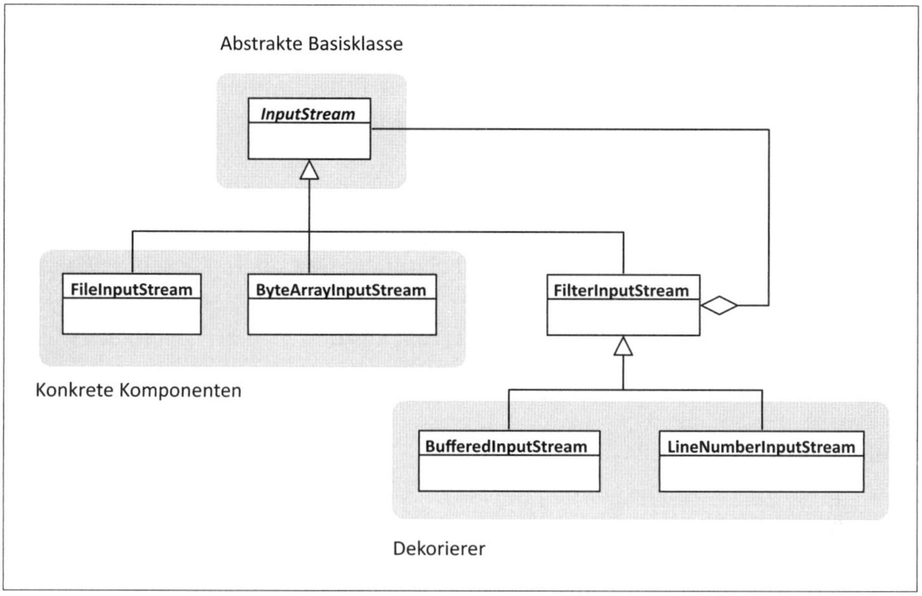

Abbildung 3.15 Das Dekorierermuster in »java.io«

Die Klassen sind sinnig benannt. Die eigentlichen Eingabeströme (die konkreten Komponenten) lesen Daten von einer Datei, von einem Byte-Array und von noch einigen weiteren Quellen. (Hier sind nur zwei aufgeführt, es gibt aber noch mehrere weitere konkrete Klassen für Eingabeströme.)

Die Dekorierer wiederum sind Wrapper um diese konkreten Klassen und ergänzen diese um weitere Funktionen. Die Klasse `LineNumberInputStream` (die inzwischen allerdings als *deprecated* eingestuft ist) beispielsweise bringt eine Methode `getLineNumber` mit, die die aktuelle Zeilennummer zurückgibt.

Das ist nun ein gutes Beispiel für einen Dekorierer und sicherlich eine Funktion, die man niemals in die `InputStream`-Klasse einbauen würde – dafür ist sie viel zu speziell. Wollten wir diese Funktion in Ableitungen implementieren, so müssten wir für jede abgeleitete Klasse von `InputStream` weitere Ableitungen erzeugen, also zum Beispiel `FileInputLineNumberStream`, denn schließlich könnte ja jeder Streamtyp Daten enthalten, für die die Verwaltung von Zeilennummern Sinn macht.

Die Lösung ist elegant: Man lässt Streams bloße Streams sein (hält also alle Spezifika von ihnen fern) und rüstet Sonderfunktionen, z. B. eben die Verwaltung der Zeilennummern, mittels Dekorierer nach. Ein Anwender der API kann nun entscheiden: Benötigt er die Funktion »Zeilennummern verwalten«, so verwendet er ein Objekt des Typs `LineNumberInputStream` (z. B. mit einem `FileInputStream` als konkrete Komponente); benötigt er sie nicht, kann er direkt mit der Input-Stream-Klasse arbeiten, also z. B. `FileInputStream`.

Man kann sich viele weitere Funktionen vorstellen, die man mit Streams tun kann, die aber dennoch von den Streams unabhängig sind: Verschlüsselung zum Beispiel, Kompression mittels Gzip oder die Bildung von Prüfsummen auf Streams oder Blöcken – alles typische Anwendungsfälle für Dekorierer.

3.4.4 Implementierung

Nein, einen Pizzashop werden wir nicht nachbilden. Das überlasse ich den vielen Websites, die das Beispiel gern zur Veranschaulichung wählen. Versuchen wir zunächst etwas aus dem echten Leben – diesmal aus dem echten Leben eines Spielers.

Die Aufgabenstellung – Teil I

In der Gruppe, in der ich tätig bin, hatten wir bis vor Kurzem ein Unternehmen, das Facebook-Spiele entwickelt. Diese Spiele funktionieren häufig so, dass man die Grundfunktionalität gratis spielen kann, für zusätzliche Funktionen – sagen wir mehr Feuerkraft oder eine zusätzliche Fabrik – aber in die (ganz reale) Tasche greifen muss. Einer Spielfigur werden also zusätzliche Fähigkeiten zuteil, abhängig davon, ob der Spieler diese erworben hat oder nicht.

Das trifft den Anwendungsfall ziemlich genau, denn

- die Fähigkeiten, die man auf diese Weise nachrüsten kann, sind nur durch die Fantasie der Entwickler und Geschäftsleute begrenzt. Sicherlich möchte man dafür nicht in jedem Fall neue Klassen ableiten.
- manche Fähigkeiten lassen sich durch Funktionen abbilden, zum Beispiel wenn eine Spielfigur durch ein »Upgrade« anderen Mitspielern Nachrichten zukommen lassen kann. Andere Upgrades wiederum verändern den Zustand eines Objekts – die Fluggeschwindigkeit eines Raumschiffs wäre so ein Beispiel.
- Wichtig ist: Diese Fähigkeiten sollen zur Laufzeit angewendet werden. Wir können dem Spieler ja nach einem Kauf nicht eine eigens für ihn kompilierte Version des Spiels zuschicken.

Das klingt gut, und doch zeigt es ein Problem, das bei vielen Mustern so oder so ähnlich auftritt: Kaum jemand würde das Muster für diese Aufgabe einsetzen, obwohl es so gut zum Problem zu passen scheint. In der Praxis würden Sie die maximale Geschwindigkeit der Spielfigur einfach in einem Feld speichern und, sagen wir im Konstruktor, die Fähigkeiten so setzen, wie es der Lizenzierung entspricht. Außerdem würden Sie die Spielfigur mit allen Fähigkeiten ausstatten, aber dem Spiel zur Laufzeit Informationen darüber geben, welche Fähigkeiten freigeschaltet sind – ganz ohne einen Dekorierer.

Gleiches gilt für die vielen Beispiele, die Sie im Internet finden, so die mit der Pizza, die es natürlich in verschiedenen Varianten gibt. Kein ernsthafter Entwickler würde wirklich eine Klassenhierarchie mit allen Varianten entwickeln, sondern zum Beispiel alle Zutaten in einer Liste speichern. Nicht einmal für die Zutaten würden Sie wahrscheinlich Klassen entwickeln, sondern nur eine einzige Zutaten-Klasse, die eben Eigenschaften für ihren Aufpreis und Ähnliches enthält.

Die Aufgabenstellung – Teil II

Nehmen wir daher etwas Praktischeres, die Verwaltung von Verträgen. Ein Vertrag ist ein Objekt, klar. Natürlich gibt es verschiedene Arten von Verträgen (zum Beispiel Kaufverträge), und eine pfiffige Software für das Vertragsmanagement bringt viele praktische Funktionen mit, von der Freigabe der Verträge bis hin zu periodischen Reviews. Die Klassenhierarchie wird nun die Vertragsarten unterscheiden, die wirklich unterschiedliche Eigenschaften aufweisen – der Rest wird über die Konfiguration des Systems gesteuert. Bestimmt sind über die Jahre aber schon Dutzende von Klassen entstanden.

Nun laufen die Geschäfte aber schleppend, und unser Softwarehersteller überlegt sich, mit welchen weiteren Features er den Kunden noch den einen oder anderen Euro entlocken kann. Dazu hat er zwei Ideen:

- Ein *Verschlüsselungsmodul* soll Verträge verschlüsseln und entschlüsseln können, um sie auch auf unsicheren Medien sicher ablegen zu können.
- Ein *Archiviermodul* soll die Verträge revisionssicher auf einem Nur-Lesen-Datenträger archivieren.

Das sind nun beides »Add-ons«, und natürlich möchte niemand zu diesem Zwecke die bestehende Klassenhierarchie erweitern (was auf eine Vervierfachung der Klassen hinausliefe). Außerdem soll zur Laufzeit entschieden werden, welche Dekorierer zum Einsatz kommen – abhängig von der Lizenzdatei des Kunden, versteht sich.

Die Funktionalitäten einfach in die bestehenden Klassen einzubauen wäre möglich, aber andererseits: Was haben beide Funktionen mit Verträgen zu tun? Zudem braucht es für die Archivierung auch eine spezielle Hardware (sogenannte WORM-Geräte, *Write Once Read Many*), die selbst wiederum APIs zur Ansteuerung mitbringen – und solchen Code möchte man in seinen eigenen Klassen eigentlich nicht haben, zumal er nur wenige Kunden erreichen würde. Und was, wenn unser findiger Geschäftsführer morgen zwei neue Add-ons anbieten möchte?

Das ist nun ein Beispiel für einen Dekorierer oder eben zwei (siehe Abbildung 3.16).

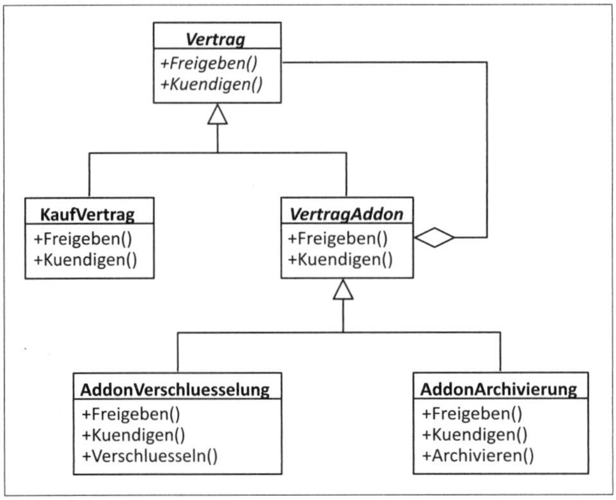

Abbildung 3.16 Das Dekorierer-Muster im Praxisbeispiel

Komponente (Vertrag)

Die Basisklasse, hier wiederum als abstrakte Klasse ausgeführt, verwaltet alle Arten von Verträgen.

```
public abstract class Vertrag
{
  private Date vertragsbeginn;
  private Date vertragsende;
  private boolean freigegeben = false;

  public boolean isFreigegeben()
  {
    return freigegeben;
  }
  public void setFreigegeben(boolean freigegeben)
  {
    this.freigegeben = freigegeben;
  }
  public Date getVertragsbeginn()
  {
    return vertragsbeginn;
  }
  public void setVertragsbeginn(Date vertragsbeginn)
  {
    this.vertragsbeginn = vertragsbeginn;
  }
```

```
  public Date getVertragsende()
  {
    return vertragsende;
  }
  public void setVertragsende(Date vertragsende)
  {
    this.vertragsende = vertragsende;
  }

  public abstract void freigeben();
  public abstract void kuendigen(Date kuendigungsDatum);
}
```

Listing 3.17 Die Klasse »Vertrag«

Um das Beispiel kurz zu halten – Verträge haben mit dem Muster an sich ja nichts zu tun –, sind hier nur drei Felder aufgeführt, nebst Getter und Settern (weil wir sie noch brauchen werden), sowie die beiden Schnittstellenmethoden `freigeben` und `kuendigen`, die erst in abgeleiteten Klassen sinnvoll implementiert werden können und folglich abstrakt sind.

KonkreteKomponente (KaufVertrag)

Der Kaufvertrag bekommt eine eigene Klasse spendiert:

```
public class KaufVertrag extends Vertrag
{
  @Override
  public void freigeben()
  {
    setFreigegeben(istGueltigIrgendeineLogik());
  }

  @Override
  public void kuendigen(Date kuendigungsDatum)
  {
    if (kuendigungsDatum.after(getVertragsbeginn()))
      setVertragsende(kuendigungsDatum);
  }

  private boolean istGueltigIrgendeineLogik()
  {
```

```
    //Prüfe Vertrag nach verschiedenen Kriterien
    return true;
  }
}
```

Listing 3.18 Die Klasse »KaufVertrag«

In dieser Klasse wird nun die Schnittstelle aus der Basisklasse implementiert, also die `freigeben`- und `kündigen`-Methode. Natürlich stehen neben (und unter) dieser Klasse noch viele weiteren Klassen, wie `LeasingVertrag` oder `DienstVertrag`, die alle ihre besonderen Eigenheiten mitbringen und sich weder um Verschlüsselung noch um die Archivierung scheren – genau die Funktionen, die wir jetzt mit einem Dekorierer nachrüsten wollen.

Dekorierer (VertragAddon)

Soll man eine Klasse nach dem Muster benennen, zu dem sie gehört oder doch eher fachlich? Ich meine, es kommt darauf an. Wenn das Muster sehr abstrakt ist (wie der Begriff *Dekorierer*) und der eigene Begriff in dieselbe Richtung geht, aber konkreter ist (im Beispiel der Begriff *Addon*), dann verwende ich gern den Begriff aus der Praxis. Für das Verständnis gibt es auch noch die Codekommentare.

```
public abstract class VertragAddon extends Vertrag
{
  private Vertrag vertrag;

  public VertragAddon(Vertrag vertrag)
  {
    this.vertrag = vertrag;
  }

  public Vertrag getVertrag()
  {
    return vertrag;
  }

  @Override
  public void freigeben()
  {
    vertrag.freigeben();
  }
```

```
  @Override
  public void kuendigen(Date kuendigungsDatum)
  {
    vertrag.kuendigen(kuendigungsDatum);
  }
}
```

Listing 3.19 Die Klasse »VertragAddon«

Wichtig sind hier drei Dinge:

1. Die Klasse ist *abstrakt*, weil eben ein Add-on ein abstrakter Begriff ist. Von einem Add-on können wir keine Instanz erzeugen, sondern nur von einem spezifischen Add-on, wie eben dem Add-on zur Verschlüsselung.
2. Unser Dekorierer nimmt ein Objekt entgegen, das zu dekorierende Objekt, also das Objekt, dessen Funktionen um das Add-on erweitert werden sollen.
3. An dieses Objekt *delegieren* wir die Aufrufe für die Methoden `freigeben` und `kuendigen`, weil das Add-on für diese fachspezifischen Aufgaben ja nicht zuständig ist, sondern das zu dekorierende Objekt vom Typ *Vertrag*.

KonkreterDekorierer (AddonVerschluesselung & AddonArchivierung)

Die beiden konkreten Dekorierer, `AddonVerschluesselung` und `AddonArchivierung`, implementieren nun nur noch die Funktionen, für die sie unmittelbar zuständig sind. Die Standardfunktionen der Schnittstelle `Vertrag` werden ja schon von der Basisklasse der beiden Dekorierer, der Klasse `VertragAddon`, bedient.

```
public class AddonVerschluesselung extends VertragAddon
{
  public AddonVerschluesselung(Vertrag vertrag)
  {
    super(vertrag);
  }

  public void verschluesseln()
  {
    //Verwende irgendeine raffinierte Krypto-API um die Felder zu verschlüsseln
  }
}
```

Listing 3.20 Die Klasse »AddonVerschluesselung«. Die Klasse »AddonArchivierung« ist genauso aufgebaut.

Klient

Wie kann nun ein Klient das dekorierte Objekt nutzen? Ohne den Dekorierer zu verwenden, würde ein Klient die Klassen auf die althergebrachte Weise nutzen, also so:

```
KaufVertrag kaufVertrag = new KaufVertrag();
kaufVertrag.freigeben();
```

Man darf bei alldem nicht vergessen: Dekorierer sind optional, das Einbinden zur Laufzeit ist ja gerade ihre Stärke. Wenn ein Kunde die beiden Add-ons nicht lizenziert hat, dann entstehen auch keine Aufwände für deren Nutzung. Ein Klient könnte dann eben so arbeiten, als ob diese beiden Add-ons gar nicht existieren würden, wie oben gezeigt.

Hat ein Kunde nun die Archivfunktion lizenziert, sieht die Verwendung ähnlich aus. Wir müssen nun ein Objekt vom Typ `VertragAddon` instanziieren:

```
KaufVertrag kaufVertrag = new KaufVertrag();
AddonArchivierung kaufVertragMitArchivierung=
 new AddonArchivierung(kaufVertrag);
```

Da die Klasse `AddonArchivierung` von `AddonVertrag` erbt und diese wiederum von `Vertrag`, können wir die Funktionen von `Vertrag` direkt in der `Addon`-Klasse nutzen:

```
kaufVertragMitArchivierung.freigeben();
```

Wie wir gesehen haben, wird die Anfrage von der Klasse `VertragAddon` einfach an das `KaufVertrag`-Objekt weitergeleitet.

Auf dieselbe Weise könnten wir den zweiten Dekorierer, `AddonVerschluesselung`, verwenden und dessen Methode `verschluesseln()` nutzen. Das ginge auch mit demselben Objekt, sodass wir ein Objekt mal mit dem einen, mal mit dem anderen Dekorierer »umpacken« könnten. Ein Praxisbeispiel dafür wäre es, wenn die Software für das Vertragsmanagement ein »Archivierungscenter« mitbringen würde, das dann durchgängig die Vertragsobjekte in den Dekorierer `AddonArchivierung` packen würde. Der GUI würden dann alle Funktionen des Vertragsobjekts zur Verfügung stehen und zusätzlich die Funktionen zum Archivieren.

Das Muster erlaubt aber noch eine weitere Spielart: das Verschachteln der Dekorierer. Da ein dekoriertes Objekt immer noch vom Typ `Vertrag` ist (das ja die Basis für die Vererbungshierarchie darstellt), können wir es auch als Parameter für einen weiteren Dekorierer verwenden:

```
AddonVerschluesselung kaufVertragMitBeidem =
 new AddonVerschluesselung(kaufVertragMitArchivierung);
```

Auf dem Objekt `kaufVertragMitBeidem` könnten wir nun alle Funktionen beider Dekorierer und die der Klasse `KaufVertrag` nutzen, wenn es dafür auch eine Typumwandlung benötigt:

```
kaufVertragMitBeidem.freigeben();
kaufVertragMitBeidem.verschluesseln();
((AddonArchivierung)kaufVertragMitBeidem.getVertrag()).archivieren();
```

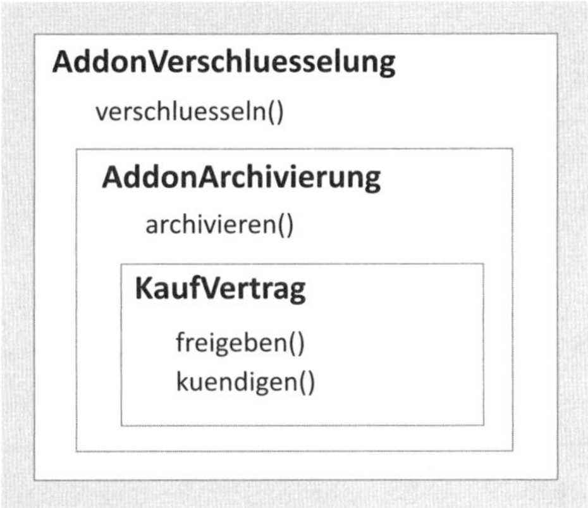

Abbildung 3.17 Verschachtelte Dekorierer

3.4.5 Weitere Überlegungen und Alternativen

Das Dekorierermuster findet man in der Praxis recht häufig, ein Beispiel dafür finden Sie in Abschnitt 3.4.3. Aber auch bei diesem Muster gibt es das eine oder andere, was man bedenken sollte.

Dekorierer vs. konkrete Komponenten

Dekorierer bilden zwar die Schnittstelle der Komponenten-Klasse nach, sie sind aber nicht mit den Objekten identisch, die sie einwickeln. Stattdessen übersetzen sie jeden Aufruf in einen Aufruf an eben dieses Objekt vom Typ einer konkreten Komponente.

Das macht häufig keinen Unterschied, wenn Ihre Anwendung aber mit Objektreferenzen arbeitet, dann sollten Sie das bedenken. Das passiert schnell, wenn man an verschiedenen Stellen des Codes Objekte in Dekorierer packt, weil man auf deren spezielle Funktionen zugreifen möchte, an anderen Stellen aber direkt mit dem Objekt arbeitet. Geschieht das auch noch dynamisch – sagen wir, gesteuert durch eine Konfigurationsdatei – und vergleichen Sie dann im Code die Referenzen miteinander, dann entstehen Fehler, die schwer zu finden sind.

Sie könnten nun, jedenfalls in einigen Programmiersprachen, den Vergleichsoperator überladen und in den Dekoriererklassen statt mit dem Dekoriererobjekt mit dem Objekt vergleichen, das dekoriert wird, aber im Grunde genommen ist das schwer lesbar und nimmt Ihnen die Möglichkeit, doch noch einmal die Dekoriererobjekte auf Gleichheit zu prüfen. Vielleicht ist es daher besser, eine eigene Vergleichsmethode zu implementieren – am besten direkt in der Komponentenklasse, sodass alle Ableitungen sie implementieren müssen, auch die Dekorierer.

Vererbungsfragen

Die Dekorierer müssen von der Komponente erben. Das Durchreichen der Aufrufe an die Komponentenklassen muss vollständig implementiert werden, was unter Umständen zeitaufwendig und fehleranfällig ist. Außerdem ist die Laufzeit durch den zusätzlichen Aufruf geringfügig höher.

Nun bringen alle konkreten Komponenten weitere Funktionen mit, die Klasse `KaufVertrag` vielleicht die Methode `abgleichMitAnlagenbuchhaltung`. Auf dem Dekorierer können wir diese Methode nicht aufrufen. Stattdessen müssten wir uns eine Referenz auf das Objekt besorgen, das der Dekorierer ja speichert, dieses Objekt auf den Zieltyp `KaufVertrag` casten und dann darauf die Methode `abgleichMitAnlagenbuchhaltung` aufrufen. Das ist natürlich nicht im Sinne des Musters, schon allein deshalb nicht, weil wir mit einem Dekorierer ja so arbeiten können sollen wie mit der konkreten Komponente – schließlich stammen ja beide von derselben Klasse `Komponente` ab.

Andererseits ist das nicht der Zweck. Im Gegenteil: Die Klasse `Komponente` sollte möglichst einfach und allgemein gebaut sein, schon deshalb, damit die Erstellung der Dekoriererklasse nicht zu aufwendig wird. Die in Abschnitt 3.4.3 vorgestellten Input-Streams aus dem *java.io*-Package sind dafür ein gutes Beispiel. Außerdem bedeutet jede Erweiterung der Schnittstelle von `Komponente` ja, dass wir nicht nur die konkreten Komponenten anpassen müssen, sondern auch noch alle Dekorierer, die davon erben – auch das ist ein Grund dafür, die Schnittstelle nicht mit unnötigem Ballast zu überfüllen.

Wenn es nur einen Dekorierer gibt, dann können wir uns die abstrakte Klasse `Dekorierer` (`VertragAddon`) sparen und stattdessen gleich die konkrete Dekoriererklasse (z. B. `AddonVerschluesselung`) von `Komponente` (`Vertrag`) erben lassen. Das spart allerdings nicht viel Zeit, die Nachteile sind dieselben und spätere Erweiterungen werden erschwert.

Alternativen

Das Strategie-Muster verfolgt ähnliche Ziele und ist vor allem dann besser geeignet, wenn die Komponentenklasse eben nicht mehr überschaubar und leichtfüßig daherkommt, sondern – im Gegenteil – vom Dekorierer einiges an Implementierungsarbeit abverlangt. Während ein Dekorierer von außen wirkt, ein Objekt also umhüllt (daher ja der Begriff *Wrapper*), wirkt das Strategie-Muster von innen.

Das Adapter-Muster lässt sich von einem Klienten ebenso transparent verwenden wie ein Dekorierer und kann obendrein noch die Schnittstelle des adaptierten Systems ändern, also zu einem Ziel kompatibel machen. Der Dekorierer lässt die Schnittstelle hingegen unverändert.

3.5 Fassade

Ich kann mir nicht helfen, aber seit Bully Herbigs Film »Der Schuh des Manitu« hat dieses Muster bei mir an Ansehen verloren. Dort will der listige Schurke Santa Maria den Häuptling der Apachen, Abahachi, mit einer Fassade eines Salons über den Tisch ziehen, die alsbald in sich zusammenfällt, weil außer der Fassade nichts da ist. Solche leeren Fassaden, hinter denen rein gar nichts ist, gibt es in der Praxis auch dann und wann, die Regel ist das aber nicht.

Eine Fassade bietet eine einheitliche und meist deutlich einfachere Schnittstelle für eines oder mehrere Systeme dahinter. Der Name ist also gut gewählt: Wie Abahachi sieht ein (Software-)Klient nur die Fassade, nicht aber die dahinterliegenden Systeme; er kann nur hoffen, dass da wirklich etwas ist ...

3.5.1 Steckbrief

Deutscher Name: Fassade

Weitere Schreibweise: Façade

Englischer Name: Facade

Gruppe: Strukturmuster

3.5.2 Beschreibung

Ein präzises UML-Diagramm kennt dieses Muster nicht, einfach weil sowohl die Fassade als auch die Systeme hinter der Fassade vom Muster nicht näher bestimmt sind.

UML

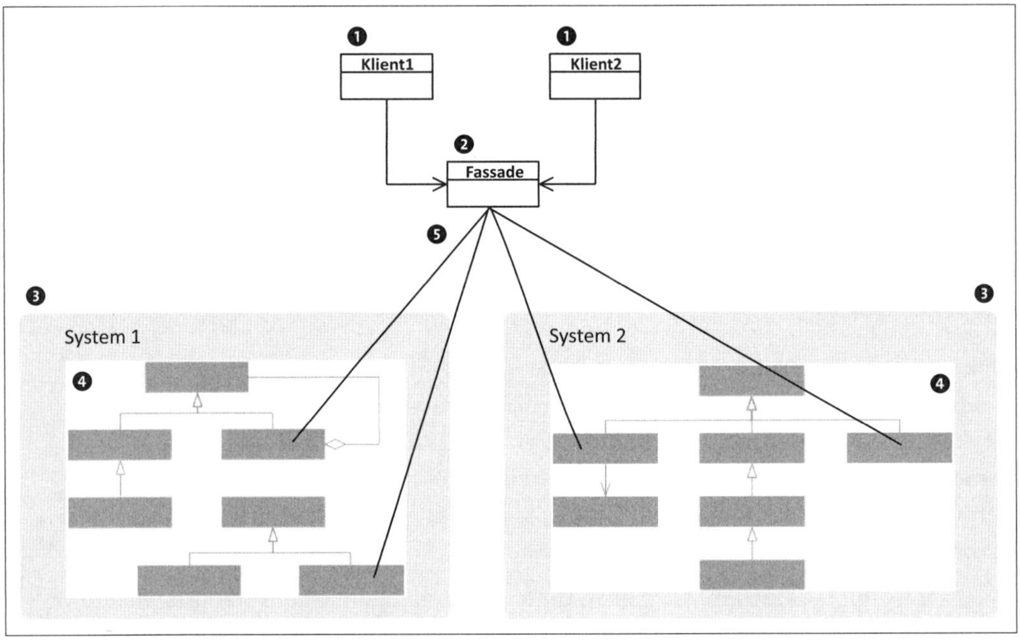

Abbildung 3.18 Die Fassade in UML

Erläuterungen

Nr.	Erläuterung
❶	Obwohl dieses Muster auch mit nur einem *Klienten* funktioniert, spielt es seine Stärken doch erst aus, wenn zwei oder mehrere Klienten auf die Fassade zugreifen.
❷	Die Klienten greifen ausschließlich auf die *Fassade* zu, die zwischen den Klienten und den dahinterliegenden (Sub-)Systemen steht.
❸	Hinter der Fassade gibt es ein oder mehrere *Systeme*. Man nennt sie häufig auch Subsysteme, wenn man von ihnen als Teile des gesamten Systems spricht.
❹	Diese Systeme sind meist deutlich komplexer, als es ein Klient benötigt und – oft jedenfalls – heterogen und uneinheitlich. Sie stellen also eine Übermenge dessen dar, was die Klienten tatsächlich benötigen.
❺	Die Fassade greift nun ihrerseits auf diese Systeme zu und abstrahiert so deren Komplexität von den Klienten.

Tabelle 3.7 Akteure der Fassade

3.5.3 Anwendungsfälle

Fassaden sind in der Praxis ziemlich häufig anzutreffen, weil die Probleme, die sie lösen möchten, sich mit der Zeit in vielen Systemen ganz automatisch einstellen.

Die meisten Systeme entwickeln sich organisch weiter. Am Anfang steht häufig ein System überschaubarer Komplexität. Mit der Zeit kommen weitere Klassen, Ableitungen und Beziehungen dazu, das System wächst – und mit ihm auch die Komplexität. An einem gewissen Punkt teilt man ein System in Subsysteme auf, bildet also einen neuen Layer und damit eine weitere Ebene der Komplexität. Wiederum später treten völlig neue Systeme auf, die sich dann auf dieselbe Art und Weise entwickeln. Denn merke: Komplexität ist ein Eichhörnchen. Bis man die Komplexität wahrnimmt, hat es schon viele Haselnüsse versteckt.

Oder es sollen zwei Systeme integriert werden, die im Grunde dasselbe machen, so wie im Praxisbeispiel weiter hinten. Eine Fassade bietet dann eine einheitliche Schnittstelle zu beiden Systemen, sodass die vielleicht vielen verschiedenen Anwendungen nur mit der einheitlichen Fassade kommunizieren und die Spezifika der unterschiedlichen Subsysteme vor ihnen verborgen bleiben.

Die wichtigsten Gründe für das Fassadenmuster:

- Ein Klient soll mit einer einfacheren Schnittstelle kommunizieren und sich nicht um die Komplexität der Welt hinter der Fassade kümmern müssen. Damit kann der Klient einfacher erstellt, getestet und gewartet werden.
- Durch die einheitliche Schnittstelle der Fassade können die Systeme dahinter, jedenfalls bis zu einem gewissen Grad, auch weiterentwickelt werden, ohne dass die Klienten davon etwas merken würden.
- Fassaden können die Sicherheit erhöhen: einerseits, weil Fehlanwendungen vermieden werden, und andererseits, weil das dahinterliegende System einfacher geschützt werden kann, wenn nur die Fassade darauf zugreift. Die Fassade erfüllt dann zusätzlich zur Vereinfachung die Rolle einer *Trust Boundary*.
- Eine Fassade begünstigt die *lose Kopplung*, ein Prinzip in der Softwareentwicklung, das die Abhängigkeit verschiedener Systeme voneinander verringert. Das ist meist eine gute Idee, weil die Systeme dann weniger verzahnt sind und Änderungen an einem System dann nur lokale Auswirkungen haben.
- Die lose Kopplung erleichtert auch die Portierung, denn die Systeme hinter der Fassade können ihren Host und ihre Implementierung ändern, ohne dass die Klienten davon betroffen wären.
- Manchmal gibt es auch verschiedene Anwendergruppen, die voneinander isoliert werden sollen. Zum Beispiel soll das interne ERP-System eines Unternehmens vollen Zugriff auf alle Funktionen der Middleware erhalten, die Kunden aber nur Zugriff auf zum Beispiel den Lieferstatus oder das automatische Bestellwesen.

Eine Fassade verhindert dann, dass Kunden auf dumme Ideen kommen, und sorgt dafür, dass sie nur das sehen, was sie auch tatsächlich nutzen können.

- In seltenen Fällen sollen Funktionen »ausgebaut« werden. Der Klient soll davon aber nichts mitbekommen, weil vielleicht ein Rollout in Dutzenden von Zweigstellen dafür notwendig wäre. Dann kann eine Fassade Anfragen ins Leere laufen lassen oder Standardantworten liefern.
- Dann gibt es noch die spezielleren Fassadentypen, von denen in Abschnitt 3.5.5 die Rede ist.

3.5.4 Implementierung

Das Praxisbeispiel stammt diesmal aus der Welt der Firmenübernahmen, betrifft also die Integration von zwei Fremdsystemen. Das Fassadenmuster ist hinsichtlich der Implementierung nicht festgelegt, im Gegensatz zu anderen Mustern, die beispielsweise eine bestimmte Vererbungshierarchie vorgeben. Daher geht es hier weniger um den Code, der auch ganz anders hätte aussehen können, sondern vielmehr um das, was sich daraus an Konsequenzen ergibt. Doch dazu später mehr, jetzt erst einmal zurück zur Aufgabenstellung.

Die Aufgabenstellung

Die Firma *LieferFix*, Marktführer für den Paketversand in Timbosa (einem aufstrebenden Land in Ozeanien) hat in einem aufsehenerregenden Coup den härtesten Mitwettbewerber, das Unternehmen *SnailMail*, übernommen.

Eine solche Übernahme beinhaltet natürlich auch die Verschmelzung der EDV-Systeme. Die Praxis zeigt: Das kann schon einmal Jahre dauern – zu lange für den Vorstand der LieferFix. Er möchte, dass in allen 3240 Filialen von LieferFix auch Briefpost über SnailMail versendet und verfolgt werden kann. Nun mag SnailMail zwar etwas zu langsam für den harten Wettbewerb gewesen sein, eine Software für die Sendungsverfolgung haben sie aber allemal, so wie natürlich auch Lieferfix. In allen Filialen soll aber nur die Software von LieferFix laufen, schon allein deshalb weil LieferFix mehr Filialen betreibt und die Mitarbeiter dort nicht ein neues, zweites System erlernen sollen – mal ganz abgesehen davon, dass das System von SnailMail ja mittelfristig abgelöst werden soll.

Aber auch die Webseite soll künftig einen einheitlichen Zugang bieten, um sowohl Pakete von LieferFix als auch Briefe von SnailMail abfragen zu können. Der Kunde soll beide Unternehmen ja künftig als eine Einheit wahrnehmen und nicht mal die eine, mal die andere Webseite für die Sendungsverfolgung bemühen müssen.

Heute sehen die Systeme so aus wie in Abbildung 3.19.

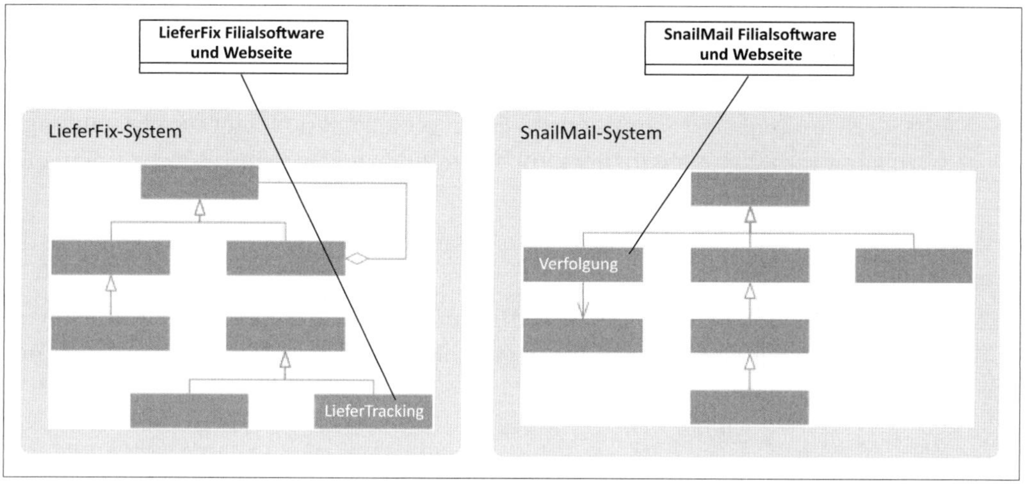

Abbildung 3.19 Die Systemlandschaft vor der Übernahme

Aber wie kann nun die Software von LieferFix nicht nur die eigenen Sendungen verfolgen, sondern auch die von SnailMail, ohne die Software anpassen und in allen 3240 Filialen ausrollen zu müssen, von der Webseite mal ganz zu schweigen?

Eine Fassade muss her, die eine einheitliche Schnittstelle für diese Aufgabe bietet und im Hintergrund die Fäden zieht, d. h., mit den beiden inkompatiblen Systemen spricht, je nachdem, welche Sendung verfolgt werden soll (siehe Abbildung 3.20).

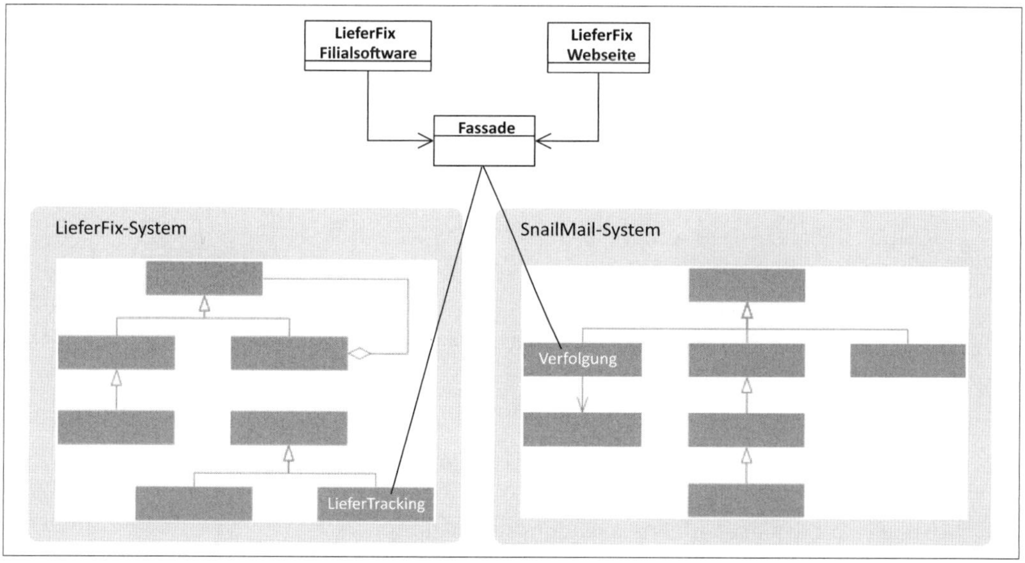

Abbildung 3.20 Das Fassadenmuster im Praxisbeispiel

Natürlich laufen trotzdem noch beide Systeme so weiter wie bisher, und die Desktopanwendungen beider Unternehmen können auch weiterhin den vollständigen Funktionsumfang ihres Backends nutzen, Weil sie den direkten Zugriff darauf haben. Die Fassade soll – im ersten Schritt jedenfalls – nur die Funktionalität für die Sendungsverfolgung vom Client abstrahieren und somit den ersten Schritt hin zu einem einheitlichen System einläuten.

Schnittstelle 1 – LieferFix

Kommen wir zuerst zum neuen Marktführer, der Firma LieferFix. Vermutlich wird das Unternehmen den Lieferstatus in einer Sequenz darstellen, die im Beispiel mit einem `enum` umgesetzt wurde:

```
public enum LieferFixEnum
{
  Erhalten,
  Erfasst,
  Verpackt,
  Versandt,
  InZustellzentrum,
  Zugestellt
}
```

Listing 3.21 Die Lieferstatus der Firma LieferFix

Außerdem gibt es natürlich eine Klasse und darin eine Methode, die sich um all das kümmert, was man für die Abfrage des Lieferstatus eben braucht – Validierung der Eingabe, Abruf aus der Datenbank, Zurückmelden an den Aufrufer.

```
public class LieferFixSendungsverfolgung
{
  public LieferFixEnum pruefeSendestatus(String sendungsNummer)
  {
    if (sendungsNummer.length() != 9)
      throw new RuntimeException("Die Sendungsnummer ist falsch");
    //Auslesen aus Datenbank
    return LieferFixEnum.InZustellzentrum;
  }
}
```

Listing 3.22 Die Klasse »LieferFixSendungsverfolgung«

Schnittstelle 2 – SnailMail

Natürlich, wie kann es anders sein, erledigen die Klassen der Firma SnailMail zwar eigentlich dasselbe, aber halt doch wiederum anders. Konkret:

- Es wird keine Instanz benötigt, die Methode ist statisch, und die Klasse erlaubt keine Instanziierung
- Anstatt eine Exception auszulösen, gibt die Methode einen »undefinierten« Lieferstatus zurück
- Außerdem kennt die Firma einen weiteren Lieferstatus: »Unterwegs«
- Benennung von Methoden, Klassen und Enum-Werten sind unterschiedlich

```
public enum SnailMailEnum
{
  Undefiniert,
  Erhalten,
  Verarbeitet,
  Kommissioniert,
  Versendet,
  ImZielzustellzentrum,
  Unterwegs,
  Zugestellt
}
```

Listing 3.23 Die Lieferstatus von SnailMail

Die zugehörige Klasse sieht so aus:

```
public class SnailMailSendungsverfolgung
{
  private SnailMailSendungsverfolgung()
  {
    throw new AssertionError();
  }

  public static SnailMailEnum verfolge(int lieferNummer)
  {
    if (lieferNummer<100000)
      return SnailMailEnum.Undefiniert;
    //Abrufen
    return SnailMailEnum.Zugestellt;
  }
}
```

Listing 3.24 Die Klasse »SnailMailSendungsverfolgung«

Die Fassade

Bei der Gestaltung der Fassade gibt es jetzt natürlich einige Entscheidungen zu treffen. Praktisch gesehen wird es, auch für SnailMail-Lieferungen, bei den sechs Lieferstatus bleiben, die LieferFix kennt. Schließlich sollen über kurz oder lang alle Systeme harmonisiert und über eine einheitliche Weboberfläche zugänglich gemacht werden. Auch am String als Übergabewert für die Sendungsnummer soll festgehalten werden, schon allein deshalb, weil LieferFix auch Buchstaben in ihren Sendungsnummern enthält.

Andererseits ist der zusätzliche Lieferstatus für die fehlerhafte Eingabe ja vielleicht recht charmant. Die Status könnten wie folgt unter einem Dach harmonisiert werden:

```
public enum FassadeEnum
{
  Undefiniert,
  Erhalten,
  Erfasst,
  Verpackt,
  Versandt,
  InZustellzentrum,
  Zugestellt
}
```

Listing 3.25 Die gemeinsamen Lieferstatus

Die Fassade erhält nun erst einmal eine Weiche, die sich aus der Länge der Sendungsnummer ergibt. Außerdem kümmert sie sich um die Steuerung der Zielsysteme und die Übersetzung der Antworten in das neue, gemeinsame Format.

```
public class FassadeSendungsverfolgung
{
  public static FassadeEnum verfolge(String sendungsNummer)
  {
    int length = sendungsNummer.length();

    switch(length)
    {
      case 6: //SnailMail
        SnailMailEnum snailMailStatus = SnailMailSendungsverfolgung.
         verfolge(Integer.parseInt(sendungsNummer));
        return snailMailStatus2FassadeStatus(snailMailStatus);
```

```
      case 9: //LieferFix
        try
        {
          LieferFixEnum lieferFixEnum = new LieferFixSendungsverfolgung().
           pruefeSendestatus(sendungsNummer);
          return lieferFixStatus2FassadeStatus(lieferFixEnum);
        }
        catch(RuntimeException e)
        {
          return FassadeEnum.Undefiniert;
        }

      default:
        return FassadeEnum.Undefiniert;
    }
  }

  private static FassadeEnum lieferFixStatus2FassadeStatus(
   LieferFixEnum lieferFixStatus)
  {
    //Umsetzung hier
    return FassadeEnum.Erhalten;
  }

  private static FassadeEnum snailMailStatus2FassadeStatus(
   SnailMailEnum snailMailStatus)
  {
    //Umsetzung hier
    return FassadeEnum.Verpackt;
  }
}
```

Listing 3.26 Die Fassade

Die Details der Umsetzung sind hier nicht weiter wichtig, ich habe sie daher nur angedeutet. Wichtig ist, dass die Fassade nun die Arbeit beider Subsysteme vom Klienten abstrahiert. Es genügt, der Fassade eine beliebige Sendungsnummer zu übergeben, und die Fassade sucht dann nach der richtigen Logik und der richtigen Übersetzung. Die Klienten müssen daher nur noch die Fassade kennen und nicht mehr die hinter der Fassade verborgenen Systeme.

3.5.5 Weitere Überlegungen und Alternativen

So einfach das Muster auch ist, es birgt einigen Sprengstoff in sich. Beginnen wir mit einer Eigenschaft, die auf viele Muster zutrifft: Das Verringern der Komplexität verlangt erst einmal, dass wir neue Komplexität (hier einen Enum und eine Klasse) aufbauen.

1+1 = 3 oder die Frage nach der »Netto-Komplexität«

Die Fassade soll – das ist ihr Zweck – Komplexität reduzieren, indem sie den verschiedenen Klienten einen einheitlichen Zugriff auf die verschiedenen Systeme hinter der Fassade bietet. Das geschieht um den Preis einer weiteren Schnittstelle, eben der Fassade. Was bleibt, und das müssen wir uns bei vielen Mustern fragen, ist die Frage nach der »Netto-Komplexität« oder anders ausgedrückt: Lohnt sich eine Fassade im konkreten Anwendungsfall überhaupt?

Für eine Fassade spricht es, wenn

- die hinter der Fassade liegenden Systeme besonders komplex sind.
- eine Fassade viele verschiedene Schnittstellen verbirgt.
- sich diese Schnittstellen zudem häufig ändern.
- die Fassade selbst einen recht einfachen Zugang bietet (im Vergleich zu den verborgenen Schnittstellen), also die Komplexität hinter den Kulissen steuert.
- sich die Implementierung der Subsysteme häufiger ändert und die Fassade dies auf einfache, elegante Art abfangen kann.
- der Vorteil der losen Kopplung besonders zum Tragen kommt. Das wäre dann der Fall, wenn die Systeme von SnailMail mittelfristig aufgegeben werden sollen. Die Fassade verhindert es dann, dass alle Klienten erneut angepasst werden müssen.
- die Fassade im Laufe der Zeit immer neue Schnittstellen vom Klienten abstrahiert, sagen wir, weil LieferFix plant, zukünftig noch weitere Logistikfirmen aufzukaufen.

Die Nachteile einer Fassade sind es nun, die dem entgegenstehen:

- Wie schon erwähnt, wird eine neue Schnittstelle benötigt, die entwickelt, getestet und fortan gewartet werden muss.
- Eventuelle Clients müssen dennoch geändert werden, weil sie nun nicht mehr mit den Subsystemen, sondern mit der Fassade arbeiten.
- Unter Umständen, so auch in unserem Beispiel, übersetzt die Fassade nicht nur die Aufrufe, sondern sie implementiert hinter den Kulissen weitere Geschäftslogik – wo Sie sie vielleicht nicht haben möchten.

- Ändern sich die Schnittstellen selbst, zum Beispiel weil neue Lieferstatus dazukommen, dann müssen Sie die Fassade zusätzlich anpassen.
- Unter Umständen müssen Kompromisse eingegangen werden, um alle Subsysteme technisch oder fachlich unter einen Hut zu bringen.

Die Grenzen sind wie so häufig fließend. Die große Gefahr bei diesem Muster ist es, dass man die Nachteile erst dann richtig »würdigt«, wenn man die Lösung bereits umgesetzt hat. Gehen Sie daher ruhig die obige Checkliste durch, um vorher die Kosten gegen den Nutzen abzuwägen.

An der Fassade vorbei

Immer wieder passiert es, dass Klienten an der Fassade vorbei direkt auf die Subsysteme zugreifen. Das ist natürlich nicht im Sinne des Erfinders und macht die Vorteile der Fassade zunichte. Gründe dafür können sein:

- Man kann nicht alle Klienten zum Stichtag auf die neue Fassade umstellen, sodass einige davon noch für »einen Übergangszeitraum« direkten Zugriff auf die Subsysteme benötigen.
- Entwickler oder Administratoren kennen die Fassade überhaupt nicht.
- Gewohnheit oder Bequemlichkeit
- Die Fassade ist technisch oder fachlich unzureichend. In unserem Beispiel stellt sie nicht alle Lieferstatus der Firma SnailMail zur Verfügung. Es kann auch sein, dass sich die mit der Verwendung einhergehende Indirektion (Klient → Fassade → Subsystem) im praktischen Betrieb als inperformant herausstellt.

Was auch immer die Gründe sind, man kann ihnen auch beikommen. Häufig wird behauptet, diesen Problemen könne man nur organisatorisch, nicht aber technisch begegnen, aber das ist nur bedingt richtig. Man kann auch technisch einiges tun, um die Verwendung der Fassade durchzusetzen:

- Die Subsysteme können hinsichtlich der Zugriffsberechtigung eingeschränkt werden und wenn es sein muss durch einen einfachen IP-Filter.
- Die Klassen der Subsysteme können hinsichtlich der Zugreifbarkeit eingeschränkt werden (z. B. mit `internal`), oder Konstruktoren werden vor Aufrufern versteckt.
- Durch Logging lässt sich nachvollziehen, ob es noch nicht autorisierte Klienten gibt, die an der Fassade vorbei auf das Subsystem zugreifen.

Verschiedene Arten und Zuständigkeiten von Fassaden

Der Begriff der Fassade ist ein wenig schwammig – oder, anders formuliert: Wann ist eine Fassade eine Fassade und nicht nur eine beliebige Klasse?

Im Vordergrund steht die Vereinfachung: Ein Klient soll vereinfachten Zugriff auf mehrere Subsysteme erhalten. Der Begriff *Subsystem* ist dabei recht allgemein gehalten. Subsysteme können genauso lokale Klassen sein wie entfernte Webservices und deren Schnittstellen.

Fassaden sind dabei nur selten »dumm«. Meistens übernehmen sie zusätzliche Funktionalitäten, wie zum Beispiel:

- Validierungen, wie im Praxisbeispiel die Prüfung der Sendungsnummer
- Authentifizierung und Autorisierung, also die Verwaltung der Zugangskontrolle. Beispiel: Nur gewisse Anwendungen und Anwender dürfen Sendungsnummern prüfen.
- Querschnittsaufgaben wie Logging und Monitoring. Ein Beispiel wäre das Mitprotokollieren auftretender Fehler beim Abruf der Sendungsdaten.
- Steuerung von Transaktionen. Beispiel: Das Aktualisieren des Sendungsstatus soll von der parallelen Abfrage desselben Status isoliert werden.
- Session-Verwaltung. Ein Beispiel wäre die Verwaltung der Sessions der Webclients, die einen Status abfragen wollen.

Wichtig für den Einsatz des Musters ist es nun, dass die Fassade wirklich noch eine Fassade ist, also selbst nicht zu tief in den fachlichen Prozess eingreift. Das wäre der Fall, wenn die Fassade zur Sendungsverfolgung den Status selbst aus einer Datenbank auslesen würde. Allerdings sind die Grenzen auch hier fließend. Es ist durchaus denkbar, dass die Fassade selbst das Ergebnis in einem Cache zwischenspeichert und so weitere Anfragen auf dieselbe Sendungsnummer künftig selbst beantwortet, anstatt die Subsysteme zu bemühen.

Kommen wir nun zu einigen speziellen Typen von Fassaden:

- Eine *Remote-Fassade* (*Remote Facade*) stellt einen grobgranularen Zugriff auf feingranulare Objekte bereit. Das ist vor allem dann sinnvoll, wenn die Effizienz verbessert werden soll, vor allem dann, wenn die Kommunikation über ein Netzwerk stattfindet. Der nächste Abschnitt ist diesem Typ gewidmet.
- Die *Session-Fassade* (*Session Facade*) hingegen wird gern und häufig für »Enterprise-Anwendungen« im J2EE-Umfeld verwendet. Dort kapseln Session Beans den Zugriff auf die darunter liegenden Entity Beans.
- Die *Message-Fassade* (*Message Facade*) hingegen entkoppelt einen Klient nicht nur technisch, sondern auch zeitlich von einem Subsystem – vornehmlich indem eine Message Queue zwischen Klient und Subsystem geschaltet wird.

Die Remote-Fassade

Der Begriff *Remote-Fassade* (*Remote Facade*) wurde von Martin Fowler in seinem Buch *Patterns of Enterprise Application Architecture* (kurz *PoEAA*) geprägt.

Bislang war vor allem von Vereinfachung die Rede – ein Klient soll einen einfacheren Zugriff auf verschiedene Subsysteme erhalten. Aber es gibt noch weitere Gründe. Die wichtigsten habe ich im Abschnitt 3.5.3 beschrieben. Einen weiteren Fall stellt die Remote-Fassade dar, die ein altes Problem der Kommunikation über das Netzwerk adressiert:

Objekte != Services

Objekte sind lokale Konstrukte, die auf einem Rechner existieren und – in den meisten Fällen jedenfalls – sogar im selben Prozess. Objekte zu erzeugen, vor allem aber ihre Methoden aufzurufen, ist unkompliziert und mit hoher Geschwindigkeit möglich.

Services hingegen sind verteilte Systeme, deren Verwendung um ein Vielfaches aufwendiger ist.

Die Gründe dafür sind einleuchtend, denn Remotezugriffe

- müssen gegen unberechtigten Zugriff abgesichert werden.
- sind weitaus unzuverlässiger als lokale Methodenaufrufe, weswegen man Vorkehrungen für Verbindungsabbrüche und dergleichen treffen muss.
- verlangen, dass Daten vor der Übertragung serialisiert und anschließend wieder deserialisiert werden, was eine teure Angelegenheit ist.
- haben hohe Latenzzeiten, die durch die Kommunikation über IP-Netze unabdingbar sind.

Das sind nur einige Beispiele. Die gängigen Frameworks erwecken aber genau den Eindruck, indem sie die Verwendung von Services (meist über Proxys) genauso aussehen lassen wie den Umgang mit lokalen Objekten.

Wer Services wie Objekte verwendet, kann daher nur Schiffbruch erleiden. In meiner Praxis erlebe ich das sehr häufig, und ein Ausweg aus dieser Denkweise sind Remote-Fassaden. Sie stellen einen grobgranularen Zugang für die feingranularen Objekte eines Zielsystems zur Verfügung und vermeiden so eine ganze Menge teurer Kommunikation über das Netzwerk.

Im Beispiel könnte es durchaus sein (ja, es ist sogar wahrscheinlich), dass die Dienste zur Abfrage des Lieferstatus Werbservices sind, die wiederum aus elementaren Klassen bestehen die noch elementare Operationen ausführen – wie die Validierung der Nummer oder das Abfragen der Lieferhistorie.

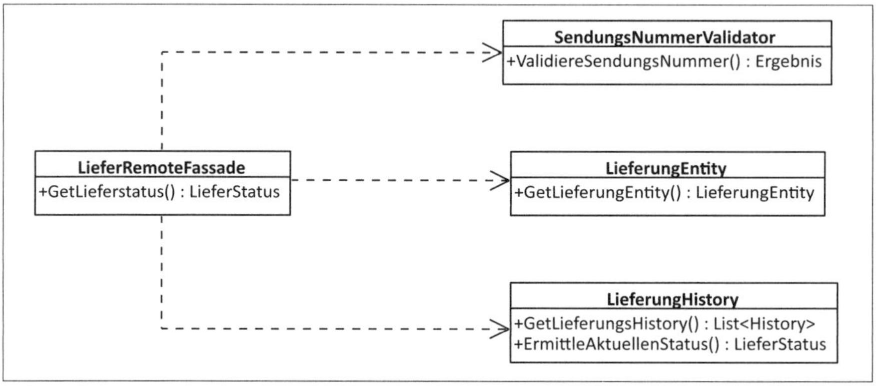

Abbildung 3.21 Die Remote-Fassade

Die Remote-Fassade fasst nun die einzelnen Methodenaufrufe (in Abbildung 3.21 sind es vier Aufrufe in drei Klassen) zu einem einzigen Aufruf zusammen. Nimmt man eine typische Latenzzeit von 80 ms pro Aufruf an, so beträgt die Ersparnis 240 ms – während die Verrichtung der eigentlichen Arbeit wohl keine 10 ms dauern dürfte.

Alternativen

Gewisse Ähnlichkeiten bestehen zum Proxy. Ein Proxy ist ja ein Stellvertreterobjekt, und auch die Fassade übernimmt eine solche Aufgabe – ein Klient benutzt die Fassade stellvertretend für die dahinter verborgenen Subsysteme. Allerdings ist der Fokus bei einer Fassade häufig die Vereinfachung, während Proxys meist nur für einzelne Klassen eingesetzt werden – und eben nicht für mehrere Subsysteme.

Der Adapter ist auch eine Art Fassade, adaptiert dabei aber eine Schnittstelle auf eine andere, eigene Schnittstelle.

Natürlich kann das Fassadenobjekt selbst wiederum mit den Erzeugungsklassen erzeugt werden, die in Kapitel 2 beschrieben sind.

3.6 Fliegengewicht

Das Fliegengewicht-Entwurfsmuster könnte gleich zwei Preise abräumen: einen für den schönsten Namen für ein Entwurfsmuster und einen für den geringsten Bekanntheitsgrad. Lassen Sie uns daran arbeiten ...

3.6.1 Steckbrief

Deutscher Name: Fliegengewicht

Englischer Name: Flyweight

Gruppe: Strukturmuster

3.6.2 Beschreibung

Manchmal, nein – eigentlich recht häufig – gibt es in Anwendungen viele oder sogar sehr viele Objekte, die zudem noch sehr fein granular sind. Wenn man nicht aufpasst, entsteht daraus schnell ein objektorientiertes Kaffeekränzchen mit negativen Auswirkungen auf die Performance und den Speicherverbrauch.

Denn auch, wenn heutige Laufzeitumgebungen sich große Mühe um die Effizienz geben, hat doch jedes Objekt eine Mindestgröße, die durch das Layout im Speicher bestimmt wird, und manche Werte müssen zudem noch im Speicher ausgerichtet werden, was zusätzlichen Platz kostet.

Häufig ist dabei aber gar nicht die Abwesenheit dieses Musters schuld, sondern einfach der Irrglaube, man müsse heutzutage alles in ein Objekt verpacken. Aber es ist auch unbestreitbar, dass Objekte Vorteile bringen. Zur Illustration greife ich daher ein wenig vor und stelle kurz das Praxisbeispiel vor, das wir später umsetzen werden.

Es geht dabei um eine Umweltmessstation, die ihre Werte in einer CSV-Datei auf einem wechselbaren Datenträger bereitstellt. Sagen wir, sie ermittelt zwei verschiedene Temperaturen, den Luftdruck und die Windgeschwindigkeit. Eine dem Produkt beigelegte Desktopanwendung kann diese Dateien nun auslesen, umrechnen und in eine Datenbank schreiben und hübsch in Grafiken verpacken.

Der einfache, naive Ansatz wäre nun, für jede einzulesende Zeile ein Objekt zu erzeugen – abhängig vom konkreten Typ, also davon, um welche Art der Messung es sich handelt (siehe Abbildung 3.22).

Bei 10 Millionen Datensätzen werden so 10 Millionen Objekte benötigt, die alle erstellt, verwaltet und irgendwann auch wieder bereinigt werden müssen. Dennoch: Die Messwerte als Objekt zu haben brächte Vorteile, denn die einzelnen Sensoren bringen natürlich Fähigkeiten mit, die wir gern in einem Objekt gekapselt hätten – beispielsweise die Kalibrierung oder die Fähigkeit, die Objekte in verschiedenen Einheiten speichern zu können.

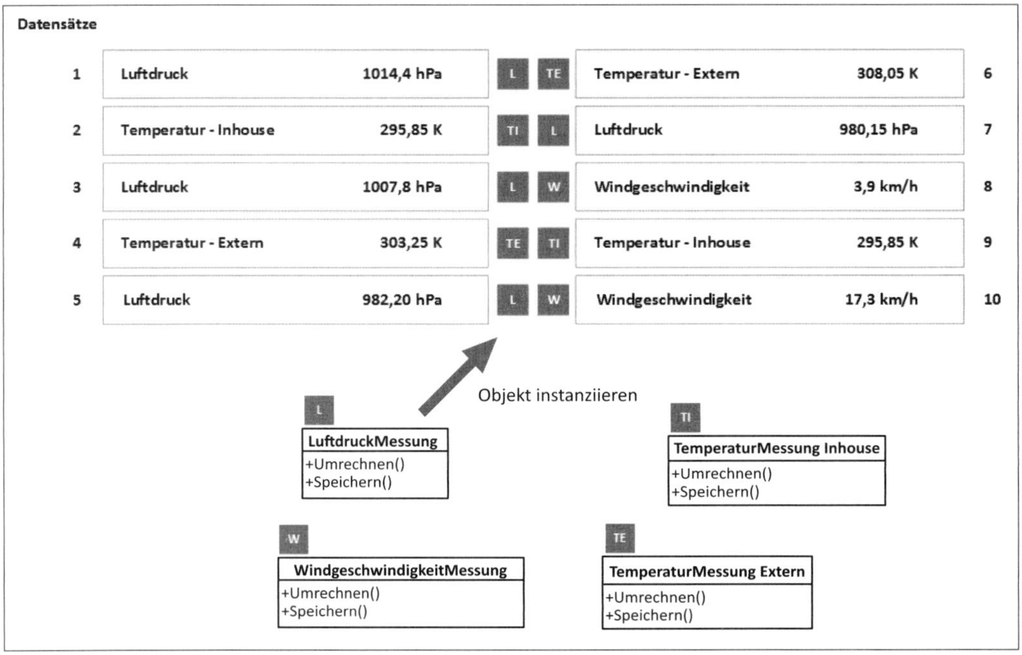

Abbildung 3.22 Der »einfache« Ansatz für das Einlesen der Umweltmessdaten

Das Fliegengewicht-Muster bietet eine Alternative, indem es wiederverwendbare Objekte bereitstellt, sodass diese zwar feingranular verwendet werden können, aber eben ohne die Nachteile – schließlich gibt es nur wenige davon. Im Beispiel brauchen wir also nur noch vier Objekte, nämlich ein Objekt für jeden Sensor. Diese Objekte sind leichtgewichtig, daher der Name: Sie speichern nur noch das, was sie von den anderen unterscheidet – also das, was den Sensor ausmacht – zum Beispiel den schon erwähnten Korrekturwert für die Kalibrierung des Sensors. Man nennt das den *intrinsischen* Zustand des Objekts.

Alle anderen Informationen, also beispielsweise das Datum, die Uhrzeit und der gemessene Wert an sich, werden außerhalb gespeichert. Folgerichtig spricht man hier vom *extrinsischen* Zustand. Und natürlich kann dieser Zustand in effizienten Datenstrukturen gespeichert werden – in Listen, Arrays oder was auch immer die Aufgabenstellung verlangt. Dieser extrinsische Zustand ist also der Kontext, in dem das Fliegengewicht-Objekt eingesetzt wird. Das Objekt muss also jeweils diesen Kontext von außen erhalten, bevor man im konkreten Fall damit arbeiten kann.

Auf unser Praxisbeispiel gemünzt, sieht das dann so aus wie in Abbildung 3.23.

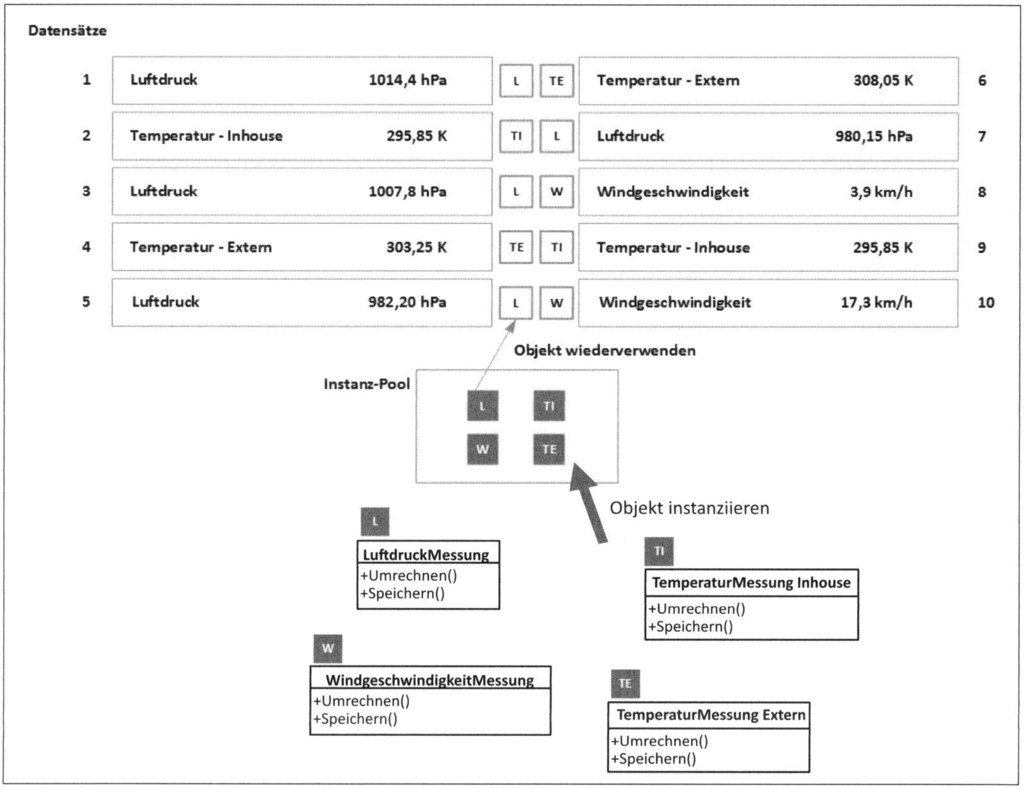

Abbildung 3.23 Das Fliegengewicht-Muster auf das Messwert-Problem angewendet

UML

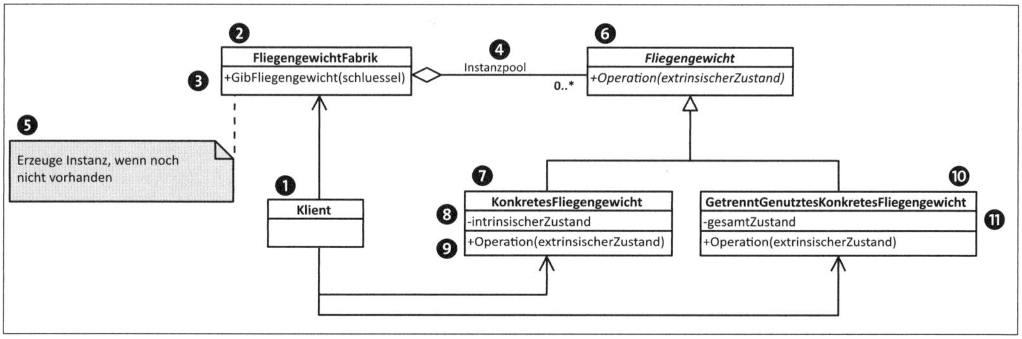

Abbildung 3.24 Das Fliegengewicht-Muster in UML

Erläuterungen

Nr.	Erläuterung
❶	Alles beginnt mit einem *Klient*, der ein bestimmtes Objekt benötigt, oder – genauer gesagt – sehr viele Objekte.
❷	Die *FliegengewichtFabrik* übernimmt diese Aufgabe.
❸	Die Methode `GibFliegengewicht` gibt dem Klienten das gewünschte Objekt zurück. Der Schlüssel teilt der Fabrik mit, welches Fliegengewicht genau benötigt wird, also welchen intrinsischen Zustand das Objekt haben soll.
❹	Dafür unterhält die *FliegengewichtFabrik* einen Pool von Instanzen. Dieser Pool ist zunächst leer und füllt sich mit jeder Anfrage von Klienten.
❺	Dieses Füllen geschieht, indem die Fabrik bei jeder Anfrage nachsieht, ob es schon eine Instanz des gewünschten Fliegengewichts gibt. Falls nicht, wird die Instanz erstellt und dem Klient zurückgegeben, ansonsten wird einfach die Instanz aus dem Pool zurückgegeben.
❻	Die *Fliegengewicht*-Klasse ist eine abstrakte Klasse oder eine Schnittstelle, von der alle konkreten Klassen erben bzw. die alle konkreten Klassen implementieren.
❼	Die *konkrete Fliegengewichtsklasse* implementiert die Fliegengewichtsklasse.
❽	Wichtig ist nun der *intrinsische Zustand*, also das, was die konkrete Instanz der Klasse auszeichnet, also in unserem Beispiel der Korrekurfaktor des eingesetzten Sensors. Dieser Zustand lässt sich später nicht mehr verändern. Er wird deshalb fest im Objekt gespeichert.
❾	Damit die konkrete Fliegengewichtsklasse auch wirklich geteilt werden kann, das ist ja der Sinn dieser Übung, muss der »Kontext« (der *extrinsische Zustand*) von außen in die Klasse kommen – meist indem dieser im Methodenaufruf mitgegeben wird. Für jeden Aufruf kann das Objekt somit eine andere Rolle spielen. Der extrinsische Zustand kommt also vom Klient, wird also auch von diesem verwaltet.
❿	Nicht immer müssen Fliegengewichts-Objekte geteilt werden, es ist auch möglich, dass ein Klient ganz spezielle Exemplare erzeugt und speichert. Im Muster nennt man solche Klassen *Getrennt genutzte konkrete Fliegengewichte*.
⓫	In einem solchen Fall hält das Objekt nun nicht mehr nur seinen intrinsischen Zustand, sondern alle Zustandsinformationen – der Zustand muss sich ja nicht mehr von Aufruf zu Aufruf ändern.

Tabelle 3.8 Akteure des Fliegengewicht-Musters

So viel zur Beschreibung. Aber, mal ehrlich, wenn Sie intrinsische und extrinsischen Zustände und Fliegengewichte für Wortgeklingel halten, könnte ich das gut verstehen. Das Fliegengewicht-Muster gehört nicht nur zu den Mustern, bei denen der Name einem am wenigsten über den Inhalt verrät, es gehört auch zu den abstrakteren Mustern. Zeit also, sich wieder der Praxis zuzuwenden.

3.6.3 Anwendungsfälle

Wie das Praxisbeispiel, das diesmal an den Anfang des Kapitels gewandert ist, klarmacht, eignet sich dieses Muster vor allem dann, wenn

- viele – oder noch besser – sehr viele Objekte benötigt werden.
- eine einfache Datenstruktur, sagen wir eine Liste, nicht ausreichend ist, Sie also nicht auf die Vorteile von Objekten verzichten möchten.
- der Speicherplatz knapp wird, einfach weil es zu viele Objekte sind oder weil die einzelnen Objekte besonders groß werden können.
- die Objekte, die Sie benötigen, wirklich Fliegengewichte sind, die intrinsischen Zustände also relativ klein sind, dafür die extrinsischen Zustände aber sehr umfangreich.
- es auch wirklich möglich ist, die Aufgabe mit relativ wenigen Objektinstanzen zu erledigen.

Beispiele gibt es genug, wenn sich auch nicht jedes Beispiel wirklich gleich gut dafür eignet. Der Klassiker, der gern zur Erläuterung verwendet wird, ist die Textverarbeitung, bei der jede Zeile und sogar jedes Zeichen als eigenes Objekt repräsentiert werden soll. Es leuchtet intuitiv ein, dass wir nicht für jedes Zeichen ein eigenes Objekt erzeugen können. Doch andererseits profitieren solche Anwendungen vielleicht auch nicht so sehr von Objekten und leben besser damit, wenn die einzelnen Zeichen in simpleren Datenstrukturen gespeichert werden.

Eindeutiger wird die Sache schon bei einer CAD-Anwendung, in der Zeichenobjekte (Kreise, Rechtecke, Linien, Bemaßungen usw.) vorkommen. Auch hier ist zunächst unklar, wie kreativ der Anwender ist, wie viele Zeichenobjekte er am Bildschirm entwirft. Nur eine Fliegengewicht-Objektinstanz für jedes Zeichenobjekt zu haben kann hier den benötigten Speicherplatz wirklich drastisch reduzieren. Andererseits hilft es auch ungemein, echte Objekte zu haben, sodass sich Zeichenobjekte selbst zeichnen, verschieben, rotieren oder spiegeln können.

Wenn wir bei diesem Beispiel bleiben, so sähe die Übersetzungstabelle »Muster-Deutsch« nach »Praxis-Deutsch« wie folgt aus:

UML-Klassen-/Methodennamen	Beispielklassen-/Methodennamen
Klient	CAD-Anwendung
FliegengewichtFabrik	ZeichenobjektFabrik
GibFliegengewicht(schluessel)	gibZeichenobjekt(zeichenobjektTyp)
Fliegengewicht	Zeichenobjekt
Operation(extrinsischerZustand)	z. B. zeichne(xPos, yPos, breite, höhe, farbe)
KonkretesFliegengewicht	z. B. Rechteck, Ellipse
IntrinsischerZustand	z. B. Art der Bemaßungslinie

Tabelle 3.9 Beispiel für konkrete Klassen aus der Praxis

In einer CAD-Anwendung gibt es natürlich auch zusammengesetzte Objekte, also Objekte, die aus elementaren Objekten, den »Primitiven« (also Kreisen, Linien, Punkten usw.) zusammengesetzt sind. Solche Objekte sind Beispiele für getrennt genutzte, konkrete Fliegengewicht-Objekte. Da es davon, verglichen mit den elementaren Objekten, sehr viel weniger gibt, bringt dieses Muster für die CAD-Anwendung Einsparungen im Arbeitsspeicher und im Instanz-Management, während größere Objekte dennoch dauerhaft und performant in der CAD-Anwendung repräsentiert werden.

Die folgende Liste enthält noch die Unterschiede zwischen der »klassischen« Vorgehensweise (also für jedes Zeichenobjekt ein eigenes Objekt im Speicher anzulegen) und dem Fliegengewicht-Muster:

- Ohne das Muster würden wir vermutlich auch eine Vererbungshierarchie Zeichenobjekt → Kreis erzeugen, aber der Konstruktor der Kreis-Klasse würde vielleicht so aussehen:

  ```
  public Kreis(double x, double y, double hoehe, double breite, int farbe,
   int layer)
  ```

  Das Kreis-Objekt würde also den gesamten Zustand selbst speichern. Damit wäre das Objekt nur für genau den einen Kreis verwendbar.

- Das Fliegengewicht-Muster hingegen würde nur einen sehr kleinen, intrinsischen Teil im Objekt selbst speichern, damit es besonders gut, sprich oft, wiederverwendet werden kann – zum Beispiel den Layer, auf dem das Objekt gespeichert werden soll:

  ```
  public Kreis(int layer)
  ```

Alle anderen Informationen, also Position, Größe, Farbe usw. (der extrinsische Zustand), würden dann über die Methodenaufrufe in die Klasse kommen. Welche Objekte es gibt und welche Eigenschaften diese haben, würde der Klient, die CAD-Anwendung, selbst verwalten – typischerweise nicht objektorientiert, in einer für die Aufgabenstellung optimierten Datenstruktur:

```
public void zeichne(double x, double y, double hoehe, double breite,
 int farbe)
```

Die Methode zum Zeichnen aller Objekte wäre dabei nichts anderes als eine Schleife über alle Zeichenobjekte, die in einer internen Datenstruktur gespeichert sind. Bei jedem Objekt würde die CAD-Anwendung die Fliegengewicht-Fabrik bitten, ihr ein Objekt aus dem Pool zu geben. Anschließend würde die `zeichne`-Methode mit den jeweiligen Parametern des Zeichenobjekts aufgerufen.

3.6.4 Implementierung

Bitte lesen Sie nun zuvor Abschnitt 3.6.2, dort finden Sie die Beschreibung der Aufgabenstellung.

Die Aufgabenstellung

Es gibt verschiedene Möglichkeiten, um den Datenbankimport für die Daten der Messstation zu implementieren. Ich habe mich für verschiedene Klassen, eine für jeden Sensortyp, entschieden (siehe Abbildung 3.25). Da jede zu importierende Zeile der CSV-Datei gleichwertig ist, können wir auch für jede Zeile ein Fliegengewicht-Objekt verwenden. Getrennt genutzte Fliegengewicht-Objekte werden also nicht benötigt; sie sind zudem für das Muster auch nicht entscheidend.

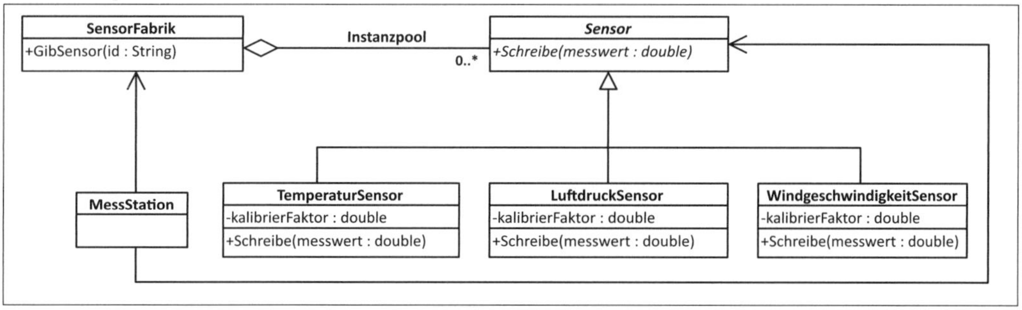

Abbildung 3.25 Das Fliegengewicht-Muster im Praxisbeispiel

Der Schlüssel ist eine ID, die jeden Sensor eindeutig kennzeichnet. Damit erhalten wir für die beiden Temperaturobjekte zwei verschiedene Objekte, weil sie auch verschiedene intrinsische Zustände haben; denn die Sensoren sollen kalibrierbar sein, sodass jeder Sensor seinen eigenen Kalibrierfaktor speichert.

Fliegengewicht (Sensor)

Die abstrakte Basisklasse ist die Wurzel der Vererbungshierarchie für alle konkreten Sensorenklassen.

```
public abstract class Sensor
{
  private double kalibrierFaktor;

  public Sensor(double kalibrierFaktor)
  {
    this.kalibrierFaktor = kalibrierFaktor;
  }

  public void schreibe(double messwert)
  {
    //Messwert = extrinsische Daten
    double kalibrierterWert = messwert * kalibrierFaktor;
    double umgerechneterWert = rechneUm(kalibrierterWert);
    schreibeInDatenbank(umgerechneterWert);
  }

  protected double rechneUm(double messwert)
  {
    return messwert;
  }

  private void schreibeInDatenbank(double wert)
  {
    //In Datenbank schreiben
  }
}
```

Listing 3.27 Die Klasse »Sensor«

Die Klasse implementiert alles, was allen Sensoren gemeinsam ist:

- Der Konstruktor nimmt den Kalibrierfaktor für den konkreten Sensor entgegen und speichert diesen.
- Die `schreibe`-Methode wendet zunächst den Kalibrierfaktor auf den gemessenen Wert (den extrinsischen Zustand, der als Methoden-Übergabeparameter in die Methode gelangt) an.
- Danach wird der Wert umgerechnet. In der Basisklasse wird der Wert einfach wieder zurückgegeben, also ohne Umrechnung. Abgeleitete Klassen können die

Methode überschreiben und somit eigene Umrechnungen implementieren. Daher ist die Sichtbarkeit dieser Methode hier `protected`.

- Zum Schluss wird der Wert in die Datenbank geschrieben, was hier nur angedeutet ist, weil es für das Muster ohne Belang ist.

KonkretesFliegengewicht (TemperaturSensor ...)

Stellvertretend für alle drei konkreten Fliegengewicht-Klassen ist hier die Klasse `TemperaturSensor` aufgeführt. Die weiteren Klassen sind analog aufgebaut.

```
public class TemperaturSensor extends Sensor
{
  public TemperaturSensor(double kalibrierFaktor)
  {
    super(kalibrierFaktor);
  }

  protected double rechneUm(double messwert)
  {
    return messwert - 273.15;
  }
}
```

Listing 3.28 Die Klasse »TemperaturSensor«

Über die Methode `rechneUm` wird der extrinsische Zustand eingebracht, d. h. der konkrete Messwert.

Ansonsten überschreibt die Methode lediglich die Umrechnungsmethode der Basisklasse, denn mit Kelvin könnte ein Anwender ohne naturwissenschaftliche Begabung wenig anfangen. Wir subtrahieren daher 273,15 Kelvin und erhalten so Grad Celsius.

FliegengewichtFabrik (SensorFabrik)

Die Fliegengewicht-Fabrik ist für die Erzeugung und Verwaltung der Objektinstanzen zuständig. Ihre Implementierung verwendet eine `HashMap`, um die Instanzen zu speichern.

```
public class SensorFabrik
{
  private HashMap<String, Sensor> sensoren;

  public SensorFabrik()
  {
```

```
    sensoren = new HashMap<String, Sensor>();
  }

  public Sensor gibSensor(String id)
  {
    if (!sensoren.containsKey(id))
    {
      Sensor sensor = null;
      switch(id)
      {
        case "TE":
          sensor = new TemperaturSensor(1.012);
          break;
        case "TI":
          sensor = new TemperaturSensor(1.017);
          break;
        case "W":
          sensor = new WindgeschwindigkeitSensor(1.094);
          break;
        case "L":
          sensor = new LuftdruckSensor(0.9912);
        break;
      }
      if (sensor == null)
        throw new RuntimeException("Sensor-ID ist unbekannt");
      sensoren.put(id,  sensor);
    }
    return sensoren.get(id);
  }
}
```

Listing 3.29 Die Klasse »SensorFabrik«

Die Sensorfabrik hält für jeden Sensor ein eigenes Fliegengewicht-Objekt. Ist es in der `HashMap` noch nicht vorhanden, so wird es *on the fly* angelegt. In der Praxis würden die Sensoren und deren Werte zur Kalibrierung nicht fest codiert sein, sondern aus einer Datei oder aus der Datenbank gelesen. Für unsere Zwecke reicht ein einfaches `switch`-Statement aber völlig aus.

Die Methode `gibSensor` der Klasse `SensorFabrik` hätten wir übrigens auch genauso gut als statische Fabrik ausführen können. Das ist im Wesentlichen eine Frage des Komforts, fällt also für dieses Muster in die Kategorie *Syntactic Sugar*.

Damit sind nun die Voraussetzungen des Musters geschaffen, allein es fehlt noch der Klient, die Desktopanwendung der Messstation, die die Messwerte aus einer CSV-Datei einliest und mittels der Fliegengewicht-Objekte verarbeitet.

Klient (MessStation)

Die einfachste Form eines Klienten sieht so aus:

```
SensorFabrik fabrik = new SensorFabrik();
Sensor sensor = fabrik.gibSensor("TE");
sensor.schreibe(305.9);
```

Aber dafür bräuchten wir natürlich nicht dieses Muster anzuwenden, wir könnten einfach einen `TemperaturSensor` instanziieren und die `schreibe`-Methode dort direkt aufrufen.

Interessant wird es ja gerade dann, wenn nun sehr viele Messwerte vorliegen, sodass die Erzeugung eines eigenen Sensor-Objekts für jeden Messwert der speichertechnische Super-GAU wäre.

Die CSV-Datei, die von der Messstation auf dem externen Datenträger erzeugt wird, hat diesen Aufbau:

```
TE;296.35;20140714;14:38
TI;297.28;20140714;14:39
L;1007.08;20140714;14:42
W;14.9;20140714;14:47
```

Gespeichert sind jeweils die ID des Sensors, der den Wert gemessen hat, der Wert an sich und das Datum sowie die Uhrzeit der Messung. Das Verarbeiten dieser Datei ist nun nicht allzu schwierig:

- Öffne die Datei.
- Lies Zeile für Zeile.
- Hole von der SensorFabrik ein Sensor-Objekt aus dem Pool.
- Übergib diesem Objekt den extrinsischen Status (den Messwert aus der CSV-Datei), und bitte das Objekt, den Wert in die Datenbank zu schreiben.

In Java sieht das dann so aus:

```
public class MessStation
{
  public void ladeMesswerteVonCSV(String csvDateiname)
  {
    try
    {
```

```
        BufferedReader br = new BufferedReader(new FileReader(csvDateiname));
        String line = "";
        SensorFabrik sensorFabrik = new SensorFabrik();
        while((line = br.readLine()) != null)
        {
          String[] messwertEintrag = line.split(";");
          Sensor sensor = sensorFabrik.gibSensor(messwertEintrag[0]);
          sensor.schreibe(Double.parseDouble(messwertEintrag[1]));
        }
      }
      catch(FileNotFoundException e)
      {
        e.printStackTrace();
      }
      catch(IOException e)
      {
        e.printStackTrace();
      }
    }
}
```

Listing 3.30 Die Klasse »MessStation«

Damit ist die Aufgabe gelöst und das Fliegengewicht-Muster implementiert. Zusammenfassend – was wurde erreicht?

- Es gibt höchstens vier Sensorobjekte statt potenziell Millionen (für Millionen von Messwerten). Speicher, Garbage Collector & Co. werden geschont.
- Diese Sensor-Objekte werden erst dann erzeugt, wenn sie zum ersten Mal benötigt werden (*Lazy Initialisation*).
- Obwohl die eigentlichen Messwerte in einer sehr einfachen Datenstruktur, einer CSV-Datei, vorliegen, können wir über die Sensor-Objekte dennoch die Stärken der Objektorientierung nutzen.

3.6.5 Weitere Überlegungen und Alternativen

Für die Entscheidung, ob dieses Muster für die konkrete Aufgabenstellung geeignet ist, finden Sie in Abschnitt 3.6.3 einige Hinweise. Zusätzlich dazu gibt es noch weitere Dinge zu beachten, denn Licht und Schatten liegen bei diesem Muster eng beieinander.

Kosten für neue Objekte vs. Kosten für den Transfer des extrinsischen Zustands

Das Erzeugen von Objekten wird zuverlässig vermieden, was auch den damit verbundenen Kosten vorbeugt, also Speicherbelegung, Garbage Collection und der Verwaltung der vielen Referenzen.

Allerdings verursacht das Abrufen (oder Berechnen) und das Transferieren des extrinsischen Status auch Kosten. Bei unserem Praxisbeispiel, dem Einlesen einer CSV-Datei, trifft das nicht zu – hier wird jede Zeile nur einmal verarbeitet. Bei dem früher erwähnten CAD-Beispiel mag das anders aussehen, wenn die Zeichenobjekte immer und immer wieder gezeichnet werden müssen und zu diesem Zweck die wenigen Fliegengewicht-Objekte auch immer und immer wieder mit der Position, der Größe, der Farbe und den anderen Eigenschaften der Zeichenobjekte aufgerufen werden müssen.

Auch das Verwalten der Fliegengewicht-Objekte (also deren Anlegen, Suchen und Zurückgeben) verursacht eine gewisse Last, und natürlich muss auch der extrinsische Zustand – die Messwerte in unserem Beispiel – verwaltet und abgerufen werden.

Um zu einer gesunden Einschätzung zu kommen, helfen die folgenden Fragen:

- Gibt es eine vernünftige Schätzung über das Mengengerüst (und damit über die zu erwartende Anzahl von Objekten), oder kann darüber keine Aussage getroffen werden?
- Wenn ja: Wie hoch ist die typische, wie hoch die maximale Anzahl zu erzeugender Objekte?
- Wie »teuer« ist das Erzeugen der Objekte? Ist die Objekterzeugung aufwendig, dann verschiebt sich das Gleichgewicht in Richtung Fliegengewicht-Muster.
- Wie groß werden die Objekte, wie viel Speicher belegen sie? Belegen sie immer dieselbe Menge an Speicher oder variiert die Speicherbelegung, abhängig vom Kontext?
- Über wie viel Speicher verfügt der ausführende Rechner?
- Gibt es Laufzeiteinschränkungen im verwendeten Framework? Ist zum Beispiel der Heap größenmäßig beschränkt?
- Wie viele Fliegengewicht-Objekte wird es typischerweise geben? Das hängt in der Regel davon ab, ob sich der intrinsische und der extrinsische Zustand gut aufteilen lassen.

Die Entscheidung sollte wohlüberlegt sein, schließlich lässt sich die Implementierung nicht ohne Aufwand ändern – schon allein deshalb, weil die Klienten nicht direkt mit den Objekten arbeiten, sondern über die *FliegengewichtFabrik*.

Aufteilung des Zustands

Wesentlich für den Nutzen des Musters ist die möglichst natürliche Aufteilung des Zustands eines Objekts in einen intrinsischen und einen extrinsischen Teil. Nicht immer ist das leicht möglich. Im CAD-Beispiel war der Layer, zu dem ein Objekt gehört, im Objekt selbst gespeichert – also intrinsisch. Bei, sagen wir, 20 verschiedenen Typen von Zeichenobjekten sind das schon einmal maximal 20 Instanzen, aber nur, wenn ein einziger Layer verwendet wird. Bei 10 Layern sind es also 200 Instanzen. Der Schlüssel, den wir der *FliegengewichtFabrik* übergeben, muss genau spezifizieren, welche Instanz zurückgeliefert werden soll, kann also zum Beispiel so aussehen: »KREIS_5« für ein Kreisobjekt auf dem 5. Layer.

Wird die Aufteilung zu fein, sind also zu viele Eigenschaften intrinsisch, so unterscheiden die Instanzen sich zu sehr voneinander und es gibt zu viele. Das wäre zum Beispiel der Fall, wenn die Zeichenobjekte auch noch eine intrinsische Farbe hätten. Bei 10 Layern, 20 Zeichenobjekten und 65.000 Farben könnten das eben bis zu 13 Millionen Instanzen sein.

Ist die Aufteilung hingegen zu grob, müssen sehr wenige Instanzen alle Arbeit verrichten und der Klient muss schließlich den gesamten Rest, den extrinsischen Zustand, verwalten.

Unter Umständen kann man auf einen intrinsischen Zustand sogar völlig verzichten, wenn bereits die Klassenhierarchie der Fliegengewicht-Objekte genügend Differenzierung bietet – wie eben im CAD-Beispiel.

Multithreading

Wenige Instanzen bedeuten auch immer potenzielle Probleme mit dem gleichzeitigen Zugriff. Die beste Strategie zur Lösung von Multithreading-Problemen ist es, diese zu vermeiden, also jedem Thread eigene, idealerweise sogar unveränderbare (immutable) Objekte zu spendieren.

Wenn mehrere Threads mit demselben Pool an Objekten arbeiten sollen, dann müssen Sie einiges berücksichtigen:

- Die Erzeugung von Objekten muss synchronisiert werden, damit nicht mehrere Objekte desselben Fliegengewicht-Objekts aufgrund gleichzeitigen Zugriffs erzeugt werden. Dafür kann es manchmal sinnvoll sein, auf die Lazy Initialisation zu verzichten, die Instanzen also single-threaded vorab anzulegen.
- Auch der Zugriff auf die Instanzen selbst muss Multithreadingfähig sein, weil die Fabrik dieselbe Instanz an mehrere Threads zur selben Zeit ausliefern kann. Ist das nicht der Fall, muss auch hier mit Sperren oder anderen Mitteln zur Synchronisierung gearbeitet werden.

- Alternativ kann die Fabrik auch so angepasst werden, dass jeder Thread seinen eigenen (threadlokalen) Pool bekommt, zum Beispiel über `ThreadStatic`-Variablen, was aber die Menge der zu erzeugenden Objekte erhöht.
- Unter Umständen bringt die Parallelität in der Verarbeitung, die mit mehreren threadlokalen Instanzen eines Objekts erreicht wird, mehr als der Speicher, der durch dieses Muster eingespart wird.
- Klienten können nicht entscheiden, ob sie eine Instanz gerade »exklusiv« verwenden oder mit anderen Klienten teilen, es sei denn, dieser Mechanismus wird – ebenfalls über Synchronisierung – nachgerüstet.

Gelegentlich trifft man bei dieser Frage auf ein Missverständnis: Das Fliegengewicht-Muster ist kein Objektpool, obwohl es einen solchen intern implementiert. Ein Objektpool ist nicht dafür da, Instanzen zu teilen, eine Instanz kann immer nur von einem Klient verwendet werden, und dieser muss nach der Verwendung das Objekt an den Pool zurückgeben. Ein Beispiel dafür wäre eine Datenbankverbindung.

Diese Einschränkung hat das Fliegengewicht-Muster nicht: Mehrere Klienten können also dieselbe Instanz parallel nutzen, was dann aber zu den obigen Problemen führen kann.

(Un)Unterscheidbarkeit von Instanzen

Ein großer Vorteil, der für die Erzeugung vieler Objekte spricht, besteht darin, dass diese voneinander unterscheidbar sind, und zwar durch einen einfachen Objektvergleich. Damit lassen sie sich einfachen Variablen zuweisen oder auch in Listen oder Hashtabellen speichern.

Das ist beim Fliegengewicht-Muster nicht der Fall. Unterscheidbar sind nur die Instanzen, die im Pool liegen und die (meist wenigen) Instanzen, die nicht geteilt werden.

Für das CAD-Beispiel bedeutet das, dass alle Kreise (also ihre Objekte) gleich sind, wenn der intrinsische Status der Objekte sich nicht unterscheidet. Natürlich lässt sich eine Zeichenobjekt-ID vergeben, die aber zum extrinsischen Status gehört, also vom Klient verwaltet wird. Eine einfache Abfrage wie

```
if (kreis1 == kreis2)
```

wird also nicht funktionieren, wenn beide Kreise nicht durch eigene Instanzen im Speicher repräsentiert werden.

Nicht gemeinsam genutzte Fliegengewicht-Objekte

Wie ich schon erwähnt habe, kann eine *FliegengewichtFabrik* nicht nur Objekte aus einem gemeinsam genutzten Pool zurückgeben, sondern auch ganz spezielle

Objekte, die der Klient nicht teilen muss. Beides lässt sich gut kombinieren, und es kann auch transparent ablaufen.

Eine Fabrik könnte beispielsweise merken, dass eine Instanz immer wieder mit denselben extrinsischen Daten verwendet wird, und daraufhin (sagen wir beim Erreichen eines Schwellenwertes) eine feste Instanz dafür zuordnen, wobei diese Daten in diesem Fall nicht mehr übergeben werden müssen, weil sie schon im Objekt gespeichert sind.

3.7 Proxy

Neulich habe ich gelesen, Informatiker wären Menschen, die glauben, dass sich alle Probleme dieser Welt mit einer zusätzlichen Indirektionsebene lösen lassen - ein Zitat, das übrigens gleich mehreren Urhebern zugeschrieben wird. Und auch das nächste Muster wirkt erst einmal unnötig umständlich, denn ein Proxy hat nur den einen Zweck, dass ein Klient nicht direkt mit dem Zielobjekt kommuniziert, sondern mit dem Proxy, der dann auf das Zielobjekt zugreift. Dafür kann es aber gute Gründe geben, und Frameworks und das Betriebssystem nutzen dieses Muster weidlich.

3.7.1 Steckbrief

Deutscher Name: Proxy

Auch bekannt also: Stellvertreter, Surrogat

Englischer Name: Proxy

Gruppe: Strukturmuster

3.7.2 Beschreibung

Ein Proxy ist erst einmal eine ganz gewöhnliche Klasse. Es dient als Stellvertreter für eine andere Klasse und muss folglich dieselbe Schnittstelle bedienen wie diese, erbt also üblicherweise von deren Basisklasse bzw. implementiert dieselben Schnittstellen.

Der Nachteil liegt auf der Hand: Anstatt eine Operation direkt auf einem Zielobjekt auszuführen, wird sie auf dem Proxy ausgeführt, der sie anstelle des Klienten auf dem Zielobjekt ausführt. Das verursacht zusätzlichen Code und damit zusätzlichen Entwicklungs- und Testaufwand. Zudem erhöht es die Komplexität, und natürlich wird auf diese Weise die Operation nicht gerade schneller ausgeführt.

Aber es hat auch einen Vorteil: Die Verlagerung des Proxyobjekts vor das Zielobjekt verschafft eine zusätzliche Ebene der Kontrolle, denn die Proxyklasse ruft die Methoden des Zielobjekts nicht einfach nur auf, sondern kann zusätzliche Prüfungen einbauen oder Funktionen ausführen.

UML

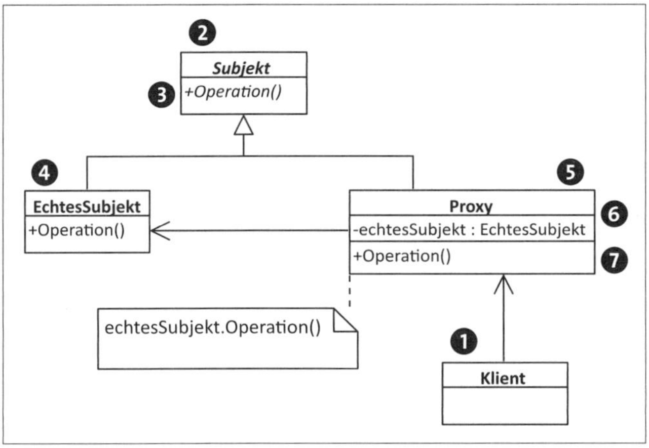

Abbildung 3.26 Das Proxy-Muster in UML

Erläuterungen

Nr.	Erläuterung
❶	Ein Klient möchte auf eine Operation eines Objekts zugreifen.
❷	Die Subjekt-Schnittstelle ist eine Schnittstelle oder abstrakte Basisklasse, die sowohl vom Zielobjekt, dem »echten Subjekt«, implementiert wird, als auch vom Proxy.
❸	Die Schnittstelle definiert Operationen.
❹	Eine Klasse implementiert diese Schnittstelle. Bis dahin ist nichts Besonderes dabei – es handelt sich noch um ein ganz gewöhnliches Klassendesign.
❺	Nun gibt es aber noch eine weitere Klasse, die Proxyklasse, die dieselbe Schnittstelle implementiert.
❻	In dieser Klasse wird eine Referenz auf ein echtes Subjekt gehalten.
❼	Führt der Klient nun eine Operation nicht auf dem echten Objekt, sondern auf dem Proxyobjekt aus, leitet dieses die Aufrufe über die Objektreferenz einfach an das echte Objekt weiter.

Tabelle 3.10 Akteure des Proxy-Musters

Das Proxymuster ist vom Prinzip her sehr einfach. Interessanter als das Muster selbst und dessen Implementierung sind hier aber die Anwendungsfälle:

3.7.3 Anwendungsfälle

Ein Proxy ist immer dann eine gute Wahl, wenn Sie den Zugriff auf ein Objekt kontrollieren möchten oder müssen. Dafür gibt es zahlreiche Gründe:

Schutz-Proxy (Protection Proxy)

Ein Proxy fängt den Zugriff auf das echte Subjekt ab und kann infolgedessen auch den Zugriff darauf kontrollieren. Ein Proxy kann eine bequeme Möglichkeit zur Sicherung des Zugriffs darstellen, wenn sich diese Anforderung im abzusichernden Objekt selbst nicht umsetzen lässt. Das ist der Fall, wenn der Quellcode dafür nicht vorliegt oder wenn kein Änderungszugriff besteht, weil das Objekt in einem anderen Prozess oder auf einem anderen Server lebt und der Betrieb ausgelagert ist.

Wir dürfen den Begriff *Objekt* nicht allzu wörtlich nehmen. Denn auch wenn dieses Muster – wie alle GoF-Muster – ein Muster der objektorientierten Softwareentwicklung ist, ist das Konzept des Proxy doch universeller anwendbar. Und so kommt es durchaus vor, dass ein bestimmter Webservice von einem anderen Unternehmen betrieben wird und sich daher nicht direkt ändern lässt. Ein Proxy-Webservice kann dann dieselbe Schnittstelle implementieren, also dieselben Methoden mit denselben Signaturen anbieten, mit dem einen Unterschied, dass er vor der Weiterleitung der Anfragen an den »echten Webservice« eine Überprüfung der Identität und der Zugriffsrechte vornimmt.

Remote-Proxy (Remote Proxy)

Im vorigen Beispiel wurden schon Webservices angesprochen. Der schlagende Grund dafür, warum ein Stellvertreterobjekt benötigt wird, ist dort der, dass einfach kein Zugriff auf ein Objekt möglich ist, weil dieses Objekt in einem völlig anderen Adressraum, in einem anderen Prozess oder gar auf einer anderen Maschine ausgeführt wird.

Ein Remote-Proxy übernimmt dann beispielsweise das Verpacken der Anforderung in ein Serialisierungsformat und kümmert sich – zusammen mit Frameworks und dem Betriebssystem – auch um die Kommunikation über das Netzwerk. Auf der anderen Seite des digitalen Teichs kann auch wieder ein Proxy warten, und das Objekt, für das der eigentliche Aufruf gedacht war, erledigt seine Arbeit, und eine etwaige Rückmeldung an den Klient erfolgt auf demselben Kanal.

Remote-Proxys gibt es, seit es Netzwerkkommunikation gibt. Beispiele dafür sind DCOM oder WCF in der Microsoft- bzw. .NET-Welt. In WCF, einem Framework für die Entwicklung serviceorientierter Architekturen (SOA) werden diese Remote-Proxys sogar automatisch generiert, und zwar aus den Metadaten, die ein veröffentlichter Webservice öffentlich zur Verfügung stellt.

In WCF sieht das dann vereinfacht so aus wie in Abbildung 3.27.

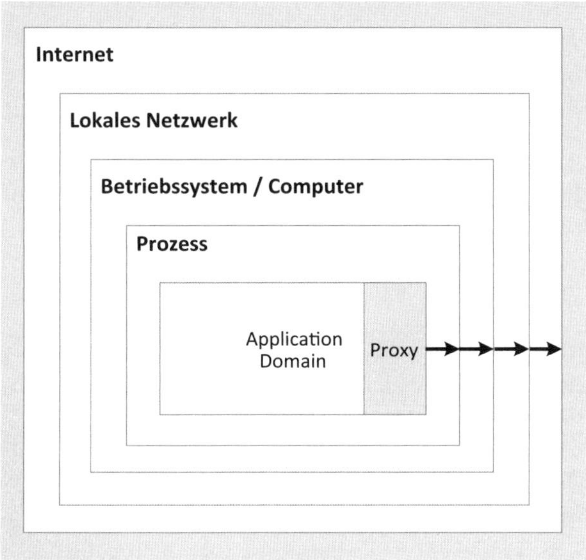

Abbildung 3.27 Die Kommunikation vom Proxy bis ins Internet

Remote-Proxys sind nicht zwingend notwendig. Natürlich könnte eine Anwendung auch eine SOAP-Nachricht (das Austauschformat für Webservices) von Hand erstellen, eine TCP/IP-Socketverbindung aufbauen, die Netzwerkkommunikation durchführen, sich um Serialisierung, Transaktionen, Sicherheit und all die anderen Dinge kümmern – ganz ohne Proxy. Ein Proxy macht die Sache aber um Längen komfortabler.

Virtueller Proxy (Virtual Proxy)

Es gibt Fälle, in denen ist die Erzeugung eines Objekts teuer oder sogar richtig teuer. Ein virtueller Proxy stellt dann einem Klient zwar den vollständigen Leistungsumfang des Objekts zur Verfügung (er implementiert ja dieselbe Schnittstelle), behält aber die Kontrolle, wann welche Teile des Objekts tatsächlich erzeugt werden. Das könnte beim ersten Aufruf der Fall sein oder vielleicht zeitverzögert.

Virtuelle Proxys eignen sich häufig dann, wenn seltene oder langsame Ressourcen im Spiel sind – Datenbankverbindungen zum Beispiel oder zentral genutzte Hardwareressourcen. Auch der Zugriff auf einen Mainframe oder auf einen entfernten Standort über eine schmalbrüstige Leitung kann davon profitieren.

Dynamischer Proxy (Dynamic Proxy)

Einfach gesagt, ist ein dynamischer Proxy ein Proxy, der den echten Proxy zur Laufzeit erzeugt. Ein Nachteil des Proxy-Musters ist es, dass Proxys die gesamte Schnittstelle des Subjekts implementieren müssen, auch wenn der Proxy nur für wenige Operationen benötigt wird. Das automatische Generieren von Proxys zur Laufzeit kann dann eine Alternative sein.

Das schon erwähnte WCF ermöglicht die statische Generierung von Proxys aus den Metadaten eines Service. Das ist zwar keine große Arbeit für den Entwickler, aber die Proxys können groß werden, und die Generierung kann bei umfangreichen Contracts lange dauern.

Die Alternative ist die Verwendung der sogenannten `ChannelFactory`. Das ist eine Art dynamischer Proxy, der lediglich wissen muss, welche (.NET)-Schnittstelle die Gegenseite erfüllt, und sich zur Laufzeit dann um alles kümmert:

```
//Dynamischen Proxy initialisieren
ChannelFactory<IMyService> myChannelFactory =
 new ChannelFactory< IMyService >(myBinding, myEndpoint);
//Dynamischen Proxy erzeugen
IMyService instance = myChannelFactory.CreateChannel();
//Verwenden
int orderId = instance.GetOrder(orderId);
```

Ein weiteres Beispiel für den Einsatz von dynamischen Proxys sind Interceptor-Objekte, also Objekte, die eine Operation abfangen und entweder davor oder danach weitere Funktionalitäten ausführen, die auch dynamisch – also zur Laufzeit, dem Proxy hinzugefügt werden können. WCF ist auch hier wieder ein gutes Beispiel. Dort ist ein Zugriff auf den Ausführungsstack an beinahe jeder Stelle möglich. Aber auch in der Java-Welt ist dies gang und gäbe: JBoss ist so ein Applikationsserver, der einen umfangreichen Interceptor-Mechanismus bietet.

Weitere Anwendungsfälle

Die weiteren Anwendungsfälle ergeben sich aus der Frage, was ein Proxy neben der Weiterleitung an das »echte Subjekt« natürlich noch zusätzlich Sinnvolles erledigen kann. Die folgende Liste ist eine kleine Aufzählung praktischer Aufgaben, die ein Proxy übernehmen kann:

- Das Zwischenspeichern von Informationen: Beispielsweise könnte ein Proxy sich den Rückgabewert der Methode `gibUmsatzProArtikel` merken, sodass weitere Anfragen keine (teure) Datenbankabfrage mehr auslösen, sondern aus dem lokalen Cache des Proxys beantwortet werden können.
- Proxys können den Zugriff auf das Objekt dahinter reglementieren, zum Beispiel indem sie die Anzahl der Zugriffe zählen.
- Ein Sonderfall davon ist das Zählen der gerade benötigten Referenzen, sodass das echte Subjekt freigegeben werden kann, wenn kein Zugriff mehr darauf besteht.
- Auch das Serialisieren ist möglich, indem ein Proxy einen Synchronisierungsmechanismus implementiert und so einen seriellen Zugriff auf das echte Objekt erzwingt.
- Denkbar ist auch, dass ein Proxy nicht immer auf dasselbe echte Subjekt zugreift, sondern dass dieses zur Laufzeit austauschbar ist, was die Wartung vereinfacht. Der Proxy kann dann Zugriff von Klienten bis zum erfolgten Austausch abfedern, bevor ein Fehler auftritt.
- Proxys können auch veritabel sogenannte »Aspekte« abbilden, also Funktionalitäten, die eigentlich nichts mit der Geschäftslogik des echten Subjekts zu tun haben (wie Logging oder die Bereitstellung von Daten zum Monitoring einer Anwendung) und die Sie eben deshalb nicht in das echte Subjekt einbauen wollen.
- Ein Proxy kann, wenn auch in Grenzen, Datenformate konvertieren oder auch Funktionalitäten verändern oder hinzufügen, zum Beispiel indem ein Standardwert verwendet wird, wenn ein Klient für eine Operation einen Übergabeparameter leer lässt. Ein Beispiel für die Konvertierung wäre die Umsetzung von ANSI nach Unicode bei String-Parametern.

Nachteile

Zugegeben, das sind recht viele Vorteile. Der vielleicht größte Vorteil ist der, dass die Proxyklasse über dieselbe Schnittstelle verfügt wie die Klasse dahinter, das echte Subjekt. Man kann Proxy und echtes Subjekt also einfach gegeneinander austauschen.

Das aber spricht nicht für den schnellen Einsatz, sondern dagegen, denn denken Sie an YAGNI (You ain't gonna need it) – Sie können den Proxy später, wenn Sie sicher wissen, dass Sie ihn brauchen, ja relativ unkompliziert zwischen Klient und Objekt schieben.

Die Nachteile des Proxy-Musters sind:

- natürlich der zusätzliche Aufwand und die zusätzliche Komplexität

- die Notwendigkeit, die Subjekt-Schnittstelle vollständig im Proxy implementieren und auch im Laufe der Zeit pflegen zu müssen, wenn auch dynamische Proxys (s.o.) eine Alternative sein können
- eventuelle Geschwindigkeitseinbußen aufgrund des zusätzlichen Aufrufs

Alternativen

Der *Dekorierer* ist dem Proxy ähnlich. Mit ihm kann man aber zusätzliche Funktionalitäten bereitstellen, das Objekt also um Zuständigkeiten erweitern.

Der *Adapter* funktioniert ebenfalls ähnlich, erlaubt es aber, die Schnittstelle zu verändern, während ein Proxy immer die vollständige Schnittstelle zur Verfügung stellt.

3.7.4 Implementierung

Die Implementierung des Proxy-Musters in der einfachsten Form ist schnell erläutert. Wir benötigen eine Schnittstelle und zwei Klassen bzw. einen Klienten und reichen einfach alle Operationen vom Proxy an das dahinterliegende Objekt weiter.

Interessanter wird es natürlich, wenn Fachlichkeit ins Spiel kommt, wenn also beispielsweise ein virtueller Proxy ein Objekt erst bei der Verwendung Stück für Stück konstruiert. Aber das hat natürlich wiederum mit dem Muster wenig zu tun, und das sind schon sehr spezielle Details der Implementierung, die für jede Aufgabenstellung sehr unterschiedlich sind.

Für das Praxisbeispiel habe ich einen Proxy gewählt, der in den Funktionsablauf einer Anwendung eingreift, ohne dass die Anwendung selbst dazu verändert werden müsste.

Die Aufgabenstellung

Viele Anwendungen versenden automatisiert E-Mails, das ist nichts Ungewöhnliches. In unserem Beispiel übernimmt die Klasse `Mailer` diese Aufgabe.

Diese Klasse wird von vielen weiteren Klassen in mehreren Anwendungen genutzt. Nun kommt die Anforderung auf, dass einige Anwendungen das Versenden von E-Mails protokollieren sollen, beispielsweise wenn Mahnungen versendet werden. Und außerdem sollen die E-Mails nicht in der Nacht zugestellt werden, weil vielleicht mit Behörden kommuniziert wird.

Die Klasse `Mailer` zu verändern kommt nicht infrage, weil nicht alle Klassen diese neuen Funktionen benötigen und weil wir dann die Klienten ändern müssten, um die neue Funktion aufzurufen, was vielleicht an Dutzenden Stellen passiert. Ein davorgeschalteter Proxy soll daher die Aufgabe auf elegante Art und Weise lösen (siehe Abbildung 3.28).

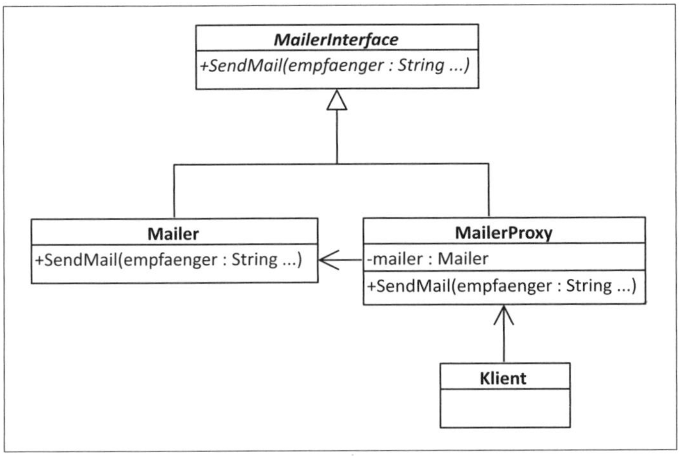

Abbildung 3.28 Das Proxy-Muster im Praxisbeispiel

Subjekt (MailerInterface)

Die Schnittstelle, diesmal auch als Java-Schnittstelle realisiert, ist übersichtlich. Sie definiert lediglich die eine Operation, die nötig ist, um eine E-Mail zu versenden.

```
public interface MailerInterface
{
  void sendMail(
   String empfaenger, String absender, String subject, String body);
}
```

Listing 3.31 Die Schnittstelle »MailerInterface«

Echtes Subjekt (Mailer)

Die Implementierung der Schnittstelle verschickt die E-Mails. Dieses Klasse wurde bislang vom Klient direkt verwendet, ganz ohne Proxy.

```
package Proxy;

import java.util.*;
import javax.mail.*;
import javax.mail.internet.*;
import javax.activation.*;

public class Mailer implements MailerInterface
{
  public void sendMail(String empfaenger, String absender, String subject,
   String body)
  {
```

```
    String host = "localhost";

    Properties properties = System.getProperties();
    properties.setProperty("mail.smtp.host", host);

    Session session = Session.getDefaultInstance(properties);
    try
    {
      MimeMessage message = new MimeMessage(session);
      message.setFrom(new InternetAddress(absender));
      message.addRecipient(Message.RecipientType.TO,
       new InternetAddress(empfaenger));
      message.setSubject(subject);
      message.setText(body);
      Transport.send(message);
    }
    catch(MessagingException e)
    {
      e.printStackTrace();
    }
  }
}
```

Listing 3.32 Die Klasse »Mailer«

Ich habe hier auch die Importe angegeben, weil die Klasse Mailer `JavaMail` verwendet, das nicht zum Standardinstallationsumfang von Java gehört und daher eigens installiert und dem Projekt hinzugefügt werden muss.

Wenn Sie das Beispiel ausprobieren möchten, dann tragen Sie bitte einen relayfähigen SMTP-Server statt `localhost` ein.

Proxy (MailerProxy)

Auch der Proxy implementiert die Schnittstelle `MailerInterface`:

```
public class MailerProxy implements MailerInterface
{
  private Mailer mailer;
  private ArrayList<String> log;
  private ArrayList<MailAnfrage> mailQueue;

  public MailerProxy()
  {
    mailer = new Mailer();
```

```
    log = new ArrayList<String>();
    mailQueue = new ArrayList<MailAnfrage>();
  }

  public void sendMail(String empfaenger, String absender, String subject,
   String body)
  {
    Calendar calendar = new GregorianCalendar();
    int hour = calendar.get(Calendar.HOUR_OF_DAY);

    if (hour < 7 || hour > 18)
    {
      MailAnfrage mailAnfrage = new MailAnfrage();
      mailAnfrage.empfaenger = empfaenger;
      mailAnfrage.absender = absender;
      mailAnfrage.subject = subject;
      mailAnfrage.body = body;
      mailQueue.add(mailAnfrage);
    }
    else
    {
      mailer.sendMail(empfaenger, absender, subject, body);
      log.add("... E-Mail versendet ...");
      if (mailQueue.size() > 0)
      {
        for(MailAnfrage mailAnfrage : mailQueue)
        {
          mailer.sendMail(mailAnfrage.empfaenger, mailAnfrage.absender,
           mailAnfrage.subject, mailAnfrage.body);
          log.add("... E-Mail versendet ...");
        }
        mailQueue.clear();
      }
    }
  }
}
```

Listing 3.33 Die Klasse »MailerProxy«

Der Proxy hält eine Referenz auf die Klasse `Mailer`, die auch weiterhin deren Arbeit, also das Senden von E-Mails, verrichten soll. Da er außerdem dieselbe Schnittstelle implementiert, müssen wir einfach an diese Referenz die Anfrage weiterleiten. Aber dann wäre nichts gewonnen, und so verschickt der Proxy nur zwischen 7 und 18 Uhr E-Mails, außerhalb dieser Zeit werden die E-Mails in einer Queue gesammelt.

Die erste E-Mail innerhalb dieser Zeitspanne löst dann die Queue auf, versendet also alle gepufferten E-Mails. In beiden Fällen wird die Versendung protokolliert.

Klient

Der Klient ist nun trivial:

```
MailerProxy m = new MailerProxy();
m.sendMail("john@empfaenger.net", "alice@kalimba.com", "Bestellbestätigung",
 "Ihre Bestellung ...");
```

Entscheidend ist hier, dass wir im Klient nur die Zeile

```
Mailer m = new Mailer ();
```

gegen die Zeile mit dem Proxy austauschen müssen:

```
MailerProxy m = new MailerProxy(); //bzw. MailerInterface m
```

Aber auch das geht noch eleganter und, vor allem, ohne dass der Klient neu kompiliert werden müsste. *Dependency Injection* (DI) bietet dafür die Möglichkeit, den konkret zu verwendeten Typ erst zur Laufzeit aufzulösen und ihn in einer Konfigurationsdatei anzugeben statt im Code.

3.7.5 Weitere Überlegungen und Alternativen

Im Grunde habe ich das Wichtigste zu Proxys und zu diesem Muster schon erwähnt. Daher folgt an dieser Stelle noch ein kleiner Ausflug in die Welt der dynamischen Proxys.

Dynamischer Proxy

Ein Anwendungsfall für Proxys ist die Umsetzung von »Querschnittsfunktionen« wie dem Logging. Ein solches wollen wir jetzt umsetzen, und zwar für ganz beliebige Objekte.

Als Erstes brauchen wir dafür einen Handler, der die Schnittstelle `InvocationHandler` implementiert:

```
public class LoggingHandler implements InvocationHandler
{
  private Object object;

  public LoggingHandler(Object object)
  {
```

```
    this.object = object;
  }

  public Object invoke(Object proxy, Method method, Object[] args)
   throws Throwable
  {
    System.out.println("Starte Operation");
    Object result = method.invoke(this.object, args);
    System.out.println("Operation beendet");
    return result;
  }
}
```

Listing 3.34 Der Logging-Handler

Der Logging-Handler ist allgemein gehalten, arbeitet also mit `Object`, also mit Objekten beliebiger Couleur. Dieses Objekt erhält die Klasse im Konstruktor.

Die Methode `invoke` ist das Herzstück. Am Anfang und am Ende kommt sie den neuen Loggingpflichten nach, dazwischen führt sie die ursprüngliche Methode aus, verrichtet also die Arbeit. Auch mit einem Rückgabewert kann gearbeitet werden, wenn die Methode einen solchen zurückgibt.

Für den Proxy brauchen wir nun keine eigene Klasse, schließlich soll er ja gerade dynamisch in Code zusammengebaut werden. Dafür bringt Java die `Proxy`-Klasse mit bzw. deren Methode `newProxyInstance`.

Diese Methode erwartet drei Parameter:

- einen ClassLoader
- ein Array der zu implementierenden Schnittstellen, diejenige von `MailerInterface`
- den `InvocationHandler` aus dem vorherigen Codebeispiel, der die Anfragen entgegennimmt und an das Zielobjekt delegiert

```
LoggingHandler loggingHandler = new LoggingHandler(new Mailer());
MailerInterface proxy = (MailerInterface) Proxy.newProxyInstance(
 MailerInterface.class.getClassLoader(), new Class[] {MailerInterface.class},
 loggingHandler);
proxy.sendMail("john@empfaenger.com", "alice@kalimba.com", "Betreff",
 "Nachricht");
```

Im ersten Schritt wird der `LoggingHandler` erzeugt, der gleich eine Referenz auf ein Objekt vom Typ `Mailer` erhält. In dessen `invoke`-Methode wird ja die Arbeit verrichtet.

Anschließend erzeugen wir den dynamischen Proxy mit den schon erwähnten drei Parametern. Wir erhalten ein Objekt, das die Schnittstelle `MailerInterface` implementiert. Das ist ein dynamischer Vorgang. Erweitern wir die Schnittstelle, muss dieser Teil des Codes nicht verändert werden, weil die Schnittstellen zur Laufzeit ausgelesen werden.

Anschließend können wir mit dem Proxy-Objekt so arbeiten, wie wir es mit einem Objekt des Typs `Mailer` täten. Wir können also die `sendMail`-Methode ausführen.

Wenn dieser Code nun ausgeführt wird, so wird der Aufruf von `sendMail` vom `LoggingHandler` abgefangen und an das Zielobjekt weitergeleitet. Im Ergebnis wird also ausgegeben:

```
Starte Operation
Operation beendet
```

Das funktioniert auch dann, wenn im Aufruf von `sendMail` eine Exception ausgelöst wird, zum Beispiel wenn ein falscher SMTP-Host eingetragen wurde.

Übrigens nennt man einen solchen dynamischen Proxy auch einen *Interceptor*, was ziemlich gut beschreibt, was er tut (zum Interceptor-Muster siehe Abschnitt 4.3).

Zuweisungskompatibilität

Auch beim Proxyobjekt gilt, dass es ein anderes Objekt darstellt als das Zielobjekt, das echte Subjekt. Entsprechend erhalten wir auch eine andere Objektreferenz. Normalerweise sollte das kein Problem darstellen, weil es – anders als etwa beim Fliegengewicht – eine 1:1-Beziehung zwischen echtem Subjekt und Proxy gibt.

Alternativen

Der Adapter verändert die Schnittstelle, während ein Proxy die Schnittstelle immer vollständig implementiert, ist aber sonst ähnlich aufgebaut.

Auch der Dekorierer weist Ähnlichkeiten auf, kann aber eine Schnittstelle um neue Funktionen, also Zuständigkeiten erweitern.

Kapitel 4
Verhaltensmuster

Dumm ist der, der Dummes tut.
– Aus dem Film »Forrest Gump«

Dieses Kapitel ist das umfangreichste dieses Buches. Kein Wunder, geht es doch hier um die Beziehung, die Interaktion und das Verhalten von Objekten untereinander und darum, welches Objekt welche Zuständigkeiten abbildet.

4.1 Zuständigkeitskette

Für gewöhnlich gibt es in der objektorientierten Kommunikation immer einen Sender (die sendende Klasse) und einen Empfänger (die empfangende Klasse), die eine Operation durchführen. Nicht so bei der Zuständigkeitskette. Dort richtet ein Objekt eine Anfrage an eine Kette von Objekten, und die Anfrage wird entlang dieser Kette weitergeleitet, bis ein Objekt die Anfrage beantwortet.

4.1.1 Steckbrief

Deutscher Name: Zuständigkeitskette
Englischer Name: Chain of Responsibility
Gruppe: Verhaltensmuster

4.1.2 Beschreibung

Die Zuständigkeitskette entkoppelt das Objekt, das eine Anfrage startet, von dem Objekt, das die Anfrage bearbeitet. Ja, das anfragende Objekt kennt noch nicht einmal das Objekt, das schlussendlich zum Zuge kommt.

Vom Standpunkt des Algorithmus betrachtet, handelt es sich bei der Struktur um eine einfache verkettete Liste, die nur in eine Richtung durchlaufen wird (siehe Abbildung 4.1).

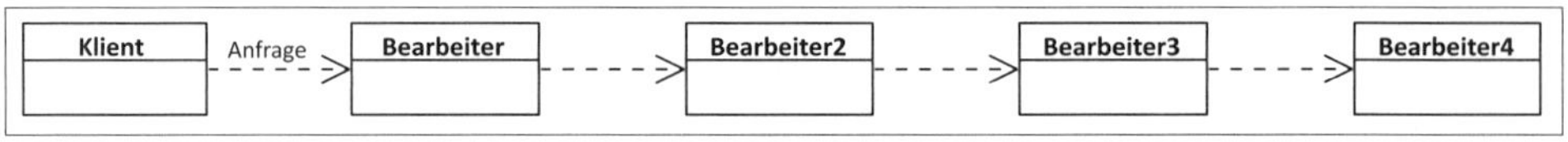

Abbildung 4.1 Die Bearbeiter als verkettete Liste

Diese Art der Entkopplung geht schon sehr weit und setzt voraus, dass das anfragende Objekt weder wissen kann (noch wissen muss), wer die Anfrage beantwortet. Es kann aber auch sein, dass kein Objekt entlang der Kette die Anfrage entgegennimmt, was im Programmfluss entsprechend berücksichtigt werden muss. Manchmal bezeichnet man das bearbeitende Objekt auch als *impliziten Empfänger*, weil es eben vorher nicht bekannt ist. Im Gegensatz dazu gibt es den *expliziten Empfänger*, wenn das bearbeitende Objekt bereits bekannt ist.

UML

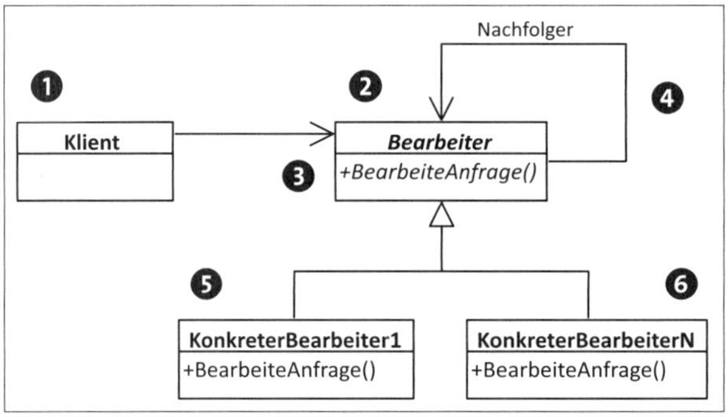

Abbildung 4.2 Die Zuständigkeitskette in UML

Erläuterungen

Nr.	Erläuterung
❶	Ein *Klient* hat eine Anfrage, möchte also eine Operation ausgeführt wissen.
❷	Die *Bearbeiter*-Schnittstelle ist die gemeinsame Schnittstelle oder abstrakte Basisklasse, die alle Bearbeiterklassen implementieren bzw. von der alle Bearbeiterklassen erben.
❸	Sie definiert eine gemeinsame Methode `BearbeiteAnfrage`, die von allen konkreten Bearbeitern individuell implementiert werden muss.
❹	Außerdem muss die jeweilige Bearbeiterklasse ihren unmittelbaren Nachfolger in der Kette kennen, sofern es einen Nachfolger gibt, die Bearbeiterklasse also nicht das letzte Objekt in der Kette ist.

Tabelle 4.1 Akteure der Zuständigkeitskette

Nr.	Erläuterung
❺	Damit das Muster funktioniert, muss es wenigstens eine Klasse geben, die die Bearbeiterschnittstelle implementiert.
❻	Dabei muss es aber nicht bleiben, denn auch andere Bearbeiterklassen können an der Kette teilnehmen.

Tabelle 4.1 Akteure der Zuständigkeitskette (Forts.)

Das Muster ist recht »straightforward«, und es wäre nicht ungewöhnlich, wenn Sie das Muster schon einige Male angewendet hätten, ohne es zu kennen.

Das UML-Diagramm macht keine Aussagen darüber, wie eine Bearbeiterklasse bzw. ein Bearbeiterobjekt seinen jeweiligen Nachfolger kennt und wie das Durchlaufen der Kette funktioniert. Beides spreche ich in der Implementierung daher noch an.

Es ist auch nicht notwendig dass es mehrere Bearbeiterklassen gibt, denn auch von einer Klasse können beliebig viele Objekte in einer Kette angeordnet werden.

4.1.3 Anwendungsfälle

Gesucht werden Anwendungsfälle, in denen

- ein Klient nicht wissen kann und muss, welches Objekt seine Anfrage beantwortet.
- es auch einmal sein kann, dass überhaupt kein Objekt in der Kette zum Zuge kommt.
- die Länge der Kette vielleicht nicht von vornherein bestimmt ist und erst zur Laufzeit, beispielsweise durch einen Konfigurationsmechanismus, definiert wird.

Dass eine Anfrage entlang der Kette weitergeleitet wird, kommt eigentlich recht häufig vor. Ein Beispiel ist die Verarbeitung von Tastenkürzeln.

Im Beispiel aus Abbildung 4.3 drückt ein Anwender die F7-Taste, während der Fokus auf dem OK-Button des Kalenders ist. Dabei ist es nun völlig egal, wer genau den Tastendruck entgegennimmt und ob die F7-Taste überhaupt eine Auswirkung auf den Programmablauf hat, jedenfalls technisch gesprochen. Wichtig ist nur, dass der Tastendruck von unten nach oben, vom Button bis hin zum Betriebssystem durchgereicht wird. Wenn ein Objekt mit der F7-Taste etwas anfangen kann, dann wird der Shortcut abgefangen und verarbeitet, und damit endet, für gewöhnlich jedenfalls, das Weiterleiten des Tastendrucks.

Ein weiterer Anwendungsfall sind dynamische Plug-in-Systeme, also Plug-ins, die während der Laufzeit einer Anwendung hinzugeladen werden können. Solche Plug-ins können Objekte enthalten, die sich in eine Zuständigkeitskette einreihen und damit Funktionalitäten nachrüsten, die vorher noch nicht da waren.

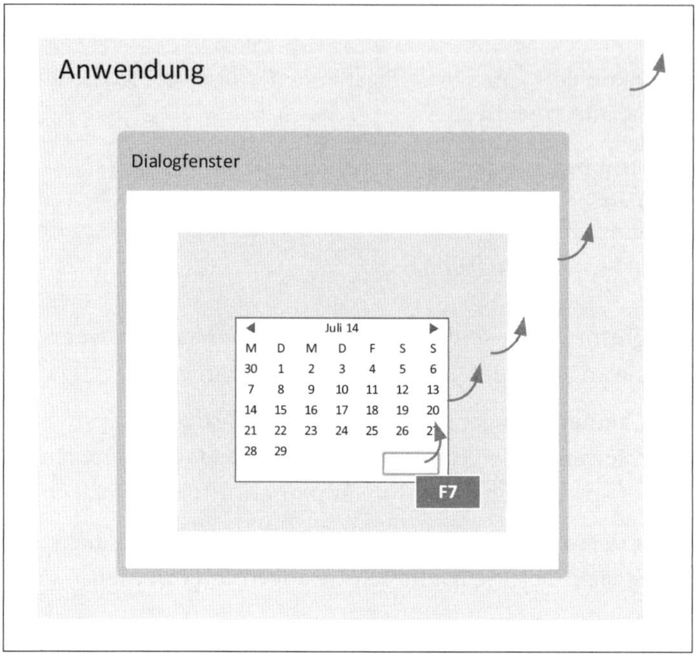

Abbildung 4.3 Das Weiterleiten des Shortcuts F7

Eine Kette kann auch immer bis zum Ende fortgesetzt werden, unabhängig davon, ob bereits ein Bearbeiter zum Zuge kam. Dann lassen sich beispielsweise Loggingsysteme abbilden, die auf mehr als einem Ziel eine Anfrage protokollieren, zum Beispiel im Filesystem *und* im Eventlog von Windows.

4.1.4 Implementierung

Bei der Implementierung dieses Musters gibt es ein paar Varianten, die ich später – bei den weiteren Überlegungen – noch genauer ausführe. Hier zeige ich zunächst eine praxisnahe Variante, die so oder so ähnlich in freier Wildbahn häufiger anzutreffen ist.

Die Aufgabenstellung

Umfangreichere Anwendungen bringen häufig ein Befehlsfenster mit, in das ein versierter Anwender direkt Befehle eintippen kann, anstatt sich durch umfangreiche Menübäume kämpfen zu müssen. Entwicklungsumgebungen sind ein gutes Beispiel dafür.

Welche Befehle es gibt, hängt natürlich vom Funktionsumfang der Entwicklungsumgebung ab, und der Funktionsumfang lässt sich über Plug-ins erweitern, ist also dynamisch.

In Visual Studio sieht das dann so aus wie in Abbildung 4.4.

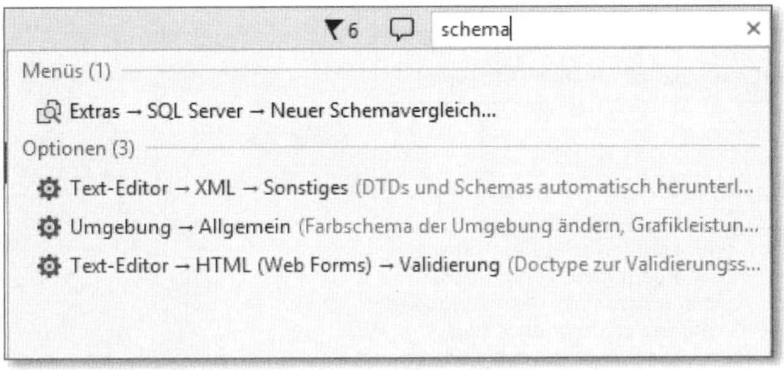

Abbildung 4.4 Befehlszeileneingabe in Visual Studio

Kommandos werden in unserem Beispiel mit einem Ausrufezeichen abgeschlossen. Zwei Beispiele:

- Die Eingabe von »build!« baut das aktuelle Projekt.
- Die Eingabe von »buildwindow!« öffnet das Dialogfenster zum Bauen des Projekts.

Das Beispiel eignet sich aus drei Gründen für dieses Muster:

- Es ist in Ordnung, wenn bei der Eingabe eines nicht bekannten Begriffs nichts passiert, der Befehl also bis zum Ende der Objektkette weitergereicht wird, ohne dass ein Objekt ihn bearbeitet.
- Die Liste der einzugebenden Begriffe kann beliebig lang werden und ist zudem dynamisch, wird also erst zur Laufzeit festgelegt.
- Während der Eingabe des Begriffs ist noch völlig unklar, welches Objekt den Begriff tatsächlich kennt und die gewünschte Funktion startet.

Dabei ist es nun nicht so, dass wir für jeden möglichen Begriff ein eigenes Objekt benötigen. Die Liste wäre sonst ja sehr lang und die Performance litte darunter – vor allem dann, wenn die ganze Kette (erfolglos) durchlaufen wird. Nein, stattdessen sind die Module der Entwicklungsumgebung unsere »konkreten Bearbeiter«, von denen jedes Modul eine ganze Reihe verschiedener Begriffe bearbeiten kann, was durchaus praxisnah ist.

Für das Beispiel verwende ich diesmal ausnahmsweise englische Begriffe, weil die englischen Begriffe hier einfach geläufiger sind.

Das UML-Diagramm aus Abbildung 4.5 zeigt zudem an, dass die Bearbeiter-Schnittstelle diesmal eine echte Schnittstelle ist. Außerdem lösen wir das Problem, wie wir an eine Referenz auf das jeweils nächste Bearbeiterobjekt kommen, und zwar mit der Methode `nextCommand`, die jedes Bearbeiterobjekt implementieren muss und in der das nächste Objekt in die Kette eingefügt wird.

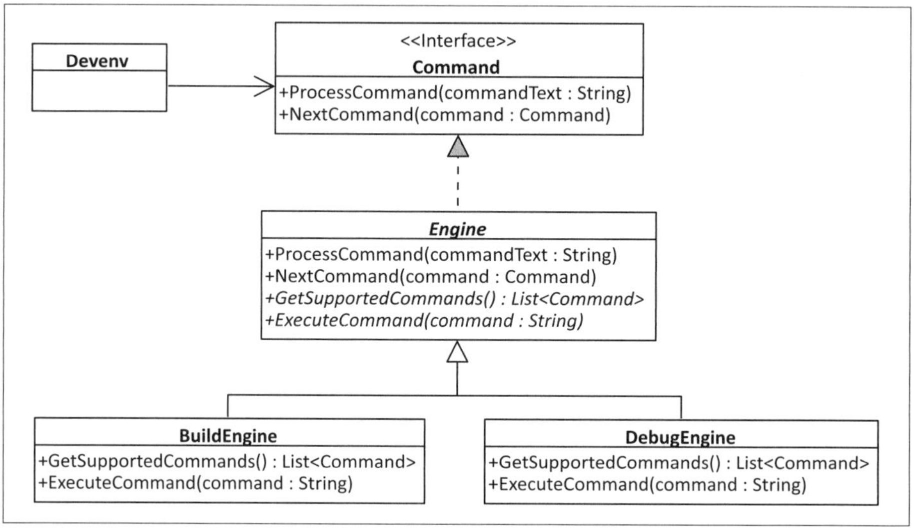

Abbildung 4.5 Die Zuständigkeitskette im Praxisbeispiel

Nun wäre die Verwendung einer abstrakten Basisklasse deutlich einfacher, weil wir dort die Logik für das Durchlaufen der Kette unterbringen könnten, aber wie es in der Praxis nun einmal so ist, können wir wohl kaum die Basisklasse für die Module unserer Entwicklungsumgebung nach dieser einen Funktion richten. Eine Schnittstelle muss also reichen.

Allerdings können wir sicher davon ausgehen, dass alle Module (Engines) ohnehin eine gemeinsame Basisklasse haben, in der wir die Schnittstelle bereits implementieren können. Wir erreichen auf diese Weise Komfort (nicht jede Klasse muss die gesamte Funktionalität der Zuständigkeitskette implementieren) und Flexibilität (wir geben die Vererbungshierarchie nicht vor) in der Umsetzung. Außerdem lernen Sie auf diese Weise beide Arten der Implementierung kennen.

Bearbeiter (Command)

Die Schnittstelle, die unsere Zuständigkeitskette verlangt, enthält nur zwei Methoden:

```
public interface Command
{
  public void processCommand(String commandText);
  public void nextCommand(Command nextCommand);
}
```

Listing 4.1 Die Schnittstelle »Command«

Die erste Methode versucht das Kommando auszuführen, das hier als Text übergeben wird, und die zweite Methode reiht das nächste Kommando in die verkettete Liste ein.

Die Basisklasse aller Engines (Engine)

Nun müssen wir die Schnittstelle implementieren, entweder in jeder Engine oder – praxisnäher – in der gemeinsamen Basisklasse aller Engines, also in der Klasse Engine selbst.

```
public abstract class Engine implements Command
{
  private Command nextCommand;

  abstract protected List<String> getSupportedCommands();
  abstract protected void executeCommand(String command);

  public void processCommand(String commandText)
  {
    if (getSupportedCommands().contains(commandText))
      executeCommand(commandText);
    else
      if (nextCommand != null)
        nextCommand.processCommand(commandText);
  }

  public void nextCommand(Command nextCommand)
  {
    this.nextCommand = nextCommand;
  }
}
```

Listing 4.2 Die abstrakte Basisklasse »Engine«

Zunächst müssen wir ja wissen, welche konkreten Kommandos jede Engine unterstützt. Aus diesem Grund gibt es die abstrakte Methode getSupportedCommands, in der jede Engine in einer Liste mitteilen muss, welche Kommandos sie akzeptieren möchte.

Außerdem brauchen wir eine weitere Methode zum Ausführen der tatsächlichen Kommandos von der jeweiligen Engine: die Methode executeCommand. Da die Basisklasse dazu wenig Sinnvolles beitragen kann, ist diese Methode abermals abstrakt.

Die processCommand-Methode prüft nun für das aktuelle Command-Objekt, ob dieses das übergebene Kommando (als String) unterstützt. Ist dies der Fall, wird die schon erwähnte executeCommand-Methode ausgeführt und die Kette unterbrochen, weil sie ihre Aufgabe erfüllt hat.

Kennt das aktuelle Command-Objekt den Befehl nicht, so wird geprüft, ob es einen Nachfolger in der verketteten Liste gibt, und die Anfrage dorthin weitergeleitet. Das führt beim letzten Objekt in der Liste nun dazu, dass die Anfrage aus der Zuständigkeitskette fällt, also nicht bearbeitet wird.

Konkrete Bearbeiter (BuildEngine und DebugEngine)

Es ist nun Ansichtssache, ob diese beiden Klassen als konkrete Bearbeiter bezeichnet werden sollen (sie führen das Kommando ja tatsächlich aus) oder ob der Basisklasse Engine diese Bezeichnung zuteil werden sollte. Wie dem auch sei, da der Algorithmus für dieses Entwurfsmuster in der Engine-Klasse steckt, ist die Implementierung dieser beiden Klassen einfach.

```
public class BuildEngine extends Engine
{
  @Override
  protected List<String> getSupportedCommands()
  {
    return Arrays.asList("build","buildwindow");
  }

  @Override
  protected void executeCommand(String command)
  {
    System.out.println("Command executed: "+command);
  }
}
```

Listing 4.3 Die Klasse »BuildEngine«

Die hier dargestellte Build-Engine akzeptiert also die Kommandos build (zum Erstellen des Projekts) und buildWindow (zum Darstellen der GUI-Funktion).

Die Methode executeCommand wäre nun genau der Ort, an dem das Kommando tatsächlich ausgeführt würde, zum Beispiel mittels einer switch-Anweisung:

```
switch(command)
{
  case "build":
    buildProject();
    break;
  case "buildwindow":
```

```
    showBuildWindow();
    break;
}
```

Freilich würde man vorher noch einige Prüfungen einbauen und vielleicht schon vorher das Kommando auch in Kleinbuchstaben umwandeln, um abweichenden Schreibweisen zu begegnen.

Klient (Devenv)

Der Klient (die Entwicklungsumgebung) baut nun die verkettete Liste auf (hier im Code, in der Praxis wohl eher durch Nachladen der Module zur Laufzeit) und stellt einen Eventhandler zur Verfügung, der auf eine Eingabe des Kommandos in der Eingabezeile reagiert:

```
public class Devenv
{
  Command firstEngine;

  public Devenv()
  {
    firstEngine = new BuildEngine();
    DebugEngine debugEngine = new DebugEngine();
    firstEngine.nextCommand(debugEngine);
  }

  public void commandInputHandler(String commandText)
  {
    firstEngine.processCommand(commandText);
  }
}
```

Listing 4.4 Die Klasse »Devenv«

Der Aufruf der Methode `commandInputHandler` mit dem Parameter `"buildwindow"` führt nun also dazu, dass die Klasse `BuildEngine` die Anfrage bearbeitet und dies auf der Konsole quittiert:

```
Command executed: buildwindow
```

Die Eingabe eines unbekannten Kommandos hingegen läuft »leer« durch die Kette der Engines.

4.1.5 Weitere Überlegungen und Alternativen

Obwohl dieses Muster nützlich ist, ist der Feind dieses Musters die »nächstbeste Alternative«. So wurde es in Java 1.0 AWT eingesetzt, ab Version 1.1 aber durch das Beobachter-Muster ersetzt.

Performance

Der Grund für diese Maßnahme ist einfach: die Performance. In AWT 1.0 sah der Eventhandler wie folgt aus (hier für das Key-down-Event):

```
public boolean keyDown(Event evt, int key) ...
```

Im Eventhandler konnte entschieden werden, ob das Event an dieser Stelle behandelt werden konnte (dann muss man `true` zurückgeben) oder ob die nächste Stelle (die Oberklasse) die Verarbeitung fortsetzen soll. In diesem Fall musste man deren Methode aufrufen:

```
return super.action(evt, key);
```

Im Falle von AWT – und in vielen weiteren Beispielen, wenn GUIs im Spiel sind – definiert die Vererbungshierarchie den jeweils nächsten Aufruf, von unten nach oben. Das Prinzip ist aber dasselbe.

Man kann sich leicht vorstellen, dass bei der Vielzahl der erzeugten Events eine saubere Programmierung vonnöten ist, will man nicht, dass alle Events immer bis zur Wurzelklasse durchgereicht werden – das war häufig genug nicht der Fall, was eben Auswirkungen auf die gefühlte Geschwindigkeit der Anwendung hatte.

Das Problem bei verketteten Listen ist, dass die Geschwindigkeit sehr von der Anzahl ihrer Elemente abhängt (linear, wenn jedes Element in der Kette dieselbe Ausführungszeit in Anspruch nimmt), sowie von der durchschnittlichen Position des Suchergebnisses. Daher werden verkettete Listen (und damit auch dieses Muster) in der Praxis eher seltener eingesetzt und vor allem dann, wenn die Listen kurz sind.

In unserem Praxisbeispiel wäre vermutlich eine Art Registratur sinnvoller, in der (z. B. in einem assoziativen Speicher wie einer `HashMap`) alle Kommandos mit ihren Objektreferenzen hinterlegt sind.

Nachfolgerketten

Im Beispiel wurden die Module von Hand verkettet, die Kette also explizit aufgebaut. Das Beispiel AWT aus dem vorherigen Abschnitt zeigt aber schon, dass es auch andere, natürliche Nachfolgerketten gibt.

Unter Umständen gibt es in Anwendungen noch weitere natürliche Nachfolger. In einem Zeichenprogramm könnten das zum Beispiel ineinander verschachtelte Zeichenobjekte sein, und der Anwendungsfall wäre die Erkennung von Überschneidungen oder Kollisionen. Dann wäre der Nachfolger das jeweilige Zeichenobjekt, in dem das aktuelle Zeichenobjekt enthalten ist, bis hinauf zum Canvas, der »Leinwand«, auf der alle Objekte gezeichnet werden.

Das Vorhandensein solcher natürlicher Nachfolger erhöht die Nützlichkeit dieses Musters, weil es eine weitere, häufig redundante Datenhaltung vermeidet. Aber auch hier gilt das, was ich oben im Abschnitt »Performance« gesagt habe.

Unterbrechen und Fortsetzen der Kette

Es ist auch denkbar, dass die Kette beim ersten Treffer gar nicht abgebrochen, sondern bis zu ihrem Ende fortgesetzt wird. Die Codeänderung dafür ist simpel und betrifft die Klasse `Engine` aus dem Praxisbeispiel:

```
public void processCommand(String commandText)
{
  if (getSupportedCommands().contains(commandText))
    executeCommand(commandText);
  if (nextCommand != null)
    nextCommand.processCommand(commandText);
}
```

Es liegt auf der Hand, dass diese Änderung das Laufzeitverhalten nicht verbessert, muss doch die Kette nun bei jeder Anfrage bis zum Ende durchlaufen werden.

Definition der Anfragen

Die Klasse `Engine` nimmt einem String entgegen. Das führt zwangsläufig zu Fallunterscheidungen innerhalb der Software, ist aber andererseits flexibel und erweiterbar. Über die Methode `getSupportedCommands` erhalten wir außerdem eine Liste der unterstützten Kommandos. Über diese Methode ließe sich auch einfach eine Funktion implementieren, die einem bereits bei der Eingabe die Suchtreffer anzeigt – ähnlich wie im Visual-Studio-Screenshot aus Abbildung 4.4.

Es gibt aber noch weitere Möglichkeiten:

- Eventuell gibt es nur eine einfache Methode `processCommand`, ganz ohne Übergabeparameter, die eine ganz bestimmte festgelegte Aufgabe übernimmt. Der jeweilige Bearbeiter muss dann nur prüfen, ob er die Aufgabe erfüllen kann oder nicht.
- Die Art der Anfrage ließe sich aber auch über eigene Klassen abbilden. Wir hätten dann eine Art »Anfrageklasse«, die dann sowohl der Klient als auch alle Bearbeiter kennen müssten. Dieser Ansatz ist typsicher, vor allem dann, wenn alle Anfrageklassen von einem gemeinsamen Vorfahren erben.

Lose Kopplung

Klient und Bearbeiter sind lose gekoppelt, das ist nun klar. Im Einzelnen bedeutet das:

- Der Klient weiß nicht, welcher Bearbeiter zum Zuge kommt.
- Er weiß auch nicht, ob die Anfrage überhaupt bearbeitet wird.
- Der Bearbeiter kennt auch nicht den Klienten.
- Weder der Klient noch der Bearbeiter kennen die Struktur und die Länge der Kette; die Bearbeiter kennen lediglich ihren unmittelbaren Nachfolger.

Das ist der Vorteil: Die lose Kopplung reduziert Abhängigkeiten und spart Objektreferenzen, also Speicher und potenzielle Probleme ein.

Außerdem lassen sich die Zuständigkeiten der Bearbeiterkette auch zu jeder Zeit verändern, indem neue Bearbeiter in die Kette eingefügt, an die Kette angehängt oder aus der Kette entfernt werden. Damit lässt sich die Anwendung prima zur Laufzeit an neue Erfordernisse anpassen.

Keine Garantie

Ich habe es zwar schon erwähnt, aber der Wichtigkeit halber sei es noch mal gesagt: Es gibt keine Garantie für die Bearbeitung einer Anfrage, und der Klient merkt dies – in der Standardversion – nicht einmal.

Das kann gewünscht sein, wie im Praxisbeispiel, oder auch ein No-go. Wie dem auch sei: Wenn eine Anfrage nicht bearbeitet wird, liegt das nicht in jedem Fall daran, dass kein geeigneter Bearbeiter vorhanden ist; die Kette kann auch falsch konfiguriert worden sein.

4.2 Befehl

Kommen wir nun zu einem Klassiker und zu einem der nützlichsten Muster aus der Kategorie Verhaltensmuster – dem Befehlsmuster (Command).

4.2.1 Steckbrief

Deutscher Name: Befehl

Auch bekannt als: Kommando

Englischer Name: Command

Gruppe: Verhaltensmuster

4.2.2 Beschreibung

Das Befehlsmuster löst ein wichtiges Problem in der Entwicklung von Software: Wie kann man einen Befehl über eine Leitung transportieren, auf einer Festplatte speichern oder in einer Liste ablegen? Die Antwort des Befehlsmusters: Man verpackt ihn in ein Objekt. Genauer gesagt verpackt man den Befehl selbst und etwaige Parameter, die der Befehl erhalten soll.

Wie bei der Zuständigkeitskette muss der Sender (derjenige, der das Befehlsobjekt also erzeugt und versendet) nicht notwendigerweise wissen, welcher Empfänger den Befehl ausführt. Er braucht nicht einmal zu wissen, ob und wann dies geschieht.

Befehle in Objekten zu speichern hat viele Vorteile. Die vielleicht wichtigsten Vorteile sind:

- Man kann auf diese Weise Befehle in Listen einreihen und damit sowohl in der Reihenfolge der Ausführung verändern als auch in der Ausführungszeit.
- Objekte lassen sich serialisieren und später wieder deserialisieren. Das ist nötig, wenn ein Befehlsobjekt über eine Netzwerkleitung transportiert werden oder auf einem Datenträger gespeichert werden soll.
- Befehle lassen sich auf diese Weise komfortabel parametrisieren, einfach indem eine Befehlsklasse weitere Attribute erhält, die den Parametern entsprechen.
- Außerdem kann man Befehlsobjekte klonen, Befehle damit also auf einfache Weise duplizieren.
- Wie andere Objekte auch, können Befehlsobjekte innerhalb einer Anwendung in gewöhnlichen Objektreferenzen gespeichert werden.
- Die Objekte können auch herumgereicht werden, zum Beispiel entlang einer Pipeline, was der Zuständigkeitskette nicht ganz unähnlich ist.

Wie andere Muster auch dient das Befehlsmuster im Wesentlichen dazu, den Sender (d. h. denjenigen, der einen Befehl auslöst) vom Empfänger (also demjenigen, der einen Befehl ausführt) zu entkoppeln. Das reduziert Abhängigkeiten, weil sich zur Kompilierzeit Sender und Empfänger nicht kennen müssen. Das wiederum eröffnet ein weites Feld für Plug-ins und andere dynamische Konstrukte, bei denen gerade diese Abhängigkeit nicht erwünscht ist.

Das sind gewichtige Gründe für dieses Muster, und entsprechend häufig werden Sie diesem Muster in der Praxis begegnen.

UML

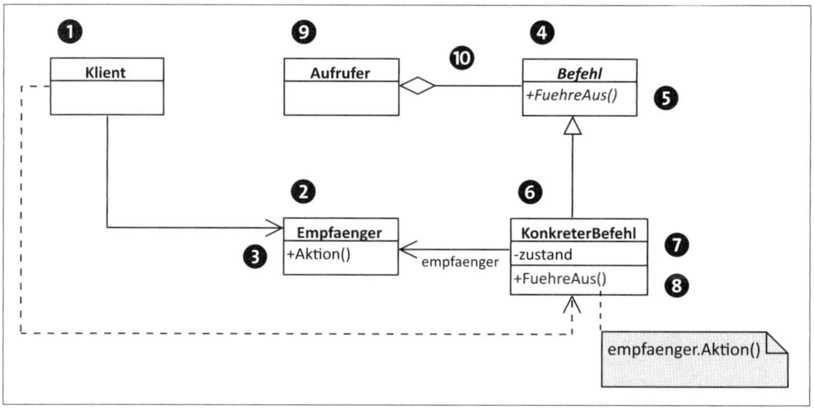

Abbildung 4.6 Das Befehlsmuster in UML

Erläuterungen

Nr.	Erläuterung
❶	Auch bei diesem Muster möchte der *Klient* eine Anfrage auslösen, also einen Befehl abschicken.
❷	Der *Empfänger* ist das Objekt, das die Anfrage entgegennehmen und bearbeiten kann.
❸	Dafür definiert der Empfänger eine oder mehrere *Aktionen*, also Methoden, die die Arbeit verrichten. Bis dahin ist alles gewöhnlich, und ohne das Muster würde der Klient einfach die Methode `Aktion` des Empfängers aufrufen.
❹	Nicht so beim Befehlsmuster: Dort wird erst einmal ein Befehlsobjekt erstellt, das von der abstrakten Basisklasse `Befehl` erbt.
❺	Diese Klasse besitzt eine ebenfalls abstrakte Methode `FuehreAus`, die in den konkreten Befehlen mit Leben, also Code, gefüllt werden muss.
❻	Für jeden Befehl, der möglich ist, gibt es nun eine Ableitung, also einen *konkreten Befehl*.
❼	Die meisten Befehle werden wohl Parameter haben, die dann lokal (also in lokalen Variablen der Klasse) gespeichert werden.
❽	Und natürlich soll die Methode `FuehreAus` jetzt auch etwas tun, und zwar die Methode `Aktion` des Empfängers aufrufen. Unter Umständen kann man hier noch Validierungen einbauen, also prüfen, ob ein Empfänger mit dem Befehl in seiner aktuellen Form etwas anfangen kann.

Tabelle 4.2 Akteure des Befehlsmusters

Nr.	Erläuterung
❾	Bis hierhin wäre bereits eine Entkopplung gegeben. Der *Aufrufer* kommt jetzt ins Spiel, wenn der Befehl nicht sofort abgesetzt, sondern stattdessen zur späteren Ausführung dem Aufrufer übergeben werden soll.
❿	Der Aufrufer speichert dann diese Befehle (daher die Aggregation bzw. Komposition im UML-Diagramm) und führt sie zu einem für ihn genehmen Zeitpunkt aus.

Tabelle 4.2 Akteure des Befehlsmusters (Forts.)

Zugegeben, das klingt erst einmal kompliziert. Beleuchten wir das Muster daher am Beispiel einer Textverarbeitung. Vorhang auf, die Rollen, pardon Akteure, sind:

- **Klient**: Der Klient ist die Anwendung selbst, die die Ereignishandler für Tastatur-, Maus- und Menüevents beinhaltet.
- **Befehl**: Der Befehl heißt vielleicht genau so und ist auch im Beispiel einfach eine abstrakte Basisklasse mit einer `FuehreAus`-Methode.
- **Konkreter Befehl**: Konkrete Befehle gibt es viele; nehmen wir als Beispiel einmal den Befehl »Füge eine Zeile einer Tabelle hinzu«.
- **Empfänger**: Das ist ein Tabellenobjekt, in dem eben die Zeile hinzugefügt werden soll.
- **Aufrufer**: Das könnte im Beispiel die Klasse `Document` sein, also die Klasse, die für das gesamte zu bearbeitende Dokument steht.

In UML sieht das so aus wie in Abbildung 4.7.

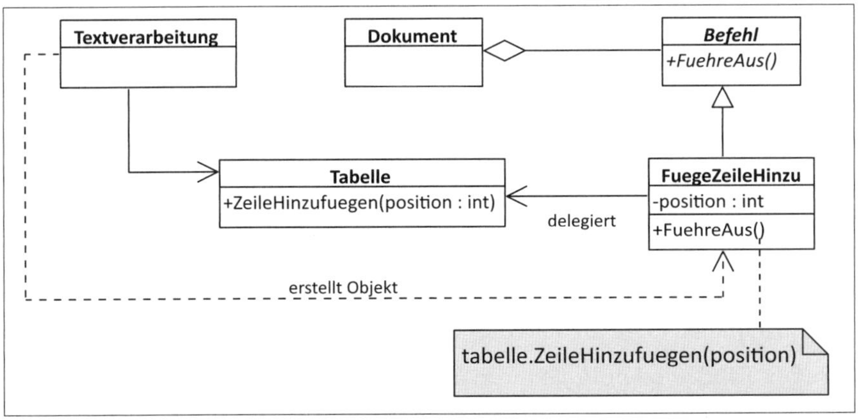

Abbildung 4.7 Die Tabellenbearbeitung in UML

Die Dramaturgie eines Befehls vom Auswählen des Menüeintrags bis zum Hinzufügen einer Tabelle sieht so aus:

1. Der Anwender klickt, sagen wir im Kontextmenü, auf den Menüeintrag FÜGE EINE ZEILE EINER TABELLE HINZU, nachdem er zuvor eine Tabelle markiert hat.
2. Im Eventhandler des Menü-Click-Events wird nun *nicht* die `ZeileHinzufuegen`-Methode des Tabellenobjekts aufgerufen (das wäre die althergebrachte Funktionsweise). Stattdessen wird ein Objekt der Klasse `FuegeZeileHinzu` erzeugt. Dem Objekt teilen wir den gewünschten Empfänger mit, also das Tabellenobjekt, in dem wir eine Zeile einfügen wollen. Außerdem hat dieses Befehlsobjekt einen inneren Zustand, also Parameter, die den Befehl näher beschreiben. In unserem Fall wäre das beispielsweise die Position, an der die Zeile hinzugefügt werden soll (also am Ende der Tabelle oder irgendwo dazwischen).
3. Das `FuegeZeileHinzu`-Objekt übergeben wir dem Aufrufer, der Laufzeitinstanz der Klasse `Dokument`. Dafür bietet diese Klasse eine Methode. Nennen wir sie hier `befehlHinzufuegen()`.
4. In einer Textverarbeitung wollen wir natürlich, dass der Befehl sofort ausgeführt wird. Der Aufrufer (das ist das Objekt vom Typ `Dokument`) wird also sofort die `FuehreAus`-Methode des Befehls (also des Objekts vom Typ `FuegeZeileHinzu`) aufrufen.
5. Das Befehlsobjekt kann nun selbst natürlich keine Zeilen hinzufügen. Es delegiert diese Aufgabe an den ursprünglichen Empfänger, das Tabellenobjekt, genauer gesagt an dessen Methode `zeileHinzufuegen`. Die Methode tut genau das, und die Aktion ist abgeschlossen.

4.2.3 Anwendungsfälle

Ein Praxisbeispiel habe ich gerade erwähnt. Aber das heißt jetzt natürlich nicht, dass gewöhnliche Methodenaufrufe zwischen zwei Objekten verboten wären und stattdessen jeder Aufruf in ein Objekt verpackt werden müsste. In den folgenden Anwendungsfällen sollten Sie jedoch darüber nachdenken.

Zeitliche Entkopplung von Aufruf und Ausführung

Wenn die Aktion nicht sofort ausgeführt werden soll, sondern später, dann ist die `Aufrufer`-Klasse genau der Ort, an dem dies im Befehlsmuster möglich wird.

Beispiel: In einer Fabrik sollen in der Früh alle Lichter angehen. Dafür gibt es einen Befehl (»Lampe an«), der für jede Lampe vom Aktor (Empfänger) in die Tat umgesetzt wird – irgendwo klickt dann ein Relais, der Stromkreis ist geschlossen, und die Lampe leuchtet.

Allerdings nicht lange, denn das parallele Anfahren von vielleicht 5000 Leuchtstofflampen wird nicht gutgehen. Andererseits: Man kann die Lampen auch nicht einfach alle nacheinander anschalten, das würde viel zu lange dauern.

Der Aufrufer (in diesem Fall der Steuerungscontroller) würde nun die »Lampe an«-Befehle entgegennehmen und könnte selbstständig entscheiden, wie viele Lampen er jeweils in einem Rutsch anschalten möchte. Er sammelt einfach beispielsweise zehn Lampe-an-Befehle und führt sie dann erst aus. Nur der Vollständigkeit halber: Der Klient wäre in unserem Fall der Sensor, also die Taste mit der Beschriftung »Alle Lampen anschalten«.

Das wäre nun ein Fall, in dem ein Steuerungscontroller die Ausführung zeitlich genau steuert. Weitere Möglichkeiten sind:

- Die Kommandos werden in eine Warteschlange eingereiht, von wo aus sie der Reihe nach ausgeführt werden – zum Beispiel um Lastspitzen abzufedern, was einer asynchronen Ausführung entspricht.
- Die Kommandos werden zwischengespeichert, weil eine entfernte Ressource gerade nicht erreichbar ist, zum Beispiel weil das Internet im Moment nicht zur Verfügung steht. Auch dafür kann eine Warteschlange eingesetzt werden, wenn Warteschlange und Verarbeitung fehlertolerant angelegt wurden.

Räumliche Entkopplung von Aufruf und Ausführung

Was zeitlich geht, geht auch räumlich: von Befehlen, die über ein Netzwerk (zum Beispiel das Internet) übertragen werden, bis hin zu Befehlen zur Lagekorrektur an einen Marsrover. Wenn ein Befehl also den aktuellen Prozess verlässt, lässt er sich mit dem Befehlsmuster bequem in ein serialisierbares Format, zum Beispiel XML, übersetzen und auf diese Weise übertragen.

Ein weiterer Einsatz ist das Speichern von Befehlen, zum Beispiel um

- ihren Einsatz zu protokollieren. Beispiel: Die Kauf- und Verkaufsorders von Aktien sollen in einer SQL-Datenbank mit allen Parametern gespeichert werden.
- sie später wieder zurücknehmen zu können, auch nach einem Neustart der Anwendung. Ein Beispiel wäre die Implementierung eines Undo, der auch nach einem Programmabbruch noch funktioniert.
- später wieder an einer abgebrochenen Stelle aufsetzen zu können. Ein Beispiel ist das Nachfahren von Transaktionen.

Undo/Redo

Die `Aufrufer`-Klasse hat noch einen weiteren Nutzen: Sie kann einen Undo/Redo-Mechanismus implementieren, was im obigen Beispiel mit der Textverarbeitung natürlich gang und gäbe wäre. Ohne einen solchen Mechanismus würde der Aufrufer nach erfolgreichem Ausführen des Befehls den Befehl einfach löschen. Mit dem Mechanismus würde er alle Befehle (vielleicht nur bis zu einer gewissen Tiefe) in einem Undo-Puffer speichern.

Natürlich müssen die Befehle selbst dann nicht nur eine `fuehreAus`-Methode implementieren, sondern zusätzlich auch noch eine `undo`-Methode.

Umfangreiche Parametrisierungen

Natürlich können wir einer Methode auch eine stattliche Anzahl an Parametern übergeben. Komfortabler (und erweiterbar) aber ist es, wenn wir für komplexere Parametrisierungen ein Objekt verwenden. Dann ist der nächste Schritt, nicht nur die Parametrisierung, sondern den ganzen Befehl in ein Objekt zu packen, nicht mehr weit.

Einige Unittest-Frameworks machen aus Testfällen Klassen, wobei viele Testfälle wiederum nichts anderes tun, als Methoden in festgelegten Parametern aufzurufen und ein vordefiniertes Ergebnis zu überprüfen.

Callbacks

Die meisten OO-Sprachen bieten Callbacks, also Funktionen, die von einem anderen Objekt zu einem späteren Zeitpunkt aufgerufen werden. Das kann (muss aber nicht unbedingt) auf die Eignung dieses Musters für die konkrete Aufgabenstellung hindeuten.

4.2.4 Implementierung

Für das Praxisbeispiel fahre ich diesmal das volle Programm auf, also die Implementierung des Befehlsmusters inklusive Undo.

Die Aufgabenstellung

Für das Beispiel wähle ich diesmal eine Software aus dem »Entertainment«, und zwar die Implementierung eines Schachspiels bzw. den Teil, der das Befehlsmuster betrifft.

Betrachten wir dazu die Spielsituation aus Abbildung 4.8.

Der Turm auf c4 wird nach g4 gezogen. In einem Schachspiel wird es für die Spielzüge einen Event geben, der etwa so aussehen könnte:

```
public void spielfigurGezogen(Spielfigur figur, Position neuePosition)
{
  //Spielfeld informieren, Zug validieren, Figur(en) neu zeichnen,
  //Berechnung auslösen
}
```

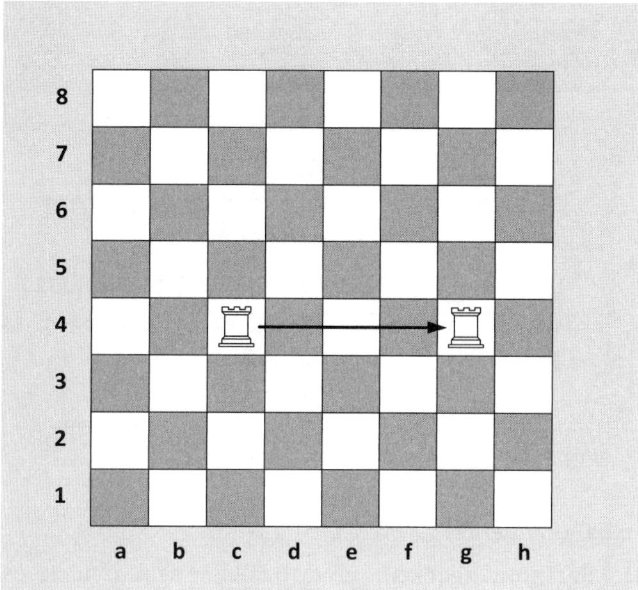

Abbildung 4.8 Der Spielzug

Die Position ist eine triviale Klasse, die die x- und y-Position der Spielfigur speichert:

```
public class Position
{
  public int x;
  public int y;
}
```

Die Klasse `Spielfigur` übergibt ein Objekt, das für die Spielfigur steht, also für den Turm 1 des (aus Sicht des Computers) gegnerischen Spielers.

Interessant ist nun, was im Ereignishandler passiert. Er muss das Spielfeld, d. h. das Objekt, das das Schachfeld repräsentiert, informieren. Dort wird der Zug validiert. Es könnte ja sein, dass der Turm z. B. diagonal bewegt wurde. Außerdem müssen die Figuren neu gezeichnet und die Berechnung des nächsten Zugs durch die KI des Spielfeld-Objekts ausgelöst werden.

Bauen wir die Anwendung nun so, dass sie das Befehlsmuster verwendet, und nutzen wir dessen Möglichkeiten. Zunächst betrachten wir das UML-Diagramm aus Abbildung 4.9, das die Aufgabenstellung beschreibt.

UML

Das Diagramm ist diesmal ein wenig ausführlicher. Ich erläutere die einzelnen Methoden und Attribute aber jeweils gleich an Ort und Stelle.

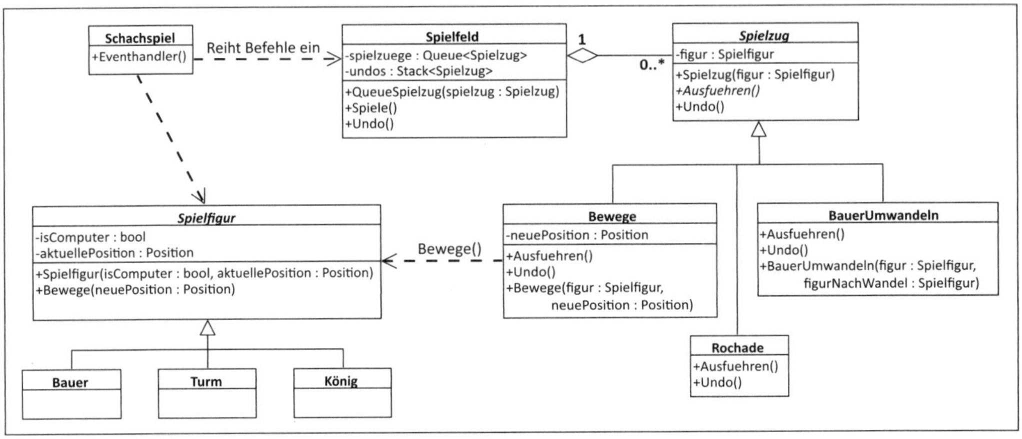

Abbildung 4.9 Das Befehlsmuster im Praxisbeispiel

Empfänger (Spielfigur, Turm, Bauer, Koenig)

Wie im echten Leben auch wird der Empfänger keine einfache Klasse sein, sondern es wird mehrere Empfänger geben, die Teil einer Vererbungshierarchie sind. Hier folgt diese den Regeln des Schachspiels, in dem es verschiedene Spielfiguren gibt, wie Bauern, Türme und den König. Hier sehen Sie zunächst die abstrakte Basisklasse `Spielfigur`:

```
public abstract class Spielfigur
{
  private boolean isComputer;
  private Position aktuellePosition;

  public Spielfigur(boolean isComputer, Position startPosition)
  {
    this.setComputer(isComputer);
    setAktuellePosition(startPosition);
  }

  public void bewege(Position neuePosition)
  {
    validiereBewegung(neuePosition);
    aktuellePosition = neuePosition;
  }

  protected void validiereBewegung(Position neuePosition)
  {
    if (neuePosition.x < 1 || neuePosition.x > 8)
      throw new RuntimeException(
```

```
        "Die neue X-Position muss zwischen 1 und 8 sein");
      if (neuePosition.y < 1 || neuePosition.y > 8)
        throw new RuntimeException(
        "Die neue Y-Position muss zwischen 1 und 8 sein");
    }
    public boolean isComputer()
    {
      return isComputer;
    }
    public void setComputer(boolean isComputer)
    {
      this.isComputer = isComputer;
    }

    public Position getAktuellePosition()
    {
      return aktuellePosition;
    }
    public void setAktuellePosition(Position aktuellePosition)
    {
      this.aktuellePosition = aktuellePosition;
    }
}
```

Listing 4.5 Die Klasse »Spielfigur«

Der Konstruktor initialisiert das Objekt mit der aktuellen Position, also bei Spielbeginn mit der Startposition der Spielfigur. Außerdem erhält jede Spielfigur die Information, ob sie zum Computergegner (`isComputer = true`) oder zum menschlichen Spieler (`false`) gehört.

Die Methode `bewege` bewegt die Spielfigur auf ihre neue Position, klar. Vorher prüft sie aber, ob der Spielzug gültig ist. Das ist von Spielfigur zu Spielfigur verschieden, daher gibt es nur eine einfache Prüfung, ob das Ziel innerhalb des Schachfelds liegt.

Der konkrete Empfänger, hier am Beispiel des Turms dargestellt, bringt nun neue Validierungen mit. Ein Turm darf nur horizontal oder vertikal, nicht aber diagonal bewegt werden:

```
public class Turm extends Spielfigur
{
  public Turm(boolean isComputer, Position startPosition)
  {
    super(isComputer, startPosition);
  }
```

```
  protected void validiereBewegung(Position neuePosition)
  {
    super.validiereBewegung(neuePosition);
    if (neuePosition.x != getAktuellePosition().x
     && neuePosition.y != getAktuellePosition().y)
      throw new RuntimeException("Der Turm darf nicht diagonal bewegt werden");
  }
}
```

Listing 4.6 Die Klasse »Turm«

Ansonsten implementiert bereits die Basisklasse alle benötigte Funktionalität für das Bewegen der Spielfigur.

Befehl (Spielzug)

Die Klasse Spielzug ist abstrakt, weil es im Schach natürlich nur immer ganz konkrete Spielzüge gibt, z. B. das Bewegen einer Spielfigur, das Aufgeben, das Wandeln eines Bauern oder die Rochade.

```
public abstract class Spielzug
{
  private Spielfigur figur;

  public Spielzug(Spielfigur figur)
  {
    this.figur = figur;
  }

  public Spielfigur getFigur()
  {
    return figur;
  }

  public abstract void ausfuehren();
  public abstract void undo();
}
```

Listing 4.7 Die Klasse »Spielzug«

Eines haben aber alle Spielzüge gemeinsam: Sie werden mit Spielfiguren ausgeführt, deshalb nimmt der Konstruktor bereits diese Spielfigur entgegen.

Die Methode undo, die wir ebenfalls für jeden konkreten Spielzug implementieren müssen, nimmt den Zug wieder zurück.

KonkreterBefehl (Bewege)

In unserem Beispiel beschränken wir uns auf das Bewegen der Spielfiguren, aber alle anderen Befehle sind völlig analog dazu aufgebaut.

```
public class Bewege extends Spielzug
{
  private Position neuePosition;
  private Position altePosition;

  public Bewege(Spielfigur figur, Position neuePosition)
  {
    super(figur);
    this.neuePosition = neuePosition;
  }

  @Override
  public void ausfuehren()
  {
    this.altePosition = getFigur().getAktuellePosition();
    getFigur().bewege(neuePosition);
    System.out.println("Spielfigur bewegt.");
  }

  @Override
  public void undo()
  {
    getFigur().bewege(altePosition);
  }
}
```

Listing 4.8 Die Klasse »Bewege«

Die Klasse Bewege repräsentiert nun den Spielzug »Bewege Spielfigur«. Wohin, das übergeben wir dem Konstruktor der Klasse und merken uns das in einer privaten Variable. Das ist es, was das Muster als »Zustand der Klasse KonkreterBefehl« meint.

Das Erzeugen eines Bewege-Objekts ist das eine, das Ausführen das andere, und deshalb – es ging ja um Entkopplung – ist für Letzteres eine eigene Methode mit dem sinnigen Namen ausfuehren zuständig. In der Basisklasse war sie noch abstrakt. In der konkreten Ableitung wissen wir nun genau, was zu tun ist: Wir müssen den Job an den Empfänger delegieren, also dessen bewege-Methode aufrufen. Damit wird aus dem allgemeinen »Ausführen« das konkrete »Bewegen«.

Die Methode undo setzt die Spielfigur wieder auf den Ausgangszustand vor der Bewegung, weshalb sich die Klasse die Position vor der Bewegung merkt.

Aber wer ruft diese Methode auf? Der Aufrufer, die Klasse Spielfeld.

Aufrufer (Spielfeld)

Der Klient (das Schachspiel) ruft den Empfänger (die Spielfigur) ja nicht direkt auf, sondern erledigt das über den Aufrufer, die Klasse Spielfeld. Dort ist auch der richtige Ort, einen Undo-Mechanismus zu implementieren:

```
public class Spielfeld
{
  private Queue<Spielzug> spielzuege;
  private Stack<Spielzug> undos;

  public Spielfeld()
  {
    spielzuege = new LinkedList<Spielzug>();
    undos = new  Stack<Spielzug>();
  }

  public void QueueSpielzug(Spielzug spielzug)
  {
    spielzuege.add(spielzug);
  }

  public void spiele()
  {
    while (!spielzuege.isEmpty())
    {
      Spielzug spielzug = spielzuege.poll();
      spielzug.ausfuehren();
      undos.push(spielzug);
    }
  }

  public void undo()
  {
    if (!undos.isEmpty())
    {
```

```
            Spielzug spielzug = undos.pop();
            spielzug.undo();
        }
    }
}
```

Listing 4.9 Die Klasse »Spielfeld«

Zunächst brauchen wir zwei Datenstrukturen:

- Die Liste der Spielzüge, die wir vom Schachspiel erhalten. Dort gilt: Wer zuerst kommt, wird zuerst ausgeführt, weswegen hier eine Queue zum Einsatz kommt.
- Die Liste der ausgeführten Operationen, zu dem Zweck, sie wieder rückgängig zu machen. Dort gilt wiederum: Das Rückgängigmachen muss in umgekehrter Reihenfolge geschehen, deshalb wird für diese Liste die Java `Stack`-Klasse verwendet.

Die Anwendung kann nun neue Spielzüge erzeugen und der Methode `QueueSpielzug` übergeben. Dort landet sie in der schon erwähnten Ausführugs-Queue. Erst ein Aufruf der Methode `spiele` führt alle Spielzüge der Reihe nach aus und entfernt sie jeweils aus der Liste.

Die `undo`-Methode hingegen macht nur einen Spielzug rückgängig, muss also so oft aufgerufen werden, wie Spielzüge gespielt wurden, wenn man das ganze Spiel rückgängig machen möchte. Aber es wäre ein Leichtes, würden wir dieser Methode einfach einen Parameter übergeben, der die Anzahl der rückgängig zu machenden Spielzüge enthält. Nach dem Undo wird der Befehl aus dem Stack gelöscht, kann also nicht ein zweites Mal ungeschehen gemacht werden (Redo).

Klient (Schachspiel)

Der Eventhandler für das Event `spielfigurGezogen` wurde oben schon skizziert, aber noch nicht ausgeführt. Wir können nun den Kommentar durch echten Code ersetzen und die Klasse komplettieren:

```
public class Schachspiel
{
  Spielfeld spielfeld;

  public Schachspiel()
  {
    spielfeld = new Spielfeld();
  }

  public void spielfigurGezogen(Spielfigur figur, Position neuePosition)
  {
```

```
    Bewege bewege = new Bewege(figur, neuePosition);
    spielfeld.QueueSpielzug(bewege);
    spielfeld.spiele();
  }

  public void undo()
  {
    spielfeld.undo();
  }
}
```

Listing 4.10 Die Klasse »Spielfeld«

Schon während der Initialisierung des Schachspiels wird der Aufrufer erzeugt, ein Objekt vom Typ `Spielfeld`. Wenn ein Event auftritt (hat der Spieler oder der Computer also eine Figur gezogen), dann wird der Eventhandler aufgerufen und der Befehl in ein Objekt verpackt und das so erzeugte Objekt in die Queue des Spielfelds geschrieben. Danach wird der Spielzug gespielt. Infolgedessen wird die `ausfuehren`-Methode des `Bewege`-Objekts aufgerufen, die diese Aufgabe wiederum an die `bewege`-Methode der Spielfigur delegiert.

Tests

Schnell noch ein paar Printlines hinzugefügt, und wir können das Schachspiel »starten«. Da wir keine echten Events haben (es wurde ja keine grafische Anwendung entwickelt), müssen wir das von außen simulieren:

```
Schachspiel schachspiel = new Schachspiel();
Turm turm = new Turm(false, new Position()
{{
  x = 1;
  y = 1;
}});

schachspiel.spielfigurGezogen(turm, new Position()
{{
  x = 4;
  y = 1;
}});

schachspiel.spielfigurGezogen(turm, new Position()
{{
  x = 6;
```

```
  y = 1;
}});

schachspiel.undo();
schachspiel.undo(); //nicht nötig, wenn undo alle Spielzüge zurücknimmt
```

Listing 4.11 Das erste Schachspiel nach dem Befehlsmuster

Zuerst wird das Schachspiel, danach eine Figur erzeugt und auf die Startposition gesetzt. Den Turm setzen wir – wie sich das gehört – auf die linke untere Ecke. Danach werden zwei Spielzüge durchgeführt, die anschließend beide wieder zurückgenommen werden. Die Konsolenausgabe sieht so aus:

```
Spiele 1 Spielzüge
Bewege gleich die Spielfigur. Alte Position: 1/1
Spielfigur bewegt. Neue Position: 4/1
Spielzüge gespielt
Spiele 1 Spielzüge
Bewege gleich die Spielfigur. Alte Position: 4/1
Spielfigur bewegt. Neue Position: 6/1
Spielzüge gespielt
Bewege gleich die Spielfigur zurück. Alte Position: 6/1
Spielfigur zurückbewegt. Neue Position: 4/1
Undo ausgeführt
Bewege gleich die Spielfigur zurück. Alte Position: 4/1
Spielfigur zurückbewegt. Neue Position: 1/1
Undo ausgeführt
```

Nach dem Zurücknehmen der beiden Spielzüge ist der Turm also wieder dort, wo er ursprünglich war. Natürlich funktioniert das Muster nun mit jeder beliebigen Spielfigur und jedem beliebigen Befehl.

Wenn wir versuchen, den Turm diagonal oder aus dem Schachbrett heraus zu ziehen, erhalten wir die Exception, die für solche Zwecke vorgesehen ist.

4.2.5 Weitere Überlegungen und Alternativen

Zunächst einige Worte zu Undo und Redo.

Undo/Redo

Das Befehlsmuster kümmert sich selbst nicht um ein Undo/Redo, es eignet sich aber gut dafür, weil es

- über den Aufrufer das Ausführen steuert und damit auch das Gegenteil tun kann: das Zurücknehmen von Befehlen.
- eine Befehlsklasse gibt, die Undo ebenfalls unterstützen kann, obwohl die Empfängerklasse dies selbst nicht tun muss.

Beides ist im Praxisbeispiel so umgesetzt. Die Befehlsklasse beinhaltet zu diesem Zweck den Zustand vor der Änderung, und der Aufrufer speichert alle ausgeführten Befehle seit dem letzten Undo, die *Undo-Historie*. Vorgeschlagen wurde das schon 1977, und die spätere Umsetzung hat die Tastenkürzel `Strg`+`Z` für Undo (und noch später `Strg`+`R` für Redo) ins kollektive IT-Gedächtnis befördert.

Wenn Sie selbst einen Undo-Mechanismus umsetzen wollen, empfehle ich Ihnen, Folgendes zu berücksichtigen:

- Undo kostet natürlich Speicher, vielleicht zu viel Speicher, vor allem aber ist es häufig aus Performancegründen nicht möglich, viele Schritte auf einmal zurückzunehmen. Begrenzen Sie in einem solchen Fall die Undo-Historie, indem Sie die Undo-Befehle zum Beispiel in einem Ringpuffer speichern.
- Es mag Befehle geben, die kann man nicht zurücknehmen – das Versenden einer E-Mail zum Beispiel. Sie könnten für Befehle, die man zurücknehmen kann, eine Schnittstelle implementieren. Der Aufrufer kann den Befehl daraufhin untersuchen und ihn erst gar nicht in die Undo-Historie einreihen.
- Andere Befehle wiederum könnten zur Leerung der Undo-Historie führen, z. B. das Speichern einer Datei auf der Festplatte. Auch für diese Aufgabe eignet sich eine Schnittstelle oder ein Zweig in der Vererbungshierarchie der Befehle.
- Undo ist potenziell eine brandgefährliche Operation, und eine Anwendung sollte sich nach einem Undo in demselben Zustand befinden wie vorher. Ist das nicht möglich, weil das Undo selbst Fehler verursacht (erst recht, wenn der Anwender Undo-Ping-Pong spielt, also ständig auf Undo und dann wieder auf Redo klickt), dann sollten Sie die Reißleine ziehen. Sie könnten die Anwendung beenden oder wenigstens die Historie löschen oder vielleicht von Zeit zu Zeit einen Snapshot des inneren Zustands Ihrer Anwendung speichern, zu dem Sie jederzeit zurückkehren können – das Memento-Muster bietet dafür eine gewisse Unterstützung.
- Nicht immer verlangen die Anforderungen, dass mehrere Stufen zurückgegangen werden kann. Vielleicht genügt es im konkreten Fall, die letzte Operation zurückzunehmen – dann wird vieles einfacher.
- Unter Umständen ist es einfacher, wenn statt des Originalbefehls eine Kopie in die Undo-Historie eingefügt wird und diese Kopie »umgekehrte« Parameter beinhal-

tet. Im Beispiel gibt es eine `Undo`-Methode, die die neue und alte Position vertauscht. Dieses Vertauschen hätte auch schon vorher stattfinden können, und der Befehl mit den vertauschten Positionen könnte stattdessen in die Undo-Historie gelangen.

- Auch das Einfügen des »gegenteiligen« Befehls kann sinnvoll sein. Beim Einfügen eines Texts könnte statt des Einfügen-Befehls ein Löschen-Befehl in der Undo-Historie gespeichert werden, der den eingefügten Text als zu löschenden Text als Zustand erhält.
- Nicht immer weisen der Befehl und der Undo-Befehl dieselbe Granularität auf. Manchmal ist es einfacher und bequemer, den Undo »gröber« zu gestalten. In einer Textverarbeitung möchte man beispielsweise nur selten Zeichen für Zeichen rückgängig machen, sondern stattdessen lieber ganze Wörter oder Textblöcke entfernen.
- Auch an die Transaktionen sollte man denken, zum Beispiel wenn der ursprüngliche Befehl schon in einer Transaktion lief. Es kann auch von Vorteil sein, wenn die gesamte Undo/Redo-Kette in einer einzigen Transaktion abläuft, vor allem, wenn Datenbanken und andere persistente transaktionale Ressourcen im Spiel sind.

Es ist eine prima Sache, ein Undo/Redo zu verstehen und selbst implementieren zu können, aber natürlich gibt es auch einige Undo/Redo-Frameworks, und viele von ihnen lassen sich kostenfrei nutzen.

In unserem Schachspiel hat das Undo übrigens eine Schwachstelle: Wir können zwar Figuren bewegen und diese Bewegung wieder zurücknehmen (auch über viele Schritte), aber was ist, wenn durch die Bewegung eine Figur geschlagen wird, also aus dem Spiel verschwindet? Dann ist das Zurücknehmen nicht mehr so einfach. Wie so etwas dennoch gelingt, zeige ich Ihnen im Abschnitt zum Memento-Muster (siehe Abschnitt 4.7.4), in dem dieses Praxisbeispiel weitergeführt wird.

Befehle entlang von Verarbeitungspipelines

Die Zuständigkeitskette nimmt eine Anfrage entgegen und leitet sie so lange weiter, bis ein Objekt in der Kette sich darum kümmert oder die Kette zu Ende ist. Das lässt sich mit dem Befehlsmuster natürlich gut kombinieren, wenn in der Anfrage das Befehlsobjekt übergeben wird.

Außerdem muss ein Befehl nicht statisch sein. Er kann von anderen Objekten im Laufe der Verarbeitung verändert werden. Ein Beispiel wäre ein Befehl zum Einkauf einer Ware, der von einer Anwendung im Laufe der Verarbeitung mit einem Zertifikat versehen und damit offiziell genehmigt wird.

Makroobjekte

Da Befehlsobjekte ganz gewöhnliche Objekte sind, kann man für sie sowohl die Erzeugungs- als auch einige Strukturmuster gut anwenden. Für zusammengesetzte Befehle eignet sich z. B. das Kompositionsmuster ganz gut, das größere Objekte aus kleineren Objekten zusammenbaut.

Autonome Befehlsobjekte

Das klassische Muster sieht vor, dass ein Befehl letztendlich vom Empfänger ausgeführt wird. Gibt es keinen solchen Empfänger, müsste man also einen Empfänger künstlich entwerfen. Dann ist es auch möglich, dass ein Befehl sich selbst ausführt. Ein Speichern-Befehl könnte so ein Befehl sein, der keinen natürlichen Empfänger besitzt, oder der Befehl zum Beenden der Anwendung.

Überhaupt kann es ein Problem sein, den richtigen Empfänger zu finden. Im Beispiel haben wir dem Befehl bereits eine Objektreferenz übergeben. Das war leicht, haben wir die Spielfigur doch im Eventhandler des Schachspiels übergeben bekommen. Andere Fälle sind da nicht so einfach, zum Beispiel beim Befehl zum Kursivsetzen eines Texts (dort muss man den Text vielleicht erst mal finden, wenn in der Zwischenzeit neuer Text eingefügt wurde).

Wie dem auch sei, ich empfehle Ihnen, die Extreme zu meiden, also weder Empfängerobjekte als »Dummy-Objekte« zu erzeugen noch die Befehlsobjekte zu umfangreichen Steuerungszentralen auszubauen.

Ähnliche und ergänzende Muster

Das *Memento*-Muster kann ein Undo vereinfachen, indem es Zustandsinformationen für die spätere Verwendung speichern kann. Das kann auch ein »Snapshot« sein, also der vollständige Zustand eines Objekts oder eines Systems zu einem gewissen Zeitpunkt. In Abschnitt 4.7, »Memento«, zeige ich dies anhand einer Fortführung des hier begonnenen Schachspiels.

Das *Kompositum* hilft dabei, Befehle zu größeren Makrobefehlen zusammenzusetzen, zum Beispiel um ein gröberes Undo zu realisieren.

4.3 Interceptor

Das Interceptor-Muster ist der Abfangjäger unter den Entwurfsmustern und ein Muster, das im ursprünglichen Katalog der GoF nicht enthalten ist.

4.3.1 Steckbrief

Deutscher Name: Interceptor
Englischer Name: Interceptor
Gruppe: Verhaltensmuster

4.3.2 Beschreibung

Der Interceptor ist ein Kind moderner Middleware-Systeme und Frameworks. Solche Systeme können unmöglich alle Funktionalität mitbringen. Sie benötigen einen Mechanismus, um zur Laufzeit neue Funktionen in den Ablauf zu integrieren – eben das Interceptor-Muster.

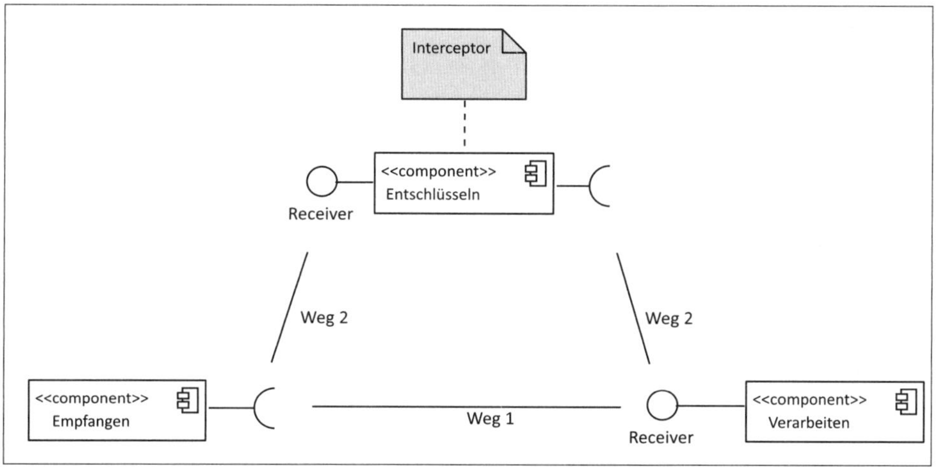

Abbildung 4.10 Der Interceptor in einer Verarbeitungskette

In Abbildung 4.10 ist eine einfache Verarbeitungskette abgebildet. Ein Empfänger – sagen wir, eine Komponente, die an einem TCP/IP-Port auf Nachrichten von außen wartet – übermittelt die empfangene Nachricht an die Verarbeitungskomponente, die dann einen Service ausführt oder sonst etwas mit der Nachricht macht.

Was geschieht aber nun, wenn die Nachricht über den Transportkanal verschlüsselt wurde? Man könnte diese Funktionalität natürlich in die Komponente `Verarbeiten` einbauen. Mit der Zeit würde diese Komponente aber schnell überfrachtet werden und wäre praktisch nicht mehr zu warten: Schnell würden verschiedene Verschlüsselungen implementiert werden, und neue Komponenten (wie Autorisierung, Authentifizierung, Logging, Tracing oder Filtermodule) würden die Komponente aufblähen.

Eleganter ist da schon der Ansatz, solche Funktionen bei Bedarf in die Verarbeitungskette einzuschleusen. Das kann statisch geschehen, einfach indem die Kette so konfiguriert wird, oder auch dynamisch – im Beispiel könnte die Nachricht einfach eine Kennzeichnung besitzen, ob sie verschlüsselten Inhalt trägt oder einen Inhalt im Klartext.

Interceptor-Module lassen sich aufgrund ihrer eher losen Kopplung auch dynamisch, also zur Laufzeit, hinzuladen, was einen Markt für Plug-ins schafft. Dass es sich um ein Verhaltensmuster handelt, ist bei diesem Muster augenscheinlich, wird doch diesmal das Verhalten einer Anwendung selbst durch den Interceptor geändert.

Für die Entwickler solcher Interceptor-Module beschränkt sich die Welt auf deren Schnittstellen. Sie müssen den Rest der Verarbeitungskette nicht kennen und diese darf für die Ausführung des Interceptors auch keine Rolle spielen. Natürlich machen nicht alle Kombinationen Sinn – eine bereits entschlüsselte Nachricht kann nicht von einem zweiten Interceptor erneut entschlüsselt werden –, aber das zu verhindern ist eine Aufgabe, die dem Administrator oder dem Architekten der Anwendung zufällt bzw. demjenigen, der die Interceptor-Module konfiguriert.

Ein wenig geht das auch in die Richtung *aspektorientierter Programmierung* oder wenigstens in Richtung solcher Systeme, die sich um Aspekte erweitern lassen. Als Aspekt bezeichnet man in der Softwareentwicklung eine generische Funktion, die von vielen Klassen verwendet werden kann. Typischerweise behandeln solche Aspekte also »Querschnittsfunktionen« oder, wie man auch sagt, *Cross-Cutting-Concerns*. Die Steuerung von Transaktionen, das Logging, Tracing und Monitoring sowie die Instrumentierung sind typische Aspekte, die häufig von Interceptor-Modulen umgesetzt werden.

UML

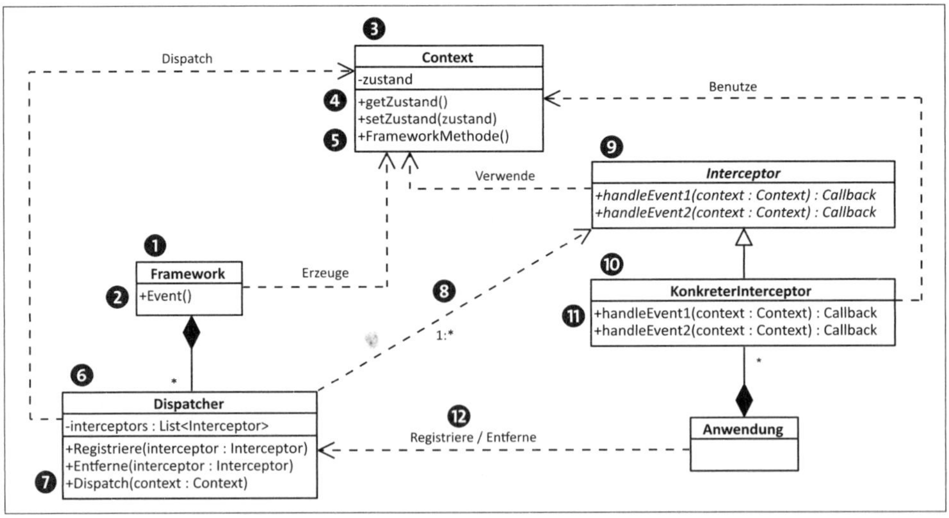

Abbildung 4.11 Der Interceptor in UML

Wenn man Abbildung 4.11 betrachtet, merkt man schon, dass dieses Muster nicht im GoF-Katalog enthalten ist, denn das »eine« UML-Diagramm gibt es nicht, schon eher einen veritablen Wildwuchs. Manchmal liest man auch, das Dekorierer-Muster wäre bereits eine Art Interceptor.

Dabei geht das Konzept doch viel weiter. Ich habe hier eine »Vollversion« dargestellt, die die ganze Bandbreite an Klassen enthält. Sie können dann bei Ihrer Implementierung etwas vereinfachen, wenn Sie mögen. Ich gehe bei der nachfolgenden Beschreibung auf einige Optionen ein.

Erläuterungen

Nr.	Erläuterung
❶	Ein *Framework* kann im Grunde alles sein, zum Beispiel der Filtermechanismus des beliebten Applikationsservers JBOSS oder die Verarbeitungspipeline von ASP.NET. Für gewöhnlich wird das Framework aber auf Events warten.
❷	Der *Event* trifft ein, und das Framework empfängt eine Nachricht. Beispiel: Eine Bestellung wird über einen Webservice an das Framework weitergeleitet. Das Framework prüft nun, ob dieser Event den Interceptor-Mechanismus passieren soll, ob also ein geeigneter *Dispatcher* zur Verfügung steht.
❸	Das Framework erzeugt daraufhin ein Objekt, den *Context*.
❹	Dieses Objekt speichert alle wichtigen Informationen über das Ereignis, was hier als *Zustand* bezeichnet wird. Im Falle der Bestellung sind das natürlich die Bestelldaten selbst, aber auch Metadaten, wie das Datum und die Uhrzeit des Event-Eingangs.
❺	Optional erhält das Context-Objekt Zugriff auf das Framework, damit es dort steuernd eingreifen kann. In jedem Fall wird das Framework aber nur einen kleinen Teil seiner Funktionalität nach außen hin öffnen, schon deshalb, weil ein Interceptor sich auch böswillig verhalten könnte.
❻	Für jeden Typ eines Events kann es einen eigenen *Dispatcher* geben. Das Framework speichert also eine Liste aller Dispatcher, zusammen mit der Information, welcher Dispatcher bei welchem Event zum Zuge kommt.
❼	Wurde der richtige Dispatcher gefunden (für gewöhnlich gibt es nur einen geeigneten Dispatcher), ruft das Framework dessen `Dispatch`-Methode auf.

Tabelle 4.3 Akteure des Interceptors

Nr.	Erläuterung
❽	Der Dispatcher wiederum kennt *Interceptor*-Objekte, wobei es auch vorkommen kann, dass gerade kein Interceptor registriert wurde. In diesem trivialen Fall endet dieses Muster an dieser Stelle. Es kann aber auch mehr als einen Interceptor geben, die dann der Reihe nach – oder in einer anderen Reihenfolge – zum Zuge kommen.
❾	Ein Interceptor besitzt (meistens jedenfalls) eine abstrakte Basisklasse oder implementiert eine gemeinsame Schnittstelle. Darauf könnte man auch verzichten, wenn die Anforderungen überschaubar sind.
❿	Die konkreten Interceptor-Objekte implementieren nun die eigentliche Funktionalität. Im Beispiel wäre das der konkrete Interceptor `EntschluesselungInterceptor`.
⓫	Die Arbeit wird in den Methoden des Interceptors verrichtet. Wann und ob welche Methoden aufgerufen werden, das bestimmt wiederum der Dispatcher. Jede Methode erhält (in aller Regel jedenfalls) das Context-Objekt übergeben, denn dieses Objekt enthält ja alle Informationen über den zu verarbeitenden Event. Über dieses Context-Objekt könnte der Interceptor nun wiederum auf die Funktionen des Frameworks zugreifen, wenn Context und Framework das implementiert haben. Die Verarbeitung läuft in solchen Systemen meist asynchron, um das Framework nicht zu blockieren und nicht zu viele Threads zu verbrauchen. Daher haben diese Methoden einen Callback als Rückgabewert. Das Framework wird aber warten, bis alle Interceptor-Objekte diesen Callback aufrufen und damit signalisieren, dass sie ihre Arbeit verrichtet haben. Beispiel: Die Methode `entschluesseleContextObject(Context context)`.
⓬	Bleibt nur noch eine Frage: Wie kommen die Interceptor-Objekte in die Verarbeitungskette? Dafür bietet der Dispatcher Methoden zum Registrieren und Entfernen von *Interceptor*-Objekten. Eine nicht näher bezeichnete *Anwendung* bietet dafür vermutlich ein Kommandozeilen- oder grafisches Interface. Im einfachsten Fall werden die Objekte einfach in einer Konfigurationsdatei an den entsprechenden Dispatcher gebunden.

Tabelle 4.3 Akteure des Interceptors (Forts.)

Das war eine lange Beschreibung, zugegeben. Aber ich hoffe, Sie lassen sich gleich von den Vorteilen überzeugen.

4.3.3 Anwendungsfälle

Das Interceptor-Muster kann immer dann gute Dienste leisten, wenn eine Anwendung – möglichst zur Laufzeit – um neue Funktionen erweitert werden soll und wenn es ein Framework gibt, das diese Erweiterung unterstützt.

Für den Hersteller des Frameworks hat dies den großen Vorteil, dass es Dritthersteller (oder eine aktive Community) gibt, die fehlende Funktionen nachrüsten oder bessere Lösungen für vorhandene Interceptor-Module bereitstellen. Das spart Kapazität und damit Geld und erhöht die Akzeptanz mit jedem neuen Interceptor. Außerdem kann auf diese Weise (leider, möchte man sagen) ein Framework zu einem sehr frühen Zeitpunkt auf den Markt geworfen werden, zu dem eigentlich noch wichtige Funktionen fehlen. Ein Beispiel dafür ist das *ASP.NET Web API*, das in der ersten Version mehr Lücken als Inhalte hatte.

Für den Kunden bedeutet es, dass er jemanden beauftragen kann, einen Interceptor zu schreiben, und dass er nicht völlig vom Hersteller des Frameworks abhängig ist.

Entwickler wiederum können mit der Entwicklung Geld verdienen oder einfach Gutes tun – oder natürlich beides.

Diese Beschreibung ist natürlich immer noch zu allgemein. Ich muss sie daher einschränken: Das Interceptor-Muster eignet sich weniger, wenn sich die zu implementierenden Funktionen nicht in eine Verarbeitungskette einreihen lassen, wenn es um GUI-Funktionen geht oder wenn ein Interceptor eine sehr tiefe Integration ins Framework benötigen würde – dann ist das Framework selbst der Ort, an dem die Funktion untergebracht werden sollte. Und ein Interceptor muss eigenständig arbeiten können und nur von den definierten Schnittstellen abhängig sein. Wir haben schon gesehen: Unter Umständen hat ein Interceptor zwar Zugriff auf Teile des Frameworks, aber die Interceptor-Module müssen dennoch der Reihe nach ausgeführt werden können und unabhängig voneinander sein.

Einige Beispiele für Interceptor-Module, wie man sie in der Praxis häufiger antrifft:

- **Authentifizierung und Autorisierung:** Hier könnten verschiedene Arten der Authentifizierung wahlweise angeboten werden (z. B. über Active Directory, Facebook, Google oder Microsoft Live).
- **Caching:** Über Caching-Provider lässt sich die Verarbeitungskette unter definierten Umständen verkürzen.
- **Logging, Tracing, Monitoring, Instrumentierung:** Das eröffnet das weite Feld von »DevOps«, also der Verbindung zwischen Entwickler und Administratoren. Ein Logging-Interceptor könnte z. B. ETW (*Event Tracing for Windows*) nutzen, um über wichtige Events im Eventlog von Windows zu berichten.
- **Exception Handling:** Definiert den Umgang mit auftretenden Fehlern, häufig auch in Verbindung mit Logging.

- **Validierung:** Hier werden meist zusätzliche, kundenspezifische Validierungen in die Verarbeitungskette eingebracht.
- **Verschlüsselung:** Ver- und Entschlüsselung der gesamten Nachricht oder von Teilen.
- **Encoding, Transcoding etc.**: Das Verändern des Originalinhalts in Bezug auf Sprache, Formate, Zeichensätze usw.

Beispiele für das Interceptor-Muster sind die Reader- und Writer-Interceptors in JBoss oder auch die Verarbeitungspipeline des IIS im Allgemeinen und von ASP.NET im Speziellen. Aber Achtung: Der Begriff Interceptor ist nicht geschützt, und nicht immer sind solche Verarbeitungsketten auch nach dem hier beschriebenen Muster implementiert worden.

4.3.4 Implementierung

Für die Implementierung dient das Beispiel aus Abschnitt 4.3.2. Dort habe ich einen Interceptor vorgestellt, der eine Nachricht entschlüsselt. Der Interceptor wird zwischen den Empfänger der Nachricht und den Verarbeiter der Nachricht geschaltet.

Zunächst betrachten wir wieder das UML-Diagramm für diese Aufgabenstellung (siehe Abbildung 4.12).

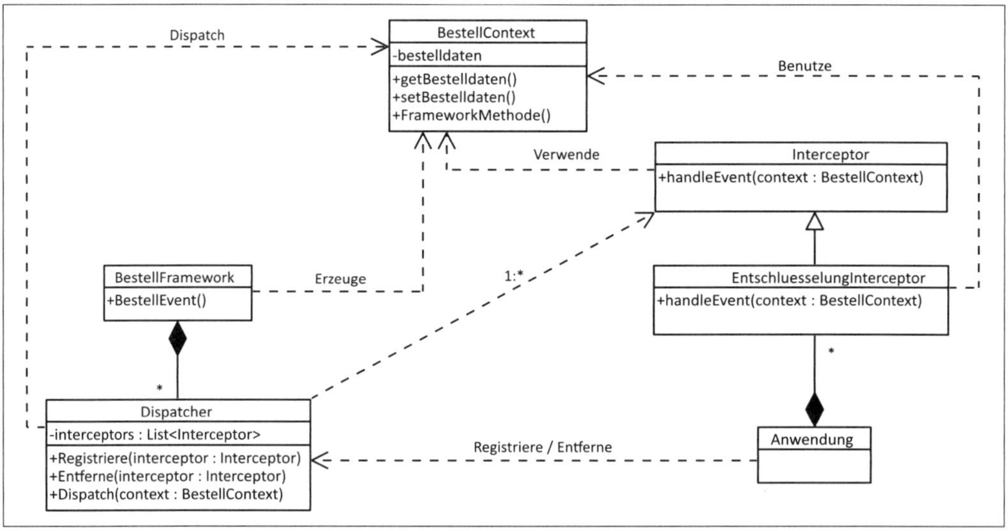

Abbildung 4.12 Das Interceptor-Muster im Praxisbeispiel

Das Diagramm entspricht dem Muster, mit einer Veränderung: Auf die Callbacks habe ich verzichtet, die Interceptor-Objekte verrichten ihre Arbeit synchron. Die Implementierung wäre sonst deutlich aufwendiger, ohne dass dies etwas zum Verständnis des Musters beitragen würde.

Context (BestellContext)

Mit diesem Objekt arbeitet der Interceptor. Es wird vom `BestellFramework` erzeugt und spiegelt einfach die Bestellung wider.

```
public class BestellContext
{
  private String bestelldaten;
  private Date dateTimeStamp;
  private boolean isVerschluesselt;

  public BestellContext(
   String bestelldaten, Date dateTimeStamp, boolean isVerschluesselt)
  {
    this.bestelldaten = bestelldaten;
    this.dateTimeStamp = dateTimeStamp;
    this.isVerschluesselt = isVerschluesselt;
  }

  public void setBestelldaten(String bestelldaten)
  {
    this.bestelldaten = bestelldaten;
  }
  public String getBestelldaten()
  {
    return bestelldaten;
  }

  public Date getDateTimeStamp()
  {
    return dateTimeStamp;
  }
  public boolean benoetigtEntschluesselung()
  {
    return isVerschluesselt;
  }
}
```

Listing 4.12 Die Klasse »BestellContext«

In der Praxis wäre diese Klasse vielleicht selbst wiederum Teil einer Vererbungshierarchie, die Basisklasse würde dann nur den Zustand speichern, der für alle `Context`-Klassen identisch wäre – zum Beispiel der Datums-/Zeitstempel. Die abgeleiteten Klassen wären dann die Nachrichtentypen, wie die hier dargestellte Bestellung.

In webbasierten Systemen könnte der `Context` auch einfach die HTTP-Nachricht sein bzw. die SOAP- oder JSON-Nachricht – was eben gerade über die Leitung geschickt wurde.

Im Beispiel wird die gesamte Bestellung in einem String gespeichert, einfach deshalb, weil bei der Entschlüsselung auf unnötigen, redundanten Code verzichtet werden kann. Der `boolean isVerschluesselt` dient später als Weiche, denn nur für verschlüsselte Bestellungen benötigen wir die Ausführung des Interceptors.

Interceptor

Für den Interceptor habe ich wieder eine abstrakte Basisklasse gewählt. Wie so oft wäre auch hier die Ausführung als Schnittstelle möglich, aber es ist schon recht wahrscheinlich, dass in der Basisklasse Funktionalitäten abgebildet werden, zum Beispiel zur Kommunikation mit dem Framework.

Die Implementierung ist trivial:

```
public abstract class Interceptor
{
  public abstract void handleEvent(BestellContext context);
}
```

Listing 4.13 Die Klasse »Interceptor«

KonkreterInterceptor (EntschluesselungInterceptor)

Die hier verwendete Entschlüsselungsroutine wird zwar ernsthaften Angriffen von Hackern und Geheimdiensten nicht standhalten (oder vielleicht gerade deshalb), dafür ist sie aber einfach, und man kann sie leicht ausprobieren.

```
public class EntschluesselungInterceptor extends Interceptor
{
  public void handleEvent(BestellContext context)
  {
    if (context.benoetigtEntschluesselung())
    {
      System.out.println("Chiffre: "+context.getBestelldaten());
      String klartext =
       new StringBuffer(context.getBestelldaten()).reverse().toString();
      context.setBestelldaten(klartext);
      System.out.println("Klartext: "+context.getBestelldaten());    }
  }
}
```

Listing 4.14 Die Klasse »EntschluesselungInterceptor«

Im Interceptor wird geprüft, ob eine Entschlüsselung überhaupt notwendig ist. Man hätte aber diese Entscheidung genauso gut im Dispatcher treffen und damit einen Aufruf einsparen können.

Dispatcher

Für jeden Typ an Nachrichten gibt es einen eigenen Dispatcher. Da das Beispiel nur Bestellungen verarbeitet, gibt es also folglich auch nur einen Dispatcher. Wichtig ist, dass alle Interceptor-Objekte zum Dispatcher kompatibel sein müssen. In einer Verarbeitungskette könnte es einen Dispatcher für die Authentifizierung und z. B. einen anderen für das Filtern von Nachrichten geben. Die Interceptor-Objekte bilden dann die verschiedenen Authentifizierungsverfahren ab bzw. implementieren die verschiedenen Arten von Filtern.

```
public class Dispatcher
{
  private ArrayList<Interceptor> interceptors;

  public Dispatcher()
  {
    interceptors = new ArrayList<Interceptor>();
  }

  public void registriere(Interceptor interceptor)
  {
    if (!interceptors.contains(interceptor))
      interceptors.add(interceptor);
  }

  public void entferne(Interceptor interceptor)
  {
    if (interceptors.contains(interceptors))
      interceptors.remove(interceptor);
  }

  public void dispatch(BestellContext context)
  {
    for (Interceptor interceptor: interceptors)
    {
      interceptor.handleEvent(context);
    }
  }
}
```

Listing 4.15 Die Klasse »Dispatcher«

Der Charme eines Dispatchers besteht ja gerade darin, dass zur Laufzeit neue Interceptor-Objekte eingehängt oder auch wieder entfernt werden können. Daher gibt es hier auch zwei Methoden dafür. Ansonsten ist noch die dispatch-Methode interessant, die einfach alle Interceptor-Objekte bzw. deren handleEvent-Methoden der Reihe nach ausführt.

Framework (BestellFramework)

Das Framework verarbeitet das eingehende Event, das entlang der Verarbeitungskette verarbeitet werden soll. Woher das Event kommt, ist nicht weiter wichtig, vermutlich lauscht ein Listener an einem Port und informiert diese Klasse beim Eintreffen einer neuen Nachricht.

```
public class BestellFramework
{
  Dispatcher dispatcher;

  public BestellFramework()
  {
    dispatcher = new Dispatcher();
  }

  public void bestellEvent(String bestelldaten, boolean isVerschluesselt)
  {
    BestellContext context =
     new BestellContext(bestelldaten, new Date(), isVerschluesselt);
    dispatcher.dispatch(context);
  }

  public Dispatcher getDispatcher()
  {
    return dispatcher;
  }
}
```

Listing 4.16 Die Klasse »BestellFramework«

Die Aufgabe ist schnell erklärt: Hier wird das Context-Objekt erzeugt und danach der Dispatcher beauftragt, die Anfrage zu verarbeiten, der dann wiederum die Interceptor-Objekte in die Verarbeitungskette bringt.

Anwendung

Die Anwendung ist für dieses Muster eigentlich nicht von Interesse. Hauptsache, sie stellt dem User gegenüber einen Mechanismus bereit, um die Interceptor-Objekte zu registrieren. In unserem Beispiel generiert sie auch noch ein Bestell-Event und schickt dieses auf die Reise:

```
BestellFramework framework = new BestellFramework();
Interceptor interceptor = new EntschluesselungInterceptor();
framework.getDispatcher().registriere(interceptor);
framework.bestellEvent("Eine Bestellung", false);
```

4.3.5 Weitere Überlegungen und Alternativen

Bei diesem Muster gilt: Die Implementierung des »reinen« Musters ist nicht allzu schwer, das Muster in realen Anwendungen zuverlässig zum Laufen zu bringen ist jedoch ungleich komplizierter. In den folgenden Abschnitten behandle ich einige Dinge, die Sie dabei beachten sollten.

Sicherheit

Interceptors sind weder dem Dispatcher noch dem Framework bekannt. Sie können ja erst zur Laufzeit dynamisch geladen werden. Das birgt potenzielle Sicherheitsrisiken, denen Dispatcher und Framework begegnen müssen, vor allem dann, wenn das Framework eine weitgehende Beeinflussung bzw. Steuerung durch die Interceptors erlaubt.

Häufig werden dann *Trust Boundaries* eingeführt, oder der Interceptor wird in einer Sandbox ausgeführt, also innerhalb einer Barriere, die ein Interceptor nicht verlassen kann.

Eine andere Alternative ist es, Interceptors mithilfe von Zertifikaten zur Ausführung überhaupt erst zuzulassen. Ebenfalls anzutreffen ist die Variante, in der nur zertifizierte Interceptors vollen Zugriff auf das Laufzeitsystem haben, während nicht zertifizierten Interceptors gewisse Restriktionen auferlegt werden.

Stabilität, Robustheit

Aus den gerade erwähnten Gründen kann man auch nicht davon ausgehen, dass ein Interceptor sich immer korrekt verhält. Das betrifft im Wesentlichen zwei Aspekte:

- Ein Interceptor könnte instabil sein, also z. B. Eingaben unzureichend validieren und auf diese Weise häufig Exceptions auslösen.
- Oder ein Interceptor ist schlicht zu leistungsschwach, die Ausführung der Handler also zu langsam.

Oder vielleicht kommt auch beides vor. Im ersten Fall ist Exception Handling das Mittel der Wahl. Dem zweiten Problem begegnet man am besten mit asynchroner Ausführung der Interceptor-Methoden und ggf. mit der Einführung eines Timeouts, nach dessen Ablauf ein Eintrag geloggt und die Ausführung des Interceptors unterbrochen wird.

Die Schwierigkeit für den Hersteller einer Anwendung besteht dabei in der Unvorhersehbarkeit des Laufzeitverhaltens, weiß man doch nicht, welche Interceptors in der konkreten Installation verwendet werden und was der Kunde als Nächstes installiert.

Abhängigkeiten, Ausführungsreihenfolge

Das Muster funktioniert am besten, wenn die einzelnen Interceptors voneinander unabhängig sind. In der Praxis ist das nicht in jedem Fall zu erreichen. Manchmal macht ein Interceptor eine Anfrage unbrauchbar für einen weiteren Interceptor oder Abhängigkeiten bedingen die Reihenfolge der Ausführung. Beispielsweise kann der Inhalt einer Nachricht erst dann validiert werden, wenn sie zuvor entschlüsselt wurde.

Eine passable Möglichkeit, dies zu verhindern, besteht darin, verschiedene Dispatcher zu verwenden. Dispatcher können durchaus in einer festgelegten Reihenfolge ausgeführt werden und voneinander abhängig sein, wenn das auch hier nicht wünschenswert ist. Innerhalb eines Dispatchers sollten die Interceptors dann aber unabhängig ausgeführt werden können.

Die Reihenfolge der Ausführung der registrierten Interceptors kann aber auch noch aus anderen Gründen geändert werden:

- Vielleicht möchte ein Anwender die Reihenfolge selbst festlegen.
- Auch vordefinierte Prioritäten könnten eine Rolle spielen.
- Die Reihenfolge könnte auch vom Inhalt der zu verarbeitenden Nachricht abhängen.

Es kann auch vorkommen, dass ein Interceptor die Ausführungsreihenfolge dergestalt ändert, dass eine Nachricht in einer Schleife festhängt oder aufgrund der Ausführung weitere Events erzeugt werden, die wiederum zu weiteren `Dispatch`-Aufrufen führen, die wiederum weitere Interceptors aufrufen, die selbst wiederum Events erzeugen ...

Sie sehen, das macht eine Anwendung nicht gerade weniger komplex.

4.4 Interpreter

Das nächste Muster, der Interpreter, ist zugegebenermaßen eine abstrakte Angelegenheit und in der Praxis zudem reichlich unterrepräsentiert. Das kann auch daran liegen, dass es im Vergleich zu den anderen Mustern kaum beschrieben ist. Dem möchte ich mit einer ausführlichen Beschreibung gegensteuern. Denn es lohnt sich auf jeden Fall, dieses Muster kennenzulernen. Sie sollten sich daher auch unbedingt das Praxisbeispiel näher ansehen.

4.4.1 Steckbrief

Deutscher Name: Interpreter

Englischer Name: Interpreter

Gruppe: Verhaltensmuster

4.4.2 Beschreibung

In der Softwareentwicklung gibt es immer wieder dieselbe Aufgabenstellung, die an verschiedenen Stellen zu lösen ist. Der Klassiker, der immer wieder gern verwendet wird, um dieses Muster zu beschreiben, ist die Suche nach Zeichenketten. Wenn Entwickler auf solche Probleme stoßen, dann durchlaufen sie meist eine ganz bestimmte Reihenfolge. Nehmen wir das Beispiel der Textsuche innerhalb eines langen Strings.

Methode

Der erste Gedanke ist es häufig, den Code in eine Methode zu packen, um einen gewissen Grad an Wiederverwendbarkeit zu gewährleisten. Das könnte eine Methode sein wie:

```
public boolean kommtTextVor(String suchText, String text);
```

Damit lässt sich noch keine Waschmaschine gewinnen, und schnell gibt es Methoden mit vielen Parametern oder viele Methodenüberladungen wie:

```
public boolan kommtTextVor(String suchText, String suchText2, String text,
 boolean isCaseSensitive, boolean suchTexteUndVerknuepft …)
```

Klassen

Das klappt also nicht, weil es zu komplex ist. Okay, die nächste Ebene ist dann die der Klasse. Einer Klasse kann man viele Felder spendieren; der innere Zustand der Klasse ist dann die Suchabfrage. Eine einfache Methode erledigt dann die Suche:

```
SuchKlasse suchKlasse = new SuchKlasse();
suchKlasse.SuchTexte.add("Mein Suchtext");
suchKlasse.SuchTexte.add("Mein Suchtext2");
suchKlasse.Verknuepfung = Verknuepfung.OR;
boolean gefunden = suchKlasse.suchtrefferGefunden();
```

Das ist einfacher, hat aber auch so seine Probleme. Erst einmal kann man eine solche Klasse nicht mit Konstruktoren initialisieren, weil die ähnlich umfangreich wären wie die Suchmethode oben. Bleibt noch das Setzen der Attribute im Code, wie gezeigt. Allerdings gibt es jetzt schnell Kombinationen, die sich ausschließen. Der Verwender der Klasse muss also alle zu setzenden Felder samt ihren Auswirkungen kennen und außerdem wissen, welche Kombinationen sich ausschließen und wie die Klasse bei einer widersprüchlichen Initialisierung arbeitet. Im obigen Beispiel könnte die Klasse die Verknüpfung der Suchtexte einfach ignorieren, wenn es nur einen Suchtext gibt – oder aber eine Exception auslösen.

Vererbungshierarchie

Eine Möglichkeit, dieses Problem zu lösen, wäre mit Vererbung. Dann gibt es eben eine Klassenhierarchie wie in Abbildung 4.13.

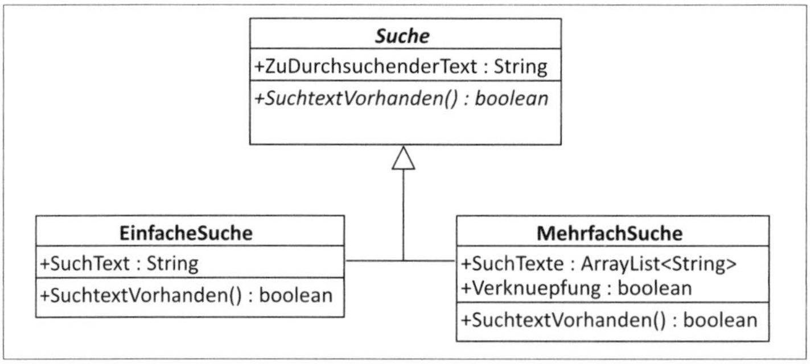

Abbildung 4.13 Die Suchklassen in einer Vererbungshierarchie

Das verhindert nun unsinnige Kombinationen, und jemand, der die Klasse verwenden will, muss nur noch die richtige Klasse aussuchen und die (wenigen) Felder richtig befüllen.

Aber leider rächt sich auch dieses Design schnell. Denn einmal differenziert, bringt man Klassen leider nicht wieder zusammen, jedenfalls nicht in Sprachen, die keine Mehrfachvererbung unterstützen – und das ist heute die Mehrzahl aller Sprachen.

Wollten wir noch eine Variante einführen, die Fuzzy-Suche bzw. phonetische Suche, dann würde die Vererbungshierarchie schnell so aussehen wie in Abbildung 4.14.

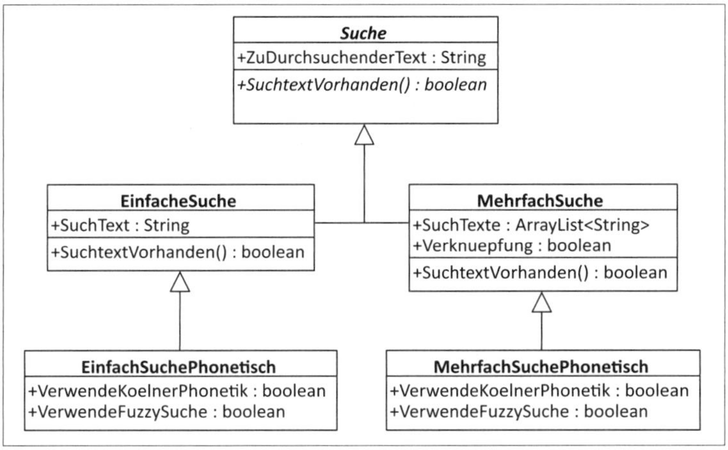

Abbildung 4.14 Die Vererbungshierarchie mit phonetischer Suche

Das führt nun schnell zu riesigen Vererbungshierarchien, wenn jeder Teilaspekt des Problems in allen Varianten ausdifferenziert wird. Oder man zieht das Problem in der Hierarchie nach oben, mit den oben beschriebenen Problemen.

Weitere Ansätze

Natürlich endet das Instrumentarium der objektorientierten Sprachen hier nicht. Man könnte beispielsweise den Aspekt der phonetischen Suche in eine eigene Klasse auslagern (die selbst wiederum eine Vererbungshierarchie aufweisen kann) und dieses Objekt dann dem Suchobjekt als Parameter übergeben. Oder man wendet eines der hier beschriebenen Muster an: Der Dekorierer und weitere Muster eignen sich, um einem Objekt zur Laufzeit neue Eigenschaften beizubringen.

Aber auch das bringt Probleme: Die Komplexität steigt schnell an, die Validierung des gesamten Objekts wird schwierig bis unmöglich, und die Anzahl an Kombinationen wird weder für einen Verwender dieser Klassen noch für den Ersteller ein Zuckerschlecken.

Das wäre jetzt eine prima Gelegenheit, sich nach Alternativen umzuschauen. In unserem Beispiel ist das nicht schwer: Jede Sprache, die etwas auf sich hält, bietet schließlich reguläre Ausdrücke. Aber warum reguläre Ausdrücke? Das bringt uns zum Kern dieses Musters.

Interpreter

Wenn ein Problem nur oft genug zu lösen ist und dieses Problem einen gewissen Variantenreichtum aufweist – beides trifft für die Suche nach Text sicherlich zu –, dann besteht eine Alternative darin, sich eine Sprache zu überlegen. Und das Interpreter-Muster interpretiert diese Sprache und löst das Problem für uns.

Reguläre Ausdrücke sind eine solche Sprache. Wie jede andere Sprache auch braucht es vor allem drei Dinge:

- **Ausdrücke und Token** – Beispiel: Der Ausdruck `\s` steht für ein Whitespace, also das Leerzeichen oder ein anderes Zeichen (z. B. für den Tabulator oder NewLine).
- **Syntax** – Beispiel: Wenn ein Set geöffnet wird (mit `[`), dann muss es auch wieder geschlossen werden, und zwar mit `]`.
- **Semantik** – Beispiel: Ein Set von Zeichen bedeutet irgendeines dieser Zeichen, wie in `[abc]`.

Kurz gesagt: Man muss eine Grammatik für die eigene Sprache erfinden.

Alle Probleme löst das nicht: Ein Anwender muss zwar keine komplexen Klassen mehr bändigen, aber dafür die Sprache erlernen. Und wer schon einmal durch einen harmlos wirkenden regulären Ausdruck exponentielle Laufzeiten verursacht hat, der weiß: So ganz ohne Kenntnis der inneren Arbeitsweise macht die Anwendung nur halb so viel Spaß. Was übrigens für die meisten Sprachen gilt, ob sie nun SQL heißen oder BPML.

Aber eines bleibt unbestreitbar: Ein Problem mithilfe einer eigenen Sprache zu lösen, kann kurz, prägnant und ausdruckstark sein. Und wenn man es richtig macht, ist es für den Verwender sehr effizient – und obendrein lässt sich die Sprache auch noch erweitern. Das Interpreter-Muster macht's möglich.

UML

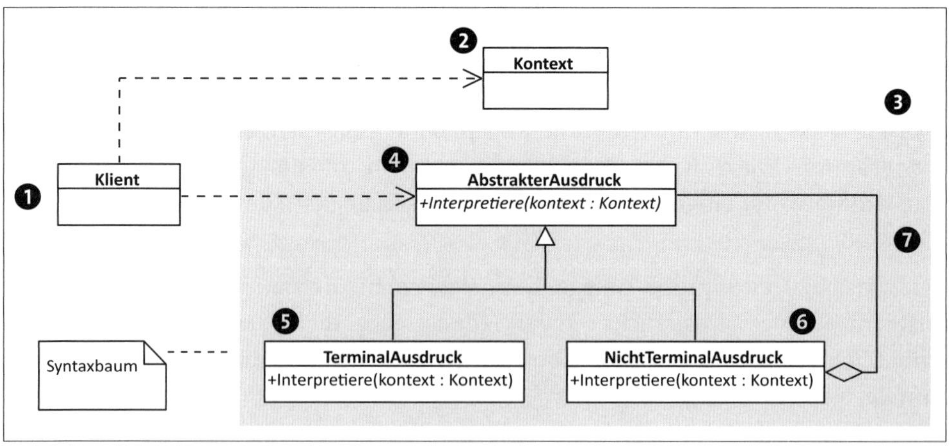

Abbildung 4.15 Das Interpreter-Muster in UML

Erläuterungen

Um das Muster zu verstehen, ist es notwendig, sich einmal eine Grammatik für eine eigene Sprache anzuschauen.

Grammatik »Scoring«

Ausdruck ::= ›[‹ Operand Operator Operand ›]‹

Operator ::= ›+‹ | ›-‹ | ›/‹ | ›*‹

Operand ::= Ausdruck | Zahl | Feld

Zahl ::= ›-‹? (›0‹ | ›1‹ | ... | ›9‹)

Feld ::= ›OffenePosten‹ | ›AvgZahlfristInTagen‹ | ›AnzMahnungen‹

| ›SumBestellwert‹ | ›DauerKundenbeziehung‹

Es geht dabei darum, den Score (die Kreditwürdigkeit) eines Kunden zu berechnen. Die Formel soll dabei nicht fest in der Anwendung codiert werden (weil sie sich natürlich häufiger mal ändert), sondern als »Formel«, also als Ausdruck, hinterlegt werden.

Die Begrifflichkeiten:

Begriff	Bedeutung
Grammatik	Das gesamte Regelwerk (Grammatik »Scoring«)
Literal	Feste Zeichenkette bzw. Symbol, zum Beispiel ›+‹ oder ›OffenePosten‹
Ausdruck	Etwas, das ausgewertet werden kann, also die gesamte Formel oder Teile davon, die ein Ergebnis liefern. Beispiel: [OffenePosten-[DauerKundenbeziehung*2]] oder auch nur der Ausdruck [DauerKundenbeziehung*2].
Satz	Der gesamte Ausdruck

Nun gibt es Ausdrücke, die wieder weitere Ausdrücke beinhalten können, zum Beispiel der Operand. Das Literal »]« beendet einen Ausdruck, es ist also selbst ein »terminaler Ausdruck«.

Nr.	Erläuterung
❶	Der *Klient* ist wieder die Klasse, die ein bestimmtes Problem lösen möchte, im Beispiel das Suchen innerhalb eines Texts nach Fundstellen. Der Klient erstellt dafür einen *Syntaxbaum* oder erhält diesen von außen übergeben. Außerdem erzeugt er den *Kontext*.

Tabelle 4.4 Akteure des Interpreter-Musters

Nr.	Erläuterung
❷	Der *Kontext* enthält die für den Interpreter wichtigen Informationen. Im Beispiel wären das die Feldinhalte für den zu scorenden Kunden, wie `SumBestellwert` oder `DauerKundenbeziehung`.
❸	Der *Syntaxbaum* definiert die Syntaxelemente anhand von Klassen und stellt die Repräsentation der gesamten Sprache dar.
❹	Die abstrakte Basisklasse *AbstrakterAusdruck* besitzt lediglich die `Interpretiere`-Methode, die ebenfalls abstrakt ist und die den Kontext als Eingabeparameter enthält.
❺	Die erste davon abgeleitete Klasse *TerminalAusdruck* steht für das Ende eines Satzes. Daher benötigt auch jeder Satz einen terminalen Ausdruck. Im Beispiel ist das Symbol ›]‹ ein solcher terminaler Ausdruck.
❻	Die zweite Ableitung, die Klasse *NichtTerminalAusdruck*, steht für einen beliebigen Ausdruck, der nicht das Ende des Satzes darstellt. Beispiel: Ein Operand kann wieder weitere Ausdrücke enthalten, die wieder Operanden enthalten, ad infinitum.
❼	Ein nichtterminaler Ausdruck speichert seine Kindausdrücke in einer Liste. Auf diese Weise gewinnt der Syntaxbaum an Breite und Tiefe.

Tabelle 4.4 Akteure des Interpreter-Musters (Forts.)

4.4.3 Anwendungsfälle

Um das Muster sinnvoll anwenden zu können, sollten einige Bedingungen erfüllt sein:

- Es soll sich lohnen. Das bedeutet: Das zu lösende Problem sollte hinreichend oft in der Aufgabenstellung auftreten. Das ist bei regulären Ausdrücken sicherlich der Fall.
- Oder aber: Die Aufgabenstellung ist ohne dieses Muster nur sehr umständlich zu lösen, wie die Berechnung des Scores im Praxisbeispiel. Häufig ist das der Fall, wenn es viele Varianten und Verschachtelungen gibt, die Grammatik also ein wenig komplexer ist und häufige Änderungen anstehen.
- Andererseits sollte die Grammatik nicht zu komplex sein, weil für jeden Ausdruck eine Klasse benötigt wird. Eine sehr komplexe Grammatik mündet dann in einem umfangreichen Klassenbaum, den wir ja eigentlich vermeiden wollten.
- Die Performance darf bei diesem Muster keine zentrale Rolle spielen. Der Umgang mit breiten und tiefen Syntaxbäumen kann unter Umständen von der Laufzeit

her inakzeptabel sein. Viele Frameworks nutzen daher andere Technologien und kompilieren beispielsweise einen regulären Ausdruck schon vor der Ausführung.

- Und natürlich muss sich das Problem erst einmal in einen Syntaxbaum übersetzen lassen, was aber häufig der Fall ist.

Einige Beispiele für das Muster sind:

- *Regel-Engines*, zum Beispiel für Workflows. Regeln ist nur schwer beizukommen, weil sie eben die gesamte Bandbreite an Operatoren, Feldern und anderen Ausdrücken aufweisen können. Andererseits können solche Regeln nicht fest codiert werden, weil Kunden heutzutage eben erwarten, dass sie ihre Geschäftsregeln ändern können, ohne dafür einen Programmierauftrag vergeben zu müssen.
- *Formelgeneratoren*, wie im Score-Beispiel. Während bei Regel-Engines die Ausdrücke häufig zu einem booleschen Wert ausgewertet werden, werden Formeln zu Zahlen ausgewertet.
- *Beliebige andere Generatoren*, wie im Praxisbeispiel einer aufgeführt ist, bei denen sich die zu generierenden Daten komfortabel über eine Definition beschreiben lassen.
- Ein weiteres Beispiel ist die gute alte *umgekehrte polnische Notation*, eine spezielle Schreibweise für numerische Ausdrücke, bei der die Operatoren hinter den Operanden stehen. Dafür gibt es eine formale Grammatik, und daher lässt sie sich leicht mit diesem Muster abbilden.
- *Predicate Expressions*: Auch Predicates sind Ausdrücke, die `true` oder `false` ergeben. Man kann sie Funktionen übergeben, zum Beispiel mittels Lambda Expressions, und sie werden dann in der Funktion ausgewertet – zum Beispiel mit dem Interpreter-Muster. Sie werden häufig eingesetzt, um damit Filterausdrücke abzubilden.

Immer häufiger trifft man in diesem Zusammenhang auf *Domain Specific Langues (DSL)*. Solche DSLs sind Sprachen, die spezifisch für eine bestimmte Domäne sind, also für eine bestimmte fachliche Aufgabenstellung. Der Vorteil des Interpreter-Musters dabei ist, dass wir die Grammatik völlig nach eigenen Vorstellungen gestalten können.

4.4.4 Implementierung

Die bisherigen Beispiele hatten als Ergebnis, als zu lösende Aufgabe, immer einen einzigen Wert – Regeln geben wahr oder falsch zurück und Formeln in aller Regel numerische Werte. Das muss aber nicht so sein. Das Interpreter-Muster kann beliebige Probleme lösen, sofern sie sich in eine Sprache gießen lassen.

Die Aufgabenstellung

Das Praxisbeispiel dreht sich diesmal um Testdaten, vor allem um numerische Testdaten. Solche Testdaten werden häufig benötigt: Telefonnummern, Sozialversicherungsnummern, Kundennummern, Hausnummern usw. folgen bestimmten Regeln. Diese Regeln starr festzulegen ist häufig nicht möglich und schon gar nicht, wenn eine Software an Kunden verkauft werden soll, die jeweils ihre ganz eigenen Vorstellungen davon besitzen, wie beispielsweise eine Kundennummer auszusehen hat.

Der erste Schritt besteht darin, wieder eine formale Grammatik für das zu lösende Problem zu definieren.

Formale Grammatik »Testdatengenerierung«

Ausdruck ::= {Literal | Zufallszahl | Wiederholung | Var }

Literal ::= ›0‹|›a‹ | ›b‹ | ›c‹ ... {›0‹|›a‹|›b‹|›c‹|...}

Var ::= ›<‹ Variable ›>‹

Variable ::= Eine beliebige Variable im Kontext

Zufallszahl ::= ›#‹ Eine einstellige Zufallszahl von 0–9

Wiederholung: ::= ›[‹ Anzahl ›,‹ Ausdruck ›]‹

Diese Darstellung entspricht (in etwa) der *erweiterten Backus-Naur-Form für kontextfreie Grammatiken (EBNF)*. Jedenfalls definiert sie, welche Möglichkeiten es gibt, die der Interpreter interpretieren können muss.

In Tabelle 4.5 sehen Sie einige Beispiele, die der obigen Form entsprechen.

Ausdruck	Generierte Zahlen (Beispiel)
abc	abc
###	374
+4#-#####-######	+44-63374-236329
(###)[2,No#]	(371)No4No1
<ort>/##43	München/3743

Tabelle 4.5 Beispiele für erlaubte Ausdrücke

Bereits mit dieser recht einfachen Grammatik lassen sich schon praktikable Testdaten erzeugen – und das, ohne dass wir irgendetwas Spezifisches codieren müssten.

UML

Aus der formalen Grammatik müssen wir nun die Klassenhierarchie entwerfen (siehe Abbildung 4.16).

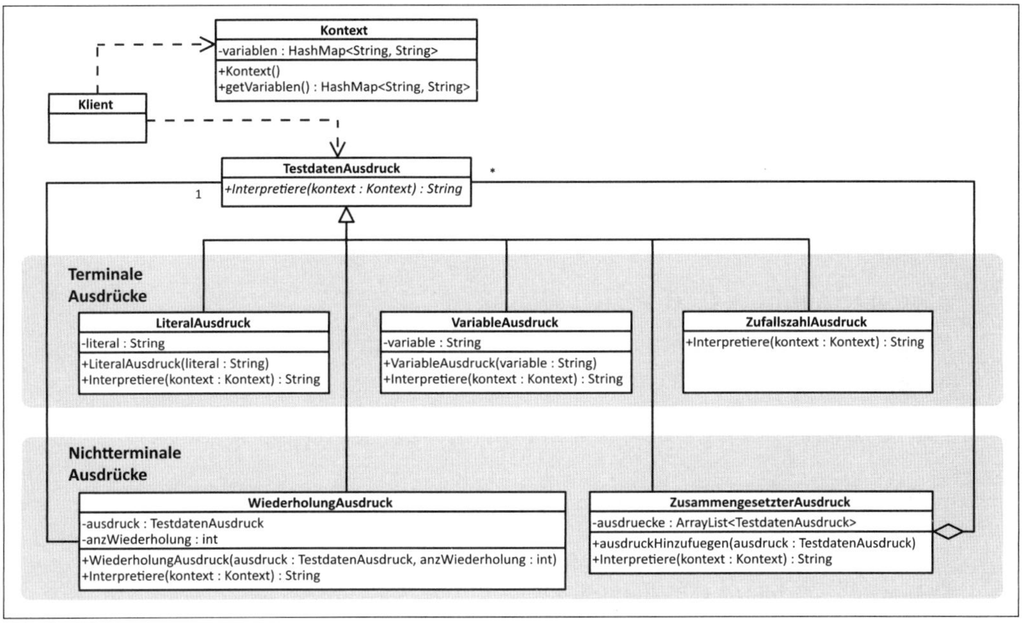

Abbildung 4.16 Das Interpreter-Muster im Praxisbeispiel

Im Beispiel gibt es zwei Klassen, die wiederum andere Ausdrücke beinhalten, also nichtterminal sind, in der Sprache dieses Musters. Dazu sage ich gleich mehr.

Kontext

Der Kontext versorgt die Ausdrücke mit, na ja, dem Kontext eben, also dem, was der Ausdruck selbst nicht beinhaltet, was von außen kommt. In unserem Beispiel sind das die Inhalte der Variablen, die im Ausdruck vorkommen können.

```
public class Kontext
{
  private HashMap<String, String> variablen;

  public Kontext()
  {
    variablen = new HashMap<String, String>();
  }

  public HashMap<String, String> getVariablen()
  {
```

```
    return variablen;
  }
}
```

Listing 4.17 Die Klasse »Kontext«

Woher der Kontext kommt, ist nicht mehr im Fokus dieses Musters, Hauptsache, er ist da. Es sind übrigens auch Ausdrücke ohne Kontext denkbar. Dann bräuchten wir die Klasse nicht zu erstellen, und die `interpretieren`-Methode der Ausdrücke bräuchte keinen solchen Übergabeparameter. In unserem Beispiel benötigen wir den Kontext nur für die Klasse `VariableAusdruck`.

AbstrakterAusdruck (TestdatenAusdruck)

Klasse und Methode sind auch in der Implementierung abstrakt, daher sieht die Klasse recht unspektakulär aus:

```
public abstract class TestdatenAusdruck
{
  public abstract String Interpretiere(Kontext kontext);
}
```

Listing 4.18 Die Klasse »TestdatenAusdruck«

Würden wir eine Formel auswerten, wäre der Rückgabeparameter vermutlich ein `double`, bei der Auswertung einer Regel hingegen ein `boolean`. In unserem Fall gibt jede Regel einen `String` zurück, eben die generierten Testdaten.

TerminalAusdruck (LiteralAusdruck)

Der erste Ausdruck ist eine einfache Zeichenkette. Sie zu »interpretieren« ist trivial: Wir müssen sie einfach zurückgeben. Den Kontext können wir dabei ignorieren.

```
public class LiteralAusdruck extends TestdatenAusdruck
{
  private String literal;

  public LiteralAusdruck(String literal)
  {
    this.literal = literal;
  }

  public String interpretiere(Kontext kontext)
  {
```

```
    return literal;
  }
}
```

Listing 4.19 Die Klasse »LiteralAusdruck«

Ein `TerminalAusdruck` ist dieser Ausdruck deshalb, weil er selbst keine weiteren Ausdrücke mehr beinhaltet. Der Ast eines Syntaxbaums endet also, wenn ein solcher Ausdruck vorkommt.

TerminalAusdruck (VariableAusdruck)

Der nächste Ausdruck benötigt den Kontext, weil dort die Variablen und deren Inhalte gespeichert sind.

```
public class VariableAusdruck extends TestdatenAusdruck
{
  private String variable;

  public VariableAusdruck(String variable)
  {
    this.variable = variable;
  }

  public String interpretiere(Kontext kontext)
  {
    if (kontext.getVariablen().containsKey(variable))
      return kontext.getVariablen().get(kontext);
    else
      return "ERROR";
  }
}
```

Listing 4.20 Die Klasse »VariableAusdruck«

Die `interpretiere`-Methode besteht also in einem einfachen Lookup (und gibt den aktuellen Variableninhalt zurück) oder liefert `ERROR`, falls die Variable im Kontext gar nicht zu finden ist.

TerminalAusdruck (ZufallszahlAusdruck)

Das Erzeugen der Zufallszahl übernimmt die Klasse `Math`:

```
public class ZufallszahlAusdruck extends TestdatenAusdruck
{
  public String interpretiere(Kontext kontext)
  {
    int zufallszahl = (int) (Math.random() * 10);
    return Integer.toString(zufallszahl);
  }
}
```

Listing 4.21 Die Klasse »ZufallszahlAusdruck«

Jetzt müssen wir nur noch die Größe der Zufallszahl in den gewünschten Bereich und Datentyp konvertieren und daraus eine Zeichenkette machen, die die Methode `interpretiere` ja zurückgeben muss.

NichtTerminalAusdruck (WiederholungAusdruck)

Kommen wir zum ersten nichtterminalen Ausdruck, der Wiederholung:

```
public class WiederholungAusdruck extends TestdatenAusdruck
{
  TestdatenAusdruck ausdruck;
  int anzWiederholung;

  public WiederholungAusdruck(TestdatenAusdruck ausdruck, int anzWiederholung)
  {
    this.ausdruck = ausdruck;
    this.anzWiederholung = anzWiederholung;
  }

  public String interpretiere(Kontext kontext)
  {
    StringBuilder stringBuilder = new StringBuilder();
    for (int i= 0; i<anzWiederholung; i++)
    {
      stringBuilder.append(ausdruck.interpretiere(kontext));
    }
    return stringBuilder.toString();
  }
}
```

Listing 4.22 Die Klasse »WiederholungAusdruck«

Die Klasse selbst muss wissen, wie oft sie einen Ausdruck wiederholen soll und welcher Ausdruck das sein soll. Beide Informationen erhält sie im Konstruktor. Die interpretieren-Methode durchläuft dann die gewünschte Anzahl und ruft die interpretieren-Methode des Ausdrucks also entsprechend oft auf.

NichtTerminalAusdruck (ZusammengesetzterAusdruck)

Die Grammatik der »Testdatensprache« erlaubt es ja, dass Ausdrücke beliebig aneinandergereiht werden. Aus diesem Grund erstellen wir noch einen weiteren nichtterminalen Ausdruck, der die hintereinandergereihten Ausdrücke aufnimmt:

```
public class ZusammengesetzterAusdruck extends TestdatenAusdruck
{
  private ArrayList<TestdatenAusdruck> ausdruecke;

  public ZusammengesetzterAusdruck()
  {
    ausdruecke = new ArrayList<TestdatenAusdruck>();
  }

  public void ausdruckHinzufuegen(TestdatenAusdruck ausdruck)
  {
    ausdruecke.add(ausdruck);
  }

  public ArrayList<TestdatenAusdruck> getAusdruecke()
  {
    return ausdruecke;
  }

  public String interpretiere(Kontext kontext)
  {
    StringBuilder stringBuilder = new StringBuilder();
    for (TestdatenAusdruck ausdruck: ausdruecke)
    {
      stringBuilder.append(ausdruck.interpretiere(kontext));
    }
    return stringBuilder.toString();
  }
}
```

Listing 4.23 Die Klasse »ZusammengesetzterAusdruck«

Parser

Im Grunde endet dieses Muster an dieser Stelle. Die Klassen sind implementiert und die implementiere-Methode gibt das Ergebnis, die generierten Testdaten, zurück.

Allerdings müssten wir nun den Syntaxbaum selbst aufbauen. Praxisnah ist das nicht. Ein Syntaxbaum entsteht in aller Regel als Ergebnis eines Parsers; in einer Anwendung soll der Anwender schließlich eine einfache Zeichenkette eingeben können, die der Grammatik unserer Sprache entspricht, und die Software erledigt den Rest hinter den Kulissen.

Den folgenden Parser habe ich bewusst einfach gehalten (ich habe also auf spezielle Klassen der Sprache Java verzichtet), damit man ihn einfach nachvollziehen kann:

```
public class Parser
{
  public TestdatenAusdruck parse(String ausdruckString)
  {
    if (ausdruckString.length() == 0)
      throw new RuntimeException("Leerer Ausdruck");
    ZusammengesetzterAusdruck ausdruck = new ZusammengesetzterAusdruck();
    StringBuilder literal = new StringBuilder();
    for (int i=0; i<ausdruckString.length(); i++)
    {
      char c = ausdruckString.charAt(i);
      switch(c)
      {
        case '#':
          literalAusdruckHinzufuegen(literal, ausdruck);
          ausdruck.ausdruckHinzufuegen(new ZufallszahlAusdruck());
          break;
        case '<':
          literalAusdruckHinzufuegen(literal, ausdruck);
          String variable =
           delimitedString(ausdruckString.substring(i), '<', '>');
          ausdruck.ausdruckHinzufuegen(new VariableAusdruck(variable));
          i = i + variable.length()+1;
          continue;
        case '[':
          literalAusdruckHinzufuegen(literal, ausdruck);
          String wdhString =
           delimitedString(ausdruckString.substring(i), '[', ']');
          int kommaPosition = wdhString.indexOf(',');
          if (kommaPosition == -1)
            throw new RuntimeException(
             "Kein Komma vorhanden, dass die Wiederholung vom Ausdruck trennt");
```

```
          int anzWiederholung =
           Integer.parseInt(wdhString.substring(0, kommaPosition));
          String ausdruckWiederholung = wdhString.substring(kommaPosition+1);
          ausdruck.ausdruckHinzufuegen(new WiederholungAusdruck(
           parse(ausdruckWiederholung),anzWiederholung));
          i = i + wdhString.length()+1;
          break;
        default:
          literal.append(c);
          break;
      }
    }
    literalAusdruckHinzufuegen(literal, ausdruck);
    if (ausdruck.getAusdruecke().size() == 0)
      return null;
    else if (ausdruck.getAusdruecke().size() == 1)
      return ausdruck.getAusdruecke().get(0);
    else
      return ausdruck;
  }

  private String delimitedString(String ausdruckString,
   char startDelimiter, char endDelimiter)
  {
    int delimiterCounter = 0;
    for (int i=1; i<ausdruckString.length(); i++)
    {
      if (ausdruckString.charAt(i) == startDelimiter)
      {
        delimiterCounter += 1;
        continue;
      }

      if (ausdruckString.charAt(i) == endDelimiter)
        if (delimiterCounter == 0)
          return ausdruckString.substring(1, i);
        else
          delimiterCounter = delimiterCounter - 1;
    }
    throw new RuntimeException("Kein schließendes Element");
  }
```

```
    private void literalAusdruckHinzufuegen(StringBuilder literal,
     ZusammengesetzterAusdruck ausdruck)
    {
      if (literal.length() > 0)
      {
        ausdruck.ausdruckHinzufuegen(new LiteralAusdruck(literal.toString()));
        literal.setLength(0);
      }
    }
}
```

Listing 4.24 Der Parser für die »Testdaten-Sprache«

Die Funktionsweise

Nehmen wir ein konkretes Beispiel. Es sollen »Münchener« Telefonnummern erzeugt werden:

- Zuerst nimmt der Parser einen `String` entgegen:

  ```
  Ort:<ort> Telefonnummer: +4989[4,#]-[5,#]-[3,#]
  ```

- Danach wird erst einmal angenommen, dass nun mehrere Ausdrücke folgen. Deshalb wird zunächst ein Objekt vom Typ `ZusammengesetzterAusdruck` erzeugt, denn erst während des Parsens wird klar, ob der String wirklich aus mehreren Ausdrücken besteht.
- Danach wird dieser `String` nach und nach in seine Teile zerlegt, wobei die einzelnen Zeichenliterale zu Stringliteralen zusammengefasst werden, um Speicherplatz und Verarbeitungszeit einzusparen. Aus »Ort:« wird also nicht »O« »r« »t« »:«.
- Zuerst wird also aus der Zeichenkette `Ort:` ein Ausdruck vom Typ `LiteralAusdruck`. Es folgt die Zeichenkette `<ort>`, die zu einem Ausdruck vom Typ `VariableAusdruck` wird, usw., bis der String zu Ende ist.
- Für jeden Teil wird also ein neuer Ausdruck erzeugt und dem zusammengesetzten Ausdruck hinzugefügt.

  ```
  LiteralAusdruck(Ort:)+VariableAusdruck(<ort>)+
  LiteralAusdruck( Telefonnummer: +4989)+WiederholungsAusdruck([4,#]+
  Literalausdruck(-)+WiederholungsAusdruck ...
  ```

- Handelt es sich um eine Wiederholung, wird der Teil, der den zu wiederholenden Ausdruck darstellt, wiederum der `Parse`-Methode übergeben. Die Methode ruft sich also selbst wieder auf, um auf diese Weise einen Syntaxbaum zu erzeugen.

- Am Ende gibt die parse-Methode des obersten Objekts den gesamten zusammengesetzten Ausdruck zurück. Sofern es nur einen Ausdruck gibt, wird dieser direkt zurückgegeben. In dem Fall können wir uns das Containerobjekt schließlich sparen.

Klient

Der Klient muss noch fünf Dinge »drum herum« erledigen:

1. Den Kontext erzeugen, also die Variablen und deren Inhalte:

```
Kontext kontext =new Kontext();
kontext.getVariablen().put("ort", "München");
```

2. Die zu parsende Zeichenkette definieren:

```
String testdaten = "Ort:<ort> Telefonnummer: +4989[4,#]-[5,#]-[3,#]";
```

3. Ein Parser-Objekt erzeugen:

```
Parser parser = new Parser();
```

4. Dessen parse-Methode aufrufen, um somit den Ausdruck auf oberster Ebene des Syntaxbaums zu bekommen:

```
TestdatenAusdruck ausdruck = parser.parse(testdaten);
```

5. Die eigentliche Arbeit verrichten lassen, also die Testdaten generieren:

```
ausdruck.interpretiere(kontext)
```

Das Ergebnis könnte zum Beispiel so aussehen:

```
Ort:München Telefonnummer: +49896068-20743-958
```

Zum Schluss werfen wir noch einen Blick auf den Syntaxbaum. Für etwas Tiefe verschachteln wir diesmal zwei Wiederholungsausdrücke ineinander, indem wir Lagerbezeichnungen generieren:

```
Ort:<ort> [3, Lager: #/Platz: [4,#]]
```

Das Ergebnis ist erwartungskonform. Bitte denken Sie daran: # steht für eine Zufallszahl, die Ausgabe auf Ihrem Rechner wird also anders aussehen.

```
Ort:München Lager: 3/Platz: 4489 Lager: 1/Platz: 1853 Lager: 5/Platz: 9815
```

Die Syntax, die obiger Parser erzeugt, entspricht der Struktur. Insgesamt gibt es vier Ebenen, vom einfachen Literal »Ort:« bis hin zur Lagerplatznummer (siehe Abbildung 4.17).

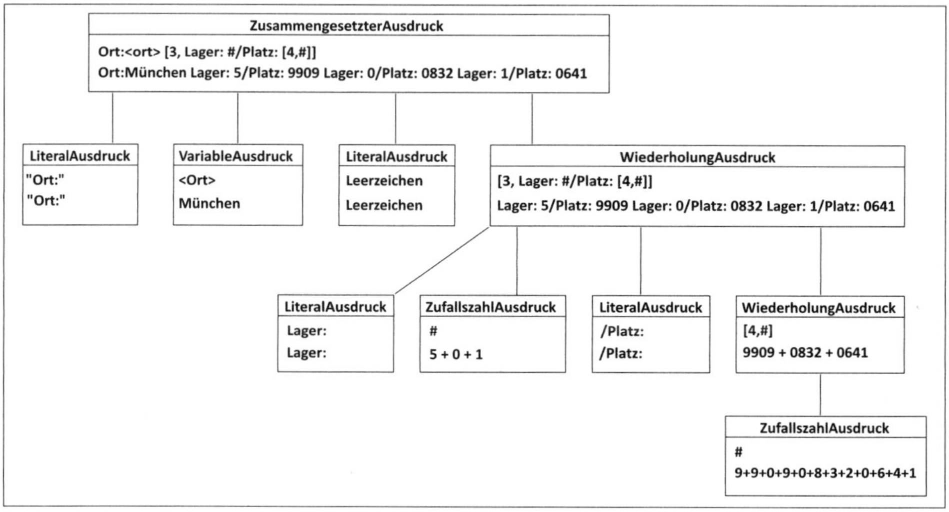

Abbildung 4.17 Der Syntaxbaum für das Lagerbeispiel

Insgesamt gibt es sieben Objekte, die terminalen Ausdrücken entsprechen, und drei Objekte, die weitere Objekte beinhalten, also nichtterminal sind.

4.4.5 Weitere Überlegungen und Alternativen

Die Limitationen des Musters wurden schon beleuchtet: Die Syntaxbäume können komplex werden, wenn die formale Grammatik dazu viele Varianten und Verschachtelungen enthält. Das allein wäre aber noch kein Problem. Schwierig wird es, wenn ein umfangreicher Syntaxbaum noch dazu zu einer langen Laufzeit führt.

Dem gegenüber stehen der Komfort und die Erweiterbarkeit, denn das Muster verwendet ja Klassen, um die Regeln der Grammatik abzubilden. Diese Klassenhierarchie kann man verändern und auch relativ leicht erweitern – und damit zusätzliche Funktionalität schnell und komfortabel nachrüsten. Und der unschlagbare Komfort besteht darin, mittels einer eigenen Sprache auf kurze, prägnante Art das zu erwartende Ergebnis beschreiben zu können.

BNF

Von der *Backus-Naur-Form* (BNF) war schon die Rede – ich habe sie weiter vorn verwendet, um die Grammatik zu beschreiben. Wenn Sie eigene Sprachen entwerfen und dafür eigene Grammatiken beschreiben wollen, dann lohnt es sich, die (wenigen) Regeln dieser Sprache zu erlernen, um mit ihr zu einer logisch korrekten und vollständigen Grammatik zu gelangen.

Neben ihr gibt es noch die erweiterte Backus-Naur-Form (EBNF) und diverse Derivate, die sich vor allem dann lohnen, wenn Sie Elemente in Ihrer Grammatik einsetzen wollen, die sich wiederholen.

Tools

Für BNF/EBNF gibt es Tools, die aus einer Grammatik eine Klassenhierarchie erzeugen können, die Sie dann vielleicht nur noch an Ihre eigenen Bedürfnisse anpassen müssen.

Außerdem gibt es bereits fertige Parser, die einen Syntaxbaum aus einem String generieren können. Allerdings bringen beide Tools wieder eine eigene Komplexität ins Spiel und dürften sich vermutlich erst dann lohnen, wenn Sie mithilfe dieses Musters und BNF komplexe DSLs aufbauen wollen.

Parser/Compiler

Ein Parser wird in jedem Fall benötigt, wenn aus einem Text ein Syntaxbaum werden soll. Der bekannteste Fall sind Entwicklungsumgebungen, die auf eben diese Weise vorgehen. Allerdings setzen sie Compiler ein, und das ist auch die bevorzugte Alternative, wenn die Geschwindigkeit besonderes Augenmerk verlangt.

Kompositum

Das Interpreter-Muster ähnelt dem Kompositionsmuster, das ebenfalls komplexere Objektstrukturen, sogenannte Teil-Ganzes-Hierarchien erzeugen kann. Die Blatt-Klassen entsprechen dabei den terminalen Ausdrücken, wobei die Kompositum-Klassen in den nichtterminalen Ausdrücken ihre Entsprechung finden.

Bei aller Gemeinsamkeit gibt es aber auch Unterschiede:

- Beim Kompositum benötigen man, in aller Regel jedenfalls, keinen Parser. Die Struktur kann sich zur Laufzeit auf ganz unterschiedliche Art und Weise ergeben.
- Und natürlich gibt es beim Kompositum keine `Interpretiere`-Methode, sondern ganz allgemein eine auszuführende Operation.

4.5 Iterator

Beim Iterator geht es darum, die Elemente einer Menge zu durchlaufen, und zwar mithilfe eines Zeigers auf das jeweils nächste Objekt in der Menge.

4.5.1 Steckbrief

Deutscher Name: Iterator

Auch bekannt als: Cursor

Englischer Name: Iterator

Gruppe: Verhaltensmuster

4.5.2 Beschreibung

Es klingt zunächst einfach, das Navigieren durch eine Menge von Elementen. Und tatsächlich wurde diese Aufgabe in der Frühzeit der Entwicklungssprachen (ja, so lange ist das noch gar nicht her) ganz pragmatisch gelöst: Am Anfang waren das Array und die `for`-Schleife.

Um die Grenzen des Array musste man sich als Entwickler peinlich genau kümmern, und wehe ein Zeiger verirrte sich einmal über das Arrayende hinaus. Multithreading war gar kein Thema, und schon allein der knappe Speicherplatz und die beschränkte Verarbeitungsgeschwindigkeit hätten eine »elegantere« Alternative ohnehin verhindert.

Genug der Nostalgie: Das hat sich natürlich geändert. Klassen nutzen heute ganz unterschiedliche Datentypen zur Speicherung ihrer Elemente, also Objekte, primitive Datentypen usw., und auch das Array ist natürlich noch da. Ein Klient möchte heutzutage durch die Elemente iterieren, ohne die Details kennen zu müssen. Aus Sicht des Klienten sollen eine `LinkedList`, eine `ArrayList`, ein Array und auch ein assoziativer Speicher, wie die Klasse `HashMap` einen bereitstellt, auf dieselbe Art und Weise zu benutzen sein. Warum auch nicht? Schließlich kann man durch alle diese Klassen iterieren, wenn auch technisch gesehen jeweils auf eine andere Art und Weise.

Das genau leistet das Iterator-Muster. Und es kann noch mehr: Denn mehrere Klienten können auch zur selben Zeit durch eine Menge iterieren und dabei zeitgleich gerade verschiedene Elemente der Menge erreicht haben. Das Muster speichert also den Status für jeden Klienten eigens.

Heutige Programmiersprachen bieten das Konzept des Iterators über festgelegte Schnittstellen an. In Java funktionieren die Zeilen

```
for (String s : list)
{
  System.out.println(s);
}
```

für alle Klassen, die `Iterable<T>` implementieren, direkt oder indirekt. Nur für assoziative Speicher muss man noch angeben, ob man durch die Werte oder die

Schlüssel iterieren möchte. In .NET gibt es die Schnittstelle `IEnumberable<T>`, die vergleichbar ist:

```
foreach(var item in list) //List implementiert IEnumerable<T>
{
  Console.WriteLine(item);
}
```

Diese Sprachen bringen das Iteratorobjekt also bereits im Framework mit: Das ist komfortabel und einheitlich. Für die »Standards«, das Iterieren durch einfache Listen, hat sich das Thema also erledigt. Wozu braucht man also noch dieses Muster? Zwei Gründe dafür:

- Iterieren kann man nicht nur durch einfache Listen, sondern auch durch komplexere, womöglich verteilte Datenlieferanten. Ein Beispiel wäre ein Cursor, der durch die Ergebnismenge einer Datenbankabfrage iteriert; oder es soll durch ein von einem Webservice bereitgestelltes Ergebnis iteriert werden.
- Das Iterieren selbst kann durchaus auch Geschäftslogik abbilden. Beispiel: Es soll durch eine Dateiliste iteriert werden, aber nur durch die Dateien, auf die wir als Anwender Schreibzugriff haben. Das Iterator-Muster kann solche Geschäftslogik sauber gekapselt im Iterator verstecken.

Das erreicht dieses Muster, indem das Iterieren durch die Menge von einem eigenen Iteratorobjekt erledigt wird. Dieses Objekt folgt einer einheitlichen Schnittstelle und merkt sich die gerade aktuelle Position. Das Listenobjekt und das Iteratorobjekt sind also voneinander getrennt; während sich das Listenobjekt um die Datenhaltung kümmert, erledigt das Iteratorobjekt das Durchlaufen der Listeneinträge.

Allerdings: Das Iterator-Muster ist eines der Muster, bei denen es in der Implementierung besonders viele Freiheiten gibt, und das macht es wiederum spannend. Aber dazu später mehr, jetzt erst einmal zur »Grundform«.

UML

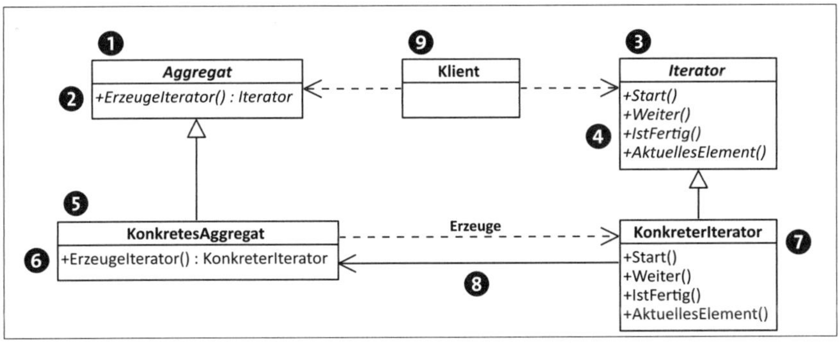

Abbildung 4.18 Das Iterator-Muster in UML

Erläuterungen

Nr.	Erläuterung
❶	Alle iterierbaren Klassen implementieren eine gemeinsame Schnittstelle, hier *Aggregat* genannt.
❷	Einzige Methode dieser Schnittstelle ist die Methode `ErzeugeIterator`, die ein Iteratorobjekt zurückliefert.
❸	Auch die Iteratoren besitzen eine gemeinsame Schnittstelle, die Schnittstelle *Iterator*.
❹	Diese Schnittstelle wiederum verfügt über alle Methoden, um durch eine Menge von Elementen zu iterieren: ► `Start`: Setzt den Cursor an den Anfang der Menge. ► `Weiter`: Rückt ein Element vor. ► `IstFertig`: Gibt zurück, ob das aktuelle Element das letzte Element in der Liste ist. ► `AktuellesElement`: Gibt das gerade aktuelle Element zurück.
❺	In der Praxis implementieren die *konkreten Aggregate* die Aggregat-Schnittstelle meist nicht direkt. In Java heißt die »Aggregat-Schnittstelle« `Iterable<E>`, und die Klasse `ArrayList<E>` implementiert die Schnittstelle über mehrere Zwischenstufen: 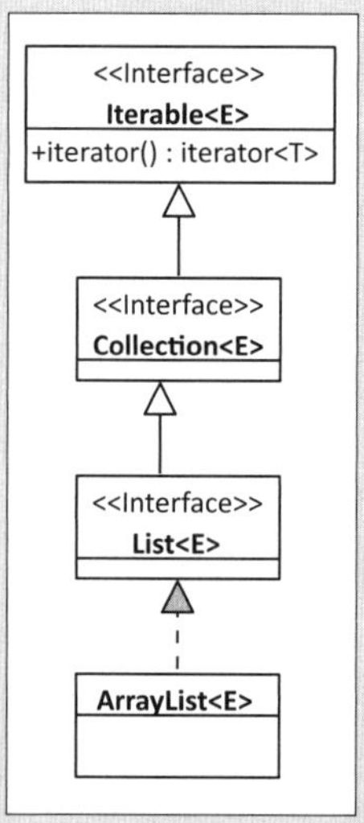
❻	Wie dem auch sei: Am Ende gibt die Methode `ErzeugeIterator` des konkreten Aggregats jedenfalls einen *konkreten Iterator* zurück.

Tabelle 4.6 Akteure des Iterator-Musters

Nr.	Erläuterung
❼	Dieser *konkrete Iterator* implementiert die Methoden zum Durchlaufen der Elemente und verwaltet die gerade aktuelle Position für einen bestimmten Klienten.
❽	Dazu muss der konkrete Iterator das konkrete Aggregat kennen. Er muss ja dessen Elemente durchlaufen und dem Klienten zurückgeben.
❾	Der Klient lässt sich vom konkreten Aggregat, also zum Beispiel der Listenklasse, einen Iterator erzeugen und benutzt diesen zum Durchlaufen der einzelnen Elemente der Liste.

Tabelle 4.6 Akteure des Iterator-Musters (Forts.)

Die Bezeichnungen des Musters sind ein wenig gewöhnungsbedürftig. Aber wir müssen uns klarmachen, dass die Bezeichnungen eben generisch sind. Ein Aggregat ist eine Zusammenfassung mehrerer Objekte. Das trifft für Listen sicherlich zu, aber auch für einen Datenbankcursor.

Nehmen wir noch einmal die `ArrayList<E>` von Java und deren Implementierung für das Iterator-Muster, dann wird das Ganze gleich geläufiger (jedenfalls für Java-Programmierer; siehe Abbildung 4.19).

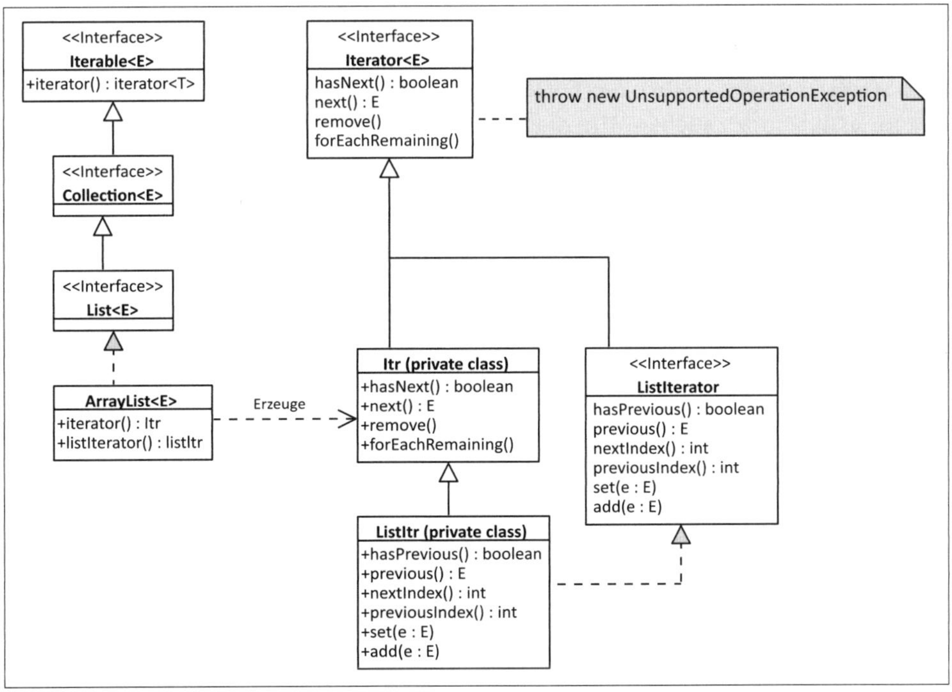

Abbildung 4.19 Iterator(en) für die ArrayList

Die Implementierung entspricht nicht zu 100 % dem Iterator-Muster, wie es hier beschrieben ist. Die wichtigsten Unterschiede und Besonderheiten sind:

- Der Iterator bzw. die Schnittstelle `Iterator<E>` unterstützt die optionale Methode `remove` zum Entfernen des letzten Elements, das vom Iterator zurückgegeben wurde. Allerdings ist die Standardimplementierung einfach eine `UnsupportedOperationException`, sofern der konkrete Iterator die Implementierung nicht ändert.
- Der Iterator kann nicht auf den Anfang gesetzt werden. Das ist aber kein praktisches Problem; man kann sich ja zu jeder Zeit einen neuen Iterator erzeugen lassen, der dann wieder an den Anfang gesetzt wird.
- Auch die `AktuellesElement`-Methode fehlt. Auch das ist kein Problem, weil die `next`-Methode ja das nächste Element zurückliefert. Man kann es sich ja einfach selbst merken.
- Der `forEachRemaining`-Methode kann man eine Operation übergeben, die dann für alle restlichen Elemente in der Auflistung ausgeführt wird.
- Die konkrete Iterator-Klasse, die Klasse `Itr`, ist privat, von außen also nicht sichtbar und instanziierbar. Das ist nur natürlich, weil der Iterator ja engen Zugriff auf die `ArrayList`-Klasse und deren Elemente benötigt und andererseits der Iterator daher auch nur für diese Klasse funktioniert.
- Es gibt noch eine zweite Schnittstelle `ListIterator`, die die `Iterator`-Schnittstelle um einige Fähigkeiten erweitert. So kann die Auflistung auch rückwärts durchlaufen werden und Elemente können ersetzt und hinzugefügt werden.

Bleibt eine Frage: Was haben das Entfernen, Hinzufügen und Ersetzen von Listeneinträgen im Iterator zu suchen? Um diese Fragen zu beantworten, müssen wir uns klarmachen, was ein Iterator tut. Er durchläuft eine Menge von Elementen und speichert dazu die aktuelle Position. Da das Iteratorobjekt ein eigenes Objekt ist, muss es sich auf die zugrunde liegende Datenquelle verlassen können. Wir können also nicht einfach während einer Iteration die zugrunde liegende Datenquelle ändern, in die `ArrayList` also neue Einträge hinzufügen oder welche löschen.

Wenn wir es dennoch versuchen, ernten wir eine `ConcurrentModificationException`.

```
ArrayList<String> list =
 new ArrayList<String>(Arrays.asList("Eins","Zwei", "Drei", "Vier"));
Iterator<String> iterator = list.iterator();
while(iterator.hasNext())
{
  String nextString = iterator.next();
  list.remove(0); //ConcurrentModificationException
  System.out.println(nextString);
}
```

Wenn das Entfernen aber über den Iterator geschieht, kann dieser die nun veränderte Auflistung natürlich fortan in der Auflistung berücksichtigen:

```
Iterator.remove(): //Löst keine Exception aus
```

Wie auch immer, eines wird klar: Iteratoren sind einerseits sehr unterschiedlich, das *eine* Muster gibt es nicht, und jede Sprache implementiert die Iteratoren unterschiedlich.

4.5.3 Anwendungsfälle

Die Notwendigkeit, eine Liste von Elementen durchlaufen zu können, bedarf keiner besonderen Rechtfertigung. Wie ich schon angedeutet habe, kann das Muster aber auch angewendet werden, wenn komplexere Datenstrukturen im Spiel sind. Einige Beispiele:

- Ein Iterator kann durch Bäume iterieren und direkt die Blattknoten zurückliefern – die Knoten, die Kindknoten haben, also ignorieren. Dabei versteckt der Iterator den Algorithmus vor einem Klienten.
- Services bzw. das Ergebnis von Anfragen an Webservices können durchlaufen werden. Ein Klient kann so das Ergebnis von Webservices genauso bequem nutzen wie eine einfache lokale Liste.
- Datenbanken bzw. Cursor auf Datenbanken sind ebenfalls Iteratoren. So gibt es immer noch Cursor, die »forward only« sind, also ganz im Sinne dieses Musters nur vorwärts durchlaufen werden können.

Ein Klient nutzt den Iterator und weiß nicht einmal, dass eine Datenstruktur vielleicht überhaupt keine Liste ist, sondern ein Datenstrom vom Netzwerk.

Optimierte Iteratoren

Wie wir schon im Beispiel der Java-Klasse `ArrayList` gesehen haben, kann es auch mehr als einen Iterator geben. Fachliche Erfordernisse können das verlangen, oder es gibt einfache Iteratoren für einfachere Anforderungen, die dann auch schneller ausgeführt werden. Die *Forward Cursors* bei Datenbanken gehören in diese Kategorie. Man könnte aber auch einen Cursor öffnen, der beliebig in der Datenmenge navigieren kann. Man muss dafür aber einen Preis bezahlen.

Nicht umsonst ist die konkrete Iterator-Klasse, die die `ArrayList` zurückgibt, eine private Klasse. Der Iterator kann auf diese Weise auf die Besonderheiten der Datenhaltung in der `ArrayList` Rücksicht nehmen und den Code für den Zugriff auf die Daten hoch optimieren. Eine `ArrayList` heißt ja so, weil die Daten in einem Array gespeichert sind. Der Iterator kann also die Indexposition des letzten zurückgegebenen Elements speichern. Das wird bei einer verketteten Liste nicht funktionieren, weswegen die `LinkedList` in Java den Iterator auch anders abbildet.

Für die Anwendungsfälle heißt dies: Wir können optimierte Implementierung wählen für jeweils ganz spezielle Aufgabenstellungen.

Geschäftslogik im Iterator

Nehmen wir mal eine Liste von MP3-Musikstücken in einem portablen Gerät. Ein Iterator würde dann einem Klient eine Möglichkeit bieten, das jeweils nächste Lied abzurufen, um es abspielen zu können, bis das Ende der Liste gekommen ist.

Auf welche Weise das geschieht, ist Geschäftslogik und hängt von den Vorlieben des Anwenders ab. Ein Anwender könnte »Zufällige Wiedergabe« eingestellt haben, oder ein MP3-Player spielt die Titel in der Reihenfolge ihrer Bewertungen ab. In beiden Fällen setzt die `Weiter`-Methode des Iterators den Zeiger auf den nächsten abzuspielenden Titel; was das aber fachlich bedeutet, ist im Iterator codiert und damit von der Benutzeroberfläche entkoppelt.

Das Iterator-Muster eignet sich also auch, um unterschiedliche Reihenfolgen in Listen zu ermöglichen, ohne dass der Klient dafür modifiziert werden müsste.

4.5.4 Implementierung

An dieser Stelle folgt erst einmal eine Standardimplementierung. Auf die verschiedenen Alternativen gehe ich im nächsten Abschnitt ein.

Praxisbeispiel

Als Praxisbeispiel dient das MP3-Beispiel aus dem vorherigen Abschnitt. Denn vermutlich würden wir zum Speichern der MP3-Titel in Java ohnehin eine Liste verwenden, die bereits iterierbar ist, also `Iterable<E>` implementiert. Einen weiteren Iterator oben drauf zu satteln wäre langweilig, unser Iterator muss daher schon etwas Besonderes mitbringen.

UML

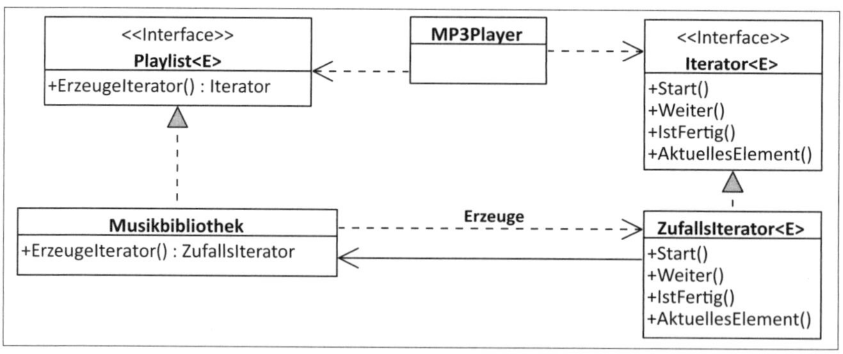

Abbildung 4.20 Das Iterator-Muster im Praxisbeispiel

Iterator

Die Iterator-Schnittstelle aus Abbildung 4.20 ist als Java-Schnittstelle implementiert. Außerdem ist sie generisch, damit die Schnittstelle nicht nur zum Iterieren über MP3-Titel taugt.

```
public interface Iterator<E>
{
  void start();
  void weiter();
  boolean istFertig();
  E aktuellesElement();
}
```

Listing 4.25 Die Schnittstelle »Iterator<E>«

Aggregat (Playlist)

Ich hätte diese Schnittstelle auch »Abspielbar« oder so ähnlich nennen können. Ihr einziger Zweck ist es jedenfalls, in den Klassen, in denen die Schnittstelle implementiert wird, die Methode `erzeugeIterator` zu erzwingen.

```
public interface Playlist<E>
{
  Iterator<E> erzeugeIterator();
}
```

Listing 4.26 Die Schnittstelle »Playlist<E>«

Auch diese Schnittstelle ist generisch, und sie erzeugt einen Iterator vom selben Typ.

KonkretesAggregat (Musikbibliothek)

Die Klasse `Musikbibliothek` soll nun iteriert werden können, wozu sie die Schnittstelle `Playlist` implementiert.

```
public class Musikbibliothek<E> implements Playlist<E>
{
  ArrayList<E> titel;

  public Musikbibliothek()
  {
    titel = new ArrayList<E>();
  }

  public ArrayList<E> getTitel()
  {
```

```
    return titel;
  }

  public Iterator<E> erzeugeIterator()
  {
    ZufallsIterator<E> iterator = new ZufallsIterator<E>(titel);
    return iterator;
  }

  public void play(E titel)
  {
    System.out.println("Spiele Titel: "+titel.toString());  }
}
```

Listing 4.27 Die Klasse »Musikbibliothek«

Alle Typparameter sind wieder generisch, es könnte also genauso gut auch ein Video abgespielt werden. Die `erzeugeIterator`-Methode erzeugt das konkrete Iterator-Objekt vom Typ `ZufallsIterator`. Der Iterator erhält die zu durchlaufende Liste der MP3-Titel als Parameter im Konstruktor; auf diese Weise ist der Iterator untrennbar mit der aktuellen Instanz der Klasse `Musikbibliothek` verbunden.

Ansonsten werden die Titel in einer `ArrayList` gespeichert, und eine einfache `play`-Methode spielt den übergebenen Titel ab. Diese Methode wird später vom Klient, der Klasse `MP3Player`, aufgerufen.

KonkreterIterator (ZufallsIterator)

Der konkrete Iterator muss die vier Methoden implementieren, die die Schnittstelle `Iterator<E>` erwartet:

```
public class ZufallsIterator<E> implements Iterator<E>
{
  private int aktuellePosition;
  private ArrayList<E> list;
  private ArrayList<E> zufallsReihenfolge;

  public ZufallsIterator(ArrayList<E> list)
  {
    this.list = list;
    start();
  }

  public void start()
  {
```

```
    zufallsReihenfolge = new ArrayList<E>(list);
    Collections.shuffle(zufallsReihenfolge);
    aktuellePosition = -1;
  }

  public void weiter()
  {
    if (!istFertig())
      aktuellePosition++;
  }

  @Override
  public boolean istFertig()
  {
    return aktuellePosition >= (zufallsReihenfolge.size() - 1);
  }

  @Override
  public E aktuellesElement()
  {
    if (aktuellePosition == -1)
      return null;
    return zufallsReihenfolge.get(aktuellePosition);
  }
}
```

Listing 4.28 Die Klasse »ZufallsIterator<E>«

Der Konstruktor kopiert die `ArrayList` der `Musikbibliothek`. Es handelt sich um eine »flache« Kopie. Die kopierte Liste verweist also auf dieselben Objekte wie das Original. Das ist sinnvoll, schon allein um Speicherplatz zu sparen.

Anschließend werden die Einträge zufällig neu angeordnet. Den Framework-Entwicklern ist dafür zu danken, dass es hierfür die bequeme Methode `shuffle` gibt, die das Sortieren mit nur einem Aufruf erledigt. Anschließend wird die aktuelle Position auf `-1` gesetzt. Ein Klient muss also erst einmal die `weiter`-Methode aufrufen, bevor das aktuelle Element abgerufen werden kann.

Das ist ein Beispiel, das nahe am Originalmuster ist. Die folgenden Änderungen bieten sich für die Praxis an:

- Die `weiter`-Methode könnte gleich das Objekt zurückgeben. Man könnte dann auf die Methode `aktuellesElement` verzichten.

- Im Konstruktor des Iterators könnte man die Startposition mit angeben, falls ein Anwender am nächsten Tag an der alten Position der Wiedergabeliste fortfahren möchte.
- Die `weiter`-Methode könnte eine Exception auslösen, wenn sie am Ende der Auflistung aufgerufen würde. Dann kann es nicht zu Endlosschleifen kommen, wenn ein Klient die `istFertig`-Methode nicht aufruft.

Die Klasse MP3

Nur der Vollständigkeit halber zeige ich Ihnen noch die `MP3`-Klasse, die die Titel speichert:

```
public class MP3
{
  public String Titel;
  public String Artist;
  public String Album;

  public String toString()
  {
    return Titel+" - "+Artist+" - "+Album;
  }
}
```

Listing 4.29 Die Klasse »MP3«

Klient (MP3Player)

Für den MP3-Player gibt es nun nicht mehr viel zu tun. Er liest die Titel aus seinem Speicher ein (im Beispiel werden sie dynamisch erzeugt), holt sich einen Iterator und verwendet ihn, um die Titel in zufälliger Reihenfolge abzuspielen:

```
public class MP3Player
{
  public void spieleAlleTitelZufaellig()
  {
    Musikbibliothek<MP3> bibliothek = new Musikbibliothek<MP3>();

    bibliothek.getTitel().add
    (
        new MP3()
        {{
          Titel = "Ghost"; Artist = "Ella Henderson"; Album="Chapter One";
        }}
    );
```

```
    ...
    Iterator<MP3> iterator = bibliothek.erzeugeIterator();
    while(!iterator.istFertig())
    {
      iterator.weiter();
      bibliothek.play(iterator.aktuellesElement());
    }
  }
}
```

Listing 4.30 Die Klasse »MP3Player«

4.5.5 Weitere Überlegungen und Alternativen

Nun kommen wir zu einigen Varianten des Iterator-Musters. Einige davon finden sich bereits in Standardimplementierungen, andere wiederum können für ganz spezielle Anwendungsfälle nützlich sein.

Externe bzw. interne Iteratoren

Das Praxisbeispiel hat einen *externen Iterator* umgesetzt. »Extern« bedeutet, dass der Klient die Iteration steuert, also die `Weiter`-Methode des Iterators aufruft, um zum jeweils nächsten Element zu gelangen.

Im Gegensatz dazu steuert beim *internen Iterator* der Iterator selbst die Iteration. Dazu muss er dann aber wissen, welche Operation er für jedes Element ausführen soll, und diese Information erhält er vom Klient.

Die Standard-Java-Implementierung des Iterators bietet beide Möglichkeiten, also Methoden wie `next()` und `hasNext()`, mit denen sich ein externer Iterator umsetzen lässt, und eine Methode, die als Eingabeparameter eine auszuführende Operation entgegennimmt:

```
default void forEachRemaining(Consumer<? super E> action) {
        Objects.requireNonNull(action);
        while (hasNext())
            action.accept(next());
}
```

Auf unser Beispiel übertragen, benötigen wir eine weitere Methode in der Schnittstelle `Iterator<E>`, die eine Default-Implementierung besitzt:

```
void iteriere(Consumer<? super E> action);
```

Und wir brauchen die Implementierung des internen Iterators in der implementierenden Klasse `ZufallsIterator`:

```
public void iteriere(Consumer<? super E> action)
{
  while (!istFertig())
  {
    weiter();
    action.accept(aktuellesElement());
  }
}
```

Die Anwendung ist dann einfach, erst recht in Java 8, in der Lambda Expressions möglich sind:

```
Iterator<MP3> iterator = bibliothek.erzeugeIterator();
iterator.iteriere(mp3->bibliothek.play(mp3));
```

Der Vorteil zeigt sich schon an diesem Stück Code: Der Code ist kürzer, und der Klient muss nicht wissen, wie der Iterator funktioniert, welche Methoden also aufzurufen sind. Andererseits sind externe Iteratoren flexibler zu nutzen, weil der Klient eben die volle Kontrolle über den Iterationsprozess besitzt.

Praktisch ist es auch, wenn ein interner Iterator nicht nur die auszuführende Operation, sondern auch eine *Predicate Expression* entgegennimmt, also einen Filter für die zu iterierenden Elemente.

Veränderungen während des Iterierens

Weiter vorn habe ich schon erwähnt, dass Java eine `ConcurrentModificationException` auslöst, wenn wir die zugrunde liegende Datenstruktur verändern, also zum Beispiel ein Element während des Iterierens löschen. Dort gibt es aber Methoden, um die Elemente während des Iterierens verändern zu können.

Auch .NET verhindert Veränderungen an der zu iterierenden Datenstruktur (`System.InvalidOperationException` – die Auflistung wurde geändert). Dabei werden die Iteratoren in .NET häufig hinter den Kulissen verwendet. So lässt sich in C# die `foreach`-Schleife nur dann anwenden, wenn die zu iterierende Klasse die Schnittstelle `IEnumerable` implementiert, und dort gibt es wiederum die Methode `GetEnumerator`, die einen Iterator zurückliefert, wenn das in .NET auch nicht exakt dasselbe ist.

Wenn Sie selbst Iteratoren entwickeln, dann fällt Ihnen diese Aufgabe natürlich zu. Ignorieren wäre eine Möglichkeit, birgt aber die Gefahr von Laufzeitfehlern (ein Element wird abgerufen, das überhaupt nicht mehr in der Liste enthalten ist) oder von logischen Fehlern (es werden zu viele Elemente iteriert).

Die einfachste Möglichkeit besteht wohl darin, die aufzulistenden Elemente beim Erstellen des Iterators einfach zu kopieren, was aber aus Gründen der Performance und des benötigten Arbeitsspeichers für hoch frequentierte Iteratoren ausscheidet. Aber dennoch: Nachdenken kann man darüber.

Die etwas aufwendigere Möglichkeit wäre es, im Iterator Methoden unterzubringen, wie `addElement`, `replaceElement` und `removeElement` (wie in Java). Dann müssen aber Aggregat und Iterator im Falle einer Modifikation miteinander reden. Denn es könnte ja sein, dass verschiedene Klienten über die Elemente gerade iterieren – und dabei gerade an verschiedenen Stellen angelangt sind. In Java wird dafür die Anzahl der Modifikationen einfach um eins erhöht (`modCount`), wenn zum Beispiel ein Element eingefügt wird. Der Iterator prüft bei jeder Iteration, ob `modCount` den zu erwartenden Wert annimmt (Der Wert wird in der Variable `expectedModCount` abgelegt). Wenn das nicht der Fall ist, dann wird die schon erwähnte Exception ausgelöst und die Iteration ist damit zu Ende. Wird nun über den Iterator eine Änderung angestoßen, dann werden `modCount` und `expectedModCount` jeweils um eins erhöht und die Exception bleibt aus.

Cursor

Fassen wir den Begriff *Iterator* einmal weiter. In den Anwendungsfällen habe ich den Zugriff auf eine Datenbank genannt. Dort ist das Konzept eines Cursors realisiert, also eines Zeigers auf den jeweils aktuellen Datensatz in der Ergebnismenge einer SQL-Abfrage. Der Unterschied zum klassischen Iterator ist dabei, dass nicht der Iterator selbst den Iterationsvorgang durchführt, sondern die Datenbank, also in der Sprache des Musters das *Aggregat*.

Anstelle des Iterators wird das Aggregat aufgefordert, das nächste Element zu liefern. Das geschieht schon aus praktischen Gründen, wir können ja schlecht einer Datenbank vorschreiben, wie sie an den nächsten auszuliefernden Datensatz gelangt. Der aktuelle Cursor wird vom Aggregat verändert, zum Beispiel indem dessen `weiter`-Methode einen Cursor als Eingabeparameter erhält, der innerhalb der Methode dann auf den nächsten Datensatz gesetzt wird.

Das wären nun schon drei Möglichkeiten:

Wer implementiert die Iteration?	Wer steuert die Iteration?	Typ
Iterator	Klient	Externer Iterator
Iterator	Iterator	Interner Iterator
Aggregat	Iterator	Cursor

Tabelle 4.7 Die verschiedenen Iteratortypen im Überblick

Iterationen bei komplexeren Datenstrukturen

Bisher waren die Datenstrukturen einfach – Listen, die man ohne großes Brimborium sequenziell durchlaufen kann. Das muss aber nicht so sein, denn das Iterator-Muster verlangt keine »einfachen« Datenstrukturen. Das Kompositum-Muster erlaubt es, sehr komplexe baumartige Objektstrukturen zu erzeugen, für die ebenfalls ein Iterator erzeugt werden kann.

Wie durch diesen Baum iteriert (oder sagen wir besser *traversiert*) wird, ist im Iterator codiert. Auf jeden Fall muss der Iterator sich dafür nicht nur eine einfache Position merken, sondern vielleicht den gesamten Pfad bis zum aktuellen Objekt, sodass ein Bezugspunkt für das nächste Objekt vorhanden ist.

Etwas einfacher ist da die Implementierung eines internen Iterators, in dem das Iterieren einfach durch Rekursion erfolgen kann. Die `weiter`-Methode kann sich dann selbst aufrufen, mit der aktuellen Position als Übergabeparameter. Der Pfad muss dann nicht explizit gespeichert werden, sondern ergibt sich aus den rekursiven Aufrufen, also aus dem Zustand des Stacks.

Private Klassen, Nested Classes und »friend«

Das bisher Gesagte zeigt schon: Iteratoren und Aggregate müssen »miteinander können«. Es ist daher in der praktischen Implementierung manchmal angezeigt, die beiden Klassen auch technisch eng zu verbinden. In Java gibt es dafür die »private classes«, wie es dort auch umgesetzt wurde. Je nach Sprache können solche Klassen direkt auf die privaten/protected Variablen (wie `modCount`) des Aggregats und auch ohne Umwege auf die Datenstrukturen zugreifen, die die zu iterierenden Elemente enthalten – praktisch. In C++ gibt es dafür das Schlüsselwort `friend`, wenn es auch in C++ andere Implementierungen gibt, die ohne friends auskommen.

Die Kehrseite der Medaille ist wiederum, dass es ja eigentlich die Absicht des Musters war, Iterator und Aggregat sauber voneinander zu trennen und damit auch die zu implementierenden Aspekte Datenhaltung und Iteration.

Iterator-Hierarchien und zusätzliche Operationen

Auch hier kann man wieder bei Java nachschlagen: Die Schnittstelle `ListIterator<E>` erweitert die Schnittstelle `Iterator<E>` um einige interessante, nämlich um die Fähigkeit, rückwärts durch die Auflistung zu navigieren und Elemente hinzuzufügen und auszutauschen. Damit einher geht die Hierarchie in den eigentlichen Iterator-Klassen.

Das ist eine Möglichkeit, um Iteratoren zu erweitern. Auch im Praxisbeispiel könnte es verschiedene Iterationsverfahren geben. In dessen Iterator werden die Titel zufällig abgespielt. Es wären auch andere Iterationen denkbar, die über eigene Iterator-klassen oder über neue Methoden in der bestehenden Iteratorklasse abgebildet werden können.

Nulliteratoren

Eine weitere Spielart ist der `Nulliterator`, dessen `istFertig`-Methode immer `true` zurückliefert. Man kann folglich auch nichts darüber iterieren. Sein Einsatz lohnt sich dann, wenn es nichts zu iterieren gibt. Ein Beispiel dafür wären Bäume. Ein Knoten, der weitere Elemente beinhaltet, würde dann einen »regulären« Iterator zurückliefern, sodass darüber auf die Kindelemente zugegriffen werden kann. Ein Knoten, der keine weiteren Elemente beinhaltet (ein Blattknoten) könnte einen Nulliterator erzeugen und die Iteration an dieser Stelle bequem beenden. Der Klient muss dann nicht zwischen regulären Knoten und Blattknoten unterscheiden, und der Nulliterator ist performant, weil er keine Arbeit zu verrichten braucht, außer dem Klienten das Ende der Auflistung mitzuteilen.

Ähnliche und ergänzende Muster

Vom Kompositum war schon die Rede und davon, dass ein Iterator auch durch komplexe Objektbäume iterieren kann.

Für das Speichern der aktuellen Position, also des aktuellen Zustands des Iterators, kann das Memento-Muster praktisch sein, wenn eine einfache Variable vom Typ `int` dazu nicht mehr ausreicht.

4.6 Vermittler

Der Vermittler ist sozusagen der Mediator unter den Mustern, und im Englischen heißt er ja auch so. Er vermittelt zwischen zwei oder mehreren Objekten, sodass diese nicht direkt miteinander zu reden brauchen, und unterstützt daher die lose Kopplung.

4.6.1 Steckbrief

Deutscher Name: Vermittler
Auch bekannt als: Mediator
Englischer Name: Mediator
Gruppe: Verhaltensmuster

4.6.2 Beschreibung

Häufig müssen Objekte zwar miteinander kommunizieren, aber man möchte diese enge Kopplung lieber vermeiden. Gründe dafür gibt es viele: Vielleicht möchte man die hinter den Objekten stehenden Klassen von verschiedenen Teams unabhängig weiterentwickeln lassen, oder die Objekte »leben« auf verschiedenen Sicherheitsebenen. Um also das Gegenteil einer engen Kopplung – die lose Kopplung – zu erreichen, kann ein Vermittler (selbst ein Objekt) dazwischen die Kommunikation der Objekte untereinander übernehmen.

Wie auch im echten Leben wird eine Mediation umso schwerer, je mehr Beteiligte es gibt. Je mehr Objekte also über einen Vermittler kommunizieren, desto mehr Besonderheiten gilt es zu berücksichtigen. Andererseits liegt dort der große Vorteil: Bereits 5 Objekte, die alle miteinander in Beziehung stehen, unterhalten 20 enge Verbindungen. Kommunizieren diese 5 Objekte nur mit dem Vermittler, reduziert sich die Abhängigkeit auf 5 Verbindungen – oder 10 Verbindungen, wenn man den Rückweg vom Vermittlerobjekt zu den Teilnehmerobjekten mitrechnet.

Einen Vermittler kann man zum Beispiel für die verschiedenen Objekte an einer Kreuzung gebrauchen (siehe Abbildung 4.21).

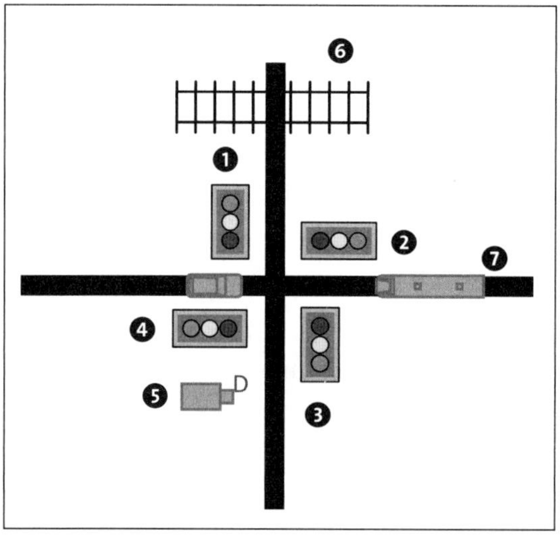

Abbildung 4.21 Verschiedene »Objekte« an einer Kreuzung

Ohne einen Vermittler müssten die einzelnen Verkehrszeichen und Verkehrsanlagen in regem Austausch untereinander stehen:

- Die Ampeln ❶, ❷, ❸ und ❹ müssten sich jeweils gegenseitig kontrollieren, denn fällt eine aus, sollen alle Ampeln an dieser Kreuzung gelb blinken, sodass die Verkehrszeichen gelten.

- Der »Blitzer« ❺ darf natürlich nur dann auslösen, wenn die Ampel ❷ auch wirklich rot ist.
- Der Bahnübergang ❻ soll mit der Ampel ❸ (und damit mit allen anderen Ampeln) synchronisiert werden, sofern das möglich ist.

Alle Objekte in diesem Szenario müssen also mit (fast) allen anderen Objekten interagieren. Dazu müssen sie diese Objekte kennen und auch die Besonderheiten der Objekte berücksichtigen. Zum Beispiel soll die Kamera nicht auslösen, wenn die Ampel ❷ entweder Grün zeigt, Gelb zeigt, abgeschaltet ist oder einen Defekt hat.

Soll nun eine neue Funktion hinzugefügt werden, so müssen praktisch auch alle anderen Objekte ein Update erhalten. Nehmen wir an, die Stadtverwaltung möchte für die Weltmeister 2014 ❼ eine grüne Welle an der Hauptstraße bereitstellen, und kauft dafür ein neues Steuergerät (ein neues Objekt) – nennen wir es eine Vorrangschaltung. Dieses neue Objekt muss nun mit den Ampeln ❷ und ❹ kommunizieren und vermutlich auch umgekehrt – und indirekt auch mit den anderen Ampeln, die dann ja Rot anzeigen sollen.

Der Vermittler löst diese Probleme. Jedes Objekt kennt nur seine eigenen Zustände. Die Ampel kennt beispielsweise *rot*, *grün*, *gelb* oder *defekt*, der Bahnübergang *offen* oder *geschlossen*, und die Vorrangschaltung kennt die Zustände *an* und *aus*. Der Vermittler kann nun auf den Input der Objekte reagieren, zum Beispiel indem er deren Ereignisse bucht. So kann er alle Ampeln gelb blinken lassen, wenn eine Ampel einen Defekt meldet, oder die Blitzanlage deaktivieren, wenn die Ampel auf Grün springt.

Das bringt also einige Vorteile, die sich unter dem Stichwort »Entkopplung« oder »lose Kopplung« einordnen lassen. Die wichtigsten Vorteile sind:

- Die beteiligten Objekte können, wenn auch in Grenzen, unabhängig voneinander weiterentwickelt werden.
- Sie lassen sich auch besser wiederverwenden, weil sie nicht mehr die Spezifika der anderen Objekte kennen und berücksichtigen müssen. Oder anders gesagt: Das Objekt Ampel muss nicht mehr das Objekt Vorrangschaltung kennen und kann auch leichter an Kreuzungen verwendet werden, die so eine Schaltung nicht haben.
- Der Vermittler kann zwischen den Objekten vermitteln und die Objekte auch steuern. Damit kann er Entscheidungen treffen. Beispiel: Ein Defekt hat Vorrang vor der Vorrangschaltung. Die Ampeln ❷ und ❹ zeigen also nicht Grün, sondern blinken gelb.
- Er löst auch Synchronisierungsprobleme, indem er Anfragen in eine sequenzielle Reihenfolge bringt. Bei der Ampelschaltung können solche Probleme ja leicht auftreten, weil Ereignisse oft zeitgleich auftreten.

- Man spart sich Unterklassen, die ein spezielles Verhalten sonst abbilden würden – das Verhalten wandert stattdessen in die Vermittler-Klasse.
- Die Kommunikation selbst wird einfacher, denn das sonst vorherrschende n:n-Kommunikationmuster wird zu einem 1:n-Kommunikationsmuster. Und wer könnte leugnen, dass eine solche Kommunikation einfacher zu beherrschen ist.

Kurz gesagt: Anstatt das Verhalten auf viele verschiedene Klassen zu verstreuen, macht jede Klasse nur noch das, was nur sie kann, und überlässt die Komplexität, die sich aus dem Zusammenspiel der Klassen untereinander ergibt, dem Vermittler.

Bitte nennen Sie mich keinen Spielverderber, wenn ich Ihnen nun auch noch die Kehrseite des Musters, also seine möglichen Nachteile, aufzeige:

- Das Muster tendiert dazu, dass die Implementierung des Vermittlers komplexer ist als die Summe der Änderungsaufwände in den Klassen, die ohne dieses Muster notwendig wären. Oder anders gesagt: Die Kommunikation wird zwar einfacher, also weniger komplex, dafür muss der Vermittler die Protokolle aller beteiligten Objekte kennen, was eine gewisse Komplexität in der Implementierung mit sich bringt. Die Komplexität wandert also von den Kollegenklassen in die Vermittlerklassen, und es besteht die reelle Gefahr, dass 1+1+1+1 = 5 ergibt.
- Es besteht die Gefahr zu »überzentralisieren«, also statt »wendigen«, dezentralen Systemen monolithische, zentral organisierte und gesteuerte Systeme zu bauen.
- Der Vermittler kann ein weiterer *Single Point of Failure* sein. Das ist ein wenig widersprüchlich. Denn einerseits können zentral vermittelte System robuster, weil einfacher und deterministischer sein; andererseits läuft gar nichts mehr, wenn das Vermittlerobjekt eine unbehandelte Exception auslöst.

Kurzum, es läuft auf die alte Informatikerfrage hinaus: »Was ist besser: zentrale Steuerung oder dezentrale Steuerung?« – eine Frage, die auch ein halbes Jahrhundert, nachdem sie aufgeworfen wurde, noch einer Antwort harrt. Für Ihre eigenen Projekte wird Ihnen nichts anders übrig bleiben, als die hier erwähnten Vorteile und Nachteile gegeneinander abzuwägen und eine Entscheidung zu treffen.

Auf jeden Fall sollte die Reichweite des Vermittlers begrenzt sein. Man spricht auch gern von einer Gruppe von Objekten, die von einem Vermittler betreut werden. Das Ampelbeispiel liefert auch dafür eine Analogie: Schließlich geht es im Beispiel nur um diese Kreuzung. Eine Kreuzung am anderen Ende der Stadt wird also ihren eigenen Vermittler besitzen – was aber nicht heißt, dass nicht alle Vermittler selbst wiederum durch einen Vermittler koordiniert werden können.

UML

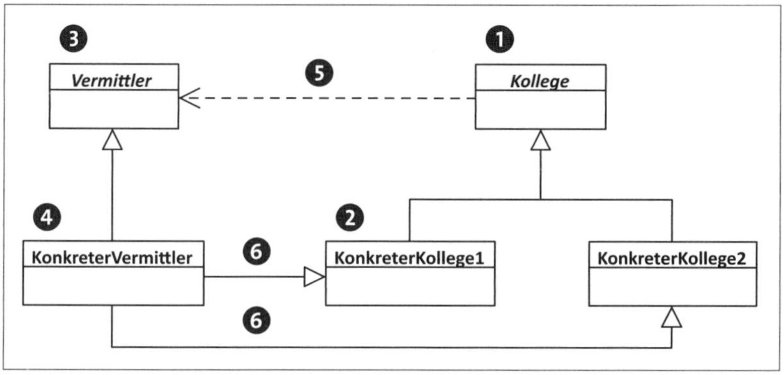

Abbildung 4.22 Das Vermittler-Muster in UML

Erläuterungen

Nr.	Erläuterung
❶	Die Basisklasse oder Schnittstelle aller *Kollegen*. Im Beispiel könnte diese Klasse `VerkehrsAnlage` heißen.
❷	Die konkreten Kollegen erben von der Basisklasse bzw. implementieren die Schnittstelle. Das wären im Beispiel die Klassen `Ampel` oder `Kamera`.
❸	Auch der *Vermittler* besitzt eine eigene Schnittstelle für die Kommunikation mit den Kollegen-Klassen.
❹	Der konkrete Vermittler implementiert die Kommunikation mit den Objekten und die damit verbundenen Regeln.
❺	Die Kollegenklassen kennen ihren Vermittler, sie müssen ja an ihn berichten, also zum Beispiel den Ausfall einer Ampel melden.
❻	Der konkrete Vermittler kennt aber auch die Kollegenklassen. Er weist sie ja an, gewisse Dinge zu tun – um im Beispiel zu bleiben, die Ampel auf gelb blinkend zu schalten, wenn eine Ampel eine Störung meldet.

Tabelle 4.8 Die Akteure des Vermittler-Musters

4.6.3 Anwendungsfälle

Um den für Sie richtigen Anwendungsfall zu finden, liste ich hier einige Voraussetzungen auf, die für dieses Muster sprechen:

- Es gibt eine mehr oder minder große Anzahl von Objekten, die in enger Verbindung zueinander stehen.

- Die Objekte gehören einer bestimmten Anwendungsdomäne an, lassen sich also fachlich gut einkreisen. Sie lassen sich technisch also einer Gruppe zuordnen.
- Die Art der Verbindung ist nachvollziehbar und gut dokumentiert. Sie wissen also recht genau, wie die Kommunikation auszusehen hat.
- Dennoch fällt es Ihnen vielleicht schwer, den Kommunikationsfluss zu überschauen, weil die Kommunikation eine gewisse Komplexität erreicht hat.
- Die Objekte sollen wiederverwendbar sein.
- Die Kommunikation in die Objekte einzubauen wäre vielleicht »too much«, weil Sie vielleicht gar nicht wollen, dass dieses Kommunikationsverhalten die Objekte aufbläht.
- Vielleicht sollen die Klassen weiterentwickelt werden, ohne dass immer garantiert werden könnte, dass alle zusammenwirkenden Klassen dann noch kompatibel zueinander sind.

Zugegeben, das trifft immer noch auf ziemlich viele Anwendungsfälle zu, daher folgen jetzt einige konkrete Beispiele.

UI-Controls

Benutzersteuerelemente sollen an möglichst vielen Stellen wiederverwendbar sein. Daher ist es absolut sinnvoll, die Controls von speziellen Anforderungen frei zu halten. Dazu gehören Benutzerberechtigungen (einzelne Controls sollen vielleicht deaktiviert dargestellt werden, wenn ein Anwender dafür keine Berechtigung hat) oder auch gewisse Workflow-Szenarien (ein Control soll in Abhängigkeit eines anderen Controls bestimmte Werte anzeigen oder ausblenden).

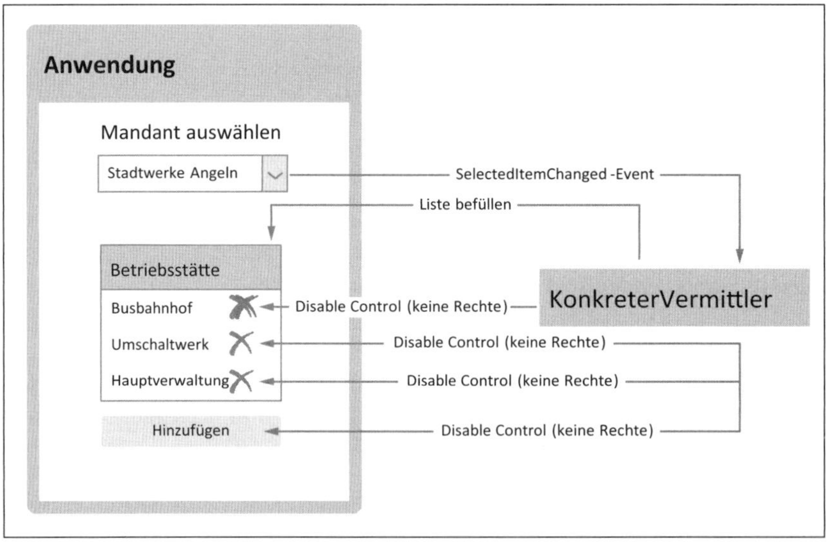

Abbildung 4.23 Vermittler zwischen Controls

Das Beispiel aus Abbildung 4.23 zeigt einen Vermittler, der auf ein Event reagiert, zum Beispiel wenn ein Benutzer den aktuellen Mandanten ändert. Daraufhin steuert er die anderen Controls, deaktiviert zum Beispiel Steuerelemente, auf die der Anwender für den gerade eingestellten Mandanten keine Rechte besitzt, oder befüllt Listen mit Voreinstellungen.

Die Alternative bestünde entweder in einer eigenen Unterklassenbildung, sodass es für die Klasse `Button` die Unterklasse `MandantenButton` gäbe, die sich dann in Abhängigkeit vom eingestellten Mandanten deaktivieren könnte. Oder es wird extensiv mit Events gearbeitet.

Im ersten Fall müssten wir von jedem Control eine Unterklasse bilden – was wenig praktikabel ist, zumal es ja neben dem Mandanten noch weitere Aspekte geben könnte, die zu weiteren Unterklassen führen würden.

In beiden Fällen wäre die Geschäftslogik (was passiert, wenn der Mandant geändert wird?) wild verstreut und die Implementierung nur schwer zu ändern. Das Vermittler-Muster kann diese Anforderung zentral abdecken, ohne oder mit nur geringen Anpassungen der Controls.

Kommunikation

Ein Muster für die Kommunikation eignet sich natürlich für Anwendungsfälle, in denen »in Echtzeit« kommuniziert wird, also die Steuerung von

- Chats
- Telefonanlagen
- Konferenzen usw.

Das Praxisbeispiel wird sich aus diesem Anwendungsszenario bedienen.

Steuerungen und Koordination

Das Eingangsbeispiel, die Ampelsteuerung, ist typisch für das Vermittler-Muster. Mehrere Objekte müssen miteinander kommunizieren zu dem Zweck, Verhalten untereinander zu steuern. Das trifft für Sensoren, Aktoren und für jedwede Art von Prozessleitsteuerung zu.

4.6.4 Implementierung

Die Implementierung des Vermittlers ist im Grunde so einfach oder so komplex, wie es die Aufgabenstellung verlangt, also letztlich so komplex wie die erforderliche Interaktion der beteiligten Kollegenklassen.

Die Aufgabenstellung

Das Praxisbeispiel stammt diesmal aus der Welt der Telekommunikation. In einer *Voice-over-IP-(VoIP-)*Telefonanlage gibt es natürlich die Teilnehmer – die Telefone und anderen Geräte, wie Faxe, Türöffner etc. Wie viele Teilnehmer es gibt, ist nicht von vornherein festgelegt. Zu jeder Zeit können neue Teilnehmer ins System eingebucht oder bestehende ausgebucht werden.

Nun sind VoIP-Telefone aber weitgehend autonom. Zwei beteiligte Telefone können direkt miteinander sprechen, ohne dass es dafür eines Vermittlers bedürfte. Das ist dezentrale Kommunikation, die Bandbreite und Rechenkapazität spart und dabei robust ist, denn auf diese Weise muss nicht der gesamte Datenstrom über eine zentrale Stelle geroutet werden.

Wenn da nicht die Verwaltungsarbeit wäre: Teilnehmer müssen anhand ihrer Rufnummer ausfindig gemacht werden, die Anrufe müssen signalisiert werden, der Chef hätte gern alle Gespräche in einem Rufprotokoll notiert, und natürlich gibt es viele Komfortfunktionen, wie Rufumleitungen und Konferenzen.

In der Praxis braucht es also einen Vermittler – Telefonanlage, PBX oder Softswitch genannt –, auch wenn der Sprachverkehr dann direkt zwischen den Endgeräten stattfindet. Und eine solche Telefonanlage wollen wir jetzt bauen. Das Beispiel erfüllt die eingangs gestellten Anforderungen an geeignete Aufgabenstellungen für dieses Muster:

- Es gibt eine gewisse Anzahl an Objekten, also Teilnehmern.
- Diese Teilnehmer lassen sich gut in Gruppen einteilen, die dann in die Verwaltungsdomäne eines Vermittlers gehören – im Beispiel sind das alle Endgeräte eines Standorts.
- Die Kommunikation ist klar definiert, es gibt ein standardisiertes Protokoll.
- Dennoch ist die Kommunikation komplex und weitgehend unstrukturiert, weil Menschen miteinander sprechen, die spontan und unberechenbar sind.
- All die Anforderungen in die Endgeräte einzubauen wäre höchst komplex, die Endgeräte wären dann selbst schon kleine Telefonanlagen.
- Bestimmte Endgeräte sollen weiterentwickelt werden können, ohne zeitgleich neue Versionen für alle anderen Typen von Endgeräten auszurollen.

UML

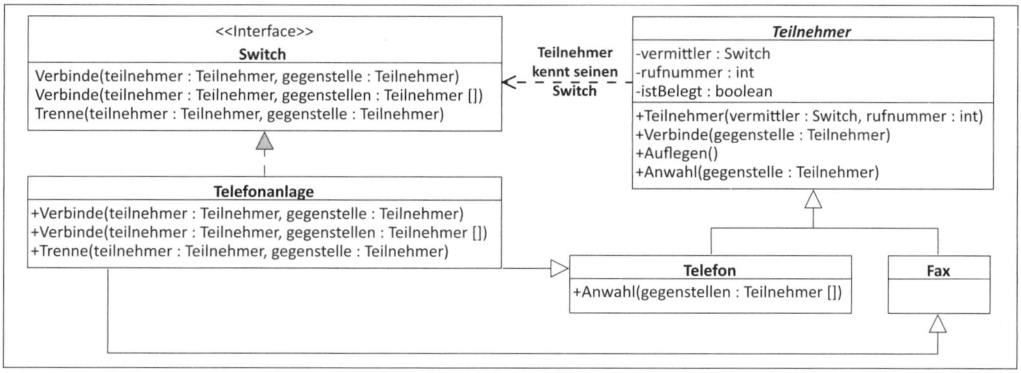

Abbildung 4.24 Der Vermittler im Praxisbeispiel

Vermittler (Switch)

Der Vermittler, im Beispiel der Switch, kann hier drei Vermittlungsaufgaben ausführen: Er kann eine Verbindung zwischen zwei Teilnehmern aufbauen, eine Konferenz mit bis zu fünf Teilnehmern aufbauen und Verbindungen trennen. Entsprechend gibt es drei Methoden in der Schnittstellendefinition:

```
public interface Switch
{
  public void verbinde(Teilnehmer teilnehmer, Teilnehmer gegenstelle)
   throws SwitchException;
  public void konferenz(Teilnehmer teilnehmer, Teilnehmer[] gegenstellen)
   throws SwitchException;
  public void trenne(Teilnehmer teilnehmer, Teilnehmer gegenstelle)
   throws SwitchException;
}
```

Listing 4.31 Die Schnittstelle »Switch«

Man kann durchaus diskutieren, ob die Schnittstelle überhaupt nötig ist – schließlich gibt es ja nur einen konkreten Vermittler, also eine Implementierung einer Telefonanlage. Wir hätten sie also auch weglassen können.

Kollege (Teilnehmer)

Die Kollegenklasse ist eine abstrakte Basisklasse, weil sie bereits Funktionen implementiert, die allen Teilnehmern gemeinsam sind, zum Beispiel den Aufbau einer Verbindung. Spezifische Leistungsmerkmale, wie der Aufbau einer Konferenz, sind dann in den konkreten Kollegenklassen enthalten, die diese Funktion unterstützen. Das ist beim Telefon der Fall, beim Fax aber nicht.

```
public abstract class Teilnehmer
{
  private Switch vermittler;
  private int rufnummer;
  private Teilnehmer aktuelleGegenstelle = null;

  public Teilnehmer(Switch vermittler, int rufnummer)
  {
    this.vermittler = vermittler;
    this.rufnummer = rufnummer;
  }

  public boolean istBelegt()
  {
    return aktuelleGegenstelle != null;
  }

  public Switch getVermittler()
  {
    return vermittler;
  }

  public int getRufnummer()
  {
    return rufnummer;
  }

  public void verbinde(Teilnehmer gegenstelle)
  {
    System.out.println("Verbinde mit Gegenstelle: "+gegenstelle.getRufnummer());
    aktuelleGegenstelle = gegenstelle;
    gegenstelle.verbindungAnnehmen(this);
  }

  public void verbindungAnnehmen(Teilnehmer gegenstelle)
  {
    aktuelleGegenstelle = gegenstelle;
  }

  public void auflegen()
  {
    System.out.println("Lege auf");
    aktuelleGegenstelle = null;
```

```
  }

  public void anwahl(Teilnehmer gegenstelle)
  {
    try
    {
      vermittler.verbinde(this, gegenstelle);
    }
    catch(SwitchException e)
    {
      System.out.println("Verbindungsfehler: "+e.getMessage());
    }
  }

  public void aktuelleVerbindungTrennen()
  {
    if (aktuelleGegenstelle != null)
      try
      {
        vermittler.trenne(this, aktuelleGegenstelle);
      }
      catch(SwitchException e)
      {
        System.out.println("Verbindungsabbaufehler: "+e.getMessage());
      }
  }
}
```

Listing 4.32 Die Klasse »Teilnehmer«

Die Klasse muss ihren Vermittler kennen, oder – um im Jargon zu bleiben – der Teilnehmer muss die Telefonanlage, den Switch, kennen. Daher wird er bereits im Konstruktor gesetzt, ebenso wie die Rufnummer des Teilnehmers.

Im Grunde beherrschen die Teilnehmer nur den einfachen, direkten Verbindungsaufbau zu einem anderen Teilnehmer und das einfache Auflegen, wobei sie dabei nur ihr eigene Seite beachten. Alle höherwertigen Funktionen laufen über den Vermittler, die Telefonanlage.

Wir müssen uns nun vorstellen, dass ein Anwender eine Nummer wählt. Die Lösung ohne das Vermittler-Muster wäre es, einfach die andere Teilnehmerklasse um eine Verbindung zu bitten, was bei zwei Teilnehmern auch nicht allzu schwer ist. Spätestens aber, wenn die Konferenz ins Spiel kommt, müsste diese Klasse sowohl die Spielregeln einer Konferenz abbilden (max. 5 Teilnehmer) als auch jede Gegenstelle zur Konferenz.

Der Switch übernimmt diese Arbeit, daher besteht die Methode anwahl aus einem Aufruf an den Vermittler. Der Vermittler löst eine SwitchException aus, falls die Verbindung nicht aufgebaut werden konnte, sodass der Teilnehmer darauf reagieren kann – üblicherweise, indem eine Meldung im Display des Endgeräts angezeigt wird. Kommt die Verbindung zustande, kann das Endgerät direkt mit dem VoIP-fähigen anderen Endgerät kommunizieren, ohne weiteres Zutun des Vermittlers.

Dasselbe geschieht beim Auflegen. Dort stellt der Vermittler sicher, dass beide Endgeräte die Verbindung beenden und wieder frei sind.

KonkreterKollege (Telefon, Fax)

Das Telefon unterstützt ein zusätzliches Telefonie-Leistungsmerkmal, dass der andere konkrete Kollege, das Fax, nicht bietet – den Aufbau einer Konferenz.

```
public class Telefon extends Teilnehmer
{
  public Telefon(Switch vermittler, int rufnummer)
  {
    super(vermittler, rufnummer);
  }

  public void anwahl(Teilnehmer[] gegenstellen)
  {
    try
    {
      getVermittler().konferenz(this, gegenstellen);
    }
    catch(SwitchException e)
    {
      System.out.println("Verbindungsfehler: "+e.getMessage());
    }
  }
}
```

Listing 4.33 Die Klasse »Telefon«

Auf die Darstellung der Klasse Fax verzichte ich, weil dort keine weitere Funktion eingebaut ist – es geht ja um das Muster und nicht so sehr um die wirklichkeitsgetreue Umsetzung einer Telefonanlage.

KonkreterVermittler (Telefonanlage)

Kommen wir nun zum konkreten Vermittler, also zu der Telefonanlage. Sie vermittelt zwischen den Teilnehmern und implementiert dazu Geschäftslogik, die sich über mehrere Teilnehmer erstrecken kann. Bei dem Aufbau einer Konferenz zum Beispiel darf kein eingeladener Teilnehmer gerade besetzt sein.

```
public class Telefonanlage implements Switch
{
  public void verbinde(Teilnehmer teilnehmer, Teilnehmer gegenstelle)
      throws SwitchException
  {
    if (gegenstelle.istBelegt())
      throw new SwitchException(
       "Der Teilnehmer: "+gegenstelle.getRufnummer()+" ist belegt");
    teilnehmer.verbinde(gegenstelle);
  }

  public void konferenz(Teilnehmer teilnehmer, Teilnehmer[] gegenstellen)
      throws SwitchException
  {
    if (gegenstellen.length == 0 || gegenstellen.length > 4)
      throw new SwitchException(
       "Konferenz nur zwischen 2 und 5 Teilnehmern möglich");
    for (int i=0; i<gegenstellen.length; i++)
    {
      if (gegenstellen[i].istBelegt())
        throw new SwitchException(
         "Der Konferenzteilnehmer: "+gegenstellen[i].getRufnummer()+
         " ist belegt");
      teilnehmer.verbinde(gegenstellen[i]);
    }
  }

  public void trenne(Teilnehmer teilnehmer, Teilnehmer gegenstelle)
      throws SwitchException
  {
    if (!teilnehmer.istBelegt())
      throw new SwitchException(
       "Der Teilnehmer "+teilnehmer.getRufnummer()+" hat schon aufgelegt");
    else
      teilnehmer.auflegen();
    if (gegenstelle.istBelegt())
```

```
        gegenstelle.auflegen();
    }
}
```

Listing 4.34 Die Klasse »Telefonanlage«

Die Klasse `Telefonanlage` verschlankt nun die Teilnehmerklassen und steuert den Kommunikationsfluss auf eine nachvollziehbare Art und Weise.

Klient

Einen Klienten gibt es diesmal nicht im Muster, was die Frage aufwirft: Wer »steuert« denn nun alles? Die Antwort in diesem Beispiel lautet: Niemand. Die Teilnehmerobjekte sind autonom. Natürlich werden sie in der Praxis irgendwo leben, vermutlich im Prozess der Telefonanlage. Aber ein Telefon kann eben autonom eine Verbindung aufbauen oder eine Konferenz einleiten. Der Vermittler arbeitet dann als Dienstleister für die beteiligten Teilnehmerobjekte.

Zum Experimentieren ist hier noch ein wenig Code drumherum zum Ausprobieren:

```
Switch telefonanlage = new Telefonanlage();
Telefon telefon100 = new Telefon(telefonanlage, 100);
Telefon telefon200 = new Telefon(telefonanlage, 200);
Telefon telefon300 = new Telefon(telefonanlage, 300);

//FALL 1
//Funktioniert, Teilnehmer 100 und 200 sind nun belegt
telefon100.anwahl(telefon200);
//FALL 2
//Geht nicht, Teilnehmer 200 ist ja belegt
telefon300.anwahl(telefon200);
//FALL 3
//Auflegen, Teilnehmer 100 und 200 sind nun beide wieder frei
telefon100.aktuelleVerbindungTrennen();
//FALL 4
//Geht jetzt
telefon300.anwahl(telefon200);
```

Der Kommunikationsfluss zwischen den vier beteiligten Objekten sieht nun so aus wie in Abbildung 4.25.

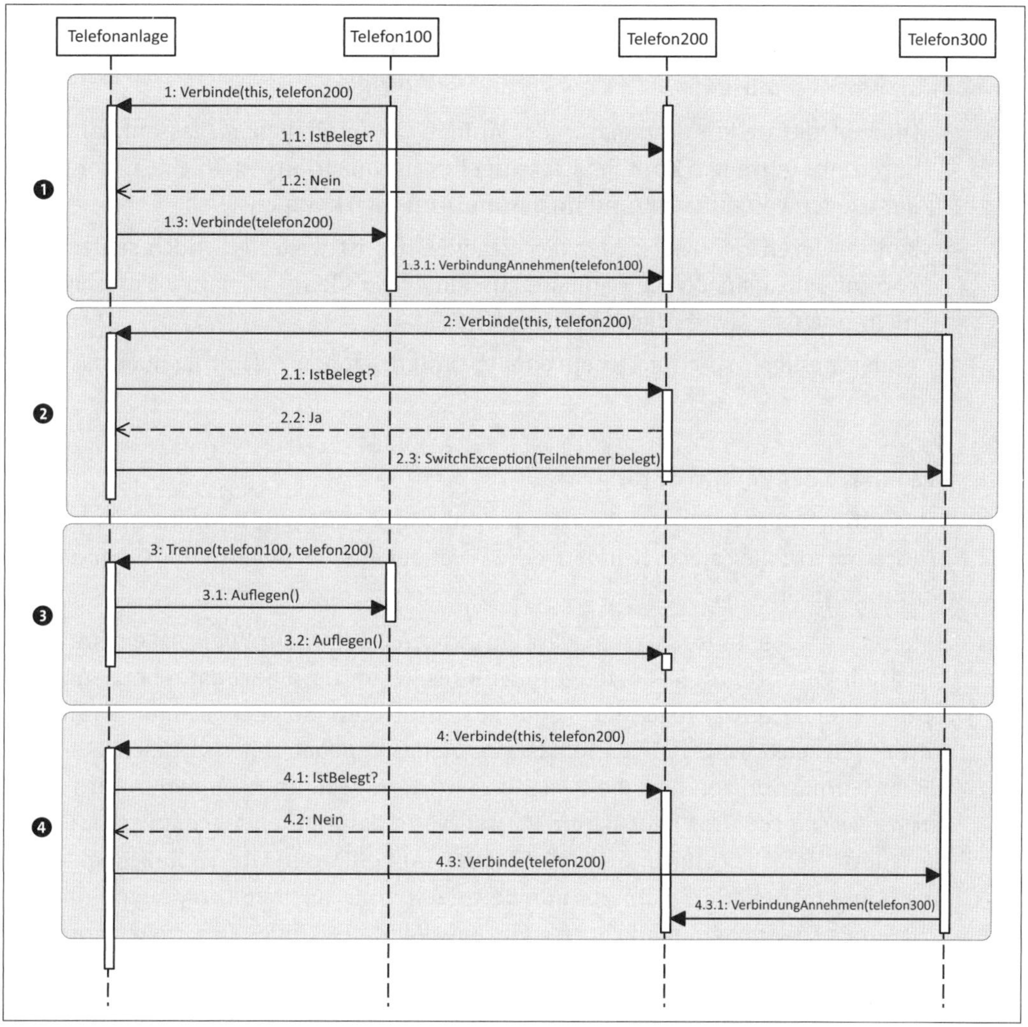

Abbildung 4.25 Die Kommunikation zwischen den Objekten als Sequenzdiagramm

Die Aufgabe des Vermittlers wird aus dem Sequenzdiagramm deutlich: Er vermittelt zwischen den verschiedenen Teilnehmern.

4.6.5 Weitere Überlegungen und Alternativen

Einiges zu den Vor- und Nachteilen habe ich schon in Abschnitt 4.6.2 ausgeführt. Zusammenfassend, auf den Punkt gebracht:

- Die Komplexität lässt sich nicht zum Verschwinden bringen. Entweder sie steckt in den Objekten oder eben im Vermittler.

- Es wird einem auch hier nichts geschenkt. Ein Vermittler ist eine neue Klasse und eine neue Schnittstelle. Die Gesamtkomplexität kann also schnell größer werden als ohne Vermittler.
- Diese strukturelle Komplexität (der Aufbau der zusätzlichen Klassen) wird aber durch eine geringere Komplexität in der Kommunikation der Objekte untereinander wieder wettgemacht (und im besten Sinne überkompensiert).
- Zentral/dezentral, das ist hier die Frage. Beides ist weder gut noch schlecht. Es kommt darauf an, ob die Voraussetzungen vorhanden sind, damit dieses Muster mehr nutzt als kostet (siehe Abschnitt 4.6.3).
- Anders gesagt: Manchmal ist ein einfacher Methodenaufruf immer noch das beste Mittel.

Wann wird der Vermittler tätig?

Im Praxisbeispiel wird er auf Wunsch der Teilnehmer tätig, die Endgeräte lösen ja die »Geschäftsvorfälle« aus, z. B. indem ein Anwender auf der Tastatur des Telefons eine Nummer wählt.

Es könnte aber genauso gut sein, dass ein externer Klient, zum Beispiel eine Anwendung, ein Vermittlerobjekt erzeugt und dieses Vermittlerobjekt dann bei den Kollegenobjekten Events registriert und das Auftreten solcher Events dann das Vermittlerobjekt triggert. In diesem Fall kennt das Kollegenobjekt vielleicht gar nicht seinen Vermittler, sondern die Beziehung wird umgekehrt, nach dem Motto *Don't call us, we call you*. Das Beobachter-Muster bietet dafür einen Mechanismus. Eventgesteuerte Verarbeitung ist besonders dann sinnvoll, wenn wir die Kollegenklassen überhaupt nicht ändern können, zum Beispiel weil sie zu einer Komponentenbibliothek eines Drittherstellers gehören. Ein Beispiel dafür findet sich weiter vorn, die Steuerung von UI-Controls bei Wechsel eines Mandanten.

Noch generischer wird der Schnittstellenansatz, wenn statt eines einfachen Beobachter-Musters ein Nachrichtenbus zum Einsatz kommt. Der Vermittler lauscht dann an diesem Bus auf bestimmte, für ihn relevante Nachrichten und schickt selbst Nachrichten als Antwort darauf, die von den Kollegenobjekten wiederum empfangen und verarbeitet werden.

Oder der Vermittler bringt selbst eine Steuerung mit, zum Beispiel eine Zeitsteuerung, und steuert dann seine Kollegenobjekte nach einem zeitlichen Muster.

Über die Notwendigkeit der Schnittstellen bzw. abstrakten Klassen

Wie schon weiter oben kurz erwähnt: Wir hätten die Schnittstelle `Switch` auch weglassen können. Das Muster funktioniert auch ohne die Vermittler-Schnittstellen, nur mit einer konkreten Vermittlerklasse.

Die beiden Möglichkeiten sind:

- Es gibt nur einen Vermittler, dann kann auf die Schnittstelle verzichtet werden.
- Es gibt mehrere Vermittler, dann kann die Schnittstelle sinnvoll sein, und die Kollegen nutzen unterschiedliche Vermittler für ihre Aufgaben.

Ähnliche und ergänzende Muster

Kollegen können mit ihrem Vermittler über das Beobachter-Muster kommunizieren, wobei die Steuerung der Kommunikation in diesem Fall vom Vermittler ausgeht.

4.7 Memento

Vom Memento-Muster war schon an verschiedenen Stellen die Rede. Seine Aufgabe ist es, den inneren Zustand eines Objekts (oder eines Teils davon) festzuhalten, sodass dasselbe Objekt (oder ein anderes Objekt) später wieder in genau denselben Zustand gebracht werden kann.

4.7.1 Steckbrief

Deutscher Name: Memento
Auch bekannt als: Token
Englischer Name: Memento
Gruppe: Verhaltensmuster

4.7.2 Beschreibung

Es kommt immer wieder einmal vor, dass man zu einem späteren Zeitpunkt zum ursprünglichen Zustand eines Objekts zurückkehren möchte. Zwei Beispiele:

- Mit dem Befehlsmuster lässt sich ein Undo implementieren. Dazu ist es notwendig, den Zustand vor einer Änderung zu speichern.
- Beim Iterator-Muster ist es notwendig, die aktuelle Position zu speichern, wofür das Memento-Muster hilfreich ist, wenn diese aktuelle Position nicht nur eine einfache Zahl ist, sondern zum Beispiel ein komplexer Pfad.

Der Zustand soll dabei »externalisiert« werden, heißt es im Muster, was nichts anderes bedeutet, als dass er außerhalb des Objekts, zu dem der Zustand gehört, gespeichert ist. Das kann im Arbeitsspeicher geschehen oder – in einem zweiten Schritt – auch auf Festplatte, einem SQL-Server oder auf einem anderen persistenten Datenträger. Das Muster selbst speichert den externalisierten Zustand in einem eigenen Objekt, dem *Memento*-Objekt.

Dieser innere Zustand ist immer ein Schnappschuss, der zu einem bestimmten Zeitpunkt erstellt wurde. Daher ist es genauso wichtig, nicht nur den inneren Zustand des Objekts zu kennen (also das Memento-Objekt), sondern auch den genauen Zeitpunkt, den dieses Objekt repräsentiert.

Den inneren Zustand eines Objekts zu kennen ist immer eine heikle Angelegenheit. Das ganze Prinzip der Kapselung wurde ja gerade dafür geschaffen, dass Außenstehende diesen inneren Zustand nicht zu kennen brauchen – und ihn erst recht nicht modifizieren können. Das ändert auch das Memento-Muster nicht, denn nur das Objekt selbst, das seinen Zustand speichern möchte (man nennt es das *Urheber*-Objekt), kann auf alle Daten des Memento-Objekts zugreifen und so seinen Zustand von diesem Schnappschuss aus der Vergangenheit wiederherstellen.

Im Idealfall bietet die Memento-Klasse nach außen zwei unterschiedliche Schnittstellen: eine »schmale« Schnittstelle, mit der ein Memento-Objekt nur gespeichert und weitergegeben werden kann, und eine »breite« Schnittstelle, mit der der im Objekt gespeicherte Zustand abgerufen werden kann. Die schmale Schnittstelle ist für den Aufbewahrer gedacht, die breite Schnittstelle für den Urheber.

UML

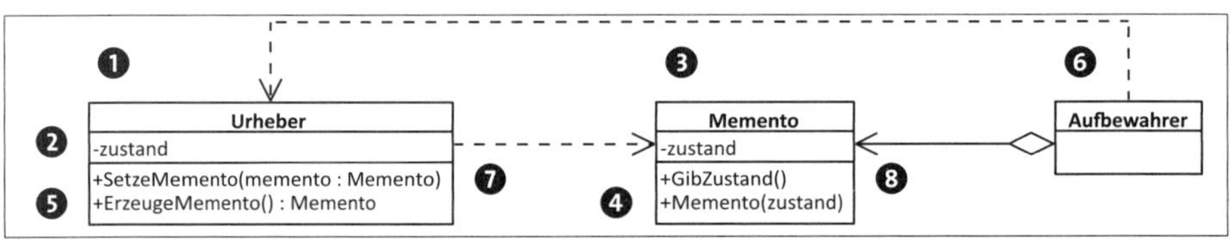

Abbildung 4.26 Das Memento-Muster in UML

Erläuterungen

Nr.	Erläuterung
❶	Alles beginnt mit dem *Urheber*, einer beliebigen Klasse.
❷	Der Urheber besitzt einen *internen Zustand*, also einen Satz privater Variablen, die zu einem bestimmten Zeitpunkt bestimmte Werte annehmen. Dieser interne Zustand soll ganz oder zum Teil gespeichert werden, um ihn zu einem späteren Zeitpunkt gegebenenfalls wiederherstellen zu können.
❸	Die Klasse *Memento* kann dies leisten. Sie kann denselben Zustand speichern wie der Urheber.

Tabelle 4.9 Die Akteure des Memento-Musters

Nr.	Erläuterung
❹	Dafür muss die Klasse lediglich im *Konstruktor* mit diesem Zustand versorgt werden. Im Original findet sich noch die (hier nicht abgebildete) Methode `SetzeZustand`, aber der Zustand wird in der Praxis eigentlich immer über den Konstruktor übertragen.
❺	Der Urheber kann über die Methode `ErzeugeMemento` ein Memento erzeugen und dieses Memento zurückgeben.
❻	Aber wem? Üblicherweise gibt er es dem *Aufbewahrer*, einer weiteren Klasse, die ein oder mehrere Mementos in einer einfachen Variablen oder in einer Liste speichert. Der Aufbewahrer soll aber eines nicht können: den gespeicherten Zustand ansehen oder gar verändern.
❼	Für das Wiederherstellen besitzt der Urheber eine weitere Methode, `SetzeMemento`. Diese Methode nimmt ein zuvor erstelltes Memento-Objekt entgegen und setzt den inneren Zustand so wie in diesem Objekt.
❽	Damit das möglich ist, gibt es die Methode `GibZustand` in der Memento-Klasse.

Tabelle 4.9 Die Akteure des Memento-Musters (Forts.)

Das klingt alles ein wenig komplizierter, als es in Wirklichkeit ist. Im Grunde ist nur die Klasse `Memento` interessant, denn die beiden anderen Klassen ergeben sich aus der jeweiligen Aufgabenstellung automatisch, sind also schon vorhanden. Das Objekt `Urheber` ist ein beliebiges Objekt, dessen Zustand zur späteren Wiederherstellung gespeichert werden soll, und das Objekt `Aufbewahrer` ist ein Objekt, das den Urheber später auffordert, in den alten Zustand zurückzukehren, also dessen `SetzeMemento`-Methode aufruft – daher auch die Verbindung zwischen diesen beiden Klassen im UML-Diagramm.

4.7.3 Anwendungsfälle

Eines ist inzwischen klar geworden: Mithilfe des Memento-Musters kann der Zustand eines Objekts später wiederhergestellt werden – entweder der gesamte Zustand oder nur ein Teil davon, entweder in dasselbe Objekt oder ein anderes Objekt derselben Klasse.

Um die Anwendungsfälle besser zu verstehen, kann man sich klarmachen, was denn die Alternative zu diesem Muster wäre:

- Der Aufbewahrer könnte den Zustand selbst speichern. Dafür müsste der Urheber den Zustand aber nach außen hin öffnen, was dem Prinzip des *Information Hiding* zuwiderläuft.

- Man könnte mit den Mitteln des Frameworks das Urheber-Objekt serialisieren, zum Beispiel in einen XML-String oder in ein Byte-Array, und der Urheber könnte diese Daten dann speichern. Das Deserialisieren würde aber stets ein neues Objekt erzeugen. Man müsste dann den Zustand also trotzdem danach auf das eigentliche Zielobjekt übertragen. Außerdem ist der Vorgang sehr technisch und spezifisch für eine Technologie – man muss dem Serialisierer ja mitteilen, welche Daten gespeichert und welche ausgelassen werden sollen –, denn vielleicht sollen ja einige Teile des Zustands nicht wiederhergestellt werden. Außerdem können in der `SetzeMemento`-Methode auch Validierungen eingebaut werden.

Und auch hier gilt: Es verletzt die Kapselung, denn der Aufbewahrer könnte auf die serialisierten Daten zugreifen und diese verändern.

Allerdings ist es durchaus praktisch, zwar einerseits das Memento-Muster einzusetzen, den Zustand aber andererseits im Memento-Objekt mittels Serialisierung abzulegen. Das kombiniert die Vorteile des Musters (Kapselung, klare Zuständigkeiten) mit den Vorteilen der Technologie (einfache, bequeme, vollständige Speicherung des Zustands).

In den folgenden Abschnitten zeige ich Ihnen drei typische Anwendungsfälle dieses Musters: Undo, Savepoints und das Entladen bzw. Reaktivieren von Anwendungen.

Undo

Ich habe es schon erwähnt: Undo ist ein Kandidat für dieses Muster. Wenn Sie mal kurz zum Befehlsmuster springen (siehe Abschnitt 4.2.3), dann haben wir dort ein Undo implementiert. Dabei haben wir einfach die alte Position der Spielfigur gemerkt und diese im Falle des Undos einfach wieder dorthin gesetzt. Andere einfache Fälle sind Bewegungen. Ein Undo wäre dann einfach eine Bewegung in die entgegengesetzte Richtung gleichen Betrags.

Die Praxis ist natürlich komplizierter. Denn bei einer Schachsoftware werden ja nicht nur die Positionen der Spielfigur gespeichert, sondern auch noch die abgelaufene Zeit pro Spieler und diverse statistische Daten. Und der Computer wird bei jedem Zug eines Menschen das Spielgeschehen analysieren und die daraus gewonnene Bewertung speichern, um mit ihr den nächsten Zug berechnen zu können.

Beim Zurücknehmen eines Zugs kann das Memento-Muster dann dafür eingesetzt werden, diese Analyse (sagen wir, das wäre der innere Zustand des Objekts KI) wiederherzustellen.

Savepoints

Eine Spielart des Undo sind sogenannte *Savepoints*. Mithilfe von Savepoints lassen sich Transaktionen unterteilen. Typische Datenbanksysteme bieten eine Implementierung an, aber Savepoints kann man auch in eigenen Anwendungen einsetzen. Und eine Möglichkeit, dies umzusetzen, sind Mementos. Dabei kann für jeden Savepoint ein Memento-Objekt erzeugt und gespeichert werden.

Ein Savepoint bietet eine Granularität zwischen einem einzelnen Geschäftsvorfall und der gesamten Transaktion. Die einzelnen Geschäftsvorfälle zwischen zwei Savepoints lassen sich zwar nicht rückgängig machen, wohl aber alle Geschäftsvorfälle seit dem letzten Savepoint oder einem Savepoint davor.

Entladen bzw. Reaktivieren von Anwendungen

In der klassischen Desktopwelt kann man so viele Anwendungen parallel laden und ausführen, wie es Arbeitsspeicher und CPU-Ressourcen erlauben. Das ist im Wandel, denn Windows-8.1-Anwendungen (wenn diese WinRT nutzen) müssen eines beherrschen: Ihren Zustand zu speichern. Windows 8.1 kann sie nämlich zu jedem beliebigen Zeitpunkt entladen, sodass sie keine weiteren Ressourcen mehr verbrauchen. Wechselt der Anwender wieder zu dieser Anwendung, so wird der gespeicherte Zustand flugs wieder geladen, und für den Anwender sieht es so aus, als ob die Anwendung niemals beendet worden wäre.

Auch wenn Windows 8.1 (und andere Systeme) natürlich fertige Mechanismen dafür anbieten, kann man dieses Muster entweder damit kombinieren, oder man implementiert ein ähnliches Verhalten in einer althergebrachten Desktopanwendung. Ein Beispiel dafür wäre das Entladen von selten benötigten Plug-ins.

4.7.4 Implementierung

Ausnahmsweise baue ich diesmal auf eine Aufgabenstellung eines vorherigen Kapitels auf.

Die Aufgabenstellung

Für die Implementierung bietet sich das schon erwähnte Praxisbeispiel aus Abschnitt 4.2, »Befehl«, an, das Schachspiel. Die Aufgabenstellung finden Sie in Abschnitt 4.2.4 beschrieben. Der dort implementierte Undo-Mechanismus funktioniert so, dass die alte Position der Spielfigur vor deren Bewegung gespeichert wird. Nimmt der Spieler den Zug zurück, wird die Figur wieder auf ihren alten Platz gestellt.

Das funktioniert, und zwar über beliebig viele Spielzüge hinweg, hat aber einen entscheidenden Nachteil: Was ist, wenn das Bewegen einer Spielfigur dazu führt, dass eine andere Spielfigur geschlagen wird? Dann wird die geschlagene Spielfigur aus dem Spiel entfernt. Das einfache Zurückstellen auf die vorherige Position ist dann so einfach nicht mehr möglich.

Daher verändern wir das Undo nun, und zwar dergestalt, dass der gesamte Zustand des Spielfelds gespeichert wird, was nichts anderes bedeutet, als alle Spielfiguren und ihre Positionen zu einer Zeit zu speichern. Das Undo wird also nicht wie bisher nur den letzten Spielzug zurücknehmen, sondern das Spielfeld vollständig auf den Zustand vor dem Zug zurücksetzen.

Damit sind auch geschlagene Spielfiguren nach einem Undo wieder im Spiel, und zwar auf genau der Position, auf der sie zuvor auch waren.

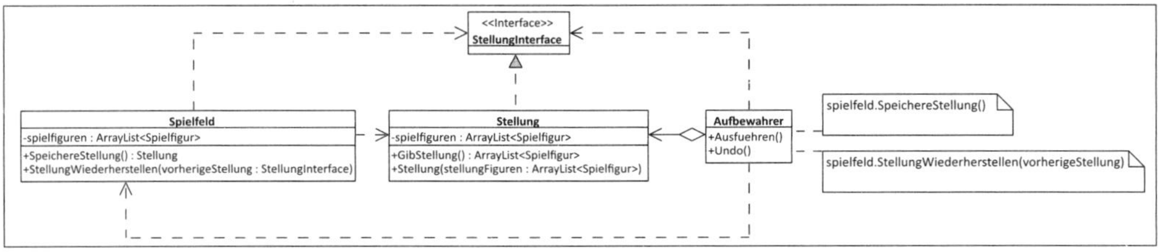

Abbildung 4.27 Das Memento-Muster im Praxisbeispiel

Memento (Stellung)

Auch hier verwende ich wieder den fachlichen Begriff aus der Schachwelt. Anstatt die Klasse Memento zu taufen, habe ich sie daher `Stellung` genannt. Damit niemand von außen, also insbesondere der Aufbewahrer nicht, auf die Interna dieser Klasse zugreifen kann, ist sie diesmal in Java als `private class` deklariert und innerhalb der Urheber-Klasse untergebracht.

```
private class Stellung implements StellungInterface
{
  private ArrayList<Spielfigur> spielfiguren;

  private Stellung(ArrayList<Spielfigur> stellungFiguren)
  {
    spielfiguren = new ArrayList<Spielfigur>();
    for(Spielfigur figur: stellungFiguren)
      spielfiguren.add(figur.clone());
  }

  private ArrayList<Spielfigur> gibStellung()
  {
    return spielfiguren;
  }
}}
```

Listing 4.35 Die (private) Klasse »Stellung«

Nach außen sind also weder der Konstruktor noch die »GibZustand«-Methode (`gibStellung`) sichtbar. Der Aufbewahrer kann das Memento also nur speichern und weiterreichen, aber weder ein eigenes Memento-Objekt instanziieren noch auf die Stellung selbst zugreifen – ganz im Sinne des Musters. Damit das funktioniert (wir könnten von außen sonst keine Referenz auf die private Klasse halten), benötigen wir aber noch eine öffentlich zugängliche Schnittstelle, hier `StellungInterface` genannt:

```
public interface StellungInterface { }
```

Eine einfache Kopie genügt allerdings nicht. Da der Zustand auch in den Spielfiguren steckt (die Position und die Seite, für die eine Spielfigur steht), muss eine »tiefe Kopie« des Spielfelds mit allen Spielfiguren erstellt werden. In der Klasse `Spielfigur` wurde dafür noch die `clone`-Methode überschrieben, die dafür verwendet wird.

Urheber (Spielfeld)

Der Urheber muss ein Memento-Objekt erzeugen und dort seinen Zustand ablegen und später aus einem bestehenden Memento-Objekt den Zustand wiederherstellen können.

Dazu wurde die Klasse `Spielfeld` um diese beiden Methoden ergänzt, die das Muster verlangt. Den Zustand selbst hatten wir beim Befehlsmuster weggelassen (stattdessen wurden die Spielfiguren dort von außen gesteuert). Das müssen wir jetzt nachholen. Eine einfache `ArrayList` mit allen Spielfiguren reicht dafür, da jede Spielfigur selbst ihre aktuelle Position und ihre Seite speichert.

```
public class Spielfeld
{
  private Queue<Spielzug> spielzuege;
  private Stack<Spielzug> undos;
  private ArrayList<Spielfigur> spielfiguren;

  public Spielfeld()
  {
    spielzuege = new LinkedList<Spielzug>();
    undos = new  Stack<Spielzug>();
    spielfiguren = new ArrayList<Spielfigur>();
  }

  public ArrayList<Spielfigur> getSpielfiguren()
  {
    return spielfiguren;
  }
```

```
public void queueSpielzug(Spielzug spielzug)
{
  spielzuege.add(spielzug);
}

public void spiele()
{
  System.out.println("Spiele "+spielzuege.size()+" Spielzüge");
  while (!spielzuege.isEmpty())
  {
    Spielzug spielzug = spielzuege.poll();
    spielzug.ausfuehren();
    undos.push(spielzug);
  }
  System.out.println("Spielzüge gespielt");
}

public void undo()
{
  if (!undos.isEmpty())
  {
    Spielzug spielzug = undos.pop();
    spielzug.undo();
    System.out.println("Undo ausgeführt");
  }
}

public Stellung speichereStellung()
{
  Stellung stellung = new Stellung(spielfiguren);
  return stellung;
}

public void stellungWiederherstellen(StellungInterface vorherigeStellung)
{
  if (vorherigeStellung instanceof Stellung )
    spielfiguren = ((Stellung)vorherigeStellung).gibStellung();
}
private class Stellung
//Siehe oben
}
```

Listing 4.36 Die Klasse »Spielfeld«

Auch hier müssen wir für die nach außen sichtbaren Referenzen mit der Schnittstelle arbeiten, die Methode `stellungWiederherstellen` kann also kein Objekt vom Typ `Stellung` entgegennehmen (der von außen nicht sichtbar wäre), sondern nur vom Typ `StellungInterface`.

Aufbewahrer (Bewege)

Aufbewahrt wird das Memento in der Klasse `Bewege`, dort haben wir ja den Undo-Mechanismus implementiert. In der Praxis muss der Aufbewahrer den Urheber häufig kennen (um das Memento-Objekt zu speichern, muss er ja vorher eines vom Urheber anfordern). Daher müssen wir die abstrakte Klasse `Spielzug` erweitern:

```
public abstract class Spielzug
{
  private Spielfigur figur;
  protected Spielfeld spielfeld;

  public Spielzug(Spielfeld spielfeld, Spielfigur figur)
  {
    this.figur = figur;
    this.spielfeld = spielfeld;
  }
...
```

Listing 4.37 Die Klasse »Spielzug«

Die Klasse `Bewege` (hier etwas vereinfacht im Gegensatz zum Original aus dem Kapitel zum Befehlsmuster) speichert die Stellung im Memento-Objekt, bevor der Spielzug ausgeführt wird. Im Falle eines Undo wird diese vorherige Stellung über den Urheber, das Spielfeld, wiederhergestellt:

```
public class Bewege extends Spielzug
{
  private Position neuePosition;
  private StellungInterface vorherigeStellung;

  public Bewege(Spielfeld spielfeld, Spielfigur figur, Position neuePosition)
  {
    super(spielfeld, figur);
    this.neuePosition = neuePosition;
  }

  @Override
  public void ausfuehren()
```

```
  {
    vorherigeStellung = spielfeld.speichereStellung();
    getFigur().bewege(neuePosition);
    //Hier müsste geprüft werden, ob eine Spielfigur geschlagen wurde, und
    //das Spielfeld müsste die Figur dann aus ihrer Liste der Spielfiguren
    //entfernen.
  }

  @Override
  public void undo()
  {
    spielfeld.stellungWiederherstellen(vorherigeStellung);
  }
}
```

Listing 4.38 Die Klasse »Bewege«

Klient

Ein einfacher Test wird zeigen, ob das Undo funktioniert:

```
Schachspiel spiel = new Schachspiel();
Position altePosition = new Position(){{
  x = 3; y = 3;
}};
Turm turm = new Turm(true, altePosition);

Position neuePosition = new Position(){{
  x = 3; y = 6;
}};

spiel.getSpielfeld().getSpielfiguren().add(turm);
//Position 3/3
spiel.spielfigurGezogen(turm, neuePosition);
//Position 3/6
spiel.undo();
//Position 3/3
```

Listing 4.39 Eine Spielfigur wird gezogen und der Spielzug wieder zurückgenommen.

4.7.5 Weitere Überlegungen und Alternativen

Es sind vor allem Fragen der Implementierung, die bei diesem Muster Fragen aufwerfen.

Schmale und breite Schnittstelle

Die zwei unterschiedlichen Schnittstellen zum Memento-Objekt für Aufbewahrer und Urheber wurden im Beispiel so gelöst, dass die Memento-Klasse selbst privat ist, wie auch ihr Konstruktor und alle Methoden. Sie implementiert jedoch eine öffentliche Schnittstelle, sodass das Objekt über diese Schnittstelle gespeichert und weitergereicht werden kann. Von außen ist also nur diese Schnittstelle sichtbar. Da sie keine Operationen definiert, kann man mit dem Objekt auch nichts anfangen; noch nicht einmal der innere Zustand lässt sich auf diese Weise ermitteln. In einigen Sprachen geht das eleganter. In C++ kann der Urheber zum Beispiel ein `friend` der Memento-Klasse sein und dadurch Zugriff auf sie erhalten.

Fragen zum Speicherplatz und zur Performance

Das Kopieren des Zustands kostet Ressourcen. Sowohl die CPU als auch der Arbeitsspeicher werden dadurch belastet. Die Frage ist: Wie umfangreich sind die Zustandsdaten, und wie oft wird ein neues Memento-Objekt erstellt?

Drei Optimierungen sind augenfällig:

- Anstatt den gesamten Zustand zu speichern, kann man sich auf einen Teil konzentrieren. In aller Regel gibt es Zustandsinformationen, die flüchtig sind, also nicht wiederhergestellt werden müssen (zum Beispiel GUIDs).
- Bei sehr umfangreichen Zuständen lohnt sich vielleicht der zusätzliche Aufwand, die einzelnen Mementos nicht vollständig, sondern inkrementell zu erstellen. Bei den schon erwähnten Savepoints ist das sogar gang und gäbe.
- Klassisches Undo und Memento lassen sich auch kombinieren. Bei Befehlen, die durch einfache Umkehrung rückgängig gemacht werden, führt das Befehlsobjekt die Umkehr aus, sonst weist es den Urheber an, den Zustand wiederherzustellen.

Weitere Details in der Implementierung

Das Speichern von Zuständen und das Wiederherstellen münden oft in neue Objektreferenzen. Im Beispiel täten wir gut daran, die `equals`-Methode so zu überschreiben, dass zwei Spielfiguren nicht nur identisch sind, wenn sie auf dasselbe Objekt zeigen, sondern auch, wenn es gleiche Typen (Turm = Turm) sind, die zum selben Spieler gehören und die auf demselben Feld auf dem Schachbrett stehen.

4.8 Beobachter

Das nächste Muster, das Beobachter-Muster, ist ebenso sehr ein Klassiker wie das Länderspiel Deutschland gegen Argentinien und gehört zu den am meisten verwendeten Mustern überhaupt. Es verkörpert die alte Hollywood-Regel: *Don't call us, we call you*, indem es zuvor registrierte Objekte über Änderungen am eigenen Zustand informiert, damit diese ihren eigenen Zustand daraufhin anpassen können. Das Objekt »ruft also zurück«, und die interessierten Objekte müssen bis dahin nur darauf warten.

4.8.1 Steckbrief

Deutscher Name: Beobachter

Auch bekannt als: Publish/Subscribe

Englischer Name: Observer

Gruppe: Verhaltensmuster

4.8.2 Beschreibung

Auf welche Weise können zwei (oder mehrere Objekte) miteinander so kommunizieren, dass bei einer Änderung des Zustands eines Objekts andere Objekte wiederum ihre Zustände ändern können?

Sagen wir, das eine Objekt wäre ein Datumsauswahl-Control, und zwei weitere Objekte, ein Kalender und die Aufgabenliste, zeigen ihre Daten für das jeweils ausgewählte Datum. Ändert sich das Datum (der Zustand des Objekts *Datumsauswahl*) so sollen sich auch die Zustände der beiden anderen Objekte ändern (die von ihnen angezeigten Daten).

Die Softwareentwicklung kennt vier Wege (bzw. vier übliche Wege), um die Abhängigkeit von Objekten zu bewerkstelligen (siehe Abbildung 4.28).

1. **Push:** Das Objekt *Datumsauswahl* informiert direkt und ohne Aufforderung die Objekte *Aufgaben* und *Kalender*. Das kann einfach dadurch geschehen, dass die entsprechenden Methoden aufgerufen werden. Das ist einfach, schnell und effizient, setzt aber voraus, dass die zu informierenden Objekte bekannt sind und sich nicht mehr ändern – zwei gewichtige Annahmen.
2. **Pull (Polling):** Die beiden abhängigen Objekten fragen beim Objekt *Datumsauswahl* das gerade eingestellte Datum ab und reagieren dann darauf. Beim *Polling* geschieht das in (meist regelmäßigen) Intervallen. Beispiel: Polling des Lieferstatus einer Bestellung alle vier Stunden über eine Webseite des Versenders. Der Begriff *Pull* ist allgemeiner und legt das Vorgehen nicht weiter fest. Beispiel: Beim Öffnen eines Formulars wird der zentral eingestellte Mandant abgefragt, und das Formular zeigt dann dessen Daten an.

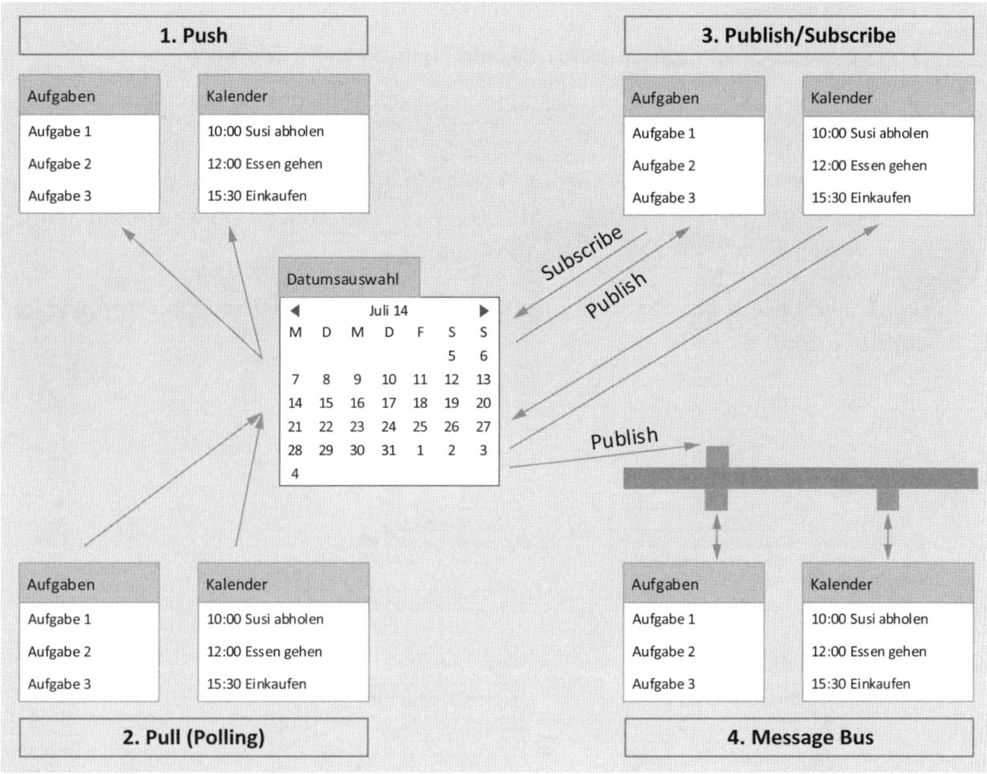

Abbildung 4.28 Kommunikationsmuster zwischen Komponenten

3. **Publish/Subscribe:** Bei diesem Kommunikationsmuster wird die Abhängigkeit umgekehrt. Interessierte Objekte, also *Aufgaben* und *Kalender*, registrieren ihren Wunsch, bei Änderungen benachrichtigt zu werden (*Subscribe*). Ändert sich dann der Zustand (wird also ein anderes Datum ausgewählt), dann informiert das Objekt *Datumsauswahl* alle registrierten Subscriber (*Publish*). Eingedeutscht kann man auch von »Publizierer« und »Abonnent« sprechen.
4. **Message Bus**: Der Nachrichtenbus funktioniert auch nach dem Publish/Subscribe-Verfahren, allerdings registrieren sich interessierte Objekte nicht direkt bei einem Publisher, sondern beim Nachrichtenbus. Dieser arbeitet dann als flexible Verteilstation für Nachrichten.

Das Beobachter-Muster ist ein Muster der objektorientierten Programmierung, beschäftigt sich also mit Klassen. Mit ihm lässt sich das Publish/Subscribe-Kommunikationsmuster umsetzen, wobei das Kommunikationsmuster natürlich weiter geht und auch in verteilten Szenarien anwendbar ist. Das Muster ist natürlich nicht die Kommunikationsform, wie sich schon am Nachrichtenbus zeigt, daneben gibt es noch andere Implementierungen.

Die Voraussetzungen dieses Muster sind:

- Es gibt ein Objekt (das *Subjekt*), dessen Zustand sich ändern kann.
- Und es gibt wenigstens ein Objekt (den *Beobachter*), der sich für diese Zustandsänderung interessiert.
- Idealerweise gibt es mehrere dieser Objekte und sie sind dem Subjekt nur zur Laufzeit bekannt. Das Subjekt weiß also vorher weder, welche Objekte es benachrichtigen soll, noch ob es überhaupt Abonnenten gibt.

Auch bei diesem Muster steht also die Entkopplung zwischen Objekten wieder im Vordergrund.

UML

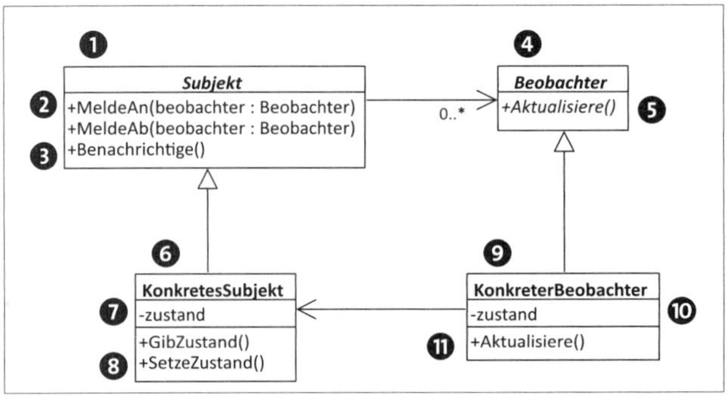

Abbildung 4.29 Das Beobachter-Muster in UML

Erläuterungen

Nr.	Erläuterung
1	Die abstrakte Klasse *Subjekt* ist die Basisklasse für alle Unterklassen, die einen Publisher/Subscriber-Mechanismus anbieten wollen. Die Klasse ist üblicherweise keine reine Schnittstelle, sondern stellt bereits eine vollwertige Implementierung dieses Musters bereit.
2	Die Methoden `MeldeAn` und `MeldeAb` stellen die Registrierung dar. Mit ihnen kann ein Beobachter Benachrichtigungen des Subjekts abonnieren und wieder abbestellen. Das kann er selbst tun, oder ein drittes Objekt registriert den Beobachter an dessen Stelle.
3	Die `Benachrichtige`-Methode durchläuft alle registrierten Beobachter und ruft deren `Aktualisiere`-Methode auf. Die konkreten Subjekte müssen entscheiden, wann es Zeit ist, diese Methode aufzurufen, also wann der Zustand des Objekts geändert wurde.

Tabelle 4.10 Die Akteure des Beobachter-Musters

Nr.	Erläuterung
❹	Die *Beobachter*-Schnittstelle wird von allen Klassen implementiert, die ein Interesse daran haben, bei der Zustandsänderung eines konkreten Objekts benachrichtigt zu werden.
❺	Die einzige Methode der Schnittstelle ist die Methode `Aktualisiere`, die von der Klasse *Subjekt* im Falle einer Benachrichtigung aufgerufen wird.
❻	Die *konkreten Subjekte* erben von *Subjekt* und bilden auf diese Weise ihren Publish/Subscribe-Mechanismus ab.
❼	Wichtig ist nun der *innere Zustand* dieser Klassen, denn den will ein Subscriber ja überwachen.
❽	Diese beiden Methoden stehen für das Abrufen und Setzen des Zustands. Die `SetzeZustand`-Methode ist dabei optional, vielleicht sollen Beobachter den Zustand der konkreten Subjekte von außen gar nicht ändern dürfen.
❾	Die *konkreten Beobachter* sind Objekte, deren eigener innerer Zustand vom inneren Zustand eines konkreten Subjekts abhängt. Deshalb wollen sie ja gerade über Änderungen an dessen Zustand informiert werden.
❿	Der Zustand der konkreten Beobachter geht nur diesen etwas an.
⓫	Daher wird die `Aktualisiere`-Methode den Zustand des konkreten Subjekts abrufen und seinen eigenen Zustand daraufhin anpassen.

Tabelle 4.10 Die Akteure des Beobachter-Musters (Forts.)

Weil die Beschreibung mal wieder viel abstrakter ist als das Muster, sehen Sie in Abbildung 4.30 das UML-Diagramm und die Beschreibung für das Beispiel »Datumsauswahl«.

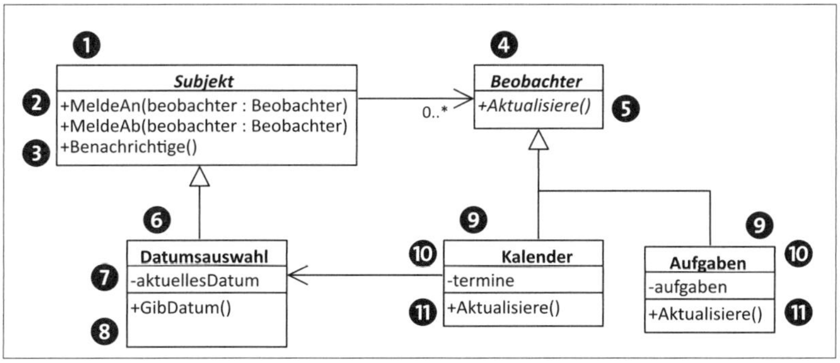

Abbildung 4.30 Datumsauswahl als Beobachter-Muster umgesetzt

Die Reihenfolge in der Verarbeitung bei diesem Muster:

1. Alle Objekte werden erzeugt (`Datumsauswahl`, `Kalender` und `Aufgaben`).
2. Das Objekt `Kalender` ruft die `MeldeAn`-Methode des Objekts `Datumsauswahl` auf (mit sich selbst als Beobachter). Es ist nun als Abonnent registriert.
3. Das Objekt `Aufgaben` macht dasselbe, ergo gibt es nun zwei Abonnenten.
4. Der Anwender wählt ein Datum aus, verändert also den inneren Zustand des Objekts `Datumsauswahl`.
5. Das Objekt `Datumsauswahl` registriert dies und ruft seine eigene Methode `benachrichtige` auf (aus der Basisklasse `Subjekt`).
6. Die Methode `Benachrichtige` durchläuft alle (2) Abonnenten, ruft also die `Aktualisiere`-Methode auf den Objekten `Kalender` und `Aufgaben` auf.
7. Die beiden Objekte haben ihre jeweiligen `Aktualisiere`-Methoden jeweils passend implementiert. Sie holen sich das aktuell eingestellte Datum über die Methode `gibDatum` und werden wohl ihre Daten aus irgendeiner Datenquelle abrufen und dem Anwender anzeigen. Damit endet der Zyklus.

4.8.3 Anwendungsfälle

Gesucht sind Anwendungsfälle, bei denen Objekte es selbst in der Hand haben sollen, ob und welche Änderungen sie abonnieren und was sie daraufhin tun, sodass Subjekte und Beobachter nur lose miteinander gekoppelt sind.

Lose ist dabei relativ, denn natürlich muss der Kalender die Datumsauswahl kennen, er muss ja das aktuelle Datum abrufen können; aber umgekehrt ist das eben nicht mehr notwendig. Zur Entwicklungszeit ist ein Zugriff der Klasse `Subjekt` auf einen konkreten Beobachter nicht mehr notwendig, nur die Schnittstelle `Beobachter` muss sie noch kennen.

Es kann auch mehrere Ereignisse geben, die einen Beobachter interessieren. Das Muster eignet sich also auch für die Fälle, in denen Beobachter selektiv Ereignisse abonnieren und wieder abbestellen sollen.

Einige Beispiele:

- Die klassischen Event-Mechanismen vieler Programmiersprachen arbeiten nach diesem Muster oder doch ähnlich – nur die Syntax ist verschieden, und die Sprache bzw. das Laufzeitsystem kümmert sich um die Benachrichtigung. In C# würde das Beispiel so umgesetzt werden:

```
public class Kalender
{
    DateTimePicker dateTimePicker;
    public Kalender(DateTimePicker dateTimePicker)
```

```
    {
        //Zugriff von Beobachter auf Subjekt
        this.dateTimePicker = dateTimePicker;
        //Abonnieren, Pendant zur "MeldeAn"-Methode
        dateTimePicker.ValueChanged += dateTimePicker_ValueChanged;
    }

    void dateTimePicker_ValueChanged(object sender, EventArgs e)
    {
        //Zustand des Subjekts abrufen, Pendant zur "GibZustand"-Methode
        DateTime aktuellesDatum = dateTimePicker.Value;
        //"Aktualisiere"-Methode
        ladeKalenderDaten(aktuellesDatum);
    }

    public void ladeKalenderDaten(DateTime dateTime)
    {
        //Aus Datenbank ...
    }
}
```

- Grafische Elemente einer Benutzeroberfläche nutzen häufig dieses Muster, weil die Änderung an einem Control eigentlich immer zu Änderungen an anderen Controls führt oder daraufhin Geschäftslogik ausgeführt werden soll.
- Das Muster *Model View Controler (MVC)* arbeitet auf diese Weise, wobei die Views die Beobachter sind, die auf Änderungen an den Modellen (den Subjekten) reagieren müssen, indem sie deren Daten zur Anzeige bringen.

4.8.4 Implementierung

Als Beispiel eignet sich wieder die Datumsauswahl (siehe Abschnitt 4.8.2), weil das Muster so generisch anzuwenden ist, dass das Beispiel fachlich keine große Rolle spielt. Allerdings gehört dieses Muster zu der Kategorie Muster, bei denen die verwendete Sprache nebst Framework oft schon eine umfangreiche Unterstützung anbietet – wie das auch schon beim Iterator-Muster der Fall war. Ich zeige daher die Implementierung anhand des Musters und mit den Standardmitteln in Java.

Beobachter

Eine Schnittstelle eignet sich gut für den Beobachter, weil jeder konkrete Beobachter die `Aktualisiere`-Methode ganz individuell implementieren wird – oder anders gesagt: Es gibt hier nichts, was eine Basisklasse erledigen könnte.

```
public interface Beobachter
{
  public void aktualisiere();
}
```

Beobachter in Java: Observer

Auch im Java-Standard ist dieser Teil des Musters eine Schnittstelle:

```
public interface Observer
{
    void update(Observable o, Object arg);
}
```

Außer der englischen Bezeichnung gibt es nur zwei Unterschiede: Das `Observable`-Objekt wird mit übergeben, und ein beliebiges anderes Objekt kann ebenfalls übergeben werden – es kann aber auch `null` sein.

Subjekt

In unserer eigenen Implementierung ist das Subjekt eine abstrakte Klasse, wie im Originalmuster auch.

```
public abstract class Subjekt
{
  private ArrayList<Beobachter> beobachter;

  public void meldeAn(Beobachter b)
  {
    if (!beobachter.contains(b))
      beobachter.add(b);
  }

  public void meldeAb(Beobachter b)
  {
    if (beobachter.contains(b))
      beobachter.remove(b);
  }

  public void benachrichtige()
  {
    for (Beobachter b : beobachter)
```

```
        b.aktualisiere();
    }
}
```

Listing 4.40 Die Klasse »Subjekt«

Die Basisklasse Subjekt kapselt bereits alles, was für das Muster vonnöten ist, und ist dabei so allgemein gehalten, dass diese eine Klasse für alle Anwendungsfälle genügt.

Subjekt in Java: Observable

Die Klasse Observable ist in Java zwar nicht abstrakt, aber dennoch vergleichbar. Aus Platzgründen habe ich nur die wichtigsten Methoden aufgeführt.

```
public class Observable
{
    private boolean changed = false; //Flag, ob eine Änderung ansteht
    private Vector<Observer> obs; //Observer-Objekte

    //Synchronized = Vorteil: threadsicher
    public synchronized void addObserver(Observer o) { … }
    public synchronized void deleteObserver(Observer o) { … }
    //In zwei Varianten: Falls Daten mitgegeben werden sollen,
    //oder NULL,falls nicht
    public void notifyObservers() { mit NULL-Argument }
    public void notifyObservers(Object arg)  //mit beliebigen Daten
   {
        //Aufgaben: Threadsicheres Durchlaufen der Observer, Aufruf von deren
        //Update-Methoden und Löschen des Changed-Flags
    }

    public synchronized void deleteObservers() { Alle Observer entfernen }
    protected synchronized void setChanged() { Changed Flag setzen }
    protected synchronized void clearChanged() { Changed Flag löschen }
    public synchronized boolean hasChanged() { Changed Flag zurückgeben }
    public synchronized int countObservers() { Anz. Observer zurückgeben }
```

Listing 4.41 Die Java-Klasse »Observable«

Sie sehen: Für Java benötigen Sie eigentlich nichts Weiteres. Die Standardimplementierung ist threadsicher und gestattet es, den Observern ein beliebiges Objekt zu übergeben. Damit könnten wir das aktuelle Datum den Observern gleich mit der Update-Methode übergeben, sodass ein Methodenaufruf entfallen kann.

KonkretesSubjekt (Datumsauswahl)

Die konkrete Klasse hat eigentlich nur eine wichtige Aufgabe: Die `benachrichtige`-Funktion aufzurufen, sobald sich am Zustand, also am aktuellen Datum, etwas verändert:

```
public class Datumsauswahl extends Subjekt
{
  private Date aktuellesDatum;

  public void setAktuellesDatum(Date aktuellesDatum)
  {
    this.aktuellesDatum = aktuellesDatum;
    benachrichtige();
  }

  public Date getAktuellesDatum()
  {
    return aktuellesDatum;
  }
}
```

Listing 4.42 Die Klasse »Datumsauswahl«

KonkreterBeobachter (Kalender, Aufgaben)

Die konkreten Beobachter implementieren die `aktualisiere`-Methode und reagieren damit auf die Änderung am Datum der Klasse `Datumsauswahl`:

```
public class Kalender implements Beobachter
{
  private Datumsauswahl datumsauswahl;
  private HashMap<Date, String> termine; //interner Zustand = Termine

  public Kalender(Datumsauswahl datumsauswahl)
  {
    this.datumsauswahl = datumsauswahl;
  }

  public void aktualisiere()
  {
    Date aktuellesDatum = datumsauswahl.getAktuellesDatum();
```

```
    //Daten abrufen und darstellen
  }
}
```

Listing 4.43 Die Klasse »Kalender«

Der interne Zustand, d. h. die darzustellenden Termine, ist hier nur angedeutet. Damit ist dieses Muster bereits vollständig implementiert.

4.8.5 Weitere Überlegungen und Alternativen

Das Grundmuster funktioniert zwar, ist aber in vielen Details noch nicht besonders praxisnah. Es lohnen sich einige Erweiterungen:

Erweiterung der Benachrichtigungsfunktion

Die `benachrichtige`-Methode sollte das Subjekt als Referenz in der `aktualisiere`-Methode mit übergeben, denn ein Beobachter kann (und wird häufig) mehrere Subjekte beobachten wollen und benötigt damit diese Referenz, um die einzelnen Benachrichtigungen auseinanderhalten zu können. So könnte das Objekt `Kalender` ja nicht nur vom eingestellten Datum, sondern auch von anderen Filterobjekten abhängen.

Erweiterung der Anmeldung

Vielleicht gibt es verschiedene Ereignisse, über die ein Subjekt seine Beobachter informieren möchte. Natürlich wäre es möglich, mehrere Anmeldemethoden zu definieren. Flexibler und einfacher ist es jedoch, wenn die `meldeAn`-Methode eine Information darüber erhält, welche spezifischen Ereignisse einen Beobachter interessieren.

```
public static final int DATUMAUSGEWAHLT = 1;
public static final int DATUMGELOESCHT = 2;
public void MeldeAn(Beobachter b, int ereignisse)
```

Hier werden die Ereignisse (man kann auch »allgemeine Aspekte« dazu sagen) als Bit-Flags übergeben, aber Enums, Enumsets oder andere Datenstrukturen tun es natürlich auch. Zusätzlich muss der Beobachter in seiner `aktualisiere`-Methode aber auch erfahren, welches Ereignis ihm gerade widerfährt:

```
public void aktualisiere(int ereignis);
```

Auch hier sollte man möglichst generische Typen verwenden, um weiterhin seine Schnittstellen für alle Beobachter und Subjekte verwenden zu können. Und natürlich macht dies auch das Abmelden ein wenig komplizierter, denn ein Beobachter kann nun einzelne Ereignisse oder alle Ereignisse abbestellen. Dafür können zwei Methoden eingesetzt werden:

```
public void meldeAb(Beobachter b)
public void meldeAb(Beobachter b, int ereignis)
```

Je nach Anzahl der zu erwartenden Beobachter genügt bei der Speicherung keine einfache Liste mehr, sondern Sie brauchen vielleicht eine Liste für jedes Ereignis oder einen assoziativen Speicher, der Ereignis und Beobachter zusammenbringt. Ohne diese Maßnahme müsste für jedes Ereignis jeder Beobachter daraufhin untersucht werden, ob dieser das Ereignis abonniert hat oder übersprungen werden kann.

Weitere Informationen übergeben

Die Schnittstelle in Java enthält neben der gerade erwähnten Subjektreferenz noch einen Parameter vom Typ `Object`:

```
public interface Observer
{
    void update(Observable o, Object arg);
}
```

Damit kann ein Subjekt beliebige Daten zum Beobachter übertragen, zum Beispiel eben das gerade ausgewählte Datum. An die Stelle einer Pull-Operation (Beobachter fragt Daten vom Subjekt ab) werden die Daten gepusht. Neben dem Komfort und der Effizient, die sich aus der Vermeidung des Pull-Aufrufs ergeben, kann ein Subjekt auch den Teil des Zustands übergeben, der sich geändert hat. Ein Beobachter muss das also nicht selbst herausfinden.

Allerdings ist das Verfahren nicht typsicher, man könnte also statt des Datums auch ein anderes Objekt übergeben.

Als Alternative bietet sich eine individuelle Funktion an, wie:

```
void datumBenachrichtigung(Date date)
```

entsprechend sähe die `aktualisiere`-Methode beim Beobachter aus:

```
void aktualisiereDatum(Datumsauswahl auswahl, Date date);
```

Diese Funktionen bergen aber einen gewaltigen Nachteil: Sie sind spezifisch für diesen einen Fall, funktionieren also nur noch für ein bestimmtes Subjekt (`Datumsauswahl`) und bestimmte Typen von Beobachtern (`Kalender`, `Aufgaben`). Damit kann man nicht mehr bequem gegen Schnittstellen programmieren.

Häufig besser ist daher die Verwendung generischer Typparameter, sofern die verwendete Sprache solche Typparameter für Schnittstellen unterstützt. In C# ist das möglich, und so könnte man die Schnittstelle für die Beobachter wie folgt implementieren:

```
public interface IBeobachter<T, O>
{
    void Aktualisiere (T subjekt, O obj);
}
```

Ein konkreter Beobachter könnte dann die beiden Typen für den Beobachter und für den Typ des vom Subjekt an den Beobachter übergebenden Objekts z. B. explizit angeben:

```
public class Beobachter: IBeobachter<Subjekt, DateTime>
{
    public void Aktualisiere(Subjekt subjekt, DateTime obj)
    {
    }
}
```

Das ist einfach zu verwenden, typsicher, und der Vorteil der einheitlichen Beobachter-Schnittstelle bleibt erhalten. Außerdem spart es Arbeit, weil der Beobachter vom Subjekt dessen Zustand nicht eigens abrufen muss, sondern ihn gewissermaßen an die Haustür geliefert bekommt.

Aufruf der Benachrichtige-Funktion und Zustand des Subjekts

Im Beispiel in Listing 4.42 wusste die Klasse `Datumsauswahl` selbst am besten, wann die Beobachter über das geänderte Datum zu informieren sind, nämlich wenn die Methode `setAktuellesDatum` aufgerufen wird. Das ist häufig sinnvoll: Eine Klasse ändert ihren inneren Zustand, meist durch Aufrufen einer Methode oder durch Setzen eines Eigenschaftswertes, und in dem dafür zuständigen Code wird wiederum die `benachrichtige`-Methode aufgerufen, die über alle Beobachter iteriert und deren `aktualisiere`-Methoden aufruft.

Nun kann der Zustand eines Subjekts aber auch komplexer sein. Es genügt, wenn wir zwei Datumsfelder verwenden: ein Startdatum und ein Endedatum, und Kalender und Aufgabenliste zeigen dann alle Einträge zwischen diesen beiden Daten. Diese veränderte Aufgabenstellung führt nun dazu, dass vielleicht bei beiden Datumsänderungen die `benachrichtige`-Funktion aufgerufen wird. Vielleicht ist das gewünscht, vielleicht gibt es irgendwo aber auch einen »Update-Button«, der das Update dann auslösen soll. In diesem Fall kann auch der Klient die Benachrichtigung auslösen. Das kann effizienter sein (der Klient weiß, wann der neue Zustand eine Benachrichtigung erfordert); es durchbricht aber wieder ein Stück weit die Kapselung und bürdet dem Klienten eine weitere Arbeit auf, die dieser auch vergessen kann.

Wie auch immer die Lösung aussieht: Ein Subjekt, das eine Benachrichtigung anbietet, muss davon ausgehen, dass beliebige Beobachter ihre eigenen Objektzustände auf den Zustand des Subjekts ausrichten. Entsprechend sollten die `aktualisiere`-Methoden der Beobachter nur dann aufgerufen werden, wenn der Gesamtzustand des Subjekts valide ist. Schablonenmethoden können (allerdings in Grenzen) genau das sicherstellen.

Objektreferenzen

Das Registrieren und Entfernen von Benachrichtigungswünschen geschieht durch den Beobachter selbst. Dabei kann es natürlich auch geschehen, dass der Beobachter dies vergisst und in der Zwischenzeit vom Garbage Collector beiseitegeräumt wurde. Kurz: Ein Subjekt kann sich nicht darauf verlassen, dass alle Referenzen zum Beobachter aktuell und gültig sind – entsprechend robust sollte die `benachrichtige`-Funktion implementiert werden.

Idealerweise merken Subjekte, wenn Beobachter für Benachrichtigungen nicht länger erreichbar sind, zum Beispiel, indem sie in die `benachrichtige` -Funktion einen `try-catch`-Block einbauen. Tritt darin ein Fehler auf, schlägt die Benachrichtigung also fehl, entfernen sie den Beobachter für künftige Benachrichtigungsfälle aus ihrer Liste.

Aber auch die Beobachter können Referenzen auf die Subjekte halten, wobei dasselbe Problem auftreten kann: Das Subjekt gibt es nicht mehr, der Beobachter versucht aber weiter, dessen Zustand abzurufen. Eine Lösungsmöglichkeit wäre es, den Zustand (wie oben beschrieben) über die `aktualisiere`-Methode mitzugeben. Aber auch dabei wird häufig eine Referenz auf das Subjekt mitgegeben (weil ein Beobachter vielleicht mehrere Subjekte unter Beobachtung hat), und wir können den Beobachter ja nicht zwingen, die Referenz auf das Subjekt nicht zu speichern.

Merke

Ein Preis für lose Kopplung ist erhöhte Wachsamkeit.

Multicast und Broadcast

Das Beobachter-Muster verlangt eine vorherige Anmeldung, und ein Ereignis kann beliebig vielen »Teilnehmern« (also Beobachtern) mitgeteilt werden. Das erfüllt die Definition des Begriffs *Multicast*, und tatsächlich werden Ereignisse in C# über Multicast-Delegates abgebildet.

Eine Alternative dazu sind *Broadcast*-Szenarien, bei denen keine vorherige Anmeldung notwendig ist, wie bei der Übertragung von Videostreams über eine Satellitenanlage. Broadcasts erfolgen häufig parallel, während die Multicast-Kommunikation (zumindest bei diesem Muster) seriell erfolgt.

Weil es gelegentlich zu Missverständnissen führt: Das Beobachter-Muster unterstützt im Standard nur Multicasts, wenn auch in der Praxis für diese Art der Kommunikation dennoch der Begriff *Broadcast* verwendet wird.

Benachrichtigungsreihenfolge

Die Implementierung unseres Beispiels benachrichtigt diejenigen Beobachter zuerst, die sich zuerst angemeldet haben – und ist damit in guter Gesellschaft. Dennoch kann man davon abweichen. So könnte einer Anmeldung eine Priorität zugeteilt werden, nach der bei der Benachrichtigung sortiert werden kann, oder es gibt geschäftliche Gründe, einige Beobachter zeitlich vorzuziehen.

Die Benachrichtigung erfolgt im Beispiel außerdem sequenziell, was nicht immer der Fall sein muss. Es kommt durchaus vor, dass eine parallele Verarbeitung (also einen parallele Benachrichtigung von Beobachtern) stattfindet.

Mehrere Subjekte, mehrere Beobachter

Mehrere Beobachter für ein Subjekt kennen wir. Aber es kann auch der Fall eintreten, dass ein Gesamtzustand über mehrere Subjekte verteilt ist. Nehmen wir an, für Kalender und Aufgabenliste gäbe es mehrere Filterobjekte (Subjekte):

- Datumsauswahl
- Postfach
- Gelesen/Ungelesen

Hier macht es endgültig keinen Sinn mehr, dass ein Beobachter (z. B. der Kalender) einzelne Abonnements für Ereignisse bei allen drei Subjekten abschließt und bei jeder Änderung seinen Inhalt neu lädt.

Nein, etwas Leistungsfähigeres muss her, etwas, das auf die Schaltfläche »Filter anwenden« hört. Man nennt ein solches Objekt einen Änderungsmanager, und er betritt immer dann die Bühne, wenn die Beziehungen zwischen Subjekten und Beobachtern komplexer werden, sodass die Logik der Benachrichtigung in diese eigenständige Klasse ausgelagert werden muss. Diese Komplexität kann auch ein einzelnes Subjekt erreichen, wenn sein innerer Zustand eben komplex ist. Sie ist aber sicher erreicht, wenn mehrere Subjekte gemeinsam einen für den Beobachter interessanten Zustand bilden.

Ein solcher Änderungsmanager hängt zwischen den Klassen *Subjekt* und *Beobachter* (siehe Abbildung 4.31).

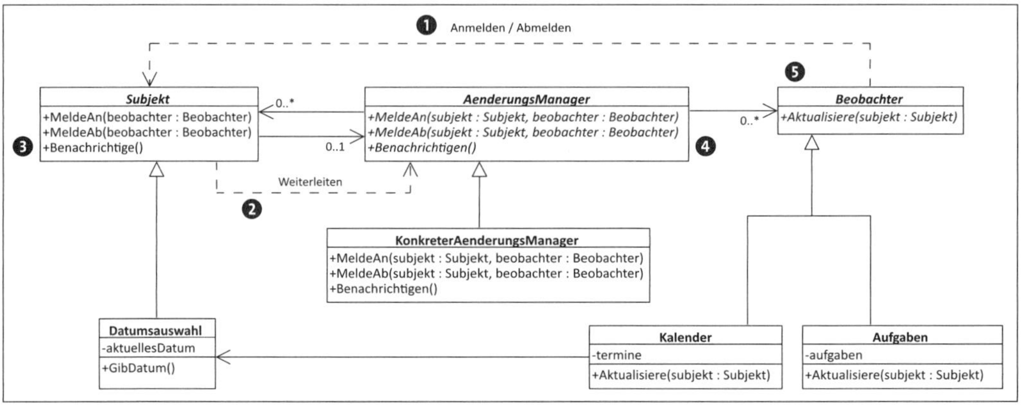

Abbildung 4.31 Das Beobachter-Muster mit Änderungsmanager in UML

Die Abfolge der Ereignisse:

1. Ein *Beobachter* meldet sich weiterhin bei »seinem« Subjekt für die Ereignisse an, die ihn interessieren. Um den Änderungsmanager muss er sich nicht kümmern, ja er muss ihn noch nicht einmal kennen.
2. Das *Subjekt* verwaltet jetzt aber nicht mehr die An- und Abmeldungen selbst, sondern delegiert diese Aufgabe an den Änderungsmanager.
3. Nun tritt ein Ereignis ein. Der Zustand des Subjekts ändert sich, und es wird folgerichtig die `Benachrichtige`-Funktion aufgerufen.
4. Auch dieser Aufruf wird an den Änderungsmanager delegiert.
5. Dieser ruft nun die `Aktualisiere`-Methoden der Beobachterobjekte auf, wenn er das für angezeigt hält.

Ein Änderungsmanager kümmert sich also um so Einiges:

- Er verwaltet Subjekte und Beobachter und übernimmt die An- und Abmeldung.
- Er entkoppelt Subjekt und Beobachter weiter voneinander, weil die Subjekte jetzt ihre Beobachter nicht mehr kennen müssen.
- Er aktualisiert alle Beobachter, wenn vom Subjekt gewünscht.
- Und er setzt dafür eine Aktualisierungsstrategie um, bildet also Geschäftslogik ab.

Die Logik steckt nun also im Änderungsmanager, wobei das Muster vorsieht, dass es auch hier die abstrakte Basisklasse *AenderungsManager* gibt. Darauf können Sie getrost verzichten, wenn es in Ihrer Anwendung nur einen davon gibt, was häufig der Fall sein wird.

Und doch: Die konkreten Änderungsmanager haben schon ihren Sinn, denn es könnte ja verschiedene Implementierungen geben, die jeweils eigens festlegen, wann und unter welchen Umständen die Beobachter informiert werden sollen. Für jede Implementierung gäbe es dann einen Änderungsmanager. Ein Beispiel dafür wäre ein Szenario, in dem einzelne Objekte weit entfernt gehostet wären, sagen wir in Singapur. Ein Änderungsmanager könnte sich dann um die Objekte in der Nähe kümmern, die alle Benachrichtigungen sofort erhalten, und ein zweiter Änderungsmanager könnte Ereignisse sammeln und in Blöcken über die Leitung senden.

Die Umsetzung eines solchen Änderungsmanagers ist wahrlich kein Zauberwerk:

```
public abstract class AenderungsManager
{
  public abstract void meldeAn(Subjekt subjekt, Beobachter beobachter);
  public abstract void meldeAb(Subjekt subjekt, Beobachter beobachter);
  public abstract void benachrichtige();
}
```

Listing 4.44 Die abstrakte Basisklasse »AenderungsManager«

Und ist hier noch der konkrete Änderungsmanager:

```
public class KonkreterAenderungsManager extends AenderungsManager
{
  private HashMap<Subjekt,ArrayList<Beobachter>> anmeldungen;

  public KonkreterAenderungsManager()
  {
    anmeldungen = new HashMap<Subjekt,ArrayList<Beobachter>>();
  }

  public void meldeAn(Subjekt subjekt, Beobachter beobachter)
  {
    if (!anmeldungen.containsKey(subjekt))
      anmeldungen.put(subjekt, new ArrayList<Beobachter>());

    ArrayList<Beobachter> beobachterListe = anmeldungen.get(subjekt);
    if (!beobachterListe.contains(beobachter))
      beobachterListe.add(beobachter);
  }

  public void meldeAb(Subjekt subjekt, Beobachter beobachter)
  {
    if (anmeldungen.containsKey(subjekt))
    {
      ArrayList<Beobachter> beobachterListe = anmeldungen.get(subjekt);
```

```
      if (beobachterListe.contains(beobachter))
        beobachterListe.remove(beobachter);
    }
  }

  public void benachrichtige()
  {
    //Je nach Benachrichtigungslogik
  }
}
```

Listing 4.45 Der konkrete Änderungsmanager

Ähnliche und ergänzende Muster

Es gibt eine ganze Reihe von Alternativen zu diesem Muster, oder sagen wir besser: andere Technologien. Denn das Beobachter-Muster ist eben ein Muster, das auf Klassen und ihren Beziehungen aufbaut. Die hinter dem Muster stehenden Prinzipien greifen weiter, auch über Komponenten und Systemgrenzen hinweg – dennoch bleibt einiges des hier Gesagten auch für solche Fälle gültig. Die folgende Liste stellt einige Technologien und Muster vor, die das Beobachter-Muster ergänzen oder ablösen können:

- Vom *Nachrichtenbus* (Message Bus) war schon die Rede. Dort lauschen mehrere Anwendungen bzw. Komponenten (als Beobachter) an einem gemeinsam genutzten Bus. Viele Implementierungen erlauben es auch bei dieser Technologie, dass Beobachter die Ereignisse spezifizieren können, die sie interessieren.
- *Nachrichtenwarteschlangen* (Message Queues) können zwei Systeme dergestalt lose koppeln, dass Subjekte die zu verteilenden Nachrichten (Ereignisse) in Warteschlangen einreihen, von wo sie aus weiter verteilt oder direkt von Beobachtern abgerufen werden können.
- Die *Eventmodelle* gängiger Programmiersprachen bieten sich natürlich an, oder die Technologie verlangt dies sogar, wie das im Falle der meisten UI-Technologien und Frameworks (wie Swing, WPF oder WinForms) der Fall ist.
- *Callbacks* sind meist Methoden, die als Parameter einem anderen Objekt übergeben werden. Hat dieses Objekt seine Arbeit erledigt, ruft es die übergebene Methode auf.
- Das *Vermittler*-Muster hat eine gewisse Ähnlichkeit, auch wenn dort das flexible An- und Abmelden von Ereignissen fehlt.

4.9 Zustand

Das *Zustandsmuster* ist das Chamäleon unter den Mustern. Mit seiner Hilfe kann man das Verhalten eines Objekts zur Laufzeit ändern, und zwar immer dann, wenn sich der Zustand des Objekts ändert.

4.9.1 Steckbrief

Deutscher Name: Zustand

Englischer Name: State

Gruppe: Verhaltensmuster

4.9.2 Beschreibung

Dass sich der Zustand eines Objekts verändert, ist die Regel, auch ohne dieses Muster. Klassen besitzen einen inneren Zustand, und die Kapselung sorgt dafür, dass dieser Zustand sorgsam nach außen abgeschirmt wird.

Auch dass sich das Verhalten eines Objekts ändert, wenn sich sein Zustand ändert, ist nur natürlich; wozu sollte man sonst den Zustand speichern wollen? Was ist nun also das Besondere an diesem Muster?

Für gewöhnlich ändert sich das Verhalten eines Objekts, wenn sich sein Zustand ändert, indem an irgendeiner Stelle im Code eine Fallunterscheidung getroffen wird, zum Beispiel durch so eine Zeile wie:

```
if (einePrivateVariable > einVergleichswert) { … }
```

Das reicht oft aus, und grundsätzlich kann man damit auch alles umsetzen. Allerdings ändert sich manchmal ein Zustand so grundlegend, dass man sich wünschen würde, man hätte ein Objekt einer anderen Klasse. Und genau das leistet dieses Muster: Wenn sich der Zustand ändert, wird das Objekt ausgetauscht, genauer der Teil, der den Zustand abbildet.

Betrachten wir das anhand eines Thread-Objekts, das eine Reihe von Zuständen annehmen kann (siehe Abbildung 4.32).

Das Threadobjekt durchlebt während seiner Existenz verschiedene Zustände. Am Anfang ist es noch nicht gestartet (*Unstarted*), danach wird es gestartet (*Running*) und läuft, bis es sein natürliches Ende findet (*Stopped*). Es kann auch vorkommen, dass im Code ein Thread angehalten (*WaitSleepJoin*) und wieder fortgesetzt wird (*Running*) oder dass der Thread abgebrochen werden soll (*Abort Requested* und *Aborted* bzw. *Stopped*).

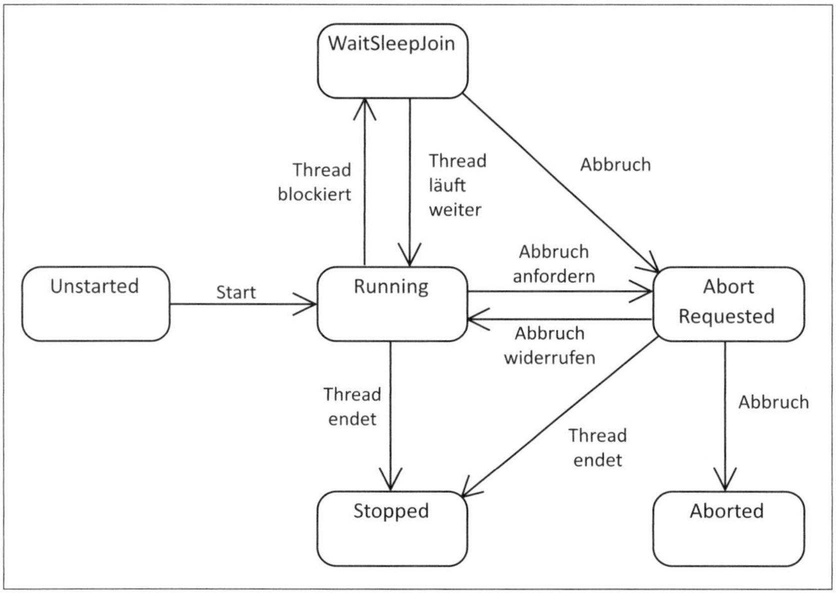

Abbildung 4.32 Die verschiedenen Zustände eines Threadobjekts

Es leuchtet sofort ein, dass ein Thread, der gerade wartet, sich völlig anders verhält als ein Thread, der läuft oder der schon beendet wurde. Die herkömmliche Art, dies zu lösen, wären Zustandsvariablen, zum Beispiel ein `enum` (`public enum ThreadState`) oder ein Integer. Und eine Menge Fallunterscheidungen natürlich, z. B. die, dass ein laufender Thread nicht noch einmal gestartet werden kann oder dass ein Thread, der abgebrochen werden soll, nicht auf einmal angehalten werden kann. Den entsprechenden Versuch würden wir vermutlich mit einer Exception quittieren.

Der Nachteil dieses Verfahrens ist seine Komplexität, denn die vielen Fallunterscheidungen (in der Mehrheit `if`- und `switch`-Anweisungen) liegen zerstreut in der Klasse und machen es schwer, die Klasse zu verstehen. Noch schwieriger wird es, wenn die Klasse um einen neuen Zustand erweitert werden soll, weil wir dann daran denken müssen, alle relevanten Stellen mit neuen Fallunterscheidungen zu versehen. Der klassische Ansatz erschwert also die Wartung, die Testbarkeit und die Wiederverwendbarkeit.

Nicht so bei diesem Muster: Das Zustandsmuster trennt das eigentliche Objekt und das Objekt, das seinen Zustand verkörpert. Ändert sich der Zustand, wird dieses Zustandsobjekt ausgetauscht. Da hinter jedem Zustandsobjekt eine Klasse steckt, wird der Code für jeden Zustand fein säuberlich von dem Code der anderen Zustände getrennt.

Bevor ich erläutere, wie das genau funktioniert, noch einige Worte zum Thema Zustände. Zustände werden in der Softwareentwicklung (wie auch sonst in der IT)

mithilfe von *Zustandsautomaten* beschrieben (die auch als *endliche Automaten* oder *Zustandsmaschinen* bezeichnet werden). Das Diagramm in Abbildung 4.32 ist ein *Zustandsdiagramm*, das einen solchen Zustandsautomaten zeigt. Ein Zustandsautomat hat bestimmte Eigenschaften, die Sie in Abbildung 4.33 sehen.

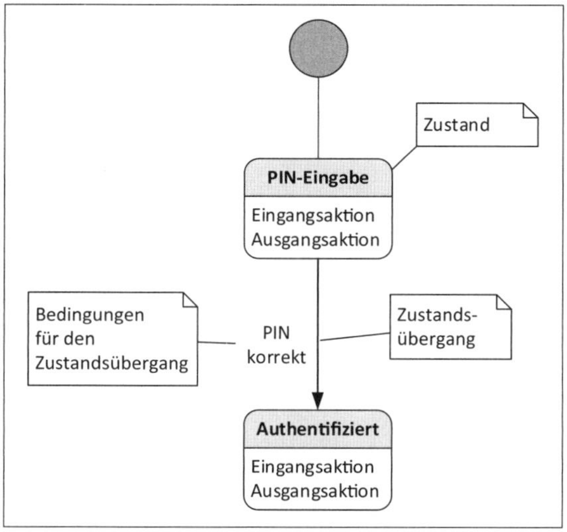

Abbildung 4.33 Ein Zustandsautomat

Zunächst gibt es die Zustände, wie ich sie schon beschrieben habe. Nicht jeder Zustand kann ein *Startzustand* sein (oft gibt es nur einen), und mindestens ein Zustand (wenn der Automat nicht endlos laufen soll) ist ein *Terminator*, beendet also die Zustandsmaschine. Zwischen den Zuständen gibt es *Zustandsübergänge*, und wie schon im Beispiel der Threads ist nicht jeder Übergang möglich. Auf jeden Fall gibt es aber Bedingungen, die für den Übergang erfüllt sein müssen. Im Beispiel oben ist es die korrekte Eingabe der PIN.

Wenn ein Zustand »betreten« wird, kann Code ausgeführt werden (die sogenannte Eingangsaktion), wenn ein Zustand verlassen wird, können Ausgangsaktionen definiert werden. Daneben gibt es noch einige Kontrollstrukturen, wie die Kreuzung, die Entscheidung oder die Gabelung. Alle haben das Ziel, den Kontrollfluss zwischen den Zuständen zu verändern.

Nun will ich gar nicht verhehlen, dass ich eine Reihe von Diagrammen, die einem so im Alltag begegnen, für wenig sinnvoll erachte. Aber es ist auf jeden Fall lohnend, sich mit Zustandsautomaten und den Zustandsdiagrammen zu beschäftigen. Hat man sie erst einmal verinnerlicht, erkennt man sie ganz automatisch in vielen alltäglichen Aufgabenstellungen und kann sie gewinnbringend einsetzen – und dieses Muster. Daher kommen wir nun wieder zurück zum Zustandsmuster.

UML

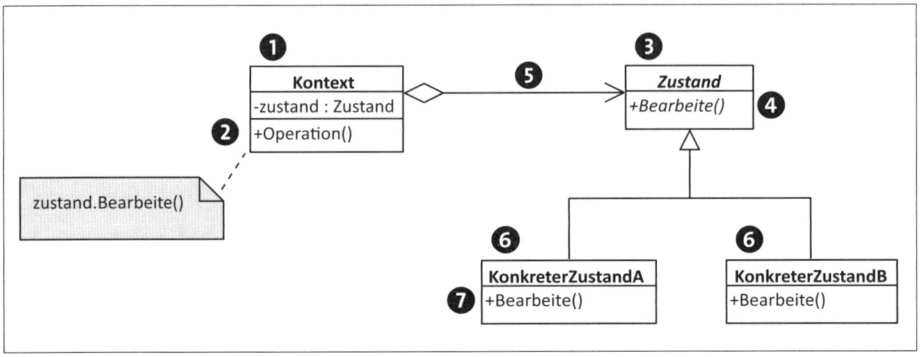

Abbildung 4.34 Das Zustandsmuster in UML

Erläuterungen

Nr.	Erläuterung
❶	Die Klasse *Kontext* ist die Klasse, die ohne dieses Muster alle Funktionalität abbilden würde. Im Beispiel könnte das die Klasse `Thread` sein.
❷	Mit ihr wird ein Klient arbeiten, und sie bietet diesem Klienten zu diesem Zweck alle nötigen *Operationen*. Anstatt die Operation aber selbst auszuführen, hält die Klasse eine Referenz auf ein Zustandsobjekt und führt dort die Operation aus.
❸	Die Schnittstelle oder abstrakte Basisklasse *Zustand* definiert das Verhalten (also die Schnittstelle), das in irgendeiner Form mit den Zuständen zu tun hat.
❹	Deren Operationen setzen das jeweilige Verhalten um. Das könnte z. B. die Methode `AbortThread` sein, um einen Thread abzubrechen.
❺	Das Kontext-Objekt speichert das Zustandsobjekt des gerade aktuellen Zustands und tauscht dieses aus, sobald sich der Zustand ändert.
❻	Die *konkreten Zustände* erben von der Klasse bzw. implementieren die Schnittstelle *Zustand*.
❼	Sie implementieren das konkrete Verhalten für den jeweiligen Zustand – und wenn das nur eine Exception ist, wie sie die Methode `AbortThread` beim Zustand *Abort Requested* auslösen wird (z. B. eine `ThreadAlreadyAbortedException`).

Tabelle 4.11 Akteure des Zustandsmusters

4.9.3 Anwendungsfälle

Damit sich das Zustandsmuster anwenden lässt, sollten einige Voraussetzungen erfüllt sein:

- Es gibt natürlich erst einmal verschiedene Zustände, die ein Objekt annehmen könnte.
- Diese Zustände unterscheiden sich nennenswert voneinander, und vor allem unterscheidet sich das Verhalten des Objekts je nach Zustand.
- Ein Objekt kann zu einer Zeit immer nur in genau einem Zustand sein.
- Idealerweise würden ohne dieses Muster zahlreiche komplexe Fallunterscheidungen im Code verstreut sein und ihn unübersichtlich und fehleranfällig machen.
- Vielleicht kommen weitere Zustände dazu.
- Oder die Zustände sollen unabhängig voneinander variiert werden können.

Kurz: Es muss sich lohnen, an die Stelle von Fallunterscheidungen eigene Klassen zu setzen, die ja auch erst einmal implementiert sein wollen.

Oft findet man dieses Muster in rein technischen Klassen, wie

- in der oben schon erwähnten Thread-Klasse,
- in der TCP-Klasse oder in anderen Klassen, die für eine Verbindung (z. B. zu einem Netzwerkknoten) stehen.

Aber auch Klassen in UI-Frameworks können dieses Muster anwenden. Denken Sie dabei an Bildschirmobjekte, die ein Anwender modifiziert, und an die verschiedenen Status, die ein solches Objekt dabei annehmen kann (wird gerade gezogen, ist selektiert usw.).

Dann gibt es noch die Fälle, in denen der Zustandsautomat Teil der Aufgabenstellung ist. Ein Klassiker ist der Geldautomat, der eine ganze Reihe von Zuständen annehmen kann – allerdings sprechen wir hier von einem OO-Muster, und es gibt noch weitere, umfassendere Ansätze, Statusmaschinen umzusetzen, z. B. Workflow-Systeme, die Zustandsautomaten unterstützen.

Gut geeignet sind auch Systeme mit einem hohen Interaktionsgrad, zum Beispiel Spiele, Bedienungspanel von Geräten oder auch Klassen, die mit Authentifizierung zu tun haben. In beiden Fällen gibt es eigentlich immer Zustände, die sich mit Klassen gut abbilden lassen.

Eine weitere Kategorie von Anwendungen sind Steuerungssysteme jedweder Art. Das kann im einfachsten Fall ein Lichtschalter sein (an/aus) oder – ein wenig praxisnäher – eine Steuerung mit vielen Sensoren, die eine Zustandsänderung bewirken, und Aktoren, die jeweils in verschiedenen Zuständen sein können.

Das Wichtigste bei diesem Muster ist es aber, wachsam zu sein. Denn wie gesagt erkennt man mit ein wenig Übung in vielen Aufgaben Zustandsautomaten.

4.9.4 Implementierung

Nehmen wir diesmal wieder etwas »Geschäftliches«, das den Anforderungen an dieses Muster genügt und mit dem die meisten von uns etwas anfangen können: den Bewerbungsprozess.

Die Aufgabenstellung

Abbildung 4.35 zeigt den Zustandsautomat dafür.

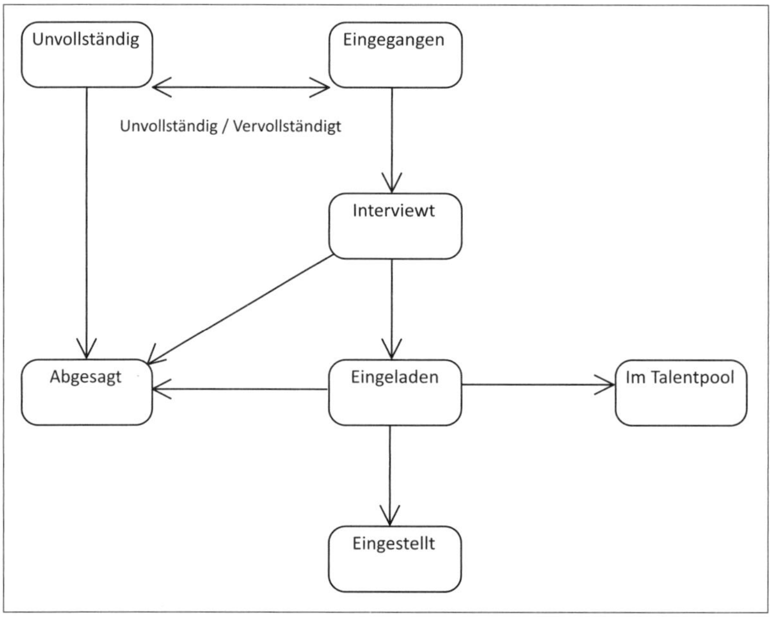

Abbildung 4.35 Der Bewerbungsprozess als Zustandsdiagramm

Die Voraussetzungen im Gegencheck:

- Es gibt verschiedene Zustände.
- Die Zustände unterscheiden sich deutlich voneinander.
- Bei den Zuständen ist verschiedenes Verhalten implementiert. Zum Beispiel soll ein Bewerber, der eingestellt wurde, an die Personalsoftware übergeben werden.
- Fallunterscheidungen bräuchte es auf jeden Fall, denn nicht jeder Zustandsübergang ist möglich – was möglich ist, wurde vorher fachlich festgelegt. So kann man erst dann in den Talentpool kommen, wenn man zuvor eingeladen wurde.

- Alles ist im Fluss: Es können neue Zustände dazukommen (z. B. *Probearbeit abgegeben*), neue Zustandsänderungen sind möglich (sagen wir von *Interviewt* nach *Talentpool*), und auch die Operationen können sich ändern (z. B. könnte ein Bewerber per E-Mail gefragt werden, ob wir ihn in den Talentpool aufnehmen dürfen). Dazu kommt, dass die einzelnen Zustände voneinander unabhängig weiterentwickelt werden sollen, beispielsweise die Schnittstelle zur schon erwähnten Personalsoftware.

Aus diesem Zustandsdiagramm ergibt sich fast unmittelbar das UML-Diagramm aus Abbildung 4.36.

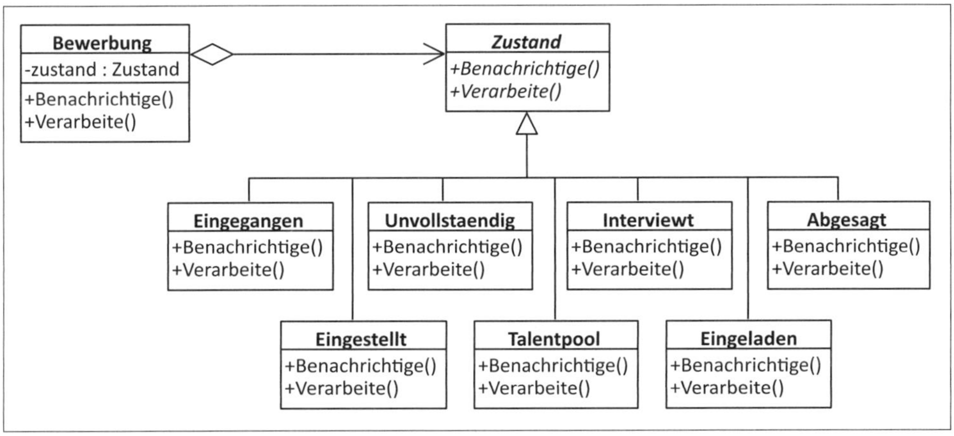

Abbildung 4.36 Das Zustandsmuster im Praxisbeispiel

Es gibt zwei Methoden, die für jeden Zustand anders implementiert werden müssen – eine Benachrichtigungsfunktion und eine allgemeine Verarbeitungsfunktion. Zu beiden sage ich gleich mehr.

Zustand

Wir verwenden hier eine Schnittstelle, die `ZustandInterface` benannt ist. Deren Geschichte ist schnell erzählt. Sie hat nur zwei Methoden:

```
public interface ZustandInterface
{
  public void benachrichtige();
  public void verarbeite();
}
```

Listing 4.46 Die Schnittstelle »Zustand«

In dieser Schnittstelle liegt die Flexibilität des Musters, aber auch ein Nachteil: Alle konkreten Zustände müssen diese beiden Methoden implementieren, egal ob sie damit etwas anfangen können oder nicht. Die Verarbeite-Methode wird aktuell nur vom Zustand *Eingestellt* implementiert, da dort die Daten des Mitarbeiters an die Personalsoftware übergeben werden sollen. Und auch die Benachrichtige-Methode wird nicht in jedem Zustand benötigt.

Kontext (Bewerbung)

Kommen wir nun zur Klasse Bewerbung, die die gesamte Funktionalität enthält, die für das Setzen und Verwalten der Zustände nötig ist, sowie Funktionen, die unabhängig vom konkreten Zustand der Bewerbung nötig sind.

Die Klasse Bewerbung muss eine Referenz auf ein Zustandsobjekt speichern. Dabei kann es nicht schaden, für die einzelnen Zustände einen enum-Datentyp zu deklarieren. Natürlich wäre auch ein einfacher Integer möglich oder ein String, aber auf diese Weise werden Fehler vermieden, weil die Menge der Elemente fest vorgegeben ist.

```
public enum Zustand
{
  Eingegangen(new Eingegangen()),
  Unvollstaendig(new Unvollstaendig()),
  Interviewt(new Interviewt()),
  Abgesagt(new Abgesagt()),
  Eingestellt(new Eingestellt()),
  Talentpool(new Talentpool()),
  Eingeladen(new Eingeladen());

  private ZustandInterface zustandsObjekt;

  Zustand(ZustandInterface zustandsObjekt)
  {
    this.zustandsObjekt = zustandsObjekt;
  }

  public ZustandInterface objekt()
  {
    return zustandsObjekt;
  }
}
```

Listing 4.47 Die Enumeration »Zustand«

In Java können Enumerationen mehr sein als eine reine Aufzählung von Stringliteralen und auch private Variablen, Methoden und einen Konstruktor enthalten – weil sie Klassen sind. Das ist ganz praktisch, weil wir auf diese Weise die Enums mit den Zustandsobjekten (also den Objekten, die `ZustandInterface` implementieren) verknüpfen können. Der Kontext (die Bewerbung) kann auf diese Weise ausschließlich mit dem festen Enum-Typ `Zustand` arbeiten, muss sich aber auch nicht um die Erstellung der Zustandsobjekte im Falle eines Zustandswechsels kümmern. Das macht der Enum selbst für ihn.

```
public class Bewerbung
{
  private Zustand zustand;

  public Bewerbung()
  {
    zustand = Zustand.Eingegangen;
  }

  public Zustand getZustand()
  {
    return zustand;
  }

  public void setZustand(Zustand neuerZustand)
  {
    if (neuerZustand != zustand)
    {
      if (!istZustandErlaubt(neuerZustand))
        System.out.println("Diese Zustandsänderung ist nicht erlaubt");
      else
        zustand = neuerZustand;
    }
  }

  private boolean istZustandErlaubt(Zustand neuerZustand)
  {
    switch(zustand)
    {
      case Eingegangen: return neuerZustand ==
       Zustand.Unvollstaendig || neuerZustand == Zustand.Interviewt;
      case Unvollstaendig: return neuerZustand ==
       Zustand.Abgesagt || neuerZustand == Zustand.Eingegangen;
```

```
      case Interviewt: return neuerZustand ==
       Zustand.Abgesagt || neuerZustand == Zustand.Eingeladen;
      case Abgesagt: return false;
      case Eingeladen: return neuerZustand ==
       Zustand.Talentpool || neuerZustand == Zustand.Eingestellt;
      case Talentpool: return false;
      case Eingestellt: return false;
    }
    return false;
  }

  public void benachrichtige()
  {
    zustand.Objekt().benachrichtige();
  }

  public void verarbeite()
  {
    zustand.Objekt().verarbeite();
  }
}
```

Listing 4.48 Die Klasse »Bewerbung«

Einige Anmerkungen zur Implementierung:

- Es gibt einen Eingangszustand, den Zustand *Eingegangen*, der immer dann verwendet wird, wenn ein neues Objekt `Bewerbung` erzeugt wird. Das funktioniert so lange, wie es nur einen Eingangszustand geben kann, sonst müsste der Zustand von außen eingebracht werden, durch den Klienten.
- Die Methode `setZustand` bewerkstelligt die Zustandsänderung. Da nicht jede Änderung erlaubt ist, implementiert die Methode `istZustandErlaubt` die dafür nötige Tabelle und prüft die erwünschte Zustandsänderung.
- Ist die Änderung erlaubt, wird der neue Zustand gesetzt. Dabei wird im Konstruktor der Enum-Klasse `Zustand` das jeweils passende Zustandsobjekt erzeugt und in der Enum-Klasse gespeichert.
- Die Methoden `benachrichtige` und `verarbeite` delegieren ihre Aufgaben an das gerade aktuelle Zustandsobjekt.

4.9.5 Weitere Überlegungen und Alternativen

Die Zustände in eigenen Klassen abzubilden hat zahlreiche Vorteile, wie wir gesehen haben. Um einen vollständigen Zustandsautomaten zu implementieren, ist aber noch mehr nötig bzw. sind einige Überlegungen zu tätigen.

Zustandsübergänge

Im Beispiel war die Kontextklasse, also die Klasse `Bewerbung`, für den Zustandsübergang zuständig. Welche Zustände möglich sind, wurde in einer Methode geprüft. Das ist übersichtlich und einfach zu implementieren und zu erweitern – einfach deshalb, weil es eine zentrale Methode dafür gibt. Die Kontextklasse für die Definition der Zustandsübergänge verantwortlich zu machen ist also einfach und eignet sich vor allem dann, wenn die Definitionen eher einfach sind und sich vielleicht nie oder nicht sehr häufig ändern.

Flexibler ist es allerdings schon, wenn die Zustandsklassen die Übergänge selbst kennen, weil diese Information dann dort gekapselt ist, wo sie ursächlich hingehört – welche Folgezustände es gibt, hängt schließlich vom aktuellen Zustand ab. Diesen Vorteil erkaufen wir allerdings durch eine engere Bindung, denn natürlich müssen die Zustände dann wiederum ihre Folgezustände kennen.

Wie dem auch sei: An die Stelle einer Definition im Code kann auch eine Tabelle oder eine andere Datenstruktur treten, die zur Laufzeit geladen und ausgewertet wird.

Was fehlt noch zum Zustandsautomaten?

Das Zustandsmuster hilft dabei, einen Zustandsautomaten zu implementieren, umfasst aber nicht alle Aspekte eines solchen. Den Zustandsübergang haben wir ganz einfach als einfache Variablenzuweisung ausgeführt:

```
zustand = neuerZustand;
```

Diese Zuweisung lässt sich nun noch erweitern um:

- **Bedingungen für den Zustandsübergang:** Ob eine Zustandsänderung möglich ist oder nicht, kann von dem aktuellen Zustand und auch vom neuen Zustand abhängen. Beide Zustände können den Übergang also verhindern. Man kann sagen, dass für den aktuellen Zustand *Ausgangsbedingungen* erfüllt sein müssen und für den neuen Zustand *Eingangsbedingungen*. Umsetzen lässt sich das leicht mit zwei entsprechenden Methoden für beide Arten von Bedingungen. Im Beispiel könnte der Zustand `Talentpool` vorher das Einverständnis des Bewerbers erfordern, in einen solchen aufgenommen zu werden.
- **Ein- und Austrittsverhalten:** Der Übergang selbst lässt sich ebenso trennen: Zuerst wird das Austrittsverhalten des aktuellen Zustands ausgeführt und im

Anschluss das Eintrittsverhalten des neuen Zustands. Auch dafür können zwei Methoden herhalten. Beispiel: Beim Eintreten in einen neuen Bewerberzustand könnte gleich die Methode `benachrichtige` aufgerufen werden.

- **Initialisierung:** Zustände könnten initialisiert werden, häufig im Konstruktor, aber eine Initialisierung von außen ist möglich. Die E-Mail-Adresse des Bewerbers für die Benachrichtigung wäre eine solche Information. Sie könnte sowohl im Kontext gespeichert werden als auch im Zustand selbst – oder in beiden Objekten.

Atomar

Ein Zustandsautomat ist in genau einem Zustand, also

- weder in keinem Zustand
- noch in einer Art Zwischenzustand
- noch in zwei oder mehr Zuständen.

Das bedeutet, dass auch der Zustandsübergang entsprechend atomar sein muss. Wird die Eingangsbedingung des neuen Zustands nicht erfüllt, so wird der Übergang nicht ausgeführt und auch das Eintrittsverhalten des neuen Zustands braucht nicht ausgeführt zu werden. Was ist aber mit dem Austrittsverhalten des aktuellen Zustands, oder was ist, wenn es bei der Ausführung desselben zu einem Fehler kommt?

Solche Fragen sind elementar und zuallererst fachlich zu lösen. Bei der Bewerberverwaltung wollen wir sicherlich nicht, dass ein Bewerber mehr als eine Benachrichtigung pro Zustandsänderung erhält. Wir werden also eher konservativ sein. Die technische Umsetzung kann mit Transaktionen geschehen, im Zusammenhang mit klassischem Exceptionhandling.

Zustandsinstanzen

Es gibt zwei Möglichkeiten: Entweder werden die Zustandsobjekte beim Zustandsübergang jeweils neu erzeugt oder die Objekte werden wiederverwendet, wie übrigens auch im Praxisbeispiel mittels der Enum-Implementierung. Im zweiten Fall lassen sich die Zustandsobjekte erst bei Bedarf, also »lazy« erzeugen oder bereits im Voraus für alle möglichen Zustände.

Für viele Anwendungsfälle spielt das keine große Rolle. Sind aber sehr viele Kontextobjekte im Spiel, die noch dazu sehr häufig ihre Zustände wechseln, so spricht das eher für die Wiederverwendung von Kontextobjekten und das Erzeugen derselben bereits zu Beginn der Anwendung. Gibt es hingegen sehr viele Zustände, die aber selten gewechselt werden und sind diese Zustände gar erst zur Laufzeit bekannt, so ist die Erzeugung des Kontextobjekts auch erst zur Laufzeit sinnvoll.

Vererbungshierarchien

Die konkreten Kontextklassen müssen nicht alle direkt von `Zustand` erben, sondern können auch komplexeren Hierarchien angehören. Im Beispiel könnten wir gut die Klasse `BenachrichtigungZustand` gebrauchen, in der die Kommunikation mit dem SMTP-Server geregelt wird und die allen Zuständen, die E-Mails schicken können, als Basisklasse dient.

4.10 Strategie

Das Strategiemuster beschäftigt sich mit Algorithmen, also mit Wegen zum Ziel, und macht diese auf einfache Weise austauschbar.

4.10.1 Steckbrief

Deutscher Name: Strategie
Auch bekannt als: Policy
Englischer Name: Strategy
Gruppe: Verhaltensmuster

4.10.2 Beschreibung

Manchmal führen viele Wege zum Ziel, und Wege in der Softwareentwicklung sind Algorithmen, also Verhalten. Welcher Algorithmus zum Ziel kommt, entscheidet vielleicht der Anwender, oder der Klient wählt den optimalen Algorithmus aufgrund der konkreten Aufgabenstellung aus.

Einzelne Algorithmen mögen ihre spezifischen Vor- und Nachteile haben. Vielleicht liefert ein Algorithmus besonders genaue Ergebnisse, benötigt aber viel Rechenzeit und Arbeitsspeicher, während ein anderer Algorithmus eine gute Näherung mit wenig Ressourceneinsatz errechnet. Oder Algorithmen unterscheiden sich aufgrund ihres Outputs, den sie mit demselben Input generieren.

Wie auch immer ein Algorithmus aussieht und wer ihn auch immer auswählen mag: Eine Software muss natürlich alle infrage kommenden Algorithmen implementieren. Das Strategiemuster hilft dabei, eine solche Familie von alternativen, austauschbaren Algorithmen zu definieren und einer Anwendung zur Verfügung zu stellen.

Wie so häufig ist auch hier das Ziel, dass die Festlegung auf einen bestimmten Algorithmus erst zur Laufzeit erfolgen soll.

UML

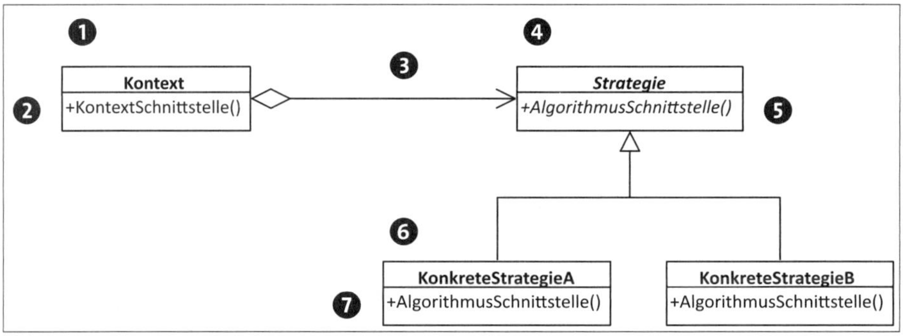

Abbildung 4.37 Das Strategiemuster in UML

Erläuterungen

Nr.	Erläuterung
❶	Die Klasse *Kontext* ist auch hier wieder die Klasse, innerhalb derer eine Verarbeitung stattfindet. Sagen wir, diese Klasse wäre eine Klasse, die für ein Warenlager steht.
❷	Der Kontext definiert eine *Schnittstelle*, also bestimmte Methoden, bei deren Ausführung ein Algorithmus benötigt wird. Im Beispiel könnte das die Methode `Bewerte` sein, und der Algorithmus wäre dann ein entsprechender Bewertungsalgorithmus.
❸	Nun gibt es aber nicht nur einen Algorithmus, sondern derer mehrere. Im Beispiel hat dafür schon der Gesetzgeber gesorgt, und so gibt es für die Bewertung von Lagerbeständen die Festbewertung, die Durchschnittsbewertung (in mehreren Varianten) und die Verbrauchsfolgebewertung. Der Kontext implementiert alle diese Verfahren nicht selbst, sondern kennt wiederum Klassen, die diese Verfahren implementieren.
❹	Diese Klassen implementieren alle die gemeinsame Schnittstelle *Strategie*.
❺	Diese Klasse wiederum deklariert eine gemeinsame Schnittstelle, die *Algorithmusschnittstelle*.
❻	Die *konkreten Strategieklassen* gibt es nun für jeden zu implementierenden Algorithmus, im Beispiel also für alle drei Bewertungsalgorithmen.
❼	Die Implementierung des jeweiligen Algorithmus steckt in den konkreten Methoden.

Tabelle 4.12 Die Akteure des Strategiemusters

Die Vorteile springen ins Auge:

- Die Kontextklasse kann mit der Schnittstelle *Strategie* arbeiten, ist also nicht von der konkreten Implementierung abhängig.
- Die Kapselung der Algorithmen in eigene Klassen fördert die Kapselung, macht den Code übersichtlicher und – grundsätzlich jedenfalls – leichter wart- und testbar.
- Außerdem sind die Algorithmen auf diese Weise wiederverwendbar, also auch in anderen Kontexten einsetzbar.
- Neue Algorithmen lassen sich auf einfache Art und Weise hinzufügen. Die Änderungen am bestehenden Code sind gering.

Dem gegenüber steht auch hier wieder einmal die wundersame Klassenvermehrung: Aus einer Klasse werden (bei drei Algorithmen) nun fünf Klassen. Der Kontext muss all diese Klassen kennen (und die Algorithmen, die dort implementiert sind), denn schließlich muss er ja einen passenden Algorithmus auswählen können.

4.10.3 Anwendungsfälle

Für dieses Muster müssen nicht viele Voraussetzungen erfüllt sein:

- Zunächst wird eine Aufgabenstellung benötigt, die zu ihrer Erfüllung einen Algorithmus braucht. Was bedeutet: Ein Teil der Kontextklasse muss sich in Strategieklassen auslagern lassen.
- Dann muss es nicht nur einen, sondern mehrere Algorithmen geben, aus denen man einen konkreten zur Laufzeit auswählen kann.

Die Kapselung der jeweiligen Algorithmen in eigenen Klassen verbirgt deren Funktionsweise nach außen. Die Algorithmen können also umfangreiche Datenstrukturen benötigen und in ihrer inneren Arbeitsweise so komplex sein, wie sie wollen.

Das Wort Algorithmus ist dabei in manchen Fällen vielleicht ein wenig zu hoch gegriffen und lässt einen schnell an Mathematik oder höhere Informatik denken. Es genügt aber, wenn es ein beliebiges Verhalten gibt, das austauschbar sein soll und das an einer oder mehreren Stellen in der Kontextklasse benötigt wird.

Diese Voraussetzungen sind schnell erfüllt. Entsprechend gibt es eine Unmenge möglicher Anwendungsfälle. Um nur einige zu nennen:

- Eine Dokumentenklasse könnte über dieses Muster ihren Inhalt in verschiedenen Dokumentenformaten speichern (z. B. eine Textdatei in RTF oder Open XML speichern).
- Klassische Algorithmen, wie das Sortieren von Werten oder das Durchsuchen von Datenstrukturen, lassen sich in Strategieklassen unterbringen.

- Algorithmen, die Werte berechnen (wie bei der oben erwähnten Lagerbewertung) eignen sich ebenfalls gut für dieses Muster.
- Oder ein Algorithmus transformiert einen Datenstrom. Ein Klient könnte aus verschiedenen Verschlüsselungsverfahren wählen oder einen Datenstrom packen, wofür etliche Komprimierungsalgorithmen zur Verfügung stehen.
- Verschiedene Validierungen könnten in Strategieklassen untergebracht werden, sodass sich zur Laufzeit bestimmen lässt, wie streng eine Eingabe validiert werden soll.
- Spiele können dieses Muster nutzen, was ja schon der Name verrät.
- Jede Form von Optimierung – seien es die Lagerwege bei der Kommissionierung von Waren oder die Reihenfolge bei der Bearbeitung von Kreditanträgen – eignen sich für dieses Muster, wenn es jeweils mehrere alternative Verfahren dafür gibt.

Die verschiedenen Algorithmen können sich in ihrer Ausführungszeit oder im benötigten Speicherplatz unterscheiden und auch sonst ganz spezifische Vor- und Nachteile besitzen.

4.10.4 Implementierung

Die Implementierung dieses Musters stellt nur wenige Anforderungen, es gibt ja nur eine Schnittstelle (Strategie) und im Minimum auch nur eine zu implementierende Methode.

Die Aufgabenstellung

Diesmal geht es um Heizöl bzw. um die Bewertung des aktuellen Heizölbestands bei einem Großhändler. Das Beispiel einer Bewertung hatte ich schon früher im Zusammenhang mit dem UML-Diagramm erwähnt. Da es hier um das Muster und nicht um die fachlichen Details der Lagerbewertung geht, implementieren wir die zwei einfachsten Bewertungsverfahren:

- Die *Durchschnittsbewertung* ermittelt den (gewogenen) Durchschnittspreis und multipliziert diesen mit dem aktuellen Lagerbestand.
- Die *Festbewertung* multipliziert den Bestand mit einem festen Wert.

Das UML-Diagramm, auf die Aufgabenstellung angewendet, sieht also so aus wie in Abbildung 4.38.

Die Klasse `Bewegung` ist dabei nicht Teil des Musters, wir brauchen sie aber, um die einzelnen Lagerbewegungen abzubilden.

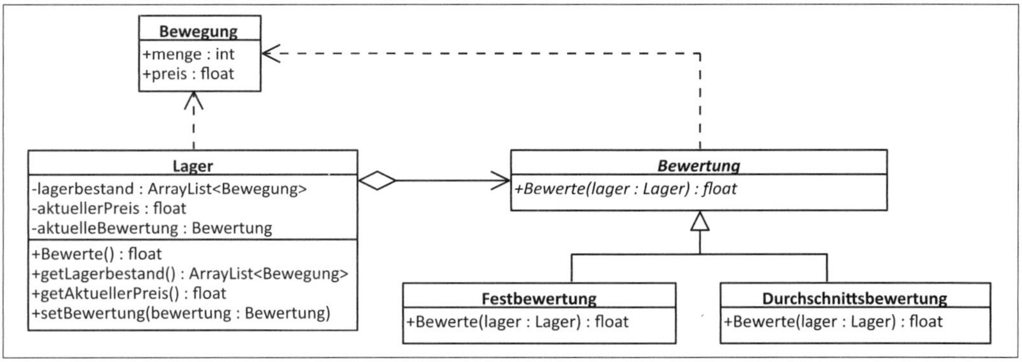

Abbildung 4.38 Das Strategiemuster im Praxisbeispiel

Kontext (Lager)

Zunächst sehen wir uns die Hilfsklasse für die Lagerbewegungen an:

```
public class Bewegung
{
  public int Menge;
  public float Preis;
}
```

Der Trivialität der Klasse ist es geschuldet, dass ich hier auf Getter- und Setter-Methoden verzichte und auf diese Weise Platz im Buch einspare.

```
public class Lager
{
  private ArrayList<Bewegung> lagerbestand;
  private float aktuellerPreis;
  private Bewertung aktuelleBewertung;

  public Lager()
  {
    lagerbestand = new ArrayList<Bewegung>();
  }

  public void setBewertung(Bewertung bewertung)
  {
    aktuelleBewertung = bewertung;
  }

  public float bewerte()
  {
```

```
    if (aktuelleBewertung != null)
      return aktuelleBewertung.bewerte(this);
    else
      throw new RuntimeException("Keine Strategie ausgewählt");
  }

  public ArrayList<Bewegung> getLagerbestand()
  {
    return lagerbestand;
  }

  public float getAktuellerPreis()
  {
    return aktuellerPreis;
  }
//+ setter für aktuellen Preis für Klient
}
```

Listing 4.49 Die Klasse »Lager«

Der Kontext hält eine Referenz auf die konkret verwendete Strategie, daher gibt es in der Klasse `Lager` also eine Variable, die auf ein Objekt vom Typ `Bewertung` zeigt.

Die zu verwendende Bewertungsmethode kommt in diesem Beispiel von außen über die Methode `setBewertung`. Es ist leicht vorstellbar, dass ein Klient (z. B. eine Warenwirtschaft) dem Anwender die zur Verfügung stehenden Möglichkeiten in einem Dialog anbietet und, sobald der Anwender eine Methode ausgewählt hat, die Methode `setBewertung` aufruft und dabei ein neues Objekt vom Typ der ausgewählten Bewertung erstellt.

Alternativ könnte man das in Abschnitt 4.9.4 zum Zustandsmuster erläuterte Enum-Muster wählen, das eine feste Menge an Alternativen (Bewertungen) bietet und zugleich die Instanzen selbst erzeugt.

Die `bewerte`-Methode verrichtet die Arbeit. Diese besteht einzig und allein darin, den Algorithmus der aktuell ausgewählten Bewertung aufzurufen. In der Praxis ist das häufig nicht so. Der Algorithmus würde dort vermutlich irgendwo innerhalb eines komplexeren Programmablaufs aufgerufen werden.

Dem Algorithmus übergeben wir die Referenz auf das Lagerobjekt selbst, sodass er auf alle öffentlichen Member dieser Klasse zugreifen kann. Alternativ hätten wir nur die Parameter übergeben können, die der Algorithmus wirklich benötigt:

```
return aktuelleBewertung.bewerte(lagerbestand, aktuellerPreis);
```

Strategie (Bewertung)

Die Strategieschnittstelle ist hier eine abstrakte Klasse, weil sie gleich noch eine Arbeit für die konkreten Strategieklassen verrichtet, die Errechnung des aktuellen Lagerbestands:

```
public abstract class Bewertung
{
  public abstract float bewerte(Lager lager);

  protected float berechneAktuellenBestand(Lager lager)
  {
    float bestand = 0;
    for (Bewegung bewegung : lager.getLagerbestand())
      bestand += bewegung.Menge;
    return bestand;
  }
}
```

KonkreteStrategie (Durchschnittsbewertung, Festbewertung)

Die konkrete Strategie (hier am Beispiel der Durchschnittsbewertung) implementiert den konkreten Algorithmus:

```
public class Durchschnittsbewertung extends Bewertung
{
  public float bewerte(Lager lager)
  {
    float aktuellerBestand = super.berechneAktuellenBestand(lager);
    float wert = 0;
    int gesamtmenge = 0;

    for(Bewegung bewegung : lager.getLagerbestand())
    {
      if (bewegung.Menge > 0) //Nur Zugänge, keine Abgänge
      {
        wert += bewegung.Menge * bewegung.Preis;
        gesamtmenge += bewegung.Menge;
      }
    }
    return aktuellerBestand * (wert / gesamtmenge);
    //Division by Zero sollte noch abgefangen werden, ein decimal-
    //Datentyp eignet sich besser für die Summenbildung über
```

```
    //Währungsbeträge
  }
}
```

Listing 4.50 Die Klasse »Durchschnittsbewertung«

Dass es sich um einen Algorithmus handelt, wird klar, wenn wir uns den Ablauf ansehen: Für jeden Zugang wird der Wert (*Preis × Menge*) berechnet, und am Ende wird daraus der durchschnittliche Einkaufspreis ermittelt. Damit wird dann der aktuelle Lagerbestand multipliziert und auf diese Weise dessen Wert ermittelt.

Der Algorithmus für die Festberechnung ist einfacher:

```
public float bewerte(Lager lager)
{
  return super.berechneAktuellenBestand(lager) * lager.getAktuellerPreis();
}
```

Klient

Der Klient – sagen wir, die Software für die Verwaltung des Lagers – kann sich nun für ein Verfahren entscheiden und die Berechnung an den Algorithmus delegieren:

```
lager.setBewertung(new Durchschnittsbewertung());
float wert = lager.bewerte();
```

Rundungsdifferenzen mal ausgenommen (der `float`-Datentyp eignet sich nicht besonders gut, wenn Währungen im Spiel sind, besser ist da schon ein decimal-Datentyp), ist das Ergebnis erwartungsgemäß.

4.10.5 Weitere Überlegungen und Alternativen

Das Strategiemuster ist breit anwendbar, und folglich gibt es auch einige Alternativen und Implementierungsvarianten.

Die Schnittstelle der Strategieklassen

Im Originalmuster und auch in vielen Beispielen ist die Schnittstelle des Algorithmus auf nur eine Methode beschränkt. So auch bei uns, wo es nur die `Bewerte`-Methode gibt.

Das ist aber keine Einschränkung des Musters. Es kann weitere Methoden geben, sofern sie spezifisch für den Algorithmus sind. Neben der Bewertung des aktuellen Lagerbestands ist z. B. eine weitere Methode zur Bewertung der verkauften Lieferungen denkbar.

Wie ich schon erwähnt habe, können wir dem Algorithmus als Übergabeparameter all das geben, was er für seine Arbeit benötigt. Das ist eigentlich vorzuziehen: Das *Information Hiding* ist schließlich nicht ohne Grund ersonnen worden. Der Algorithmus könnte auch wie im Beispiel Zugriff auf den gesamten Kontext erhalten, was sich immer dann anbietet, wenn der Algorithmus häufig erweitert wird oder ohnehin sehr viele Daten des Kontexts benötigt.

Die Schnittstelle `Strategie` verlangt, dass alle Algorithmen diese Schnittstelle bedienen. Es ist durchaus möglich, dass einige dieser Algorithmen nicht alle Daten für ihre Ausführung benötigen und die Übergabeparameter daher gar nicht verwendet werden.

Unterklassenbildung des Kontexts

Anstatt dieses Muster zu verwenden, hätten wir natürlich auch die Klasse Kontext (`Lager`) weiter differenzieren können. Allerdings ist die Bewertung des Lagerbestands nur eine (kleine) Teilaufgabe innerhalb der umfangreichen Klasse `Lager`. Es fühlt sich bereits falsch an, z. B. eine Klasse `LagerDurchschnittswert` von `Lager` abzuleiten. Wenn noch weitere Differenzierungsmerkmale dazukommen (sagen wir, verschiedene Algorithmen für die Berechnung des Meldebestands), dann wird das Dilemma schnell klar: Die Algorithmen alle in der Klasse `Lager` abzubilden, indem man Unterklassen differenziert, würde schnell eine ganze Menge von Unterklassen erfordern.

Das Strategiemuster hilft hier, weil es einzelne Aspekte der Lagerverwaltung (d. h. die Algorithmen zur Bewertung des Lagers und zur Ermittlung des Meldebestandes) in eigene Strategieobjekte verlagert und die Klasse `Lager` von dieser Komplexität fernhält.

Vereinfacht kann man es so ausdrücken: Wenn sich nur ein einzelnes Verhalten verändert, dann ist das Strategiemuster die richtige Wahl. Wenn es aber wirklich verschiedene Typen des Kontexts gibt, die sich in der Struktur und in vielen Details unterscheiden, dann sollten Sie die Kontextklasse durch Unterklassenbildung weiter differenzieren.

4.11 Schablonenmethode

Die Schablonenmethode ist eine Alternative zum gerade vorgestellten Strategiemuster, unterscheidet sich aber in der Granularität. Aber sehen Sie selbst.

4.11.1 Steckbrief

Deutscher Name: Schablonenmethode
Englischer Name: Template Method
Gruppe: Verhaltensmuster

4.11.2 Beschreibung

Während das Strategiemuster einen ganzen Algorithmus abstrahiert und in eigene Klassen packt, geht es bei diesem Muster um Teile eines Algorithmus. Ein Algorithmus ist ja eine »Handlungsvorschrift zur Lösung eines Problems«. Dabei gibt es für einzelne Teile dieser Handlung, des Algorithmus, manchmal durchaus Alternativen. Der Algorithmus ist dann nur noch ein Rumpf oder ein Skelett, der bzw. das einfach seine einzelnen Teile in der richtigen Reihenfolge aufruft. Die einzelnen Teile wiederum sind in Schablonenmethoden definiert, die in Unterklassen definiert sind.

Dabei kann es durchaus vorkommen, dass so ein Teil in einer Implementierung gar nichts tut und in anderen Implementierung sehr wohl etwas Nützliches verrichtet. In einem solchen Fall können einem Algorithmus dynamisch, sprich zur Laufzeit, Funktionalitäten hinzugefügt werden.

Der Kontrollfluss ist dabei umgekehrt. Für gewöhnlich würden die abgeleiteten Klassen Methoden der Basisklasse aufrufen. Bei der Schablonenmethode, die in der Basisklasse implementiert ist, ruft eben diese hingegen die primitiven Operationen der abgeleiteten Klassen auf. Das wiederum ist eine wichtige Voraussetzung für die Wiederverwendung von Code.

Was dieses Muster von einem einfachen Überschreiben von Methoden unterscheidet, ist die Tatsache, dass die abstrakte Klasse eben abstrakt ist: Es muss also wenigstens eine Implementierung geben, also eine Klasse, die davon ableitet.

Voraussetzung für dieses Muster ist es außerdem, dass sich ein Algorithmus überhaupt sinnvoll in Teilschritte zerlegen lässt, für die dann jeweils mehrere Implementierungen vorhanden sind. Den Algorithmus können wir als *generischen Algorithmus* bezeichnen und die dafür nötigen Teile als *Schritte* des Algorithmus.

Auch dieses Muster sollten wir nicht zu hoch hängen. Ein Algorithmus kann auch nur aus zwei Schritten bestehen, die erst einmal ohne Funktion sind und erst durch eigene Ableitungen der Klasse mit Leben gefüllt werden. Dazu später noch mehr, aber jetzt erst einmal zum erfrischend einfachen UML-Diagramm (siehe Abbildung 4.39).

UML

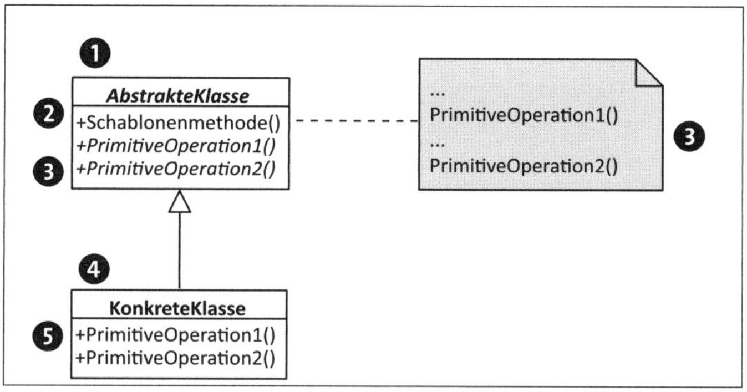

Abbildung 4.39 Die Schablonenmethode in UML

Erläuterungen

Nr.	Erläuterung
❶	Die *abstrakte Klasse* ist irgendeine fachliche Klasse.
❷	Sie enthält eine *Schablonenmethode*, die einen Algorithmus implementiert.
❸	Diese Methode ruft vermutlich ganz gewöhnliche Methoden auf, die Teile des Algorithmus beinhalten. Einige Methoden sind aber abstrakt. Im UML-Diagramm sind das die Methoden `PrimitiveOperation1` und `PrimitiveOperation2`. Das sind die Methoden, für die es Implementierungsalternativen gibt.
❹	Für jede konkrete Implementierung gibt es eine abgeleitete Klasse.
❺	Die Implementierung des jeweiligen Teils des Algorithmus steckt in den konkreten Methoden.

Tabelle 4.13 Die Akteure des Schablonenmusters

Das ist fürwahr nicht kompliziert, und es wäre nicht verwunderlich, hätten Sie dieses Muster ganz allein »entdeckt«, also ohne von seiner Existenz zu wissen.

Die abstrakte Basisklasse kann vier Arten von Methoden besitzen:

- die *Schablonenmethode*, die den Algorithmus implementiert
- ganz *konkrete Methoden*, die von der Schablonenmethode für Teilaufgaben aufgerufen werden und die nicht dazu gedacht sind, in Unterklassen überschrieben zu werden, die aber vielleicht von Unterklassen verwendet werden können (falls sie `protected` oder `public` sind)

- *virtuelle Methoden*, die in der Basisklasse eine Standardimplementierung haben, die in der Unterklasse aber verändert werden können
- *abstrakte Methoden*, die in den Unterklassen daher unbedingt implementiert werden müssen

4.11.3 Anwendungsfälle

Die Schablonenmethode verwende ich in meiner eigenen Praxis recht häufig. Das liegt an ihrer universellen Natur, denn es gibt nur wenige, allgemeine Voraussetzungen für dieses Muster:

- Wir benötigen zunächst einen generischen Algorithmus, der ein allgemeines Verhalten implementiert.
- Und wir brauchen wenigstens ein Verhalten, das in abgeleiteten Klassen variiert werden kann (aber vielleicht nicht unbedingt variiert werden muss).

Das klingt vielleicht ein wenig abstrakt, aber es gibt einen einfachen Anwendungsfall: Stellen Sie sich einen Algorithmus vor, in dem Sie einem Entwickler die Möglichkeit geben wollen, an bestimmten Stellen einzugreifen, also zum Beispiel vor der Ausführung und nach der Ausführung eigenen Code unterzubringen. Am Anfang und am Ende werden also zwei Methoden aufgerufen (sagen wir, die Methoden `Start` und `Ende`), die beide abstrakt sind, also in der (gleichfalls abstrakten) Basisklasse ohne Implementierung sind.

Eine konkrete Klasse kann dann keine, eine oder beide Methoden implementieren oder eben leer lassen, wenn gar nicht gewünscht ist, an den entsprechenden Stellen Code auszuführen.

Ganz natürliche Kunden dieses Musters sind daher Klassenbibliotheken, die ihren Entwicklern an genau vorherbestimmten Stellen Erweiterungspunkte bereitstellen wollen.

Einige Kandidaten für die Schablonenmethode sind:

- Algorithmen, die Daten *verarbeiten*, wobei die konkrete Verarbeitung erst in den konkreten Klassen definiert wird. Der Algorithmus kann dann selbst die Daten laden und ruft anschließend die konkrete Verarbeitungsmethode der Unterklasse auf.
- Algorithmen, die etwas *ausführen*, wobei ein Entwickler vor und nach der Ausführung durch Ableitung eigenen Code einbringen kann. Man nennt solche Methoden manchmal auch *Einschubmethoden*.
- Algorithmen, die etwas *erstellen*, wobei einzelne Teile der zu erstellenden Datenstruktur erst in Unterklassen erstellt werden

Erkennen können Sie dieses Muster zum Beispiel, wenn Sie in zwei Klassen ein nahezu identisches Verhalten implementieren und Sie die Unterschiede klar benennen können.

4.11.4 Implementierung

Anstelle eines eigenen Beispiels folgt hier ein Beispiel aus dem Java-Framework.

Die Klassen »OutputStream« und »FileOutputStream«

Streamklassen sind ein typischer Anwendungsfall für abstrakte Klassen. Streams repräsentieren einfach eine Menge an Daten. Ein Beispiel für eine solche abstrakte Streamklasse ist die Klasse `OutputStream` in Java.

Konkret werden Streamklassen erst, wenn sie irgendwo »leben«, also zum Beispiel einen Bezug zum Dateisystem erhalten (`FileOutputStream`) oder in einem Byte-Array im Arbeitsspeicher residieren (`ByteArrayOutputStream`).

Dennoch kann die abstrakte Basisklasse `OutputStream` bereits Arbeit verrichten, und zwar in einer Schablonenmethode. Doch betrachten wir zunächst das UML-Diagramm aus Abbildung 4.40, das auf das Praxisbeispiel gemünzt ist.

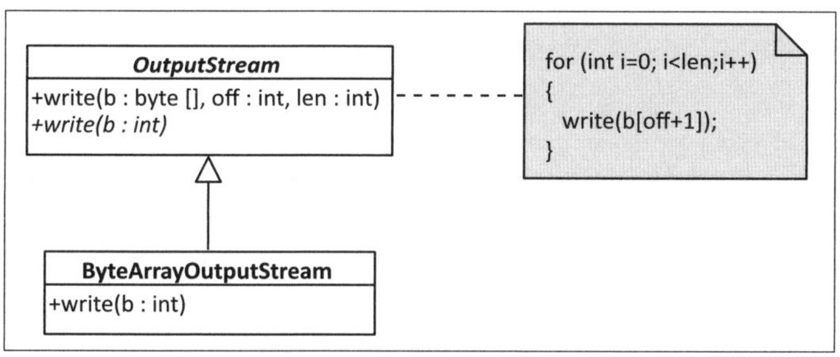

Abbildung 4.40 Die Schablonenmethode im Praxisbeispiel

AbstrakteKlasse (OutputStream)

Die abstrakte Klasse enthält wenigstens eine Schablonenmethode und wenigstens eine abstrakte Methode, die erst in Unterklassen überschrieben wird. Im Beispiel der Klasse `OutputStream` ist die abstrakte Methode die Methode zum Schreiben eines einzelnen Integers:

```
public abstract void write(int b) throws IOException;
```

Das ist logisch, denn wohin sollten die Daten auch geschrieben werden, wo doch erst in abgeleiteten Klassen ein Datenspeicher zur Verfügung gestellt wird?

Die Schablonenmethode hingegen nimmt ein ganzes Byte-Array entgegen und enthält Logik, also den eigentlichen Algorithmus zum Schreiben dieses Arrays:

```
public void write(byte b[], int off, int len) throws IOException
{
    if (b == null) {
        throw new NullPointerException();
    } else if ((off < 0) || (off > b.length) || (len < 0) ||
               ((off + len) > b.length) || ((off + len) < 0)) {
        throw new IndexOutOfBoundsException();
    } else if (len == 0) {
        return;
    }
    for (int i = 0 ; i < len ; i++) {
        write(b[off + i]);
    }
}
```

Im Wesentlichen wird einfach für jedes Byte des Streams die abstrakte `write`-Methode aufgerufen, nachdem die Übergabeparameter zuvor validiert wurden.

KonkreteKlasse (ByteArrayOutputStream)

Die konkrete Klasse stellt einen Datenspeicher zur Verfügung, in dem die Daten des Streams gespeichert werden:

```
protected byte buf[];
```

Außerdem müssen die abstrakten Methoden der Basisklasse `OutputStream`, von der die Klasse `ByteArrayOutputStream` ja abgeleitet ist, implementiert werden. Für unser Beispiel relevant ist die Methode `write`, die ja in der Schablonenmethode der Basisklasse verwendet wird:

```
public synchronized void write(int b)
{
    ensureCapacity(count + 1);
    buf[count] = (byte) b;
    count += 1;
}
```

Die Implementierung ist simpel. Zunächst wird die Größe des oben definierten Byte-Arrays geprüft. Ist das Array zu klein, wird es entsprechend vergrößert. Anschließend wird der Wert »geschrieben«, natürlich auch in das Byte-Array, und der aktuelle Zähler um eins erhöht.

Die Implementierung der anderen Stream-Unterklassen entspricht ihrer Verwendung. So nutzt die Klasse `FileOutputStream` anstelle eines Byte-Arrays eben eine Datei zum Schreiben der Daten.

4.11.5 Weitere Überlegungen und Alternativen

Die Schablonenmethode ist natürlich ein ziemlich einfaches Muster. Daher gibt es weniger zur Implementierung als zum Einsatz zu sagen.

Weniger ist mehr

Der umgedrehte Kontrollfluss – die Basisklasse ruft die Methode der Unterklasse auf und nicht umgekehrt – verlangt vom Entwickler der Unterklasse häufig, dass er den Algorithmus verstanden hat, der ja in der Schablonenmethode der Basisklasse zu finden ist. Bei Einschubmethoden ist es schon wichtig, an welcher Stelle die Einschubmethode aufgerufen wird.

Oder betrachten wir das Stream-Beispiel: Die `write`-Methode erhöht einen Zähler; die konkrete Klasse `ByteArrayOutputStream` verwaltet also selber die Anzahl der gerade im Byte-Array enthaltenen Bytes. Außerdem überschreibt sie die Schablonenmethode der Basisklasse, weil sie lieber `arraycopy` verwendet, anstatt jedes Byte eigens wegzuschreiben – wie es der Algorithmus der Basisklasse vorsieht.

Dafür muss sie natürlich den Algorithmus kennen, wie er in der Basisklasse `OutputStream` umgesetzt wurde. Im Falle des Java-Frameworks ist das freilich kein Problem, ist doch dasselbe Unternehmen für beide Klassen verantwortlich. Das mag in Ihren eigenen Projekten anders sein, wenn Sie Unterklassen von Basisklassen bilden, die Sie nicht selbst geschrieben haben.

Kurz: Sie sollten die Anzahl der primitiven Operationen, die in Schablonenmethoden verwendet werden, gering halten, denn

- jede abstrakte primitive Operation zwingt die Unterklasse zur Implementierung, erhöht also den Aufwand.
- eine Unterklasse könnte auch Dinge tun, die nicht im Sinne des Erfinders waren und so Stabilität oder Laufzeit negativ beeinträchtigen.
- wie Sie gesehen haben, ist häufig ein Grundverständnis der Arbeitsweise einer Basisklasse mit Schablonenmethoden nötig.

Dokumentation

Wenn Sie Schablonenmethoden einsetzen, dann ist es schon nützlich, wenn

- die Methoden sauber benannt sind, beispielsweise durch ein Präfix, das die Ausführungsreihenfolge anzeigt (`before`... oder `after`...).

- der Algorithmus in der Schablonenmethode dokumentiert ist, sodass der Entwickler der Unterklassen weiß, wie der Algorithmus inklusive seiner eigenen Methoden aussieht.
- Warnhinweise auf mögliche Risiken oder Laufzeitprobleme hinweisen, zum Beispiel wenn einzelne Methoden nur sehr kurz sein dürfen.

Ähnliche und ergänzende Muster

Das Strategiemuster kann den gesamten Algorithmus durch Unterklassenbildung austauschen, während die Schablonenmethode nur Teile eines Algorithmus variabel macht.

4.12 Besucher

Nach den recht einfachen Mustern aus den letzten beiden Abschnitten ist das Besuchermuster wieder ein Jota komplexer, auch wenn ich die Meinung, das Besuchermuster sei das komplexeste Muster von allen, nicht teilen mag. Im Kern geht es darum, eine Klassenhierarchie und die Operationen voneinander zu trennen, die auf die einzelnen Klassen dieser Hierarchie angewendet werden können.

4.12.1 Steckbrief

Deutscher Name: Besucher

Englischer Name: Visitor

Gruppe: Verhaltensmuster

4.12.2 Beschreibung

In einer Klassenhierarchie werden natürlich alle Member nach unten vererbt, wo sie überschrieben werden können. Welche Methode dann konkret aufgerufen wird – die der Basisklasse oder die überschriebene Methode in der Unterklasse –, das hängt vom konkreten Typ ab und wird während der Laufzeit (durch dynamische Bindung) ermittelt. Man nennt das dann polymorphes Verhalten. Eine öffentliche Methode, die in der Basisklasse definiert wurde, findet sich also auch in allen Klassen darunter, egal wie tief und weit verzweigt der Vererbungsbaum auch ist. So weit ist das nichts Neues und für die meisten Fälle auch gut und praktikabel.

Ein Beispiel aus der Welt des Onlinehandels mag das illustrieren. Sagen wir, ein Onlinehändler würde Bücher, Filme und Spiele verkaufen. Eine Klassenhierarchie (mit einigen Attributen) könnte dann so aussehen wie in Abbildung 4.41.

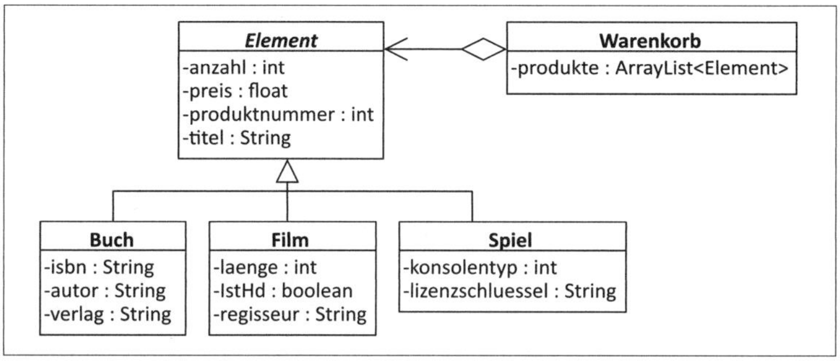

Abbildung 4.41 Die Klassen des Warenkorbs

So weit, so gut und nichts Besonderes. Nun kommen die Methoden ins Spiel. Dabei kann ein Element im Warenkorb ganz verschiedene Dinge tun:

- Es kann sich als HTML ausgeben, für die Darstellung des Warenkorbs im Browser.
- Es kann sich als TEXT ausgeben, für die Versandbestätigung.
- Es kann sich als PDF ausgeben, für den Rechnungsdruck.
- Es kann seinen Preis berechnen.
- Es kann die Stückzahl ändern.

Und dann gibt es vielleicht noch Methoden, die einzelnen Klassen vorbehalten sind, wie die Registrierung eines Spiels, um den Onlinezugang dafür freizuschalten. Fügen wir diese Methoden hinzu (siehe Abbildung 4.42).

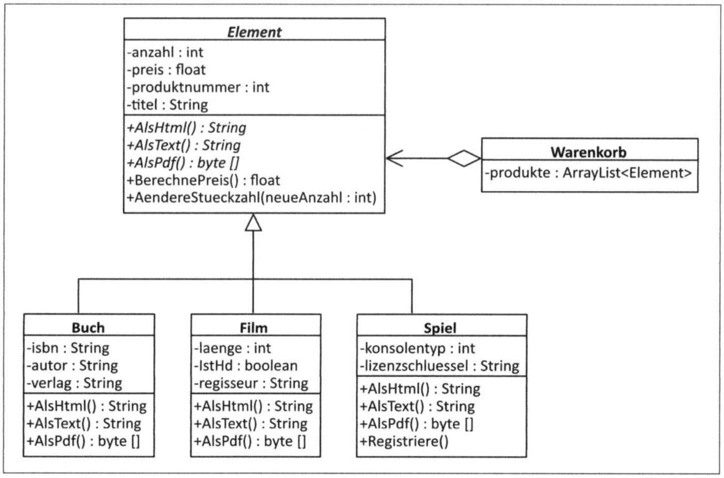

Abbildung 4.42 Die Warenkorbklassen mit ihren Methoden

Das Problem bei dieser Klassenhierarchie sind nun die verschiedenen Zuständigkeiten: Die ersten drei Methoden sind für die Darstellung, also für die Konvertierung der Daten in verschiedene Darstellungsformate zuständig. Die anderen Methoden haben wiederum alle ganz unterschiedliche Zuständigkeiten. Und wir wissen natürlich, dass es nicht bei diesen Methoden bleiben wird: Schon morgen soll vielleicht die HTML-Ausgabe auf verschiedene Ziele (z. B. Mobilgeräte) hin optimiert werden, und eine weitere Methode soll ein Element im Warenkorb auf die Wunschliste setzen.

Auch wenn es in der Praxis häufig schwer (und manchmal gar nicht) umzusetzen ist, hat das *Single Responsibility Principle* (das Prinzip, dass eine Klasse nur eine Aufgabe erfüllen sollte) durchaus seine Berechtigung. Oder, anders gesagt: Es sollte immer nur einen Grund geben, eine Klasse anzufassen. Die Einhaltung dieses wichtigen Design-Grundsatzes führt, ganz allgemein gesprochen, zu gut lesbarem, gut wartbarem, gut erweiterbarem und gut testbarem Code.

Und genau hierbei hilft dieses Muster: Es trennt die Klassenhierarchie von ihren Operationen, die stattdessen in eine zweite Hierarchie wandern. Und anstatt die Operationen direkt auszuführen, erstellen wir ein Objekt von der auszuführenden Operation (den sogenannten *Besucher*) und übergeben es dem Objekt der fachlichen Klassenhierarchie, die dann die Operation aufruft.

Die Schnittstellen der Klassen werden dadurch wieder kleiner, wenn auch auf Kosten zusätzlicher Klassen.

UML

Bitte erschrecken Sie nicht, das UML-Diagramm ist nicht so komplex, wie es umfangreich ist. Benötigt werden diesmal zwei Klassenhierarchien: eine *fachliche Klassenhierarchie* und eine *Besucherhierarchie*.

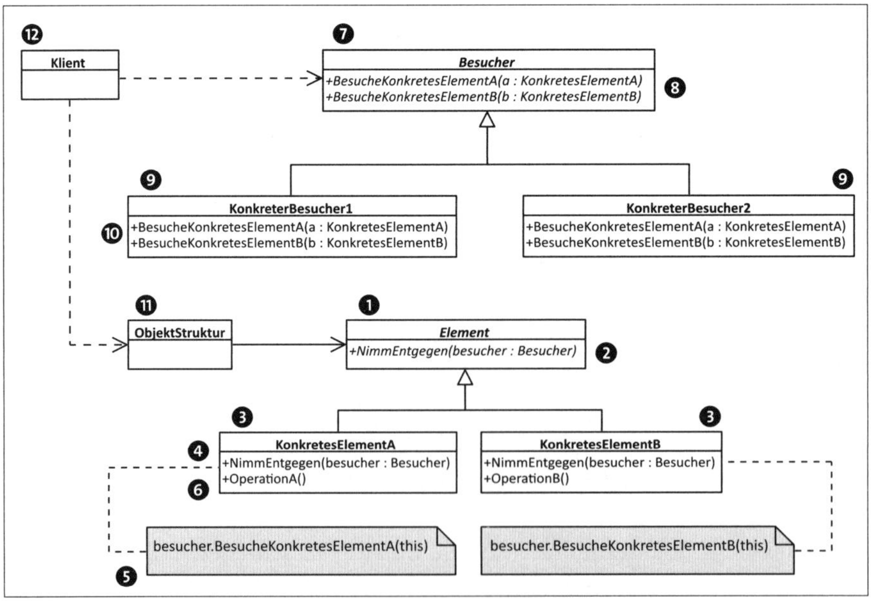

Abbildung 4.43 Das Besuchermuster in UML

Erläuterungen

Nr.	Erläuterung
❶	Die *abstrakte Elementklasse* ist im Beispiel die gleichnamige Klasse `Element`.
❷	Die Methoden sind aus dieser Klasse verschwunden, stattdessen gibt es eine einzige abstrakte Methode, `NimmEntgegen`, die als Parameter ein Objekt vom Typ `Besucher` entgegennimmt.
❸	Die *Konkreten Elementklassen* sind die fachlichen Unterklassen der Klassenhierarchie, also im Beispiel die Klassen `Buch`, `Film` und `Spiel`.
❹	Sie müssen die abstrakte Methode `NimmEntgegen` natürlich implementieren.
❺	Das tun sie, indem sie erst einmal entscheiden, ob sie den »Besuch« annehmen wollen. Nehmen sie ihn an, rufen sie die entsprechende Methode des Besuchers auf, der für die konkrete Klasse steht. Dabei übergeben sie sich selbst als Parameter, sodass der Besucher dann als Nächstes den Besuch abstatten, also seinerseits wieder die Methode der konkreten Klasse aufrufen kann.
❻	Zusätzlich zu der Methode für das Besuchermuster kann eine konkrete Klasse auch noch andere Methoden haben, die mit diesem Muster nichts zu tun haben.
❼	Die abstrakte Klasse *Besucher* ist die gemeinsame Basisklasse für alle Besucherklassen.
❽	Sie deklariert eine `Besuche`-Methode, genauer gesagt eine `Besuche`-Methode für jede konkrete Klasse. Der Name der Methode und die Übergabeparameter machen das jeweils deutlich.
❾	Für jede gewünschte Operation gibt es eine *konkrete Besucherklasse*, also z. B. Klassen wie `HtmlBesucher` oder `TextBesucher`.
❿	Sie implementieren die *Besuche*-Methoden der Basisklasse *Besucher* und verrichten dort die konkrete Arbeit. Dafür können sie auf die zu besuchenden Klassen (die konkreten Elementklassen) zugreifen.
⓫	Die Klasse *Objektstruktur* enthält üblicherweise eine Liste von Elementen, entspricht also der Klasse `Warenkorb` im Beispiel.
⓬	Der Klient, also die Anwendung für die Onlinebestellung, benötigt direkten Zugriff auf die *Objektstruktur* und die *Besucher*.

Tabelle 4.14 Die Akteure des Besuchermusters

Noch einmal in Kurzfassung:

- Ein Besucher steht für eine ganz bestimmte Operation, weswegen es für jede Operation eine eigene Besucherklasse gibt.
- Die Klassen der fachlichen Klassenhierarchie benötigen nur eine Methode, die einen solchen Besucher entgegennimmt.
- Dort entscheidet die Methode, ob sie den Besuch annehmen möchte. Tut sie das, ruft sie einfach die richtige `Besuche`-Methode des Besuchers auf. Da es für jede fachliche Klasse eine eigene `Besuche`-Methode gibt, muss sie nur darauf achten, die richtige aufzurufen.
- Der Besucher verrichtet nun seine Arbeit. Da er eine Referenz auf die fachliche Klasse besitzt, kann er auf diese zugreifen, damit er den Kontext seiner Ausführung kennt.

UML-Praxisbeispiel

Wenn wir das Muster auf den Warenkorb anwenden, ergeben sich die Klassenhierarchien aus Abbildung 4.44.

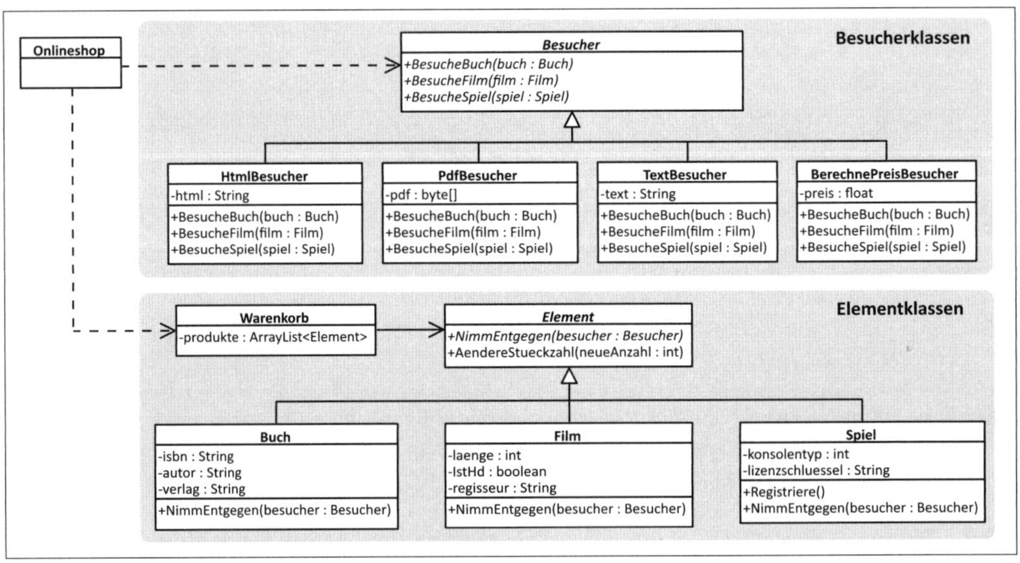

Abbildung 4.44 Das Besuchermuster im Praxisbeispiel

Das wirkt doch nun schon gleich viel weniger abstrakt. Zunächst fällt auf, dass die Methoden aus den Elementklassen entfernt wurden – fast alle jedenfalls, denn die Methoden `aendereStueckzahl` und `registriere` sind erhalten geblieben. Das meint das Muster, wenn im UML-Diagramm aus Abbildung 4.43 von `OperationA` und `OperationB` die Rede ist: Es kann auch weiterhin ganz gewöhnliche Methoden geben. Im

Falle der Registrierung würde sich das Muster nicht lohnen, weil sie ohnehin nur in einer Klasse (der Klasse `Spiel`) Sinn macht. Alle anderen Klassen müssten den Besuch also ablehnen.

Stattdessen gibt es nun für jede Operation eine eigene Klasse und eine abstrakte Klasse `Besucher`, die für jede konkrete Elementklasse eine eigene Methode deklariert.

Soll nun ein Film im Warenkorb als HTML-Fragment gerendert werden, so geht das nun so:

- Der Warenkorb erstellt ein neues Objekt der Klasse `HtmlBesucher`.
- Dieses Besucherobjekt wird der Methode `nimmEntgegen` übergeben, die wir auf dem Filmobjekt aufrufen, das zu rendern ist.
- Das Filmobjekt überlegt kurz, ob der Besuch Sinn macht (macht er), und ruft seinerseits auf dem Besucherobjekt die Methode `besucheFilm` auf, der es sich selbst als Referenz übergibt.
- Die `besucheFilm`-Methode wird nun die Daten des Films abrufen (also zum Beispiel die Länge) und daraus HTML-Code generieren.

Die Ergebnisse der Methoden müssen die Besucherklassen in lokalen Variablen speichern, weil die Signaturen aller `besuche`-Methoden gleich sind und keine Rückgabewerte beinhalten. Das ist auch gut so, schließlich sollen mit dem Muster ja neue Operationen im Nu hinzugefügt werden können, und das ginge nicht, wenn mit jeder neuen Operation die Basisklasse `Besucher` anzupassen wäre (und mit ihr auch alle abgeleiteten Besucherklassen).

Bleibt noch eine Frage: Wozu dient die Klasse `ObjektStruktur`? Im Beispiel wird aus dieser Klasse die Klasse `Warenkorb`, und dafür ist sie auch gedacht: Sie enthält eine Liste (oder einen Baum oder eine andere Datenstruktur) mit Elementen. Im Grunde käme das Muster auch ohne diese Klasse aus, aber gerade bei einer Menge von Elementen zeigt sich der Vorteil besonders deutlich: Jedes Objekt der Menge kann einen anderen Typ haben – wie im Warenkorb, wo Objekte der Typen `Buch`, `Film` und `Spiel` enthalten sein können. Wollen wir den Gesamtpreis des Warenkorbs ermitteln, so müssen wir jedem der Objekte im Warenkorb einen Besuch abstatten, genauer gesagt einen Besuch von einem Objekt des Typs `BerechnePreisBesucher`.

Dabei kann dieses für alle Besuche verwendet werden, wir müssen also nicht für jedes zu besuchende Objekt einen eigenen Besucher verwenden. Das Besucherobjekt `BerechnePreisBesucher` kann also den Preis bei jedem neuen Besuch addieren (siehe Abbildung 4.45).

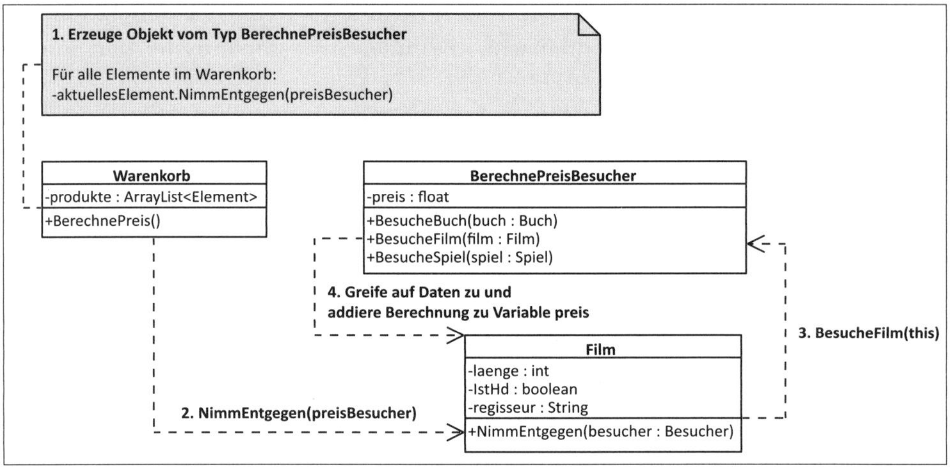

Abbildung 4.45 Die Preisberechnung für den gesamten Warenkorb

4.12.3 Anwendungsfälle

Das Besuchermuster wird gern gemieden, weil ihm der schlechte Ruf der Komplexität anhängt. Dabei stehen die Chancen gut, dass Sie dieses Muster umso häufiger verwenden, je mehr Erfahrung Sie damit sammeln konnten. Dann entdecken Sie dieses Muster immer häufiger in Ihren praktischen Aufgabenstellungen.

Warum, das wird klar, wenn wir uns noch einmal den Hauptvorteil dieses Musters klarmachen: Mithilfe des Besuchermusters kann man den Elementen einer Struktur neue Operationen beibringen, ohne diese ändern zu müssen. Die Schnittstellen der fachlichen Klassen bleiben schlank, die »Concerns« (sprich: Zuständigkeiten) sind sauber voneinander getrennt.

Da die Besucherklassen eigene Datenstrukturen haben können, lassen sich auf diese Weise auch viele Elemente nacheinander besuchen und so die Datenstrukturen der Besucherklassen füllen. Ein Beispiel wäre das Traversieren der Knoten eines Baums, wobei die Knoten des Baums von ganz verschiedenen Klassen stammen können.

Kurz gesagt lohnt sich das Muster, wenn

- die Operationen verschiedene Zuständigkeiten haben.
- die Operationen leicht zu erweitern sein sollen, ohne dass dafür die Elementklassen neu übersetzt werden müssten.
- die Schnittstellen der Elementklassen schlank sein (und bleiben) sollen.
- eine Objektstruktur viele Elemente enthält, die von ganz verschiedenen Klassen stammen, und auf allen diesen Elementen eine Operation ausgeführt werden soll.
- Sie aus anderen Gründen nicht wollen, dass die Elementklassen die Operationen selbst beinhalten.

Wie andere Muster auch bricht das Besuchermuster die statische Bindung auf, die nötig ist, wenn eine Methode direkt auf der Elementklasse aufgerufen wird. Stattdessen wird ja immer dieselbe Methode, `nimmEntgegen`, aufgerufen, sodass die Bindung daran zur Laufzeit erfolgen kann, weil als Parameter dieser Methode der Besucher übergeben wird. Praktisch gesehen führt das beispielsweise dazu, dass über Plug-in-Schnittstellen zur Laufzeit neue Operationen hinzugeladen werden können und dass ein Neukompilieren der Elementklassen nicht mehr nötig ist, wenn neue Operationen dazukommen.

Demgegenüber sollte man Folgendes abwägen:

- Die Komplexität steigt erst einmal, weil neue Klassen benötigt werden, ja sogar eine ganze Klassenhierarchie.
- Wenn es viele Elementklassen gibt, so werden die Besucher sehr unübersichtlich, weil es ja eine `besuche`-Methode für jede Elementklasse gibt – dazu später aber noch mehr.
- Bei jeder neuen Elementklasse muss man die Besucherklasse anpassen. Dort kommt eine neue abstrakte Methode hinzu, und damit auch alle konkreten Besucherklassen.

Praktischerweise lohnt sich dieses Muster also vor allem dann, wenn die Elementklassen konstant bleiben, aber die Operationen häufig erweitert werden oder aber der Algorithmus der Operationen häufig verändert wird.

Typische Anwendungsfälle für dieses Muster sind:

- Warenkörbe und andere Elementmengen, die über mehrere Operationen verfügen
- Bäume mit verschiedenen Objekttypen, wobei die Knoten in ein anderes Format konvertiert werden sollen (zum Beispiel Produktbäume oder, etwas abstrakter, auch der Syntaxbaum eines Compilers)
- grafische Elemente, die auf verschiedene Weisen modifiziert werden können (z. B. rotieren, verschieben und spiegeln)

4.12.4 Implementierung

Das Praxisbeispiel, den Warenkorb, habe ich schon beschrieben. In der Ausführung beschränke ich mich auf die Preisberechnung, da alle anderen Besucherklassen analog dazu arbeiten.

Element

Wichtigste Methode ist hier die `nimmEntgegen`-Methode, die ein Besucherobjekt als Parameter erhält:

```
public abstract class Element
{
  private int anzahl;
  private float preis;
  private String titel;

  public Element(int anzahl, float preis, String titel)
  {
    this.anzahl = anzahl;
    this.preis = preis;
    this.titel = titel;
  }

  public void aendereStueckzahl(int neueAnzahl)
  {
    anzahl = neueAnzahl;
  }

  public int getStueckzahl(){
    return anzahl;
  }
  public float getPreis(){
    return preis;
  }
  public String getTitel(){
    return titel;
  }

  public abstract void nimmEntgegen(Besucher besucher);
}
```

Listing 4.51 Die Klasse »Element«

Konkrete Elemente (Buch, Film, Spiel)

Aus Platzgründen, und weil wir die Felder ohnehin nicht für die Preisberechnung benötigen, habe ich hier die Getter- und Setter-Methoden weggelassen und mich auf die Klasse Buch beschränkt:

```
public class Buch extends Element
{
  public Buch(int anzahl, float preis, String titel)
  {
    super(anzahl, preis, titel);
```

```
  }

  public String Isbn;
  public String Autor;
  public String Verlag;

  public void nimmEntgegen(Besucher besucher)
  {
    besucher.besucheBuch(this);
  }
}}
```

Listing 4.52 Die Klasse »Buch«

Die Klasse muss die abstrakte Methode `nimmEntgegen` implementieren. Das tut sie recht unbekümmert, indem sie den Besucher einfach einlädt, sie zu besuchen. In komplexeren Fällen könnte hier vorher eine Prüfung stattfinden. Zum Beispiel könnte es eine weitere Elementklasse `Praemie` geben, bei der die Preisberechnung keinen Sinn macht, weil sie ohnehin für ein Gratisprodukt steht.

Besucher

Die Besucherklasse ist übersichtlich, sie muss ja nur für jede Elementklasse eine `besuche`-Methode deklarieren:

```
public abstract class Besucher
{
  public abstract void besucheBuch(Buch buch);
  public abstract void besucheFilm(Film film);
  public abstract void besucheSpiel(Spiel spiel);
}
```

Listing 4.53 Die Klasse »Besucher«

Konkrete Besucher (BerechnePreisBesucher und weitere)

Die Implementierung einer jeder Besucherklasse muss nun alle `besuche`-Methoden implementieren.

```
public class BerechnePreisBesucher extends Besucher
{
  private float preis;

  public BerechnePreisBesucher()
  {
```

```
    preis = 0;
  }

  public float getPreis()
  {
    return preis;
  }

  public void besucheBuch(Buch buch)
  {
    preis += buch.getPreis() * buch.getStueckzahl();
  }

  public void besucheFilm(Film film)
  {
    preis += film.getPreis() * film.getStueckzahl();
  }

  public void besucheSpiel(Spiel spiel)
  {
    preis += spiel.getPreis() * spiel.getStueckzahl();
  }
}
```

Listing 4.54 Die Klasse »BerechnePreisBesucher«

An dieser Klasse wird schon ein Nachteil dieses Musters deutlich: Obwohl sich die Berechnung des Preises gar nicht unterscheidet (Preis und Stückzahl sind ja schon in der Klasse `Element` definiert), muss sie für jede `besuche`-Methode eigens ausgeführt werden. Das ist bei der Besucherklasse `HtmlBesucher` nicht so, weil dort das Rendern des HTML-Fragements von der konkreten Elementklasse abhängt – Filme, Bücher und Spiele enthalten schließlich unterschiedliche Informationen, und die HTML-Darstellung ist daher verschieden.

```
public class HtmlBesucher extends Besucher
{
  private String html;

  public String getHtml()
  {
    return html;
  }
```

```
  public void besucheBuch(Buch buch)
  {
    html = "<b>"+buch.getTitel()+"</b> Autor: "+buch.Autor;
  }

  public void besucheFilm(Film film)
  {
    html = "<b>"+film.getTitel()+"</b> Regisseur: "+film.Regisseur;
  }

  public void besucheSpiel(Spiel spiel)
  {
    html = "<b>"+spiel.getTitel()+"</b> Lizenzschlüssel: "+
     spiel.lizenzschluessel;
  }
}
```

Listing 4.55 Die Klasse »HtmlBesucher«

Diese zweite Besucherklasse arbeitet etwas anders, sie merkt sich nicht das Ergebnis des vorherigen Besuchs, sondern überschreibt ihn – die Klasse `Warenkorb` müsste also aus allen HTML-Fragmenten die Warenkorb-Übersichtsseite zusammenbauen.

Objektstruktur (Warenkorb)

Die Aufgabe des Warenkorbs ist es nun, das Besucherobjekt zu erzeugen und dieses Objekt jedem Element im Warenkorb zu übergeben, genauer gesagt dessen Methode `nimmEntgegen`.

```
public class Warenkorb
{
  private ArrayList<Element> produkte;

  public Warenkorb()
  {
    produkte = new ArrayList<Element>();
  }

  public ArrayList<Element> getProdukte()
  {
    return produkte;
  }
```

```
  public float berechneGesamtpreis()
  {
    BerechnePreisBesucher preisBesucher = new BerechnePreisBesucher();
    for (Element element : produkte)
    {
      element.nimmEntgegen(preisBesucher);
    }
    return preisBesucher.getPreis();
  }

  //Analog weitere Methoden für die Generierung von HTML, Text und PDF
}
```

Listing 4.56 Die Klasse »Warenkorb«

Klient (Onlineshop)

Den Klienten können wir hier simulieren, indem wir einfach ein paar Produkte in den Warenkorb packen und den Preis ermitteln lassen:

```
Warenkorb warenkorb = new Warenkorb();
warenkorb.getProdukte().add(einige Elemente);
float gesamtPreis = warenkorb.berechneGesamtpreis();
```

4.12.5 Weitere Überlegungen und Alternativen

Ich habe es schon erwähnt: Die meisten Muster machen den Code erst einmal komplexer, um ihn letztendlich beherrschbarer zu machen. Da macht auch das Besuchermuster keine Ausnahme.

Kosten, Kosten, Kosten

Die Kosten für dieses Muster lassen sich wie folgt beziffern:

- Anpassungen, sofern neue Elementklassen dazukommen: $a*(n+1)$ Anpassungen, wobei a die Anzahl der neuen Elementklassen ist.
- zusätzliche $n+1$ Klassen, wobei n die Anzahl der zu realisierenden Operationen ist
- Durch die Umkehr des Aufrufverhaltens werden aus einem Aufruf (die Methode wird direkt auf der Elementklasse aufgerufen) drei Aufrufe. (1. Aufruf der Methode `nimmEntgegen`, 2. Aufruf der Methode `besuche`, 3. gegebenenfalls Aufruf von Methoden der Elementklasse aus der Besucherklasse)

Das soll heißen: Wenn Sie um Millisekunden feilschen, ist das Muster vermutlich fehl am Platz.

Den Aufwand, der durch weitere Elementklassen entsteht, kann man gegebenenfalls dadurch ein wenig abfedern, dass die Basisklasse eine Standardimplementierung zur Verfügung stellt, sofern das im konkreten Fall möglich ist. Etwas weiter hinten zeige ich zudem noch eine Variante, die mit Reflection arbeitet und die das Problem weiter verringern kann.

Ein Aspekt, der bei der Diskussion der Muster eigentlich immer zu kurz kommt, ist der Aufwand beim Debugging. Auch dieser erhöht sich durch die zusätzlichen Indirektionen ein wenig, muss man doch gegebenenfalls mehrere Haltepunkte setzen, um das gewünschte Verhalten zu untersuchen.

Hierarchien

Es wäre auch möglich, dass Besucherklassen weitere Unterklassen ausbilden. Man könnte zum Beispiel eine Klasse `DarstellungsBesucher` erstellen, von der die drei Konvertierungen `HtmlBesucher`, `TextBesucher` und `PdfBesucher` ableiten und die gemeinsam genutzte Funktionen für diese implementiert.

Selbiges gilt auch für die Elementklassen, die in beliebiger Verschachtelungstiefe auftreten können – Hauptsache, in der obersten Basisklasse gibt es eine abstrakte Methode `nimmEntgegen`, die alle Nachfahren auf diese Weise implementieren müssen. Allerdings könnte man auf diese Basisklasse aber auch verzichten und so Klassen, die über keinen gemeinsamen Vorfahren verbunden sind, dem Besuchermuster zugänglich machen. Ganz praktisch gesehen würde man aus der abstrakten Basisklasse `Besucher` eine Schnittstelle machen, die keine Vererbung erfordert.

Zustand des Besuchers

Ein schönes »Feature« dieses Muster ist es, dass Besucherklassen ihre ganz eigenen Datenstrukturen aufbauen können – sie kapseln ja den Algorithmus vollständig. Das bedeutet nun aber auch, dass Besucherklassen Zustände über mehrere Besuche hinweg ansammeln können, wie bei der Preisberechnung den aktuellen Preis, der immer der Gesamtpreis aller bisher besuchten Warenkorbelemente ist.

Wer durchläuft die Elemente?

Der vorherige Abschnitt bringt uns gleich zur nächsten Frage: Wer ist eigentlich dafür zuständig, die Elemente zu durchlaufen, um sie zu besuchen und auf diese Weise den Zustand des Besuchers Element für Element aufzubauen?

Im Beispiel (und häufig auch in der Praxis) ist dies die Klasse `ObjektStruktur`, also wie in unserem Beispiel der Warenkorb.

Es sind aber auch noch andere Verfahren denkbar:

- Ein weiteres Objekt, zum Beispiel ein Iterator (siehe Abschnitt 4.5) könnte diese Aufgabe übernehmen.
- Eine rekursiv arbeitende Methode bei einer Baumstruktur könnte nur den Wurzelknoten entgegennehmen und selbst alle weiteren Knoten des Baums durchlaufen.
- Man könnte bei besonders komplexen Iterationsalgorithmen das Durchlaufen selbst auch wiederum als Operation betrachten, für die man einen eigenen Besucher erstellen könnte, wenn man es auch sonst kompliziert im Leben mag.

Enge Kopplung

Besucher- und Elementklassen sind recht eng miteinander gekoppelt. Die Elementklassen müssen ja auch auf die Besucherklassen zugreifen, um diese zum Besuch einzuladen, während die Besucherklassen für die Erfüllung ihrer Aufgaben auf die Elementklassen zugreifen.

Das führt häufig zu öffentlichen Methoden. Das ist aber unschön, wenn vielleicht nur die Besucherklassen auf diese Methoden zugreifen sollen. Ohne dieses Muster wären sie einfach privat. Ob das zu lösen ist, hängt von der Programmiersprache ab. C++ kennt `friends`, also den Zugriff einer befreundeten Klasse (der Besucherklasse) auf Methoden, die mit `private` oder `protected` gekennzeichnet wurden. C# kennt den Zugriffsmodifizierer `internal`, der den Zugriff auf Klassen innerhalb derselben Assembly einschränkt und – wenn auch auf andere Weise – praktisch dasselbe erreicht.

Überladende Methoden

Das Besuchermuster verlangt ja nach einer eigenen Methode für jede Elementklasse. Im Beispiel haben wir diese dementsprechend benannt, also `besucheBuch`, `besucheFilm` und `besucheSpiel`. Alternativ hätten wir auch nur einen Methodennamen verwenden und die Methoden auf diese Weise überladen können:

- `besuche(Buch buch)`
- `besuche(Film film)`
- `besuche(Spiel spiel)`

Reflection

Auch das Überladen von Methoden kann nicht darüber hinwegtrösten, dass beim Hinzufügen einer neuen Elementklasse alle Besucherklassen überarbeitet werden müssen. Geschieht das sehr häufig und spielt die Performance nicht die erste Geige, könnte man auch eine Besucherklasse wie die folgende verwenden, die mit Reflection arbeitet:

```
public abstract class Besucher
{
  public abstract void besucheBuch(Buch buch);
  public abstract void besucheFilm(Film film);
  public abstract void besucheSpiel(Spiel spiel);
  public void besucheDefault(Object object)
  {
    System.out.println(object.toString());
  }

  public void besuche(Object object)
  {
    try
    {
      Method method = getClass().getMethod("besuche",
       new Class[] { object.getClass() });
      if (method == null)
      {
        besucheDefault(object);
      } else
      {
        method.invoke(this, new Object[] {object});
      }
    }
    catch (NoSuchMethodException e)
    {
      this.besucheDefault(object);
    }
    catch (InvocationTargetException e)
    {
      this.besucheDefault(object);
    }
    catch (IllegalAccessException e)
    {
      this.besucheDefault(object);
    }
  }
}
```

Listing 4.57 Die Klasse »Besucher« mit Reflection-Mechanismus

Neben den schon bekannten abstrakten Methoden für jede Elementklasse (sozusagen dem Standardfall) gibt es eine weitere besuche-Methode, die jedes beliebige Objekt, also jede beliebige Elementklasse, entgegennimmt (Object).

Wenn wir nun eine neue Elementklasse – sagen wir, die Klasse Musik – hinzufügen, so müssen wir nur diese allgemeine Methode gleich verwenden:

```
public class Musik extends Element
{

  public Musik(int anzahl, float preis, String titel)
  {
    super(anzahl, preis, titel);
  }

  public void nimmEntgegen(Besucher besucher)
  {
    besucher.besuche(this);
  }
}
```

Listing 4.58 Die vierte Elementklasse »Musik«

Diese Methode sucht nach einer besuche-Methode, die als Parameter den Typ der übergebenen Elementklasse, also Musik, entgegennimmt. Tritt dabei ein Fehler auf oder gibt es eine solche Methode nicht, wird die »Default-Implementierung« aufgerufen, die hier einfach das Objekt auf der Konsole ausgibt.

Der Vorteil: Die Schnittstelle Besucher bleibt unverändert, wir müssen nur noch eine besuche(Musik musik)-Methode in den konkreten Besucherklassen implementieren, die mit der neuen Elementklasse umgehen können. Für alle anderen Besucherklassen greift die Standardimplementierung.

Kapitel 5
Muster verteilter Architekturen

Kleider machen Leute.
– Sprichwort

Muster finden sich überall in der Abstraktionsleiter, vom Chipdesign bis hin zu wolkigen Höhen. Während die klassischen GoF-Muster irgendwo zwischen Implementierung und Design angesiedelt sind, sind die GUI-Muster, die in Kapitel 7 vorgestellt werden, ein Stück höher zu finden. Noch weiter oben lassen sich die in diesem Kapitel vorgestellten Muster ansiedeln, bei denen es eher um Fragen der Architektur geht.

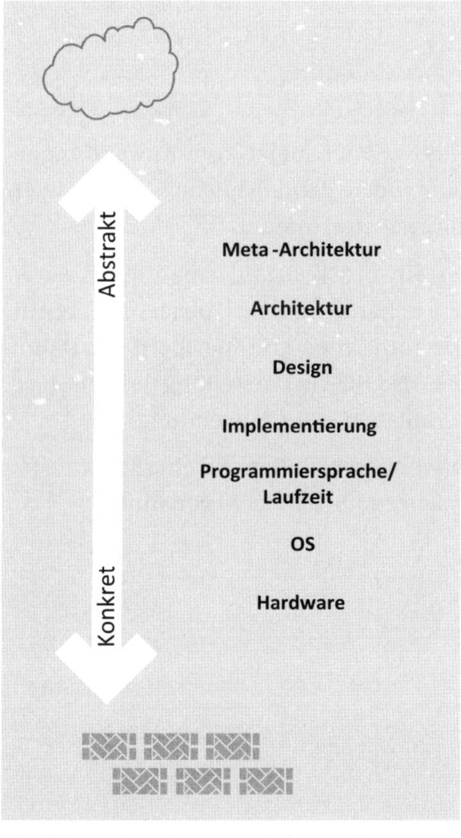

Abbildung 5.1 Die verschiedenen Ebenen von Mustern

Je konkreter ein Muster ist, also je weiter unten es in Abbildung 5.1 zu finden ist, desto konkretere Hinweise auf die Implementierung lassen sich geben und desto geringer sind meistens die Freiheitsgrade. Je abstrakter die Muster werden, desto weniger Konkretes lässt sich über die Implementierung sagen und desto mehr ähneln die Muster Prinzipien, Modellen oder Richtlinien. Außerdem finden sich mit steigender Abstraktionshöhe immer mehr Tools und Frameworks, die einem die Arbeit abnehmen oder wenigstens erleichtern können.

Daher werden Sie in diesem Kapitel weniger Code finden, und wir müssen uns dem jeweiligen Muster etwas vorsichtiger nähern. Ich beginne mit einer kleinen Standortbestimmung nebst Historie.

5.1 Kleine Architekturmusterkunde mit Historie

Keine Sorge, ich werde mich kurz fassen, aber ein wenig »Background« kann nicht schaden, damit Sie die Vor- und Nachteile der jeweiligen Architekturmuster besser verstehen.

5.1.1 Am Anfang war der Monolith

Am Anfang gab es Anwendungen, in der Windows-Welt zuerst .com-Anwendungen, die später durch die allseits und auch heute noch gebräuchlichen .exe-Dateien ergänzt und noch später praktisch vollständig ersetzt wurden.

Ein Monolith ist ein großer, unhandlicher Gesteinsbrocken, und ganz ähnlich waren diese Anwendungen. In der ursprünglichen Form handelte es sich dabei um eine einzige Datei, in der alles enthalten war, also Code zum Laden und Speichern von Daten, zum Verarbeiten und für die Ein- und Ausgabe, also für die Darstellung der Benutzeroberfläche, das Drucken und all die anderen Aufgaben einer Anwendung.

Die Darstellung ist trivial. In Abbildung 5.2 verwende ich als Beispiel eine Software für den Vergleich von Kfz-Versicherungen, »VersicherungsManager« genannt.

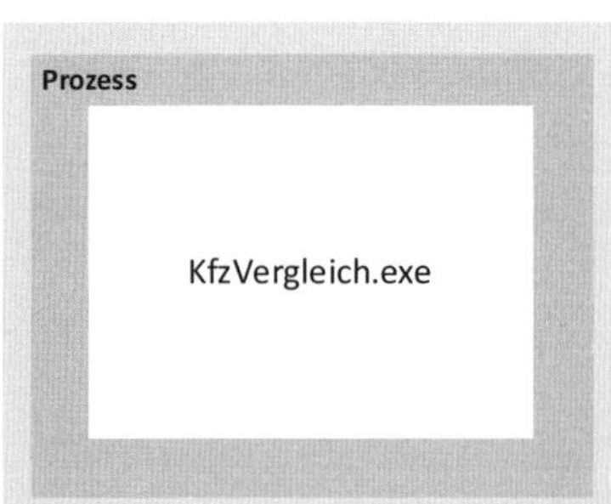

Abbildung 5.2 Eine monolithische Anwendung

Das war zunächst bequem, denn es musste nur eine einzige Datei verteilt werden, und das ging schnell. Benannte man die Anwendung noch entsprechend (z. B. *KfzVergleich21.exe*), dann konnte man sogar die Versionsnummer im Namen abbilden.

Aber schon bald traten die ersten Nachteile auf:

- Das Kompilieren dauerte immer länger, je umfangreicher der Code wurde – bis zum Punkt, an dem man sich gar nicht mehr traute, den Compiler zu starten.
- Mehrere Entwickler konnten nur schlecht zusammenarbeiten, weil sie notgedrungen immer einen anderen Codestand hatten, auch dann, wenn die Entwickler an völlig anderen Bereichen der Software arbeiteten.
- Die Dateien wurden irgendwann zu groß, um sie noch sinnvoll zu kopieren und auch sonst verarbeiten zu können, und das Starten dauerte immer länger, vor allem über das Netzwerk.
- Früher oder später landete derselbe Code in anderen Anwendungen, zum Beispiel gemeinsam genutzter Code für das Drucken oder die Engine für den Versicherungsvergleich.
- Die Software wurde immer unübersichtlicher, und zwar überproportional mit steigendem Umfang.

Kurz: Die Software wurde immer schwerer zu warten und ließ sich nur noch mit großem Aufwand erweitern. Die Tests wurden zusehends abenteuerlicher, auf jeden Fall aber aufwendiger.

Besonders kritisch wurde der Monolith, wenn man Komponenten von Drittherstellern in die eigene Anwendung hineinkompilierte, zum Beispiel eine Paradox-Datenbank oder eine Bibliothek für das Drucken, weil dann Komplexität und Dateigröße sprunghaft anstiegen.

Und dennoch: Für sehr kleine Anwendungen gibt es Monolithen noch heute, und das zu Recht.

5.1.2 DLLs (Dynamic Link Libraries)

Eine Lösung musste her, und die fand sich schnell: Die Anwendung wurde auf verschiedene Dateien aufgeteilt. Es gab zwar immer noch eine .exe-Datei, zu der sich aber verschiedene DLL-Dateien gesellten, die für ganz verschiedene Dinge zuständig waren (siehe Abbildung 5.3).

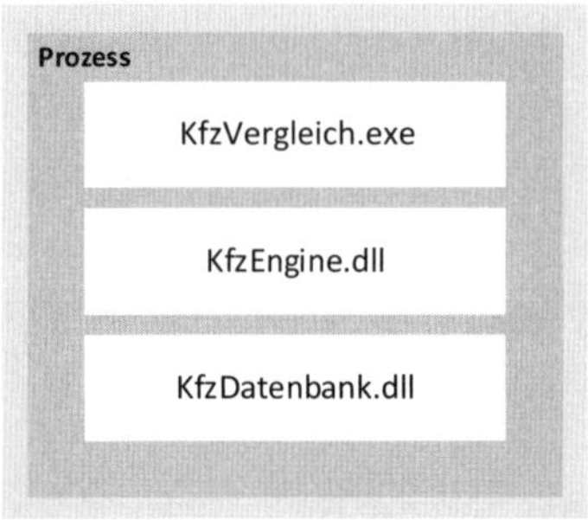

Abbildung 5.3 Die Software, in DLLs aufgeteilt

Das Layering war geboren, die zunächst logische und später auch physische Aufteilung der Zuständigkeiten.

Nun konnte man die einzelnen Module, die DLL-Dateien, von verschiedenen Entwicklern pflegen lassen, und sie ließen sich auch eigenständig austauschen. Die .exe-Dateien wurden schlanker, und sie starteten schneller, und auch die Größenbeschränkungen waren (zunächst) kein Thema mehr. Und überhaupt: Die kleineren Dateien waren einfach viel besser zu handhaben.

Allerdings wurden schnell Bibliotheken und Module geschaffen, die von vielen Anwendungen genutzt wurden, wie die Microsoft-Access-Laufzeitumgebung oder DLLs mit Steuerelementen. Diese mussten für jede Anwendung eigens kopiert werden, und das noch dazu in der jeweils richtigen Version.

5.1.3 Shared DLLs

Was lag also näher, als gemeinsam genutzte DLLs zu erschaffen, die im Betriebssystem registriert werden konnten, sogenannte *Shared DLLs* (siehe Abbildung 5.4)?

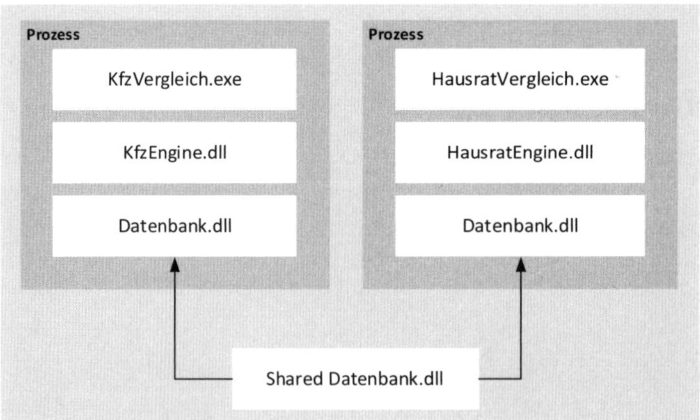

Abbildung 5.4 Shared DLLs

Eine gemeinsam genutzte Bibliothek konnte nun registriert werden und somit von verschiedenen Anwendungen verwendet werden. In der Windows-Welt waren diese DLLs praktisch immer COM-DLLs, unterstützten also das *Common Object Model* und dessen Schnittstelle, die sich bis in die heutige Zeit gehalten hat.

Das war ungemein praktisch, aber es dauerte nicht lange, bis sich die Nachteile zeigten, weil immer mehr solcher gemeinsam genutzter DLLs installiert wurden. Denn natürlich waren nicht alle Anwendungen mit jeder Version der jeweiligen Shared DLL kompatibel, sodass eine nervenaufreibende Suche nach der jeweils richtigen Version die Folge war. Oft zeigten sich diese Inkompatibilitäten erst bei der Ausführung und wurden prompt durch Laufzeitfehler der Anwendung quittiert. Dieses Dilemma führte zu dem Begriff *DLL-Hölle*, der vielen Entwicklern bis heute ein Begriff ist.

Neben diesem Nachteil gibt es noch weitere Nachteile:

- Die Shared DLLs laufen nach wie vor meist im Prozessraum der Anwendung, benötigen also Arbeitsspeicher und noch andere knappe Ressourcen.
- Sie müssen nach wie vor auf den verschiedenen Rechnern installiert werden, sind also viele Male vorhanden.
- Die Sicherheit lässt sich nur schwer gewährleisten, weil die Dateien ja (meistens) ungeschützt sind und daher leicht manipuliert werden können.
- Auch die Effizienz leidet, weil jeder Prozess denselben Code ausführt, eventuell also auch mehrfach, wenn mehrere Prozesse dieselbe Datei benötigen.
- Die Installation wurde auf einmal zum Problem, weil die Dateien ja registriert werden müssen. Sofern sie Abhängigkeiten haben, was ja praktisch immer der Fall ist, müssen diese vorher aufgelöst und bei der Installation richtig berücksichtigt werden.
- Die Deinstallation ist sogar noch schwieriger, was mit der Zeit zu vielen verwaisten Dateien im System führt.

Eine weitere Ebene der Abstraktion musste also her, und die Client-Server-Systeme wurden populär.

5.1.4 Client-Server

Client-Server-Systeme gibt es schon fast seit Anbeginn der IT, anfangs waren sie aber eine Domäne von Mainframes und Systemen der mittleren Datentechnik.

Den Anfang machte die Datenbank, jedenfalls wenn man die Anzahl der installierten Systeme als Basis nimmt. Das ist logisch, denn es leuchtet sofort ein, dass eine Datenbank nicht nur für eine Anwendung da sein, sondern mehrere Anwendungen gleichzeitig bedienen kann (siehe Abbildung 5.5).

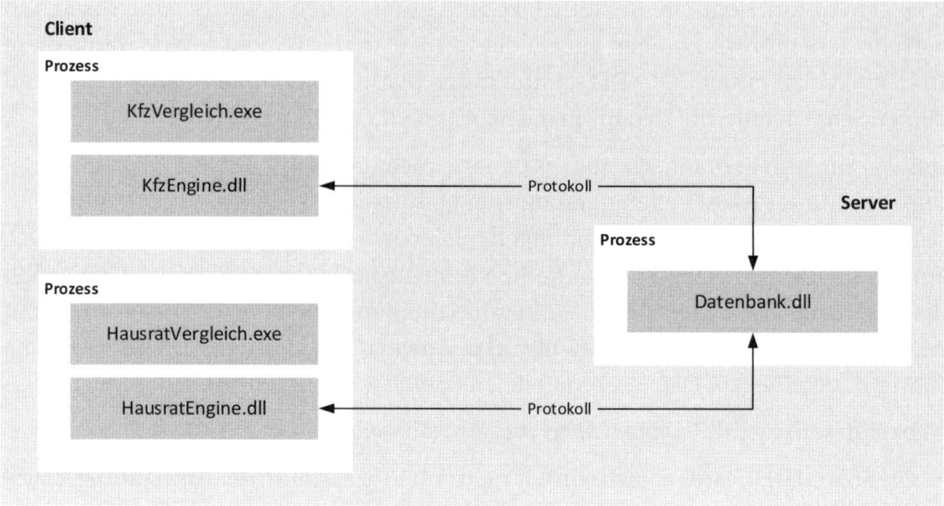

Abbildung 5.5 Client-Server-Architektur

Ein wesentliches Merkmal dieser Architektur ist, dass der Server in einem eigenen Prozess laufen kann und dies auch meist tut. Dafür ist dann aber ein erhöhter Aufwand notwendig, denn Client und Server müssen nun formal, über genau abgestimmte Kommunikationsprotokolle miteinander kommunizieren. Denn wenn der Client und der Server nicht im selben Prozessraum laufen, tauchen viele, viele neue Probleme auf. Das fängt damit an, dass die Kommunikation schwerfälliger und damit langsamer wird, denn nichts ist schneller als die Kommunikation zweier Objekte im selben Prozessraum. Außerdem könnte der Server von einer unberechtigten Anwendung missbraucht werden; das Thema Sicherheit spielt also eine viel gewichtigere Rolle.

Noch flexibler – und gleichzeitig noch problematischer – wird es, wenn der Server nicht nur in einem eigenen Prozess, sondern dazu noch auf einem anderen Stück Hardware ausgeführt wird – wenn aus dem *Layer* also ein *Tier* wird. Je nach Qualität der Verbindung der beiden Rechner muss die Kommunikation dann fehlertolerant arbeiten, was ganz eigene Protokolle (wie TCP/IP) erforderlich macht.

Und dennoch sind die Vorteile so gewaltig, dass sie die zusätzliche Komplexität häufig aufwiegen:

- Server können Rechenleistung und Festplattenspeicher für mehrere Clients relativ kostengünstig bereitstellen.
- Durch die Zentralisierung der Anfragen lässt sich überhaupt erst ein Mehrbenutzerbetrieb sinnvoll bewerkstelligen, also Gleichzeitigkeit sinnvoll steuern – vorrangig mittels Transaktionen und Sperren.

- Das Deployment wird einfacher, weil nur noch eine physikalische Maschine aktualisiert werden muss.
- Hardwareressourcen können gemeinsam genutzt werden.
- Die Sicherheit ist einerseits ein neues Problem, weil der Server im Netz steht und angreifbar ist. Andererseits wird sie durch die zentrale Bereitstellung (Abschottung) und durch standardisierte Protokolle einfacher zu gewährleisten.

Mit der Zeit entstanden immer mehr Server mit ihren jeweils spezifischen Protokollen und Anforderungen an die Clients.

Mit der Flexibilisierung von Softwaresystemen – und vor allem mit deren Verteilung und Bereitstellung über das Internet – tauchten neue Anforderungen auf:

- Die Geschäftslogik sollte zentral bereitgestellt werden, sodass interne und externe Systeme und Schnittstellen darauf auf konsistente und standardisierte Art und Weise zugreifen können, ohne jeweils DLLs austauschen oder neue Server installieren zu müssen.
- Eigene Anwendungen sollten erweitert werden, indem Services anderer Unternehmen (freie und bezahlte) möglichst nahtlos in die eigenen Systeme eingebaut werden.

Das Konzept »Client und Server« gerät da schnell an seine Grenzen.

5.1.5 Serviceorientierte Architekturen (SOA)

Der Gedanke, der dem Client-Server-Architekturkonzept innewohnt, ist der eines Dienstleisters. Ein Server stellt einen bestimmten Satz von Dienstleistungen zur Verfügung, also beispielsweise die Datenhaltung und den Zugriff auf Daten. Dennoch ist der Server an sich ein recht abgeschottetes System, das zumeist mit ganz spezifischen Protokollen arbeitet. Im Falle eines SQL-Servers kann das im Grunde eine Socket-Verbindung sein, über die SQL-Befehle versendet und Daten ausgetauscht werden.

Die Anforderungen flexibler Unternehmenssoftware verlangen aber, dass »Server« flexibel zusammengesteckt werden können, also *interoperabel* sind. Solche Server können selbst wiederum Dienste anderer Server in Anspruch nehmen. Ist das möglich, dann werden Server zu *Services,* und die daraus entstehende Architektur nennt man *serviceorientierte Architektur* (SOA).

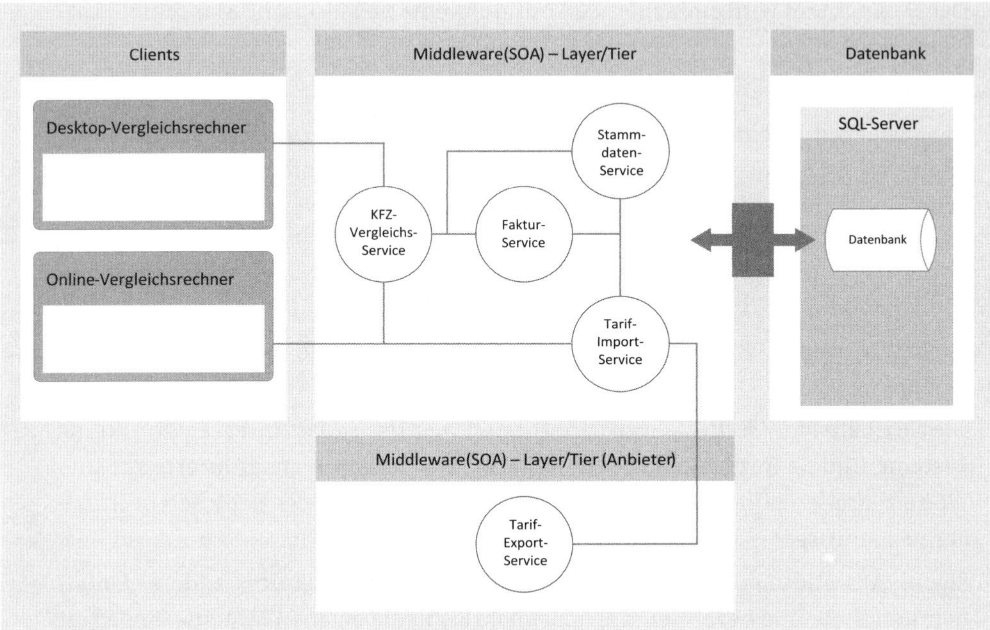

Abbildung 5.6 Serviceorientierte Architektur

Daraus lassen sich nun weitverzweigte Unternehmensanwendungen bauen. Im Beispiel aus Abbildung 5.6 gibt es verschiedene Clients, einen Online-Client für Endkunden und einen Desktop-Client für das Büro, die beide auf dieselben Services und damit auf dieselben Geschäftsregeln zugreifen.

Außerdem sind die Systeme der Anbieter von Kfz-Versicherungen mit denen des Vergleichsanbieters verbunden: Die beiden Services »sprechen miteinander«, tauschen also Daten aus. Auch in einem solchen Szenario kann es klassische Server geben, wie den SQL-Server im Beispiel.

Das Kennzeichen solcher Systeme ist die Mehrschichtigkeit. Meistens sind wenigstens drei Schichten vorhanden:

- die Client-Schicht, also die Schicht der Anwendungen
- die Middleware-Schicht, also die Schicht, in der die Services laufen
- die Daten-Schicht, also dort, wo die Daten abgelegt sind

Den Schichten ist nach oben keine Grenze gesetzt, außer der vielleicht, dass man die entstehende Lösung auch noch verstehen und warten können muss.

Damit das praktikabel funktioniert, müssen einige wesentliche Voraussetzungen erfüllt sein:

- Die Services müssen über standardisierte Protokolle miteinander sprechen können, z. B. SOAP (*Simple Object Access Protocol*).

- Sie müssen ihre Dienstleistungen (also Methoden und Datenformate) über ein ebenfalls standardisiertes Metadatenformat anbieten können, z. B. WSDL (*Web Services Description Language*).
- Sie müssen irgendwo gehostet werden können, also einen Prozess haben, z. B. den *Internet Information Server*.
- Wichtige Dinge, wie Transaktionen, Authentifizierung, Autorisierung, Verbindungssicherung, Serialisierung usw. müssen in den verwendeten Protokollen angeboten werden, wie dies z. B. die Applikationsserver von Oracle tun und natürlich auch Open-Source-Applikationsserver wie GlassFish.
- Die Abhängigkeiten müssen technisch sauber aufgelöst werden können, wie dies z. B. bei der Versionierung von WCF (*Windows Communication Foundation*) der Fall ist.

Services können in diesem Szenario Services bereitstellen (wie der Kfz-Vergleichsservice), aber auch selbst wiederum andere Services in Anspruch nehmen (so nimmt der Kfz-Vergleichsservice selbst Dienste des Stammdaten-Service in Anspruch). Auf diese Weise können weitverzweigte und komplexe Servicenetzwerke mit vielfältigen Abhängigkeiten entstehen. So viel erst einmal zu SOA, dazu folgt in Abschnitt 5.3 noch mehr.

5.1.6 Peer to Peer

Von einem Peer-to-Peer-System sprechen wir immer dann, wenn in einem verteilten System die beteiligten Parteien im Wesentlichen gleichberechtigt sind und die beteiligten Peers sowohl Client- als auch Serverrollen übernehmen können – und auch beides zugleich.

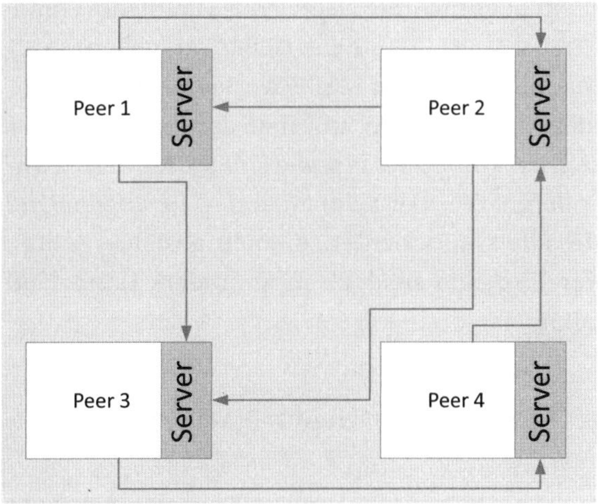

Abbildung 5.7 Eine Peer-to-Peer-Architektur

Das trifft zunächst auch auf eine SOA-Architektur zu, allerdings ist es bei einem Peer-to-Peer-Netzwerk so, dass sich die Rollen dynamisch zur Laufzeit ändern können.

Aufgekommen – und zugleich in Verruf gekommen – ist diese Art der Kommunikation über die Tauschbörsen, wo jeder Client sowohl Daten von anderen Clients abrufen konnte, aber auch selbst Daten zum Download anbot.

5.2 The (8) Fallacies of Distributed Computing

Client-Server-Anwendungen und erst recht SOA-Systeme sind zumeist verteilte Systeme, denn ein verteiltes System ist eine Sammlung von Komponenten, die zwar auf verschiedenen Computern laufen können, sich aber dem Anwender dennoch als eine Einheit präsentieren. Und so ist es z. B. auch bei Services: Einem Anwender kann es völlig egal sein, wo die Services laufen, die er benötigt, und welche anderen Services von diesen Services wiederum aufgerufen werden – solange er nur die Adresse des gewünschten Service kennt und weiß, wie er mit ihm kommunizieren kann.

Damit das funktioniert (damit verteilte Systeme sich also so anfühlen wie lokale Systeme), dürfen sie eben genau nicht so entwickelt werden. Dabei sind 8 Klippen zu umschiffen, die L. Peter Deutsch und andere schon in den Neunzigerjahren formuliert haben – eben die *8 Fallacies* (Trugschlüsse bzw. Täuschungen) verteilter Systeme. Ursprünglich waren es übrigens nur 7, die letzte irrige Annahme wurde erst später hinzugefügt.

5.2.1 Irrtum No. 1: Das Netzwerk arbeitet zuverlässig

In lokalen Systemen gibt es kein Netzwerk, das ausfallen könnte. In verteilten Systemen läuft alle Kommunikation über ein oder mehrere Netzwerke. Häufig hört man: Netzwerkkomponenten fallen doch nicht aus, ja einige Hersteller geben sogar »lebenslange« Garantien für ihre Systeme und geben MTBF-Werte (*Mean-Time-Between-Failure*-Werte) von 40.000 oder mehr Stunden an. Aber darum geht es gar nicht. Netzwerke bestehen aus zahlreichen Komponenten, wie Kabeln, Routern, Switches, VPN-Appliances und vielen anderen, die meist voneinander abhängen. Und selbst wenn diese Komponenten, also alle Komponenten, niemals ausfallen sollten (was schon eine naive Annahme wäre), so sind sie doch in »fremder« Hand. Und daher passieren eben doch Fehler, z. B.:

- Konfigurationsfehler
- Neustarten von Komponenten mit einem zeitweiligen Ausfall während der Startphase
- Fehler aufgrund von realen oder fälschlicherweise erkannten Bedrohungen, zum Beispiel *Denial-of-Service*-Attacken (DoS-Attacken)

- Strom- oder andere Serviceprobleme
- Fehler aufgrund eines einzigen Teilnehmers, der z. B. das Netzwerk mit Paketen überflutet oder zahlreiche CRC-Fehler produziert

Die Liste ließe sich fortsetzen. Und so ist die Zuverlässigkeit der Kommunikation letztendlich eine Rechenaufgabe: Je mehr Komponenten es gibt, je mehr Personen mit der Wartung und Installation betraut sind, je häufiger Änderungen vorgenommen werden und je mehr die Komponenten voneinander abhängen, desto häufiger werden Ausfälle auftreten.

In 24/7-Szenarien und vor allem in Hochverfügbarkeitsszenarien ist das natürlich nicht akzeptabel. Es kommt aber vor. So fiel am 31.10.2014 das Xetra-System für den Börsenhandel für eine Stunde aus. Aber auch in weniger kritischen Umgebungen sind Ausfälle zu erwarten. Denn häufig ziehen auftretende Fehler weitere Fehler nach sich, sodass ein einziger fehlgeschlagener Serviceaufruf schnell Kreise ziehen kann. Was kann man tun?

- Natürlich kann man erst einmal für einen sinnvollen Grad an Redundanz sorgen. Das fängt bei der Stromversorgung an und endet bei Hochverfügbarkeits-Clusterlösungen mit redundantem Storage. Die Wahrheit liegt meisten irgendwo dazwischen.
- Man kann sichere Protokolle einsetzen, also zum Beispiel Protokolle, die *WS-Reliable Messaging* unterstützen. Solche Spezifikationen garantieren, dass gesendete Nachrichten auch dann ankommen, wenn einzelne Komponenten versagen. Und sie garantieren, was noch wichtiger ist, dass Sie davon erfahren, wenn eine Nachricht einmal nicht zugestellt werden kann.
- Man kann zudem Messaging Middleware einsetzen, beispielsweise *Microsoft Message Queuing (MSMQ)*. Solche Systeme bringen Mechanismen zur Erkennung von Fehlern mit und sind hartnäckig bei dem Versuch, die Nachricht wiederholt zuzustellen.
- Dazu gehört, dass diese Systeme entsprechend konfiguriert werden. Konfiguriert werden müssen meistens die Anzahl der Versuche, die Wartezeit zwischen zwei Versuchen und die Aktion, die bei einem endgültigen Fehler ausgelöst werden soll.
- Anwendungen sollten fehlertolerant entwickelt werden, sodass ein auftretender Fehler keine Auswirkungen auf nachfolgende Aufrufe hat.

5.2.2 Irrtum No. 2: Die Latenzzeit ist 0

Eines der größten Probleme des heutigen IT-Zeitalters ist die sinkende Effizienz in der Ausführung großer Anwendungen. Oder anders gesagt: Ein Anwender wartet, obwohl doch die CPUs und die Festplatten noch lange nicht ausgelastet sind.

Ein Grund dafür, jedenfalls in verteilten Systemen, ist die *Latenzzeit*. Gemeint ist die Zeit, die zwischen einer Anfrage und der Möglichkeit zu einer Antwort vergeht. In erster Näherung kann man sagen: Latenzzeit ist die Zeit, die ein Datenpaket in der Leitung unterwegs ist. Und diese Zeit ist umso länger,

- je weiter zwei Teilnehmer voneinander entfernt sind,
- je langsamer der Kommunikationskanal ist,
- je mehr Komponenten beteiligt sind und
- je mehr Aufwand für Verschlüsselung, Routing etc. anfällt.

Die größte Gefahr besteht darin, dass man sich ausschließlich auf die Bandbreite konzentriert, wo doch die Latenzzeit in der Praxis häufig viel wichtiger ist.

Ein Beispiel soll das illustrieren. Nehmen wir an, ein Klient (eine lokale Softwareanwendung) möchte 1000 Messwerte aus einem angeschlossenen Sensor an die Serveranwendung übertragen, beispielsweise gemessene Temperaturen (siehe Abbildung 5.8).

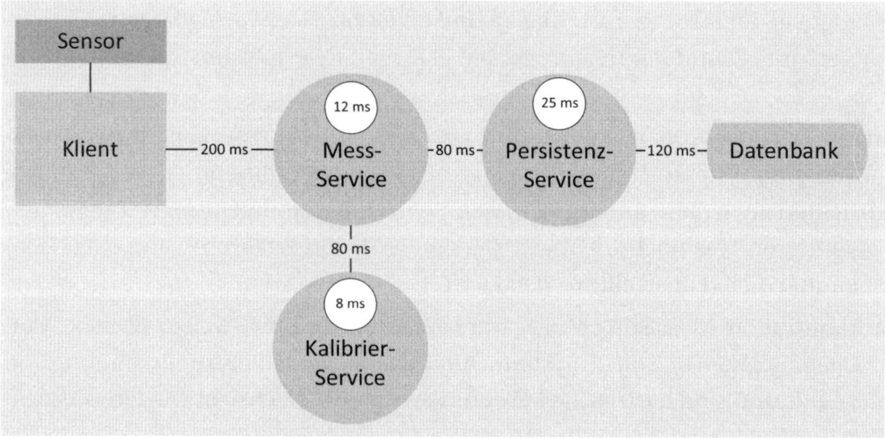

Abbildung 5.8 Anwendung mit Latenzzeiten

Der Mess-Service nimmt den Messwert entgegen, der Kalibrier-Service kennt die Kalibrierkurven für jeden Sensor und gibt den so kalibrierten Wert an den Mess-Service zurück, und der Persistenz-Service schließlich speichert den Wert in der Datenbank ab.

Jeder Service hat eine gewisse Arbeit zu verrichten, wofür die Zeiten im Service angegeben sind (der Mess-Service verarbeitet eine Anfrage in 12 ms). Allerdings kommuniziert der Klient über das LAN mit dem Mess-Service (es ist ja ein Service), was ca. 200 ms Latenzzeit in Anspruch nimmt. Die einzelnen Services laufen alle auf einer Maschine, weswegen die Latenzzeiten zwischen den Services kürzer sind. Die Datenbank zu erreichen ist dagegen wieder etwas aufwendiger.

Das ist ein noch ein recht optimistisches Beispiel, denn die Kommunikation läuft im lokalen LAN, also hinreichend performant.

Bei 1000 Aufrufen des Service »arbeiten« die Services also:

1000 × (12 + 8 + 25) = 45 Sekunden

Die Latenzzeit hingegen summiert sich auf:

1000 × (200 + 80 + 80 + 120) = 480 Sekunden

Oder anders gesagt: Ein Anwender würde auf diese 1000 Aufrufe 8,75 Minuten warten, wobei auf die Latenzzeit 91 % der Zeit entfällt. Die Anwendung hat also eine eine Effizienz von nur 9 % (!).

Kein Wunder also, dass der Server praktisch ohne Last ist und ein Anwender dennoch ungeduldig vor seinem Rechner ausharrt.

Schuld ist die irrige Annahme, dass die Latenzzeit null wäre und eine verteilte Anwendung daher auf dieselbe Art und Weise entwickelt werden kann wie eine nicht verteilte Anwendung.

Was beeinflusst die Latenzzeit?

- die Entfernung zweier Kommunikationspartner: Zwischen Deutschland und den USA sind das physikalisch bedingt schon einmal 20 bis 40 Millisekunden.
- die Komplexität in den beteiligten Protokollen und Systemen dazwischen. So ist eine Verschlüsselung per HTTPS meist schneller, als nur Teile einer Nachricht zu verschlüsseln.
- die Bandbreite bzw. die aktuelle Ausnutzung der Bandbreite
- schlechte Verbindungsqualität, die z. B. eine aufwendige Fehlerkorrektur nötig macht

Was lässt sich aus Sicht eines Architekten und Softwaredesigners dagegen tun?

- Man muss vor allem die Granularität richtig bemessen, was nichts anderes bedeutet, als dass im Beispiel statt 1000 Aufrufen mit jeweils nur einem Messwert vielleicht nur 10 Aufrufe mit jeweils 100 Messwerten stattfinden sollten. Das würde eine Gesamtlaufzeit von nur 47 Sekunden ergeben, was die Effizienz von 9 % auf 96 % anheben würde.
- Man sollte zudem asynchrone Mechanismen einsetzen, die einen höheren Durchsatz auf Kosten erhöhter Komplexität bedeuten. Denken Sie beispielsweise an einen AJAX-Call im Gegensatz zu einem vollständigen Webserver-Roundtrip.
- Man sollte die Latenzzeit durch performantere Netzwerkhardware und effizientere Protokolle reduzieren.

Latenzzeiten extrem

Besonders wertvoll ist die Latenzzeit im Hochfrequenzhandel, wo jede eingesparte Millisekunde einen handfesten Wettbewerbsvorteil bringen kann. In Michael Lewis' Buch »Flashboys« wird der Wert einer Millisekunde recht plastisch beschrieben.

5.2.3 Irrtum No. 3: Die Bandbreite ist unbegrenzt

Mit der Bandbreite sieht es schon besser aus als mit der Latenzzeit. Denn während die Laufzeit zwischen Deutschland und den USA aufgrund der Lichtgeschwindigkeit immer begrenzt bleibt, hindert niemand Sie daran, ein Unterseekabel mit einer höheren Bandbreite zu verlegen.

Bandbreitenengpässe können aber dennoch die Kommunikation negativ beeinflussen und eine verteilte Architektur zum Scheitern bringen. Einige Beispiele:

- Die Bandbreite wird vielleicht von vielen Anwendern geteilt, was jeder weiß, der zu Zeiten von Sportgroßveranstaltungen Internet-TV nutzen möchte.
- Die Bandbreite selbst ist begrenzt, wie das heute noch bei vielen Mobilfunkprovidern der Fall ist.
- Die Bandbreite schwankt sehr stark. Auch dafür ist Mobilfunk ein gutes Beispiel, wo ein optimaler Empfang (und damit optimaler Durchsatz) nur an wenigen Standorten möglich ist.
- Die Qualität einer Verbindung kann den Durchsatz schwächen, z. B. durch einen erhöhten Anteil an Fehlerkorrekturcodes.

Aber auch dagegen helfen einige Muster bzw. Best Practices:

- Setzen Sie Datenkomprimierung ein, wenn möglich eine, die bereits im Protokoll vorgesehen ist.
- Vermeiden Sie Overhead, beispielsweise indem Sie anstelle des geschwätzigen SOAP-Protokolls auf leichtgewichtigere Alternativen setzen, zum Beispiel auf Googles ungemein effizientes Serialisierungsformat *Protocol Buffers*.
- Vermeiden Sie Overhead durch die richtige Granularität, denn jede Anfrage bringt Overhead mit sich. Das ist auch ganz im Sinne des vorherigen Irrtums.
- Testen Sie Ihre Anwendungen immer mit der echten Bandbreite, notfalls indem Sie die LAN-Bandbreite zu Testzwecken reduzieren.

5.2.4 Irrtum No. 4: Das Netzwerk ist sicher

Gut, mit diesem Irrtum haben die Ereignisse des letzten Jahres gründlich aufgeräumt. Niemand würde das heute mehr annehmen.

Unsichere Netzwerke haben aber zur Folge, dass wir uns Gedanken über Trust-Boundaries machen müssen, unsere Netzwerke also in Segmente unterteilen müssen, bei denen wir erst einmal jeden Verkehr von außen als unsicher betrachten.

Das hat allerdings Auswirkungen auf:

- die Latenzzeit
- die netto verfügbare Bandbreite
- und damit auf die Effizienz in der Kommunikation
- und natürlich auf die Komplexität des gesamten Systems und die Ausfallsicherheit einzelner Komponenten

5.2.5 Irrtum No. 5: Die Netzwerktopologie ändert sich nicht

Diese Aussage scheint erst einmal zu stimmen oder wenigstens nicht wichtig zu sein. Aber denken Sie nur einmal an die Veränderung in den letzten Jahren: an den Siegeszug mobiler Anwendungen und an die Verbreitung mobiler Netzzugangstechnologien wie UMTS und LTE.

Schon allein deshalb ändert sich die Netzwerktopologie eigentlich immer und überall, wenn auch meist zum Client hin und weniger in den Backendsystemen. Aber auch dort werden nach Bedarf neue Server dazugestellt, seit das mit Virtualisierungstechnologie so einfach geworden ist, oder die IT-Admins tauschen das Storage-System aus.

Noch komplexer sind ausfallsichere Systeme, bei denen nicht immer klar ist, mit welchem konkreten Endpunkt ein Client gerade zu tun hat.

Die Empfehlung lautet daher, eine Anwendung möglichst unabhängig von einer konkreten Topologie zu entwickeln. Ein paar Beispiele mögen das veranschaulichen:

- Anstatt proprietäre Technologien direkt zu verwenden (wie Microsofts *Active Directory*), kann man gegen den zugrunde liegenden Standard entwickeln (LDAP in diesem Fall).
- Middleware-Systeme, wie Nachrichtenbus-Systeme oder auch *Biztalk*, können die konkrete Topologie vor einer Anwendung verbergen.
- Anstatt die Endpunkte einer Kommunikation fest zu hinterlegen, gibt es Technologien, um diese erst zur Laufzeit zu ermitteln (Discovery-Protokolle).
- Hardware lässt sich eventuell auch abstrahieren: Anstatt einen gewissen Rechner direkt anzusprechen, ließe sich auch ein DNS-Eintrag darauf einrichten, den man bei Bedarf auf einen anderen Zielrechner umbiegen kann.

Aus der Praxis

In meiner Praxis läuft derzeit ein Projekt »Unified Delivery Experience«, das genau das zum Ziel hat: Die initiale Installation und das Deployment neuer Versionen sollen auf allen Installationen in allen Ländern einheitlich sein, trotz unterschiedlicher Topologien und Hardwarevoraussetzungen. Erreicht wird das unter anderem durch Abstraktion und die Vermeidung konkreter Bezüge in Installationsskripten und in Konfigurationsdateien.

5.2.6 Irrtum No. 6: Es gibt nur einen Administrator

Wie einfach wäre das Leben für uns Softwareleute, wenn es nur einen Admin gäbe: einen, der alle Technologien beherrscht, stets alles dokumentiert und in engem Kontakt mit uns steht. Eine schöne Vorstellung.

Praktisch gesehen – und ich spreche hier nicht nur von Enterprise-Systemen – ist das natürlich nicht so. Häufig gibt es ein Team, wobei jeder Admin im Team seine Schwerpunkte hat. Wenigstens aber gibt es eine Stellvertreterregelung, also einen zweiten Admin.

Nicht immer kennt man diese Administratoren, z. B. wenn Amazons Cloud oder Microsoft Azure im Spiel ist oder wenn große Unternehmen Zweigstellen in aller Welt unterhalten. Fast genauso problematisch ist es, wenn Admins und Entwickler in zwei Abteilungen arbeiten, die von unterschiedlichen Personen geleitet werden – als ob es einen Anwender interessieren würde, ob ein System gerade wegen eines Software- oder wegen eines Server-Konfigurationsfehlers nicht funktioniert.

Typische Probleme sind:

- fehlende oder unklare Zuständigkeiten, das Hin- und Herschieben von Aufgaben
- mangelhafte Kompetenz in einzelnen Bereichen
- Einschränkungen aufgrund von (zu) restriktiven Serverkonfigurationen, Quota und anderen Softwareeinschränkungen

Aus unserer Sicht gibt es da nur wenige Möglichkeiten, z. B.:

- Fordern Sie Dokumentationen ein oder – noch besser – eine gemeinsame Wiki-Datenbank für die Konfigurationen der Systeme.
- Erarbeiten Sie gemeinsam anerkannte Standards.
- Beziehen Sie die Admins frühzeitig ein, und beachten Sie die Unternehmensstruktur.
- Setzen Sie auf Monitoring und Instrumentierung.
- Etablieren Sie einen festgelegten Workflow für wichtige Aufgaben.
- Kennen Sie Ihre Admins!

5.2.7 Irrtum No. 7: Der Datentransport ist umsonst

Wenn es um Netzwerkverkehr geht, sind gleich mehrere Punkte kostenintensiv, wenigstens aber nicht umsonst:

- Die Netzwerkhard- und -software kostet Geld.
- Betrieb und Wartung derselben sind kostenintensiv.
- Eventuell gibt es verbrauchsabhängige Kosten. In neuerer Zeit geht die Tendenz wieder in diese Richtung, weg von Pauschalpreisen.
- Die Kommunikation selbst kostet etwas – in Form von Datenmengen, die durch Kommunikationsoverhead und das Serialisieren von Daten entstehen.

Im Grunde ist es für den Architekten nur wichtig zu wissen, ob diese Kosten eine Rolle spielen, wie hoch sie gegebenenfalls sind und wo die Grenzen liegen – um das Kommunikationsverhalten der verteilten Anwendung daraufhin zu optimieren. Beispiele dafür finden Sie in den vorherigen Abschnitten.

5.2.8 Irrtum No. 8: Das Netzwerk ist homogen

Dieser letzte Irrtum wurde von James Gosling dieser Aufzählung einige Jahre nach ihrer Veröffentlichung hinzugefügt. Und die Situation hat sich seither noch verschärft. Heute ist es nicht ungewöhnlich, dass Netzwerke jeder Couleur miteinander zusammenarbeiten, also Windows-Rechner mit Linux-Systemen sprechen, in deren Netzen sich Android- und Apple-Geräte tummeln und die über das Internet mit Systemen auf der ganzen Welt verbunden sind.

Das kann zum Problem werden, wenn einzelne Protokolle proprietär sind, also nur auf einer Plattform zur Verfügung stehen. Das kann wiederum schnell passieren, denn meistens sind diese proprietären Protokolle leistungsfähiger (weil optimiert) und bieten einen höheren Grad an Komfort und Funktionen (weil sie ja spezifisch für ein bestimmtes System sind).

Die Lösung liegt nahe: Verwenden Sie möglichst immer plattformübergreifende Protokolle und Datenformate.

5.3 Serviceorientierte Architekturen

Was serviceorientierte Architekturen (SOA) sind, das habe ich schon in Abschnitt 5.1.5 beschrieben. Hier geht es nun um die Muster und Best Practices zum Aufbau einer eigenen SOA-Landschaft.

5.3.1 Definition und Merkmale von SOA und Services

SOA zu definieren ist gar nicht so leicht, denn eine griffige und besonders trennscharfe Definition gibt es nicht. Da kann es helfen, wenn wir uns einige Merkmale serviceorientierter Architekturen anschauen. Auch diese treffen nicht ausnahmslos auf alle SOAs zu, sind aber dennoch geläufig und charakteristisch.

Merkmal	Erläuterungen
Services	Eine SOA besteht aus mehr als einem Service. Was ein Service ist, erläutere ich ein wenig später.
Interaktion	Die Services stehen in Verbindung miteinander – nicht jeder Service mit jedem anderen, obwohl auch das möglich ist, sondern mehr fachbezogen und pragmatisch: Wenn ein Service eine Dienstleistung benötigt, die ein anderer Service anbietet, dann tritt dieser Service als »Server« auf und der konsumierende Service »als Client«. Der konsumierende Service kann selbst aber auch »Server« für andere Services sein. Wenn Sie so wollen, ist eine SOA also eine Menge von Punkt-zu-Punkt-Verbindungen zwischen Services.
Mehr als die Summe seiner Teile	Ein Servicenetzwerk ist mehr als die Summe seiner Teile. Jeder Service bringt Dienstleistungen mit, aber es gibt auch Services, die andere Services »orchestrieren«, also steuern, und somit einen ganz eigenen Mehrwert in eine SOA bringen.
Unabhängigkeit	Trotz all dieser Verbindungen ist jeder Service erst einmal unabhängig, kann also eigenständige Dienstleistungen anbieten.
Verteilung	Services sind verteilte Konstrukte, also Stücke von Software, die in anderen Prozessen und sogar auf anderen Rechnern laufen können – aber nicht unbedingt laufen müssen.
Standards	Services kommunizieren mittels gemeinsam anerkannter Standards, die für andere Services auch wiederverwendbar sind. Proprietäre Protokolle kommen selten vor, Protokolle, die nur für einzelne Services gelten, dagegen meist überhaupt nicht.
Design & Deployment	SOA beschäftigt sich mit beidem: Wie ist ein System zu designen (wie sind die Funktionen also auf Services aufzuteilen) und wie können und sollten die Services möglichst effizient verteilt werden?

Tabelle 5.1 Merkmale serviceorientierter Architekturen

So viel zum Ganzen. Was aber zeichnet nun einen Service aus bzw. was macht einen Service zum Service? Auch hier müssen wir uns wieder über die Merkmale eines Service einer Definition annähern. Diese Merkmale sind aber diesmal zumindest weitgehend anerkannt.

Services sind unabhängig

Ein Service stellt eine Dienstleistung zur Verfügung, und zwar aus Sicht des Klienten, der diese in Anspruch nehmen möchte, unabhängig. Zu der Erfüllung seiner Aufgabe kann ein Service andere Services in Anspruch nehmen. Wird die Kopplung aber zu eng (kommt ein Service also gar nicht mehr ohne einen anderen Service aus), dann spricht dies zunächst einmal dafür, die Services zusammenzulegen. Denn ein Service sollte unabhängig (sprich: autonom) sein, und die einzelnen Services untereinander sollten möglichst immer nur lose gekoppelt sein.

Services haben explizite Grenzen

Ein Service hat eine innere Arbeitsweise und eine fest vorgegebene äußere Grenze, in die ein Klient nicht eindringen kann. Anders ausgedrückt: Es ist völlig klar, wo der eine Service endet und ein Client bzw. ein anderer Service beginnt.

Die Grenze eines Service hat auch ganz praktische Gründe: An einer Servicegrenze kann zum Beispiel eine erneute Authentifizierung und Autorisierung stattfinden, sie kann also auch eine *Trust Boundary* darstellen.

Wie das in der Praxis realisiert wird, ist unterschiedlich. Laufen zwei Services auf zwei Maschinen, die vielleicht noch dazu in verschiedenen Regionen stationiert sind, ist die Trennung völlig natürlich gegeben. Laufen mehrere Services auf einem Rechner, haben sie vielleicht verschiedene Prozesse, werden also vom Betriebssystem schon sauber getrennt. Oder es gibt technische Konstrukte oberhalb eines Prozesses, wie die Application Domains in .NET/IIS, die die expliziten Grenzen eines Service technisch um- und durchsetzen.

Die Auswirkungen und Konsequenzen dieser Forderung an einen Service sind durchaus weitreichend:

- Transaktionen, die mehrere Services umfassen, müssen von außen gesteuert werden, weil die Services sich (technisch jedenfalls) keine Transaktionen teilen können.
- Es kann kein Code im jeweiligen anderen Service ausgeführt werden, sondern nur indirekt, indem ein Service über Verträge und Schemas mit anderen Services kommuniziert.

- Wenn ein Service abstürzt, sollte kein anderer Service deshalb abstürzen müssen. Natürlich kann es sein, dass ein anderer Service seine Aufgaben nicht mehr voll erfüllen kann, aber er sollte dennoch noch zur Verfügung stehen.
- Ein Service kann auch auf direkte Weise keine Ressource eines anderen Service in Anspruch nehmen. Der Service verwaltet seine Ressourcen ausschließlich selbst.

Services geben nach außen nur Verträge und Schemata bekannt, aber keine Klassen und andere Typen

Damit ist gemeint, dass ein Service seine Dienstleistungen über sogenannte *Contracts* (Verträge) anbietet und nicht etwa lokale Programmierkonstrukte wie Klassen. Für die Beschreibung dieser Verträge und der Datenstrukturen, die dabei ausgetauscht werden, gibt es eigene Standards. Man spricht dann von der Veröffentlichung von Metadaten eines Service.

Üblicherweise sind Services sogar selbstbeschreibend. Man kann sie nach ihren Dienstleistungen fragen, und sie werden die Verträge mitteilen, also die Methoden, die man aufrufen kann, und die Übergabe- und Rückgabewerte. Diese Parameter sind nicht nur elementare Datentypen (wie Integer), sondern können komplexe *Datentransferobjekte (DTOs)* sein, die ebenfalls in den Metadaten beschrieben werden müssen.

Dabei unterscheiden Services für gewöhnlich zwischen diesem externen Datenaustauschformat und der internen Repräsentation von Daten. Intern können z. B. gewöhnliche (Java)-Klassen genutzt werden, während extern sagen wir JSON zum Einsatz kommt. Das Erzeugen von Datenstrukturen nennt man *Serialisierung* und den anderen Weg, also aus JSON-Datenstrukturen wieder Klassen zu machen, *Deserialisierung*.

So ausgestattet, kann ein Klient also die Dienstleistungen nutzen, wenn er die Verträge einhält, also die richtigen »Methoden« aufruft und Daten in den erforderlichen Formaten anliefert sowie das richtige Protokoll für die Kommunikation verwendet, zum Beispiel das *Simple Object Access Protocol (SOAP)*. Da in der Softwareentwicklung letztlich immer wieder dieselben Probleme in anderem Gewand auftauchen, überrascht es nicht, dass auch bei SOA dieselbe Verwirrung herrschen kann wie schon bei den DLLs: Services stehen nicht still. Das heißt, ihre Verträge ändern sich. Der typische Fall ist, dass das Schema für einen Übergabeparameter verändert wird, also beispielsweise ein neues Feld dazukommt. Oder der Vertrag wird erweitert, was meist weniger problematisch ist.

Wenn man nicht zum Stichtag alle Clients anpassen möchte, braucht man einen Mechanismus, wie alte Clients mit neuen Services arbeiten können. Einen solchen gibt es (meistens), und zwar in Form von Versionierung, sodass Verträge zu einem

Zeitpunkt in verschiedenen Versionen vorkommen können. Ein Service muss dann natürlich die verschiedenen Versionen zeitgleich verarbeiten können.

Die Vorteile von Verträgen und Schemas liegen auf der Hand: Services können unabhängig von ihrer Implementierung miteinander kommunizieren, also beispielsweise Services, die in Java geschrieben und in Tomcat gehostet sind, mit solchen, die in .NET entwickelt wurden und im IIS leben. Solche *Interoperabilität* ist ein Grundgedanke von SOA.

Erreicht wird das meist durch offene Standards, beispielsweise HTTP für den Transport und XML für das Datenaustauschformat. Aber auch andere Formate sind gebräuchlich, und manche Systeme erlauben es sogar, die verwendeten Protokolle und Formate in weiten Grenzen zu konfigurieren. WCF ist in dieser Beziehung sehr flexibel, wenn auch die Interoperabilität bei falscher Konfiguration schnell dahin ist.

Die Kompatibilität wird über Richtlinien gesteuert

Dahinter steckt ein einfacher Gedanke: Der Service soll seine Arbeit tun, den Rest übernimmt die SOA-Infrastruktur, also der Server, das Protokoll, die verwendeten Datenformate etc.

Zur Kompatibilität gehören viele Dinge – drei Beispiele:

- Client und Service müssen dasselbe Protokoll verwenden (zum Beispiel Named Pipes oder HTTP).
- Beide müssen die verwendete Verschlüsselung teilen.
- Authentifizierung und Autorisierung müssen auf dieselbe Weise arbeiten. Ein Client, der Kerberos verwendet, kann sich nicht bei einem SOA-System authentifizieren, das nur mit OAuth arbeitet.

Diese Richtlinien – man sagt meist *Policys* dazu – sind Teil der jeweiligen Technologie, und es gibt verschiedene Möglichkeiten, wie Client und Service zusammenkommen:

- Der Austausch funktioniert über die Metadaten. Ein Service teilt also seine Wünsche, seine Policy, mit dem Aufruf mit.
- Die Policy wird sowohl auf dem Client als auch auf dem Server identisch, jedenfalls aber kompatibel konfiguriert.
- Gewisse Policys können optional sein, sodass ein Client sich nicht daran halten muss.

Sind Client und Service nicht kompatibel zueinander, so muss der Service die Anfrage ablehnen, idealerweise mit einer (wohlüberlegten und wohldosierten) Menge an Informationen, die er dem Client zurückmeldet.

5.3.2 Kommunikationsmuster

Wenn zwei Services miteinander kommunizieren, also ihre jeweiligen Dienstleistungen in Anspruch nehmen wollen, dann sind verschiedene Kommunikationsbarrieren zu überwinden, die alle ihre eigenen Protokolle verwenden. Im LAN kommt wohl TCP/IP zum Zuge, ein WS*-kompatibler Webservice nimmt die Anfragen über HTTP(S) entgegen, und vielleicht wird der Verkehr über ein VPN-Netzwerk geroutet.

Dabei sind es vor allem vier Aspekte der Kommunikation, die verschieden sein können:

- die Fähigkeit, dem Aufrufer den Erfolg oder Misserfolg im Kontext des Aufrufs mitteilen zu können
- die Fähigkeit, dem Aufrufer das Ergebnis der Anfrage im Kontext des Aufrufs mitteilen zu können, was meist mit der vorherigen Fähigkeit einhergeht
- die Fähigkeit des Aufrufers, den Aufrufenden außerhalb des Kontexts der Anfrage (also später) zu kontaktieren, um ihm das Ergebnis der ursprünglichen Anfrage zu übermitteln
- Sitzungen, also die Fähigkeit eines Service, für die Dauer der Sitzung – mehr oder weniger exklusiv – für einen anderen Service da zu sein. Damit kann sich das Ergebnis einer Anfrage ändern, wenn zuvor eine andere Anfrage desselben Service eingegangen ist. Beispiel: Die erste Anfrage schließt eine Authentifizierung ein; für die folgenden Anfragen kann diese entfallen.

Auch wenn es die Vorstände gerne anders hätten: Die Technologie gibt die Möglichkeiten vor. Jedes Protokoll hat seine eigenen Möglichkeiten, und seine Restriktionen und der Mix der verwendeten Protokolle bestimmt letztlich die verwendeten Kommunikationsmuster.

Drei Beispiele dazu:

- Wenn Sie *Message Queuing* einsetzen, ist zum Zeitpunkt der Anfrage nicht klar, ob die Nachricht überhaupt zugestellt werden kann.
- *HTTP* ist ein zustandsloses Protokoll. Jede Anfrage ist also von jeder vorherigen erst einmal unabhängig, aber HTTP liefert einen Statuscode zurück – und auch das Ergebnis der Anfrage.
- Mittels *net.tcp* ist eine sitzungsgebundene, vollduplexfähige Kommunikation möglich.

Auf jeden Fall werden sich die Architektur und das Design eines Service ändern, wenn eine bestimmte Technologie im Spiel ist. Das Kommunikationsmuster verändert sich.

Verbinden wir nun zwei Services miteinander und beobachten, was passiert:

Muster 1: One-Way-Kommunikation, keine Rückmeldung, keine Sitzung

Das Kommunikationsmuster aus Abbildung 5.9 wird *One-Way* genannt oder auch *Fire and Forget*. Gemeint ist, dass Service 1 seine Anfrage an Service 2 versendet und sich nicht weiter darum kümmert, was danach passiert. Möglicherweise läuft alles nach Plan, vielleicht wird die Anfrage aber auch abgelehnt, verursacht einen Fehler bei der Ausführung oder die Anfrage kommt niemals an.

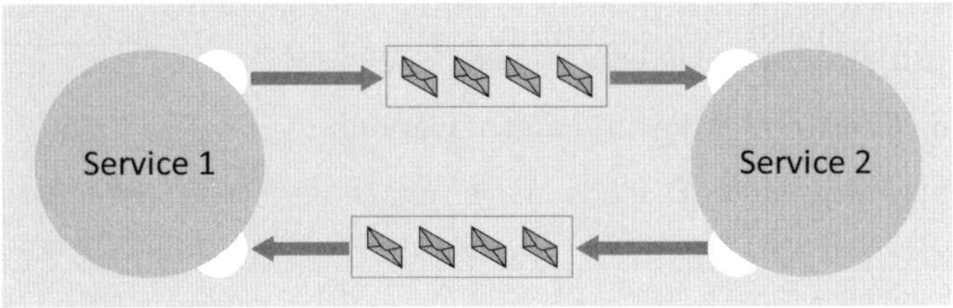

Abbildung 5.9 Zwei Services, über Message Queues verbunden

In der Praxis ist das mit dem Vergessen natürlich nicht diskutabel. Die Konsequenzen aus Sicht des SOA-Architekten sind also:

- Sitzungen sind erst recht nicht möglich, jede Anfrage ist eine neue Anfrage – es sei denn, die Sitzungsinformationen werden irgendwo extern gespeichert oder in der Anfrage mit übergeben.
- Es sind Vorkehrungen zu treffen für den Fall, dass die Nachricht nicht zugestellt werden kann. Das wird in der Praxis die verwendete Technologie bereits unterstützen; der SOA-Architekt muss dann aber im Falle eines Zustellfehlers reagieren.
- Gleiches gilt im Fehlerfall. Wie erfährt Service 1 davon, und was ist in einem solchen Fall zu tun? Vielleicht es noch einmal probieren – wenn ja, wie oft und in welchen Abständen?
- Für den Verkehr zurück von Service 2 zu Service 1 werden wir ebenfalls eine Queue einsetzen müssen.

Muster 2: Two-Way-Kommunikation, Rückmeldung, keine Sitzung

Das HTTP-Beispiel sieht so aus wie in Abbildung 5.10.

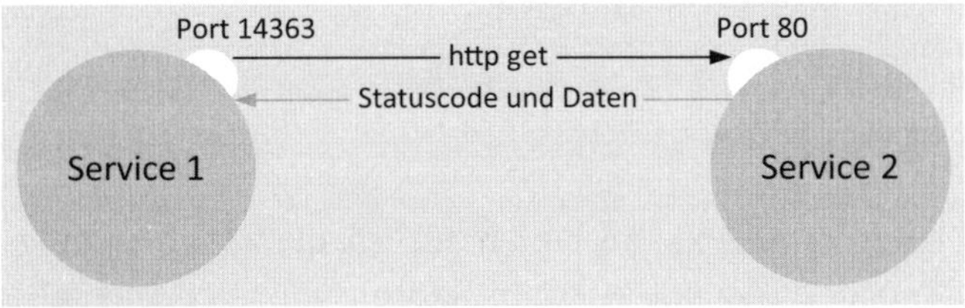

Abbildung 5.10 Zwei Services, über HTTP verbunden

Nehmen wir einmal an, Service 2 wird über *Representational State Transfer (REST)* angesprochen, auf Port 80 wird also eine HTTP-Get-Anfrage abgesendet. HTTP unterstützt das Zurückgeben eines Statuscodes (z. B. 200 für »alles in Ordnung«), und natürlich werden die Daten selbst an den Aufrufer zurückgegeben.

Das verwendete Kommunikationsmuster ist *Request/Reply*. Allerdings ist jede Anfrage zustandslos: Service 2 kann sich zwar merken, dass Service 1 schon einmal da war, wird ihn aber bei der nächsten Anfrage nicht erkennen, es sei denn, Service 1 überträgt die Zustandsinformationen bei jedem Aufruf.

Die Konsequenzen für den SOA-Architekten sind diesmal andere:

- Die Anfrage könnte abbrechen, der Statuscode also einen Fehler (sagen wir einen Not-Authenticated-Error) zurückgeben, worauf der Service an Ort und Stelle reagieren muss.
- Die Anfrage könnte zwar ankommen, aber nie beantwortet werden, weil Service 2 in der Zwischenzeit abstürzt oder einfach zu lange braucht. Service 1 muss also einen Timer starten und bei einem Timeout entsprechend reagieren.
- Service 1 und Service 2 müssen sich einen Mechanismus überlegen, wenn eine Sitzung unbedingt benötigt wird, zum Beispiel wenn bei jeder Clientanfrage Ressourcen benötigt werden, die jeweils teuer reserviert bzw. erstellt werden müssen.
- Eine Duplexkommunikation ist schwieriger, weil für eine spätere Rückmeldung von Service 2 an Service 1 eine neue HTTP-Verbindung aufgebaut werden muss, was schon Firewall-technisch schwierig sein kann.

Muster 3: Two-Way-Kommunikation, Rückmeldung, Sitzung möglich

Bei dem dritten und letzten Beispiel, der Verwendung von *net.tcp* als Protokoll für die Kommunikation, wird im Hintergrund eine TCP/IP-Verbindung zwischen den beiden Services aufgebaut (siehe Abbildung 5.11).

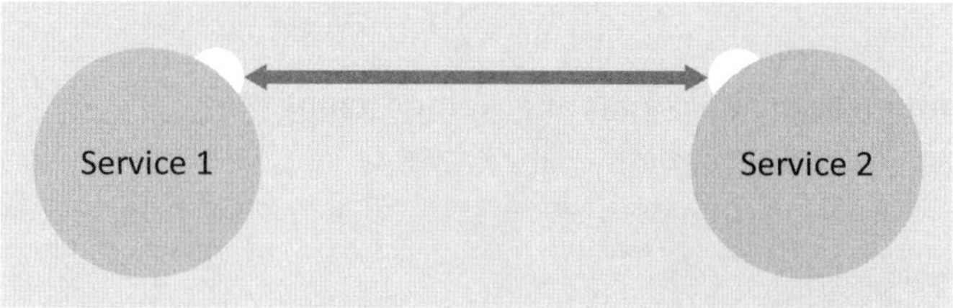

Abbildung 5.11 Zwei Services, verbunden über net.tcp

Da die Verbindung beliebig lange bestehen kann, sind natürlich alle Varianten möglich. Eine echte Sitzung wird möglich und eine Vollduplexkommunikation ebenfalls, bei der Service 2 auch eigenständig nach erfolgter Anfrage Daten an Service 1 zurückliefern kann.

Technisch kann das also so laufen, dass Service 1 eine Fire-and-Forget-Anfrage an Service 2 stellt und nur überwacht, ob die Anfrage auch angekommen ist, und Service 2 später eigenständig wieder auf Service 1 zukommt und auch hier vielleicht nur überwacht, ob die Rückmeldung ankommt.

Aber auch hier gibt es Dinge, die ein SOA-Architekt auf dem Schirm haben sollte:

- Fest installierte Verbindungen sind immer ein potenzieller Quell für Ressourcenprobleme, weil Verbindungen auch dann noch offen bleiben können, wenn Service 1 z. B. gar nicht mehr existiert. Irgendein System oder Mechanismus muss sich also zuverlässig um den Verbindungsabbau kümmern.
- Das führt zu Sicherheitsproblemen, die häufig so gelöst werden, dass diverse Quota installiert werden, um Denial-of-Service-Attacken zu verhindern – nicht immer zur Freude des SOA-Architekten.
- Während bei HTTP sich jede Anfrage »wie neu« anfühlt, sind zustandsbehaftete Services problematischer, weil man eben nicht nur von Anfrage zu Anfrage, sondern auch mit der Zeit denken muss.
- Die Problematik mit auftretenden Fehlern und möglichen Timeouts gibt es auch hier.

5.3.3 Weitere Überlegungen

Um eine serviceorientierte Architektur zu entwerfen, braucht es natürlich mehr, als ich hier zu beschreiben vermag, schon allein aus Platzgründen. Aber im Sinne dieses Buches möchte ich gern wichtige Muster und Designentscheidungen beschreiben, mit denen Sie als SOA-Designer fast zwangsläufig konfrontiert werden. Teilweise habe ich in den vorherigen Abschnitten schon die Grundlagen erörtert, dann verweise ich einfach darauf.

Granularität

Gerade am Anfang der SOA-Welle haben Entwickler und Architekten häufig die OO-Welt auf die SOA-Welt übertragen, indem sie aus Klassen Services gemacht haben. In Abschnitt 5.2.2 habe ich gezeigt, dass das selten eine gute Idee ist. Services sind keine Klassen, denn Klassen sind nie dafür gedacht gewesen, verteilt zu werden. Dass einige Technologien (wie RPC oder .NET Remoting) den Eindruck vermitteln, genau das zu können, macht die Sache nicht einfacher.

Einige Empfehlungen für die »richtige« Granularität:

- Überlegen Sie sich ein typisches und ein maximales Mengengerüst, und optimieren Sie Ihre Servicecontracts dahingehend.

- Das kann z. B. bedeuten, dass Sie für Methoden, die Daten zurückliefern, Paging einsetzen müssen, um auch große Datenmengen zuverlässig »Chunk by Chunk« übertragen zu können.
- Ermitteln Sie einmal die typischen Latenzzeiten für eine Client-Service-Kommunikation und die Kommunikation zweier Services miteinander, und hängen Sie sich diese Werte gut sichtbar an die Pinwand.
- In Zweifelsfall machen Sie Ihre Services gröber und nicht feiner.
- Achten Sie darauf, dass Sie mit einer Serviceanfrage nicht eine Lawine weiterer Serviceanfragen auslösen, die dann alle ihre eigenen Latenzzeiten zur Wartezeit hinzuaddieren.
- Ermitteln und dokumentieren Sie die Serviceaufrufe, die für die Bearbeitung einer einzigen Anfrage notwendig sind.
- Falls nötig: Cachen Sie Daten zwischen, oder übergeben Sie bereits ermittelte Daten mit dem Aufruf an einen Service, sodass dieser die Daten seinerseits nicht abrufen muss.
- Behalten Sie die Nachrichtengrößen im Blick, die bei gröberen Serviceaufrufen natürlich auch größer werden.

Die Granularität ist ein besonders heikles Thema, wenn Transaktionen im Spiel sind, weil verteilte Transaktionen entsprechend aufwendigere Commit-Protokolle erfordern, als dies bei lokalen Transaktionen der Fall ist.

Aus der Praxis

Um dies zu illustrieren, habe ich die Latenzzeiten ermittelt, die bei einer einfachen Client-Service-Kommunikation unter WCF entstehen (im LAN ca. 90 ms). Anschließend habe ich eine Transkation geöffnet, die den *Distributed Transaction Coordinator (DTC)* erfordert, also eine verteilte Transaktion. In beiden Fällen wurde gar keine Arbeit verrichtet, die Latenzzeit liegt also bei nahezu 100 %. Die DTC-Werte waren dabei um etwa 1,5 Sekunden höher als die Werte ohne Transaktion – was schon ein ganz beachtlicher Aufschlag ist.

Stateful bzw. Stateless

Einfach gesagt besteht bei einem statusbehafteten Service eine Verbindung zwischen Client und Service, sodass bei einem zweiten Aufruf wieder dieselbe Serviceinstanz den Client bedient. Auf diese Weise können Sitzungen abgebildet werden, weil eine Serviceinstanz sich zwischen den Aufrufen natürlich Dinge merken kann, zum Beispiel Informationen zur Authentifizierung oder auch Profildaten des Clients.

Grundsätzlich sind besonders die Sitzungsdaten von Interesse, also alles, was ein Service über einen Client für die Dauer einer Sitzung wissen muss – zum Beispiel die schon erwähnte Authentifizierungs- und Autorisierungsinformationen oder auch eine Historie der zuletzt ausgeführten Befehle.

Ein *Stateless Service* kann das nicht. Er bearbeitet eine Anfrage und verlangt vom Klienten keine weitere Aufmerksamkeit. Nach der Anfrage ist die Sache erledigt, und in der Praxis wird die Instanz dann entweder weggeworfen oder für eine andere Anfrage wiederverwendet.

Das klingt erst einmal wie eine schlechte Idee, und vor allem Einsteiger setzen daher gern auf statusbehaftete Services. Aber wie so häufig hängt an dieser Entscheidung ein Preisschild, das auf den ersten Blick nicht zu erkennen ist:

- Statusbehaftete Services sind grundsätzlich schwieriger zu implementieren, weil man auch in der Dimension der Zeit denken muss.
- Sie beschränken die Last (häufig jedenfalls), weil die Services für die Dauer der Sitzung leben müssen, was Arbeitsspeicher und andere Ressourcen für eben diese Dauer kostet.
- Aus denselben Gründen sind sie nicht so skalierbar.
- Sie sind potenziell fehleranfälliger, schon allein deshalb, weil es einige Komponenten für statusfähige Services braucht (z. B. einen Session-Manager) und weil die Kommunikation für die Dauer der Sitzung weitgehend stabil sein muss.
- Auch Klienten sind komplexer, weil auch sie ihren Zustand mit der Kommunikation des Service abstimmen müssen.
- Services lassen sich auch nicht so ohne Weiteres zur Laufzeit auf andere Rechner übertragen oder über mehrere Rechner verteilen, was wiederum die schon erwähnte Skalierbarkeit untergräbt.

Die allgemeine und auch meine Empfehlung lautet daher: Wenn nicht besonders gute Gründe für statusbehaftete Services sprechen, sollten Sie darauf verzichten. Wenn ein Klient und ein Service dennoch unbedingt einen Status teilen müssen, dann sollten Sie diesen Status von dem Service trennen. Gelegentlich bezeichnet man dieses Muster auch als *Service Statelessness Principle*.

Praktisch gesehen gibt es dafür z. B. diese Möglichkeiten:

- Für performancekritsche Anwendungen können Sie den Status in einem verteilten Cache zwischenspeichern. Obwohl die nächste Anfrage an einen Service dann wieder statuslos ist, kann dieser Service den Status dann einfach und schnell aus dem verteilten Cache abrufen und ebenda modifizieren.
- Alternativ kann der Status auch in einer Datenbank gespeichert werden.
- Ein eigener Status-Service könnte die Status für alle anfragenden Klienten verwalten.

Überhaupt ist es eine gute Idee, wenn Sie den Status unterteilen, zum Beispiel in Sitzungsdaten, Geschäftsdaten (z. B. gecachte Datensätze) und Kontextdaten. Nicht immer sind alle drei Kategorien gleich zu behandeln.

Am Service vorbei

Ein Service ist ein Dienstleister und damit die zentrale Anlaufstelle, sowohl für Daten als auch für Geschäftslogik. Dass ein Service zentral bereitgestellt wird, fördert diesen Gedanken zusätzlich, weil entweder andere Services oder Clientanwendungen auf diese zentrale Ressource zugreifen können.

Einmal ausgetauscht, arbeiten fortan alle Clients mit der neuen Geschäftslogik. Wenn Sie als Architekt alles richtig gemacht haben, erfahren die Clients auch gar nichts über die Datenbank, die hinter all den Services steckt. Und das ist ein hohes Gut, das man unter allem Umständen schützen sollte.

In der Praxis geschieht es dennoch schnell einmal, dass man am Service vorbei direkt mit der Datenbank kommuniziert – mit all den Folgen, die ich in Abschnitt 5.1, »Kleine Architekturmusterkunde mit Historie«, erläutert habe. Die typischen Kandidaten dafür sind:

- Datenbankschnittstellen, also beispielsweise ETL-Prozesse (Prozesse zum Beladen eines Data Warehouse), die an dem Service vorbei Daten aus Datenbanken abziehen oder dort hineinschreiben
- Massendatenoperationen
- Berichte, die direkt auf Datenquellen aufbauen und die angezeigten Kennzahlen »on the fly« in SQL berechnen, anstatt sie durch den Service berechnen zu lassen

Die Gründe sind häufig dieselben:

- **Komfort:** Auf Daten zuzugreifen ist manchmal einfacher und komfortabler.
- **Performance:** Gerade bei Massenimports und anderen Operationen mit vielen Daten wird die häufig viel bessere Performance ins Feld geführt.
- **Inkompatibilität/Know-how:** Einige Technologien, manche Reporting-Systeme beispielsweise, bringen zwar Treiber für Datenbanken mit, lassen sich aber nicht oder nur schwer mit Services verbinden. Oder Entwickler wissen nicht, wie das geht.
- **Legacy-Systeme:** Altsysteme arbeiten nur mit direktem Zugriff auf die Datenbank, egal ob schreibend oder lesend.

Die Gefahr, die aus dieser Vorgehensweise ausgeht, ist potent: Die eindeutige Zuständigkeit des Service für die Verarbeitung und Speicherung von Daten wird ausgehebelt, und fortan müssen mehrere Systeme parallel gepflegt werden. Unter

Umständen weiß man gar nicht mehr, welches System einen Datensatz erzeugt, verändert oder gelöscht hat – ein eigentlich untragbarer Zustand.

Besonders gefährlich sind dabei lesende Anwendungen, weil man erst einmal gar keine Gefahr darin vermutet. Schnell ein SQL-Statement gezimmert, und ein Report kann eine einfache Liste anzeigen. Dass morgen schon eine Kennzahl auf eben diesem Report benötigt wird, führt dann eben dazu, dass die im Service schon vorhandene Berechnung schnell einmal in SQL nachgebildet wird.

Hier sind einige Tipps, wie man dieser Gefahr begegnen kann:

- Auch ein Service kann Methoden zur Massendatenverarbeitung besitzen, die zum Beispiel 100 Datensätze auf einmal entgegennehmen, validieren und verarbeiten. Im Hintergrund können diese dennoch mit den (hochperformanten) Bulkoperationen heutiger Datenbanken arbeiten.
- Die meisten Datenbanksysteme können in der Datenbank selbst mit Services kommunizieren, zum Beispiel in Datenbankgriggern. Oracle beherrscht dafür schon seit Jahren Java in der Datenbankengine, während Microsofts SQL-Server .NET-Code ausführen kann. Das kann eine Alternative sein, wenn eine Datenbankschnittstelle unabwendbar ist.
- Mithilfe von Benutzerberechtigungen kann man der Gefahr begegnen, sodass nur Services über die nötigen Rechte verfügen, auf die Datenbank zuzugreifen. Ausnahmen kann man ganz gezielt und feingranular regeln.

Sicherheit

Dass verteilte Anwendungen höhere Anforderungen an die Sicherheit stellen als lokal laufende Anwendungen, leuchtet ein. Und dass die Sache nicht einfacher wird, wenn es nicht nur einen Server gibt, sondern viele Services – die vielleicht noch dazu auf verschiedenen Rechnern an verschiedenen Standorten betrieben werden – ist so überraschend auch nicht.

Das Thema Sicherheit ist eigentlich zu komplex und umfangreich für dieses Buch. Allein das SOA-Security-Kompendium des *Bundesamtes für Sicherheit in der Informationstechnik (BSI)* beschreibt diesen Aspekt auf mehr als 360 Seiten. Einige Muster und Empfehlungen (oder vielmehr Themen, über die Sie nachdenken könnten) möchte ich aber dennoch gern beisteuern:

- Nehmen Sie Sicherheit ernst, und gehen Sie nicht davon aus, dass Services per se sicher sind.
- Überlegen Sie das Mindestmaß an Sicherheit, das Sie für alle Services gemeinsam und pro Service und Servicemethode benötigen.
- Legen Sie fest, welche Sicherheit Sie auf Transportebene benötigen, also z. B. SSL.

- Unter Umständen kann auch der Einsatz von Nachrichtenverschlüsselung angezeigt sein, oder eine Nachricht soll nur zum Teil verschlüsselt werden (z. B. die dort enthaltenen Kennwörter).
- Sicherheit erhöht die Komplexität, macht die Anwendung weniger komfortabel und verringert häufig die Performance – was man berücksichtigen und vor allem testen sollte.
- Richten Sie Trust Boundaries ein, wenn Ihre Anwendungen weit verteilt sind. Legen Sie also explizit fest, dass Anfragen von außerhalb per Definition unsicher sind.
- Achten Sie auf Ende-zu-Ende-Sicherheit, also Sicherheit vom Client zur Datenbank und wieder zurück.
- Ihre Services sollten keine technischen Interna ausplaudern, also beispielsweise nicht mitteilen, dass es das Feld »customerId« in der Tabelle »customer« auf dem Server »soasrv01« nicht gibt.
- Beachten Sie die etwaigen gesetzlichen Regelungen zu diesem Thema, die auch abhängig von Branche und Einsatzzweck sein können.

Das Hauptproblem bei der Sicherheit serviceorientierter Architekturen ist aber das Kennen und richtige Konfigurieren der bereits vorhandenen Technologien und Werkzeuge. Diese sind stellenweise so komplex, dass es nicht Wunder nimmt, wenn Services unzureichend geschützt nur auf Angriffe warten.

Nicht immer braucht es aber komplexe Technologien. Manchmal genügt auch eine einfache Firewall mit IP-Paketfiltern und eine einfache HTTPS-Verbindung. Meiner Erfahrung nach ist es häufig besser, einfache Technologien richtig zu konfigurieren, als komplexe Funktionsmuster vermeintlich sicher, aber eben doch falsch in Betrieb zu nehmen.

Empfehlungen im Überblick

Zum Abschluss dieses Abschnitts fasse ich die wichtigsten Empfehlungen, Muster und Prinzipien zur Entwicklung einer guten serviceorientierten Architektur im Überblick zusammen:

- Entwickeln Sie Services grundsätzlich neu, und versuchen Sie nicht, Klassen und andere vorhandene Konstrukte 1:1 auf Services abzubilden.
- Achten Sie auf die richtige Granularität, entwerfen Sie Services also weder zu fein noch zu grob.
- Koppeln Sie Services untereinander nur lose.
- Setzen Sie auf Standards, wie Webservices oder J2EE-Beans.

- Versionieren Sie Ihre Service-Contracts, sodass Änderungen möglich sind, ohne alle Clients zum Stichtag ebenfalls ändern zu müssen.
- Setzen Sie, wo immer es möglich ist, auf statuslose Services. Und wenn Sie unbedingt statusbehaftete Protokolle verwenden müssen, dann trennen Sie den Status vom Service.
- Arbeiten Sie mit einer flexiblen Adressierung Ihrer Services, im einfachsten Fall mithilfe von DNS-Einträgen und in komplexeren Fällen durch Einsatz eines Service-Discovery-Mechanismus, sodass Clients morgen ihre Services problemlos von einem anderen Rechner beziehen können.
- Achten Sie auf die Skalierbarkeit – eine Stärke von Services.
- Achten Sie auf die Performance und darauf, dass die Latenzzeit ein vernünftiges Verhältnis zur Verarbeitungszeit ausmacht.
- Lassen Sie niemanden ohne guten Grund an den Services vorbei auf die Daten zugreifen, weder lesend noch schreibend.
- Erarbeiten Sie den Service-Contract besonders sorgfältig, und verwenden Sie wenn nötig auch mehrere Service-Contracts für Services und Clients verschiedener Rollen (z. B. für internen und externen Zugriff).
- Achten Sie auf Sicherheit, beispielsweise durch Authentifizierung, Autorisierung, Verschlüsselung, den Einsatz von Trust Boundaries und den sparsamen Umgang mit Informationen gegenüber Clients.
- Services sollten möglichst autonom sein, für ihre Arbeit also keine oder wenig andere Services benötigen.
- Erstellen Sie einen neuen Service nur dann, wenn dieser eine eigenständige und höherwertige Dienstleistung erbringen kann, beispielsweise andere Services orchestriert oder gänzlich neue Funktionen anbietet – ansonsten sollten Sie bestehende Services erweitern.
- Wählen Sie das richtige Kommunikationsprotokoll, wenn Ihre SOA-Technologie diese Wahl zulässt, und achten Sie dabei auf Interoperabilität, Performance, Effizienz, Sicherheit und Einfachheit.
- Beachten Sie, dass Transaktionen unter Umständen über mehrere Services verteilt sind, und berücksichtigen Sie die Auswirkungen dieser Tatsache auf die Komplexität Ihrer Anwendung und die Performance.
- Nutzen Sie die Features, die Ihnen gängige SOA-Technologien bieten, um beispielsweise Ausfallsicherheit zu erhöhen oder Lastverteilung zu vereinfachen.

Diese Empfehlungen gelten weitgehend unabhängig davon, welche Technologie zum Einsatz kommt, also egal ob Sie z. B. auf J2EE-Beans setzen, Ihre Services lieber mit PHP entwickeln oder Microsofts WCF verwenden.

5.4 Event Sourcing

Event Sourcing ist eine Möglichkeit, die Geschehnisse in einer Anwendung zu speichern. Anstatt also den Status einer Anwendung von Geschäftsvorfall zu Geschäftsvorfall jeweils nur zu verändern, werden die ihm zugrunde liegenden Ereignisse protokolliert. Wir benötigen dieses Muster (wenn man es denn als Muster bezeichnen mag) für das nächste Muster, CQRS (siehe Abschnitt 5.5).

5.4.1 Steckbrief

Deutscher Name: (Keine gängige Übersetzung)
Englischer Name: Event Sourcing
Gruppe: Architekturmuster/Analysemuster

5.4.2 Beschreibung

Eine Anwendung ist, platt gesagt, nichts anderes als ein System, dessen Zustand sich mit jedem Geschäftsvorfall ändert (siehe Abbildung 5.12).

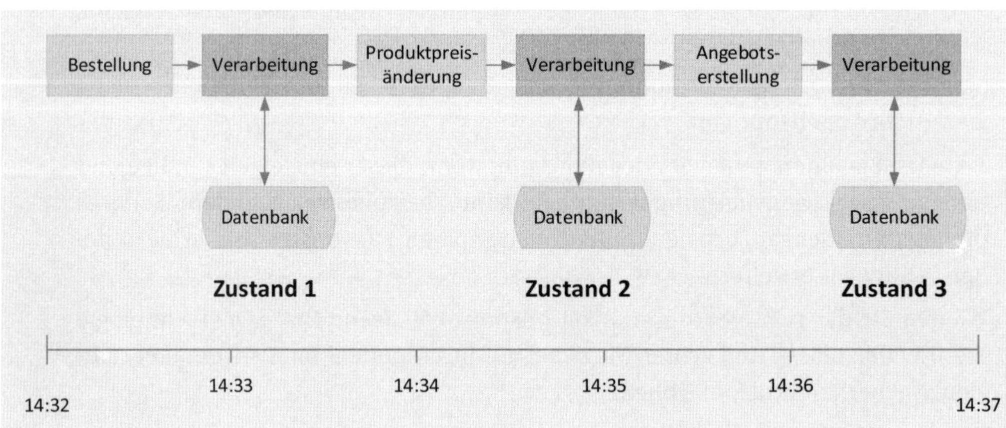

Abbildung 5.12 Zustandsänderungen in einer Anwendung

Dieser Zustand wird in diversen Teilen einer Anwendung gehalten: natürlich in der Datenbank, aber auch in Services, in den Objekten (aus denen ja alle Systeme bestehen), ja vielleicht sogar in Caches und in der Benutzeroberfläche. Letztendlich ist aber der vollständige Zustand, jedenfalls der Zustand, der für das Geschäft relevant ist, in der Datenbank gespeichert. Auf diese Weise lassen sich Systeme neu starten, und auch ein Absturz lässt sich verkraften. Viele Technologien und Best Practices sind für die Speicherung und Wahrung dieses Zustands entwickelt worden, z. B. das Unit-of-Work-Muster oder die Transaktionen.

Nachdem ein Geschäftsvorfall aber erst einmal verarbeitet und am Ende auch persistiert wurde, wird er für gewöhnlich vergessen. Sicher, in der Datenbank findet sich eine Liste an Bestellungen, aber das Ereignis selbst, der Auslöser, wird nicht gespeichert – sondern immer nur das Ergebnis des Auslösers.

Aus gesetzlichen Gründen gibt es natürlich in einigen Fällen die Erfordernis, eine Historie zu speichern, also eine Lösch- und Änderungshistorie, z. B. wenn ein System im Nachgang die Beweispflicht antreten können muss. Aber diese Historie ist selten vollumfänglich, sondern umfasst zumeist nur einige Aspekte des Zustands, beispielsweise Änderungen am Kundenstammdatensatz. Dazu kommen noch die Kunden, die häufig nachvollziehen wollen, welcher Anwender welche Änderung vorgenommen hat.

Um dem nachzukommen, ist ein ganzer Markt an Tools entstanden, die unter dem Begriff »Audit-Tools« oder »Change Tracking Tools« zu finden sind. Der Microsoft SQL-Server beispielsweise unterstützt das auf Datenseite mithilfe des (eingeschränkten) *Change Tracking* oder des (umfangreicheren) *Change Data Capture*-Features und bringt obendrein noch Auditfunktionen mit. Aber auch hier beschränkt sich die Historie auf die Datenseite – die Quelle der Ereignisse bleibt außen vor.

Das kann das *Event Sourcing* leisten, das die Quelle der Ereignisse ja schon im Namen trägt. Bei diesem Muster werden die Ereignisse in einem sogenannten *Event Store* gespeichert und können verarbeitet, aber auch zu größeren Ereignissen zusammengefasst werden.

Ereignisse

Für dieses Muster sollen Ereignisse im Wesentlichen Geschäftsvorfälle sein. Ein Kunde bestellt ein Produkt, schickt es zurück, ein Angebot wird erstellt, ein Lieferschein gedruckt oder eine Gutschrift erstellt.

Die Merkmale eines Ereignisses sind:

- sein begrenzter »Rahmen«

  Zu einem Ereignis gehört eine genau definierte Menge an Daten (z. B. das bestellte Produkt und dessen Menge), und die Wirkung dieses Ereignisses ist genau definiert.

- die zeitliche Reihenfolge

  Sie spielt natürlich eine wichtige Rolle. Denn zuerst muss ein offener Posten einmal erzeugt worden sein, bevor er mit einer Zahlung ausgeglichen werden kann.

Manchmal, aber nicht immer, sind Ereignisse im Millisekundenbereich zu trennen, denken Sie nur an ein System für den Handel mit Aktien.

- Die Ereignisse selbst sind asynchron.

  Sie gehen also nur in eine Richtung. Natürlich können in der Praxis daraus andere Kommunikationsmuster entstehen, wenn ein Kunde eine Bestellung auslöst und synchron sofort eine Bestätigung in Form einer Bestellnummer erhält. Dennoch: Das Ereignis selbst geht nur in eine Richtung, die Antwort kann bei dieser Betrachtungsweise ein weiteres Ereignis sein.

- Ein Ereignis hat eine Quelle.

  Und zwar genau eine Quelle, also eine Stelle, an der das Ereignis ausgelöst wurde.

- Ein Ereignis hat einen Empfänger.

  Wobei der Typ des Ereignisses natürlich dessen Empfänger festlegt. In der Praxis lassen sich Ereignisse gut über Nachrichtenbusse verteilen, wobei die Empfänger selbst entscheiden, welche Ereignisse sie abonnieren wollen, um sie zu verarbeiten. Es kann auch mehrere Empfänger für ein Ereignis geben.

- Ereignisse lassen sich nicht mehr verändern.

  Dafür hat sich der Begriff *immutable* eingebürgert. Das ergibt sich aus der Tatsache, dass Ereignisse ja zu einem Zeitpunkt in der Vergangenheit entstanden sind. Aber natürlich können Ereignisse im Laufe ihrer Verarbeitung weitere Daten erzeugen oder weitere Ereignisse auslösen. Das ursprüngliche Ereignis aber muss unverändert bleiben.

Dieses Verständnis für Ereignisse ist wichtig, weil sie sich nur auf diese Weise effizient und nachvollziehbar in einem Event Store speichern und mithilfe von Empfängern verarbeiten lassen.

Die Verarbeitung einer Bestellung ließe sich nun so realisieren wie in Abbildung 5.13 gezeigt.

Beschreiben wir noch die auslösende Aktion (die Bestellung) als Kommando. Ein Kommando ist dann also ein Geschäftsvorfall, der eigenständig bearbeitet werden kann.

An sich ist das Muster damit beschrieben. Bevor wir auf eine Erweiterung eingehen (die Aggregate), betrachten wir erst einmal die Voraussetzungen sowie die Möglichkeiten und Vorteile, die dieses Muster mit sich bringt.

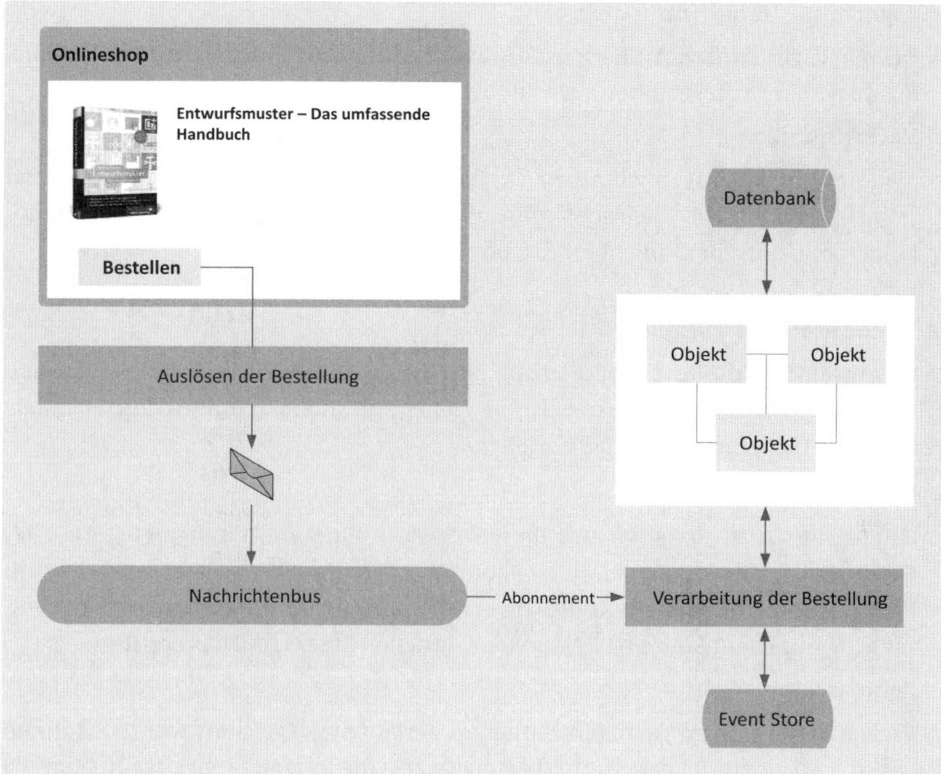

Abbildung 5.13 Bestellung mithilfe von Ereignissen

Voraussetzungen

Event Sourcing ist ein recht radikaler Ansatz, der einem recht viel abverlangt. Im Einzelnen:

- Isolation der Geschäftsvorfälle in Kommandos

  Viele Anwendungen sind auch heute noch um die Benutzeroberfläche aufgebaut. Dort gibt der Anwender nicht selten Daten ein, die zu ganz verschiedenen Geschäftsvorfällen gehören. Der erste Schritt besteht daher darin, die einzelnen Vorfälle zu isolieren und auf diese Weise zu Kommandos zu machen, eben weil wir ein Ereignis pro Kommando erzeugen. Idealerweise wird auch die UI mehr »kommandoorientiert« aufgebaut.

- Erzeugen der Ereignisse

  Dann müssen natürlich aus den Daten des Geschäftsvorfalls Ereignisse gebildet werden. Üblicherweise gibt es dafür eine Basisklasse `Event`, von der sich die verschiedenen Ereignisse dann ableiten lassen.

- Asynchrone Verarbeitung

  Der vielleicht größte Änderungsaufwand besteht darin, den Kommunikationsfluss asynchron zu gestalten, also Request/Reply-Muster aufzubrechen.

- Nachrichtenbus

  Als Nächstes benötigen wir einen Mechanismus zum Verteilen der Ereignisse an seine Empfänger. Ein Nachrichtenbus ist dafür eine gute Option, weil er den Empfängern die Entscheidung überlässt, ob sie auf ein Ereignis reagieren wollen.

Möglichkeiten und Vorteile

Der Aufwand für die Implementierung ist also groß, vor allem wenn die Lösung schon in der »klassischen« Form existiert. Daher kommen wir nun zu den (ebenfalls gewichtigen) Möglichkeiten und Vorteilen:

- Historie und Audits

  Offensichtlich ist, dass wir mit diesem System eine vollständige Historie aller Geschäftsvorfälle mit allen Daten bekommen. Auf diese Weise lässt sich leicht ein Ereignisprotokoll oder ein Audit-Log erstellen. Wenn Sie so wollen, dann bekommen Sie mit Event Sourcing beides: den aktuellen Status und das Log dazu.

- Zeitmaschine

  Da alle Ereignisse im richtigen zeitlichen Verlauf abgespeichert wurden, können wir in der Zeit zurückgehen, also beispielsweise die letzten fünf Geschäftsvorfälle »zurücknehmen«. Das setzt natürlich voraus, dass das möglich ist. Eine versendete Ware können wir auf diese Weise freilich nicht mehr zurückholen.

- Replay/Rebuild

  Genauso gut lässt sich der aktuelle Status verwerfen und das vollständige Eventprotokoll nachfahren. Auf diese Weise kann man den gesamten Status oder auch nur einen Teil davon (z. B. die Lagerbewegungen) reproduzieren. Vorher können wir auch einzelne Geschäftsvorfälle herausnehmen, wenn sie z. B. fehlerhaft waren.

- Deterministische Fehlersuche

  Da zu jedem Zeitpunkt alle Voraussetzungen vorliegen, die zum aktuellen Zustand geführt haben, lässt sich ein Fehler viel einfacher aufspüren – erst recht, wenn man in der Zeit zurückgehen oder ein Replay durchführen kann.

- Vollständige Informationen

  In den meisten Datenbanken findet man nur Teilinformationen. Nicht so in den Events, dort lassen sich alle Informationen unterbringen und im Eventstore speichern, also auch der Anwender, der eine Aktion auslöste, seine IP-Adresse, der Zeitstempel usw. Das wiederum erleichtert die Fehleranalyse.

- Separation of Concerns

  Kommandos, Ereignisse und Abonnenten sind idealerweise dazu geeignet, die verschiedenen Belange zu trennen, also das Seperation-of-Concerns-Prinzip umzusetzen.

- Asynchrone Updateszenarien

  Da es für jedes Kommando (also jeden Event) mehrere Empfänger geben kann, können wir einen Empfänger auch dazu abstellen, z. B. einen externen Cache zu aktualisieren. Wir werden das noch für das nächste Muster, CQRS, brauchen.

- Eventsuche

  Die vollständige Eventhistorie lässt auch eine gezielte Suche nach Events zu, z. B. »Suche mir alle Bestellungen der letzten 24 Stunden«.

Aggregate

Der Begriff *Aggregat* wird im Kontext von Event Sourcing und CQRS nicht immer konsistent verwendet. Ein Aggregat kann eine Zusammenfassung von Ereignissen gleichen Typs sein oder von fachlich zusammengehörigen Typen, die dann beispielsweise gemeinsam aktualisiert werden.

Solche Aggregate werden nicht im Eventstore gespeichert, sondern in einer Datenstruktur, die als *Repository* bezeichnet wird (siehe Abbildung 5.14).

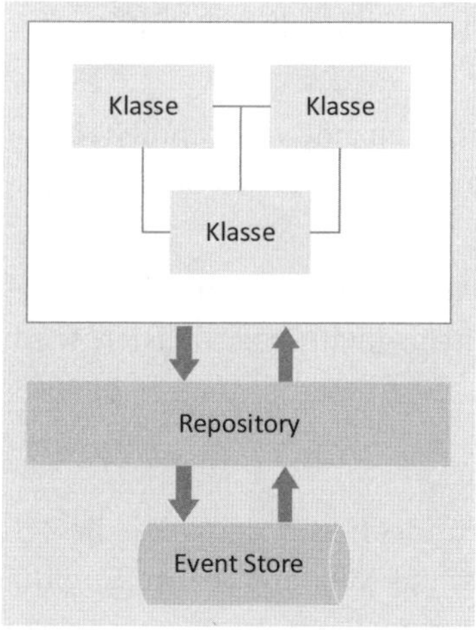

Abbildung 5.14 Das Repository im Event Sourcing

Das Repository ist eine Art Gateway zum Eventstore, in dem die Ereignisse – und damit auch die Daten – persistiert sind.

Solche Repositorys und die darin enthaltenen Aggregate lassen sich für alle möglichen Zwecke einsetzen. Beispielsweise lassen sich dort gesperrte Ereignisse als solche kennzeichnen, es sind also Aggregate, die eine gleichzeitige Verarbeitung ihrer Ereignisse verhindern sollen, oder eben Ereignisse, die gemeinsam verarbeitet werden sollen.

Im Grunde gehört das Thema zum *Domain Driven Design* (DDD), das Entitäten, Domänenereignisse und eben auch Aggregate, also Zusammenfassungen von Entitäten und Wertobjekten, kennt.

5.4.3 Anwendungsfälle

Das Verpacken von Geschäftsvorfällen in Events ist aufwendig und – vor allem bei bestehenden Systemen – unter Umständen gar nicht einmal mit vertretbarem Aufwand möglich. Das Event-Sourcing-Muster bietet sich daher vor allem für neu entwickelte Systeme an.

Einige Beispiele:

- SQL-Server speichern ihre Geschäftsvorfälle in Transaktionslogs ab, bis die Daten per Backup gespeichert wurden. Auf diese Weise können Sie Transaktionen zurücknehmen, also ein Rollback durchführen.
- Versionskontrollsysteme speichern ebenfalls alle Änderungen am Quellcode und vergeben für jedes Einchecken eine eindeutige ID. Auf diese Weise lassen sich Änderungen verwerfen, und es lässt sich ein früherer Quellcodestand herstellen.
- Buchhaltungssysteme arbeiten nach dem System der doppelten Buchführung, was eine vollständige Historie voraussetzt.
- Auditsysteme und Systeme, die aus gesetzlichen Gründen eine vollständige Historie verlangen, sind gute Kandidaten, beispielsweise Software für das Gesundheitswesen.
- CQRS eignet sich gut dafür; in Kombination mit Event Sourcing kann es die Lese- von der Schreibseite gut trennen, wobei die Leseseite asynchron aktualisiert wird.

5.4.4 Weitere Überlegungen und Alternativen

Das Muster ist nicht ganz ohne Tücken, die darin begründet liegen, dass man die Zeiten eben nicht zurückdrehen kann. Andererseits passt das Muster gut zum *Domain Driven Design (DDD)*, weil es dort ohnehin Domänenmodelle und Ereignisse dazu gibt, oder auch zu CQRS, aber dazu lesen Sie in Abschnitt 5.5 mehr.

Zurücknehmen

Im Idealfall können wir mit diesem Muster ein Undo realisieren, also z. B. dass letzte Event aus dem Eventstore entfernen. Das setzt natürlich voraus, dass

- keine manuellen Interaktionen stattgefunden haben (z. B. Ware wurde dem Regal entnommen).
- die Daten zum alten Zeitpunkt zur Verfügung stehen (beispielsweise historische Wechselkurse).
- die Aktion selbst reversibel ist (z. B. sind Lagerbewegungen häufig reversibel, nicht aber Befehle zur Steuerung von Maschinen).

Nicht immer ist das Zurücknehmen wirklich so möglich, dass der Zustand wieder genau so ist wie vor der Änderung. Denken Sie dabei nur an eine Buchhaltung, bei der eine Buchung nur geändert werden kann, indem eine neue Gegenbuchung erstellt wird, die die erste Buchung im Saldo ausgleicht. Dennoch sind anschließend zwei Buchungen im System vorhanden.

Codestände

Da sich die Verarbeitung von Ereignissen ändern kann (ja, ändern wird), muss natürlich sichergestellt sein, dass wir alte Ereignisse mit demselben Codestand verarbeiten, wie er zum Zeitpunkt der Ereigniserstellung gültig war. Erreicht werden kann das eigentlich nur sinnvoll mithilfe von Versionierung auf der Ebene der Softwarebereitstellung, indem z. B. Services in mehreren Versionen bereitstehen oder der Service anhand des Zeitstempels des Ereignisses entscheidet, welche Geschäftslogik er lädt.

Man kann aber auch den Bock zum Gärtner machen, also die alten Ereignisse (die immer gültig bleiben, eben weil sie Fakten aus der Vergangenheit sind) neu bewerten, also mit einem neuen Codestand erneut ausführen. Auf diese Weise erhalten wir den aktuellen Systemzustand so, als ob die Geschäftslogik schon immer die aktuell implementierte Art und Weise gewesen wäre.

Datenmenge und Snapshots

Dass wir die meisten Daten nicht historisch vorhalten, hat schon einen Grund: Die Datenmenge wird sehr schnell sehr groß. Andererseits sind Events ziemlich klein, weil sie nur wenige Daten enthalten, und es gibt sehr gute No-SQL-Datenbanken für die effiziente Speicherung und Suche, selbst wenn viele Millionen Ereignisse in der Datenbank liegen.

Aber andererseits zwingt einen niemand, alle Ereignisse in einem Eventstore vorzuhalten. Und andererseits können wir zu einem beliebigen Zeitpunkt den Status auch persistieren und die Ereignisse bis dahin löschen – das nennt man einen Snapshot. Dieser Snapshot wird dann häufig vorher gesichert.

Löschen von Ereignissen

In einigen Fällen zwingt uns der Gesetzgeber dazu, gewisse Ereignisse nach deren Verarbeitung zu löschen, z. B. nach einer vorgegebenen Frist. Die Daten einer eingegangenen Bewerbung gehören dazu. Das widerspricht freilich dem Event Sourcing, das ja gerade lückenlos und nachvollziehbar alle Ereignisse speichern soll.

Die »weiche« Variante besteht daher darin, das Ereignis einfach zu kennzeichnen oder ein zweites »Löschereignis« zu erzeugen, das genau das bewirkt, dem ersten Ereignis also den Löschstempel aufdrückt oder das Ereignis auch negiert. Wo das nicht möglich ist, kann man die Daten anonymisieren oder Pseudonyme verwenden, um den Urheber der Daten aus diesen zu entfernen.

Partitionierung und Performance

In der Praxis ist es häufig eine gute Idee, verschiedene Ereignisquellen (*Event Sources*) logisch und physisch zu separieren, also zu partitionieren. Man tut dies meist, um die Performance in den Griff zu bekommen, aber auch, um die Datenmenge beherrschbar zu halten – beispielsweise bei einem Restore vom Backup.

Eine Partition fasst dann z. B. alle Ereignisse zusammen, die fachlich zusammengehören, oder es gibt einen Event Store pro Ereignis. Wie dem auch sei – man muss hier den Aufwand für die Verwaltung gegen die Vorteile der besseren Verwaltbarkeit und Performance abwägen.

Überhaupt kostet das Verpacken von Kommandos in Ereignissen natürlich Zeit. Die Objekte müssen erzeugt, dann noch serialisiert, über die Leitung versendet, deserialisiert (also wieder in Objekte verpackt), verteilt und in einem Eventstore gespeichert werden. Dem steht der asynchrone Charakter von Ereignissen entgegen. Die Erzeugung der Ereignisse kann zu Spitzenzeiten also schon einmal schneller sein als deren Verarbeitung. Das kann zu einer gewünschten Entzerrung der Last führen oder auch inakzeptabel sein, je nach Anwendungsfall.

Das Bilden von Snapshots ist eine andere Möglichkeit, die Performance in den Griff zu bekommen. Reporting-Systeme können dann beispielsweise gegen einen solchen Snapshot arbeiten und Daten abgreifen, die einen gewissen Systemstand (den des Snapshots) repräsentieren.

Wozu eine Datenbank?

Wenn man das Konzept zu Ende denkt, dann wird die relationale Datenbank eigentlich überflüssig. Alle Daten sind in den Ereignissen gespeichert, und der aktuelle Status ist im Arbeitsspeicher vorhanden, z. B. im Domänenmodell – also den Objekten einer Anwendung. Nicht umsonst wird dieses Muster oft auch als *Persistenzmechanismus* bezeichnet.

Das ist nicht falsch, aber in der Praxis häufig nicht durchzuhalten. Schon allein aus diesen Gründen:

- Der aktuelle Status muss persistiert werden, weil die Systeme ja auch abstürzen können. Den gesamten Zustand mittels Replay nachzufahren gerät schnell zum Performanceproblem.
- Viele Tools und Fremdsysteme, z. B. Reporting-Systeme, lassen sich am besten mit relationale Datenbanken betreiben.
- Integrationsszenarien verlangen häufig einen relationalen Kern.
- Datenbanken stehen für Verlässlichkeit und die Gewissheit, die Daten auch in zehn Jahren noch lesen zu können.

Integrationsszenarien

Ereignisse sind ganz brauchbar, wenn Fremd- oder Drittsysteme angebunden werden, weil entsprechende Adapter dann nur auf die Ereignisse zu reagieren brauchen, die für das andere System von Bedeutung sind.

Testen

Das Testen mit einem solchen System wird wirklich angenehm, vor allem sind Regressionstests schnell durchgeführt. Dazu müssen wir nun lediglich eine Reihe von Geschäftsvorfällen erstellen, für die wir das genaue Ergebnis genau einmal prüfen müssen. Die aus den Geschäftsvorfällen erzeugten Ereignisse lassen sich speichern und (z. B. bei einem neuen Softwarerelease) auf eine leere Datenbank oder eine Datenbank mit einem genau definierten Inhalt erneut anwenden (Replay). Dabei muss derselbe Zustand herauskommen wie beim ersten Mal, den wir anschließend nur noch prüfen müssen, was (meistens) auch technisch möglich ist.

Alternativen

Als Eventstore könnte auch eine einfache Message Queue herhalten, auch wenn ein Eventbus eleganter und flexibler ist. Im Übrigen eignet sich das Kommando-Muster ganz gut dafür, weil es ohnehin schon Benutzerinteraktionen in Objekte verpackt.

5.5 Command Query Responsibility Segregation (CQRS)

Nun wird es wieder ein wenig konkreter mit einem Muster, das auf Multiuser-Systeme abzielt, vor allem auf solche mit hoher Last. Es trennt Querys (Abfragen) vom Rest, den Kommandos, also all den Operationen, die Daten verändern.

5.5.1 Steckbrief

Deutscher Name: (Keine gängige Übersetzung)
Englischer Name: Command Query Responsibility Segregation (CQRS)
Gruppe: Architekturmuster

5.5.2 Beschreibung

Der Grundgedanke dieses Musters ist schon ein wenig älter. Bertrand Meyer hat in seinem Buch »Object Oriented Software Construction« bereits beschrieben, dass es eine gute Idee ist, wenn die Methoden eines Objekts entweder Daten zurückliefern oder den Status des Objekts verändern – aber niemals beides zugleich. Das Abfragen von Daten sollte diese also nicht verändern, was man als Seiteneffekt bezeichnen könnte. Wiederholte Anfragen ohne zwischenzeitlichen Aufruf anderer Methoden sollten also zu demselben Ergebnis führen. Der gesamte Prozess ist auf diese Weise transparent und wiederholbar – eine wichtige Voraussetzung für viele Anforderungen an heutige Softwaresysteme.

In seiner einfachsten Form zeigt sich das ja schon an der Namensgebung, wenn entsprechende Getter- und Setter-Methoden den Zweck schon verraten, bevor man die Methode aufruft.

CQRS geht da eine ganze Ebene weiter, indem es die Operationen auf zwei Objekte verteilt: eines, das Daten zurückliefert, und ein anderes, das Kommandos enthält, also Daten verändert. CQRS an sich ist keine vollständige Softwarearchitektur, auch wenn das immer wieder zu lesen ist, sondern erst einmal nur ein Muster – und daher passt es auch gut hierher.

Das Problem 1 – Lesen

Das Problem sind, wie ja meistens, natürlich die Anwender, die in hoher Frequenz Daten ändern – und das quasi gleichzeitig. Denken Sie nur an einen Onlineshop zu Weihnachten, der vielleicht viele Hunderte an Änderungen und noch viel mehr Anfragen pro Sekunde verarbeiten muss.

In der Vorstellung vieler Leute außerhalb der Entwicklung sieht die Architektur dann etwa so aus wie in Abbildung 5.15.

Das klingt einleuchtend, denn schließlich ist doch die Datenbank dafür da, gleichzeitige Anfragen entgegenzunehmen, diese in Reihe zu bringen und dafür zu sorgen, dass in den Daten keine Knoten entstehen, oder nicht? Und gibt es nicht Isolation-Levels, die dafür sorgen, dass der Lagerbestand immer korrekt zurückgegeben wird?

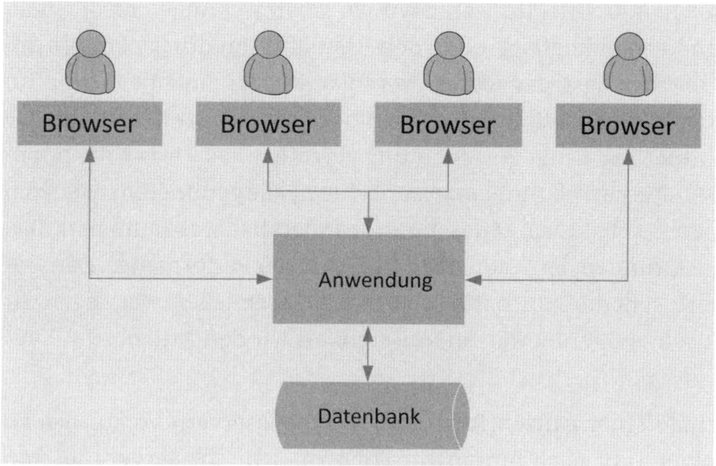

Abbildung 5.15 Idealisierte Architektur

Ja, schon, aber dem stehen die *Fallacies of Distributed Computing* entgegen, die ich in Abschnitt 5.2 beschrieben habe. Daher wäre eine solche simple Architektur wenig praktisch, und zwar vor allem aus zwei Gründen:

- Die Performance wäre viel zu schlecht. Es müssten ja für jeden Aufruf der Website die Stammdaten aus der Datenbank gelesen werden.
- Die höchste Isolationsstufe, *Serializable*, die nötig wäre, um das Szenario perfekt umzusetzen, würde zu vielen Sperren, damit verbundenen Wartezeiten und sogar Deadlocks führen.

Warum das so ist, wird schnell deutlich, wenn wir uns die Übertragungswege anschauen, von der relationalen Datenbank bis hin zum fertig gerenderten HTML-Dokument, und das sogar noch in vereinfachter Form:

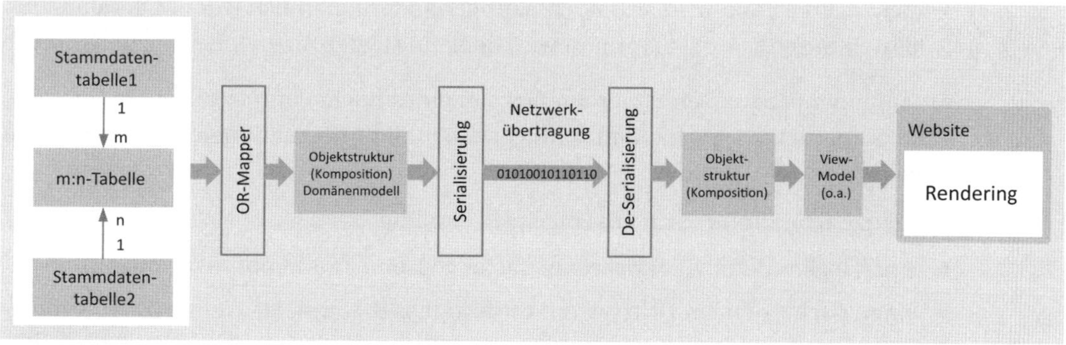

Abbildung 5.16 Von der relationalen DB bis hin zum HTML

Doch selbst in einer solchen Architektur wären wir vor Überraschungen nicht gefeit, denn während ein Kunde noch überlegt, ob er den Bestellbutton drückt, könnte ein anderer Kunde ihm schon längst das letzte Exemplar weggeschnappt haben. Im Grunde müsste man daher die Bestellung so lange blockieren, bis der Kunde, der das Produkt als Erster geöffnet hat, seine Entscheidung getroffen hat – was ganz offensichtlich unmöglich ist. Alternativ könnte man zur Echtzeit alle geöffneten Instanzen des Produkts aktualisieren, sobald sich etwas daran geändert hat, was kaum praktikabler ist, schon allein aus Gründen der Webtechnologie und der Performance. Darüber hinaus könnte ein Interessent die Seite natürlich nie wieder schließen, weswegen wir also bis zum Timeout seiner Sitzung warten müssten, bis wir den Artikel zum Kauf wieder freigeben.

Die Performance mithilfe einer ganzen Farm an Datenbankservern verbessern zu wollen würde das Problem nur nach hinten verschieben, denn die Server müssten ihre Daten untereinander ja auch abgleichen und wären so lange nicht zu 100 % auskunftsfähig.

In der Praxis führt daher oft kein Weg an einem Caching von Daten vorbei. Und Caches, das ist ihr Nachteil, sind notorisch veraltet, enthalten also Daten, die die neusten Änderungen noch nicht beinhalten. Natürlich gibt es Daten, die sich häufiger ändern, und solche, die sich nur sehr selten ändern:

- Der Produktpreis wird sich bei Büchern selten bis gar nie verändern, weil es die Buchpreisbindung gibt.
- Die Produktbeschreibung wird sich gelegentlich ändern, wenn der Verlag z. B. entscheidet, die Erwähnung des Buchs in einem Fachmagazin in die Beschreibung aufzunehmen.
- Die Rezensionen werden sich vermutlich noch häufiger ändern, sobald ein Kunde eine Bewertung abgibt oder eine Rezension verfasst.
- Der Lagerbestand wird sich noch häufiger ändern, nämlich jedes Mal, wenn eine Bestellung erfasst oder storniert wird oder eine Lieferung zu- oder abgebucht wird.

Da auf einer Produktseite (hier am Beispiel eines Buchs) immer alle diese Informationen angezeigt werden, sind häufiger auch alle Informationen in einem Cache abgelegt.

Bei dem Cache kann es sich um Folgendes handeln:

- einen eigens dafür eingerichteten Cache, z. B. eine In-Memory-Datenbank
- einen Cache, den ein Drittsystem mitbringt, z. B. wenn der Webserver eine dynamisch gerenderte Seite für eine gewisse Zeit zwischenspeichert und diese das nächste Mal also nicht mehr dynamisch zusammenbaut, sondern die vorgerenderte Seite statisch ausliefert.

Praxisnäher ist also schon die Architektur aus Abbildung 5.17:

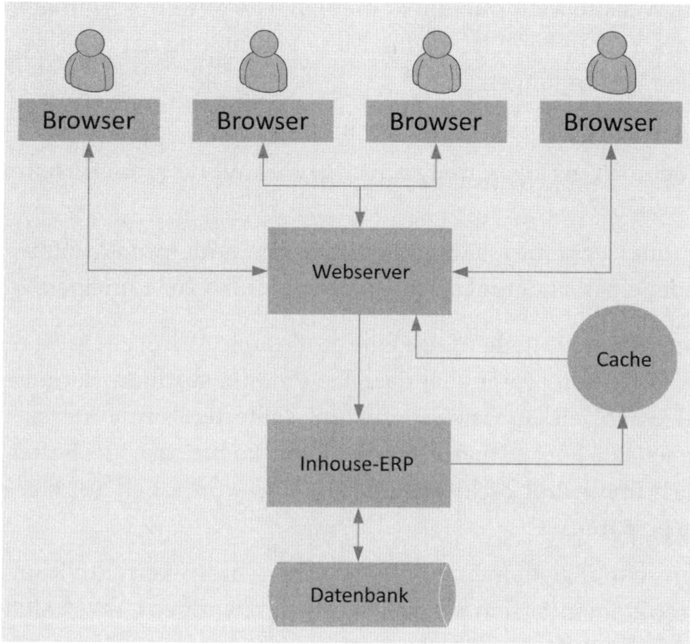

Abbildung 5.17 Onlinebestellsystem mit Caches

In dieser Architektur werden die Leseoperationen über den Cache abgewickelt, während das Schreiben, also die Kommandos, weiterhin direkt an das ERP-System weitergeleitet werden. Da das Lesen viel, viel häufiger vorkommt als das Schreiben, ist das eine häufig anzutreffende Strategie. Der Cache wird periodisch aktualisiert und ist in der Zwischenzeit also potenziell veraltet. Die Pipeline ist gleich viel kürzer und eleganter (siehe Abbildung 5.18).

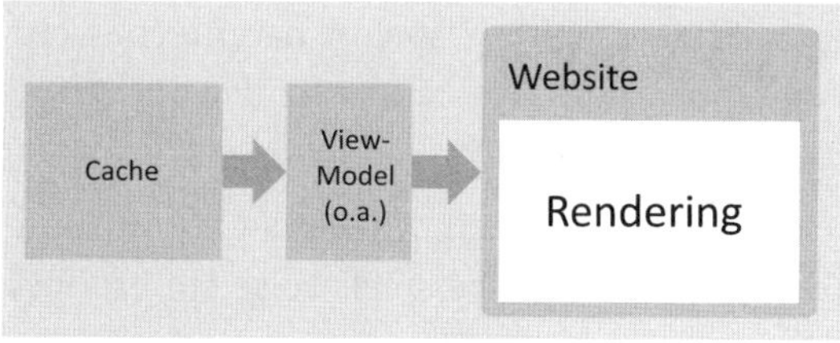

Abbildung 5.18 Die kürzere Pipeline

Dabei entfällt nicht nur die Übertragung über das Netzwerk, nebst Serialisierung, Deserialisierung und dem Erzeugen von DTOs aus den relationalen Tabellen, sondern der Cache kann die Daten gleich so ablegen, wie die Verarbeitung diese erfordert, was weitere Verarbeitungszeit spart.

Das klingt gut, wären da nur nicht die Probleme, wie sie gerade beschrieben wurden.

Das Problem 2 – Schreiben

Im obigen Beispiel ist die Website weiterhin direkt mit dem ERP-System verbunden, auch wenn es dort nur noch schreibend tätig wird. Diese Verbindung hat dieselben Probleme wie die lesenden Verbindungen:

- Das System muss die ganze Zeit über erreichbar sein.
- Die Performance ist deutlich geringer, weil mehr Distanz und mehrere Systeme überbrückt werden müssen.
- Ein Multiuser-Zugriff muss weiterhin sauber synchronisiert werden, um Artefakte wie doppelte Daten oder einen anderen inkonsistenten Zustand zu vermeiden.

Beim Schreiben spielt außerdem die Reihenfolge eine große Rolle. Wenn ein Anwender ein Produkt bestellt, kurze Zeit später aber dasselbe Produkt storniert, dann ist die Reihenfolge natürlich essenziell, auf welche Bestellung sollte die Stornierung sich sonst beziehen? Andererseits, so könnte man argumentieren, könnte man die Bestellung im ERP-System auch überhaupt nicht ausführen – und würde sich auf diese Weise eine Verarbeitung ersparen.

»Schreiben« ist dabei ein sehr allgemeiner Begriff, denn es geht im Kern um Kommandos, und die sollten so elementar sein wie möglich. In der heutigen UI-Welt sind aber mehrere Aspekte häufig auf einer Maske zusammengefasst. So könnte ein Kunde seine Adressdaten eingeben und auf derselben Maske auch noch seine Bankverbindung. Drückt er den SPEICHERN-Button, könnte ein Aspekt erfolgreich sein (sagen wir die Adresse ist richtig eingegeben), ein anderer Aspekt hingegen könnte fehlschlagen (weil die Prüfung der IBAN-Nummer nicht erfolgreich war). Soll der Kunde nun angelegt werden oder nicht? Schwieriger wird die Situation, wenn es mehrere Quellen für Änderungen gibt, neben dem Mitarbeiter im Kundenservice vielleicht auch noch automatische Systeme, die unbemerkt im Hintergrund Daten, also einzelne Aspekte des Kunden verändern.

Wie soll ein System auf solche komplexen Abhängigkeiten – sowohl datentechnische also auch zeitliche Abhängigkeiten – reagieren? Und wie auf auftretende Fehler? Soll eine E-Mail verschickt werden, und wenn ja: Wann genau?

Und dann ist da noch das Problem der veralteten Daten. Ein Anwender könnte eine Entscheidung aufgrund solcher Daten treffen. Er könnte beispielsweise ein Produkt bestellen, in der irrigen Annahme, das Produkt sei noch auf Lager, wo doch nur der Lagerbestand im Cache veraltet war.

Die Lösung: CQRS

Fassen wir kurz zusammen:

- Lesen und Schreiben sind zwei getrennte Operationen, die verschiedene Anforderungen stellen.

- Das Lesen ist viel einfacher und schneller, wenn wir aus einem leseoptimierten System lesen können, das die Daten schon in dem Format beinhaltet, das wir brauchen.
- Beim Schreiben ist wichtig, dass die Daten in der richtigen Reihenfolge verarbeitet werden und dass die Schreiboperationen elementar auf die Geschäftsvorfälle ausgerichtet sind.
- Die meisten Anwendungen beinhalten aber beides, sodass z. B. die Modelle für beides herhalten müssen (für das Lesen und für das Schreiben), und sind daher unnötig komplex.

Die logische Konsequenz daraus ist, Lesen und Schreiben zu trennen, und genau das trägt das Muster ja auch im Namen: Command – Query – Responsibility – Segregation: Trennung der Verantwortlichkeiten von Lesen und Schreiben. Daraus folgt wiederum dass es auch zwei Klassen bzw. Komponenten bzw. Systeme gibt: eines für das Lesen und ein zweites für das Schreiben.

Außerdem wird die UI aufgabenorientiert, sodass für jede Aktion ein Kommando ausgeführt werden kann. Oder es werden wenigstens aus einer UI-Änderung mehrere elementare Kommandos erzeugt. Das ist nicht immer ganz leicht, denn es verlangt vom Anwender, dass er eine Entscheidung treffen muss. Soll nur eine Lieferadresse geändert werden, oder ist der Kunde umgezogen? Je genauer die Aufgaben (Kommandos) differenziert werden, desto spezifischer können die Codeteile, die diese Aufgaben bearbeiten, darauf reagieren.

Damit wäre im Grunde schon alles zum Muster gesagt: aus eins mach zwei. Schreiben und Lesen werden entkoppelt und werden dadurch auch asymmetrisch verarbeitet.

Die Vorteile dieses Ansatzes sind vielfältig:

- Das Lesen wird effizienter und schneller, weil die Verarbeitungspipeline kürzer ist.
- Wir können den Service für das Lesen auch horizontal skalieren. Weil Leseoperationen einfach häufiger auftreten als Schreiboperationen, macht das auch Sinn – beide Seiten können also unabhängig voneinander optimiert werden.
- Lese- und Schreiboperationen können von verschiedenen Entwicklern (weiter-)entwickelt werden, die relativ autonom arbeiten können.
- Das Team, das die Leseoperationen entwickelt, braucht kein Wissen über das Domänenmodell, weil es die Daten genau so aufbereitet, wie sie es braucht.
- Das Lesen ist viel einfacher als das Schreiben, weil dort weder umfangreiche Validierungen noch komplexere Geschäftsregeln zu berücksichtigen sind (oder sagen wie besser: weniger). Die Leseseite wird bei diesem Muster also so einfach, wie sie in Wirklichkeit ist.

- Die Aufteilung der UI-Logik in Kommandos trennt die einzelnen Aspekte sauber voneinander. Anstatt in Masken zu denken, fördert das Muster das Denken in elementaren Operationen.

Wie gesagt: Das Muster an sich ist nicht umfangreicher. Daher sieht die einfachste Lösung auch so einfach aus wie in Abbildung 5.19.

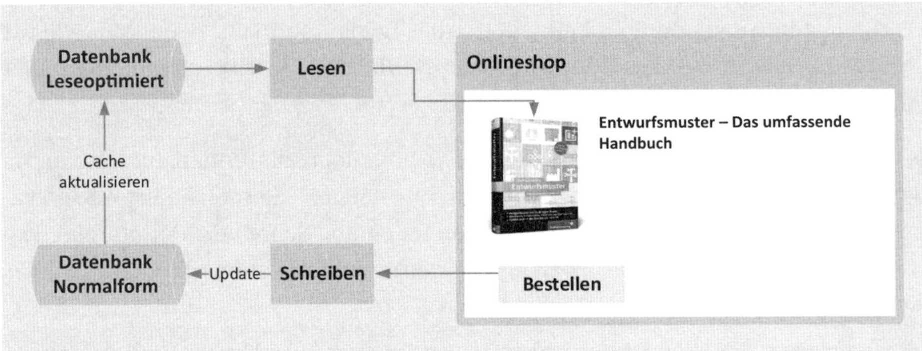

Abbildung 5.19 Die einfachste Lösung mittels CQRS

In dieser Lösung gibt es weiterhin eine relationale Datenbank, die üblicherweise normalisiert ist (sagen wir in der 3. Normalform). Die Schreiboperationen laufen über z. B. einen Service, der die Validierungen durchführt und die Datenbank anschließend aktualisiert.

Das Lesen läuft über einen anderen Service, der seine Daten z. B. aus einem Key-Value-Cache bezieht, also aus einer Struktur, die seiner Arbeitsweise am besten entgegenkommt. Der lesende Service muss seine Daten nicht erst umständlich aus einem komplexen Domänenmodell zusammensetzen, sondern kann sie einfach abrufen. Das Aktualisieren des Caches geschieht in diesem Beispiel periodisch. Dafür braucht es natürlich noch eine weitere Komponente, die aber nicht eingezeichnet ist.

Domänen- vs. Abfragemodell

Ein ganz wichtiger Punkt dieses Musters ist die Trennung zwischen dem Domänenmodell und dem Abfragemodell.

Das *Domänenmodell* bildet das Geschäft ab und enthält alle Klassen und ihre Abhängigkeiten, die dazu gebraucht werden, also Entitäten, Attribute, Rollen, Beziehungen und Einschränkungen. Dort werden »Probleme gelöst«, also Kommandos ausgeführt. Das Domänenmodell meckert, wenn wir einem Artikel einen negativen Preis geben wollen. Es ist komplex, eben weil die Domäne und ihre Regeln komplex sind.

Das *Abfragemodell* ist einfacher und spezifisch auf die Bedürfnisse der Klienten zugeschnitten. Wollen die Klienten direkt mit dem Domänenmodell arbeiten, müssen sie dessen Komplexität akzeptieren und aus den vielen Entitäten genau die Teilmenge heraussuchen, die sie gerade für ihre Anzeige benötigen. Diese Komplexität wird durch das Abfragemodell vermieden. Damit dieses aber aktuelle Daten anzeigt (oder nahezu aktuelle Daten), muss es stetig aktualisiert werden. Im folgenden Beispiel wird dafür ein Ereignishandler eingesetzt, der die relevanten Ereignisse abonniert und daraufhin das Abfragemodell aktualisiert.

CQRS mit Event Sourcing

Hier folgt nun ein etwas komplexeres Beispiel für CQRS, in Kombination mit Event Sourcing, das ich in Abschnitt 5.4 beschrieben habe. Event Sourcing ist auch allein anwendbar, genauso wie CQRS, aber die Kombination hat gewisse Vorteile – vor allem lässt sich auf diese Weise recht bequem der Updatemechanismus verwirklichen.

Abbildung 5.20 zeigt die Kombination von CQRS und Event Sourcing.

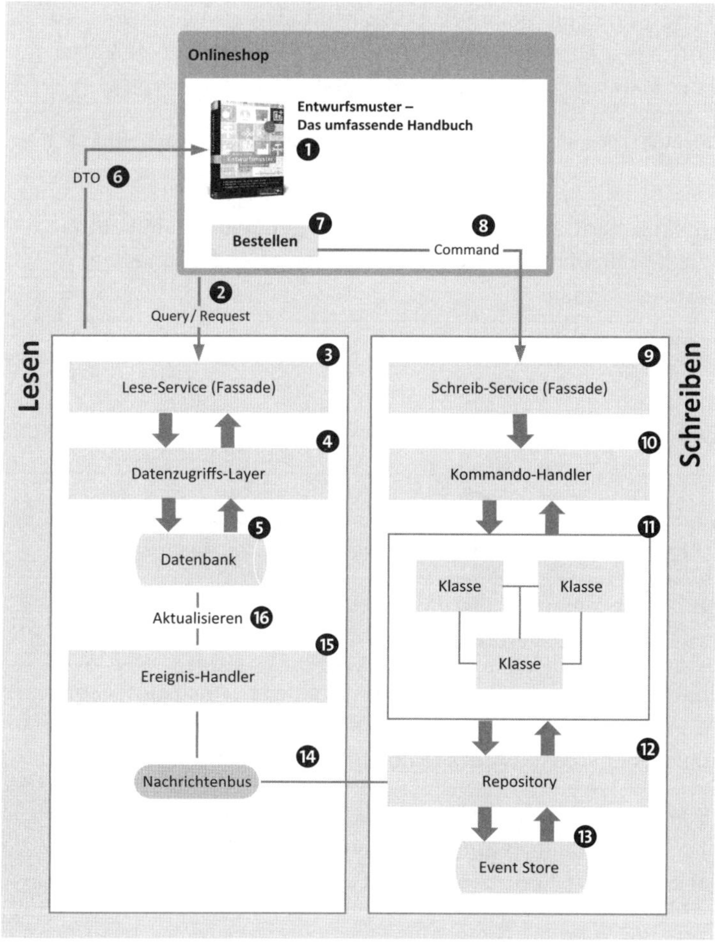

Abbildung 5.20 CQRS und Event Sourcing kombiniert

Betrachten wir zunächst die Leseseite:

Nr.	Erläuterung
❶	Nehmen wir an, ein Kunde möchte einen Artikel auf einem Webshop ansehen. Er öffnet also den Browser, besucht den Webshop seiner Wahl und sucht den Artikel. Er findet den Artikel und klickt auf diesen, um ihn zu öffnen.
❷	Die Anfrage wird praktisch immer in einem HTTP-Request münden, üblicherweise in einer Get-Anfrage.
❸	Die Anfrage nimmt einen Service entgegen, der nicht viel Logik beinhalten muss. Er ist deshalb mehr eine Fassade vor der eigentlichen Datenzugriffsschicht.
❹	Auch die Datenzugriffsschicht ist recht schlank, weil sie nicht mit schwergewichtigen Domänenmodellen umgehen muss, sondern direkt aus der Datenbank die Daten lesen kann, die sie braucht. Das kann über eine einfache View sein oder bevorzugt über eine Stored Procedure. Die Daten werden genauso abgerufen, wie der Klient sie in dem Moment braucht.
❺	Die Daten liegen auch hier in einer Datenbank oder schon vorverarbeitet in einem Cache.
❻	Der Klient erhält ein Datentransferobjekt (DTO), das genau die Daten enthält, die er braucht. Sie brauchen nur noch vom Webserver gerendert und dem Anwender präsentiert werden.

Tabelle 5.2 Der Ablauf einer Leseoperation

Und jetzt zur Schreibseite:

Nr.	Erläuterung
❼	Unser Kunde möchte bestellen, klickt also auf den BESTELLEN-Button.
❽	Die Bestellung ist ein Kommando, also eine isolierte Geschäftstransaktion, die eigenständig validiert und ausgeführt werden kann.
❾	Das Kommando wird an den Schreib-Service weitergeleitet. Auch dieser Service ist eine Fassade, weil er lediglich die Aufgabe hat, den richtigen Kommando-Handler herauszusuchen und die Anfrage dorthin weiterzuleiten.
❿	Der »richtige« Kommando-Handler ist der, in dessen Zuständigkeit das Kommando »Artikel bestellen« fällt. Es könnte nur einen einzigen Handler für alle Kommandos geben oder pro Kommando einen eigenen.

Tabelle 5.3 Der Ablauf einer Schreiboperation

Nr.	Erläuterung
⓫	Der Kommando-Handler muss sich nun mit dem (komplexen) Domänenmodell auseinandersetzen – schon allein deshalb, weil dort die Validierungen und komplexeren Geschäftsregeln enthalten sind. Einfachere Validierungen, z. B. Längeprüfungen (die keinen Kontext und damit kein Domänenmodell erfordern), kann hingegen der Klient selbst durchführen.
⓬	Die Bestellung ist letztlich ein Ereignis, das im Repository gesammelt wird. Dort können die Ereignisse auch zusammengefasst oder zeitlich zurückgehalten werden.
⓭	Letztlich landen sie aber in einem Eventstore, also in der Speicherstätte für Kommandoereignisse.
⓮	Das Repository schiebt die (eventuell aggregierten) Ereignisse auf einen Nachrichtenbus.
⓯	Dort hat bereits ein Ereignis-Handler bestimmte Ereignistypen abonniert und verarbeitet diese Events, die mit Schreiboperationen auf die Datenbank zu tun haben – zum Beispiel auch die Bestellung.
⓰	Im Endeffekt wird auf diese Weise die Datenbank aktualisiert, sodass sie bei der nächsten Leseoperation die getätigte Bestellung enthält.

Tabelle 5.3 Der Ablauf einer Schreiboperation (Forts.)

5.5.3 Anwendungsfälle

Die Anwendungsfälle dieses Musters ergeben sich aus seinen Vorteilen. Besonders geeignet ist das Muster, wenn

- es sich um eine Multiuser-Umgebung handelt.
- das Domänenmodell besonders komplex ist, sodass zur Anzeige die dort enthaltenen Klassen erst umständlich umgewandelt werden müssen.
- das Lesen und Schreiben unterschiedliche Anforderungen an die Anwendung stellen und das Lesen sehr viel häufiger vorkommt als das Schreiben.
- Skalierbarkeit eine große Rolle spielt.
- Sie ohnehin Anwendungen haben, die eher an Geschäftsvorfällen ausgerichtet sind und weniger an gewöhnlichen CRUD-Operationen.
- es akzeptabel oder gar notwendig ist, dass Teile der Daten nicht mehr aktuell sein können.

Naturgemäß treten diese Anwendungsfälle vor allem bei größeren und höher frequentierten Anwendungen auf und vor allem dann, wenn die »Cloud« im Spiel ist.

Wie so viele Muster verringert dieses Muster die Komplexität nur um den Preis, dass die Komplexität in der Summe erhöht wird. Klar, es gibt ja zwei Systeme, zum Lesen und zum Schreiben, auch wenn man beide Systeme isoliert entwickeln kann und zudem beide Systeme für sich betrachtet einfacher sind, weil sie nur ihre eigenen Bedürfnisse zu berücksichtigen brauchen.

Die Urheber empfehlen CQRS daher nicht als Standardarchitektur. Häufig ist es sinnvoller, einzelne Subsysteme mithilfe dieses Musters zu modellieren, in denen die Vorteile besonders zum Tragen kommen.

5.5.4 Implementierung

Eine vollständige Implementierung würde zu weit führen und ist auch gar nicht nötig. Ich empfehle Ihnen, ein Framework zu verwenden, z. B. das *AxonFramework* für Java. Dennoch möchte ich die Lösung wenigstens in Grundzügen skizzieren.

Kommando

Gemäß dem Kommando-Muster benötigen wir eine Kommando-Klasse:

```
public class Bestellung
{
   UUID auftragId;
   int kundenId;
   int productId;
   ...
}
```

Wichtig sind hier vor allem die Daten, die das Kommando ausmachen, also das bestellte Produkt, der Kunde, der das Produkt bestellt hat, usw. Außerdem brauchen wir eine eindeutige ID, sodass sich der Auftrag auch später noch in einer Multiuser-Umgebung identifizieren lässt.

Kommando-Handler

Die Verarbeitung des Kommandos erfolgt durch einen Handler. Er ist für die Verarbeitung über das Domänenmodell zuständig, prüft aber auch andere Belange (wie die Berechtigungen) oder kümmert sich um Transaktionen.

```
public void verarbeite(Bestellung bestellung) throws SecurityException ...
{
   pruefeBerechtigung();
   Kunde kunde = Kunden.hole(bestellung.getKundenId());
   Produkt produkt = Produkte.hole(bestellung.getProduktId());
   Kunde.bestellungErfassen(produkt, bestellung.getMenge() ...);
```

```
    AuftragErfasstEreignis e = new AuftragErfasstEreignis(…);
    ereignisErzeugenSpeichernUndVeröffentlichen(e);
}
```

Das Domänenmodell kennt natürlich nicht das Kommando, sondern arbeitet mit seinen ganz eigenen Methoden und Übergabeparametern. Das ist auch gut so, denn das Domänenmodell soll die fachliche Seite repräsentieren und nicht etwa das CQRS-Muster implementieren.

Die meiste Arbeit wird aber im Domänenmodell passieren. Daher sollte die Schicht der Kommando-Handler immer noch leichtgewichtig sein.

Zum Ende hin wird das Ereignis ausgelöst, dass die Bestellung nun erfasst wurde, und dieses Ereignis wird im Eventstore gespeichert (persistiert) und veröffentlicht. Jetzt können Ereignishandler das Ereignis weiterverarbeiten.

Domänenmodell

```
public class Kunde
{
    public void bestellungErfassen(Produkt produkt, int menge …)
    {
        //Prüfe Kunde
        //Prüfe Lagerbestand usw.
    }
}
```

Das Domänenmodell validiert die Eingaben – bis auf vielleicht die trivialen Fälle, die schon in der GUI validiert wurden. Außerdem werden die Geschäftsregeln angewendet. Man kann wie folgt unterscheiden: Validierungen können ohne Kontext durchgeführt werden (der Kunde darf nicht `null` sein), während Geschäftsregeln immer einen Kontext benötigen (Hat das Produkt eine Liefersperre?).

Event

Das Ereignis, dass soeben eine Bestellung erfasst wurde, unterscheidet sich vom Kommando, weil es eben keinen Wunsch mehr repräsentiert, sondern das Faktum, dass soeben eine Bestellung erfasst wurde.

```
public class AuftragErfasstEreignis
{
    //Daten des Kommandos, soweit sinnvoll
    int auftragsNummer;
    …
}
```

Im Ereignis werden die meisten Daten des Kommandos enthalten sein und all die Daten, die während der Verarbeitung hinzugekommen sind, beispielsweise die Auftragsnummer.

Abfragemodell

Das Abfragemodell entsteht durch *Projektion*, also indem ein Ereignishandler das `AuftragErfasstEreignis` nimmt und auf das Abfragemodell projiziert. Was dort gespeichert ist, hängt nun ganz vom Klienten ab, wird also spezifisch auf ihn abgestimmt sein.

5.5.5 Weitere Überlegungen und Alternativen

So einfach das Muster an sich auch ist, so schwierig ist es doch, CQRS in das Gesamte einzufügen, obwohl sich dieses Muster wiederum mit anderen Mustern gut ergänzt.

Servicelayer

Irgendwo muss dieses Muster ja leben, soll heißen: Irgendwo müssen die Komponenten existieren, die Kommandoanfragen entgegennehmen und die Leseanfragen beantworten.

SOA (siehe Abschnitt 5.3) ist dafür gut geeignet. Der Servicelayer ist dann eine Fassade, die die unterschiedlichen Anforderungen (Lesen/Schreiben) entgegennimmt und entsprechend richtig routet.

Das hat auch den Vorteil, dass sich das Muster auch später noch anwenden lässt, sofern Sie bereits zu Beginn der Architektur das Lesen und das Schreiben trennen und z. B. in eigenen Services unterbringen.

Das soll nicht heißen, dass sich das Muster nicht auch in einfachen Klassen unterbringen ließe. Aber gerade in einer verteilten Multiuser-Umgebung mit vielen gleichzeitigen Anfragen spielt das Muster seine Stärke aus. Und dort sind Services häufig eine geeignete Architektur – entweder indem die Services die Geschäftslogik abbilden oder indem sie eine Fassade für weitere Ebenen darunter bilden.

Der richtige Kommando-Handler

Über die Aufteilung der Kommando-Handler macht das Muster keine Angaben. Von einem Handler für jedes Kommando bis zu einem Handler für alle Kommandos kommt daher alles vor. Drei Empfehlungen dazu:

- Komplexe Kommandos und/oder Kommandos mit hoher Frequenz sollten einen eigenen Handler bekommen.

- Kommandos, die fachlich zusammengehören – z. B. Kommandos für die Stammdatenänderung an Produkten – sollten ebenfalls einen eigenen Handler bekommen.
- Idealerweise bauen Sie um die Kommandos eine Servicefassade.

CAP-Theorem

CQRS bietet sich auch dann an, wenn Sie einmal auf die Probleme stoßen, die das CAP-Theorem postuliert.

> **CAP-Theorem**
>
> Das CAP-Theorem besagt, dass es in einem verteilten System nicht möglich ist, die Eigenschaften
>
> - Konsistenz (Consistency)
> - Verfügbarkeit (Availability)
> - Partitionstoleranz (Partition Tolerance)
>
> gleichzeitig zu garantieren.

In Abbildung 5.21 sehen Sie das grafisch ausgedrückt:

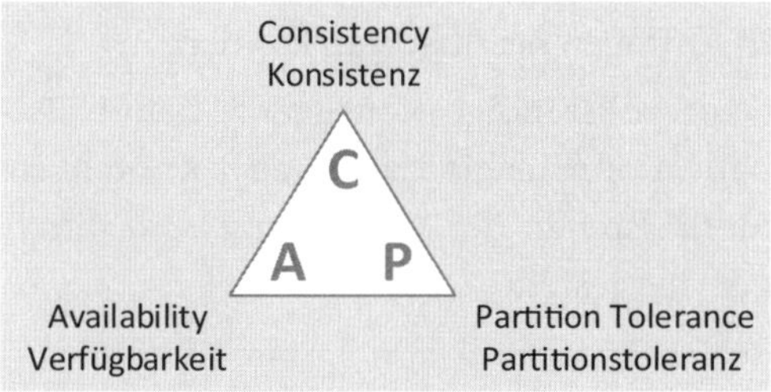

Abbildung 5.21 Das CAP-Theorem

Die einzelnen Eigenschaften:

- C – Konsistenz (Consistency)
  Gemeint ist, dass alle Knoten in einer verteilten Landschaft zur selben Zeit dieselben Daten haben. Konsistenz bedeutet also »Konsistenz über alle Knoten in einer verteilten Umgebung hinweg«.
- A – Verfügbarkeit (Availability)
  Das System ist verfügbar, kann also zu jeder Zeit Anfragen beantworten, wobei »Antwort« auch bedeuten kann, dass der Anfrager eine Fehlermeldung erhält.
- P – Partitionstoleranz (Partition Tolerance)
  Das System ist auch dann noch funktionsfähig, wenn Nachrichten verloren gehen oder einzelne Knoten ausfallen.

Häufig liest man, dass man sich aus diesen drei Eigenschaften zwei aussuchen kann, aber das führt gedanklich in die Irre, schon allein deshalb, weil wir bei Konsistenz oder Verfügbarkeit nicht in Schwarz-Weiß-Kategorien denken können und gerade die Konsistenz eine Frage der Granularität ist, also bis zu welcher Ebene die Daten konsistent sind.

Gemeint ist daher vielmehr, dass diese drei Eigenschaften in einem natürlichen, nicht behebbaren Konflikt miteinander stehen und sich daher nicht alle vollständig erfüllen lassen.

Dass dem so ist, wird schnell klar, wenn wir uns den Ausfall einer Verbindung zwischen zwei Knoten (A und B) vor Augen führen. In dem Fall erhalten die Knoten keine Aktualisierungen mehr. Daher können sie gar keine Anfragen mehr erfüllen (was die Verfügbarkeit aufgibt) oder eben Daten liefern, die dem jeweils anderen Knoten des Verbunds nicht bekannt sind (was die Konsistenz verletzt).

Man kann also wählen. Wenn wir doch wieder auf die »2 von 3«-Vereinfachung zurückgreifen, dann sind die wesentlichen Optionen:

- **CP-System:** Hier wird auf eine vollständige Verfügbarkeit verzichtet, wenn die Konsistenz nicht gewährleistet werden kann. Der nicht konsistente Teil wird dann also keine Daten mehr ausliefern, also nicht mehr verfügbar sein. Bei einem Wiederherstellen der Verbindung müssen die nicht konsistenten Knoten zuerst wieder aktualisiert werden, bevor sie erneut Anfragen beantworten können.
- **AP-System:** Dieses System verzichtet auf vollständige Konsistenz, liefert also unter Umständen z. B. veraltete Daten aus. Dafür reagiert auch jeder Knoten, ist also immer verfügbar. Nach dem Wiederherstellen der Verbindung wird durch einen Abgleich auch die Konsistenz wiederhergestellt.

Alternativen

CQRS ist ein umfassender Ansatz. Einzelne Vorteile lassen sich aber auch mit anderen Verfahren erreichen. Zum Beispiel liegt für das Lesen das Abfragemodell (häufig im Arbeitsspeicher) genauso vor, wie es der Klient benötigt. Die Anzeige der Daten wird auf diese Weise pfeilschnell. Das lässt sich aber auch mit dem gewöhnlichen Kommandomuster erreichen, an dessen Ende das Abfragemodell aktualisiert wird. Mithilfe von Message Queues können verteilte Szenarien häufig einfacher entwickelt werden, die zudem nur noch lose gekoppelt sind. Auch darüber lässt sich das Abfragemodell aktualisieren.

Den gesamten Nutzen, die 100 %, gibt es aber nur bei CQRS in Verbindung mit Event Sourcing.

Kapitel 6
Datenmuster

Irren ist menschlich. Aber wer richtigen Mist bauen will,
braucht einen Computer.
– Unbekannt

Klar, in jeder Anwendung geht es um Daten. In vielen Fällen sind diese Daten der innere Zustand einer Klasse, dort also gekapselt. Hier jedoch geht es um Daten, die irgendwo liegen. Es wundert daher wenig, dass vor allem objektrelationale Mapper und dazu verwandte Technologien gern und häufig auf diese Muster zugreifen.

Auch in anderen Kapiteln finden Sie Muster, die sehr viel mit Daten zu tun haben. Das CQRS-Muster beispielsweise finden Sie aber in Kapitel 5 zu den Architekturmustern, weil seine Anwendung sehr viele Überlegungen und Entscheidungen zur Architektur einer Anwendung beinhaltet, auch wenn es dabei letztlich um Daten geht.

Hier backen wir also kleinere Brötchen, die Building Blocks des Datenzugriffs und des Datenhandlings sozusagen. Einige dieser Muster wären gar nicht nötig, würden wir nicht auch heute noch relationale Datenbanksysteme einsetzen. Objekte und Tabelle passen nun einmal nicht zusammen, denn die Konzepte sind grundverschieden. Dabei treffen die Konzepte der objektorientierten Programmierung (OOP) und deren Prinzipien des objektorientierten Designs auf die Konzepte der relationalen Algebra.

Beide Welten sind allerdings inzwischen derart verbreitet, dass sie sich kaum noch vom Fundament der Gewohnheit lösen lassen. Wir müssen also damit leben, dass wir den *Object-Relational Impedance Mismatch* (die »objektrelationale Unverträglichkeit«) mithilfe von OR-Mappern ausgleichen müssen. Diese Technik gibt beiden Welten das, was sie am liebsten haben: den OO-Anwendungen ihre Objekte und den Datenbanksystemen ihre SQL-Befehle.

Nun gibt es sie ja, die OR-Mapper, wozu sollten Sie sich also mit diesen Mustern beschäftigen? Zum einen, weil es sich wirklich lohnt, die Muster hinter einem OR-Mapper zu verstehen und damit, viel besser jedenfalls, auch den OR-Mapper; und zum anderen, weil sich einige der Muster auch dafür eignen, außerhalb eines OR-Mappers eingesetzt zu werden, beispielsweise das *Unit-of-Work*-Muster. Nicht alle Anwendungen drehen sich schließlich primär um Datenbanken – denken Sie nur an Steuerungssysteme.

6.1 Unit of Work

Wenn es um Änderungen geht, möchte man häufig eine Reihe von Änderungen sammeln, bevor man sie persistiert. In manchen Fällen ist das notwendig, weil die Änderungen technisch zusammengehören und es erst einmal nötig ist, den Stammdatensatz zu schreiben, bevor abhängige Tabellen darauf Bezug nehmen können – das verlangt schon die referenzielle Integrität der Datenbank.

In anderen Fällen soll auch die Verarbeitung erst dann stattfinden, wenn ein *Commit* stattfindet, also der Anwender (oder die Software) entscheidet, dass es jetzt an der Zeit ist, die Befehle auszuführen, und zwar gemeinsam – wohl aber in der richtigen Reihenfolge. In diesem Abschnitt finden Sie dazu ein einleuchtendes Beispiel.

Das, vereinfacht gesagt, leistet dieses Muster, das sich daher auch außerhalb der Welt der OR-Mapper gut verwenden lässt.

6.1.1 Steckbrief

Deutscher Name: (nicht gebräuchlich)

Englischer Name: Unit of Work

Gruppe: Datenmuster

6.1.2 Beschreibung

Im Zentrum dieses Musters stehen Transkationen. Solche Geschäftstransaktionen lassen sich mithilfe des Unit-of-Work-Patterns verwalten. Die OO-Welt kennt Objekte, deren Zustände sich ändern können. Stehen diese Objekte für Datenbankentitäten, wie das bei OR-Mappern der Fall ist, dann können wir einige Fälle gut unterscheiden:

- Ein Objekt wurde einer Collection hinzugefügt. -> Ein Datensatz wird einer Tabelle hinzugefügt:

  ```
  INSERT INTO tabelle (feldliste) VALUES(werteliste)
  ```

  Das Collection-Objekt repräsentiert eine Tabelle und jedes Objekt darin repräsentiert einen Datensatz, abhängig vom Mapping zwischen den Welten natürlich.

- Ein Objekt wurde aus der Collection entfernt. -> Der zugehörige Datensatz soll aus der Tabelle gelöscht werden:

  ```
  DELETE FROM tabelle WHERE primärschlüssel=id
  ```

  Dabei sind aber zwei Varianten zu unterscheiden: das Entfernen als Löschbefehl und das Entfernen nur zu dem Zweck, dass Arbeitsspeicher gespart werden soll –

schließlich können wir in der Praxis häufig nicht die gesamte relationale Datenbank im Speicher nachbilden.

- Ein Objekt wurde verändert, also sein Zustand. -> Der zugehörige Datensatz soll abgeändert werden:

  ```
  UPDATE tabelle SET feld=neuerWert WHERE primärschlüssel=id
  ```

  Die Frage dabei ist: Welche Felder wurden geändert? Das lässt sich explizit tracken, aber auch durch einen Vergleich zwischen dem Datensatz und dem aktuellen Objekt herausfinden.

- Das Objekt soll nun doch nicht hinzugefügt, geändert oder gelöscht werden, denn der Anwender hat sich anders entscheiden. -> Es soll keine Aktion auf der relationalen Datenbank durchgeführt werden.

  Die entscheidende Frage dabei: Ist es überhaupt möglich, die eine Aktion zurückzunehmen, oder muss nicht die gesamte Aktion, also das *Unit of Work*, zurückgenommen werden?

Der Vorteil bei der Verwendung des Musters ist, dass wir die Transaktion selbst verwalten können. Dadurch sind viele nützliche Dinge möglich:

- Fehler lassen sich protokollieren.
- Alle Aktionen lassen sich gemeinsam validieren.
- Die Aktionen lassen sich untereinander abgleichen. Beispielsweise brauchen wir ein Objekt (vielleicht) gar nicht erst zu schreiben, wenn wir es kurze Zeit später ohnehin wieder löschen wollen.
- Die Aktionen lassen sich sortieren. Auf diese Weise lassen sich z. B. Datenbanksperren optimieren oder Deadlocks vermeiden.
- Auch das Zusammenfassen von Aktionen ist möglich. Aus mehreren Änderungen an demselben Objekt wird am Ende nur ein einziges `UPDATE`-Statement, das alle Felder auf einmal ändert, was Zeit spart.
- Logging und Tracing lassen sich auf diese Weise elegant umsetzen, genauso wie Auditingfunktionen leichter implementiert werden können.

UML

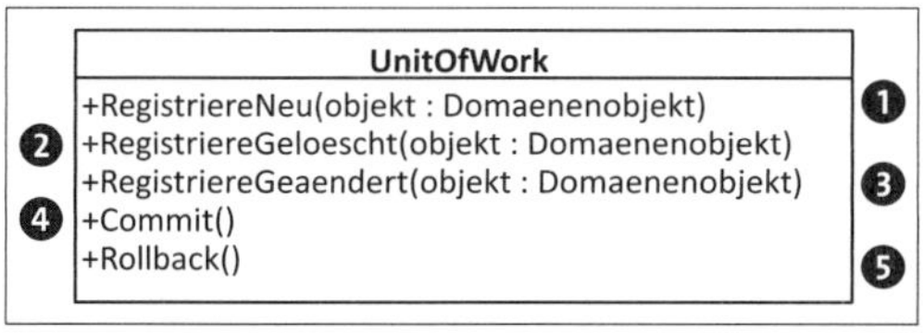

Abbildung 6.1 Das Unit-of-Work-Muster in UML

Erläuterungen

Das Muster funktioniert so, dass Objekte in einem Registrator, der `UnitOfWork`-Klasse, registriert werden. Der Registrator sammelt alle Änderungen, bis sie entweder alle durchgeführt (`Commit`) oder alle verworfen (`Rollback`) werden.

Nr.	Erläuterung
❶	Ein neues Objekt soll hinzugefügt werden.
❷	Ein Objekt soll gelöscht werden.
❸	Ein Objekt wurde verändert. Das ist die explizite Version. Man könnte aber auch die Änderungen zur Laufzeit feststellen, also implizit.
❹	Alle Modifikationen, also hinzugefügte, geänderte und gelöschte Objekte, sollten gemeinsam durchgeführt bzw. geschrieben werden. Das ist die Unit of Work, also die durchzuführende Arbeitseinheit.
❺	Alle Änderungen sollen zurückgenommen werden, sodass das Unit-of-Work-Objekt wieder leer ist.

Tabelle 6.1 Die Akteure des Unit-of-Work-Musters

6.1.3 Anwendungsfälle

Die meisten Beispiele für dieses Muster drehen sich naturgemäß um Datenbankentitäten, also um Mappings zwischen Objekten und Datensätzen und zwischen Objekten und Tabellen. Dort ergeben sich die Operationen der Klasse `UnitOfWork` aus den Aktionen, die auf eine Datenbank möglich sind.

Aber das Konzept kann weiter gefasst werden, nämlich auf alle Aktionen, die innerhalb einer Transaktion gemeinsam oder gar nicht durchgeführt werden sollen. So kam erst kürzlich (12.11.2014) die Rosetta-Mission nebst ihrem Lander Philae zu einem guten Abschluss. Da eine direkte Kommunikation zwischen Kontrollzentrum und Rosetta nicht möglich ist – Signallaufzeiten und andere Widrigkeiten verhindern dies –, müssen sich die Operatoren im Kontrollzentrum ihre Befehle im Vorfeld sehr genau überlegen, bündeln und als Paket an Rosetta und Philae übermitteln. Das ist nichts anderes als eine bestimmte Transaktion: Die einzelnen Aktionen sind gemeinsam und in der richtigen Reihenfolge auszuführen. Dabei sind die Aktionen eben keine Löschungen oder Änderungen, sondern Kommandos wie:

- Schalte die Düse X für Y Sekunden ein.
- Aktiviere Experiment Z.
- Starte das Subsystem S neu.

Wenn Sie nun Objekte als Kommandos verstehen, kommen Sie automatisch zum Kommando-Muster, und der Registrator, das Unit-Of-Work-Pattern, verwaltet dann keine Datenbankentitäten mehr, sondern beliebige Kommandos.

Fassen wir zusammen. Das Unit-of-Work-Muster eignet sich besonders, wenn

- es mehrere Objekte gibt, deren Zustand sich ändern kann und die (warum auch immer) getrackt werden sollen.
- diese Objekte mit einem anderen System agieren sollen, also beispielsweise mit einer SQL-Datenbank.
- die Objekte gemeinsam ihrem Namen gerecht werden, also eine Unit of Work bzw. eine Transaktion bilden.

Dass auch typische OR-Mapper dieses Muster mithilfe von Kommandos umsetzen, zeigt der beliebte OR-Mapper *NHibernate*, dessen (.NET) `ITransaction`-Schnittstelle so aussieht:

```
public interface ITransaction : IDisposable
{
   void Begin(); //Transaktion starten (+ weitere Überladung)
   //Durchführen oder Transaktion abbrechen
   void Commit();
   void Rollback();
   //Status abfragen
   bool IsActive { get; }
   bool WasRolledBack { get; }
   bool WasCommitted { get;}
   //Kommandos registrieren
   void Enlist(IDbCommand command); //z. B. Delete
   ...
}
```

Das entspricht diesem Muster, auch wenn für die einzelnen Datenbankoperationen keine einzelnen Methoden vorhanden sind, sondern diese über eine weitere Schnittstelle, `IDbCommand`, abgebildet sind.

Unit of Work passt auch gut zur Batchverarbeitung, denn nichts anderes passiert ja bei einem Commit. Das Hinzufügen vieler Datensätze kann bei den großen Datenbanken im Batchmodus erfolgen, der Microsoft SQL-Server z. B. nennt das dann einen *Bulk Insert*. Mithilfe des Unit-of-Work-Musters kann ein solcher Import leicht durchgeführt werden, weil ja alle einzufügenden Datensätze vorher registriert wurden.

6.1.4 Implementierung

Für das Muster können auch beliebige Objekte eingesetzt werden. Sicherer, weil typsicherer, wird es aber, wenn alle zu verwaltenden Objekte von einer Basisklasse erben.

Entityklassen

Betrachten wir zunächst die abstrakte Basisklasse:

```
public abstract class EntityBase
{
  public int Id;
  public EntityBase()
  {
    Id = -1;
  }
}
```

Die Klasse enthält lediglich eine einfache ID zur übergreifenden Kennzeichnung von Entitäten, die z. B. dem Primärschlüssel entsprechen kann. Neue Entitäten erhalten einen Primärschlüssel von `-1`, was andeutet, dass sie noch nicht gespeichert wurden.

Und die Entitätenklasse, die für Produkte steht, sieht so aus:

```
public class ProduktEntity extends EntityBase
{
   public int ProduktNo;
   public String Produkt;
}
```

Da in diesem Beispiel die Objekte explizit durch den Caller registriert werden benötigen die Klassen keine weiteren Funktionen. Auf Getter- und Setter-Methoden verzichte ich aus Platzgründen.

UnitOfWork 1 – Registrieren

Die Klasse `UnitOfWork` würde in der Praxis vielleicht `DbContext` heißen, gemeint ist aber die Klasse, die unsere Entitäten verwaltet.

```
public class UnitOfWork
{
  private ArrayList<EntityBase> zuLoeschendeObjekte;
  private ArrayList<EntityBase> hinzuzufuegendeObjekte;
  private ArrayList<EntityBase> zuAenderndeObjekte;
```

```
  public UnitOfWork()
  {
    zuLoeschendeObjekte = new ArrayList<EntityBase>();
    hinzuzufuegendeObjekte = new ArrayList<EntityBase>();
    zuAenderndeObjekte = new ArrayList<EntityBase>();
  }

  public void registriereNeu(EntityBase entity)
  {
    assert entity.Id == -1 : "Die Entity ist bereits gespeichert worden";
    assert !zuAenderndeObjekte.contains(entity) :
     "Entity bereits in Änderungsliste";
    assert !hinzuzufuegendeObjekte.contains(entity) :
     "Entity bereits in Hinzufügeliste";
    assert !zuLoeschendeObjekte.contains(entity) :
     "Entity bereits in Löschliste";
    hinzuzufuegendeObjekte.add(entity);
  }

  public void registriereGeloescht(EntityBase entity)
  {
    //Noch gar nicht hinzugefügt, muss daher nicht physisch gelöscht werden
    if (hinzuzufuegendeObjekte.remove(entity))
      return;
    //Änderung überflüssig, wird ohnehin gelöscht
    zuAenderndeObjekte.remove(entity);
    assert entity.Id != -1 : "Die Entity ist noch nicht gespeichert worden";
    if (!zuLoeschendeObjekte.contains(entity))
      zuLoeschendeObjekte.add(entity);
  }

  public void registriereGeaendert(EntityBase entity)
  {
    assert !zuLoeschendeObjekte.contains(entity) :
     "Entity bereits in Löschliste";
    assert !hinzuzufuegendeObjekte.contains(entity) :
     "Entity bereits in Hinzufügeliste";
    if (!zuAenderndeObjekte.contains(entity))
      zuAenderndeObjekte.add(entity);
  }
}
```

Listing 6.1 Die Klasse »UnitOfWork« – der Registrierteil

Eigentlich verwaltet diese Klasse nur die drei Listen und überprüft, ob jeweils bestimmte Vorbedingungen zutreffen. So kann eine Entität nur dann hinzugefügt werden, wenn sie nicht bereits gelöscht werden soll. Außerdem darf sie nicht schon gespeichert worden sein.

Alternativ wir können uns das Ändern sparen, wenn eine Entität ohnehin gelöscht werden soll, was in den Bereich der Optimierung fällt.

UnitOfWork 2 – Commit und Rollback

Kommen wir nun zu dem Teil, der die Änderungen ausführt oder verwirft. Das Rollback ist hier einfach gelöst: Es werden einfach die Listen geleert. Alternativ hätten wir es auch weglassen können, dann müssten wir nur das `UnitOfWork`-Objekt verwerfen und neu erzeugen. Allerdings hätten wir auf diese Weise auch keinen Ort mehr für das Protokollieren dieses Ereignisses.

```
public void rollback()
{
  leereListen();
}

private void leereListen()
{
  zuLoeschendeObjekte.clear();
  hinzuzufuegendeObjekte.clear();
  zuAenderndeObjekte.clear();
}
```

Das Commit ist im Wesentlichen ein Durchlaufen der Listen und das Weiterreichen der Aktionen an den Datenbanktreiber:

```
public void commit()
{
  DatenbankTreiber treiber = new DatenbankTreiber();
  treiber.startTransaktion();

  for(EntityBase entity: hinzuzufuegendeObjekte)
  {
    entity.Id = treiber.entityHinzufuegen(entity);
  }
  for(EntityBase entity: zuLoeschendeObjekte)
  {
    treiber.entityLoeschen(entity);
  }
```

```
  for(EntityBase entity: zuAenderndeObjekte)
  {
    treiber.entityAendern(entity);
  }
  treiber.commitTransaktion();
  leereListen();
}
```


Listing 6.2 Die Klasse »UnitOfWork« – der Commit- und Rollback-Teil

Der Ablauf:

- Der Datenbanktreiber wird die Verbindung zur Datenbank aufbauen und dort über die `startTransaktion`-Methode eine neue Transaktion starten. Auf diese Weise übertragen wir das Unit-of-Work-Konzept auf die Datenbank.
- Im Anschluss werden die Aktionen ausgeführt, wobei der Treiber jede Aktion in SQL übersetzt und der Datenbank übergibt.
- Danach wird die Transaktion committet. Falls es hier zu einem Fehler kommt, wird der Datenbanktreiber eine Exception auslösen und die Listen bleiben so, wie sie vor dem Commit waren. Das ist auch gut so, denn die Datenbanktransaktion stellt ja auch sicher, dass entweder alle oder keine Aktion durchgeführt wird. Häufig wird in diesem Fall aber die `rollback`-Methode aufgerufen, sodass die Aktionen nicht mehr ein zweites Mal ausgeführt werden können.
- Ist es zu keinem Fehler gekommen (war das Datenbank-Commit also erfolgreich), werden die Listen gelöscht – das `UnitOfWork`-Objekt ist wieder leer und kann neue Änderungen, Löschungen oder Hinzufügungen entgegennehmen.

6.1.5 Weitere Überlegungen und Alternativen

Am Anfang stehen diesmal zwei Alternativen, die – auf den ersten Blick – logisch erscheinen.

Scheinbare Alternativen

Zuerst einmal könnte man ganz auf dieses Muster verzichten. Um im Kontext eines OR-Mappers zu bleiben, könnte man also bei jeder Operation sofort einen SQL-Befehl zur Datenbank schicken. Das sofortige Speichern einer Änderung hat aber zahlreiche Nachteile:

- Wir müssen die Abhängigkeiten selbst steuern, müssen also z. B. Befehle von Master-Detail-Tabellen in der richtigen Reihenfolge übertragen.
- Es werden häufig mehr Befehle übertragen, als eigentlich nötig wären, also z. B. mehrere Update-Befehle, wo doch nur eine einzige Entität geändert werden soll.

- Das Zurücknehmen ist natürlich nicht mehr möglich bzw. erfordert eine gegenteilige zweite Operation. Das kann »tricky« sein. Zum Beispiel müssen wir, um eine gelöschte Entität wiederherstellen zu können, uns ja vorher die zu löschende Entität merken.
- Der Anwender verliert die Entscheidung darüber, wann er speichern möchte.
- Außerdem ist es manchmal ganz schön schwierig, zu entscheiden, wann überhaupt automatisch gespeichert werden soll, wann also der richtige Zeitpunkt dafür ist.

Das sofortige Speichern aller Änderungen ist also häufig keine passable Alternative. Aber wie sieht es mit den Transaktionen aus, die Datenbanken und Frameworks bereits mitbringen? Warum können wir also nicht z. B. die Klasse `Transaction` verwenden?

Das Problem mit Transaktionen ist, dass wir nicht so ohne Weiteres eine Transaktion öffnen und über längere Zeit geöffnet halten können. Nicht umsonst lautet ein Credo von Transaktionen, dass sie kurz sein sollen, sehr kurz sogar. Wenn ein Anwender also einen Masterdatensatz einfügt (sagen wir eine Bestellung), für einen Detaildatensatz (z. B. ein bestelltes Produkt) aber eine halbe Stunde benötigt, dann können wir die Transaktion unmöglich für eine halbe Stunde offen halten – wollen wir nicht den Unmut der Kollegen heraufbeschwören, die aufgrund der dadurch errichteten Datenbanksperren in ihrer Arbeit behindert werden.

Außerdem verlieren wir auf diese Weise den Kontrolleinfluss, also z. B. die Möglichkeit, Befehle umzusortieren oder auf andere Art und Weise zu optimieren. Die meisten heutigen Systeme arbeiten daher erst einmal *disconnected*, also von der Datenbank getrennt – wofür wir (direkt oder indirekt über OR-Mapper) das Unit-of-Work-Muster benötigen.

Leseoperationen

Bisher war immer von Änderungen die Rede, aber mithilfe des Musters lassen sich auch Leseoperationen verwalten. So können inkonsistente Versionen von Daten erkannt und verhindert werden. Wenn ein Datensatz zuvor gelesen, später aber verändert wird, kennt das `UnitOfWork`-Objekt sowohl die Lese- als auch die Schreiboperation und kann beides aufeinander abstimmen.

Praktisch gesehen muss dazu ein Lesecache eingerichtet werden, in dem alle gelesenen Objekte anhand ihrer ID gespeichert sind. Diese ID ist häufig der Primärschlüssel des zugehörigen Datensatzes, also beispielsweise eine Kundennummer. In einigen Sprachen lässt sich die Vergleichsoperation überschreiben, sodass die Zeile

```
if (kunde1 == kunde2)
```

nicht mehr die Objektreferenzen miteinander vergleicht, sondern prüft, ob es sich bei beiden Objekten um denselben Kunden handelt. *Identity Map* heißt das Muster, mit dem sich ein solcher Cache abbilden lässt.

Anschließend muss noch die Leseoperation programmiert werden, die wieder gegen den Datenbanktreiber gehen wird. Um einen konsistenten Stand sicherzustellen, müssen wir die Referenzen im Lesecache aktualisieren, wenn eine Entität beispielsweise geändert wurde. Und die Änderungen werden vielleicht hinfällig, wenn eine Entität zwischen dem Ändern und dem Commit ein zweites Mal gelesen wird.

Commit

Die Commit-Operation wird, zumindest im Kontext eines OR-Mappers, das Folgende tun:

- Probleme werden erkannt und eventuell zurückgemeldet, z. B. Probleme, die sich aus dem optimistischen Sperren von Datensätzen ergeben.
- Die einzelnen Befehle werden optimiert und unter Umständen umsortiert bzw. auf andere Art und Weise manipuliert.
- Eine Transaktion wird geöffnet.
- Die Befehle werden Befehl für Befehl ausgeführt.
- Im Fehlerfall wird die Transaktion vom Datenbanksystem zurückgerollt (z. B. im Fall einer Fremdschlüsselverletzung). In diesem Fall können wir entweder das `UnitOfWork`-Objekt leeren, also dort ebenfalls ein Rollback durchführen, oder aber den Fehler lediglich zurückmelden, sodass zu einem späteren Zeitpunkt ein erneutes Commit möglich ist.
- Im Erfolgsfall wird das `UnitOfWork`-Objekt geleert. Alle dortigen Operationen sind erfolgreich ausgeführt worden.

Anschließend muss die Frage geklärt werden, was mit einem Unit-of-Work-Objekt geschehen soll, für das schon ein Commit ausgeführt wurde. Es kann wieder leer sein, also keine geänderten, neuen oder gelöschten Objekte enthalten, oder es muss ein neues Objekt erzeugt werden, mit dem die Registrierung dann wieder von vorn beginnt.

Caller vs. Object Registration

Einige OR-Mapper lassen einem die Wahl. Entweder muss man die einzelnen Objekte selbst registrieren (man nennt das dann *Caller Registration*), oder die Objekte sind intelligent, registrieren sich also selbst, was folgerichtig als *Object Registration* bezeichnet wird.

Die *Caller Registration* ist natürlich flexibler, weil der Aufrufer selbst entscheiden kann, ob eine Änderung nur lokal durchgeführt oder wann eine Änderung dann doch dem UnitOfWork-Objekt übergeben werden soll. Dafür trägt der Caller aber auch die Verantwortung, und es ist auch ein zusätzlicher Schritt notwendig.

Die *Object Registration* ist »sicherer«, weil Änderungen nicht vergessen werden können. Wenn wir z. B. die delete-Methode eines Objekts aufrufen (oder die delete-Methode des Collection-Objekts, dem das Objekt angehört), dann registriert sich das Objekt automatisch selbst, was lediglich in der delete-Methode einmal programmiert werden muss. Wenn das Objekt erneut gelesen wird, verändert sich der Status von (vielleicht) Dirty wieder in Clean.

Dafür müssen wir lediglich die Entitäten-Basisklasse ein wenig modifizieren:

```
public class EntityBase
{
   ...
   protected void registriereAenderung()
   {
      getUnitOfWork().registriereGeaendert(this);
   }
   ...
}
```

Die getUnitOfWork-Methode erstellt ein UnitOfWork-Objekt und legt es z. B. in einem threadlokalen Speicherplatz ab, sodass jeder Thread seinen eigenen Arbeitsbereich hat:

```
public class UnitOfWork
{ ...
private static ThreadLocal lokal = new ThreadLocal();
```

Auf jeden Fall muss die Entscheidung darüber getroffen werden, an welcher Stelle das Objekt registriert werden soll. Bei einem neuen Objekt beispielsweise wäre der Konstruktor so ein Ort. Allerdings verlieren wir auf diese Art und Weise die Möglichkeit, ein Objekt einfach so zu erstellen, ohne es in die Datenbank schreiben zu wollen. Gängige OR-Mapper registrieren die Objekte daher oft erst dann, wenn sie in die Collection aufgenommen werden, wobei eine Collection häufig 1:1 auf eine Tabelle abgebildet ist.

Clean Objects

Bislang haben wir nur Objekte registriert, die verändert, gelöscht oder neu angelegt wurden. Gängige Produkte registrieren aber auch *Clean Objects*, also gerade erst gelesene Objekte, die noch nicht verändert wurden, oder gerade hinzugefügte Objekte, die bereits committet wurden.

Um das umzusetzen, bietet sich ein weiteres Muster, die *Identity Map*, an. Das ist im Wesentlichen eine einfache Datenstruktur, die alle geladenen Objekte anhand eines Schlüssels vorhält, beispielsweise den Primärschlüssel des zugehörigen Datensatzes.

Ist eine solche Struktur vorhanden, kann das Muster um eine Methode erweitert werden, die ein Objekt wieder auf seinen Ursprungszustand zurücksetzt. Das kann explizit erfolgen – oder implizit, wenn das Objekt (erneut) von der Datenbank gelesen wurde. Allerdings könnte man einwenden, dadurch ginge das Unit-of-Work-Konzept verloren; und in der Praxis findet man viele Implementierungen, in denen Änderungen zwar registriert, aber eben nicht mehr »deregistriert« werden können.

Threads

Für gewöhnlich ist es wesentlich einfacher umzusetzen, wenn eine Unit of Work zu jeweils nur einem Thread gehört, die Threads also nicht wechselseitig Objekte registrieren oder lesen. Das leuchtet ein, weil eine Unit of Work ja ein Arbeitsergebnis repräsentiert, das zwar zusammengehört, aber für gewöhnlich aus verschiedenen Aktionen besteht. Die Frage ist daher: Wessen Arbeitsergebnis wird da verwaltet?

6.2 Transaktionen

Das Unit-of-Work-Muster hatte bereits mit einem wichtigen Konzept bei der Verarbeitung von Daten zu tun: Transaktionen. Obwohl Transaktionen kein Muster im engeren Sinne sind, sondern mehr ein Konzept, behandle ich sie hier kurz – als Grundlage für die weiteren Muster in diesem Kapitel.

Eine Transaktion ist eine Folge von Operationen, die nur vollständig oder überhaupt nicht durchgeführt werden. Sie kapselt damit Operationen, die untrennbar zusammengehören.

6.2.1 Teilnehmer an einer Transaktion

Transaktionen in der IT folgen den Transaktionen der Geschäftswelt. Wenn wir ein Auto kaufen, dann sind die Lieferung des Fahrzeugs und die Entrichtung der Kaufsumme untrennbar verbunden: Sie bilden eine Transaktion aus Geschäft und Gegengeschäft. Nicht umsonst ist der Klassiker in der Darstellung einer Transaktion die Überweisung, bei der beide Parteien ja auch wollen, dass das Geld vom einen Konto abgebucht, aber gleichzeitig auch auf das andere Konto eingebucht wird. Es geschieht also beides oder gar nichts, denn es soll weder Geld verlorengehen noch welches durch einen Fehler erzeugt werden.

Für gewöhnlich spricht man von Transaktionen gern im Zusammenhang mit Datenbankensystemen. Da Datenbankensysteme Daten speichern und verarbeiten, ist das natürlich der Paradefall, aber damit sind Transaktionen nicht vollständig beschrieben. An Transaktionen können alle Systeme teilnehmen, die den Regeln einer Transaktion gehorchen. Man kann sie als *Teilnehmer* einer Transaktion bezeichnen oder auch als *(transaktionale) Ressource* und die Verwaltung als *Transaktionsverarbeitung*.

Typische Teilnehmer einer Transaktion sind:

- Datenbanksysteme

  Beispiel: Zwei Datensätze werden beide geschrieben oder eben keiner von beiden.
- Dateisysteme

  Beispiel: Ein bereits erstelltes Dokument wird wieder gelöscht, wenn die Transaktion nicht erfolgreich war.
- Message Queues

  Beispiel: Eine in die Queue eingestellte Nachricht verbleibt dort, wenn der Abholer der Queue selbst an derselben Transaktion teilnimmt und einen Fehler erzeugt.
- Applikationsserver

  Beispiel: Ein Service ruft einen anderen Service auf. Beide Services nehmen an derselben Transaktion teil, und alle Ressourcen, die sie benutzen (z. B. Datenbanken) damit ebenfalls.

Wird eine Transaktion mithilfe einer Software umgesetzt, spricht man auch von einer Systemtransaktion, während die Beantragung des Urlaubs mittels Karteikarte eine reine Geschäftstransaktion wäre. Praktisch ist es aber natürlich so, dass die meisten Transaktionen mit einem Geschäftsvorfall beginnen (der Kunde bestellt z. B. ein Produkt) und zu einer oder mehreren Systemtransaktionen werden (die Mitarbeiterin im Kundenservice erfasst die Bestellung, das Lager richtet die Ware her etc.).

6.2.2 Tugenden

Es gibt einige Merkmale, die Transaktionen möglichst aufweisen sollten, und das wären:

- Sie sollten *kurz* sein. Je länger eine Transaktion andauert, desto länger sind die daran beteiligten Ressourcen gebunden und die darin enthaltenen Operationen im Fluss.
- Sie sollten *eng begrenzt* sein. Je weiter verzweigt eine Transaktion ist (z. B. ein Service ruft einen anderen Service bei einem Geschäftspartner auf), desto mehr Aufwand muss für die Verwaltung der Transaktion getrieben werden und desto ineffizienter ist die Verarbeitung.
- Sie sollten *homogen* sein. Gemeint ist, dass sie z. B. auf einen Datenbankserver begrenzt bleiben. Damit kann der Transaktionsmanager des Datenbankservers die Transaktion vollständig abbilden, was schnell und effizient möglich ist. Sind wei-

tere Parteien im Spiel, egal ob auf demselben Rechner oder weit entfernt, braucht man einen Transaktionsmanager außerhalb, d. h. einen Schiedsrichter, der mit allen beteiligten Parteien klarkommt.

Das Beispiel der Geldüberweisung verstößt gegen alle »Tugenden«. Und natürlich sind vor allem solche Fälle spannend. Aber man kann auch in der Entwicklung einiges dafür tun, um zumindest dem Ideal nahezukommen. So kann man Transaktionen erst spät im Prozess öffnen, also vorher die benötigten Daten sammeln und andere Vorarbeiten erledigen, um die Dauer so kurz wie möglich zu halten.

Der Lohn dafür sind übrigens weniger Probleme und ein höherer Durchsatz.

6.2.3 ACID

Die Abkürzung ACID steht für vier Eigenschaften, die Transaktionen im Speziellen und verteilte Systeme im Allgemeinen aufweisen sollten, wobei die Eigenschaften für Transaktionen zwingend sind. Das ist auch im Geschäftsleben so, auch dann also, wenn überhaupt keine Computer im Spiel sind.

Atomicity – Atomarität

Alle Operationen, die zu einer Transaktion gehören, müssen in Gänze oder dürfen überhaupt nicht ausgeführt werden. Eine Teilausführung muss auf jeden Fall verhindert werden. Lesen Sie dazu auch den folgenden Abschnitt zur Konsistenz.

Das Problem dabei ist, dass die einzelnen Operationen ja nacheinander ausgeführt werden. Es kann also gut sein, dass zehn Operationen erfolgreich waren, die letzte, also die elfte Operation, aber einen Fehler verursacht. Atomarität bedeutet dann, dass die vorherigen zehn Operationen zurückgenommen werden. Ist das nicht möglich, kann das System nicht Teil einer Transaktion werden. So lassen sich E-Mails genauso wenig zurücknehmen wie eine versendete Ware oder ein Ausdruck.

Praktisch gesehen werden die Daten einer Transaktion dafür erst einmal in einen Zwischenbereich geschrieben, im Falle eines Datenbanksystems ist das das Transaktionslog. Erst nach einem Commit werden die Daten dann in die eigentliche Datenstruktur geschrieben.

Consistency – Konsistenz

Wenn der Datenbestand vor einer Serie von Operationen konsistent war, muss er es hernach auch sein. Eine Fremdschlüsselbeziehung verhindert beispielsweise, dass Detail-Datensätze eingefügt werden, zu denen es keinen Master-Datensatz gibt. Einem solchen Versuch würde eine Fehlermeldung folgen, die einen Rollback der Transaktion auslösen würde. Die Normalisierung hilft dabei durch systematische Vermeidung von Redundanz.

Was jeweils konsistent ist, ist eine Frage der Definition. Niemand hindert uns daran, eine Tabelle ohne eine Fremdschlüsselbeziehung anzulegen. Dann liegt das Problem aber aufseiten des Anwenders und nicht mehr aufseiten des Transaktionsmanagers.

Auf jeden Fall dürfen die Daten nach dem Abschluss einer Transaktion (egal ob die Transaktion erfolgreich war oder nicht) nicht beschädigt (korrupt) sein. Das ist sozusagen die Mindestanforderung.

Isolation – Abgrenzung

Zwei Transaktionen sollten voneinander abgeschirmt sein, sodass die eine Transaktion von der anderen nichts mitbekommt und die Transaktionen sich auch nicht gegenseitig beeinflussen – und zwar so lange, bis die Transaktion abgeschlossen ist. In der Praxis wird der Grad der Isolation mithilfe von Isolation Levels vorgegeben (siehe Abschnitt 6.2.7).

Durability – Dauerhaftigkeit

Die Daten müssen nach Abschluss einer Transaktion dauerhaft gespeichert, also permanent sein. Damit wird erreicht, dass das System auch einen Neustart oder einen Absturz überlebt.

Das klingt logisch und ist bei Datenbanksystemen natürlich eine Selbstverständlichkeit. Aber nicht alle Systeme, die Transaktionen verarbeiten, sind Datenbanksysteme. *Microsoft Message Queuing* kann beispielsweise so konfiguriert werden, dass die Nachrichten persistiert werden oder eben nur im Arbeitsspeicher leben.

6.2.4 Ergebnisse einer Transaktion: Commit und Rollback

Eine Transaktion ist eine Einheit. Daher muss zu einem Zeitpunkt auch entschieden werden, ob sie nun erfolgreich war oder nicht – sonst würde sie ja ewig laufen.

Commit

War sie erfolgreich, wird das letzte Kommando innerhalb der Verarbeitung das *Commit* sein, das die Transaktion festschreibt und beendet, was dem »alles« entspricht. Das Commit kann *explizit* erfolgen (durch einen Befehl im Code) oder *implizit*, also z. B. nach der fehlerfreien Ausführung eines SQL-Befehls oder nachdem die letzte Zeile Quellcode in einer Methode ausgeführt wurde. Das kann man häufig einstellen, oder die Technologie gibt das bereits vor. Jedenfalls schreibt das Commit die während der Transaktion verarbeiteten Daten fest.

Bleibt das Commit aus, ziehen viele transaktionsverarbeitende Systeme irgendwann die Reißleine und führen ein Rollback durch. Dafür eignet sich in aller Regel ein

Timeout, der beim Öffnen der Transaktion gestartet wird und innerhalb dessen das Commit stattfinden muss.

Technisch gesehen führt häufig erst ein Commit dazu, dass die betroffenen Daten überhaupt physikalisch geschrieben werden. Bis zu einen Commit verbleiben die Daten in einem »Zwischenbereich«. Im Falle einer Datenbank ist das meistens das *Transaction Log*. Das freilich muss auch persistiert werden, will man die Möglichkeit nicht verlieren, die Transaktion auch nach einem Systemneustart abzuschließen.

Rollback

Die zweite Alternative ist ein *Rollback*. Darunter versteht man das Zurückabwickeln aller innerhalb der Transaktion vorgenommenen Operationen, das »Nichts« sozusagen. Auch ein Rollback kann eine explizite Entscheidung sein (also im Code selbst getroffen werden) oder implizit ausgelöst werden, beispielsweise wenn es in der Verarbeitung zu einer Exception kommt oder ein Deadlock auftritt.

Die technische Seite besteht meist darin, dass die Operationen aus dem Transaction Log entfernt oder entsprechend gekennzeichnet werden. Geschrieben werden müssen sie jetzt jedenfalls nicht mehr.

Savepoints

Manche, aber längst nicht alle Systeme unterstützen *Savepoints*. Darunter kann man »Subtransaktionen« oder Einheiten in einer Transaktion verstehen.

Nehmen wir einmal an, eine Software für die Lagerverwaltung führt eine technische Inventur durch und hat dafür den Lagerbestand aller Artikel für 12 Lager zu errechnen. Nach der Abrechnung jedes Lagers könnte die Software einen Savepoint setzen.

Das hat den Vorteil, dass ein Rollback immer bis zu einem Savepoint möglich ist. Tritt also in Lager 12 ein Fehler auf, können die Abrechnungen der Lager 1 bis 10 dennoch festgeschrieben werden, weil ja nach Lager 10 einen Savepoint gesetzt wurde.

6.2.5 Parallele Transaktionen

Es sind natürlich auch mehrere Transaktionen parallel möglich und auch solche, die auf dieselben Daten bzw. Ressourcen zugreifen.

Man braucht daher einen Mechanismus, wie diese Transaktionen voneinander abgeschirmt werden, denn das Schlimmste für eine Transaktion wäre es, wenn eine andere Transaktion die Daten der ersten Transaktion verändern würde. Chaos wäre die Folge. Diesen Mechanismus gibt es natürlich. Die einfachste Regel ist dabei, dass die Transaktionen vollständig voneinander isoliert werden. Eine zweite Transaktion muss so lange warten, bis die erste Transaktion (die vielleicht eine Millisekunde früher gestartet wurde) beendet wurde.

Der Grad der Isolation lässt sich meist beim Öffnen einer Transaktion angeben. Man nennt ihn *Isolation Level (Isolationsstufe)*. Das beschriebene Verhalten der totalen Isolation entspricht dann dem Isolation Level *Serializable*.

Das ist sicher, aber wir dürfen nicht nur die Schreibseite betrachten, also das Verändern von Daten. In einer Datenverarbeitung werden ja viel häufiger Daten gelesen, zum Beispiel der aktuelle Rabatt eines Kunden, um daraufhin den Rechnungsbetrag zu ermitteln. Was aber, wenn gerade dieser Rabattsatz in einer zweiten Transaktion verändert wird? Soll dann der alte Satz angezeigt werden (was nicht richtig ist) oder aber der neue Satz (was aber auch nicht richtig ist, es könnte ja ein Rollback stattfinden). Serializable löst das Problem, indem es das Lesen des Rabattsatzes verbietet, was aber alle Systeme blockiert, die den Satz eben gerade jetzt brauchen.

Und da macht es schon einen Unterschied, ob der Rabattsatz eben zur Berechnung des Rechnungsbetrags benötigt wird (da kann das Blockieren akzeptabel sein) oder aber ob ein Bericht auf die Daten zugreift (da wird es vermutlich egal sein, ob schon die neuen, aber noch nicht committeten Daten drinstehen, Hauptsache der Bericht kommt zustande).

6.2.6 Mögliche Probleme paralleler Transaktionen

Das Beispiel von eben zeigt bereits das erste Problem: *Lost Updates*. Bevor wir die einzelnen Probleme besprechen, lassen Sie mich bitte eine Sache anmerken: Probleme wie die hier beschriebenen sind keine Ausnahmen, sondern in vielen, vielen Softwaresystemen rund um den Globus der Standard – weil sie nicht oder nicht adäquat gelöst werden. Dass die Welt dennoch nicht zusammenbricht, mag die folgenden Gründe haben:

- Die Probleme sind meist selten, weil es eben selten vorkommt, dass sich zwei Transaktionen, die noch dazu oft von kurzer Dauer sind, mit denselben Daten beschäftigen.
- Viele Probleme werden nie bemerkt. Wer kann in einem Bericht mit Tausenden von Zahlen schon sagen, welche davon durch ein *Phantom Read* (siehe weiter hinten) zustande kam?
- In besonders kritischen Anwendungen (einer Software für den Handel mit Aktien beispielsweise) wird das Problem sicher sorgfältiger behandelt.

Lost Updates

Zu einem *Lost Update (verlorenen Update)* kommt es, wenn zwei Transaktionen dieselben Daten ändern, aber die Änderungen der ersten Transaktion durch die zweite Transaktion später überschrieben werden.

Wenn Sie so wollen, dann sind Lost Updates das Standardverhalten, wenn man sich um Transaktionen überhaupt nicht kümmert. Ein Beispiel: Francis öffnet einen Kunden und nimmt dort Änderungen vor. Währenddessen öffnet Charlotte denselben Kunden und ändert ebenfalls etwas daran. Francis speichert; seine Änderungen werden folgerichtig in die Datenbank übertragen. Dann erst speichert Charlotte und überschreibt auf diese Weise die Änderungen des ersten Anwenders – ungewollt und ohne, dass dieser davon etwas mitbekäme.

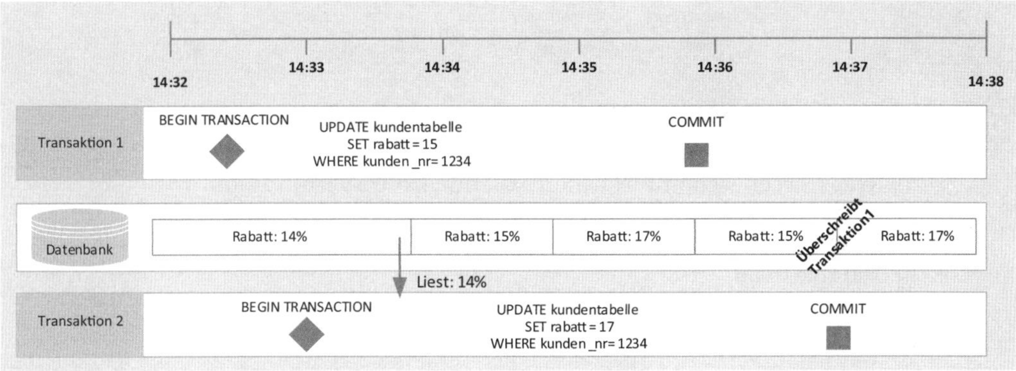

Abbildung 6.2 Lost Update im Beispiel

Die Datenbankseite zeigt in Abbildung 6.2 übrigens auch die Zwischenzustände an, zur besseren Illustration.

Das ist nun wirklich unschön, aber zum Glück durch diese Isolation Levels leicht zu vermeiden:

- Read Committed
- Repeatable Read
- Serializable

Dirty Reads

Wenn der Bericht falsche Daten zeigt (also den neuen Rabattsatz des Kunden, bevor die Transaktion abgeschlossen wurde), nennt man das einen *Dirty Read*, also das Lesen von schmutzigen Daten. Daten einer noch nicht abgeschlossenen Transaktion werden in einer anderen Transaktion abgerufen, also gelesen (siehe Abbildung 6.3).

Dirty Reads können problematisch werden, wenn man mit diesen Daten weiterarbeitet – wie im Beispiel daraus also einen Betrag errechnet oder wenn aus diesen Daten Entscheidungen abgeleitet werden, die sich im Nachhinein als falsch herausstellen, weil diese Daten wegen eines Rollbacks nie festgeschrieben wurden.

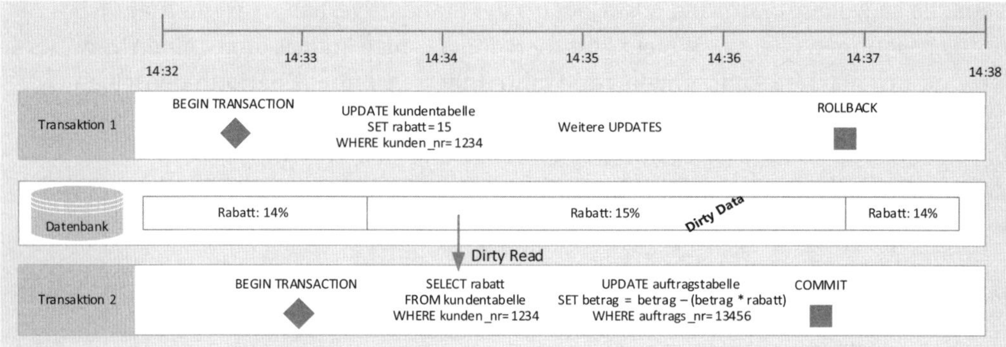

Abbildung 6.3 Dirty Read im Beispiel

Dirty Reads lassen sich mit fast allen Isolation Levels verhindern:

- Read Committed
- Repeatable Read
- Serializable

Non-Repeatable Reads

Der Name sagt es schon, geht es um Lesevorgänge, die so nicht wiederholt werden können – wenn also innerhalb derselben Transaktion derselbe Lesevorgang zwei verschiedene Ergebnisse zurückliefert (siehe Abbildung 6.4).

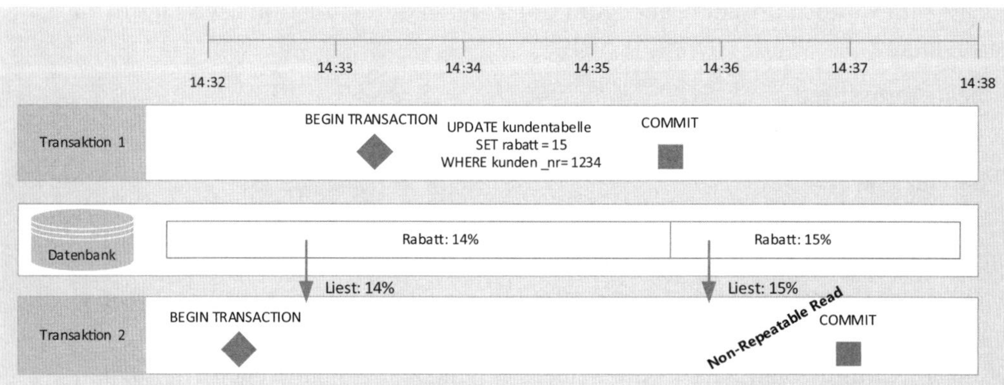

Abbildung 6.4 Non-Repeatable Read im Beispiel

Das ist die einfachste Form. Während die Transaktion 2 läuft, verändert Transaktion 1 die soeben gelesenen Daten. Das erneute Lesen führt daher zu einem anderen Ergebnis. Im Beispiel ist kein Dirty Read im Spiel, die beiden Lesevorgänge lesen jeweils Daten, die committet wurden. Aber die beiden Probleme, *Non-Repeatable Read* und *Dirty Read*, können auch im Doppelpack auftreten.

Es gibt auch komplexere Beispiele, wenn z. B. T1 eine Reihe von Datensätzen löscht und diese dabei aufsummiert, T2 aber währenddessen einen davon verändert, sodass die Summe nicht mehr stimmt.

Non-Repeatable Reads sind schon eine Gangart schwieriger zu lösen, aber auch gegen dieses Problem ist ein Kraut gewachsen, und zwar in Form dieser Isolation Levels:

- Repeatable Read
- Serializable

Phantom Reads

Ein Phantom ist ein Trugbild, also etwas, das scheinbar auftaucht, um kurz später wieder zu verschwinden. So verhält es sich auch beim *Phantom Read*. Gemeint ist, dass eine Transaktion mit einer Suchabfrage arbeitet, also eine Menge von Datensätzen selektiert, die der WHERE-Bedingung dieser Suchabfrage entsprechen. Währenddessen fügt eine zweite Transaktion einen Datensatz ein, der ebenfalls der WHERE-Bedingung entspricht. Eine erneute Abfrage der ersten Transaktion mit derselben WHERE-Bedingung ergibt nun ein anderes Suchergebnis. Es hat sich ein Phantomdatensatz eingeschoben (siehe Abbildung 6.5).

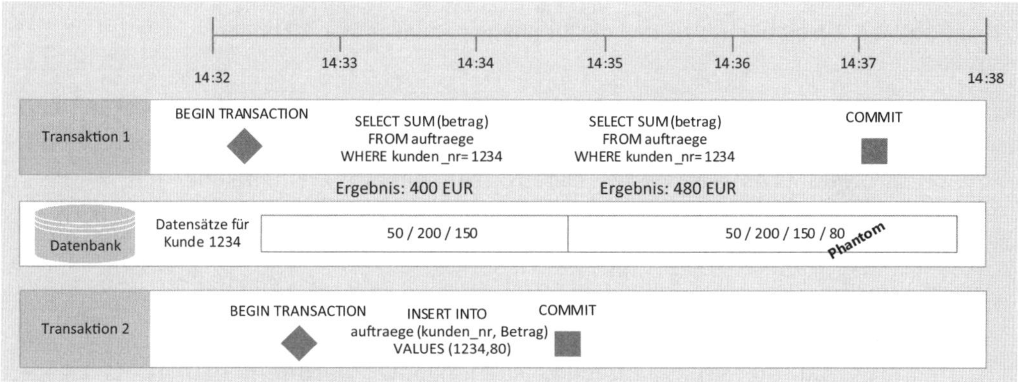

Abbildung 6.5 Phantom Read im Beispiel

Das Problem unterscheidet sich von dem des Non-Repeatable Reads in der Art der Statements, die solche Probleme verursachen. Bei Non-Repeatable Reads ist es UPDATE, bei Phantom Reads sind es INSERT und DELETE, die sie verursachen. Auch beides in Kombination ist natürlich möglich und auch das Lesen von Daten, die noch nicht committet wurden, also Dirty Reads.

Phantom Reads können besonders lästig sein, wenn Aggregate gebildet werden, wenn also zum Beispiel die Anzahl aller Bestellungen durch die Anzahl aller Rücksendungen dividiert wird. Phantomdatensätze können dann dazu führen, dass falsche Quotienten und damit falsche Kennzahlen errechnet werden.

Phantom Reads sind noch schwieriger zu vermeiden als Non-Repeatable Reads, weil nicht nur eine feste Zahl an Datensätzen betroffen ist, sondern ein ganzer Bereich (Range), also alle Datensätze, die einem Suchkriterium entsprechen.

Entsprechend gibt es nur eine Lösung: die Auswahl von Serializable als Isolation Level.

Zusammenfassung

Tabelle 6.1 zeigt noch einmal alle Probleme und die zugehörigen Isolation Level im Überblick.

Isolation Level	Lost Update	Dirty Read	Non-Repeatable Read	Phantom Read
Read Uncommited	Ja	Ja	Ja	Ja
Read Committed	Nein	Nein	Ja	Ja
Repeatable Read	Nein	Nein	Nein	Ja
Serializable	Nein	Nein	Nein	Nein

Tabelle 6.2 Isolation Levels und die Probleme paralleler Transaktionen

Wie die Systeme diese Probleme lösen, hängt also vom Isolation Level ab. Die Lösungen sind naheliegend: durch das Sperren (also durch exklusive Schreibsperren oder durch Lesesperren) einzelner Datensätze oder ganzer Bereiche. Ich werde in Abschnitt 6.8, »Pessimistisches Sperren«, noch etwas näher darauf eingehen.

Deadlocks

Ein Deadlock entsteht, wenn zwei Transaktionen auf die Sperre einer Ressource warten, die gerade die jeweils andere Transaktion hält. Unternimmt man nichts dagegen (entweder manuell oder das System tut das), geht das so für immer weiter.

Ein Deadlock ist in drei Schritten schnell erzeugt:

1. Zuerst benötigen wir zwei Tabellen mit je einer Datenzeile, also zwei Ressourcen:

```
CREATE TABLE dbo.Tabelle1 (id INT)
INSERT dbo.Tabelle1 SELECT 1

CREATE TABLE dbo.Tabelle2 (id INT)
INSERT dbo.Tabelle2 SELECT 1
```

2. Anschließend öffnen wir eine Transaktion und sperren darin die Datenzeile in Tabelle1, indem wir den dortigen Wert ändern. Die Transaktion wird zwar geöffnet, aber nicht explizit geschlossen – daher läuft sie zuerst einmal weiter und hält damit auch die Sperre weiter.

```
BEGIN TRAN
UPDATE Tabelle1 SET id=1
```

3. Anschließend brauchen wir eine zweite Transaktion, die erst einmal den Datensatz in Tabelle2 blockiert und dann versucht, den Wert des Datensatzes in Tabelle1 zu ändern. Das schlägt natürlich fehl, weil der Datensatz von Tabelle1 ja gerade von der ersten Transaktion gesperrt ist.

```
BEGIN TRAN
UPDATE dbo.Tabelle2 SET id = 1
UPDATE dbo.Tabelle1 SET id = 1
```

4. Bis jetzt hält jede Transaktion eine Sperre, und die zweite Transaktion wartet darauf, die Sperre von Transaktion 1 zu erhalten. Für einen waschechten Deadlock müssen wir jetzt noch in der Transaktion 1 auf die Sperre warten, die Transaktion 2 hält:

```
UPDATE dbo.Tabelle2 SET id=1
```

Abbildung 6.6 zeigt die Situation im Überblick:

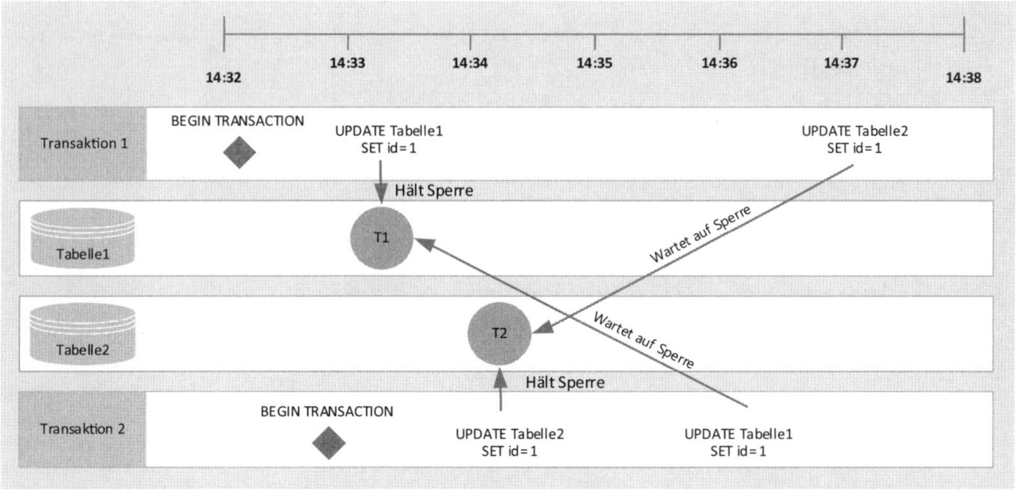

Abbildung 6.6 Die Deadlocks zwischen Transaktion 1 und 2

Jede Transaktion wartet jetzt darauf, dass sie die Sperre erhält, die die jeweilige andere Transaktion hält.

Der SQL-Server merkt das und quittiert den Deadlock:

```
Meldung 1205, Ebene 13, Status 45, Zeile 4
Die Transaktion (Prozess-ID 56) befand sich auf Sperre Ressourcen aufgrund eines
anderen Prozesses in einer Deadlocksituation und wurde als Deadlockopfer ausgewählt.
Führen Sie die Transaktion erneut aus.
```

Das Wort »Opfer« sagt es schon: Eine der beiden Transaktionen wird abgebrochen, hier übrigens die zweite Transaktion. Das mag fachlich Sinn machen oder nicht. Wir können vom Transaktionssystem des SQL-Servers nicht erwarten, dass es eine für uns sinnvolle Entscheidung trifft – es bereinigt die Situation, und gut.

Besser ist es da schon, Deadlocks zu vermeiden oder wenigstens zu minimieren. Das gelingt, indem der Überkreuzzugriff vermieden wird, also durch

- den Zugriff auf die Ressourcen in immer derselben Reihenfolge.
- einen deterministischen Ablauf, also die immer gleiche Ausführung. Das bedeutet auch, dass Benutzereingriffe unterbleiben sollten.
- das Kurzhalten von Transaktionen, was die Wahrscheinlichkeit eines Deadlocks statistisch gesehen deutlich verringert.
- das Verwenden eines großzügigeren Isolation Levels, um Sperren durch Leseoperationen zu vermeiden.
- den Einsatz von optimistischem statt pessimistischem Sperren.
- das Zusammenfassen von Operationen in weniger Transaktionen.

Praxisbeispiel

Ich verwende für den Lesebetrieb einer Datenbank, also die gesamten Reports, gern eine eigene Datenbank – oder besser gesagt eine Replik der Produktionsdatenbank. Diese Replik läuft noch dazu auf einem eigenen Server, um Last vom Produktionssystem zu nehmen.

Auf diese Weise verursachen Leseoperationen im Produktionssystem überhaupt keine Sperren, was auch zu selteneren Deadlocks führt.

6.2.7 Isolation Levels

Wir haben also meist die Wahl zwischen einigen Optionen, die sich von System zu System unterscheiden. Im SQL-Server geschieht das z. B. mit diesem Befehl:

```
SET TRANSACTION ISOLATIONLEVEL READ COMMITTED;
```

Er kennt übrigens (in der Version 2014) sechs verschiedene Levels. Ich beschreibe hier die vier Levels, die von praktisch allen Systemen (auch dem SQL-Server) unterstützt werden und die Sie auch als Lösung der oben aufgeführten Probleme anwenden können. Sie haben ihren Ursprung ja, wie könnte es anders sein, in SQL.

Read Uncommitted

Dieser Isolation Level löst überhaupt keines der Probleme, meist indem überhaupt keine Sperren verwendet werden. Das klingt schlecht, kann aber recht nützlich sein. Wir müssen uns klarmachen, dass der Isolation Level *pro Transaktion* angegeben wird.

Während eine Transaktion, die Daten verarbeitet, also beispielsweise die Isolationsstufe *Read Committed* haben kann, können wir für eine andere Transaktion, zum Beispiel eine komplexe Abfrage, in geeigneten Fällen durchaus *Read Uncommitted* verwenden.

Geeignete Fälle sind:

- Komplexe Nur-Leseoperationen, die viele Datensätze betreffen, eine vielleicht komplexe WHERE-Bedingung haben oder Aggregate über viele Datensätze bilden

  und

- bei denen es egal ist, ob dort vereinzelte Phantomdatensätze oder noch nicht gespeicherte Werte auftauchen.

Welchen Unterschied macht es schon bei einer Summierung der Umsätze im letzten Jahr, ob gerade in diesem Moment ein weiterer Auftrag fakturiert wird, aber noch nicht committet wurde? Unter Umständen keinen – dann kann man über diesen Isolation Level nachdenken. Er hat den Charme, völlig unabhängig gegenüber Sperren zu sein, was das Reporting doch sehr erleichtert, das ja häufig mit vielen Datensätzen arbeitet, von denen potenziell doch einige im Moment der Abfrage betroffen sein können.

Read Committed

Der Standard im SQL-Server, wenn Sie beispielsweise eine Sitzung im dortigen Management Studio öffnen, ist *Read Uncommitted*. Für gewöhnlich werden dabei beim Schreiben exklusive Sperren verwendet, was das Verlorengehen von Updates unmöglich macht. Beim Lesen werden nur kurze Lesesperren gesetzt, was Dirty Reads verhindert, weil diese Sperre nur dann erteilt wird, wenn keine andere Transaktion den Datensatz exklusiv zum Schreiben gesperrt hat.

Den »Standard« (also den Isolation Level, der gilt, wenn nichts angegeben wird) definiert jedes System selbst. Auch wenn der SQL-Server *Read Committed* als Standard definiert: Transaktionen, die beispielsweise in .NET geöffnet werden, zum Beispiel mit diesen Zeilen

```
using(TransactionScope scope = new TransactionScope())
{
   //Verrichte Arbeit
   scope.Complete();
}
```

haben im Standard den Isolation Level *Serializable* – und damit auch alle Datenzugriffe, die innerhalb der Transaktion geschehen.

Repeatable Read

Der Name verrät: Dieser Isolation Level verhindert *Non-Repeatable Reads*, üblicherweise indem er beim Lesen ein umfangreicheres Locking verwendet, also die Lesesperren länger hält, und das für die gesamte Ergebnismenge. Auf diese Weise erhalten andere Transaktionen, die zwischenzeitlich einen so lesegesperrten Datensatz verändern wollen, keine exklusive Schreibsperre zugeteilt, können seine Werte also nicht mehr ändern. Ein erneutes Lesen derselben und immer noch gesperrten Datensätze wird also dasselbe wiederholbare Ergebnis liefern. Beim Schreiben werden auch hier wiederum exklusive Sperren gesetzt.

Serializable

Die strengste Isolation ist *Serializable*. Vereinfacht gesagt führen zwei Transaktionen, die in dieser Isolationsstufe laufen, zu genau demselben Ergebnis, als würden sie nacheinander ablaufen. Da geht nichts verloren, es werden keine Interimsdaten gelesen, und überhaupt ist jede Beeinflussung untereinander ausgeschlossen.

Das geschieht nur um den Preis umfangreicher Sperren, so werden häufig ganze Datenbereiche gesperrt, die der WHERE-Bedingung entsprechen. Auf diese Weise können andere Transaktionen in diesem Bereich keine Datensätze hinzufügen oder löschen, was Phantom Reads verhindert, und können auch sonst keine Änderungen vornehmen.

Im Ergebnis wird also die Sicherheit auf Kosten der Fähigkeit zur gleichzeitigen Verarbeitung (*Concurrency*) erhöht.

Lock Escalation

Was da übrigens gesperrt wird, muss kein Datensatz sein – das Datenbanksystem entscheidet selbst über die richtige Granularität. Das können Zeilen, Seiten oder ganze Tabellen sein – oder etwas völlig anderes.

Der Transaktionsmanager wird dabei nicht wahllos vorgehen, sondern versuchen, die Ebene der Sperren so klein wie möglich zu halten. Allerdings wird er auch den Zeitverlauf berücksichtigen und aus kleineren Sperren größere Sperren machen, wenn er glaubt, dass Sicherheit und/oder Performance das erforderlich machen. Diesen Prozess, eine Sperre auszudehnen, nennt man *Lock Escalation*. Die Algorithmen sind für gewöhnlich kompliziert und jedes System hat seine eigenen.

6.2.8 Verteilte Transaktionen

Interessant werden Transaktionen, sobald mehr als ein Teilnehmer beteiligt ist und die Teilnehmer zudem noch auf verschiedenen Computern laufen: Willkommen in der wunderbaren Welt der verteilten Transaktionen. Das Beispiel von oben, die Überweisung eines Geldbetrages, ist übrigens ein Beispiel für eine verteilte Transaktion.

Eine verteilte Transaktion macht aus einer Transaktion mehrere Teiltransaktionen, die dann jeweils auf einem eigenen System laufen. Folglich braucht es dann jemanden, der über den Dingen steht: einen *Transaction Coordinator* wie den *Distributed Transaction Coordinator*, einen altgedienten Systemdienst von Windows. Seine Aufgabe ist es, das sogenannte *Commit-Protokoll* umzusetzen. Das bekannteste Protokoll ist das standardisierte *Zwei-Phasen-Commit-Protokoll* (*Two Phase Commit*; siehe Abbildung 6.7).

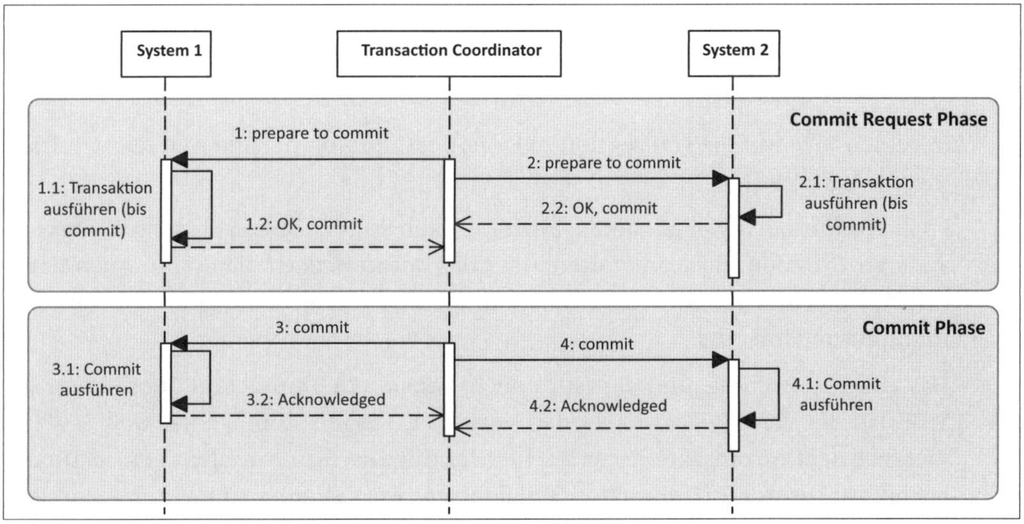

Abbildung 6.7 Das Two-Phase-Commit-Protokoll im Erfolgsfall

Die Funktionsweise:

- Der Transaction Coordinator schickt an alle Teilnehmer, die an der Transaktion beteiligt sind, eine *prepare to commit*-Nachricht.
- Daraufhin führen diese jeweils ihre Transaktionen aus, und zwar bis zu dem Punkt, an dem entweder ein *commit* oder ein *rollback* erforderlich wird. Dazu wer-

den die Teilnehmer lokal Logs führen, eine Art Zwischenspeicher bzw. Undo-Mechanismus.

- Die Teilnehmer melden jeweils das Ergebnis ihrer (Teil-)Transaktion, also entweder ein *commit* oder aber ein *failed*.

Variante 1 – Commit:

- Waren alle Teilnehmer erfolgreich (*commit*), dann schickt der Coordinator das Endergebnis, also *commit*, an alle Teilnehmer.
- Die Teilnehmer finalisieren daraufhin ihre Transaktionen, geben also ihre Sperren frei und räumen auf.
- Am Ende ihrer Arbeit melden die Teilnehmer das dem Coordinator mittels einer *Acknowledged*-Nachricht zurück.

Variante 2 – Failed:

- Hat wenigstens ein Teilnehmer ein *failed* an den Coordinator geschickt, dann muss die gesamte Transaktion zurückgespult werden. Dazu schickt der Coordinator eine *abort*-Nachricht an alle Teilnehmer.
- Die Teilnehmer führen ein *rollback* durch.
- Das wiederum bestätigen sie dem Coordinator mittels einer *acknowledged*-Nachricht.

In beiden Fällen ist die Transaktion zu Ende, der Coordinator kann nun selbst aufräumen.

Freilich kann noch viel passieren: Einzelne Teilnehmer können abstürzen oder aus anderen Gründen nicht antworten, oder das *acknowledged* bleibt aus. Auch dafür kennt das Protokoll bzw. die jeweilige Implementierung Lösungen, üblicherweise mithilfe von Timeouts.

Das klingt aufwendig, und das ist es auch. Sobald ein Transaction Coordinator im Spiel ist, der verteilte Transaktionen verwaltet, steigen Komplexität und Laufzeit merklich an. Da Transaktionen manchmal automatisch zu verteilten Transaktionen hochgestuft werden (*Transaction Management Escalation*), ist einem das Problem zur Designzeit nicht immer bewusst.

6.3 Datentransferobjekt (DTO)

Das Datentransferobjekt, DTO, ist ein Muster, das überwiegend in verteilten Umgebungen zum Einsatz kommt. Der Name sagt eigentlich schon alles: Es geht um ein Objekt, das Daten von einem Empfänger zu einem Ziel überträgt.

6.3.1 Steckbrief

Deutscher Name: Datentransferobjekt
Englischer Name: Data Transfer Object (DTO)
Gruppe: Datenmuster

6.3.2 Beschreibung

In einer herkömmlichen Objekt-zu-Objekt-Kommunikation verwenden wir häufig elementare Datentypen und elementare Methoden, wie beispielsweise die folgenden Setter-Methoden zum Ändern von Produktdaten:

```
public void setProduktNo(int produktNo);
public void setProduktName(String produktName);
public void setProduktPreis(float preis);
```

In Kapitel 5, »Muster verteilter Architekturen«, gehe ich unter anderem auf die »8 Fallacies of Distributed Computing ein«, also die Trugschlüsse, die wir Anhänger der objektorientierten Entwicklung häufig ziehen, wenn wir es plötzlich nicht mehr mit lokalen Objekten, sondern mit verteilten Systemen zu tun haben. Dort heißt es beispielsweise: *Die Latenzzeit ist (nicht) 0.*

Anders gesagt: Wenn wir ein Produkt ändern wollen, können wir zwar lokal drei Methoden aufrufen, nicht aber remote. Das würde dazu führen, dass die eigentliche Arbeit nur einen Bruchteil der Zeit in Anspruch nimmt, die für den Verbindungsaufbau, die Kommunikation, die Übermittlung der Daten, die Sicherung der Übertragung usw. aufgewendet werden muss. Kurz gesagt: Die Latenzzeit nimmt überhand, und unsere Anwender warten, während sich das System im Wesentlichen mit sich selbst beschäftigt.

Wenn wir also kein lokales Objekt, sondern eine Fassade verwenden (also ein System, das uns mit einem entfernten System verbindet), dann brauchen wir eine andere Lösung. Und diese Lösung heißt *Data Transfer Object (DTO)*.

Ein DTO ist ein Objekt, das mehrere Daten auf einmal von einem zum anderen Ende überträgt. Anstelle also immer nur wenige, elementare Daten zu übertragen, schicken wir gleich das gesamte Produktobjekt vom Sender zum Empfänger. Damit fällt die Latenzzeit nur einmal an, und der Empfänger kann alle Daten innerhalb des Objekts auf einmal verarbeiten. Der Trick besteht also darin, mithilfe eines DTO die Granularität zu erhöhen, an die Stelle von vielen kleinen Aufrufen mit wenigen Daten also einen Aufruf mit vielen Daten zu setzen, den DTOs.

Eigentlich sind die meisten DTOs nichts anderes als simple Objekte mit einigen Feldern und den zugehörigen Gettern und Settern oder Eigenschaften, je nach verwendeter Sprache.

UML

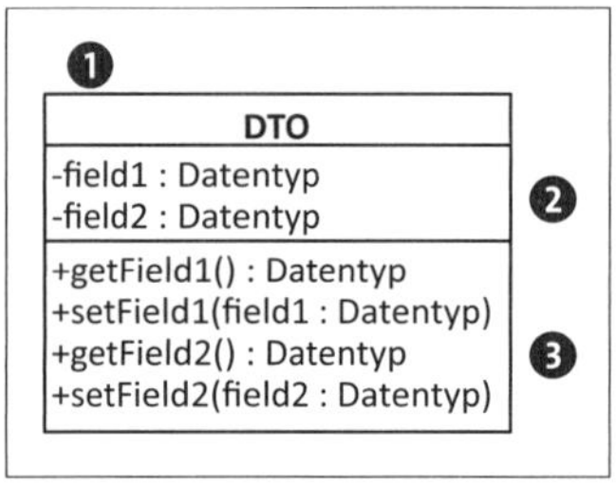

Abbildung 6.8 Das Data-Transfer-Object-Muster in UML

Erläuterungen

Nr.	Erläuterung
❶	Pro DTO gibt es eine Klasse, die so benannt wird, wie es die Aufgabenstellung erfordert (also z. B. `Bestellung` oder `KundenAnlageAnforderung`).
❷	Das DTO hat mehrere Felder, in denen die Informationen stecken, die mit dem DTO transportiert werden sollen.
❸	Getter und Setter sind eigentlich kein Bestandteil des DTO, für den Zugriff (vor allem unter Java) aber gebräuchlich. Sie werden beim Serialisieren ignoriert, nur die Daten werden serialisiert.

Tabelle 6.3 Die Akteure des DTO-Musters

6.3.3 Anwendungsfälle

Der Einsatz von DTOs lohnt sich, wenn

- die Latenzzeit hoch ist, also möglichst wenige, dafür aber möglichst hochwertige Aufrufe angestrebt werden.
- in einem Aufruf mehrere Informationen übertragen werden sollen, die sich aber auch zusammenfassen lassen.
- Aufrufer und Aufgerufener weiter entfernt sind, die Kommunikation also z. B. über ein Netzwerk läuft.

Darüber hinaus gibt es Technologien, die auf Nachrichten basieren und daher fast zwangsläufig DTOs erfordern, Message Queuing beispielsweise.

Nachteile sind,

- dass unter Umständen zu viele Daten übertragen werden, was durch den Vorteil der eingesparten Latenzzeit mehr als ausgeglichen werden sollte.
- dass DTO neue Klassen erfordert, die erst einmal erstellt werden müssen und die häufig dieselben Daten beinhalten wie die Domänenklassen. Es gibt also häufig ein gewisses Maß an Redundanz.
- dass Serialisierung und Deserialisierung Zeit und andere Ressourcen kosten, vor allem wenn die zu übertragenden Objekte groß und komplex sind.

6.3.4 Implementierung

In den wohl allermeisten Fällen werden Sie keine eigene Implementierung vornehmen, sondern auf Standards setzen. Daher folgen hier ein kleines Beispiel aus der Welt der *Windows Communication Foundation* (WCF) und einige praktische Tipps.

Microsofts SOA-Technologie WCF verwendet meistens den `DataContractSerializer`, der Auszeichnungen durch Attribute erwartet.

Das DTO für eine Bestellung sieht dann z. B. so aus:

```
[DataContract]
public class Bestellung
{
   [DataMember]
   public string Bestellkennzeichen;
   [DataMember]
   public int Menge;
   [DataMember]
   public string Produkt;
}
```

Listing 6.3 Das Data Transfer Object »Bestellung«

Der Serializer macht daraus das folgende XML-Konstrukt:

```
<Bestellung xmlns="http://schemas.datacontract.org/2004/07/Einkauf"
 xmlns:i="http://www.w3.org/2001/XMLSchema-instance">
  <Bestellkennzeichen>BKZ1001</Bestellkennzeichen>
  <Menge>100</Menge>
  <Produkt>Braeburn Apfel</Produkt>
</Bestellung>
```

Das geschieht hinter den Kulissen, aber es ist auch möglich, den Serializer von Hand zu starten.

Beim Design von DTOs sollten Sie einige Dinge beachten. Zu einigen finden Sie im nächsten Abschnitt noch weitere Informationen.

- Verwenden Sie als DTO nur dann die Klassen Ihrer Domäne, wenn diese auch dafür geeignet sind, also nicht zu viele Informationen enthalten und nicht zu weit verzweigt sind. Ansonsten erstellen Sie am besten neue Klassen.
- Verwenden Sie möglichst nur elementare, primitive Datentypen, die sich sauber und einfach serialisieren lassen.
- Sofern es die Technologie zulässt, sollten Sie ein einfaches, effizientes Serialisierungsformat wählen, das wenige Ressourcen kostet.
- Achten Sie auf Versionierung, also darauf, was passiert, wenn sich Service und DTO unabhängig voneinander entwickeln.
- Verwenden Sie möglichst keinerlei Spezifika der Programmiersprache. Denken Sie daran, dass am Ende Datenströme herauskommen und kein Code.
- Passen Sie das DTO möglichst genau an den Verwendungszweck an, dafür ist es ja gemacht.

6.3.5 Weitere Überlegungen und Alternativen

Es scheint nicht viel hinter diesem Muster zu stecken, aber das täuscht ein wenig. Sehen Sie selbst.

DTO != Domänenobjekt

Die DTOs scheinen wie Domänenobjekte zu sein. In vielen Fällen wird es aber nicht möglich sein, Domänenobjekte für den Datenaustausch zu verwenden, und zwar aus folgenden Gründen:

- Domänenobjekte sind häufig viel zu komplex, und/oder sie enthalten Details, die nur lokal Sinn machen oder sogar sicherheitskritisch sind.
- Außerdem enthalten sie viele Referenzen auf andere Objekte, sind also mitunter stark untereinander vernetzt, sodass man eigentlich ein ganzes Netzwerk an Objekten übertragen müsste.
- Sie enthalten häufig Datentypen, die sich nicht oder schlecht zur Serialisierung eignen. Ein Beispiel wäre das Dictionary, ein assoziativer Datenspeicher in .NET.
- Außerdem verwenden sie natürlich lokale Konstrukte, wie z. B. die Sichtbarkeit, für die es in der interoperablen Welt keine Entsprechung gibt.

DTOs werden also zielgerichteter sein und für gewöhnlich nur elementare Datentypen enthalten. Sie können selbst weitere Listen beinhalten, sodass sich ein Graph ergibt. Allerdings werden sie keine Referenzen auf andere Objekte halten. Kurz: DTOs werden für ihren Einsatzzweck designt und Domänenobjekte nicht dafür zweckentfremdet. Es gilt aber auch: Ausnahmen bestätigen die Regel.

Interoperabilität und DTO-Beschränkungen

DTOs werden häufig für eine verteilte Kommunikation eingesetzt und verteilte Umgebungen sind häufig solche, in denen verschiedene Systeme verschiedener Hersteller beteiligt sind. Ein WCF-Service spricht mit einem Webservice, der unter Java entwickelt wurde, und dieser wiederum ruft Funktionen auf einem Webservice auf, der mit PHP entwickelt wurde. Die DTOs müssen von allen Parteien verstanden werden.

Darüber hinaus müssen sie sich natürlich auch fehlerfrei serialisieren und auf der Empfängerseite deserialisieren lassen.

Tabu sind daher:

- komplexe Datenstrukturen, die gar nicht serialisierbar sind oder zu wahren Datenmonstern mutieren

  Beispiel: Das `DataSet` in .NET wird bei zwei Spalten und zwei Datensätzen zu einem XML mit 36 Zeilen.

- Generics

  Generics sind nun wirklich Konstrukte der lokal verwendeten Programmiersprache. WCF löst diese z. B. auf und erstellt für jeden konkreten Typ eine eigene DTO-Klasse, weshalb Sie diese in DTOs auf jeden Fall vermeiden sollten.

- Vererbung

  DTOs, die voneinander erben, sind wenigstens problematisch, aber nicht in jedem Fall tabu: Es kommt auf die Technologie und das Format an. WCF beherrscht das und kennt dafür das `[KnownType]`-Attribut, aber auch für JSON gibt es Möglichkeiten. Dennoch gilt: Wo immer möglich, sollten Sie darauf verzichten.

- Methoden, Eigenschaften etc.

  Übertragen werden Daten, die sich serialisieren lassen. Code (also Methoden, Eigenschaften, private Variablen und dergleichen) hat in einem DTO daher nichts zu suchen. Das Beste, was dabei passieren kann, ist, dass der verwendete Serialisierer den Code einfach ignoriert. Eine Ausnahme können Setter- und Getter-Methoden sein.

- Allzu spezifische Informationen

  Beispiel: Für die Darstellung des Datums oder der Zeit gibt es ganz verschiedene Möglichkeiten und Formate, auf die sich Sender und Empfänger erst einmal einigen müssen. Dasselbe gilt für binäre Dateien, also beispielsweise Bilder, die z. B. BASE64-codiert transportiert werden können.

- Monsterdaten

  Das Serialisieren und Deserialisieren kosten nicht nur Zeit und Rechenkapazität, die meisten Systeme beschränken auch die Nachrichtengrößen, und das DTO ist ja Teil der zu übermittelnden Nachricht vom Sender zum Empfänger. Man muss also gut nachdenken, ob Bilddateien oder andere Dateien über das DTO übertragen werden können oder lieber auf anderem Wege den Empfänger erreichen sollten.

Das sollen aber nur Richtlinien sein. Nicht immer ist es schlecht, wenn als DTO komplexere Recordsets übergeben werden, erst recht, wenn Client und Server sich kennen und Interoperabilität keine große Rolle spielt.

Ein DTO pro Aufruf vs. geteilte DTOs

In einigen Systemen begegnet man Methoden wie den folgenden:

```
public CustomerUpdateResponse updateCustomer(UpdateCustomerRequest request);
```

Hier sind zwei DTOs im Spiel: `CustomerUpdateResponse` und `UpdateCustomerRequest`. Die Benennung deutet schon darauf hin, dass sie ausschließlich für diese eine Methode, für diesen einen Anwendungsfall zu gebrauchen sind. Alternativ dazu können wir DTOs auch für verschiedene Szenarien verwenden, also teilen.

Im Grunde läuft die Entscheidung auf die Frage hinaus, welche Gemeinsamkeiten z. B. die verschiedenen Serviceaufrufe haben, ob es sich also lohnt, DTOs zu teilen.

Ich persönlich teile gerne DTOs, wo immer es möglich ist, weil ich kein Freund von stupider, unreflektierter Logik bin. Und die Logik »Jede Methode bekommt ihre eigenen DTOs« ist ziemlich stupide. Aber wenn eine Methode ganz eigene Daten benötigt, spricht andererseits auch überhaupt nichts dagegen, nur für diese eine Methode ein eigenes DTO zu erstellen.

Manchmal sind Übergabe- und Rückgabetypen auch dieselben, wie in diesem Beispiel:

```
public Customer createNewCustomer(Customer customer);
```

Der Service könnte in diesem Beispiel den Kunden, den er anlegen soll, über das `Customer`-Objekt erhalten und dort z. B. die Kundennummer, die erst während des Anlegens erstellt wird, ergänzen und in demselben Objekt wieder zurückgeben. Das setzt voraus, dass man die Datenstrukturen nicht *immutable* macht, also Änderungen auch nach der Übertragung zulassen möchte.

Ich verwende dafür gern DTOs, die voneinander abgeleitet sind, wo immer die Technologie das sauber unterstützt:

```
public class CustomerRequest
{
   public string Name;
   public string Vorname;
   ...
}
```

Und:

```
public class Customer extends CustomerRequest
{
   public int KundenNr;
}
```

Der Aufruf von oben wäre dann:

```
public Customer createNewCustomer(CustomerRequest request);
```

Auf diese Weise ist der gesamte Vorgang »typsicher«, und es ist zu jeder Zeit klar, ob es sich um einen Request handelt oder schon um einen gespeicherten Kunden.

Serialisierung und Serialisierungsformate

Der Sinn der DTOs liegt ja darin, dass sie serialisiert werden und ihr Inhalt über das Netzwerk übertragen wird. Folglich müssen sich Sender und Empfänger auf dasselbe Format einigen.

Die einzelnen Formate haben freilich ihre spezifischen Vor- und Nachteile:

- Die einzelnen Serialisierer unterscheiden sich in ihren Möglichkeiten, z. B. zur Serialisierung von Arrays und komplexeren Strukturen.
- Sie erzeugen unterschiedlich große Datenströme.
- Sie sind unterschiedlich gut lesbar – oder auch gar nicht.
- Sie sind schneller oder langsamer und verbrauchen dabei mehr oder weniger CPU-Ressourcen.
- Sie können erweitert werden oder sind fix; einige unterstützen z. B. die Datenkomprimierung.

Natürlich können Sie auch selbst Hand anlegen und ein eigenes Format erschaffen. Das lohnt sich aber wohl nur, wenn ganz spezielle Anforderungen abzudecken sind, zum Beispiel wenn viele Informationen in Bitmaps abgelegt werden sollen. Ansonsten wird die Technologie das Format vorgeben.

Das in Abschnitt 6.3.4 aufgeführte Beispiel war in JSON formuliert. Es ist (wenigstens) genauso lesbar wie die Variante des `DataContractSerializer`, dabei aber deutlich kleiner:

```
{
  "Bestellkennzeichen": "BKZ1001",
  "Menge": 100,
  "Produkt": "Braeburn Apfel"
}
```

Wenn beide Seiten dieselbe Technologie nutzen, dann können Sie unter Umständen wählen und sich dabei das natürlich beste oder einfachste Format aussuchen.

Manchmal – auch hier ist WCF wieder ein gutes Beispiel – hat man auch die Wahl zwischen textlastigen Serialisierungsformaten und binären Formaten. Natürlich kosten spitze Klammern Platz, sodass XML-basierte Formate fast immer wesentlich größere Datenströme verursachen als binäre Formate. Dafür sind sie leicht zu erzeugen, es gibt eine breite Toolunterstützung, und sie können auch von Menschen gelesen werden.

Neben dem Serialisierungsformat ist aber auch das Netzwerkprotokoll entscheidend, denn die serialisierten Daten müssen ja dort eingebettet werden. Das leistungsfähige, aber mitunter geschwätzige SOAP-Protokoll kann schnell selbst einen guten Teil zum Transfervolumen beitragen.

Versionierung

Das DTO muss zur Software passen, klar. Wenn in einer neuen Version der Software ein neues Feld eingeführt wurde, sagen wir die ISBN-Nummer, dann muss eben diese auch im DTO hinzugefügt werden und die Gegenseite muss die neue ISBN-Nummer auch verarbeiten können.

Das wiederum verlangt, dass diese Änderungen alle zum Stichtag erfolgen, weil Client und Service sonst nicht mehr zusammenpassen. Das ist häufig praktisch nicht realisierbar, vor allem in weiterverzweigten Servicenetzwerken und in solchen, die externe Ressourcen beinhalten, auf die Entwickler keinen direkten Zugriff haben.

In der Praxis wird daher häufig ein Versionieren notwendig sein, also der Umgang mit verschiedenen Versionen eines Service und damit mit verschiedenen Versionen eines DTO. Dabei stellt sich immer die Frage, welche Änderungen »Breaking« sind (also einen Austausch erforderlich machen) und welche »Nonbreaking« sind. Mit denen kann ein Service dann zurechtkommen. Praktisch könnte das bedeuten, dass ein Service für ein Feld, das im DTO nicht vorhanden ist, einen Defaultwert annimmt. Ob, wie und unter welchen Umständen das möglich ist, entscheidet wiederum die verwendete Technologie.

Alternativen

Zum Schluss möchte ich noch einige Alternativen ansprechen. Die erste Alternative verzichtet auf DTO und verwendet stattdessen eine Reihe von Übergabeparametern:

```
public void createCustomer(String name, String vorname, int plz …)
```

Das hat aber mindestens vier Nachteile:

- Eine lange Parameterliste ist unübersichtlich.
- Wenn nicht alle Parameter übergeben werden können, werden Überladungen benötigt (sofern möglich) oder Dummywerte für nicht vorhandene Daten.
- Die Erweiterung bricht mit dem bestehenden Code, während die Ergänzung eines neuen Felds im DTO das nicht unbedingt tut (siehe Versionierung).
- In den allermeisten Fällen ist nur ein Rückgabewert möglich (von unhandlichen Tupeln, wie es sie in C# gibt, einmal abgesehen), sodass wir für den Rückgabewert ohnehin ein DTO brauchen.

Natürlich kann man auch bestehende Datenstrukturen verwenden und seine Informationen z. B. in Strings codieren:

```
Name|Vorname|Postleitzahl|usw.
```

Oder man könnte, etwas eleganter, Collections oder Arrays einsetzen. Aber auch das ist unübersichtlich, fehleranfällig, schwer zu pflegen (weil nicht gut zu versionieren) und zwingt uns dazu, uns mit Dingen zu beschäftigen, die außerhalb des zu lösenden Problems liegen. Dasselbe gilt übrigens auch für XML-Strukturen, wenn also in einem `String` als Übergabeparameter ein ganzes XML-Dokument steckt. Das Erzeugen und Parsen des XML-Dokuments ist das, was ein Serialisierer tun würde. Man würde das Rad also neu erfinden, ohne dadurch wesentliche Vorteile zu gewinnen.

6.4 Table Data Gateway

Hier geht es um ein einfaches Muster: Ein einzelnes Objekt verwaltet die Verbindung zu einer Datenbanktabelle eins zu eins. Diese einzige Instanz verwaltet auf diese Weise auch alle Datensätze dieser Tabelle.

6.4.1 Steckbrief

Deutscher Name: (nicht gebräuchlich)

Englischer Name: Table Data Gateway

Gruppe: Datenmuster

6.4.2 Beschreibung

Auch heute noch ist in den Code eingebettetes SQL anzutreffen. Eine Klasse kümmert sich also um zwei Dinge:

- um das fachliche Problem, also beispielsweise um die Verarbeitung der Daten, oder
- um das Abrufen und Schreiben der Daten, also um den Datenzugriff

Das läuft dem Single-Responsibility-Prinzip zuwider und schafft Code, der schwerer zu warten ist, weil in ihm eben beide Belange zu berücksichtigen sind. Außerdem lässt sich die Datenquelle nur schwer austauschen, weil der SQL-Code vermutlich in der Klasse verstreut ist.

Besser ist es da schon, Verarbeitung und Datenzugriff zu trennen, also zwei Klassen zu verwenden. Eine Klasse bildet den *Business Layer*, und eine weitere Klasse (das *Table Data Gateway*) bildet den *Data Access Layer*. Um letztere Klasse geht es hier.

Wenn wir von Datenzugriff sprechen, dann meinen wir häufig vier Dinge, die das Akronym *CRUD* zum Ausdruck bringt:

- **C** – Create, das Anlegen neuer Datensätze
- **R** – Read, das Lesen von Datensätzen inklusive der Suche danach
- **U** – Update, das Aktualisieren vorhandener Datensätze
- **D** – Delete, das Löschen vorhandener Datensätze

Das Table Data Gateway kapselt alle vier Operationen unter einem Dach, also in einer Klasse.

Wenn auch das Muster den Begriff »Table« in sich trägt, kann man es doch auch ebenso gut für andere Datenquellen als einen SQL-Server verwenden, also eine »Tabelle« im CSV-Format damit verwalten.

Selbst im SQL-Server gibt es nicht nur Tabellen. Das Muster eignet sich beispielsweise auch für:

- Stored Procedures
- Funktionen, Tabellenwertfunktionen etc.
- Views (updatable oder nicht), materialisiert oder nicht

Im Grunde genügt es, wenn das zu verwaltende Konstrukt Datensätze aufweist, die wiederum aus Tupeln bestehen – was ja für die meisten Daten zutrifft.

Den Datenzugriff von der Geschäftslogik zu trennen hat Charme:

- Man kann die Datenquelle unabhängig von der Geschäftslogik weiterentwickeln oder sogar austauschen.

- Man kann auch mehrere Datenquellen vorsehen, also beispielsweise die Tabelle sowohl in einem SQL-Server verwalten als auch In-Memory und zur Laufzeit entscheiden, welcher Table Data Gateway der Richtige ist.
- Die Leute, die SQL-Code gut optimieren können, sind nicht unbedingt diejenigen, die die Geschäftslogik gut verstehen. Der SQL-Code im Table Data Gateway könnte von Datenbankadministratoren optimiert werden, vor allem, wenn das SQL nicht im Code steht, sondern in einer Konfigurationsdatei.
- Andere Klassen können ebenfalls auf das Gateway zugreifen, und eine andere Klasse gibt es doch fast immer.

Das Muster verwendet nur eine einzige Instanz, die für die gesamte Tabelle steht. Das spart Objektinstanzen, gerade wenn sehr viele Datensätze zu verwalten sind.

UML

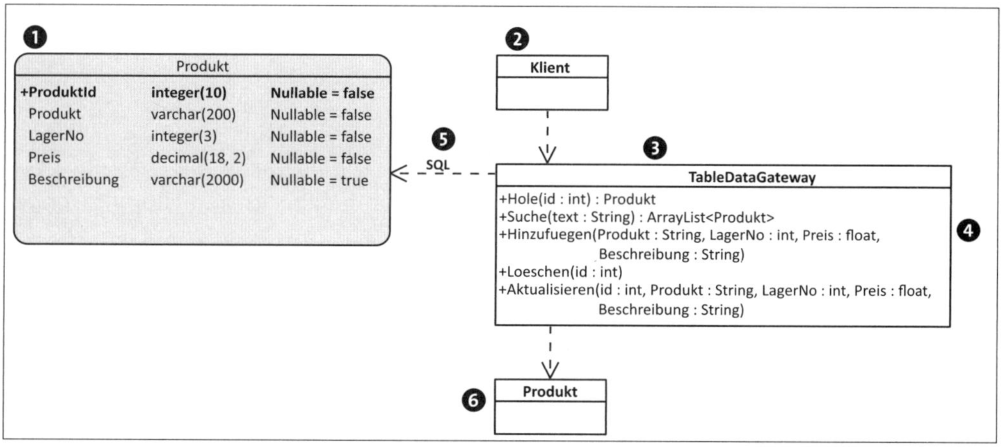

Abbildung 6.9 Das Table Data Gateway in UML

Erläuterungen

Nr.	Erläuterung
❶	Am Anfang steht eine *Datenquelle*, üblicherweise eine relationale Datenquelle, also eine Tabelle, View oder Ähnliches.
❷	Ein *Klient* benötigt Daten. Ohne dieses Muster würde er den Datenzugriff selbst regeln, letztlich also die SQL-Befehle selbst zusammenbauen und an die Datenbank schicken.
❸	Mit diesem Muster greift der Klient auf eine weitere Klasse, das *Table Data Gateway* zu, das diese Zuständigkeit in sich kapselt.

Tabelle 6.4 Akteure des Table-Data-Gateway-Musters

Nr.	Erläuterung
❹	Das Gateway bietet die *CRUD-Methoden*, also Methoden für das Lesen, Hinzufügen, Löschen und Aktualisieren der Daten. Das Gateway kann diese Methoden so anbieten, wie es der Klient braucht.
❺	Das Gateway baut die *SQL-Befehle*, schickt diese zur Datenbank und nimmt die Antworten entgegen.
❻	Aus den Antworten (den zurückgegebenen Datensätzen) baut das Gateway die *Data-Transfer-Objekte*, verpackt die Daten also in leicht verdauliche Objekte, mit denen der Klient etwas anfangen kann.

Tabelle 6.4 Akteure des Table-Data-Gateway-Musters (Forts.)

Das Table Data Gateway ist für den Klienten da. Es kann (und sollte) seine Methoden also so anbieten, wie der Klient sie benötigt. Wenn der Klient häufiger alle Produkte eines Lagers benötigt, dann wird einfach eine weitere Methode erstellt:

```
public ArrayList<Produkt> suche(int lagerNo);
```

In dieser Variante des Musters besitzt das Gateway keinen Cache, hat also selbst keinen inneren Zustand, den es halten könnte, und kann daher zustandslos verwendet werden. Jede Anfrage ist eine neue Anfrage.

In der Praxis wäre das häufig anders, dann würde das Gateway wenigstens die SQL-Verbindung offen halten, weil das Aufbauen einer SQL-Verbindung (für gewöhnlich jedenfalls) eine ziemlich teure Angelegenheit ist.

Manchmal nennt man dieses Muster auch *Data Access Object*, was ganz gut zum Ausdruck bringt, was es tut. Allerdings ist dabei nicht immer klar, ob dieses Objekt nun eine ganze Tabelle oder nur einen Datensatz kapselt. Daher gefällt mir die explizite Teilung in *Table Data Gateway* und *Table Row Gateway* (siehe den nächsten Abschnitt) besser.

6.4.3 Anwendungsfälle

Das Muster ist nun wirklich einfach und eignet sich daher vor allem für Fälle, in denen diese Einfachheit ausreicht oder gar von Vorteil ist – also für eine Anwendung, die schnell einmal auf eine Tabelle zugreifen möchte, die vielleicht sogar die einzige Tabelle in der Anwendung ist.

Es leistet das Mapping selbst, verpackt also das Recordset des SQL-Servers selbst in entsprechende Objekte, also DTOs oder Domänenobjekte. Das bietet sich für Fälle an, in denen das Mapping einfach ist bzw. nicht selbst in eine eigene Klasse ausgelagert werden soll – wie das ein Data Mapper macht.

Das Muster wird indirekt natürlich in OR-Mappern verwendet, daher kann es gut sein, dass Sie selbst nie damit in Berührung kommen. Aber es gibt schon Fälle, in denen ein OR-Mapper ein unerwünschtes Maß an Komplexität in eine Anwendung bringen würde oder die Datenquelle, in der die Daten vorliegen, gar nicht unterstützt. Dann ist dieses Muster das einfachste Muster, das das Problem löst.

6.4.4 Implementierung

Setzen wir das Beispiel aus dem UML-Diagramm um.

Produkt (DTO- oder Domänenklasse)

Die fachliche Klasse ist unspektakulär. Sie besteht aus einigen Feldern und den zugehörigen Setter- und Getter-Methoden:

```
public class Produkt
{
  private int produktId;
  private String produkt;
  private int lagerNo;
  private float preis;
  private String beschreibung;
  public int getProduktId() {
    return produktId;
  }
  public void setProduktId(int produktId) {
    this.produktId = produktId;
  }
  //Weitere Setter und Getter
}
```

Listing 6.4 Die Klasse »Produkt«

Die Tabelle

Die relationale Tabelle lässt sich für den Microsoft SQL-Server so erzeugen:

```
CREATE TABLE [dbo].[Produkt](
  [ProduktId] [int] NOT NULL,
  [Produkt] [nvarchar](200) NOT NULL,
  [LagerNo] [int] NOT NULL,
  [Preis] [decimal](18, 2) NOT NULL,
  [Beschreibung] [varchar](2000) NULL,
 CONSTRAINT [PK_Produkt] PRIMARY KEY CLUSTERED
(
```

```
  [ProduktId] ASC
) ON [PRIMARY]
) ON [PRIMARY]
```

Table Data Gateway (ProduktGateway)

Anstatt den Datenzugriff nur anzudeuten, habe ich ihn diesmal ausprogrammiert, aus Platzgründen allerdings nur für die erste Methode – alle anderen Methoden arbeiten auf dieselbe Art und Weise.

```
import java.sql.*;

public class ProduktGateway
{
  public Produkt hole(int id)
  {
    String connectionSring = "jdbc:sqlserver://localhost:1433;
     databaseName=kalimba;integratedSecurity=true;";
    String sql = "SELECT * FROM produkt WHERE ProduktId=?";
    Connection conn = null;
    PreparedStatement stmt = null;
    ResultSet rs = null;
    try
    {
      Class.forName("com.microsoft.sqlserver.jdbc.SQLServerDriver");
      conn = DriverManager.getConnection(connectionSring);
      stmt = conn.prepareStatement(sql);
      stmt.setInt(1, id);
      rs = stmt.executeQuery();
      return getProduktFromResultSet(rs);
    }
    catch(Exception e)
    {
      e.printStackTrace();
    }
    finally
    {
            if (rs != null) try { rs.close(); } catch(Exception e) {}
            if (stmt != null) try { stmt.close(); } catch(Exception e) {}
            if (conn != null) try { conn.close(); } catch(Exception e) {}
    }
//Alternative: Java-7 try-with-resources
    return null;
  }
```

```
  private Produkt getProduktFromResultSet(ResultSet rs) throws SQLException
  {
    if (rs.next())
    {
      Produkt p = new Produkt();
      p.setProduktId(rs.getInt("ProduktId"));
      p.setProdukt(rs.getString("Produkt"));
      p.setPreis(rs.getFloat("Preis"));
      p.setLagerNo(rs.getInt("LagerNo"));
      p.setBeschreibung(rs.getString("Beschreibung"));
      return p;
    }
    else
      throw new RuntimeException("ID nicht gefunden");
  }
}
```

Listing 6.5 Das Table Data Gateway »ProduktGateway«

Entscheidend ist, dass nur das Gateway hier sämtliche Datenbankspezifika kennt und diese vor dem Klienten abschirmt. Der Klient muss nur ein Objekt vom Typ `Produkt` anfordern, indem er die `Hole`-Methode des Adapters aufruft:

```
ProduktGateway g = new ProduktGateway();
Produkt p = g.hole(2762);
```

Der Adapter ist zustandslos. Bei jedem neuen Aufruf der `hole`-Methode wird die Verbindung erneut aufgebaut und am Ende auch korrekt wieder geschlossen.

Das Beispiel verwendet den SQL-Server, für den Sie den passenden JDBC-Treiber benötigen und der in den Klassenpfad einfügt werden muss.

6.4.5 Weitere Überlegungen und Alternativen

Das Muster an sich ist nicht weiter kompliziert, bietet aber einige Varianten an und kann gut mit anderen Mustern kombiniert werden.

Rückgabewerte

SQL-Datenbanken liefern nur selten einen skalaren Wert zurück, außer vielleicht bei einem `SELECT COUNT(*) FROM tabelle` oder in anderen einfachen Fällen. Häufiger werden *Recordsets* zurückgeliefert, also eine Menge von Datensätzen, die selbst wiederum Tupel sind, also geordnete Werte. Seltener werden gar mehrere Recordsets aus einer Abfrage zurückgegeben, wenn der verwendete SQL-Server das unterstützt.

Es stellt sich also die Frage, in welchem Format das Table Data Gateway die Daten aus einer Abfrage an den Klienten zurückgeben soll.

Zur Auswahl stehen z. B.:

- Data-Transfer-Objekte (DTOs, siehe Abschnitt 6.3), wie im Beispiel gezeigt, und entsprechende Collectionklassen, die praktisch alle Frameworks mitbringen, also z. B. `ArrayList<Produkt>`. Das ist einfach für den Klienten und obendrein typsicher.
- das entsprechende Domänenobjekt selbst. Das aber bedingt, dass sowohl der Klient als auch das Table Data Gateway diese Klassen kennen müssen. Die möglichen Nachteile sind in Abschnitt 6.3.5 beschrieben.
- die Objekte, die aus der SQL-Abfrage zurückkommen. Das ist einfach in der Entwicklung, der Klient muss aber die Datenstruktur kennen, um auf das entsprechende Feld zugreifen zu können – entweder über dessen Namen oder über dessen Position. Außerdem sind diese Klassen häufig herstellerspezifisch, lassen sich also nur für SQL-Server und häufig sogar nur für einen einzigen Typ von SQL-Server verwenden.
- eine eigene Abstraktion, also z. B. eine Klasse `RecordSet`. Diese müsste generisch sein, sodass sie für verschiedene Anwendungsfälle wiederverwendbar wäre. Dafür sparen wir uns das DTO, allerdings verschieben wir damit Arbeit auf den Klienten. Andererseits kann der auch mit den Geschäftsobjekten umgehen und kennt die Domänenobjekte aus erster Hand.
- Klassen, die mehrere Rückgabewerte zulassen, wie sie in einigen Sprachen vorhanden sind. In C# könnten wir z. B. einen Rückgabewert als `Tuple<int, string, int, float, string>` definieren. Allerdings ist das häufig wenig elegant, weil die Sprache ja nicht weiß, dass der zweite Wert der Produkttext ist. Der Zugriff wäre daher: `string produktText = variable.Item2` – unschön. Noch unschöner ist es, wenn wir z. B. einen String zurückgeben wie `"123;Produkt A;123.43 usw."`.

Ich finde, da ein Table Data Gateway ohnehin nur für eine Tabelle da ist, kann es seine Daten auch gleich komfortabel verpacken, wenn nicht Performancegründe oder Ähnliches dagegen sprechen.

CRUD

Nirgends ist in Stein gemeißelt, dass ein Data Table Gateway immer alle Operationen (CRUD) anbieten muss. Es ist also durchaus möglich, dass z. B. nur Leseoperationen möglich sind, wie das ganz natürlich der Fall ist, wenn eine View nicht updatefähig ist. Alternativ könnte das Gateway die Abfragen über eine View durchführen, das Aktualisieren aber über die dahinter stehende Tabelle(n). Das ist ja gerade der Vorteil: Das Gateway kapselt diese Logik und verbirgt sie auf diese Weise vor den Klienten.

Caches und andere Logik im Gateway

Im Urzustand ist das Muster zustandslos. Jede Anfrage ist also eine neue Anfrage, ohne dass die vorherigen Anfragen einen Effekt auf die neuen Anfragen haben.

Dass Gateways aber häufig die SQL-Verbindung cachen oder in einem Pool verwalten, wurde schon angesprochen. Etwas weiter sind die folgenden Ergänzungen dieses Musters, die im Einzelfall ganz praktisch sein können:

- die Implementierung des Unit-of-Work-Musters (siehe Abschnitt 6.1), sodass Aktualisierungen nicht sofort geschrieben werden, sondern erst bei einem Commit
- Lesecaches, vor allem beim Abrufen eines einzelnen Datensatzes
- Schreibcaches, z. B. zum Zwecke des Batch-Schreibens

Die Methoden des Gateways müssen auch nicht so streng an CRUD angelehnt sein, können also auch mehr »geschäftlichen Charakter« haben, solange die Geschäftslogik nicht in das Gateway wandert.

1 Tabelle = 1 Table Data Gateway?

Häufig gilt diese Gleichung, das muss aber nicht so sein. Denken Sie nur an eine View, die Daten aus vielleicht drei Tabellen zurückgibt. Die Methoden zum Löschen, Einfügen und Aktualisieren greifen dann auf alle diese drei Tabellen zu.

Entsprechend sind alle Kombinationen möglich, die Sinn machen – außer die, dass ein Gateway nur für einen Datensatz zuständig ist. Dafür gibt es ein eigenes Muster, das als Nächstes beschrieben wird.

6.5 Row Data Gateway

Auch das *Row Data Gateway* trennt die Geschäftslogik vom Datenzugriff, indem es den Zugriff auf zumeist relationale Datenquellen übernimmt und im Gateway kapselt. Im Gegensatz zum *Table Data Gateway* steht jede Objektinstanz aber nur für einen einzigen Datensatz.

6.5.1 Steckbrief

Deutscher Name: (nicht gebräuchlich)

Englischer Name: Row Data Gateway

Gruppe: Datenmuster

6.5.2 Beschreibung

Für dieses Muster gilt das meiste, was ich schon in Abschnitt 6.4, »Table Data Gateway«, beschrieben habe. Ich beschränke mich daher an dieser Stelle auf die Besonderheiten dieses Musters.

Ein Row Data Gateway steht für einen Datensatz. Falls der Datensatz Spalten besitzt, enthält das Gateway entsprechende Felder, eines für jede Spalte. Im Gegensatz zu einem Data-Transfer-Objekt ist es aber ein Gateway, kümmert sich also um die Kommunikation mit der Datenbank. Und wo eine Datenbank ihre eigenen Datentypen besitzt, `varchar` beispielsweise, enthält das Objekt natürlich die Datentypen, die die Programmiersprache zulässt. Dabei kann es durchaus zu Problemen kommen. So beschränken einige Datenbanken die Länge der Textfelder auf z. B. 8000 Zeichen, sodass ein Gateway, das seine Daten in einem Datensatz speichern möchte, eventuell Daten in ein anderes Format konvertieren muss.

In seiner ursprünglichen Form enthält dieses Muster keinerlei Geschäftslogik, die hier also weiterhin in einer Domänenklasse zu finden ist. Es gibt aber auch eine Variante, *Active Record*, die auch diese Aufgabe übernimmt (siehe Abschnitt 6.5.5).

UML

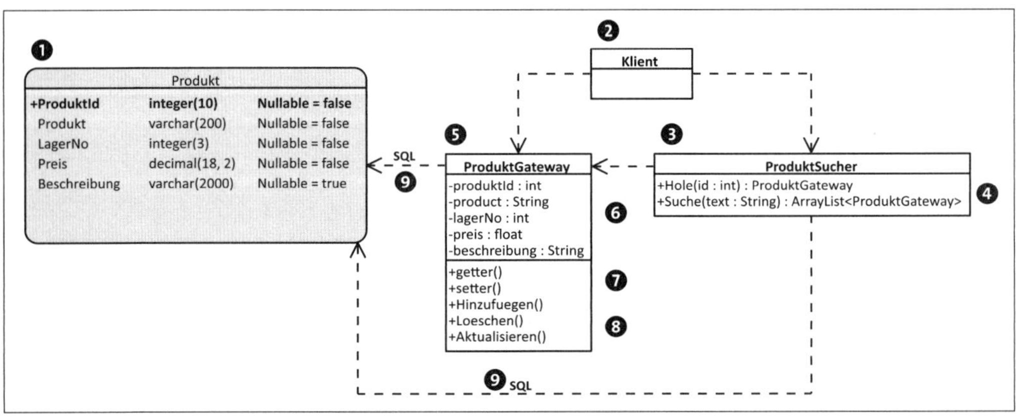

Abbildung 6.10 Das Row Data Gateway in UML

Erläuterungen

Nr.	Erläuterung
1	Am Anfang steht auch hier eine *Datenquelle*, üblicherweise eine relationale Datenquelle, also eine Tabelle, View oder Ähnliches.

Tabelle 6.5 Akteure des Row-Data-Gateway-Musters

Nr.	Erläuterung
❷	Ein *Klient* benötigt wiederum Daten. Ohne dieses Muster würde er den Datenzugriff selbst regeln, letztlich also die SQL-Befehle selbst zusammenbauen und an die Datenbank schicken.
❸	Für Suchanfragen verwendet der Klient einen *Finder*, also eine Klasse, die nur das Suchen von Datensätzen übernimmt.
❹	Die Klasse kann einen einzigen Datensatz zurückliefern oder beliebige Suchen ausführen, wobei für jede Art der Suche eine Methode erstellt wird.
❺	Das *ProduktGateway* ist das *Row Data Gateway*, es übernimmt die Kommunikation mit der Datenbank, wenn es sich um einen einzelnen Datensatz handelt.
❻	Dazu bildet es die Spalten der Tabelle in Feldern ab ...
❼	... nebst Gettern und Settern, versteht sich.
❽	Außerdem implementiert es die Funktionen für die Verbindung zur Datenbank.
❾	Es übernehmen also zwei Klassen die Kommunikation mit der Datenbank: der Finder und das Row Data Gateway.

Tabelle 6.5 Akteure des Row-Data-Gateway-Musters (Forts.)

6.5.3 Anwendungsfälle

Es gelten im Wesentlichen dieselben Argumente, die ich schon in Abschnitt 6.4.3 beschrieben habe. Bleibt die Frage, ob ein Table Data Gateway die richtige Wahl ist oder wann man besser ein Row Data Gateway verwendet.

Die Entscheidung für das eine oder das andere Muster ist nicht immer einfach. Ich halte mich daran, dass ich zunächst mit dem Table Data Gateway beginne. Erst später, wenn das Muster nicht zu passen scheint, überlege ich mir diese Alternative. Das könnte beispielsweise der Fall sein, wenn es nur wenige, ganz spezielle Datensätze gibt, für die es sich lohnt, jeweils ein eigenes Objekt zu erstellen und zu verwalten.

6.5.4 Implementierung

Die hier vorgestellte Implementierung ist eine Variante, die vor allem zwei Probleme löst: Was passiert, wenn wir Delete ausführen, den Datensatz also löschen? Und wie kann ein Datensatz einen anderen Datensatz hinzufügen?

Das erste Problem lösen wir, indem wir ein Flag setzen, sodass wir mit einem gelöschten Datensatz keine weiteren Aktionen mehr unternehmen können. Das zweite Problem kann mit einer statischen Methode gelöscht werden, die eine neue Instanz eines Row Data Gateways zurückgibt.

Um Wiederholungen zu vermeiden, habe ich diesmal den konkreten Code für den Datenbankzugriff weggelassen. Sie finden ihn in der Implementierung des Table Data Gateways in Abschnitt 6.4.4.

Die Tabelle

Die relationale Tabelle lässt sich für den SQL-Server so erzeugen:

```
CREATE TABLE [dbo].[Produkt](
  [ProduktId] [int] NOT NULL,
  [Produkt] [nvarchar](200) NOT NULL,
  [LagerNo] [int] NOT NULL,
  [Preis] [decimal](18, 2) NOT NULL,
  [Beschreibung] [varchar](2000) NULL,
 CONSTRAINT [PK_Produkt] PRIMARY KEY CLUSTERED
(
  [ProduktId] ASC
) ON [PRIMARY]
) ON [PRIMARY]
```

Row Data Gateway (ProduktGateway)

Das Wichtigste an der Implementierung ist es, dass die Klasse sowohl ihre eigenen Daten verwaltet als auch die Kommunikation mit der Datenbank übernimmt.

```
public class ProduktGateway
{
  private boolean isDeleted = false;

  private int produktId;
  private String produkt;
  private int lagerNo;
  private float preis;
  private String beschreibung;
  public int getProduktId() {
    return produktId;
  }
  public void setProduktId(int produktId) {
    this.produktId = produktId;
  }

  //+ weitere Getter und Setter

  public static ProduktGateway hinzufuegen(String produkt, int lagerNo,
   float preis, String beschreibung)
```

```
  {
    //INSERT INTO produkt ... ausführen
    //produktId abholen, wenn sie über ein Autoinkrement-Feld erzeugt wurde
    int produktId=1;
    //Gateway erzeugen.
    //Alternativ: Den Finder benutzen, um den Datensatz zu lesen
    ProduktGateway g = new ProduktGateway();
    g.setProdukt(produkt);
    g.setLagerNo(lagerNo);
    g.setPreis(preis);
    g.setBeschreibung(beschreibung);
    g.setProduktId(produktId);
    return g;
  }

  public void loeschen() throws SQLException
  {
    if (isDeleted)
      throw new SQLException("Der Datensatz ist schon gelöscht und
                              kann nicht erneut gelöscht werden");
    //DELETE FROM produkt WHERE ProduktId=getProduktId()
    isDeleted = true;
  }

  public void aktualisieren() throws SQLException
  {
    if (isDeleted)
      throw new SQLException("Der Datensatz ist schon gelöscht und
                              kann nicht mehr verändert werden");
    //UPDATE produkt set Produkt=?, LagerNo=?, Preis=?, Beschreibung=?
    //WHERE ProduktId=?
    //Parameter aus aktuellem Datensatz setzen und Befehl ausführen
  }
}
```

Listing 6.6 Das Row Data Gateway – die Klasse »ProduktGateway«

Man sieht, der Datensatz verwaltet sich selbst, aktualisiert und löscht sich also selbst. Sobald er gelöscht wurde, lässt er sich nicht erneut löschen oder aktualisieren – wir würden dann ohnehin eine `SQLException` erhalten.

Wir hätten die beiden Methoden zum Löschen und Hinzufügen auch in der Finderklasse unterbringen können, die dann aber zweckmäßigerweise umbenannt werden sollte und auf diese Weise fast wieder zu einem Data Table Gateway wird.

Finder (ProduktSucher)

Die Methoden der Klasse sind statisch, aber das ist nur eine Variante. Genauso gut hätten wir Instanzmethoden verwenden können:

```
public class ProduktSucher
{
  public static ProduktGateway hole(int id)
  {
    ProduktGateway g = new ProduktGateway();
    //SELECT feldliste FROM produkt WHERE ProduktId=?
    //Parameter setzen auf id
    //SQL ausführen und Felder auf Objekt mappen
    return g;
  }

  public static ArrayList<ProduktGateway> suche(String text)
  {
    ArrayList<ProduktGateway> gws = new ArrayList<ProduktGateway>();
    //SELECT feldliste FROM produkt WHERE Produkt like '%?%'
    //Parameter setzen auf text, besser allerdings Volltextsuche verwenden
    //Resultset Zeile für Zeile durchgehen und
    //ProduktGateways daraus bauen und der Liste hinzufügen
    //Siehe Methode getProduktFromResultSet des TableDataGateway-Musters
    return gws;
  }
}
```

Listing 6.7 Die Klasse »ProduktSucher«

6.5.5 Weitere Überlegungen und Alternativen

Betrachten wir zunächst eine ganz ähnliche Alternative, den *Active Record*.

Active Record

Ein *Active Record* ist ebenfalls ein Muster. Es ähnelt dem Row Data Gateway, allerdings enthält es im Gegensatz zu diesem auch Geschäftslogik. Die Frage ist, ob man das möchte. Denkt man diesen Gedanken zu Ende, dann landet man wieder bei einem Domänenobjekt, das alles macht, also die Datenhaltung, die Geschäftslogik und die Kommunikation mit der Datenbank.

Ein Active Record bietet sich in wirklich einfachen Fällen an, in denen eine Trennung in ein Domänenobjekt und in ein Row Data Gateway den Aufwand nicht lohnen würde (siehe Abbildung 6.11).

Abbildung 6.11 Active Record

Im Gegensatz dazu trennt das Row Data Gateway den Bereich des Datenzugriffs und des Mappings ab (siehe Abbildung 6.12).

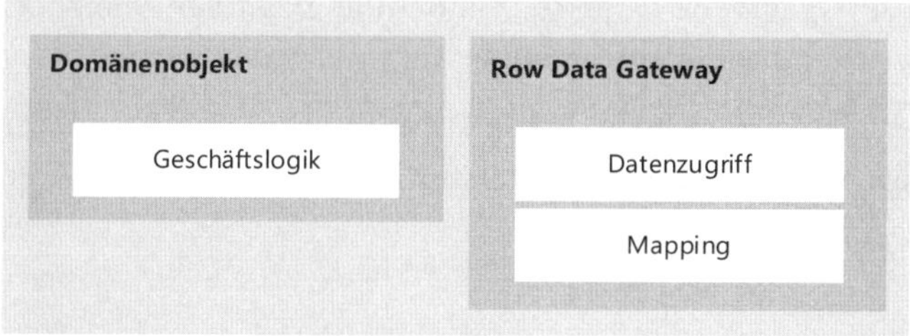

Abbildung 6.12 Row Data Gateway

Bei komplexeren Mappings lässt sich auch diese Aufgabe in eine eigene Klasse, den Data Mapper, auslagern (siehe Abbildung 6.13).

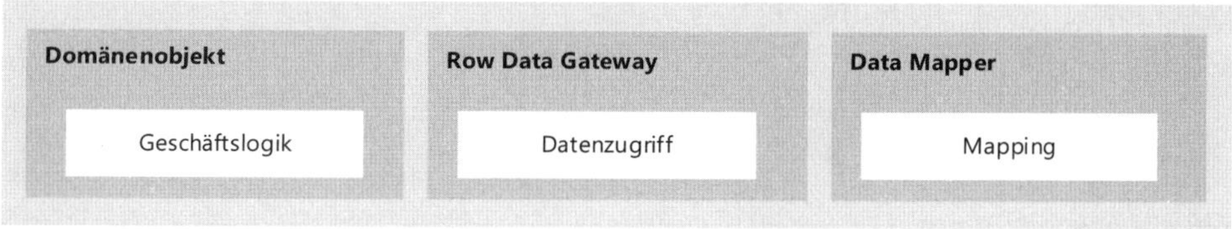

Abbildung 6.13 Row Data Gateway mit eigenem Mapper

Concurrency

Wenn es nur ein Objekt für eine Tabelle gibt, ist das gegenseitige Überschreiben natürlich kein Thema. Im Falle des Row Data Gateways aber könnten auch zwei

Objekte auf den denselben Datensatz zeigen und ihre Einträge gegenseitig überschreiben.

Eine Lösung des Problems wäre es, beim Schreiben die Version des Datensatzes zu prüfen. Falls er neuer ist als die Version, die beim Objekt gespeichert ist, kann eine Exception ausgelöst und das Speichern damit verhindert werden. Das setzt aber voraus, dass in der Tabelle ein Feld vorhanden ist, das die aktuelle Version des Datensatzes enthält.

Operationen für mehrere Datensätze

Ein natürlicher Nachteil dieses Muster ist es, dass Operationen auf mehrere Datensätze nicht im Row Data Gateway abgebildet werden können (oder sollten), weil ein Objekt eben nur für einen Datensatz steht.

Ein Beispiel sind Suchfunktionen, die daher üblicherweise eine eigene Klasse, einen Finder, spendiert bekommen.

6.6 Identity Map bzw. Identity Function

Das nächste Muster hält bereits geladene Objekte in einem assoziativen Speicher, sodass sie bei der nächsten Verwendung nicht erneut erstellt werden müssen.

Damit ergänzt dieses Muster prima die Muster Table Data Gateway und Row Data Gateway, denn auf diese Weise müssen wir dieselben Datensätze nicht immer wieder laden, sondern »cachen« sie in der Identity Map.

6.6.1 Steckbrief

Deutscher Name: (nicht gebräuchlich)
Englischer Name: Identity Map
Alternativer Name: Identity Function
Gruppe: Datenmuster

6.6.2 Beschreibung

Der Aufbau einer Datenbankverbindung, das Suchen eines Datensatzes und das Verpacken dieses Datensatzes in einem Objekt mit dem zugehörigen Mapping, sind natürlich weitaus langsamer, als das Objekt aus einem In-Memory-Speicher zu laden.

Beim ersten Mal ist dieser Aufwand unumgänglich, beim zweiten Mal lässt sich das Objekt allerdings cachen. Genau dafür ist die *Identity Map* da. Der Name sagt es schon: Es geht um eine Map anhand einer Identität, also darum, dass wir ein Produktobjekt anhand einer Produkt-ID im Cache finden. Nur wenn das Objekt in der Identity Map nicht vorhanden ist, wird es aus der Datenbank geladen und verweilt fortan dort für weitere Anfragen.

Für die Implementierung bietet sich ein assoziativer Speicher an, in Java also üblicherweise eine `HashMap`:

```
Map<Integer, RowDataGateway> identityMap =
  new HashMap<Integer, RowDataGateway>();
```

Wir müssen also nur den Speicher befragen, ob ein Objekt mit dem gewünschten Schlüssel (der Produkt-ID) schon vorhanden ist. Falls ja, können wir es dem Speicher entnehmen, ansonsten müssen wir den steinigen Weg über die Datenbank gehen und das so gewonnene Objekt für die nächste Verwendung dort ablegen.

Obwohl das Muster dadurch einfach, fast schon trivial ist, habe ich es aufgenommen, denn es wirft in der Praxis viele Fragen im Detail auf, auf die ich später noch eingehen werde.

UML

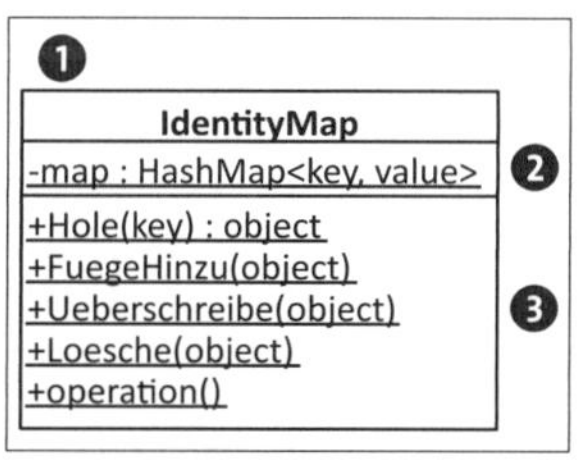

Abbildung 6.14 Das Identity-Map-Muster in UML

Erläuterungen

Nr.	Erläuterung
❶	Die Identity-Map-Klasse ist eine eigene Klasse, die nur dafür da ist, Objekte und Schlüssel zu verwalten und zu speichern.
❷	In dieser Version des Musters ist der Speicher, der die Objekte und die Schlüssel hält, statisch. Es handelt sich um einen assoziativen Speicher, also einen Speicher, der ein Objekt mit einem Schlüssel verbindet. Im Beispiel wurde dafür eine `HashMap` verwendet.

Tabelle 6.6 Das Identity-Map-Muster in UML

Nr.	Erläuterung
❸	Die Operationen entsprechen den Möglichkeiten eines assoziativen Speichers. Im Beispiel gehe ich davon aus, dass die Klasse nicht generisch ist, also nur für einen spezifischen Einsatzzweck vorhanden ist. Daher weiß die `FuegeHinzu`-Methode auch, was der Schlüssel ist, kann ihn also aus dem Objekt herauslesen. Ist das nicht so, müsste die Methode anders aufgebaut sein: `FuegeHinzu(key, object)`

Tabelle 6.6 Das Identity-Map-Muster in UML (Forts.)

6.6.3 Anwendungsfälle

Das Muster lohnt sich, wenn

- das Erzeugen der zu speichernden Objekte aufwendig ist, z. B. weil die Daten des Objekts vorher aus einer Datenbank gelesen werden müssen.
- die Objekte immer wieder benötigt werden, also häufig gelesen werden.
- man mit den potenziellen Problemen, also z. B. veralteten Daten im Speicher, zurechtkommt.
- es notwendig ist, dass ein assoziativer Speicher zum Einsatz kommt, es also z. B. nicht zwei Objekte desselben Datensatzes geben soll.
- die Performance ein wichtiges Kriterium für die Anwendung ist.

Die vielleicht interessantere Frage ist die, ob das Muster an sich notwendig ist, wo doch die meisten Frameworks ganz passable Implementierungen schon mitbringen. Generics bieten darüber hinaus auch Typsicherheit für die Schlüssel und die zu speichernden Objekte.

Die Vorteile dieses Musters im Vergleich zu den Framework-Standards sind:

- Der Scope kann besser definiert werden – von einem statischen Cache bis hin zu einem Cache pro Sitzung.
- Einzelne Operationen lassen sich verbieten, einfach indem man keine Methoden dafür anbietet. Auf diese Weise lässt sich ein Immutable Cache umsetzen, also ein Cache, dessen Objekte sich nicht mehr verändern lassen.
- Concurrency und andere Aspekte kann man in der Identity-Map-Klasse selbst so steuern, wie das die Anwendung erfordert.
- Außerdem lässt sich in der eigenen Klasse der Datenspeicher später noch austauschen, ohne dass die Anwendung der Identity Map davon etwas mitbekäme.
- In der eigenen Identity Map kann man einiges an Arbeit abnehmen, z. B. das Herauslesen des Schlüssels aus einem Objekt.

Dem steht der Aufwand für die Erstellung, Pflege und den Test einer weiteren Klasse entgegen.

6.6.4 Implementierung

Ich zeige im Folgenden die vielleicht einfachste Implementierung in Java. Das Beispiel baut auf dem Beispiel des Abschnitts über das Row Data Gateway auf (siehe Abschnitt 6.5).


```
public class ProduktMap
{
  private static Map<Integer, ProduktGateway> map =
   new HashMap<Integer, ProduktGateway>();

  public static ProduktGateway hole(int produktId)
  {
    return map.get(produktId); //und, falls nicht vorhanden, hinzufügen
  }

  public static void fuegeHinzu(ProduktGateway pg)
  {
    if (!map.containsKey(pg.getProduktId()))
      map.put(pg.getProduktId(), pg);
  }

  public static void ueberschreibe(ProduktGateway pg)
  {
    map.put(pg.getProduktId(), pg);
  }

  public static void loesche(ProduktGateway pg)
  {
    map.remove(pg.getProduktId());
  }

  public static void loesche(int produktId)
  {
    map.remove(produktId);
  }
}
```

Listing 6.8 Die Klasse »ProduktMap«

Die Methoden der Klasse `HashMap` sind praktischerweise schon so implementiert, dass beispielsweise `null` zurückgegeben wird, wenn der Schlüssel nicht im Speicher vorhanden ist. Auf diese Weise ersparen wir uns die eine oder andere Prüfung.

6.6.5 Weitere Überlegungen und Alternativen

Kommen wir nun zu den Überlegungen, die für Caches im Allgemeinen und das Identity-Map-Muster im Speziellen gelten.

Wo lebt die Identity Map?

Idealerweise dort, wo ohnehin die Daten abgerufen werden, also beispielsweise im Table Data Gateway, im Finder des Row Data Gateways oder aber in der `UnitOfWork`-Klasse.

Wer seine eigene Identity Map bekommt, entscheidet sich anhand der fachlichen Anforderungen. Einige Beispiele:

- **eine Identity Map pro Anwendung**, z. B. umgesetzt mithilfe eines statischen Speichers, wie im Beispiel
- **eine Identity Map pro Thread**, dann »lebt« der Cache also z. B. in einem threadlokalen Speicher.
- **eine Identity Map pro Sitzung**, was häufig in Webanwendungen der Fall ist oder im Kontext einer Unit of Work
- **eine Identity Map pro Transaktion**, falls eine Transaktion sehr häufig immer wieder dieselben Daten benötigt

Wo auch immer die Identity Map beheimatet ist: Das Speichern von denselben Objekten in verschiedenen Sitzungen, Threads usw. wirft natürlich die Frage nach der Gültigkeit der Daten und nach einem geeigneten Verfahren für die Sperren auf.

Was lebt in der Identity Map?

Objekte, so viel ist klar. Das können Datensätze einer Tabelle sein, sodass es eine Identity Map pro Tabelle gibt. Die Objekte sind dann z. B. Active Records oder Row Data Gateways. Aber natürlich ist das keine Begrenzung. In einer Identity Map können alle Objekte gespeichert werden, die eine eigene Identität haben, die sich also über einen Schlüssel identifizieren lassen.

Der richtige Schlüssel

Am besten eignet sich ein natürlicher Schlüssel, der natürlich eindeutig sein muss und sich aus dem fachlichen Kontext ergibt. Häufig wird das ein Schlüssel sein, der auch dem Primärschlüssel einer Tabelle entspricht, also beispielsweise die Produkt-ID in unserem Beispiel.

Zusammengesetzte Schlüssel sind unangenehmer, aber gleichfalls möglich. Häufig sieht man Implementierungen, in denen daraus z. B. ein String zusammensetzt wird, wie »1/343«, der dann als Schlüssel dient.

6.7 Optimistisches Sperren

Kommen wir nun zu einem elementar wichtigen Thema in datengetriebenen Anwendungen: der Frage, wie mit gleichzeitigen Ereignissen umgegangen werden soll, wenn also beispielsweise zwei Anwender denselben Datensatz ändern – und wann dies geschehen soll.

Über die Notwendigkeit dafür muss nicht viel gesagt werden. Wenn zwei Transaktionen dieselben Daten bearbeiten, dann kann es zu unschönen Artefakten kommen, falls man sich dieses Problems nicht in geeigneter Weise annimmt, beispielsweise:

- Lost Updates, wobei die erste Änderung verloren geht, weil sie durch die zweite Änderung überschrieben wird
- Inkonsistenzen, wobei eine Transaktion von falschen Daten ausgeht

Wir sehen uns zunächst die »optimistische Version« an, die also Änderungen erst einmal zulässt, dem Anwender aber die lange Nase zeigt, falls ein anderer Anwender schneller war.

6.7.1 Steckbrief

Deutscher Name: Optimistisches Sperren

Englischer Name: Optimistic Locking

Gruppe: Datenmuster

6.7.2 Beschreibung

Gemeint sind hier Situationen, in denen die Daten »offline« leben, und zwar aus Sicht des Systems, das die Daten nativ speichert – also beispielsweise der SQL-Datenbank. Eine Anwendung holt die Daten, die dann für die Zeit der Verarbeitung offline oder *disconnected* in der Anwendung leben. Das riecht nach Redundanz und – so viel hat sich herumgesprochen – Redundanz ist in der Datenverarbeitung ein ganz, ganz heißes Eisen. Deshalb wird unter anderem dieses Muster gebraucht.

Optimistisches Sperren bedeutet dabei, dass wir erst einmal optimistisch an die Sache herangehen und annehmen, dass schon kein zweiter Anwender in der Zwischenzeit dieselben Daten in einer Transaktion verändern möchte. Und falls doch, lösen wir das Problem eben später, beim Durchführen der Transaktion.

Das ist in der Praxis häufiger weniger dumm, als es zunächst klingen mag. Jedenfalls für viele Geschäftsprozesse und viele Arten von Daten. Denken Sie nur an Millionen von Kunden und vergleichsweise wenige Sachbearbeiter – wie wahrscheinlich ist es da, dass zwei Sachbearbeiter zeitgleich denselben Kunden bearbeiten? Gering, vermutlich, aber die Wahrscheinlichkeit ist eben nicht null – weswegen wir uns trotzdem mit dem Problem beschäftigen müssen.

Gerade Einsteiger in der Welt der Datenverarbeitung wundern sich: Kümmern sich denn nicht Datenbanksysteme um solche Dinge, mithilfe von Sperren und anderen Methoden der Verarbeitung von Transaktionen? Ja, doch, aber nur für einzelne Transaktionen und auch nur dann, wenn die Transaktionen zeitgleich ablaufen. Ein Datenbanksystem kann nicht wissen, dass wir Daten, die wir zuvor abgerufen haben, eine halbe Stunde offline vorhalten und dann erst entscheiden, einen Wert zu ändern, den vielleicht ein anderer Anwender zwei Minuten vorher bereits geändert hat. Die Sache wird auch nicht einfacher dadurch, dass Transaktionen im Geschäftsleben oft viele einzelne Transaktionen in der Datenbank umfassen.

Die Sache funktioniert so, dass wir zum Zeitpunkt des Durchführens, also zu dem Zeitpunkt, zu dem wir die Daten speichern möchten, feststellen, ob es in der Zwischenzeit Änderungen gegeben hat. Das kann vor allem auf drei Arten geschehen:

- durch einen Vergleich jedes Feldes mit dem Wert, der lokal vorhanden ist. Ist ein Feldwert anders, muss ihn ja jemand zwischenzeitlich verändert haben.
- durch eine Row-Version, also eine Versionsnummer für jeden Datensatz. Dafür ist z. B. der Datentyp `ROWVERSION` im SQL-Server zu gebrauchen. Die Version wird vom SQL-Server automatisch angehoben, sobald etwas am Datensatz verändert wird. Durch einen einfachen Vergleich der Version, die lokal gespeichert wurde (also der Version, die während des Abrufens gültig war), und der aktuellen Version lässt sich ebenfalls zuverlässig feststellen, ob etwas verändert wurde.
- durch Auswerten des Ergebnisses eines SQL-Statements, üblicherweise also dessen Rowcount.

Die letzte Option ist eine Ergänzung zu den anderen beiden. Denn ein Datensatz kann zwischenzeitlich ja auch gelöscht worden sein, also gar keine Version mehr haben. Ein einfaches `DELETE FROM table WHERE id=3434` wird also den Rowcount 0 ergeben, woraus man schließen kann, dass es dem SQL-Server nicht möglich war, den Datensatz zu löschen. Oder die erste Version wird so implementiert, dass das Update-Statement so aussieht:

```
UPDATE customer
SET plz=66709
WHERE plz=48429 AND name='Abercrombie' AND vorname='Carl'
AND ort='Rheine' (usw, alle Feldwerte werden überprüft)
```

Auch bei dieser Variante wird der Rowcount 0 sein, falls auch nur eine Bedingung nicht zutrifft.

Der Begriff »Sperre« mag dabei etwas missverständlich sein, weil die Sperre erst beim Speichern wirksam wird. Man könnte es so sagen, dass beim Speichern eine Sperre angefordert wird, was gleichbedeutend damit ist, dass einfach die Versionsnummern verglichen werden. Im Gegensatz dazu ist eine Datenbanksperre ein physisches Konstrukt, das vom SQL-Server auch in Tabellen vermerkt wird.

UML

Betrachten wir ein Beispiel, in dem Francis und Charlotte zur selben Zeit denselben Kunden mit der Kundennummer 1234 bearbeiten (siehe Abbildung 6.15). Die Anwendung arbeitet mit optimistischen Sperren.

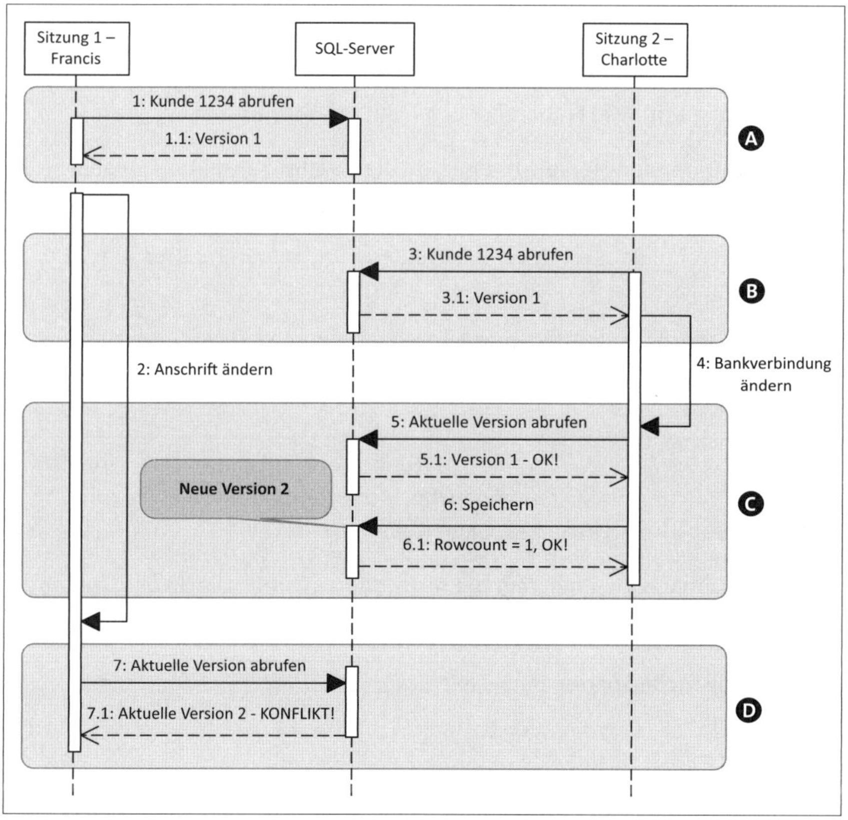

Abbildung 6.15 Optimistisches Sperren im Beispiel

Erläuterungen

Aus Sicht der Datenbank gibt es vier Transaktionen, die in Abbildung 6.15 mit Ⓐ–Ⓓ gekennzeichnet sind.

Nr.	Erläuterung
1	Francis liest gerade das Fax des Kunden. Dessen Anschrift hat sich geändert. Er öffnet die Anwendung und ruft den Stammdatensatz des Kunden mit der Nummer 1234 ab.
1.1	Der SQL-Server liefert die Daten und mit dem Datensatz, auch die Version, die hier die Nummer 1 ist.
2	Francis ändert den Datensatz, hat aber noch eine Rückfrage und verlässt vorher das Büro für die Mittagspause, weil jetzt ohnehin niemand mehr erreichbar wäre.
Ⓐ	**Aus Sicht des Datenbankservers hat gerade eine Transaktion stattgefunden: das Lesen eines Datensatzes.**
3	Charlotte liest gerade die E-Mail der Debitorenbuchhaltung. Der Kunde 1234 hat eine neue Bankverbindung. Charlotte ruft dessen Daten ab.
3.1	Der SQL-Server liefert die Daten und auch hier mit dem Datensatz die Version, die abermals die 1 ist, weil Francis ja noch nicht gespeichert hat.
Ⓑ	**Aus Sicht des Datenbankservers hat gerade die zweite Transaktion, wieder eine Leseoperation, stattgefunden.**
4	Charlotte ändert die Bankverbindung, also den Kundenstammdatensatz, und zwar bevor Francis seine Änderungen speichern kann.
5	Charlotte möchte speichern. Die Anwendung ruft die gerade aktuelle Version zum Kunden 1234 ab, um zu prüfen, ob zwischenzeitlich eine Änderung stattfand.
5.1	Die Anwendung erhält die immer noch aktuelle Version 1 zurück und vergleicht diese mit der Version, die vorher abgerufen wurde – ebenfalls die Version 1. Alles in Ordnung also, es kann gespeichert werden.
6	In derselben Transaktion überträgt die Anwendung von Charlotte das Update-Statement zur Datenbank ...

Tabelle 6.7 Das optimistische Sperren im Beispiel

Nr.	Erläuterung
6.1	... und erhält als Ergebnis ein OK zurück sowie die Anzahl der geänderten Zeilen: 1. Alles in Ordnung, der eine Datensatz wurde also geändert. Der SQL-Server hat aber im Zuge des Updates die Versionsnummer erhöht, von 1 auf 2, und die Transaktion C durchgeführt.
7	Francis ist aus der Pause zurück und möchte speichern. Auch seine Anwendung (die ja dieselbe ist wie bei Charlotte) prüft die gerade aktuelle Versionsnummer.
7.1	Die Anwendung erhält die nun aktuelle Version 2 zurück und vergleicht diese mit der Version, die vor der Mittagspause abgerufen wurde, Version 1. Die Version ist unterschiedlich. Ein Anwender (wir wissen: Charlotte) hat zwischenzeitlich den Datensatz geändert. Francis erhält eine Fehlermeldung und kann nicht speichern, ohne dass der Konflikt gelöst wurde.

Tabelle 6.7 Das optimistische Sperren im Beispiel (Forts.)

6.7.3 Anwendungsfälle

Optimistisches Sperren eignet sich immer dann, wenn Optimismus angebracht ist – wenn wir also mit einiger Sicherheit annehmen dürfen, dass nicht zwei Anwender dieselben Daten zur selben Zeit bearbeiten.

Genauer gesagt: Wenn es unwahrscheinlich ist, dass sich zwei Geschäftstransaktionen ins Gehege kommen. Gemeint ist hier keine Datenbanktransaktion, die meist kurz ist, sondern eben eine Geschäftstransaktion mit all ihren Verzweigungen, wie im Beispiel das Ändern der Anschrift durch Francis.

Es ist auch geeignet, wenn auftretende Konflikte mit hoher Wahrscheinlichkeit gelöst werden können. Quellcodeverwaltungssysteme beispielsweise lassen sich fast immer so einstellen, dass mehrfache Checkouts möglich sind. Erst beim Einchecken werden Konflikte festgestellt, die dann an Ort und Stelle zu lösen sind – optimistisches Sperren eben. Dieser Nachteil wird durch die vielen Vorteile des parallelen Arbeitens mehr als aufgewogen. Andererseits lassen sich viele dieser Probleme durch einfaches Mergen lösen, ein Luxus, den die meisten Geschäftsanwendungen nicht haben.

Ist das nicht der Fall, mag das pessimistische Sperren die bessere Option sein, das ich in Abschnitt 6.8 beschreibe.

Allerdings hat optimistisches Sperren viele Vorteile. Es ist lokal umzusetzen und arbeitet nicht mit Sperren, die nur allzu häufig zu Timeouts und Deadlocks führen. Zudem lässt es sich einfach umsetzen, technisch jedenfalls. Und wo optimistisches

Sperren nicht ausreicht, können Anwendungen auch beides in Ergänzung zueinander verwenden.

6.7.4 Implementierung

Zunächst benötigen wir besagte Datensatzversion. Beim SQL-Server gibt es dafür einen Datentyp: `ROWVERSION` bzw. `timestamp`:

```
CREATE TABLE [dbo].[Produkt](
  [ProduktId] [int] NOT NULL,
  [Produkt] [nvarchar](200) NOT NULL,
  [LagerNo] [int] NOT NULL,
  [Preis] [decimal](18, 2) NOT NULL,
  [Beschreibung] [varchar](2000) NULL,
  [Version] ROWVERSION NOT NULL,
 CONSTRAINT [PK_Produkt] PRIMARY KEY CLUSTERED
(
  [ProduktId] ASC
) ON [PRIMARY]
) ON [PRIMARY]
```

Der Rest ist eine Frage des Vorgehens und der Technologie. Die JDBC-Treiber von Microsoft können damit natürlich umgehen. Aber auch wenn die Version nur eine einfache Zahl ist: Ein einfaches Update-Statement bringt das gewünschte Ergebnis:

```
UPDATE tabelle SET wert=neuerWert WHERE Bedingungen AND Version=
@gespeicherteVersion
```

Ist der Rowcount 0, wurde also kein Datensatz aktualisiert, ist die Version veraltet, wenn wir davon ausgehen können, dass die sonstige WHERE-Bedingung korrekt formuliert ist. In diesem Fall zeigen wir einen Fehler an.

6.7.5 Weitere Überlegungen und Alternativen

Das Zentrale bei diesem Muster ist nicht allein das Erkennen des Konflikts (das ist mittels der Versionierung der Datensätze leicht zu erreichen), sondern die Frage, was bei einem Konflikt geschehen soll.

Konfliktbehebung

Nehmen wir an, ein Kunde will einen Kredit beantragen. Wir holen uns den Datensatz und verbringen eine Stunde damit, den Kunden zu durchleuchten, also seine Scorings abzurufen, sein Zahlungsverhalten zu untersuchen und dergleichen.

In der Zwischenzeit, fünf Minuten bevor wir den Kreditantrag genehmigen wollen, nimmt ein Kollege den Anruf des Kunden entgegen – er hat sich schon anders entschieden und zieht seinen Kreditantrag zurück. Der Kollege vermerkt dies pflichtbewusst. Die Datensatzversion springt auf die Version 2.

Beim Speichern bemerkt unser System den Konflikt (wir selbst haben vor einer Stunde noch die Version 1 geladen) und fragt uns, was wir jetzt tun wollen. Wie ist der Konflikt zu beheben? Nun, die einfachste Version lautet: gar nicht. Wir haben eine Stunde verschwendet, und kein System auf der Welt kann daran etwas verändern.

Den Konflikt zu beheben kann also ganz einfach bedeuten,

- die Änderung zu verwerfen, weil es gar keine Alternative dazu gibt, wie im Beispiel.
- herauszufinden, ob die Änderung des aktuellen Anwenders mit den Änderungen, die in der Zwischenzeit vorgenommen wurden, fachlich im Konflikt steht, und sie dann vielleicht doch durchzuführen. Zwei Sachbearbeiter können denselben Kunden bearbeiten, solange einer die Adressdaten verändert und der andere ein neues Konto einträgt.
- eine manuelle Aktion auszulösen, z. B. wenn wir das Lager bitten, einen bereits kommissionierten Artikel wieder zurück ins Lager zu bringen.
- die Daten des anderen einfach zu überschreiben, weil wir uns sicher sind, dass unsere Auffassung der Sache die einzig richtige ist.
- die Sache zu protokollieren und einer späteren Entscheidung zuzuführen.
- die Änderung erneut zu versuchen, vielleicht mit aktuellen Daten.

Welche Alternative ist nun die richtige? Ich vermute, darüber treffen nur die wenigsten Anwendungen überhaupt eine wirklich fundierte Entscheidung. Und sie können es häufig auch nicht, weil solche Konflikte mindestens ebenso viel mit dem Geschäft zu tun haben wie mit der Technik. Andererseits habe ich auch noch nicht viele Anwendungen gesehen, die dem Anwender wirklich die Wahl lassen. Meist werden die Änderungen einfach zurückgewiesen – Game over, case closed, Anwender verärgert. Man muss sich einfach klarmachen: Das Muster macht ja auch nur dann Sinn, wenn dieser Fall selten auftritt – in allen anderen Fällen profitiert der Anwender von den Vorteilen, freilich ohne das je zur Kenntnis zu nehmen.

Datetimestamp

Häufig findet man in Datenbanken zusätzliche Felder:

- das Datum der letzten Änderung
- den Anwender, der die letzte Änderung veranlasst hat
- das Datum, an dem der Datensatz erstellt wurde
- den Anwender, der den Datensatz angelegt hat

Das ist nicht perfekt, aber ganz nützlich, um den Verantwortlichen für eine Änderung herauszufinden. Doch als Versionierung ist es unbrauchbar, weil die Systemzeit häufig nicht genau genug ist. Es kann also sein, dass zwei Änderungen dieselbe Uhrzeit tragen, weil sie z. B. in einer Massendatenoperation unmittelbar nacheinander durchgeführt wurden.

Rowversion vs. Abgleich aller Felder

Um es kurz zu machen: Die viel bessere Variante ist es, mit Datensatzversionen zu arbeiten. Entweder bringt der SQL-Server eine entsprechende Funktion bereits mit, oder man kann sie häufig mittels Trigger selbst implementieren. Die andere Alternative, die Prüfung aller Felder, ist aufwendiger und führt zu meist riesigen WHERE-Klauseln.

Der Vollständigkeit halber sei erwähnt, dass einige Systeme auch ein vollständiges Tracking anbieten, sodass eine Änderung auch über das Trackingprotokoll herausgefunden werden kann.

Granularität

Bisher galt im Beispiel immer: Granularitätsebene = Datensatz; Version und Rowcount wurden beim Aktualisieren und Löschen (UPDATE und DELETE) geprüft.

Schon das Beispiel aus Abschnitt 6.7.2 zeigt, dass der dort beschriebene Konflikt unnötig sein kann. Dann nämlich, wenn Francis den Stammdatensatz ändert (die Anschrift), Charlotte aber einen neuen Datensatz in die Kontotabelle einfügt und diesen zum aktuell verwendeten Konto deklariert, sagen wir durch ein Flag im Kontodatensatz. Dann gibt es keinen Konflikt, weil zwei Datensätze unterschiedlicher Tabellen betroffen sind.

Schwieriger wird es, wenn die Tabellen fachlich zusammenhängen, wenn also z. B. das Anlegen eines Kontos davon abhängt, in welchem Land der Kunde seinen Sitz hat. In einem solchen Fall muss auch die Anwendung für das Hinzufügen neuer Kontoinformationen den Stammdatensatz lesen und dessen Version gleich mit – und beim Speichern des Kontodatensatzes auch die Version des Kundenstammdatensatzes prüfen. Hat sie sich geändert, liest die Anwendung den Kundenstammdatensatz erneut und verwendet fortan die neuen Informationen, z. B. zu Validierungszwecken. Anders gesagt: Das Verfahren eignet sich auch dann, wenn konsistente Daten erforderlich sind, die mehrere Tabellen umfassen.

Lücken über Lücken

Optimistisches Sperren kann gewisse Probleme vermeiden, wie sie zuvor beschrieben sind, bei Weitem aber nicht alle. Nehmen Sie einmal an, der Rabatt eines Kunden berechnet sich aus dem Umsatz im aktuellen Jahr. Die Anwendung ermittelt:

```
SELECT SUM(umsatz) FROM auftraege WHERE kunden_id=1234 AND
 auftragsdatum between 20140101 and 20143112
```

Bevor wir den Auftrag nun speichern, fakturiert ein anderer Kollege einen weiteren Umsatz des Kunden, der nun dummerweise dazu führt, dass die Rabattstaffel einen höheren Rabatt vorsieht. Versionen helfen hier nicht, denn das Hinzufügen eines neuen Datensatzes in die Auftragstabelle können sie nicht verhindern. Hier hilft nur, das Lesen der aktuellen Auftragssumme und das Erstellen des neuen Auftrags in eine Transaktion zu packen und einen geeigneten Isolationslevel zu wählen.

Außerdem hindert auch nichts eine Anwendung daran, zwischendurch – zum Beispiel, wenn kritische Entscheidungen anstehen – die aktuellen Versionen der betroffenen Datensätze abzurufen, um auf diese Weise schon vor dem Speichern zu entscheiden, ob eine Änderung erfolgreich sein wird.

6.8 Pessimistisches Sperren

Bevor Sie sich mit diesem Abschnitt befassen, bitte ich Sie, die Ausführungen zum optimistischen Sperren im vorigen Abschnitt zu lesen, dann brauche ich mich hier nicht zu wiederholen.

Pessimistisches Sperren geht von der pessimistischen Annahme aus, dass vermutlich ein zweiter Anwender gerade jetzt dieselben Daten ändern möchte, dass sich also zwei Geschäftstransaktionen gut in die Quere kommen können. Dafür werden Sperren eingesetzt und ein entsprechender Mechanismus, um diese zu verwalten.

6.8.1 Steckbrief

Deutscher Name: Pessimistisches Sperren
Englischer Name: Pessimistic (Offline) Lock
Gruppe: Datenmuster

6.8.2 Beschreibung

Wie schon erwähnt: Die erste Wahl ist zumeist das optimistische Sperren, schon allein deshalb, weil es sich technisch ungleich einfacher umsetzen lässt.

Es gibt aber auch Fälle, in denen ein solches Vorgehen indiskutabel wäre, weil die Wahrscheinlichkeit der gleichzeitigen Bearbeitung einfach zu hoch ist. Dem Anwender dann immer wieder seine Änderungen zu verwerfen, trägt zum Ruf der Anwendung nicht gerade bei.

Die Lösung, die das pessimistische Sperren vorsieht, sind Sperren. Ein Anwender, also im Beispiel Francis, muss erst eine Sperre anfordern, bevor er den Kundendatensatz bearbeiten kann. Erhält er die Sperre, dann ist alles gut, und für die Dauer der Bearbeitung hält er die Sperre. Ein anderer Anwender, Charlotte, der ebenfalls versucht, eine Sperre zu ergattern, erhält stattdessen eine Fehlermeldung.

UML

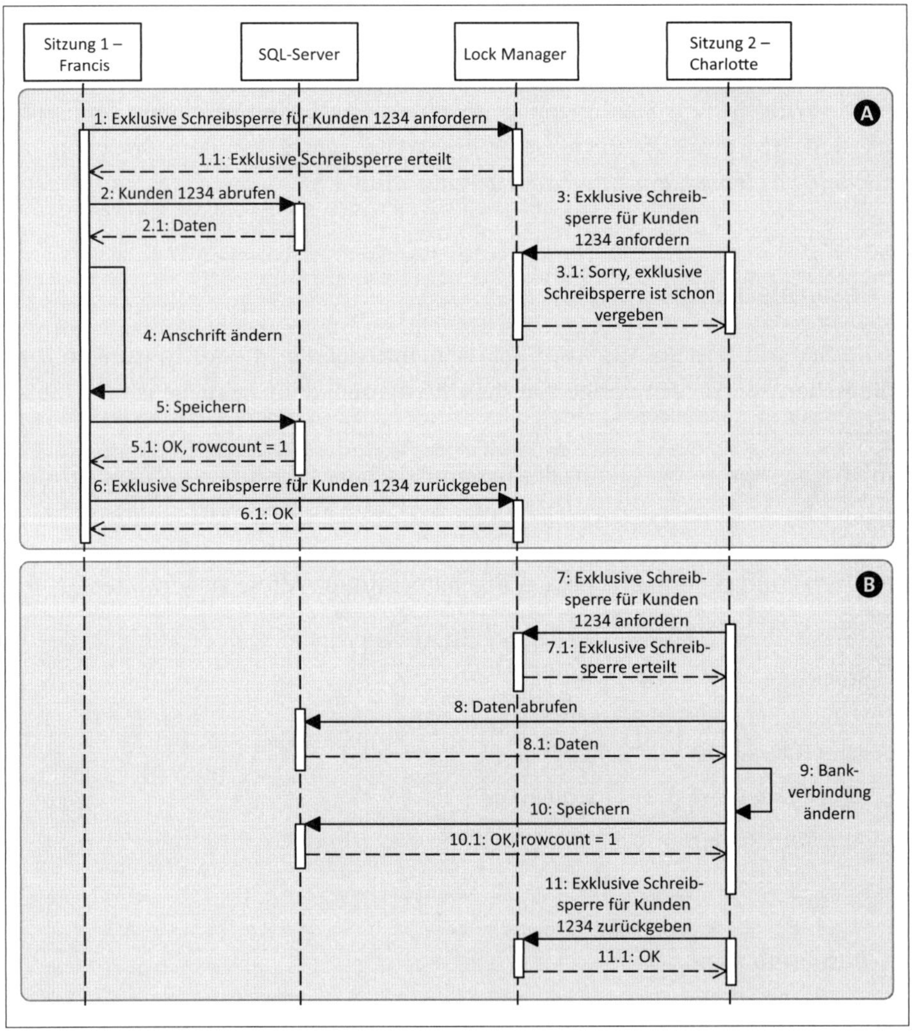

Abbildung 6.16 Pessimistisches Sperren im Beispiel

Erläuterungen

Aus Sicht der Datenbank gibt es zwei Transaktionen, die in Abbildung 6.16 mit **A** und **B** gekennzeichnet sind.

Nr.	Erläuterung
1	Francis liest gerade das Fax des Kunden. Dessen Anschrift hat sich geändert. Francis öffnet die Anwendung, doch bevor die Daten abgerufen werden, holt die Anwendung eine *exklusive Schreibsperre* beim *Lock Manager*.
1.1	Niemand anders bearbeitet gerade diesen Datensatz, daher erteilt der Lock Manager die Sperre, die er bis zur Rückgabe speichert.
2	Jetzt erst werden die Daten des Kunden vom Datenbankserver angefordert ...
2.1	... und von diesem zurückgegeben und in der Anwendung zur Bearbeitung dargestellt.
3	Kurz nach dem Abrufen will Charlotte denselben Datensatz ändern, weil sie dort eine Bankverbindung eintragen möchte. Auch ihre Anwendung holt eine exklusive Schreibsperre vom Lock Manager.
3.1	Der Lock Manager erteilt aber keine Schreibsperre, weil die einzig zu vergebende exklusive Schreibsperre für diesen Datensatz schon von Francis gehalten wird. Charlotte erhält eine Fehlermeldung und muss (erst einmal) damit leben, dass sie den Kunden jetzt nicht bearbeiten kann.
4	Francis lässt sich wieder viel Zeit mit der Änderung der Anschrift. Während der gesamten Dauer hält er die Schreibsperre.
5	Nach dem Abschluss wird der Datensatz an den SQL-Server übermittelt.
5.1	Der SQL-Server bestätigt das Speichern.
6.0	Jetzt erst gibt die Anwendung von Francis die exklusive Schreibsperre für den Kunden 1234 an den Lock Manager zurück.
6.1	Der Lock Manager bestätigt die Rückgabe.
A	**Damit ist die erste Transaktion abgeschlossen: die Änderung der Anschrift.**
7	Eine gefühlte Ewigkeit später versucht Charlotte erneut, eine exklusive Schreibsperre für den Kunden 1234 zu bekommen.
7.1	Sie erhält die Sperre, da die vorherige Sperre zwischenzeitlich wieder zurückgegeben wurde.
8	Charlotte ruft die Daten des Kunden ab.
8.1	Und der SQL-Server liefert sie ihr.

Tabelle 6.8 Das pessimistische Sperren im Beispiel

Nr.	Erläuterung
9	Charlotte trägt die neue Bankverbindung ein. Für die Dauer der Bearbeitung hält sie nun die exklusive Schreibsperre.
10	Am Ende speichert sie.
10.1	Was der SQL-Server wiederum erfolgreich quittiert: rowcount=1.
11	Erst jetzt gibt Charlotte ihre Schreibsperre zurück. Für den Kunden 1234 hält nun niemand mehr die exklusive Schreibsperre ...
11.1	... was der Lock Manager abermals bestätigt.
B	**Damit ist die zweite Transaktion abgeschlossen: die Änderung der Bankverbindung.**

Tabelle 6.8 Das pessimistische Sperren im Beispiel (Forts.)

Im Beispiel wird eine eigene Komponente für die Verwaltung der Sperre verwendet: der Lock Manager, wie er z. B. in einem Service implementiert sein kann.

Eigenschaften transaktionsverarbeitender Systeme

Ein System, das mit Transaktionen arbeitet, soll möglichst alle diese Eigenschaften in sich vereinen:

- konsistente Daten: Es sollen immer richtige, also aktuelle Daten ausgeliefert werden.
- Vermeiden von verlorenen Updates (sich gegenseitig überschreibenden Transaktionen)
- Vermeiden diverser anderer Artefakte beim Lesen, z. B. das Lesen von Phantomdaten oder von Daten, die bei zweimaligem Lesen in einer Transaktion verschiedene Werte haben (*non-repeatable read*)
- Die Parteien sollen sich gegenseitig nicht behindern, also einen gleichzeitigen Zugriff bieten.
- Das System soll skalierbar sein und eine hohe Performance aufweisen.
- Das System soll einfach sein und sich deterministisch verhalten.

Diese Forderungen sind unvereinbar, wir müssen also Kompromisse finden. Sperren sind solche Kompromisse. Je nach Typ der Sperre (siehe dazu den nächsten Abschnitt) ist entweder sichergestellt, dass immer richtige Daten angezeigt werden (exklusive Schreibsperre) oder dass Anwender ihrer Arbeit nachkommen können, wenn auch vielleicht mit veralteten Daten (nicht exklusive Schreibsperre).

Die Art der Kompromisse ist nicht rein technischer, sondern vor allem geschäftlicher Natur. Ist es akzeptabel, dass wir ein Produkt verkaufen, obwohl der Lagerbestand 0 ist? Und wenn ja: Wie häufig kommt das vor, und was machen wir dann? Solche Fragen stehen im Zentrum der Überlegungen.

Die verschiedenen Typen von Sperren

Es gibt verschiedene Typen von Sperren, die sich noch dazu von System zu System unterscheiden. Je komplexer ein System ist, desto mehr Sperren und dazugehörige Regeln kann es haben. In Datenbanksystemen richtet sich die Frage, ob eine zweite Transaktion dennoch Daten lesen kann, zudem nach der Isolationsstufe, in der sich die Transaktion befindet. Das Thema kann in der Praxis also beliebig komplex werden.

Für unsere Zwecke und für viele Zwecke, in denen solche Systeme selbst entwickelt werden, reichen aber drei Typen:

- Ein *Schreibsperre (Write Lock)* verhindert, dass zwei Parteien Daten gleichzeitig verändern. Ein Write Lock kann also einer Ressource nur jeweils einmal zugeteilt werden. Es verhindert aber nicht, dass (auch mehrere) Parteien Daten in der Zwischenzeit lesen, was potenziell problematisch ist, weil die zu lesenden Daten eventuell inkonsistent sind. Im Beispiel würde das bedeuten, dass Charlotte eine Rechnung für den Kunden schreiben kann, die noch an die alte Adresse gerichtet ist, obwohl Francis eine Schreibsperre zugeteilt bekam, weil er die Daten gerade ändert.
- Eine *exklusive Schreibsperre (Exclusive Write Lock)* verhindert das oben erwähnte Szenario zuverlässig. Wenn eine Partei eine solche Sperre besitzt, können andere die Daten in dieser Zeit weder lesen noch schreiben. Das ist sehr restriktiv, aber auch sehr sicher. Häufig gibt es nur diese Sperre, sodass dieser Begriff synonym zu Write Lock verwendet wird.
- Eine *Lesesperre (Read Lock)*, manchmal auch *Shared Lock* genannt, können beliebig viele Parteien erhalten. Sie können dann lesen, aber keine andere Partei kann während dieser Zeit die Daten verändern.

Wie gesagt: Die Realität ist komplizierter. Dem SQL-Server werden mehr als 20 verschiedene Sperren zugesprochen, und er kennt zahlreiche Regeln, wann welche Sperren hochgestuft, also eskaliert werden und unter welchen Umständen ein Lesen möglich ist oder eben nicht. Noch dazu werden die Begriffe nicht immer exakt in derselben Bedeutung verwendet.

Der Lock Manager

Das hier besprochene Muster geht davon aus, dass es einen Lock Manager gibt, einen zentralen Mechanismus, der sich um die Verwaltung der Sperren kümmert. Dazu gehört im Einzelnen:

- die Zuteilung der Sperren
- die Verwaltung der Sperren pro Ressource und pro Halter der Sperre
- die Freigabe der Sperren
- die Berücksichtigung der Regeln, die für die Zuteilung der Sperren gelten

Die grundlegenden Eigenschaften, die so ein Lock Manager mitbringen soll, sind:

- Er soll deterministisch, also vorhersagbar arbeiten.
- Er soll zudem schnell sein. Denn um deterministisch arbeiten zu können, muss der Lock Manager (wenn die Implementierung hinreichend einfach sein soll) die Anfragen seriell, also nacheinander bearbeiten.
- Er soll seine Arbeit zuverlässig verrichten, weil so viele andere Systeme von ihm abhängen.
- Er wird häufig nur einmal im System vorhanden sein.
- Zudem soll er einfach sein.

Die geschäftliche Seite

Der Sinn allen Strebens ist es, das Geschäft anzutreiben, und die Geschäftslogik bestimmt daher auch die Umsetzung in wesentlichen Zügen. Dabei sind einige grundlegende Entscheidungen zu treffen:

- *Was soll überhaupt gesperrt werden?* Gemeint ist, dass in einer Anwendung die Bereiche und Daten identifiziert werden, die Teil der Sperrlogik sein sollen.
- *Welche Sperrlogik soll zur Anwendung kommen?* Also optimistisches Sperren oder pessimistisches Sperren? Beide Verfahren lassen sich in einer Anwendung auch kombinieren.
- *Welche Granularität ist gewünscht?* Soll also beispielsweise ein gesamter Kunde nebst den abhängigen Daten gesperrt werden oder vielleicht nur Teile des Kunden, sodass zwei Anwender verschiedene Teile trotz Sperren gleichzeitig bearbeiten können?
- *Wann soll gesperrt werden?* Häufig wird das zu Beginn eines Prozesses sein, denn es macht wenig Sinn, Daten abzurufen, wenn sie überhaupt nicht gelesen werden dürfen. Manchmal wird es aber auch eine BEARBEITEN-Schaltfläche geben, die eine Sperre erst auslöst, wenn ein Anwender darauf klickt.

- *Welche Sperren werden gebraucht?* Genügen zwei Typen (Shared Locks und Exlusive Locks) oder müssen die Sperren feiner granuliert werden? Und wie sind die Regeln für die Zuteilung einer Sperre und innerhalb der Anwendung?
- *Wann werden die Sperren wieder freigegeben?* Klar, nach Abschluss der Transaktion. Aber wann ist das? Muss der Anwender einen Datensatz manuell freigeben, oder passiert das automatisch, und wenn ja: Passiert es als letzte Aktion?
- *Was passiert, wenn eine Sperre vom Anwender nicht wieder freigegeben wird?* Beispielsweise wenn der Rechner des Anwenders abstürzt. Gibt es dann einen Timeout oder ein anderes Verfahren, das sicherstellt, dass später wieder auf die Daten zugegriffen werden kann?
- *Was soll geschehen, wenn eine Sperre nicht zugeteilt werden kann?* Die einfachste Version ist es natürlich, den Vorgang abzubrechen. Aber vielleicht soll die Anwendung den Datensatz dann nur lesend anzeigen, den Vorgang protokollieren, es erneut versuchen oder dem Anwender die Entscheidung überlassen.
- *Wie wirkt die Sperrlogik mit anderen Systemen zusammen?* Damit sind vor allem Systeme gemeint, die ihre eigenen Sperrmechanismen mitbringen, also vor allem relationale Datenbanken. Wenn also z. B. eine Stored Procedure ausgeführt wird: Weiß sie um die Sperren, die die Anwendung implementiert?

6.8.3 Anwendungsfälle

Pessimistisches Sperren sollte Ihre zweite Option sein, es ist daher eine gute Angewohnheit, sich zuerst einmal das optimistische Sperren zu überlegen. Gute Gründe, warum optimistisches Sperren nicht ausreicht, sind:

- A) Die Chance für einen Konflikt ist sehr hoch.
- B) Die Probleme, die durch einen Konflikt verursacht werden (z. B. die Kosten) sind sehr hoch.
- Zusammen: A*B ist eine große Zahl.

6.8.4 Implementierung

Um ganz ehrlich zu sein: Ich würde einen Lock Manager nicht selbst entwickeln, sondern das Web nach einem Open-Source-Projekt durchforsten. *Apache ZooKeeper* ist da ein gutes Beispiel. Das Problem bei der Implementierung ist, dass ein Lock Manager vor allem in verteilten Umgebungen mit vielen Ressourcen und Anwendern Sinn macht, was ihn aber auch wieder deutlich komplexer macht. Oder, wie es in der Dokumentation zu ZooKeeper steht:

> *Coordination services are notoriously hard to get right.*

Wie wahr. Wenn ich hier also dennoch eine Implementierung aufzeige, dann um zu verdeutlichen, wie ein Lock Manager prinzipiell arbeitet.

Sperre

Zunächst betrachten wir die Abstraktion für eine Sperre.

```
public class Sperre
{
  private String ressource;
  private String inhaber;
  private Long zeit;
  private long ablauf = -1;

  public Sperre(String ressource, String inhaber)
  {
    this.ressource = ressource;
    this.inhaber = inhaber;
    zeit = System.currentTimeMillis();
  }

  public Sperre(String ressource, String inhaber, long ablauf)
  {
    this(ressource, inhaber);
    this.ablauf = ablauf;
  }

  public String getRessource()
  {
    return ressource;
  }
  public String getInhaber()
  {
    return inhaber;
  }

  public boolean istInhaber(String inhaber)
  {
    return (inhaber.equals(inhaber));
  }

  public boolean istAbgelaufen()
  {
    if (ablauf == -1)
```

```
      return false;
    else
      return ((zeit + ablauf) > System.currentTimeMillis());
  }
}
```

Listing 6.9 Die Klasse »Sperre«

Eine Sperre hat einen Inhaber sowie eine Kennzeichnung der Ressource, die durch diese Sperre betroffen ist. Beides ist hier als `String` implementiert. Ein zweiter Konstruktor nimmt eine Ablaufzeit entgegen, die mit der Methode `istAbgelaufen` überprüft werden kann.

LockException

Sollte etwas schiefgehen, wird diese Exception verwendet:

```
public class LockException extends Exception
{
  public LockException(String text)
  {
    super(text);
  }
}
```

SperrManager

Der hier vorgestellte Lock Manager (hier in Deutsch `SperrManager` genannt) verwaltet nur einen Typ von Sperren. In einer lokalen Anwendung könnte man ihn mithilfe des Singleton-Musters einzigartig machen.

```
public class SperrManager
{
  private final long STANDARD_ABLAUF = 600000;
  private final Map<String, Sperre> sperren = new HashMap<String, Sperre>();


  public Sperre erteileSperre(String ressource, String inhaber)
   throws LockException
  {
    return erteileSperre(ressource, inhaber, STANDARD_ABLAUF);
  }

  public Sperre erteileSperre(String ressource, String inhaber, long ablauf)
   throws LockException
```

```
{
  synchronized(sperren)
  {
    Sperre sperre = sperren.get(ressource);
    if (sperre != null && !sperre.istAbgelaufen())
    {
      if (sperre.istInhaber(inhaber))
        return sperre;
      else
        throw new LockException(
         "Ein anderer Anwender hat eine gültige Sperre");
    }
    else
    {
      //Sperre war nicht vorhanden oder ist schon abgelaufen
      sperre = new Sperre(ressource, inhaber, ablauf);
      sperren.put(ressource,  sperre);
      return sperre;
    }
  }
}

public Sperre entsperre(String ressource, String inhaber)
 throws LockException
{
  synchronized(sperren)
  {
    Sperre sperre = sperren.get(ressource);
    if (sperre != null && sperre.istInhaber(inhaber))
      return sperren.remove(ressource);
    else
      throw new LockException(
       "Es gibt keine Sperre für diese Ressourcen und diesen Inhaber");
  }
}

public Sperre entsperre(String ressource) throws LockException
{
  synchronized(sperren)
  {
    Sperre sperre = sperren.get(ressource);
    if (sperre != null)
      return sperren.remove(ressource);
```

```
      else
        throw new LockException("Es gibt keine Sperre für diese Ressourcen");
    }
  }

  public void entferneAbgelaufeneSperren()
  {
    synchronized(sperren)
      {
      Iterator<String> iter = sperren.keySet().iterator();
      while(iter.hasNext())
      {
        String ressource = iter.next();
        Sperre sperre = sperren.get(ressource);
        if (sperre.istAbgelaufen())
          iter.remove();
      }
    }
  }
}
```

Listing 6.10 Der Lock Manager

Die wichtigsten Merkmale der Implementierung:

- Das Erteilen einer Sperre und das Entsperren werden synchronisiert, dafür ist das Schlüsselwort `synchronized` zuständig, das selbst übrigens auch mit einem Sperrmechanismus arbeitet.
- Das Erteilen der Sperre ist in zwei Varianten möglich: mit oder ohne Ablaufzeit (in Millisekunden). Wird keine Ablaufzeit angegeben, werden 10 Minuten voreingestellt.
- Ist das Erteilen einer Sperre nicht möglich, weil ein anderer Anwender schon eine Sperre auf die Ressource besitzt, wird eine eigene Exception ausgelöst.
- Hat der Inhaber bereits selbst eine Sperre auf die angegebene Ressource, wird diese zurückgegeben, es sei denn, sie ist schon abgelaufen – dann wird eine neue erstellt.
- Das Entsperren funktioniert sowohl für eine Ressource als auch für eine Kombination aus Ressource und Inhaber – beides löst eine Exception aus, wenn gar keine Sperre vorhanden ist.
- Die Methode `entferneAbgelaufeneSperren` sollte in diesem Beispiel zwischendurch von Hand aufgerufen werden, um die verwaisten Sperren zu löschen – also Sperren, die nicht entsperrt wurden, die aber zwischenzeitlich schon abgelaufen sind.

6.8.5 Weitere Überlegungen und Alternativen

Die meisten Überlegungen stecken diesmal schon in der Beschreibung. Daher folgen hier nur einige weitere Überlegungen zur Implementierung.

Wo werden die Sperren gespeichert?

Der Arbeitsspeicher wäre ein guter Ort, weil der Zugriff darauf einfach synchronisiert werden kann und das Zuteilen und Freigeben schnell abläuft. Etwas weiter gedacht kommen verteilte Caches infrage, vor allem dann, wenn Webfarmen oder Ähnliches im Spiel sind. Wird Persistenz gewünscht, lassen sich die eigenen Sperren auch in einer Datenbanktabelle verwalten, vielleicht sogar ergänzt um einen In-Memory-Cache. Dann ist aber die Sperrlogik des Datenbankservers zu beachten. Vielleicht soll gar als Isolationsstufe `Serializable` gewählt werden, um die Zuteilung und Freigabe streng zu serialisieren.

Lock Granularity

In einem SQL-Server bestimmt der dortige Lock Manager über die Granularität, also darüber, welche Teile der Datenbank gesperrt werden. Das hängt von der SQL-Abfrage ab, von der gewählten Isolationsstufe und von diversen weiteren Faktoren, wie der Anzahl der betroffenen Datensätze. Ein *Lock Escalation* genannter Mechanismus kann zudem die Granularität während der Ausführung erhöhen und zum Beispiel gleich die gesamte Tabelle sperren, anstatt nur 1000 Datensätze zu sperren.

In eigenen Anwendungen können wir die Granularität natürlich selbst festlegen – also welche Teile der Anwendung mit welchen Daten jeweils gemeinsam gesperrt werden sollen, was fachlich und technisch sinnvoll ist.

Sind wir zu grob, dann behindern wir die Arbeit über Gebühr. Sind wir hingegen zu fein, kann die Performance darunter leiden und das gesamte Sperrverhalten der Anwendung zu komplex werden.

Allerdings unterscheidet sich ein Datenbankserver von den Sperren, die man selbst einbaut: Eine Datenbanktransaktion solle für gewöhnlich dem ACID-Prinzip folgen, also vor allem eines sein: kurz. Sie ist häufig elementarer Natur. Eine Transaktion innerhalb einer Anwendung ist häufig ein Geschäftsprozess, wie eben das Ändern einer Anschrift. Das dauert länger, und es sind auch häufig mehr Daten davon betroffen als in einer einzigen Datenbanktransaktion.

Timeouts

Von Timeouts war schon kurz die Rede: Es geht um die Frage, wie sich erkennen lässt, dass eine Anwendung eine Sperre gar nicht mehr benötigt, weil z. B. die Anwendung abgestürzt ist oder ein Anwender die Sitzung durch Schließen seines Webbrowsers beendet hat.

Das ist natürlich keine triviale Aufgabe und hängt vom Kontext ab. Die Lösungen sind daher unterschiedlich und reichen vom Unterhalten eines Live-Kanals, in dem ständig geprüft wird, ob ein Client noch »online« ist, bis zu einem einfachen Timeout, der eine Sperre einfach nach 20 Minuten wieder aufhebt. Manchmal, gerade in der Webentwicklung, helfen einem auch die Frameworks.

Deadlocks

Unter einem Deadlock versteht man zwei Transaktionen, die jeweils aufeinander warten, also gegenseitig gesperrt sind – und das (ohne Eingreifen) ad infinitum. Datenbankserver erkennen solche Deadlocks und »schießen« eine der beiden Transaktionen »ab«, führen dafür also ein Rollback durch. Dafür gibt es Regeln, aber ein Datenbankserver wird seine Entscheidung natürlich nicht nach fachlichen Gesichtspunkten treffen können. In eigenen Anwendungen sollten Deadlocks aber eigentlich keine Rolle spielen. Näheres dazu finden Sie in Abschnitt 6.2.6.

Langlaufende Transaktionen

Eine Alternative zum Sperren können langlaufende Transaktionen sein, wie sie häufig in asynchronen Prozessen zum Einsatz kommen. Darunter verstehen wir, dass wir mit einer Transaktion einfach mal beginnen, unabhängig vom Ergebnis. Eine solche Transaktion kann lange, auch schon mal Monate dauern.

Entweder geht die Transaktion irgendwann erfolgreich zu Ende, oder ein Timeout oder ein Fehler in der Verarbeitung verhindert dies. Dann ist der Gedanke, dass eine *Kompensation* stattfindet, also letztlich nichts anderes, als das bisher Getane wieder ungeschehen zu machen. Das kann bedeuten, dass wir uns beim Kunden entschuldigen, weil wir seinen UHD-Fernseher eben doch nicht wie versprochen auf Lager hatten. Wenn das statistisch gesehen nur sehr selten passiert, kann das durchaus eine Alternative sein.

6.9 Vererbung

Ich sage ja immer wieder: Relationen und Objekte passen nicht zusammen. Das zeigt sich am deutlichsten in der Vererbung. Sie ist ein selbstverständliches Konstrukt in der Welt der Objekte und Klassen, aber unbekannt in der Welt der Tabellen. Das gilt immer noch, allen Versuchen zum Trotz, mehr als 30 Jahre, nachdem die ersten SQL-Datenbankserver auf den Markt kamen. Natürlich gibt es diverse Hilfskonstrukte – man kann komplette Objektgraphen im XML-Format in Spalten speichern oder aber mit Java (Oracle) oder .NET (Microsoft) programmieren. Aber das ist nicht wirklich durchgängig, sodass z. B. standardisierte SQL-Abfragen darauf möglich wären. Erstaunlich, aber wahr: objektorientierte Datenbanken konnten sich nie im großen Stil durchsetzen.

Aber irgendwie müssen die beiden Welten ja zusammenkommen. Dafür haben sich vor allem drei Muster bewährt, wie sich eine Klassenhierarchie in Tabellen gießen lässt:

- eine Tabelle für alle Klassen
- eine Tabelle für jede der Klassen
- eine Tabelle für jede der konkreten Klassen

Alle drei Möglichkeiten haben, wie könnte es anders sein, ihre jeweiligen Vor- und Nachteile, die ich in diesem Abschnitt erläutern möchte.

6.9.1 Klassenhierarchie

Für die Abbildung der Klassenhierarchie in Tabellen dient dieses kleine Beispiel:

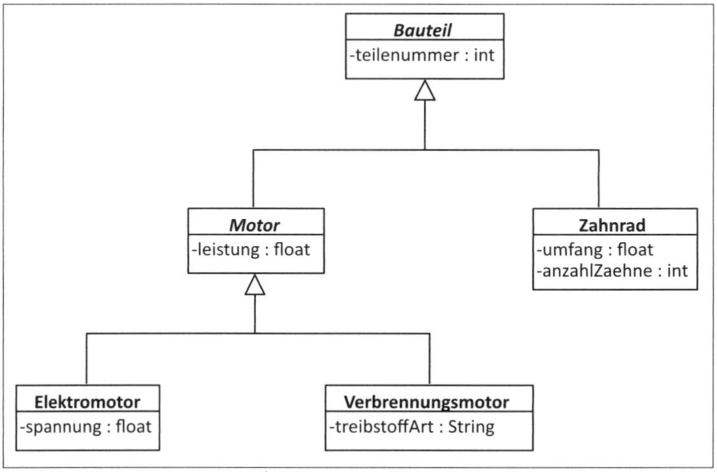

Abbildung 6.17 Einfache Klassenhierarchie

Die Merkmale dieser Hierarchie sind:

- Sie enthält fünf Klassen, was später zu höchstens fünf Tabellen führen wird.
- Zwei der Klassen sind abstrakt: die Basisklasse `Bauteil` und die Basisklasse für alle Motoren, `Motor`.
- Jede Klasse hat hier nur Attribute, weil die Methoden für die Abbildung in einer relationalen Datenbank nicht wichtig sind.

6.9.2 Eine Tabelle für alle Klassen

Das erste Muster steht für die denkbar einfachste Abbildung von Klassenhierarchien in Tabellen, nämlich für eine Tabelle, die folglich die Attribute aller Klassen enthalten muss (siehe Abbildung 6.18).

UML

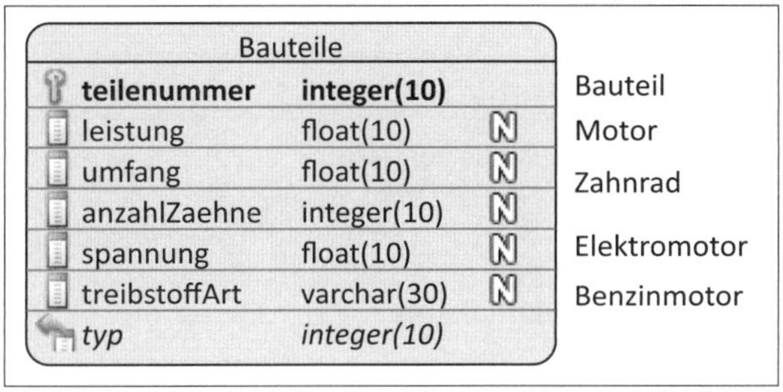

Abbildung 6.18 Eine Tabelle für alle Klassen

Erläuterungen

Die Tabelle umfasst also alle Attribute und dazu noch eine weitere Spalte, hier *typ* genannt. Da jeder Datensatz in dieser Tabelle zu einem Objekt wird, steht in dieser Spalte, zu welcher Klasse dieses Objekt gehört. Ein Datensatz für einen Elektromotor würde so aussehen:

teilenummer	43634
leistung	30
umfang	
anzahlZaehne	
spannung	5
treibstoffArt	
typ	elektromotor(1)

Tabelle 6.9 Ein Elektromotor in der Tabelle

Für den Typ gibt es keine festen Regeln. Er könnte eine einfache Nummer sein oder, wie hier, der Klassenname in Textform. Oder wir verwenden für die Typen eine zweite Tabelle und erstellen darauf eine Fremdschlüsselbeziehung, was Fehleingaben vermeidet (siehe Abbildung 6.19).

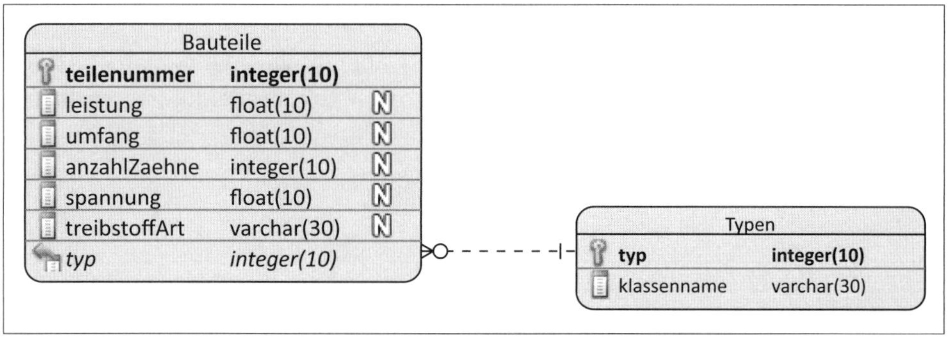

Abbildung 6.19 Eine Variante mit einer Fremdschlüsselbeziehung

Vor- und Nachteile

Die Vorteile liegen vor allem in der Einfachheit der Lösung:

- Das Muster ist einfach umzusetzen.
- Es gibt nur eine Tabelle.
- Die Tabelle kann noch dazu leicht erweitert werden, ohne das Datenmodell (um neue Tabellen) erweitern zu müssen.
- Es gibt (vielleicht bis auf die Typentabelle) keinerlei Fremdschlüssel, das macht das Modell äußerst schnell und unkompliziert.
- Man kann mit der Klassenhierarchie anstellen, was man möchte: Die Struktur der Tabelle bleibt gleich.
- Das Erstellen von Objekten aus der Tabelle ist gleichfalls schnell: Wir benötigen nur einen Forward-Cursor auf die Tabelle, lesen einfach Zeile für Zeile und erstellen die Objekte.

Der größte Nachteil wird aber schon sichtbar, wenn wir uns den Beispieldatensatz von oben ansehen, in dem einige Felder leer bleiben (müssen). Die dadurch verursachten Probleme werden immer größer, je weiter die Klassenhierarchie ausdifferenziert wird.

Die Kehrseite ist also:

- Einige Felder bleiben immer leer. Welche Felder leer bleiben, bestimmt natürlich der Typ. Es ist kein schönes Datenbankdesign, Felder systematisch leer zu lassen.
- Mit Ausnahme der Felder in der obersten Basisklasse müssen alle Felder nullable sein. Das lädt zu Fehlern ein, also dazu, Pflichteingaben wegzulassen.
- Das Design verschwendet Platz, eben weil immer Felder leer bleiben, was aber sicherlich das kleinste Problem darstellt.
- Die Spalten müssen eindeutig sein, wohingegen mehrere Klassen Attribute mit denselben Namen haben können.

- Alle Objekte sind in nur einer Tabelle, was die Anzahl der Datensätze in dieser Tabelle natürlich enorm erhält.
- Das wiederum führt dazu, dass Indizes nötig werden, wenigstens auf den Typ, um die Datenmenge effizient einschränken zu können.
- Abfragen werden schwieriger, weil man wissen muss, in welchen Situationen welche Felder zur Verfügung stehen.

Die Liste der Nachteile ist lang, aber es gibt auch Lösungsmöglichkeiten und Einschränkungen:

- Constraints können helfen, abhängig vom Typ die richtigen Pflichtfelder zu definieren – damit können Fehleingaben vermieden werden.
- Die Platzverschwendung kann irrelevant sein, weil der Datenbankserver die Daten effizient ablegt oder gut komprimiert.
- Die Spalten lassen sich nach dem Schema `Klassenname.Attribut` benennen, also beispielsweise `motor.leistung`.
- Die Anzahl der Datensätze ist oft kein Problem. Und wenn doch, dann bringen Oracle & Co. viele Möglichkeiten mit, dem Herr zu werden, beispielsweise durch Partitionierung. Dasselbe gilt, wenn auch etwas weniger, für Indizes.

Damit bleibt vor allem ein Problem: Die Lösung ist nicht schön, weil sie aus einem Datenbanksystem einen simplen Objektspeicher macht und die Möglichkeiten eines DBMS verschenkt.

Anwendungsfälle

Aber dennoch: Die Lösung kommt vor allem dann in Betracht, wenn

- es nicht viele Klassen gibt, die Anzahl der Variationen also gering ist.
- es auch in Zukunft nicht viel mehr Klassen geben wird.
- die Datenbank nur wichtig ist, um Objekte in eine persistente Form zu bringen.
- keine anderen Tools, wie Reportingsysteme, auf die Daten zugreifen.
- Performance die erste Geige spielt.

Sie sollten aber bedenken, dass das nicht so bleiben muss. Wie oft hat eine Anwendung klein begonnen, und mit der Zeit sind immer mehr weitere Anwendungen, Reports und Schnittstellen um die Datenbank herum entstanden?

6.9.3 Eine Tabelle für jede Klasse

Die nächste Option ist einfach: Es gibt so viele Tabellen, wie es Klassen gibt, im Beispiel also fünf (siehe Abbildung 6.20).

UML

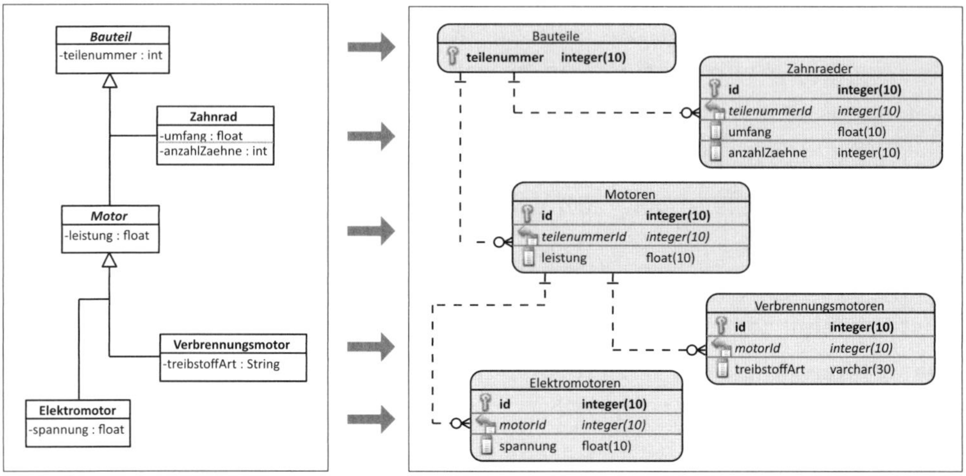

Abbildung 6.20 Eine Tabelle für jede Klasse

Erläuterungen

Auf den ersten Blick sehen die beiden Strukturen gleich aus, aber an die Stelle echter Vererbung in der Klassenhierarchie ist eine einfache Fremdschlüsselbeziehung in der relationalen Welt getreten, die Vererbung wird also auch hier nur simuliert.

Im Beispiel habe ich die Tabelle so angelegt, wie ich sie auch in der Praxis anlegen würde, also mit jeweils eigenen Primärschlüsseln und den zugehörigen Fremdschlüsselbeziehungen.

Ich persönlich mag es, wenn jede Tabelle ihren eigenen Primärschlüssel hat. Man weiß nie, in welche Richtung sich die Dinge entwickeln, und auf diese Weise ist man maximal flexibel. Der Primärschlüssel erspart es einem, komplexe, zusammengesetzte Schlüssel anzulegen, die man in jedem SQL-Statement erst einmal tippen und die man dem OR-Mapper beibringen muss. Und schnell kommt eine weitere 1:n-Tabelle dazu mit weiteren Schlüsseln. Daher hat im Beispiel jede Tabelle eine eigene ID, die für gewöhnlich mittels Autoinkrementfeld vergeben wird.

Die Alternativen im Überblick:

- Wir nutzen die Tabelle so wie dargestellt, also mit eigenen IDs als Primärschlüssel und der Teilenummer nur in der Tabelle `Bauteile`.
- Wir verzichten vollständig auf die individuellen Primärschlüssel. Dabei hat dann jede Tabelle einen Primärschlüssel `teilenummer`. Das funktioniert, weil die Teilenummer ja eindeutig ist und jedes Teil in einer Tabelle nur einmal vorkommt.
- Auf die Fremdschlüssel kann man auch verzichten. Man verzichtet damit aber auch auf referenzielle Integrität.

Felder, die `null` zulassen, gibt es jetzt nicht mehr, weil es Elektromotoren eben nur in der Tabelle `Elektromotoren` gibt und dort stets die Spannung anzugeben ist. Natürlich könnte es in der Praxis schon noch die eine oder andere Spalte geben, die optional ist – aber hier geht es ja um das Muster an sich.

Das Muster sieht vor, dass es auch für die beiden abstrakten Klassen `Bauteil` und `Motor` Tabellen gibt, sodass ein Elektromotor also immer drei Datensätze erzeugt:

- zunächst den Datensatz in der »abstrakten Tabelle« `Bauteile`:

teilenummer
43634

Tabelle 6.10 Tabelle »Bauteile«

- sowie in der »abstrakten Tabelle« `Motoren`:

id	teilenummerId	leistung
1	43634	30

Tabelle 6.11 Tabelle »Motoren«

- und der eigentliche, »konkrete« Elektromotor:

id	motorId	spannung
1	1	5

Tabelle 6.12 Tabelle »Elektromotoren«

Das ist recht eingängig, und dieses Muster trifft man in der Praxis daher ziemlich häufig an. Es scheint dem Gedanken der Vererbung am nächsten zu kommen.

Vor- und Nachteile

Das Muster bügelt den Hauptnachteil des vorherigen Musters aus:

- Alle Felder haben in ihrem Kontext einen Sinn.
- Dazu gehört auch, dass Nullable-Felder vermieden werden oder nur dann angelegt werden, wenn sie fachlich notwendig sind.
- In der Tabelle sind nur die Objekte drin, die »draufstehen«, also z. B. Elektromotoren in der Tabelle `Elektromotoren`. Das ist verständlich, und die Anzahl der Datensätze ist geringer.

- Damit ist dieses Muster insgesamt eingängig, schon allein weil es eine sichtbare Verbindung zwischen Klassenmodell und Datenmodell gibt. Die Klassen- und Tabellennamen sind identisch.
- Es eignet sich auch prima für Reports und andere Zwecke, weil man nur die Daten abfragen muss, die man gerade benötigt.

Kommen wir nun erst einmal wieder zu den Nachteilen, bevor ich einige davon gleich wieder relativiere:

- Es werden viel mehr Tabellen benötigt.
- Eine Änderung in der Klassenhierarchie zieht eine Änderung des Datenmodells (also neue Tabellen) nach sich.
- Es gibt einen gewissen Overhead durch Primär- und Fremdschlüssel.
- Vor allem aber müssen wir nun über mehrere Tabellen joinen, was einen Aufwand bedeutet und erst einmal langsamer ist, als nur eine Tabelle abzufragen.
- Wenn eine konkrete Klasse von einer anderen konkreten Klasse erbt, dann kann es sein, dass in der Tabelle der Oberklasse ein Datensatz steht, nicht aber in der Tabelle der Unterklasse. Das bedeutet, dass wir dafür einen OUTER JOIN benötigen. Daran muss man denken.
- Wir müssen bei der Abfrage sehr genau wissen, wie die Tabellen zusammenhängen, dass also die Tabelle `Zahnraeder` von der Tabelle `Bauteile` abhängt.
- Das Modell lässt es zu, dass wir einen Datensatz in der Tabelle `Motoren` anlegen, nicht aber den zugehörigen Datensatz in der Tabelle `Elektromotoren`.

Allerdings muss man die konkrete Situation betrachten und das Datenbanksystem, und da gilt häufig:

- Was der Query Analyzer einer Datenbank mit einer SQL-Abfrage anstellt, ist eine Wissenschaft für sich, und es ist längst nicht ausgemacht, dass das Joinen über mehrere Tabellen einen relevanten Geschwindigkeitsnachteil ausmacht.
- Das Wissen um die Verbindung zwischen den Tabellen ergibt sich aus den Fremdschlüsselbeziehungen.
- Wir können alle Datensätze, die zusammengehören, in einer einzigen Transaktion schreiben, sodass verwaiste Datensätze nicht vorkommen – Logikfehler einmal ausgenommen.

Anwendungsfälle

Es läuft auf die Frage hinaus, ob dieses Muster seinen Aufwand wert ist. Es empfiehlt sich jedenfalls, sofern man eine »saubere« Datenbank haben will, mit der man auch außerhalb der eigenen Anwendung gut arbeiten kann.

6.9.4 Eine Tabelle für jede konkrete Klasse

Kommen wir zum letzten Muster. Es ähnelt dem Muster »Eine Tabelle für jede Klasse«, allerdings gibt es diesmal nur eine Tabelle, wenn die damit abgebildete Klasse auch konkret ist.

UML

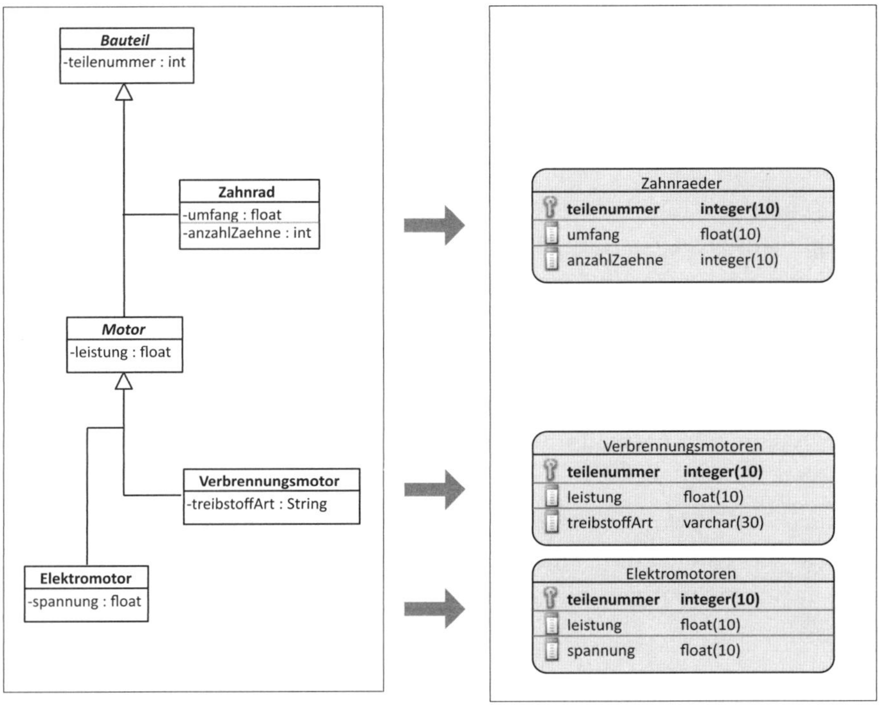

Abbildung 6.21 Eine Tabelle pro konkrete Klasse

Erläuterungen

Im Grunde ist dieses Muster etwas für Entwickler, die eine dieser beiden Fragen stellen:

- Warum sollte es einen Datensatz in einer Tabelle geben, wenn die zugehörige Klasse gar nicht instanziiert werden kann, also abstrakt ist?
- Warum sollte es mehrere Datensätze für ein Objekt geben?

Die Gegenseite könnte so argumentieren: Eine abstrakte Klasse ist ein Konzept in der OO-Welt. Wenn die abstrakte Klasse selbst z. B. ganz konkrete Daten speichert (die Klasse `Bauteil` beispielsweise die Teilenummer), warum sollte man diese nicht in einer eigenen Tabelle speichern?

Beide Argumente sind eigentlich gültig, entscheiden Sie also danach, welchem Lager Sie sich zugehörig fühlen, oder lesen Sie die folgenden Vor- und Nachteile dieses Musters.

Auf jeden Fall sieht unser Beispiel-Elektromotor nun so aus:

teilenummer	leistung	spannung
43634	30	5

Tabelle 6.13 Tabelle »Elektromotoren«

Vor- und Nachteile

In unserem Fall ist die Klassenhierarchie nur durch abstrakte Klassen verbunden, sodass die einzelnen Tabellen völlig unverbunden sind – die abstrakten Klassen führen ja nicht mehr zu eigenen Tabellen. Da die Teilenummer eindeutig ist, haben wir zudem einen eindeutigen Schlüssel, noch dazu eindeutig über alle Tabellen.

Wenn zwei konkrete Tabellen eine Hierarchie eingehen, ist aber die Frage: Wie kann man die beiden Tabellen später zusammenbekommen? Das geht nur mit einem einheitlichen Schlüssel, der über die beiden Tabellen eindeutig ist. Und einen solchen Schlüssel gibt es nicht immer im Klassenmodell – man muss ihn erst einmal erzeugen.

Das ist auch von Vorteil, wenn man den Schlüssel im Moment noch gar nicht braucht. Vielleicht sollen die Datensätze ja später in einer m:n-Beziehung mit einer weiteren Tabelle verbunden werden, also z. B. alle Motoren mit einer weiteren Tabelle `Pruefergebnisse`.

Die Vorteile dieses Musters sind:

- Es gibt weniger Tabellen; das Datenmodell wird einfacher.
- Dadurch gibt es auch weniger Datensätze.
- Noch besser: Es gibt genauso viele Datensätze wie Objekte.
- Jede Tabelle enthält nur die Felder, die sie braucht, und keine Schlüssel zur Verwaltung.
- Joins werden vermieden bzw. reduziert.

Die Nachteile sind:

- Die referenzielle Integrität geht verloren und damit ein wesentlicher Vorteil relationaler Datenbanken.
- Dadurch, dass Fremdschlüssel fehlen, müssen wir gegebenenfalls in mehreren Tabellen suchen, anstatt diese einfach über einen Join miteinander zu verbinden, zum Beispiel wenn wir das Teil mit der Teilenummer 36343 suchen wollen.

- Die Schlüsselproblematik muss so gelöst werden, wie oben beschrieben.
- Unter Umständen ergeben sich doppelte Spalten, wie die Spalte `leistung`, die sowohl in der Tabelle `Elektromotoren` zu finden ist als auch in der Tabelle `Verbrennungsmotoren`.
- Auch hier müssen Änderungen in der Klassenhierarchie im Datenmodell nachgezogen werden. Das kann aufwendiger sein, weil durch eine Änderung vielleicht mehr als eine Tabelle betroffen ist, wenn die Änderung weiter oben in der Klassenhierarchie vorgenommen wurde. Im Beispiel würde ein neues Feld in der Klasse `Bauteil` bedeuten, dass wir alle drei Tabellen um die zugehörige Spalte ergänzen müssten.

Anwendungsfälle

Für dieses Muster gelten dieselben Argumente wie für das Muster *Eine Tabelle für jede Klasse*. Bei sehr vielen Objekten und komplexen Klassenhierarchien mit vielen abstrakten Klassen und wenigen konkreten Klassen kann dieses Muster aber den Aufwand für die Datenhaltung deutlich reduzieren.

Kapitel 7
GUI-Muster

Schönheit ist überall ein gar willkommener Gast.
– Johann Wolfgang von Goethe

Die nächsten drei Muster werden überwiegend (oder ausschließlich) eingesetzt, wenn es um Benutzeroberflächen geht oder – etwas allgemeiner gesagt – wenn ein Anwender mit einem Stück Software interagieren kann, sodass Geschäftslogik, Darstellung und Eingabe beteiligt sind. Das Ziel ist es nun, die einzelnen Zuständigkeiten zu trennen, also Rollen zu definieren und Regeln, wie diese Rollen miteinander kommunizieren. Das größere Ziel ist, wie so häufig, die Vereinfachung der Weiterentwicklung und letztendlich Komplexität beherrschbar zu machen.

Und das ist dringend nötig, denn wenn auch die Serverprogrammierung gemeinhin als schwieriger gilt als die Entwicklung von Benutzeroberflächen, ist es doch die GUI, die mithin am meisten Schwierigkeiten macht. Da sind komplexe Event-Reihenfolgen zu beachten; viele Besonderheiten in der verwendeten Technologie machen einem das Entwicklerleben schwerer, und Validierung, Konvertierung, Darstellung und Internationalisierung wollen elegant gelöst werden. Und natürlich sollen Anwendungen darüber hinaus noch schick aussehen und »intuitiv« zu bedienen sein – auch dann noch, wenn Dutzende Steuerelemente den Bildschirm bevölkern. Das können die hier vorgestellten Muster nicht verhindern. Sie erleichtern aber die Aufgabe der Entwicklung vor allem komplexerer GUIs enorm.

Das Besondere an diesen Mustern ist es, dass einige Oberflächentechnologien ihre Anwendung sogar voraussetzen. Microsofts MVC trägt das Muster schon im Namen, und wer mit WPF oder Silverlight entwickelt, wird MVVM einsetzen wollen.

Gemeinsam ist ihnen, dass die Muster schnell erklärt sind, in der Praxis aber zahlreiche Fragen und Probleme aufwerfen. Entsprechend werde ich also etwas ausführlicher auf bestimmte Aspekte der Implementierung eingehen.

7.1 Model View Controller (MVC)

Die meisten der in diesem Buch vorgestellten Muster haben schon einige Jahre auf dem Buckel. Das gilt auch für das *Model-View-Controller-Muster* (MVC), das zum ersten Mal in Smalltalk-80 beschrieben wurde (einer zu seiner Zeit wegweisenden Programmiersprache) und dort eine zentrale Rolle spielt.

Der Name sagt es schon: Das Muster kennt drei Rollen, die des Modells (Model), die der Präsentation (View) und die der Steuerung (Controller).

7.1.1 Steckbrief

Deutscher Name: Modell-Präsentation-Steuerung

Oder auch: Modell-Ansicht-Steuerung

Englischer Name: Model View Controller

Gruppe: Verhaltensmuster

7.1.2 Beschreibung

Das MVC-Muster trennt Datenhaltung, Präsentation und Steuerung voneinander. Warum man das tun sollte, also der Nutzen dieses Musters, wird wohl erst dann richtig deutlich, wenn man einmal versucht, alle drei Rollen in einem Code und ohne explizite Regeln abzubilden.

Die Abhängigkeiten der einzelnen Codebestandteile, die dann zwangsläufig entstehen, führen zu einigen Nachteilen, die sich – je nach Fall natürlich – als durchaus folgenschwer herausstellen können:

- Wird die Struktur der Daten verändert, so müssen die Abhängigkeiten im Code berücksichtigt werden. So brauchen wir für ein neues Feld sowohl eine Ausgabe als auch vielleicht eine Eingabe und eine Validierung dafür. Wohl dem, der die richtigen Stellen findet und nichts vergisst.
- In der Praxis ändert sich die Darstellung der Daten meist häufiger als die Struktur der Daten. Sind beide nicht sauber getrennt, führt diese Änderung schnell einmal zu Seiteneffekten aufseiten der Daten – besonders dann übrigens, wenn Datenhaltung und Darstellung von zwei Teams, sagen wir Programmierern und Designern, weiterentwickelt werden.
- Noch schwieriger ist das Hinzufügen einer neuen Präsentation (sagen wir, die Darstellung als Liste wird um eine neue Darstellung als Baum ergänzt), vor allem dann, wenn beide Präsentationen parallel verwendet werden sollen.
- Der Code, der für das Abrufen und Verwalten der Daten zuständig ist, wird mit dem Code »verunreinigt«, der mit diesen Aspekten gar nichts zu tun hat – mit der Darstellung der Daten und der Steuerung der Benutzereingaben. Dadurch wird es

wesentlich schwieriger, diesen Code an anderer Stelle wiederzuverwenden, zum Beispiel in einem Backend-Service, der ganz ohne Präsentation auskommt.

- Die Testbarkeit wird deutlich erschwert, eben weil alle Teile miteinander in unvorhersehbarer Weise in Beziehung stehen und weil man nicht eben mal einen Teil, zum Beispiel die Benutzereingabe, durch ein Mocking-Framework ersetzen kann.

Das MVC-Muster löst diese Probleme durch ein klares Design: Die Zuständigkeiten werden getrennt (Separation of Concerns), und die drei Rollen interagieren in festgelegter Art und Weise miteinander.

Ob das MVC-Muster zu den Entwurfsmustern oder doch eher zu den »Designmustern« oder »Architekturmustern« gehört, ist dabei zweitrangig. Richtig ist aber schon, dass das Muster weniger streng und formal ist, als es die Muster der GoF sind, und daher die eine oder andere Wahlmöglichkeit eröffnet.

UML

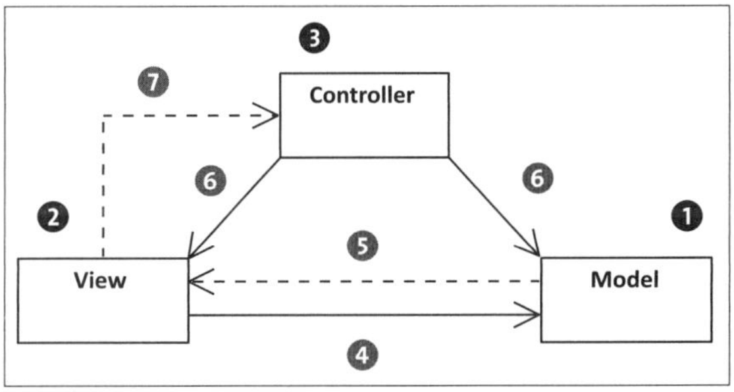

Abbildung 7.1 Das Model-View-Controller-Muster in UML

Erläuterungen

Nr.	Erläuterung
❶	Das *Model* steht für die Daten einer Anwendung. Dazu zählt die Speicherung der Daten, aber auch alle Operationen, die auf den Daten ausgeführt werden können.
❷	Die *View* hat die Aufgabe, die Daten des Models darzustellen, repräsentiert also dessen visuelles Abbild. Eine Präsentation ist mit immer genau einem Model verbunden, deren Daten sie darstellt. Andererseits kann aber ein Model durchaus mehrere Views besitzen, wenn dieselben Daten eben auf mehrere Arten dargestellt werden sollen. Ein Beispiel dafür wäre die Darstellung in HTML für Desktopbrowser (View1) und für mobile Browser (View2).

Tabelle 7.1 Akteure des MVC-Musters

Nr.	Erläuterung
❸	Der *Controller* verbindet das Model mit dem Anwender, nimmt also dessen Eingaben entgegen und leitet sie an das Model und die Views weiter. Auf diese Weise definiert der Controller erst, wie ein Anwender mit einer Anwendung interagieren kann. Auch hier kann es wiederum mehrere Controller geben, zum Beispiel für jede View einen eigenen. Oder aber ein Controller übernimmt die Arbeit für alle Views.

Tabelle 7.1 Akteure des MVC-Musters (Forts.)

Interessant sind nun die Beziehungen zwischen diesen Komponenten:

Nr.	Erläuterung
❹	Das Model hat keine direkten Beziehungen, also weder zu einem Controller noch zu einer View. Auf diese Weise ist das Model völlig unabhängig verwendbar. Allerdings müssen die Views natürlich die Daten »ihres« Models abgreifen können, um diese anzuzeigen, wofür ein direkter Zugriff nötig ist.
❺	Die umgekehrte Verbindung ist von schwacher Natur: Das Model kennt die Views nicht direkt, sondern die Views registrieren sich bei »ihrem« Model – üblicherweise mithilfe des Beobachter-Musters. Das Model informiert alle registrierten Views, falls sich die Daten verändert haben, sodass diese daraufhin ihre Anzeigen aktualisieren können.
❻	Der Controller nimmt die Benutzereingaben entgegen, stellt also zum Beispiel Menüs oder Eingabefelder bereit. Die dort eingegebenen Daten müssen natürlich ins Model übertragen werden, wofür ein direkter Zugriff notwendig ist. Auch der Zugriff auf die Views des Controllers ist notwendig, wenn zum Beispiel eine andere Art Benutzeroberfläche angezeigt werden soll. Das wäre dann der Fall, wenn der Anwender aus einem Menü den Punkt NEUEN DATENSATZ ANLEGEN auswählt, woraufhin sich die Eingabemaske dafür darstellt.
❼	In manchen Implementierungen ist zwischen View und Controller eine direkte Verbindung vorgesehen. Flexibler, weil besser entkoppelt, ist aber auch hier eine Kommunikation über das Beobachter-Muster.

Tabelle 7.2 Die Verbindungen zwischen Model, View und Controller

Daraus ergeben sich einige ganz praktische Regeln für die Kommunikation dieser drei Akteure untereinander (und des vierten Akteurs, des Anwenders). Erlaubt sind:

Erlaubt	Beispiel
Anwender -> View	Ein Anwender gibt die Postleitzahl eines Kunden in ein Eingabefeld der View ein.
View -> Controller	Ein Anwender klickt auf den SPEICHERN-Button, um die Postleitzahlenänderung zu übertragen. Die View informiert die Steuerungslogik, den Controller, über dieses Ereignis.
Controller -> Model	Der Controller speichert den veränderten Datensatz im Datenspeicher, dem Model.
Controller -> Controller	Der Controller für die Benutzerverwaltung und der Controller für die Kundenverwaltung sprechen miteinander, um Aktionen untereinander abzugleichen.

Tabelle 7.3 Erlaubte Kommunikationsmuster in MVC

Umgekehrt sind alle anderen Wege verbaut, jedenfalls dann, wenn man dieses Muster in Reinform anwenden möchte:

Nicht erlaubt	Erläuterung
Anwender -> Controller	Ein Anwender soll immer mit einer View interagieren, nie aber direkt mit einem Controller, der bei diesem Muster immer hinter der View angesiedelt ist.
Anwender -> Model	Schon gar nicht darf ein Anwender direkt mit einem Model – unter Umgehung von Controller und View – kommunizieren.
View -> View	Zwei Views sollen niemals miteinander, sondern allenfalls über einen gemeinsamen Controller kommunizieren.
View -> Model	Views sollten ihre Daten nicht direkt in das Model übertragen, sondern stets über einen Controller.
Model -> Model	Models sind isolierte Komponenten, die nicht miteinander in Beziehung gebracht werden sollten.

Tabelle 7.4 Nicht erlaubte Kommunikationsmuster in MVC

Der Zugriff der View auf das Model ist lesender Natur. Sie sollte die Daten also nur zur Anzeige abrufen, keinesfalls aber Änderungen am Model vornehmen dürfen.

Model

Das Modell kann im Prinzip alles sein, was einer Datenhaltung entspricht. Im einfachsten Fall ist es eine Klasse mit einigen Feldern oder eine XML-Datei, die im Speicher gehalten wird. In komplexeren Fällen kann sie auch ein vollständiges Domänenmodell mit vielen untereinander verbundenen Klassen sein, die einzelne Teilaspekte des Modells abbilden – beispielsweise Kunden, ihre Bestellungen und den Produktstamm.

Außerdem kann das Modell Operationen beinhalten, die beliebig komplex sein dürfen. Ganz allgemein gesprochen handelt es sich dabei um die Geschäftslogik. Oder es kann ohne Operationen auskommen, also nur die Daten im Hauptspeicher abbilden.

Das MVC-Muster definiert die drei Rollen und die Regeln dafür. Es sagt aber nichts darüber aus, wie man eine Anwendung sinnvoll in Layer gliedert. In der Praxis wird das Modell daher gern selbst wiederum Layer aufgeteilt (siehe Abbildung 7.2).

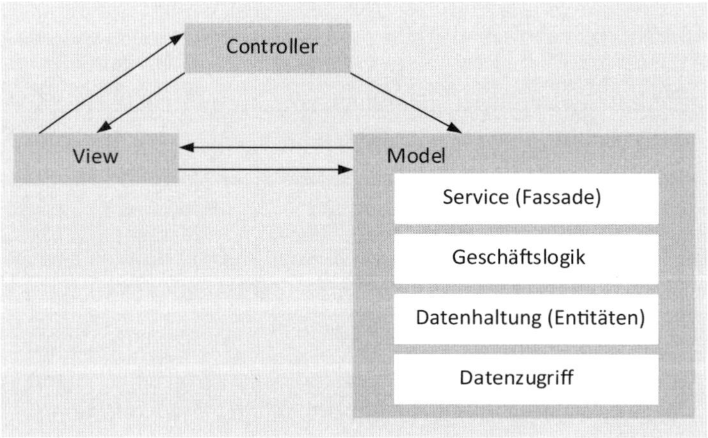

Abbildung 7.2 Das Modell mit verschiedenen Layern

Ähnlich können natürlich auch die anderen beiden Rollen selbst wiederum logisch unterteilt sein. Wie auch immer: Das Modell steht für die Datenseite und besitzt einen inneren Zustand, der diese Daten repräsentiert.

Zusammenfassung

Das *Modell* stellt die Daten im Arbeitsspeicher dar (den inneren Zustand) und definiert Operationen auf diesen Daten, bildet also die Geschäftslogik ab. Das Modell liefert den Views die Daten zur Anzeige und nimmt vom Controller die Daten zur Validierung, Verarbeitung und Speicherung entgegen. Außerdem informiert es die betroffenen Views, falls sich Daten verändert haben und daher neu angezeigt werden müssen.

Das Modell steht daher für die *Verarbeitung*.

View

Die View oder vielmehr die Views sind nur für die Ausgabe zuständig. Etwas drastischer formuliert: Die View zeichnet den Inhalt des Modells auf den Bildschirm.

Eine der Gefahren bei diesem Muster besteht darin, der View Logik beizubringen. Dabei erfüllt sie ihre Rolle dann am besten, wenn sie nur ihre eigene Zuständigkeit erfüllt (die Darstellung der Daten und das Darstellen der Benutzersteuerelemente), d. h., wenn man sie also möglichst »dumm« hält.

Nur in den einfachsten Anwendungen gibt es nur eine View. Die Interaktion mit dem Anwender bringt meistens ganz verschiedene Views mit sich – zum Ausgeben von Listen, Editiermasken oder Formulare zur Neueingabe von Daten (dazu später mehr). Die Views sind dabei auf ganz natürliche Weise mit dem Model verbunden, indem eine View z. B. die Produkte auflistet, die in einer Array-Liste im Modell gespeichert sind.

Zusammenfassung

Eine *View* ist für die grafische Darstellung der Daten zuständig und hält sich ansonsten aus der Verarbeitung heraus. Jede View ist mit genau einem Model verbunden und wird von »ihrem« Model informiert, wenn sich die Daten ändern und neu dargestellt werden müssen. Die View hat dafür direkten Zugriff auf das Model, um die Daten dort abzugreifen.

Die View steht daher für die *Ausgabe*.

Controller

Der Controller nimmt die Benutzereingaben entgegen, reagiert also z. B. darauf, wenn der Anwender auf den SPEICHERN-Button klickt. Für mich entscheidend ist dabei, wer die Anfrage logisch ausführt. Auch wenn die View beispielsweise Ereignishandler bereitstellt, dort aber nur die Anfrage an den Controller weiterleitet, ist dieses Muster gewahrt.

Wenn der Controller Eingaben entgegennimmt, dann stellen sich zwei Fragen:

- Wo ist die Geschäftslogik abgebildet?
- Wo ist die Validierungslogik abgebildet?

Die erste Frage wurde schon beantwortet. Die Geschäftslogik steckt idealerweise im Model, meist im dortigen Geschäftslogik-Layer.

Die zweite Frage lässt sich erst einmal so beantworten: Will man nicht, dass ungültige Daten in das Model kommen, so sollte das Model solche Daten bereits abweisen. Die Logik für die Validierung sollte also grundsätzlich im Model untergebracht werden, und manch einer würde argumentieren, Validierung sei schließlich nichts anderes als ein Teil der Geschäftslogik. Und dennoch wird es auch Fälle geben, in denen der Controller darauf aufbauend Validierungen durchführt. Denn ein Controller kann die View entsprechend steuern, also beispielsweise die fehlerhaften Daten dort markieren oder unsinnige Kombinationen sofort abweisen.

Welche Arten von Controller es gibt, wird noch später beleuchtet. An dieser Stelle möchte ich nur darauf hinweisen, dass es in den beiden Extremen nur einen Controller für die gesamte Anwendung und einen Controller für jede Funktion geben kann. Die Wahrheit liegt, abhängig natürlich vom Typ der zu erstellenden Anwendung, dazwischen.

Abhängig davon kann ein Controller also für nur eine oder für mehrere Views (oder alle Views) zuständig sein. Umgekehrt werden die meisten Views in der Praxis nur einen Controller kennen, die Verbindung zwischen View und Controller wird also eine enge sein. Und dennoch habe ich im Muster den Weg von der View zum Controller als schwache Verbindung ausgeführt, weil das keine Limitierung dieses Musters ist. Eine View könnte mehrere Controller verwenden, sagen wir einen Controller, der den Vollzugriff ermöglicht, und einen weiteren, der das Schreiben verhindert – für Extranetszenarien beispielsweise. Auch dazu sage ich später mehr.

Zusammenfassung

Der *Controller* nimmt Eingaben des Benutzers entgegen und bildet diese Eingaben auf das Model und die Views ab, weswegen er auf beide Zugriff benötigt. Der Controller bestimmt also, was in einer Anwendung möglich ist.

Der Controller steht daher für die *Eingabe*.

7.1.3 Anwendungsfälle

In den mehr als 30 Jahren seiner Existenz hat dieses Muster eine treue Fangemeinde erworben, und zahlreiche Technologien implementieren dieses Muster. Es eignet sich immer dann besonders gut,

- wenn Anzeige, Steuerung und Datenhaltung nicht nur trivialer Natur sind, sodass sich der Mehraufwand für die Trennung der drei Akteure lohnt.
- wenn es bereits mehrere Views gibt oder absehbar ist, dass demnächst weitere dazukommen. Und es eignet sich vor allem dann, wenn die Benutzeroberfläche zur Laufzeit austauschbar sein soll.
- falls das Model auch außerhalb der Benutzeroberfläche benötigt wird, also wiederverwendet werden soll.

- wenn das Model auch außerhalb der UI getestet werden soll.
- sofern die verwendete Technologie selbst das MVC-Muster voraussetzt, wie im Falle von Microsofts MVC.

Dementsprechend breit ist der Anwendungsbereich. Er erstreckt sich auf alle Bereiche, in denen Benutzeroberflächen am Werk sind und in denen Anwender auf irgendeine Weise damit interagieren können.

Immer dann, wenn Ihr Code unübersichtlich zu werden droht oder wenn Sie nicht mehr so recht wissen, wo die Geschäftslogik für eine Anwendung überall verstreut ist, sollten Sie also an dieses Muster denken.

7.1.4 Implementierung

Allerdings wird der Name dieses Musters leider gern für alle möglichen Varianten verwendet, die nichts oder nur am Rande mit dem MVC-Muster zu tun haben. In einigen Implementierungen werden zum Beispiel gern View und Controller zusammengelegt (wie dies teilweise in Java Swing üblich ist), oder aber der Controller selbst wird in verschiedene Teile gesplittet, wie dies bei browserseitigem JavaScript gelegentlich anzutreffen ist. Dazu folgt später aber noch mehr. Vorerst bleiben wir noch bei der reinen Lehre.

Was die Implementierung betrifft, so könnten wir im einfachsten Fall einfach drei Klassen definieren – für jede Rolle eine eigene. Das ist allerdings wenig praxisnah, denn alle drei Rollen benötigen häufig selbst wiederum Layer und verschiedene Klassen. Dieses Muster spielt sich in der Praxis also nicht auf Ebene der Klassen ab, sondern auf höheren Ebenen, zum Beispiel in Packages (in Java) oder Projekten und Assemblys (in .NET). Diese höhere Ebene ist auch der Grund dafür, warum man statt von einem Entwurfsmuster häufiger von einem Architekturmuster spricht.

Die Aufgabenstellung

Klar ist: Wir brauchen eine Benutzeroberfläche. Dabei dreht sich dieses Praxisbeispiel um die nautische Navigation. Dabei gibt es, vereinfacht gesagt, einen *Steuerkurs*; das ist der Kurs, den der Rudergänger am Steuerruder anlegt. Und dann gibt es den gemessenen Kurs, zum Beispiel mithilfe eins Magnetkompasses, nennen wir ihn *Kompasskurs*. Eine Benutzeroberfläche – selbstredend mit MVC realisiert – dient uns als Steuerruder in digitaler Form.

Das UML-Diagramm aus Abbildung 7.3 enthält alle Klassen und die drei Packages, ein Package für jede Rolle.

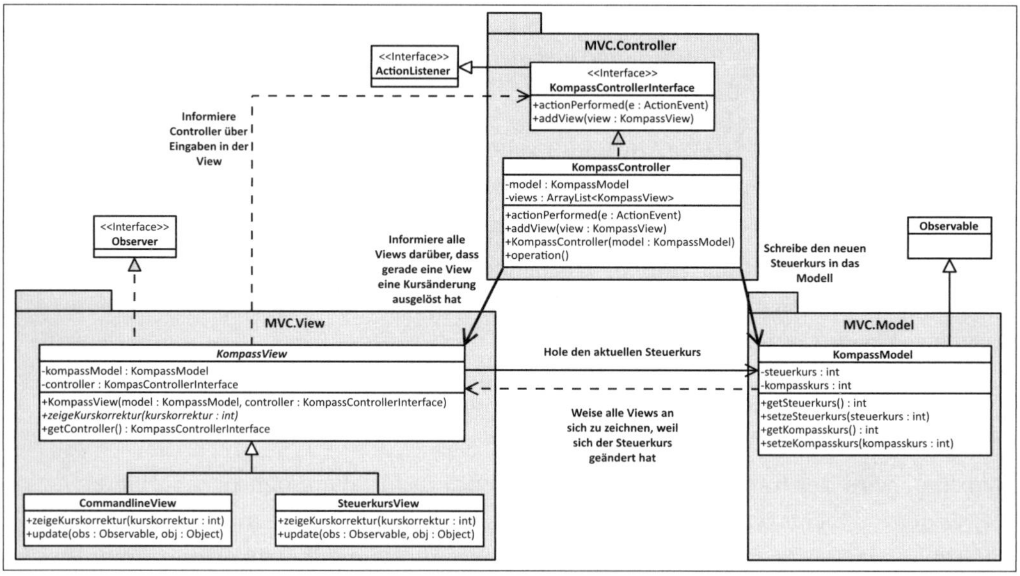

Abbildung 7.3 Das MVC-Muster im Praxisbeispiel

In der Praxis dienen die Packages dazu, die Rollen auf höherer Ebene abzugrenzen. Man könnte dann pro Rolle eine Datei ausliefern, während die Packages selbst wiederum natürlich aus (teilweise mehreren) Klassen bestehen.

Model (KompassModel)

Betrachten wir zunächst das Model, das im MVC-Muster ja von den beiden anderen Rollen unabhängig und daher wiederverwendbar sein soll:

```
public class KompassModel extends Observable
{
  private int steuerkurs;
  private int kompasskurs;

  public KompassModel()
  {
    //Optional: Initialisierung hier
    //setzeSteuerkurs(0);
    //setzeKompasskurs(0);
  }

  public int getSteuerkurs()
  {
    return steuerkurs;
  }
```

```
  public void setzeSteuerkurs(int steuerkurs)
  {
    if (steuerkurs >= 0 && steuerkurs <= 360)
    {
      this.steuerkurs = steuerkurs;
      setChanged();
      //ohne Angabe des Kurses, Observer müssen daher die get-Methoden bemühen
      notifyObservers();
    }
  }

  public int getKompasskurs()
  {
    return kompasskurs;
  }
  public void setzeKompasskurs(int kompasskurs)
  {
    if (kompasskurs >= 0 && kompasskurs <= 360)
    {
      this.kompasskurs = kompasskurs;
      setChanged();
      notifyObservers();
    }
  }
}
```


Listing 7.1 Die Klasse »KompassModel«

Zunächst hält das Modell alle Daten, in unserem Beispiel also den Steuer- und den Kompasskurs, nebst Settern und Gettern.

Außerdem soll das Model zwar die Views nicht kennen, diese aber bei Änderungen an den Daten anweisen, sich neu zu zeichnen. Dafür müssen wir die Abhängigkeit umkehren, und zwar mithilfe des Beobachter-Musters, dass ich in Abschnitt 4.8 im Detail beschreibe. Im Beispiel verwende ich die Java-Klasse `Observable`, die alle benötigten Funktionen bereits implementiert, also:

- die Methode `addObserver(Observer o)`, die eine View aufruft, um sich beim Model zu registrieren
- die Methode `setChanged()`, die der Klasse mitteilt, dass sich Daten geändert haben, also entweder der Steuer- oder der Kompasskurs
- die Methode `notifyObservers()`, die alle registrierten Beobachter (Views) durchläuft und deren Update-Methoden aufruft und damit das Neuzeichnen der View auslöst

Das Model übernimmt in unserem Beispiel die Validierung, sodass nur Kurse zwischen 0 und 360 Grad in das Modell gelangen können. Das hätte auch der Controller tun können. Bei jeder Änderung werden die obigen Methoden der `Observable`-Klasse aufgerufen.

Die Methode `notifyObserver` gibt es in einer zweiten Überladung:

```
public void notifyObservers(Object arg){ … }
```

Wir könnten den Views auf diese Weise den veränderten Steuerkurs gleich übergeben, sodass die Views ihrerseits das Model nicht erst danach fragen müssten. Allerdings lässt sich darüber nur ein Objekt vom Typ `Object` übergeben, was weder besonders flexibel und schon gar nicht typsicher ist; unsere Views fragen also den gerade eingestellten Steuerkurs über die Methode `getSteuerkurs` ab.

In der Praxis (und so auch im Beispiel) deckt ein Model meist mehrere Aspekte ab. So enthält unser Model auch den Kompasskurs. Dieser lässt sich aber gar nicht über die UI verändern, sondern wird wohl – na klar – über eine Schnittstelle von einem Stück Hardware übermittelt werden. Dennoch können die Views auch diesen Wert abgreifen, um auf diese Weise den gesetzten und den tatsächlichen Kurs gegenüberzustellen.

Die Initialisierung (also das Setzen beider Kurse auf den Wert 0) könnte das Model übernehmen. Im Beispiel wird das aber später der Controller tun; wenn er schon das Ändern des Steuerkurses veranlasst, kann er auch zu Beginn die Kurse zurücksetzen.

View (KompassView, CommandlineView, SteuerkursView)

Im Beispiel gibt es eine gemeinsame Basisklasse, die abstrakte Klasse `KompassView`. Sie implementiert die Java-Schnittstelle `Observer`, das Pendant zur Klasse `Observable` und bietet somit eine Möglichkeit für das Model, die Views über die Änderung der Daten zu benachrichtigen. Das Update selbst, also das Neuzeichnen, findet dann in den konkreten Views über die Methode `update` statt, die diese Schnittstelle erzwingt.

```
public abstract class KompassView implements Observer
{
  private KompassModel kompassModel;
  private KompassControllerInterface controller;

  protected KompassModel getKompassModel()
  {
    return kompassModel;
  }
  protected KompassControllerInterface getController()
  {
```

```
    return controller;
  }

  public abstract void zeigeKurskorrektur(int kurskorrektur);

  public KompassView(KompassModel kompassModel,
   KompassControllerInterface controller)
  {
    this.kompassModel = kompassModel;
    this.controller = controller;
    kompassModel.addObserver(this);
    controller.addView(this);
  }
}
```

Listing 7.2 Die Klasse »KompassView«

Die View muss sowohl das Model kennen (dessen Daten sie zur Anzeige benötigt) als auch ihren Controller (den sie ja über Eingaben informieren muss). Wenig überraschend werden beide Objekte im Konstruktor der Klasse übergeben.

Im Beispiel verwenden wir die Schnittstelle `KompassControllerInterface` anstelle der konkreten Klasse `KompassController`. Auf diese Weise lässt sich der Controller später austauschen, ohne an der Implementierung der Views etwas ändern zu müssen. Wenn Sie sich erinnern, ist im UML-Diagramm die Verbindung von der View zum Controller ja auch als »weak dependency« ausgeführt.

Wichtig ist nur noch, dass wir sowohl dem Model als auch dem Controller die View bekannt machen, die View also als Beobachter registrieren. Auf diese Weise kann ein Model also mehrere Views haben (in unserem Beispiel gibt es zwei), und auch unser Controller kann die beiden Views bei einer Kurskorrektur informieren. Die wird übrigens über die abstrakte Methode `zeigeKurskorrektur` übermittelt, die wir in den konkreten Viewklassen noch implementieren müssen.

Apropos konkrete Views – davon gibt es zwei:

- eine `CommandlineView`, die alle Kurskorrekturen sowie die beiden Kurse auf der Konsole ausgibt, aber keine Eingaben ermöglicht, und
- eine `SteuerkursView`, die nur den Steuerkurs anzeigt, aber in Form einer grafischen Benutzeroberfläche mit zwei Buttons, die den Steuerkurs jeweils um 5 Grad erhöhen und verringern können.

Betrachten wir zunächst die `CommandlineView`:

```
public class CommandlineView extends KompassView
{
  public CommandlineView(KompassModel kompassModel,
   KompassControllerInterface controller)
  {
    super(kompassModel, controller);
  }

  public void zeigeKurskorrektur(int kurskorrektur)
  {
    System.out.println("Steuerkurs-Korrekturanfrage: "+kurskorrektur+" Grad");
  }

  public void update(Observable obs, Object obj)
  {
    System.out.println("--------------------------------");
    System.out.println("Steuerkurs: "+getKompassModel().getSteuerkurs());
    System.out.println("Aktueller Kurs: "+getKompassModel().getKompasskurs());
    System.out.println("--------------------------------");
  }
}
```

Listing 7.3 Die Klasse »CommandlineView«

Die Implementierung ist erfrischend kurz. Bei jedem durch das Model erzwungenen Neuzeichnen werden einfach beide Kurse auf der Konsole ausgegeben. Außerdem wird die zeigeKurskorrektur-Methode implementiert, die die Kurskorrektur ebenfalls auf der Konsole anzeigt.

Die Klasse SteuerkursView, das grafische Pendant des »Steuerruders«, wurde hier mit dem *Java Abstract Window Toolkit (AWT)* umgesetzt. Es mag nicht die neueste Mode sein, aber es ist einfach und es zerklüftet das Beispiel nicht in viele Implementierungsdetails.

```
public class SteuerkursView extends KompassView
{
  Label label;

  public SteuerkursView(KompassModel kompassModel,
   KompassControllerInterface controller)
  {
    super(kompassModel, controller);

    Frame frame = new Frame("Kompass GUI");
```

```
    Button btnMinusFuenfGrad = new Button("-5 Grad");
    btnMinusFuenfGrad.addActionListener(controller);
    btnMinusFuenfGrad.setActionCommand("-5");
    frame.add("North", btnMinusFuenfGrad);

    label = new Label();
    label.setAlignment(Label.CENTER);
    frame.add("Center", label);

    Button btnPlusFuenfGrad = new Button("+5 Grad");
    btnPlusFuenfGrad.addActionListener(controller);
    btnPlusFuenfGrad.setActionCommand("+5");
    frame.add("South", btnPlusFuenfGrad);

    frame.addWindowListener(new CloseListener());
    frame.setSize(200,200);
    frame.setLocation(100,100);
    frame.setVisible(true);
  }

  public void update(Observable obs, Object obj)
  {
    label.setText("Steuerkurs: "+getKompassModel().getSteuerkurs());
  }

  public void zeigeKurskorrektur(int kursKorrektur)
  {
    //Tue nichts hier, die grafische Anzeige unterstützt diese Funktion nicht
  }

  public static class CloseListener extends WindowAdapter
  {
    public void windowClosing(WindowEvent e)
    {
      e.getWindow().setVisible(false);
      System.exit(0);
    }
  }
}
```

Listing 7.4 Die Klasse »SteuerkursView«

Der Code erzeugt ein einfaches Fenster mit zwei Buttons (für die Kurskorrekturen) und dem aktuellen Wert des Steuerkurses in der Mitte (siehe Abbildung 7.4).

Abbildung 7.4 Die Steuerkurs-View

Die `update`-Methode setzt das Label in der Mitte auf den aktuellen Wert des Models. Die `zeigeKurskorrektur`-Methode ist leer, diese View unterstützt diese Funktion also nicht.

Neben dem Code zum Erzeugen der Steuerelemente sind vor allem diese Zeilen wichtig:

```
btnPlusFuenfGrad.addActionListener(controller);
btnMinusFuenfGrad.addActionListener(controller);
```

Sie registrieren den Controller bei den Buttons. Der Controller (bzw. die dortige `actionPerformed`-Methode) wird also automatisch aufgerufen, sobald ein Anwender auf einen Button klickt, den Kurs also verändern möchte.

Die Views sind also recht dumm, und genau das sollen sie auch sein. Sie sollen sich nicht in das Geschehen einmischen, sondern einfach Ausgaben tätigen und Steuerelemente zeichnen.

Controller (KompassControllerInterface, KompassController)

Auf die Schnittstelle `KompassControllerInterface` hätte man verzichten können, weil es ohnehin nur einen Controller gibt, aber wir wollten ja eine vollständige und saubere Implementierung, nah am Ideal.

```
public interface KompassControllerInterface extends ActionListener
{
  public void addView(KompassView view);
}
```

Listing 7.5 Die Schnittstelle »KompassControllerInterface«

Die Schnittstelle erweitert die Java-Schnittstelle `ActionListener`, die für die AWT-Events eine Methode deklariert:

```
public void actionPerformed(ActionEvent e);
```

Ansonsten hat sie nur eine Methode zum Registrieren einer View.

Ergiebiger ist da schon der konkrete Controller:

```
public class KompassController implements KompassControllerInterface
{
  private KompassModel kompassModel;
  private ArrayList<KompassView> views;

  public KompassController(KompassModel kompassModel)
  {
    this.kompassModel = kompassModel;
    views = new ArrayList<KompassView>();
  }

  public void addView(KompassView view)
  {
    views.add(view);
  }

  public void actionPerformed(ActionEvent e)
  {
    if (e.getActionCommand().equals("-5"))
    {
      kompassModel.setzeSteuerkurs(kompassModel.getSteuerkurs() - 5);
      informiereUeberKurskorrektur(-5);
    }
    if (e.getActionCommand().equals("+5"))
    {
      kompassModel.setzeSteuerkurs(kompassModel.getSteuerkurs() + 5);
      informiereUeberKurskorrektur(5);
    }
  }

  private void informiereUeberKurskorrektur(int kurskorrektur)
  {
    for(KompassView view : views)
      view.zeigeKurskorrektur(kurskorrektur);
  }

  public void initialisiereModell()
  {
```

```
    kompassModel.setzeKompasskurs(0);
    kompassModel.setzeSteuerkurs(0);
  }
}
```

Listing 7.6 Die Klasse »KompassController«

Zunächst enthält der Controller das Model im Konstruktor, dessen Daten er ja ändern soll. Außerdem lässt sich über die schon erwähnte `addView`-Methode eine View registrieren, sodass der Controller bei einer Änderung auch alle Views ansprechen kann. Die Methode `actionPerformed`, die das AWT-Eventmodell verlangt, wird immer dann aufgerufen, wenn ein Anwender auf einen der beiden Buttons klickt. Der Klick wird ausgewertet, und der neue Steuerkurs wird dem Model übermittelt. Außerdem werden alle Views über den Änderungswunsch informiert, wobei in unserer Implementierung nur die `CommandlineView` darauf reagiert.

Die `initialisiereModell`-Methode setzt alle Werte wieder zurück auf 0 Grad, startet den Kompass also sozusagen neu.

Die Navigation in Aktion

Zunächst schreiben wir noch ein wenig Code zum Erzeugen des Models, der beiden Views und des Controllers:

```
KompassModel model = new KompassModel();
KompassController controller = new KompassController(model);
CommandlineView view1 = new CommandlineView(model, controller);
SteuerkursView view2 = new SteuerkursView(model, controller);
controller.initialisiereModell();
model.setzeKompasskurs(175);
```

Alle drei Rollen (bzw. die Objekte, die diese abbilden) werden erzeugt und einander bekannt gemacht. Der Kompass wird initialisiert und der aktuelle Kurs auf 175 Grad festgelegt.

Die Konsolenausgabe der View `CommandlineView` sieht so aus:

```
--------------------------------

Steuerkurs: 0

Aktueller Kurs: 0

--------------------------------

--------------------------------

Steuerkurs: 0

Aktueller Kurs: 0
```

```
--------------------------------
--------------------------------
Steuerkurs: 0
Aktueller Kurs: 175
--------------------------------
```

Außerdem wird das Fenster für die zweite View angezeigt, wie in Abbildung Abbildung 7.5 zu sehen ist.

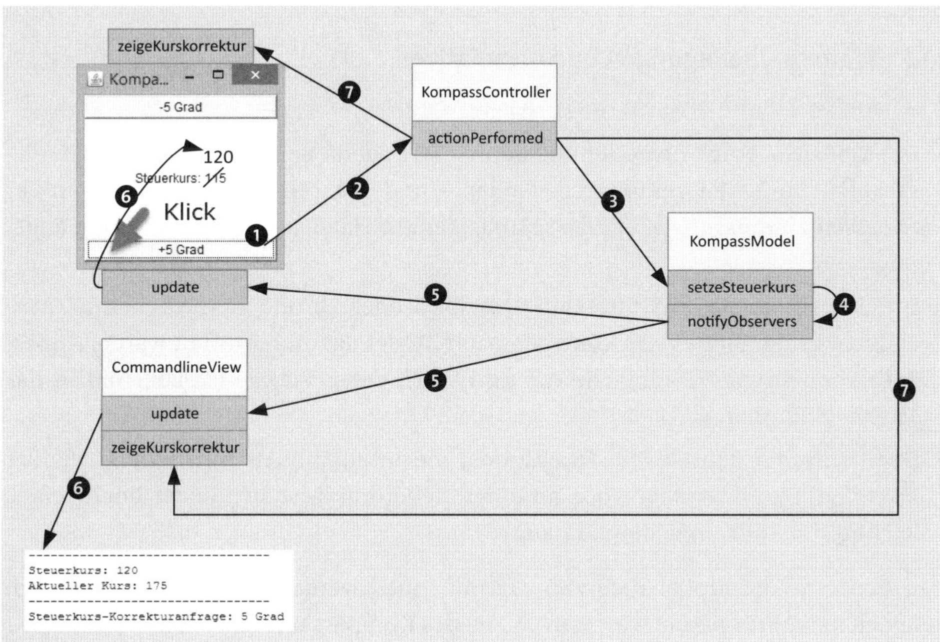

Abbildung 7.5 Die Kursänderung im Ablaufdiagramm

Klicken wir nun auf den +5 GRAD-Button, so passiert nun Folgendes:

❶ Der Button `btnPlusFuenfGrad` in der View `SteuerkursView` löst einen Event aus.

❷ Der registrierte Eventhandler `actionPerformed` des Controllers `KompassController` wird aufgerufen. Der Controller nimmt die Anforderung auf diese Weise entgegen.

❸ Der Controller wertet aus, welcher Button gedrückt wurde, und setzt den neuen Steuerkurs des Models. Das Model `KompassModel` validiert den neuen Kurs (er muss zwischen 0 und 360 Grad liegen).

❹ Ist der neue Kurs gültig, dann informiert er die beiden Views darüber, dass nun ein neuer Kurs anliegt. Das macht das Model über die `notifyObserver`-Methode der Klasse `Observable`.

❺ Die `notifyObserver`-Methode geht zu diesem Zweck alle registrierten Views durch und ruft deren `update`-Methoden auf.

❻ Die `update`-Methoden der Views zeichnen die View nun neu, geben also die Daten auf der Konsole aus oder ändern die Beschriftung des Labels.

❼ Anschließend informiert der Controller noch alle Views darüber, dass der Kurs geändert werden soll, denn es könnte ja sein, dass die Validierung dies verhindert (sodass die Views nicht benachrichtigt werden), und auf diese Weise sehen wir die Anforderung in der `CommandlineView` auf jeden Fall (nur dort).

7.1.5 Weitere Überlegungen und Alternativen

Was haben wir damit erreicht, wozu der Aufwand?

- Das Modell ist vom Controller und den Views unabhängig, kann also eigenständig verändert und weiterentwickelt werden – und das, ohne Views und Controller anpassen zu müssen, jedenfalls solange keine zusätzlichen Informationen angezeigt werden sollen.
- Die Views stellen zwei Sichten auf dasselbe Model dar und können ebenfalls verändert werden, ohne dass Controller und Model davon betroffen wären. Außerdem können wir auf einfache Art und Weise neue Views erstellen und in das Muster einbinden.
- Der Controller kapselt alle Funktionen, die Interaktionen mit dem Anwender betreffen. Damit ist aller Code an einer Stelle und lässt sich leicht überblicken, leicht testen und einfacher verändern.

Daneben kann das Model auch von außen benutzt werden, und die Views können dennoch darauf reagieren, wie beim Setzen des Kompasskurses.

Controller+View

Wenn Controller und View ohnehin ein Pärchen bilden, es für jede View also einen eigenen Controller gibt, dann kann man beide auch zusammenlegen, was aus den drei Rollen (M+V+C) also die zwei Rollen (M+VC) macht. Bei Java Swing sieht man das häufig (als UI Delegates), es ist aber auch sonst eine geläufige Vereinfachung.

Dadurch wird die Implementierung einfacher, Controller und View verschmelzen, und der Code für die Darstellung und der Code für die Behandlung der Benutzereingaben sind bei manchen UI-Frameworks ohnehin zusammen.

Allerdings erkauft man sich diese Vereinfachung mit den folgenden Nachteilen:

- Jede View ist fest mit einem Controller verbunden. Soll der Controller für eine zweite View verwendet werden (die vielleicht sogar eine andere UI-Technik verwendet), ist dies nicht mehr so einfach möglich, eben weil es keine Trennung mehr gibt.

- Eine View könnte auch mehrere Controller haben, ja der Controller könnte auch erst zur Laufzeit festgelegt werden. Auch diese Flexibilität geht verloren.

Kurzum: Ich empfehle Ihnen das nicht. Bleiben Sie lieber beim klassischen Muster. Wenn Sie es etwas einfacher mögen, dann können Sie Views und Controller auch fest miteinander koppeln, indem Sie das jeweils andere Objekt im Konstruktor mitgeben. Unsere Lösung mittels Observer ist noch eine Spur flexibler, aber halt auch aufwendiger und schwerer zu verstehen.

Verschiedene Arten von Controllern

Im Beispiel haben wir einen einzigen Controller verwendet, aber auch eine Schnittstelle eingeführt, sodass wir weitere Controller leicht dazubauen könnten.

Die folgenden drei Möglichkeiten sind gebräuchlich, wie man die Controller auf die Views verteilen kann:

- einen Controller pro Form bzw. Seite (Pagecontroller)
- einen Controller pro Funktion oder Funktionsbereich
- einen Controller für die gesamte Anwendung (Frontcontroller)

Der *Pagecontroller* ist besonders im Web üblich (aber nicht nur), weil dort naturgemäß die Anwendung gerne in Seiten aufgeteilt wird. Es gibt also eine Login-Seite, eine Seite mit der Übersichtsdarstellung, eine Seite für das Editieren eines Datensatzes usw. Einen eigenen Controller pro Seite zu haben kann dann übersichtlicher sein.

Einen *Controller pro Funktion* einzusetzen ist besonders dann sinnvoll, wenn die Funktionen besonders umfangreich bzw. komplex sind, die Controller also sonst zu groß würden. Alternativ kann ein Controller auch für alle *Funktionen eines Funktionsbereichs* zuständig sein. Ein Beispiel dafür wäre ein `SecurityController`, der die Authentifizierung, das Zurücksetzen des Passwortes und andere Sicherheitsfeatures steuert. In einem solchen Fall kann für eine View je nach Funktion, die ein Anwender gerade ausführt, auch mehr als ein Controller zuständig sein. Das Muster Zuständigkeitskette (siehe Abschnitt 4.1) kann dafür gute Dienste leisten, wobei in diesem Muster – einfach gesagt – alle verfügbaren Controller in eine Kette eingereiht werden und sich nur der für eine Anfrage zuständige Controller die Anfrage herauspickt und bearbeitet.

Der *Frontcontroller* wiederum nimmt jede Anfrage erst einmal entgegen und entscheidet (vielleicht erst zur Laufzeit), welcher konkrete Controller die Anfrage bearbeiten soll.

Verschiedene Arten von Views

Auch Views lassen sich weiter unterteilen: in Template Views und Transform Views.

Eine *Template View* ist eine View, die Daten eines Models darstellt, also rendert. Das tut sie mithilfe einer Template-Sprache, also zum Beispiel über Marker in HTML, wobei diese Marker dann beim Rendering durch die Daten des Models ersetzt werden. Damit lässt sich eine View weiter logisch unterteilen, denn die konkrete Form, also das gerenderte Ergebnis, lässt sich über verschiedene Templates steuern, die eine View auch zur Laufzeit festlegen kann.

Eine *Transform View* verändert die Darstellung mithilfe einer Transformationssprache. Der Klassiker ist das Rendern von HTML aus den Daten des Models (die dort in XML vorliegen) mithilfe von Stylesheets, zum Beispiel der *Extensible Stylesheet Language for XSL Transformations (XSLT)*. Oder es wird eine PDF-Datei aus den Daten des Models erzeugt, wofür gern *XSL-FO (Extensible Stylesheet Language Formatting Objects)* benutzt wird.

Entgegen den meisten Empfehlungen würde ich dazu raten, spezifische Formatierungen (sagen wir z. B. die Darstellung des Datums im yyyy-MM-dd-Format) in der View zu erledigen und nicht im Model. Das könnten moderne Template-Sprachen ohnehin.

Command Processor

Ein Controller könnte aus einer Anfrage auch ein Objekt machen, wofür das *Command-Muster* ja wie geschaffen ist (siehe Abschnitt 4.2, »Befehl«). Ein *Command Processor* nimmt das Kommando entgegen, verarbeitet dieses und kommuniziert anschließend mit dem Model.

Auf diese Weise wird eine weitere Indirektion in das Muster eingezogen, was einerseits mehr Komplexität und Entwicklungsaufwand, andererseits aber weitere Flexibilität und Erweiterbarkeit bringt.

Geschäftslogik

Das MVC-Muster kümmert sich nicht wirklich um die Geschäftslogik. Sie kann grundsätzlich sowohl im Controller als auch im Model untergebracht werden.

Darin liegen viele Missverständnisse dieses Musters begründet; vor allem dann, wenn man diese Entscheidung nicht vorab trifft und dann konsequent durchhält, ist die Geschäftslogik schnell zwischen Model und den verschiedenen Controllern verstreut.

Ich persönlich tendiere dazu, die Geschäftslogik im Model unterzubringen, was vor allem dann von großem Vorteil ist, wenn das Model auch außerhalb dieses Musters wiederverwendet werden soll. Daten und Geschäftslogik hängen eng zusammen, und für beides sollte das Model zuständig sein – wenn ich auch die beiden Zuständigkeiten in verschiedene Layer aufteile (siehe Abbildung 7.2).

Selbiges gilt für die Validierung, wenn ich das dort auch nicht so streng sehe. Es gibt durchaus Validierungen, die man vielleicht lieber im Controller haben möchte. Beispiele sind Prüfungen auf Eingabelängen oder in einer CAD-Anwendung die Validierung, ob zwei Objekte sich beim Verschieben überlappen.

- Die Validierung im Controller bietet Ihnen den Vorteil, dass Controller und Views sich leicht und schnell abstimmen können, der Controller kann also z. B. eine View anweisen, einen Validierfehler grafisch darzustellen. Das Model muss in diesem Fall gar nicht bemüht werden.
- Die Validierung im Model bietet wiederum den Vorteil, dass alle Validierungen an einer Stelle liegen und niemand – auch niemand außerhalb des Musters – invalide Daten in das Model schreiben kann.

Ich empfehle Ihnen, wie folgt vorzugehen:

- Prüfen Sie zunächst, ob die Validierung nicht zwingend ins Model gehört. Das sollte Ihre erste Wahl sein.
- Ist die Validierung nur für eine oder mehrere Views interessant, packen Sie sie in den Controller.
- Wenn Sie unsicher sind, dann validieren Sie sowohl im Controller als auch im Model.

7.2 Model View Presenter (MVP)

Ich hätte dieses Muster auch im Abschnitt zu MVC unterbringen können, weil es aber häufig als eigenständiges Muster verkauft wird, erkläre ich hier also nur die Unterschiede zum MVC-Muster, aus dem dieses Muster hervorgegangen ist.

7.2.1 Steckbrief

Deutscher Name: Modell-Präsentation-Präsentierer

Oder auch: Modell-Ansicht-Präsentierer

Englischer Name: Model View Presenter

Gruppe: Verhaltensmuster

7.2.2 Beschreibung

Wenn ein Muster eine Weile in Gebrauch ist, fragt man sich oft: Lässt sich das Muster derart vereinfachen, dass die Abhängigkeiten weiter reduziert werden? Weniger Abhängigkeiten bedeutet ja, dass eine Software modularer, leichter zu pflegen, leichter zu testen und leichter zu erweitern wird. Wenn Sie Adjektive bevorzugen: wartbarer, testbarer und evolvierbarer. Und wo diese Eigenschaften erfüllt sind, enthält eine Software meist auch weniger Fehler, und die Kosten für Betrieb und Entwicklung sind geringer – so weit jedenfalls in der Theorie, wenn auch die Praxis dem zumindest im Grundsatz folgt.

Aber zurück zum Muster: Die Unterschiede zwischen MVC und MVP sind eher subtiler Natur und manchmal leider auch nicht besonders trennscharf. Daher implementieren viele, wenn nicht die meisten Anwendungen, eher das MVP-Muster und weniger das MVC-Muster.

Damit Sie die Unterschiede wirklich verstehen, sollten wir erst einmal das MVC in Reinform betrachten und dann die Unterschiede herausarbeiten.

MVC in Reinform

Betrachten wir eine simple Webanwendung, die einem Anwender eine Reihe von Produkten anzeigt. Ein Anwender möchte ein Buch aus dieser Liste löschen. Abbildung 7.6 zeigt den klassischen Kommunikationsfluss in einer reinrassigen MVC-Anwendung.

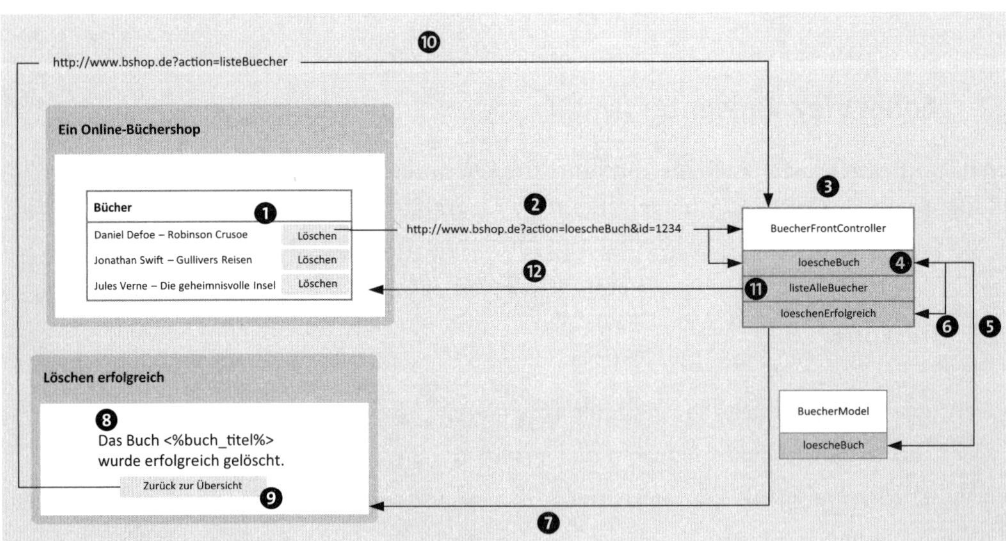

Abbildung 7.6 Das MVC-Buchbeispiel in Reinform

Nr.	Erläuterung
❶	Die angezeigte View, sagen wir die HTML-Seite *buecherliste.php*, listet alle Bücher. Ein Anwender klickt auf den LÖSCHEN-Button, der neben jedem Bucheintrag angezeigt wird.
❷	Infolgedessen wird diese Aktion an den Controller weitergeleitet. In diesem Fall wird eine HTTP-Get-Anfrage ausgelöst, also einfach eine Webseite mit bestimmten Paramentern aufgerufen – der auszuführenden Aktion (`loescheBuch`) und der ID des zu löschenden Buchs (`1234`).
❸	Der Controller ist hier als Frontcontroller ausgeführt, der alle Anfragen entgegennimmt und nicht nur die Anfragen der Bücherliste. Wäre er nur für diese View zuständig, sprächen wir von einem Pagecontroller.
❹	Der Frontcontroller leitet die Anfrage nun an einen anderen, spezialisierten Controller weiter (sagen wir, einen `BuecherlistenController`) oder kümmert sich, wie in unserem Fall, selbst um alle Anfragen. Dazu ruft er nun die `loescheBuch`-Methode auf, denn in der URL hieß es ja: *?action=loescheBuch*.
❺	Die `loescheBuch`-Methode prüft nun die Anforderung. Dabei gibt es eine UI-technische Prüfung, zum Beispiel die, ob der Benutzer überhaupt dazu berechtigt ist, diese Aktion auszuführen, also autorisiert ist. Diese Prüfung übernimmt der Controller selbst. Die Prüfung der Geschäftslogik sollte, das habe ich schon ausgeführt, das Model übernehmen, also zum Beispiel die Prüfung, ob das Buch überhaupt gelöscht werden darf – vielleicht sind ja schon Bestellungen darauf erfasst worden. Wie dem auch sei: Die Anforderung wird an das Model weitergeleitet, das diese Prüfung vornimmt und die Daten entsprechend verändert.
❻	Anschließend muss noch die richtige View ausgewählt werden. Zur Auswahl stehen: *loeschen_erfolgreich.php* und *unzureichende_berechtigung.php*.
❼	In unserem Fall war die Aktion erfolgreich. Die View wird ausgewählt und dem Anwender über die ursprüngliche HTTP-Get-Anfrage zurückgegeben.
❽	Dabei handelt es sich um eine *Template View*, im Beispiel ist das einfach ein Text mit einem Platzhalter. Dieser Platzhalter wird im klassischen Muster von der View selbst ausgefüllt, indem sie diese Information vom Model anfragt. Denkbar ist aber auch, dass der Controller diese Aufgabe übernimmt oder dass eine spezialisierte »Template-Engine« diese Aufgabe übernimmt.
❾	Der Anwender klickt nun auf den Button, der ihn zurück zur Startseite bringt, also zur Übersichtsseite aller Bücher.
❿	Wieder wird eine HTTP-Get-Anfrage abgeschickt, diesmal mit der Aktion *?action=listeBucher* ohne weitere Parameter.

Tabelle 7.5 Der Kommunikationsfluss in der Anwendung »Buchshop«

Nr.	Erläuterung
⓫	Der Frontcontroller wählt abermals den zuständigen Controller oder wenigstens die richtige Methode aus (`listeAlleBucher`).
⓬	Der Anwender erhält die ursprüngliche View wieder, diesmal aber mit einem Eintrag weniger.

Tabelle 7.5 Der Kommunikationsfluss in der Anwendung »Buchshop« (Forts.)

Früher lief das genauso ab. Die Hauptaspekte sind:

- Die View ist *zustandslos* und enthält keinerlei Logik.
- Die Datenbindung übernimmt die View, indem sie die Daten aus dem Model abruft und zur Anzeige bringt.
- Der Controller nimmt die Anfrage entgegen, aktualisiert das Modell und wählt die geeignete nächste View aus.
- Das Model hält die Daten und übernimmt die fachliche Validierung.

Von MVC nach MVP

Nun hat sich die Welt aber verändert. Heutige Webanwendungen führen nicht immer einen vollständigen Roundtrip aus, führen also nicht bei jedem Klick eine HTTP-Get-Anforderung aus. Die Anwendungen sind »responsive«. Möglich machen das Technologien wie AJAX (Asynchronous JavaScript and XML), die eine Anfrage abschicken und mittels JavaScript die gerade angezeigte Seite ändern, ohne sie dabei vollständig neu laden zu müssen.

Das führt aber auch dazu, dass eine View plötzlich einen *Zustand* besitzt, der mit dem Modell abgeglichen wird. Auch das ist kein Problem, die View kann sich beim Model ja registrieren, und das Model informiert die View über das Beobachter-Muster, falls sich am Model etwas geändert hat – zum Beispiel weil ein Buch gelöscht wurde. Im MVC-Praxisbeispiel aus Abschnitt 7.1.4) wurde das genauso umgesetzt.

Im Buchshop bedeutet das, dass auf einmal der Ereignishandler nicht mehr im Controller ist, sondern in der View. Dort könnte es heißen:

```
<form name="buecherliste">
...
<input type="button" … onClick="loescheBuch(1234)">
```

Innerhalb der Funktion `loescheBuch` wird dann eine (asynchrone) Anfrage an den Controller gesendet, der die Anfrage, das Buch zu löschen, auch bei diesem Muster weiterhin verarbeitet.

Der nächste Schritt besteht nun darin, die Bestätigung des Löschens nicht mehr in einer eigenen View darzustellen, sondern auf derselben Übersichtsseite, sagen wir oberhalb der Bücherliste in roter Farbe (siehe Abbildung 7.7).

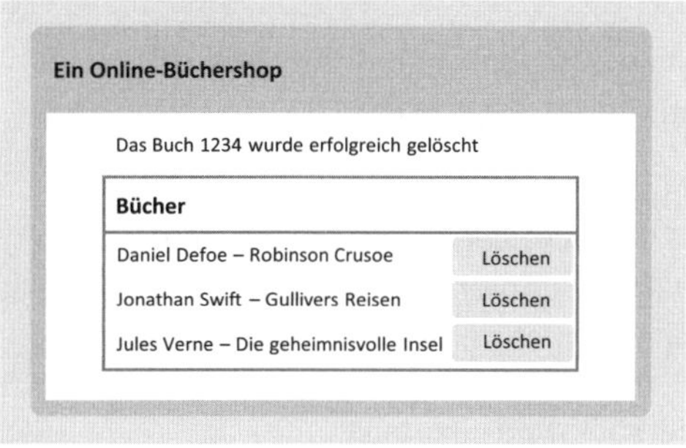

Abbildung 7.7 Die Löschbestätigung in der View

Wiederum wird die View aufgewertet, und es findet eine direkte, zweiseitige Kommunikation zwischen dem Controller (den wir nun *Presenter* nennen wollen) und der View statt.

Die Kommunikation zwischen View, Presenter und Model sieht nun so aus wie in Abbildung 7.8 – ein wenig vereinfacht und auf das Wesentliche reduziert.

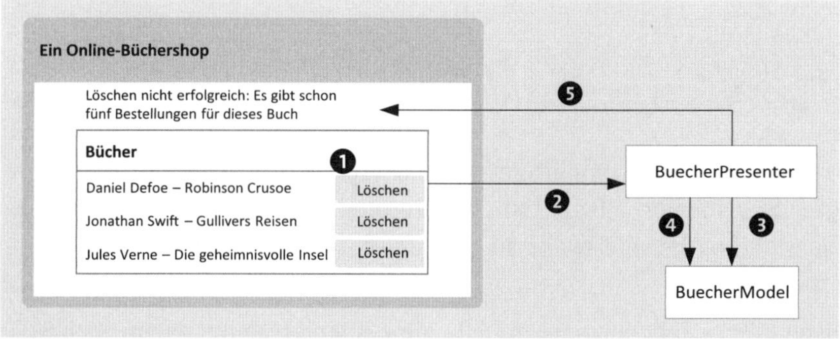

Abbildung 7.8 Der Bookshop in MVP

Nr.	Erläuterung
❶	Wiederum klickt der Anwender auf den LÖSCHEN-Button, allerdings behandelt die View den Event diesmal selbst. Die View kennt ihren *Presenter*.
❷	Üblicherweise ist das Einzige, das die View daraufhin macht, den Aufruf an ihren Presenter weiterzuleiten. Um im Beispiel zu bleiben: Diesmal geschieht das mittels Ajax, also asynchron, und damit ohne die Bücherliste neu laden zu müssen.

Tabelle 7.6 Der Kommunikationsfluss im »MVP-Bookshop«

Nr.	Erläuterung
❸	Auch bei diesem Muster aktualisiert der Presenter das dahinterstehende Model.
❹	Außerdem ruft in diesem Beispiel der Presenter die geänderten Daten des Models ab, zum Beispiel bringt er in Erfahrung, warum das Löschen des Buchs nicht geklappt hat.
❺	Diese Information (es habe schon fünf Bestellungen für das zu löschende Buch gegeben) wird der View zurückgemeldet, die daraufhin diese Information darstellt. Die Bücherliste muss diesmal nicht aktualisiert werden.

Tabelle 7.6 Der Kommunikationsfluss im »MVP-Bookshop« (Forts.)

Das MVP-Muster verwendet gern für alle Views eine Schnittstelle, sodass die Views einfach ausgetauscht werden können. Auf diese Weise lässt sich die View auch leichter testen, weil man dann einfach eine »Mocking-View« an den zu testenden Presenter koppeln könnte. Die View könnte dann zum Beispiel eine Methode wie die folgende beinhalten, die eine (Fehler-)Meldung des Presenters entgegennimmt:

```
public interface ViewInterface
{
   ...
   public void zeigeNachricht(String nachricht);
}
```

In der konkreten View (also zum Beispiel der Bücherliste) wird diese Meldung dann konkret angezeigt, also oberhalb der Liste und in roter Farbe. In einer Mocking-View ließe sich die Meldung beispielsweise in ein Log schreiben oder über eine Assert-Anweisung prüfen.

Im MVP-Muster gibt es üblicherweise für jede View einen Presenter, wenn auch Fälle vorkommen können, in denen besonders komplexe Views auch mehrere Presenter haben können – beispielsweise bei Master-Detail-Forms.

7.2.3 Anwendungsfälle

Im Grunde sind die Anwendungsfälle dieselben wie auch beim MVC-Muster, denn die Unterschiede sind ja nicht eben sehr groß.

Das MVP-Muster eignet sich besonders dann, wenn

- die Technologie zustandsbehafte Views erfordert (oder begünstigt), wie zum Beispiel bei WinForms, WebForms (Microsoft) oder auch beim obigen JFrame-Beispiel (Java).

- die verwendete Technologie natürlicherweise ihre Events selbst behandelt und dies nicht dem Controller überlässt, sodass der Controller (der dann zum Presenter wird) nur für die Verarbeitung der Anfrage, nicht aber für die Ereignisbehandlung zuständig ist.
- es zwischen Presenter und View eine reichhaltige Kommunikation gibt.
- die Verwendung einer Schnittstelle für die Views Vorteile bringt, auch – aber nicht nur – für die Testbarkeit.

Eine Frage, die oft weiterhilft, ist die nach der Datenbindung.

In einer *klassischen Anwendung*, ganz ohne dieses Muster, gibt ein Anwender in eine Textbox etwas ein, das sofort in der UI angezeigt wird. Die »View« übernimmt in diesem Fall die Ein- und Ausgabe. Eine Datenbindung leitet anschließend den Wert an irgendein Objekt im Hintergrund weiter, das selbst wiederum vermutlich an einen Datenspeicher (sagen wir einen SQL-Server) gebunden ist.

In einer *MVC*-Anwendung kann eine View recht dumm sein, also fertig aufbereitete Informationen ganz ohne Datenbindung anzeigen, oder die View holt sich ihre Daten vom Model *one-way*, also nur lesend. Die Gegenrichtung läuft ja über den Controller, der anstelle der View das Model aktualisiert.

Bei *MVP* wiederum aktualisiert der Presenter die View, zum Beispiel indem er die `zeigeNachricht`-Methode der View aufruft, die bereits in der gemeinsamen Schnittstelle `ViewInterface` deklariert wurde.

7.2.4 Weitere Überlegungen und Alternativen

Reinformen sind selten, und wenn Sie sich in den Untiefen der hier vorgestellten Muster verlieren, dann sollten Sie Folgendes bedenken: Wichtiger, als einem reinen Muster zu folgen, ist es ohnehin, sich über die hier besprochenen Punkte Gedanken zu machen und für sich eine Strategie festzulegen. Solange Sie sich an Ihre eigenen Regeln halten und Ausnahmen gut begründen, können Sie auch problemlos eine Mischform zwischen MVC, MVP und MVVM (das ich im Anschluss vorstelle) verwenden.

Die wesentliche Aufgabe aller in diesem Kapitel vorgestellten Muster ist die möglichst saubere Trennung zwischen Verarbeitung, Datenhaltung und Geschäftslogik und Anzeige. Nur darum geht es. Wie bei fast allen Mustern, die nicht im ursprünglichen GoF-Kanon enthalten sind, gibt es viele verschiedene Aussagen und Ansichten, und nicht selten finden Sie darin Widersprüche und immer neue Varianten.

Zum Schluss möchte ich noch zwei Begriffe vorstellen, die beide von Martin Fowler geprägt wurden und die Ihnen im Zusammenhang mit dem MVP-Muster (und manchmal auch bei MVC) häufiger begegnen werden: *Passive View* und *Supervising Controller*.

Passive View

Eine Passive View ist sozusagen die einfachste (»dümmste«) Form einer View – eine, bei der View und Model überhaupt nicht miteinander verbunden sind (siehe Abbildung 7.9).

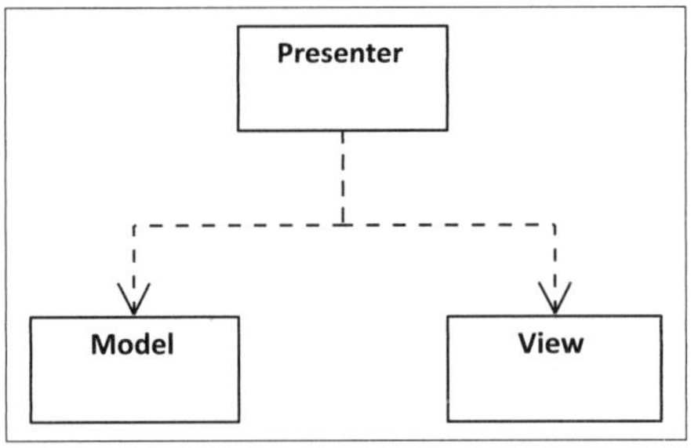

Abbildung 7.9 Die Passive View in UML

Daraus ergibt sich, dass sich die View selbst überhaupt nicht mehr aktualisieren muss, ja kann, weil sie ja vom Model keine Daten mehr abrufen kann. Die Kehrseite ist natürlich, dass der Presenter (bzw. Controller) die Arbeit übernehmen muss, also die vollständige UI-Logik übernimmt.

Der wesentliche Vorteil ist die fehlende Linie, also Abhängigkeit zwischen Model und View, wodurch Sie das System leichter testen können. Man kann dann einfach eine spezielle Testview an das System andocken, ein sogenanntes *Testdouble*.

Andererseits mag es insgesamt deutlich aufwendiger sein, all die UI-Logik in den Presenter (bzw. Controller) zu packen, weil die View dann vielleicht viele Getter- und Setter-Methoden benötigt.

Supervising Controller

Schon deutlich intelligenter ist eine View beim sogenannten *Supervising Controller*. Wie der Name schon sagt, übernimmt ein solcher Controller (und auch hier können wir wieder Presenter sagen) nur noch die höherwertigen Aufgaben, während das einfache Abrufen und Darstellen der Daten von der View selbst erledigt werden kann.

In jedem Fall erledigt der Controller/Presenter die Reaktion auf Benutzereingaben. Das ist und bleibt seine Verantwortung. Aber in seinen Bereich könnten auch komplexere Anzeigen fallen, zum Beispiel berechnete Werte, also Werte, die nicht direkt aus einem Model abgerufen werden können.

Wie immer bei einer solchen Trennung muss man sich auch die folgende Frage dazu stellen: Wann gehört etwas in den Controller/Presenter, wann in die View? Die Regel sollte sein: Lassen Sie es die View machen, es sei denn, die Anwendung wird leichter zu testen und besser wartbar, wenn der Controller/Presenter diese Aufgabe übernimmt.

7.3 Model View ViewModel (MVVM)

Auch dieses Muster, das Muster *Model View ViewModel*, ist eine Variante des MVC-Musters und folglich ist auch hier die Trennung zwischen Darstellung, (Geschäfts)logik und Benutzerschnittstelle das erklärte Ziel.

Besonders bekannt geworden ist dieses Muster durch Microsofts Oberflächentechnologie *Windows Presentation Foundation* (WPF), die dieses Muster für die Entwicklung verwendet, wenngleich das nicht die einzige Option dort ist.

7.3.1 Steckbrief

Englischer Name: Model View ViewModel
Gruppe: Verhaltensmuster

7.3.2 Beschreibung

Die schon erwähnte WPF ist ein ganz guter Ansatzpunkt für eine erste Betrachtung. Eine WPF-Benutzeroberfläche wird mithilfe der Auszeichnungssprache *XAML (Extensible Application Markup Language)* deklariert, die aber keinen Code beinhaltet. Schon deshalb müssen die Codebestandteile in einer Code-Behind-Datei untergebracht werden, was bereits eine Trennung zwischen der Oberfläche und dem Code nach sich zieht.

Einer der Hauptgründe dafür ist die Trennung der Verantwortlichkeiten. Die Welt der UI, die »XAML-Welt«, soll von Designern bevölkert werden, die von Microsoft sogar eigene Tools spendiert bekamen, die unter dem Begriff *Microsoft Blend* zusammengefasst wurden. Nicht von ungefähr ähneln diese Werkzeuge wohl eher Adobes Photoshop als der Entwicklungsumgebung von Microsoft, Visual Studio. Aber auch andere Deklarationssprachen, wie HTML, sind natürlich möglich.

Die Entwickler schließlich arbeiten in »ihrem« Tool, dem gerade erwähnten Visual Studio und auch in einer anderen Programmiersprache, also (üblicherweise) entweder in VB.NET oder C#.

Gerade dieses Muster lebt mehr vom Gebrauch und den sich dabei abzeichnenden »Konventionen« als von der reinen Lehre. Die folgenden Rollenverteilungen sind also nicht in jedem Fall unumstritten, sondern entsprechen der typischen Verwendung in realen Projekten. Ausnahmsweise verwende ich daher im Folgenden – und eben weil es dort weit verbreitet ist – das schon erwähnte WPF und als Sprache XAML und C#.

Model

Das *Model* hat auch bei diesem Muster vorrangig die Aufgabe der Datenhaltung. In manchen Implementierungen ist das die einzige Aufgabe. Um alle weiteren Aufgaben kümmert sich dann das ViewModel. Andere Entwickler bringen dort auch noch die Validierungen oder auch nur einen Teil davon unter. Wiederum andere Implementierungen sehen das Model, wie ich übrigens auch, so, wie es auch im MVC-Muster angelegt wurde.

Wie dem auch sei, auf jeden Fall kennt das Model auch hier seine View(s) nicht und enthält keinerlei Code, der spezifisch für eine bestimmte Darstellung wäre.

Andersherum ist das schon möglich. Nehmen wir einmal an, eine View würde einen einfachen booleschen Wert in einer Checkbox anzeigen, vielleicht noch dazu ganz ohne dass Geschäftslogik im Spiel ist. Die View könnte sich in diesem Fall direkt per Databinding mit dem Model verbinden, den booleschen Wert also vom Model auslesen und in der Checkbox darstellen (One-Way-Databinding). Auch der andere Weg ist möglich, wenn das Klicken auf die Checkbox auch gleich den booleschen Wert im Model verändert (Two-Way-Databinding, siehe Abbildung 7.10). In diesem einfachen Fall wäre der Umweg über das ViewModel, na ja, einfach ein Umweg, der zusätzliche Entwicklungszeit kosten und die Komplexität der Anwendung erhöhen würde, ohne dass dem ein deutlicher Nutzen entgegenstünde.

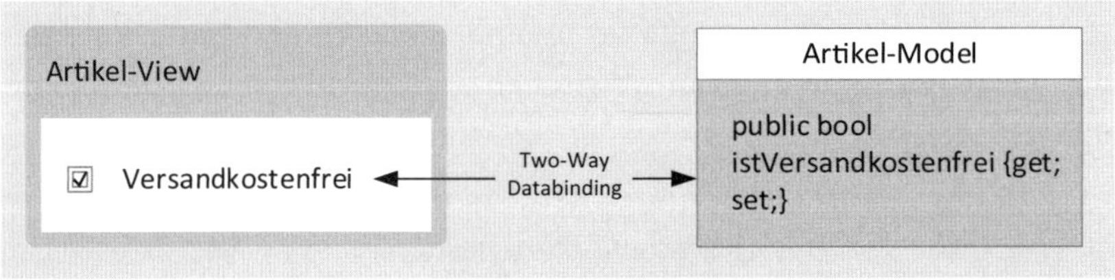

Abbildung 7.10 Direkt (Two-Way)-Datenbinding zwischen View und Model

In diesen einfachen Fällen spricht, wie gesagt, nichts gegen eine direkte Binding zwischen View und Modell. Allerdings wird das häufig nicht möglich sein, zum Beispiel weil

- der abzurufende Wert gar nicht im Model enthalten ist, sondern zur Laufzeit hinzugefügt wird, beispielsweise Datum und Uhrzeit der letzten Änderung.
- die View mit den Daten des Models gar nichts anfangen kann, vor der Anzeige also eine Typkonvertierung stattfinden muss.

In diesen Fällen übernimmt das ViewModel diese Aufgaben, View und Model können hier also vollständig entkoppelt sein.

View

Die View besteht, jedenfalls bei WPF, nahezu immer aus dem schon erwähnten XAML-Code zur Beschreibung der Benutzeroberfläche. Dazu gehören die elementaren und zusammengesetzten Steuerelemente und ihre eingestellten Eigenschaften (zum Beispiel Breite und Höhe) und auch die gezeichneten Elemente.

Das Wort *Benutzerschnittstelle* sagt es ja schon: Ein Anwender kommuniziert nur mit dieser Schicht in diesem Muster, zum Beispiel indem er Text in eine Textbox eingibt oder einen Button drückt.

Ganz so dumm wie in anderen Mustern ist die View hier nicht, und sie ist schon gar keine reine *Passive View*, wie ich sie in Abschnitt 7.2.4 beschrieben habe. Häufig macht die View hier mehr, also zum Beispiel:

- Formatierung der Anzeigedaten, also zum Beispiel das Formatieren von Datumswerten oder Währungsbeträgen auf das lokal eingestellte Format, wenn auch häufiger das ViewModel diese Aufgabe übernimmt.
- Datenbindung, also (vor allem) das Abrufen der Daten aus dem Model und die Darstellung in dem gebundenen Steuerelement.
- Ereignisbehandlung, also zum Beispiel das Reagieren auf einen Tastenklick oder das Ausklappen von Baumknoten.
- Behaviors, gemeint sind solche zum Abbilden von komplexeren Benutzerinteraktionen, beispielsweise das Neupositionieren von Steuerelementen, Zooms oder Drag&Drop.

Die View »sauber« zu halten gestaltet sich mitunter schwierig und verlangt neben Sachkenntnis dieses Musters vor allem auch Disziplin in der Implementierung. Die Grenzen sind dabei ein wenig fließend. Ein Slider zum Einstellen des Zoomfaktors mag vollständig in der View abgebildet werden; wenn ein Anwender aber den LÖSCHEN-Button drückt, sollte das sicherlich nicht mehr Aufgabe einer View sein. Die Welt dazwischen ist das Problem. Im Zweifel gilt: lieber in das ViewModel anstatt in die View. Mehr aber noch: lieber in das ViewModel als in das Model.

ViewModel

Der Name ist hier Programm: Dieser Akteur bringt View und Model zusammen, steht also zwischen beiden und koordiniert beide. Man könnte statt ViewModel auch »Model of a View«, sagen und das zeigt bereits, dass in den wohl allermeisten Fällen eine View mit einem ViewModel einhergeht.

Das ViewModel enthält die komplexeren und abstrakteren Operationen einer View und auch den Zustand der View sowie all die Eigenschaften und Methoden, die für die Kommunikation zwischen View und ViewModel einerseits und ViewModel und Model andererseits notwendig sind.

Der Zustand könnte zum Beispiel der Editiermodus sein, wenn eine View sowohl zur Anzeige dient (View-Mode), sich aber auch im Editiermodus befinden kann (Edit-Mode). Die View selbst verhält sich in beiden Fällen natürlich unterschiedlich. Im Anzeigemodus sind die Steuerelemente vermutlich Read-Only und die Buttons zum Löschen von Datensätzen fehlen oder sind ausgegraut. Beides ist im Editiermodus natürlich anders. Das ist beileibe nicht der einzige Status, der im ViewModel abgebildet sein kann. Weitere Beispiele sind die aktuelle Selektion und der aktuelle Authentifizierungsstatus.

Typischerweise nimmt also eine View ein Ereignis entgegen, sagen wir den Wunsch, einen Datensatz durch Drücken des entsprechenden Buttons zu löschen. Dieses Ereignis wird einen Methodenaufruf im ViewModel auslösen, der diese Aktion wiederum an das Model weiterleitet und anschließend die View auffordert, sich zu aktualisieren.

Für die Kommunikation zwischen View und ViewModel gibt es einige Möglichkeiten:

- die eben erwähnten Events
- Datenbindung
- Message Queuing

7.3.3 Anwendungsfälle

An dieser Stelle kann ich mich kurz fassen. Es gelten sowohl die Ausführungen für das MVC-Muster als auch die für das MVP-Muster. Außerdem sind die Microsoft-Entwickler diesem Muster zugetan, weil die UI-Technologien WPF (und Silverlight) dieses Muster nahelegen. Aber nicht nur - das Muster an sich ist nicht an eine bestimmte Technologie gebunden und eignet sich für viele (UI)-Frameworks.

7.3.4 Implementierung

Um das Beispiel nachvollziehen zu können, benötigen Sie diesmal kein Eclipse, sondern Visual Studio (die kleinste Edition genügt) und ein installiertes WPF, eben weil sich dieses Muster in der Welt von WPF und Silverlight wohlfühlt.

Die Aufgabenstellung

Die Aufgabe nimmt sich diesmal einfach aus: Wir erstellen eine Artikelliste mit Navigation und der Möglichkeit, einen Wert zu verändern, weil die Welt von WPF ein wenig komplizierter ist. Schließlich geht es bei diesem Muster nicht nur um das Muster an sich, sondern auch ein Stück weit um die Technologie, in die dieses Muster eingebettet ist.

Model (ProduktModel)

Das Model speichert diesmal einen Produktdatensatz. Wie auch bei seinen Verwandten ist die oberste Direktive dieses Musters, das Model aus Implementierungsspezifika herauszuhalten und somit möglichst isoliert und damit wiederverwendbar zu halten. In vielen Implementierungen speichert es daher nur die Daten und das ViewModel übernimmt Validierungen und das Laden und Speichern der Daten, zum Beispiel aus und in eine Datenbank. Geläufiger ist es schon, wenigstens die wichtigsten Validierungen im Model unterzubringen.


```
namespace Artikelverwaltung
{
    public class ProduktModel : BeobachtbaresObjekt
    {
        private int _produktNummer;
        private string _produktText;
        private decimal _stueckPreis;

        public int ProduktNummer
        {
            get { return _produktNummer; }
            set
            {
                _produktNummer = value;
                EigenschaftWurdeVeraendert("ProduktNummer");
            }
        }

        public string ProduktText
        {
            get { return _produktText; }
            set
            {
                _produktText = value;
                EigenschaftWurdeVeraendert("ProduktText");
            }
        }

        public decimal StueckPreis
        {
            get { return _stueckPreis; }
            set
            {
                _stueckPreis = value;
```

```
                    EigenschaftWurdeVeraendert("StueckPreis");
                }
            }
        }
    }
```

Listing 7.7 Die Klasse »ProduktModel«

Die Klasse erbt von der Klasse BeobachtbaresObjekt:

```
public class BeobachtbaresObjekt : INotifyPropertyChanged
{
    public event PropertyChangedEventHandler PropertyChanged;

    protected void EigenschaftWurdeVeraendert(string eigenschaft)
    {
        if (eigenschaft != null)
        {
            if (TypeDescriptor.GetProperties(this)[eigenschaft] != null)
            {
                if (PropertyChanged != null)
                {
                    var e = new PropertyChangedEventArgs(eigenschaft);
                    PropertyChanged(this, e);
                }
            }
        }
    }
}
```

Listing 7.8 Die Basisklasse »BeobachtbaresObjekt«

Diese Basisklasse implementiert die Schnittstelle INotifyPropertyChanged, die ein Ereignis vom Typ PropertyChangedEventHandler verlangt. Die View wird später dieses Ereignis abonnieren und wird auf diese Weise informiert, sobald sich ein Wert verändert – denn die View soll sich in diesem Fall ja neu zeichnen.

Damit wir nicht bei jeder Eigenschaftsänderung immer wieder aufs Neue dieses Ereignis auslösen müssen, gibt es eine Hilfsmethode EigenschaftWurdeVeraendert, die als Parameter die Eigenschaft entgegennimmt, die eben gerade geändert wurde – also die Produktnummer, den Produkttext oder den Stückpreis. Diese Methode ruft lediglich das Ereignis auf, sofern die vorherige Validierung erfolgreich war.

Diese Methode wiederum wird nun aufgerufen, sobald ein Eigenschaftswert verändert wurde, was in den Settern der Eigenschaft geschieht:

```
...
_produktNummer = value;
EigenschaftWurdeVeraendert("ProduktNummer");
...
```

Ansonsten ist das Model nicht weiter interessant, es speichert ja nur einen Datensatz, in unserem Beispiel ein Produkt.

View (ProduktView)

Die View zeigt jeweils ein Produkt an und bietet ansonsten Funktionen zum Navigieren und einen Button zum Erhöhen des Preises. Der Einfachheit halber belassen wir es dabei. Damit die View wiederverwendbar ist, wurde sie in Form eines User-Controls umgesetzt:

```
<UserControl x:Class="Artikelverwaltung.ProduktView"
             xmlns="http://schemas.microsoft.com/winfx/2006/xaml/presentation"
             xmlns:x="http://schemas.microsoft.com/winfx/2006/xaml"
             xmlns:mc=
              "http://schemas.openxmlformats.org/markup-compatibility/2006"
             xmlns:d="http://schemas.microsoft.com/expression/blend/2008"
             mc:Ignorable="d"
             d:DesignHeight="300" d:DesignWidth="300">
    <Grid x:Name="LayoutRoot" Background="White"
          DataContext="{Binding AktuellesProdukt}"
          RenderTransformOrigin="0.453,0.51">
        <Grid.RowDefinitions>
            <RowDefinition/>
            <RowDefinition/>
            <RowDefinition/>
            <RowDefinition/>
        </Grid.RowDefinitions>
        <Grid.ColumnDefinitions>
            <ColumnDefinition/>
            <ColumnDefinition/>
        </Grid.ColumnDefinitions>
        <TextBlock Text="Produktnummer:" HorizontalAlignment="Right"
                   Margin="5" FontWeight="Bold"/>
        <TextBlock Text="{Binding ProduktNummer}" HorizontalAlignment="Left"
                   Margin="5" Grid.Column="1"/>
```

```
        <TextBlock HorizontalAlignment="Right" Margin="5" Grid.Row="1">
            <Run FontWeight="Bold" Text="Produkttext"/><Run Text=":"/>
        </TextBlock>
        <TextBlock Text="{Binding ProduktText}" HorizontalAlignment="Left"
                   Margin="5" Grid.Row="1" Grid.Column="1"/>
        <TextBlock HorizontalAlignment="Right" Margin="5" Grid.Row="2">
            <Run FontWeight="Bold" Text="Stückpreis"/><Run Text=":"/>
        </TextBlock>
        <TextBlock Text="{Binding StueckPreis}" HorizontalAlignment="Left"
                   Margin="5" Grid.Column="1" Grid.Row="2"/>
        <Button x:Name="PreisErhoehenButton" Content="+100"
                HorizontalAlignment="Left" Margin="107,0,0,0"
                VerticalAlignment="Top" Width="43"
                Command="{Binding Path=PreisErhoehenKommando}" Grid.Row="2"
                Grid.Column="1" Height="25"/>
        <Button x:Name="ZurueckButton" Grid.Row="3" Grid.Column="0"
                Content="Zurück" Command="{Binding Path=ZurueckKommando}"/>
        <Button x:Name="VorButton" Grid.Row="3" Grid.Column="1"
                Content="Vor" Command="{Binding Path=VorKommando}"/>
    </Grid>
</UserControl>
```

Listing 7.9 Die View »ProduktView«

Diese View zeigt die drei Eigenschaften eines Produkts an: Produktnummer, Produkttext und den Stückpreis. Erinnern Sie sich bitte, dass das ViewModel auch den Zustand einer View speichert. In diesem Fall ist das gerade aktuelle Produkt ein Teil dieses Zustands. Das ViewModel muss es also speichern, und die View bindet sich direkt an dieses Produkt und liest seine Daten per Datenbindung aus:

```
DataContext="{Binding AktuellesProdukt}"
...
<TextBlock Text="{Binding StueckPreis}" ...
```

Die drei Buttons sind ebenso in der View definiert. Die jeweilige Ereignisbehandlung findet aber nicht in der View statt, sondern im ViewModel, wo sie auch hingehört. Dafür gibt es in WPF das sogenannte Command-Binding. Der Button wird also an eine Eigenschaft im ViewModel gebunden, die ein `ICommand`-Objekt repräsentiert:

```
<Button ... Command="{Binding Path=ZurueckKommando}"/>
```

Ansonsten geschieht hier nicht viel. Die verwendete Sprache XAML ist einfach ein XML-Dialekt zur Beschreibung einer Benutzeroberfläche mit allem was nötig ist, wie Textboxen oder Grids.

ViewModel (ProduktViewModel)

Das ViewModel bringt View und Model zusammen. Es speichert den Zustand (wie schon erwähnt das aktuelle Produkt) und übernimmt die Ereignisbehandlung für die Buttons und das Laden und Speichern der Produkte.

```
public class ProduktViewModel : BeobachtbaresObjekt
{
    private ProduktModel _aktuellesProdukt;
    private ICommand _preisErhoehenKommando;
    private ICommand _zurueckKommando;
    private ICommand _vorKommando;

    private ObservableCollection<ProduktModel> _produkte;

    public ObservableCollection<ProduktModel> Produkte { get; private set; }


    public ProduktViewModel()
    {
        ladeProdukt();
    }

    private void ladeProdukt()
    {
        _produkte = new ObservableCollection<ProduktModel>();
        _produkte.Add(new ProduktModel()
                    {
                        ProduktNummer = 1000,
                        ProduktText = "Smartphone",
                        StueckPreis = 499
                    });

        _produkte.Add(new ProduktModel()
                   {
                       ProduktNummer = 2000,
                       ProduktText = "Tablet",
                       StueckPreis = 669
                   });

        AktuellesProdukt = _produkte[0];
    }
```

```
public bool LoeschenErlaubt
{
    get { return _aktuellesProdukt != null; }
}


public ProduktModel AktuellesProdukt
{
    get { return _aktuellesProdukt; }
    set
    {
        _aktuellesProdukt = value;
        EigenschaftWurdeVeraendert("AktuellesProdukt");
    }
}

public ICommand PreisErhoehenKommando
{
    get
    {
        if (_preisErhoehenKommando == null)
        {
            _preisErhoehenKommando = new Kommando(
              x => AktuellesProdukt.StueckPreis += 100,
              x => AktuellesProdukt != null);
        }
        return _preisErhoehenKommando;
    }
}

public ICommand VorKommando
{
    get
    {
        if (_vorKommando == null)
        {
            _vorKommando = new Kommando(
             x=>AktuellesProdukt =
              _produkte[_produkte.IndexOf(AktuellesProdukt)+1],
               x=>AktuellesProdukt != _produkte[_produkte.Count-1]);
        }
        return _vorKommando;
    }
```

```
    }

    public ICommand ZurueckKommando
    {
        get
        {
            if (_zurueckKommando == null)
            {
                _zurueckKommando = new Kommando(
                 x => AktuellesProdukt = _produkte[_produkte.IndexOf(
                  AktuellesProdukt) -1],
                 x => AktuellesProdukt != _produkte[0]);
            }
            return _zurueckKommando;
        }
    }
}
```

Listing 7.10 Die Klasse »ProduktViewModel«

Das Laden ist hier nur simuliert: Es werden einfach zwei Produkte im Konstruktor erzeugt. Auch das ViewModel erbt von `BeobachtbaresObjekt`, sodass eine Änderung des aktuellen Produkts ebenfalls ein Neuzeichnen der View bewirkt.

Für die Ereignisbehandlung gibt es drei Eigenschaften, die jeweils ein Objekt vom Typ `Kommando` zurückgeben, das wiederum die `ICommand`-Schnittstelle von WPF implementiert.

```
public class Kommando : ICommand
{

    readonly Action<object> _auszufuehrenderCode;
    readonly Predicate<object> _istAusfuehrbar;

    public Kommando(Action<object> auszufuehrenderCode)
        : this(auszufuehrenderCode, null)
    {
    }

    public Kommando(Action<object> auszufuehrenderCode,
     Predicate<object> istAusfuehrbar)
    {
        _auszufuehrenderCode = auszufuehrenderCode;
        _istAusfuehrbar = istAusfuehrbar;
```

```
    }

    public bool CanExecute(object parameters)
    {
        return _istAusfuehrbar == null ? true : _istAusfuehrbar(parameters);
    }

    public event EventHandler CanExecuteChanged
    {
        add { CommandManager.RequerySuggested += value; }
        remove { CommandManager.RequerySuggested -= value; }
    }

    public void Execute(object parameters)
    {
        _auszufuehrenderCode(parameters);
    }
}
```

Listing 7.11 Die Klasse »Kommando«

Wie der Name schon vermuten lässt, steht ICommand für ein ausführbares Kommando. Daher verlangt diese Schnittstelle eine Execute-Methode, die den Code ausführt, sowie eine CanExecute-Methode, die zurückgibt, ob das Kommando gerade ausgeführt werden kann oder nicht. Außerdem wird in diesem Fall noch ein Ereignis ausgelöst, sodass Benutzeroberflächen darauf reagieren können, zum Beispiel indem Sie den entsprechenden Button aktivieren oder deaktivieren.

Anstatt einen festen Code auszuführen, nimmt die Klasse Kommando Delegates entgegen, also Code, der von außen eingebracht wird. Auf diese Weise bleibt der Code im ViewModel, wo wir ihn in das Kommando-Objekt einbringen:

```
public ICommand VorKommando
{
    get
    {
        if (_vorKommando == null)
        {
            _vorKommando = new Kommando(
             x=>AktuellesProdukt = _produkte[_produkte.IndexOf(
              AktuellesProdukt)+1],
             x=>AktuellesProdukt != _produkte[_produkte.Count-1]);
        }
```

```
        return _vorKommando;
    }
}
```

Im obigen Beispiel wird einfach das nächste Produkt in der Produktliste angezeigt, sofern es ein solches gibt.

Code zur Ausführung

Um den Code ausführen zu können, brauchen wir nur noch ein Fenster, in das unser User-Control eingebettet ist:

```
<Window
        xmlns="http://schemas.microsoft.com/winfx/2006/xaml/presentation"
        xmlns:x="http://schemas.microsoft.com/winfx/2006/xaml"
        xmlns:local="clr-namespace:Artikelverwaltung"
        x:Class="Artikelverwaltung.MainWindow"
        Title="MainWindow" Height="350" Width="525">
    <Grid>
        <local:ArtikelView x:Name="artikelView" HorizontalAlignment="Left"
                           Margin="10,25,0,0" VerticalAlignment="Top"
                           Height="284" Width="487"/>
    </Grid>
</Window>
```

Listing 7.12 Die XAML-Datei »MainWindow.xaml«

Außerdem müssen wir im Konstruktor dieses Fensters noch die Datenbindungen herstellen:

```
public MainWindow()
{
    InitializeComponent();
    ProduktViewModel viewModel = new ProduktViewModel();
    artikelView.DataContext = viewModel;
    artikelView.PreisErhoehenButton.DataContext = viewModel;
    artikelView.VorButton.DataContext = viewModel;
    artikelView.ZurueckButton.DataContext = viewModel;
}
```

Funktionsweise

Fassen wir kurz zusammen, wie die Anwendung und das Muster arbeiten.

Die *View* zeigt einfach die drei Eigenschaften des Produkts an. Zu diesem Zweck werden die Steuerelemente an das Objekt `AktuellesProdukt` gebunden. Sobald sich dieses aktuell ausgewählte Produkt ändert (egal ob im Code oder durch Klicken eines Navigationsbuttons), wird die View neu gezeichnet, weil sie zu diesem Zweck die `INotifyPropertyChanged`-Ereignisse abonniert.

Das *ViewModel* reagiert auf die Ereignisse, indem Eigenschaftswerte des Models verändert werden (beim Klicken auf +100 wird der Preis um 100 erhöht). Oder das aktuelle Produkt wird verändert. Ansonsten lädt (bzw. generiert) das ViewModel die Daten.

Das *Model* kümmert sich nur um die Datenhaltung und bedient die `INotifyPropertyChanged`-Schnittstelle (bzw. deren Event), sobald sich ein Eigenschaftswert verändert.

7.3.5 Weitere Überlegungen und Alternativen

Das meiste, was hier von Belang ist, habe ich in den vorherigen Abschnitten schon im Detail erläutert. Am interessantesten ist wohl, dass die View in diesem Muster im Allgemeinen (und in WPF im Besonderen) nicht passiv, sondern (besonders) aktiv ist und neben der reinen Darstellung von Informationen noch weitere Aufgaben übernehmen kann, wie die Datenbindung oder auch das direkte Verknüpfen von Darstellung und Inhalt.

Die Testbarkeit gewährleistet dieses Muster dadurch, dass an die Stelle einer View einfach eine Textklasse tritt, denn bei MVVM sind View und ViewModel in beide Richtungen nur lose gekoppelt.

Gelegentlich wird das von Martin Fowler ersonnene Muster des *Presentation Models (PM)* als Prototyp dieses Musters betrachtet, wobei das Presentation Model dann synonym zum ViewModel verwendet wird.

Kapitel 8
Design- und Entwicklungsprinzipien

So einfach wie möglich. Aber nicht einfacher.
– Albert Einstein

Dieses Kapitel ist ein Sammelsurium aus verschiedenen Designprinzipien, Richtlinien und Empfehlungen, die sich für die Entwicklung für Software als nützlich oder gar als überaus hilfreich erwiesen haben.

Sie finden hier keine Muster im engeren Sinne, sondern wir betrachten die Softwareentwicklung hier von einer höheren Warte aus. Daher sind auch die meisten der hier beschriebenen Prinzipien schon älter, aber eben auch universell gültig und daher – zu einem gewissen Grad – zeitlos.

Manche haben den Charakter von Gesetzen, denn man kann sie meist nicht ungestraft brechen. Andere wiederum, z. B. KISS, sind eher Ratschläge, an die man während der Entwicklung hier und da denken sollte. Wiederum andere sind Richtlinien, an die man sich halten sollte, die man aber bei Vorliegen eines guten Grunds auch über Bord werfen oder wenigstens interpretieren kann.

Ich habe die Auswahl natürlich subjektiv getroffen. Es gibt noch viele weitere Designprinzipien auf ganz verschiedenen Ebenen, beispielsweise zum Packen und Verteilen. Die hier vorgestellten Prinzipien sollten diejenigen sein, die den größten Einfluss auf gutes Design haben und/oder die am häufigsten verletzt werden. Ich hoffe, Ihnen gefällt meine Auswahl.

8.1 Merkmale schlechten Designs

Softwaredesignprinzipien sind dafür da, typische Probleme zu vermeiden. Diese Probleme haben die Tendenz, sich unbemerkt in Softwaresysteme einzuschleichen, vor allem je umfangreicher und älter die Systeme werden. Um die Probleme zu vermeiden, muss man Energie investieren – Energie in die Aufmerksamkeit, den eigenen Code immer wieder auf diese Prinzipien bzw. deren Verletzung hin zu untersuchen, und natürlich die Energie, die nötig ist, um dem Drang zu widerstehen, etwas »quick and dirty« umzusetzen.

Das Problem, das hinter den im Folgenden beschriebenen Problemen steckt, sind eigentlich zwei Probleme. Neben fehlendem Know-how (häufig begründet durch die immer kürzer werdende IT-Ausbildung) ist es vor allem die Zeit, die zu fehlen scheint, also eigentlich das Geld, das der Auftraggeber in eine Lösung investieren möchte. Die Prinzipien anzuwenden, die hier vorgestellt werden, kostet häufig mehr Zeit, als die Lösung schnell in den Editor einzutippen. Es gehört schon ein gehöriges Maß an Überwindung dazu, die erste Lösung, die einem in den Sinn kommt, zu verwerfen und für ein größeres Ziel – für Vorteile, die erst viel später sichtbar werden – eine designtechnisch sauberere Lösung zu implementieren.

8.1.1 Starre, unflexible Software

Starre und unflexible Software erkennt man daran, dass sie sich merklich dagegen sträubt, verändert zu werden. Sogar vermeintlich einfache Änderungen ziehen viele weitere Änderungen nach sich, und in der schlimmsten Ausprägung ist gar nicht recht klar, welche Codeteile von einer Änderung betroffen sind.

Der Veränderungsprozess ist dabei wie Honig, der über die Jahre immer zähflüssiger wird. Es zieht sich immer länger hin, bis eine Geschäftsanforderung umgesetzt wird. Manager trauen sich mit der Zeit nicht mehr, die Software anzupassen, aus Angst vor unkalkulierbaren Risiken. Ein sicheres Zeichen dafür ist häufig die Aussage: »Das hat sich als viel schwieriger herausgestellt, als wir gedacht haben.«

Wenn der Prozess vollständig zum Stillstand gekommen ist, wird üblicherweise die Software von Grund auf neu entwickelt – und nicht selten werden dann dieselben Fehler wieder gemacht.

8.1.2 Fragile Software

Starre Softwaresysteme sind häufig auch fragil, müssen es aber nicht zwangsläufig sein. Während »starr« bedeutet, dass eine Software sich gegen eine Änderung sträubt, sie also unmöglich macht, bedeutet Fragilität im Softwareumfeld, dass eine Änderung unerwartete Nebenwirkungen zeigt. Eine Änderung an einem Modul führt zu einem Fehler an einem anderen Modul, und man hat mit der Zeit das Gefühl, dass jede Änderung die Sache nur noch schlimmer macht. Fehler lassen sich schwer ausmachen, und nicht selten kostet die Fehlersuche selbst noch einmal genauso viel Zeit. Die Software wird praktisch unwartbar, und die Entwickler sträuben sich mit Händen und Füßen dagegen, an dem betroffenen Modul überhaupt etwas anzufassen.

In solchen Systemen sieht man in der Praxis des Häufigeren, dass Bugs gar nicht mehr gefixt werden und die »Known-Issues-Liste« stattdessen immer länger wird –

aus Angst, mit jeder Änderung mehr Bugs einzuführen, als mit dem einen Fix gelöst werden sollen. Typischerweise tauchen immer dieselben Module auf dieser Liste auf: die schwarzen Schafe im Softwaredesign.

8.1.3 Nicht wiederverwendbare Software

Dieses Problem ist häufig eine Ursache für die weiteren Probleme, denn wo ein Modul für einen ähnlichen Zweck nicht wiederverwendbar ist, dafür also von Grund auf neu entwickelt werden muss, dort entsteht Komplexität, die nichts mit der Aufgabenstellung zu tun hat. Oder anders gesagt: Die Lösung wird viel komplexer, als es die Aufgabenstellung ist, ohne dass die Komplexität das Design verbessern würde – im Gegenteil.

Manchmal freilich wollen Entwickler Code von anderen gar nicht ernsthaft wiederverwenden; wenn sie überhaupt nach einem solchen suchen, finden sie schnell viele Gründe dafür, warum die eigene Lösung doch die bessere ist. Der häufig richtige Ansatz wäre dann aber, das bestehende Modul anzupassen und um neue Funktionen zu erweitern, also das Rad runder zu machen, anstatt das Rad ein weiteres Mal vollständig zu erfinden. Das erfordert natürlich wiederum, dass die Module risikoarm anpassbar sind, die Symptome dieses Abschnitts also gar nicht erst aufweisen.

Vielleicht noch häufiger aber trifft man auf Module, die mit unzureichenden Abstraktionen entwickelt wurden, die also zu viele konkrete Verweise beinhalten und ganz allgemein zu viel »Chichi«. Den richtig häufigen Ansatz, das Modul selbst wiederum zu modularisieren – Entwurfsmuster dafür gibt es genug –, lässt man häufig fallen, weil das Arbeit bedeutet, nicht ohne Risiko ist und weil häufig auch die Dokumentation fehlt.

8.1.4 Unnötige Wiederholungen

Aus dem vorherigen Designproblem entstehen unnötige Wiederholungen, klar. Andererseits gibt es auch im Kleinen unnötige Wiederholungen: Methoden, die dasselbe tun, oder sogar ganze Anwendungen, die in Konkurrenz zueinander stehen.

Derselbe Code findet sich also immer und immer wieder, häufig in leicht veränderter Form und jeweils mit eigenen Fehlern und Problemen. Das erschwert die Testbarkeit, verschwendet wertvolle Entwicklerkapazitäten und erhöht die Komplexität ganz ohne Gegenwert.

Der Grund dafür ist häufig das im vorigen Abschnitt Gesagte, aber auch, dass Entwickler und Manager nicht nach Code forschen, was bei vielen Tausend bzw. Hunderttausend Codezeilen gar nicht so leicht ist. Außerdem ist Copy & Paste eine Funktion, die funktioniert, ohne dass sie dem Anwender Fragen stellt.

Ein vernünftiges Repository, ein wenig Dokumentation und gute Tools können da sehr hilfreich sein.

8.1.5 Viskosität

Damit sind wir wieder beim Honig, der bekanntlich hoch viskos ist. Auf Softwaresysteme gemünzt, bedeutet das: Das System macht es einem schwer, das Richtige zu tun, die Software also nach den hier beschriebenen Prinzipien zu entwickeln.

Gründe dafür gibt es zuhauf:

- eine langsame, fehlerbehaftete oder unausgereifte Technologie
- lange Durchläufe durch die Produktionspipeline – vom Einchecken über die statischen Tests, die automatisierten Tests bis hin zum Deployment, sodass Entwickler diese Pipeline nur ungern starten wollen
- unzureichende Prozesse in der Abteilung, wenn z. B. Freigabeverfahren nötig sind und zugleich lange dauern
- zu viele Teammitglieder, die alle mitreden wollen
- das Design selbst, das Änderungen unnötig schwer machen kann

Das Problem ist dabei, dass es ja immer mehr als einen Weg zum Ziel gibt. Neben dem einen zähflüssigen Weg gibt es also auch noch weitere, die zwar weniger sauber, aber dafür schneller sind. Also: Das Ziel muss es sein, dem Programmierer, der den richtigen Weg einschlagen möchte, keine unnötigen Steine in den Weg zu legen.

8.1.6 Unnötige Komplexität

Man könnte es einfach sagen: Wenn Komplexität nichts mit der Aufgabenstellung zu tun hat und auch keine notwendige Voraussetzung dafür ist, die hier beschriebenen Prinzipien einzuhalten, dann ist sie fehl am Platz.

Daneben gibt es noch Komplexität, die aus der Übererfüllung der Aufgabe resultiert, also Funktionen, die in der Erwartung schon einmal eingebaut wurden, das sie demnächst vom Auftraggeber verlangt werden – was häufiger vorkommt, als man glauben möchte. Das agile Manifest aus Abschnitt 8.3 mag Ihnen da ein guter Ratgeber sein.

Ich beschreibe Komplexität gern als Haselnüsse und diejenigen, die Komplexität erzeugen, als Eichhörnchen. Für sich betrachtet ist eine Haselnuss klein, und das Eichhörnchen (wer auch immer das dann sein mag) findet gute und nachvollziehbare Gründe dafür, warum die Nuss auf den Berg muss. Auf diese Weise wird der Berg, häufig unbemerkt, immer größer.

Die Herausforderung ist es jedoch, den Berg an Haselnüssen zu sehen, also das, was die Komplexität über die gesamte Zeit anrichtet. Ein Prozess, den man aufsetzt, muss über viele Jahre befolgt werden; ein unnötiges Modul muss über jeden Release-Wechsel getestet werden; und zwei Module, die dasselbe tun, fordern den Entwicklern immer wieder aufs Neue die Entscheidung ab, welches Modul man jetzt nehmen soll.

8.1.7 Undurchsichtige Software (opake Software)

Undurchsichtige Systeme sind solche, die uns als Blackbox erscheinen und jeden Versuch erschweren, ihre Funktionsweise zu verstehen – was wiederum Voraussetzung für Wartbarkeit und Wiederverwendbarkeit ist, es sei denn, diese Systeme sind abstrahiert genug, dass man sie als Blackboxes verwenden kann.

Softwaresysteme werden mit der Zeit undurchsichtig: eine Fallunterscheidung hier, eine schlecht benannte Variablenzuweisung dort, dazu kommen eine vergessene Dokumentation oder ein Algorithmus, der irgendwo her kopiert wurde, ohne dass man ihn beim ersten Mal schon verstanden hätte.

Dieses Problem hat also auch viel mit Lesbarkeit zu tun, und Lesbarkeit ist der Dienst eines Entwicklers an demjenigen Entwickler, der die Suppe später auslöffeln soll, also fast schon ein Akt der Menschenliebe.

8.2 SOLID

Ein besonders eingängiges Akronym, SOLID, fasst die im Folgenden genauer beschriebenen Designrichtlinien zusammen.

SOLID

- **S** – Single-Responsibility-Prinzip
  Eine Klasse = eine Verantwortung. Oder: Es sollte nie mehr als einen Grund dafür geben, eine Klasse ändern zu müssen.
- **O** – Open-Closed-Prinzip
  Softwareentitäten sollten offen für Erweiterungen, aber auch geschlossen für Veränderungen sein.
- **L** – Liskovsches Substitutionsprinzip
  Ein Objekt einer Basisklasse muss durch ein Objekt einer Unterklasse ersetzbar sein.
- **I** – Interface-Segregation-Prinzip
  Jeder Client sollte seine eigene, genau passende Schnittstelle haben.

- **D** – Dependency-Inversion-Prinzip
  Abhängigkeiten sollten immer von spezifischeren Modulen zu konkreteren Modulen gehen und nicht umgekehrt.

Diese Prinzipien sind wichtig genug, dass ich ihnen jeweils einen eigenen Abschnitt spendiert habe. Sie stammen aus der OOD-Welt (OOD – objektorientierte Analyse und Design), sind aber im Grunde auch darüber hinaus gültig, also häufig auch auf prozeduraler Ebene oder (wie beim letzten Prinzip) auch auf der höheren Ebene der Komponenten und Module.

8.2.1 S – Single-Responsibility-Prinzip

Dieses Prinzip wird häufig in zwei Ausführungen beschrieben:

Single-Responsibility-Prinzip

Eine Klasse sollte nur eine Verantwortung haben.

Es sollte nur einen Grund geben, warum man eine Klasse anfassen sollte.

Beide Definitionen sind im Grunde synonym. Man könnte sie auch auf Methoden ausweiten (jede Methode sollte genau eine Sache erledigen) und, allerdings in Grenzen, auch auf höhere Ebenen ausdehnen (jede DLL sollte nur für ein Modul einer Anwendung zuständig sein).

Es klingt logisch, in einer Klasse keine zwei Dinge zu tun, sondern diese zu trennen, um damit die Wartung zu vereinfachen und Seiteneffekte zu minimieren. Außerdem können somit auch verschiedene Entwickler an den Klassen arbeiten, sodass man auch sagen könnte: ein Entwickler, eine Klasse.

Das Problem entsteht, wie so häufig, in der Praxis. Was genau ist eine Verantwortung? Wie fein sollte man die Klassen ausdifferenzieren? Die Antwort darauf gibt, zum Teil jedenfalls, die zweite Definition. Man könnte auch sagen:

Verantwortung = ein Grund, eine Klasse ändern zu wollen

Wenn es also zwei Gründe gibt, warum man eine Klasse ändern sollte, dann ist es an der Zeit, über eine Trennung der Klasse zu entscheiden, weil die Klasse dann vielleicht bereits zwei Verantwortungen übernimmt. Denn Klassen zu groß zu machen, hat einige Nachteile:

- Die Seiteneffekte mehren sich, weil bei der Änderung einer Klasse häufiger Funktionen betroffen sind, die eigentlich in eine andere Verantwortung gehören, die sich aber gar nicht ändern sollten.

- Unter Umständen kommen sich mehrere Entwickler ins Gehege, die zwar an derselben Klasse, aber an verschiedenen Funktionen (Verantwortungen) arbeiten.
- Solche Klassen lassen sich viel schwerer testen, und vor allem vergisst man häufiger, eine Verantwortung der Klasse zu testen, weil man daran zunächst gar nicht denkt.
- Große Klassen mit vielen Verantwortungen sind häufig zwangsläufig auch weit vernetzt. Das widerspricht dem Gesetz von Demeter, das besagt, dass Objekte nur mit Objekten in ihrer unmittelbaren Umgebung kommunizieren sollten, um die Kopplung zu verringern.

Freilich, das genaue Gegenteil ist auch nicht gut, nämlich Klassen immer weiter zu atomarisieren, bis an ihnen funktional nicht mehr viel dran ist:

- Die Komplexität nimmt zu und die Übersichtlichkeit nimmt ab. Es fällt zunehmend schwer, überhaupt noch die richtige Codestelle zu finden.
- Der »Nutzcode« im Verhältnis zum »Strukturcode« wird geringer, und die meisten Schreibarbeit entfällt auf die Codebestandteile, die der Compiler verlangt, und nicht auf solche, die fachliche Probleme lösen.
- Auch hier ist die Testbarkeit nicht optimal, schon allein deshalb, weil man sehr viele Tests (wenigstens einen Test pro Klasse) benötigt.
- Versionierung und Verwaltung werden schwieriger, übrigens auch die sinnvolle Benennung der Klassen.
- Viele Klassen bedingen viele Abhängigkeiten dieser Klassen untereinander.

Es klingt vielleicht ein wenig billig, aber ein richtiger Klassenentwurf muss sich richtig »anfühlen«, und das ist eine Frage der Erfahrung.

Ein Beispiel. Anstatt die Klasse aufzuführen, zeige ich hier nur deren Schnittstelle:

```
public interface NewsletterMailer
{
   void connect(Mailer mailer);
   void disconnect();
   ArrayList<Empfaenger> getEmpfaenger(Database db);
   void addEmpfaenger(Empfaenger empfaenger, Database db);
   void removeEmpfaenger(Empfaenger empfaenger, Database db);
   void send(Newsletter newsletter);
}
```

In dieser Schnittstelle sind gleich vier Verantwortungen vermischt:

- das Auf- und Abbauen der Verbindung zum Backend-System (dem Mailer zum Versenden der Newsletter)
- das Abrufen der aktuell registrierten Empfänger

- das Verwalten der Empfänger, also das Hinzufügen und das Entfernen von Abonnenten des Newsletters
- das Versenden

Man könnte es auch anders ausdrücken: Es gibt (wenigstens) vier Gründe, warum man an der Klasse (die diese Schnittstelle bedient) etwas ändern sollte.

Das Problem dabei ist, dass von außen betrachtet die Klasse sehr wohl eine Einheit bildet. Sie scheint für eine Sache – nämlich den E-Mail-Newsletter – zuständig zu sein. Allerdings zeigt schon die Sprache, dass wir hier kein einzelnes Verb angeben können. Wir können also nicht schreiben: »Die Klasse ist für den *Versand* der E-Mail-Newsletter zuständig«, weil sie eben auch die Verwaltung der Empfänger übernimmt. Man müsste die Klasse `NewsletterVersenderVerwalterVerbindungsmanager-Klasse` nennen.

Das ist ein häufiges Zeichen dafür, dass eine Klasse zu groß ist. Sie lässt sich sprachlich nicht mehr sauber abgrenzen.

Man könnte daraus auch vier Klassen erstellen. Die erste Klasse sieht so aus:

```
public interface MailerConnection
{
   void connect(Mailer mailer);
   void disconnect();
}
```

Die zweite Klasse ist die Klasse für das Abrufen der Empfänger:

```
public interface MailerEmpfaengerListe
{
   ArrayList<Empfaenger> getEmpfaenger();
}
```

Die dritte Klasse kümmert sich um die Verwaltung:

```
public interface MailerEmpfaengerVerwaltung
{
   void addEmpfaenger(Empfaenger empfaenger, Database db);
   void removeEmpfaenger(Empfaenger empfaenger, Database db);
}
```

Die letzte Klasse wiederum versendet den Newsletter:

```
public interface Mailer
{
   void send(Newsletter newsletter, MailerConnection conn);
}
```

Das ist besser, aber auch »too much«. Und so wird man in der Praxis wohl die Verantwortungen »Abruf der Empfänger« und »Verwaltung der Empfänger« zusammenlegen und so auf nur drei Klassen kommen. Etwas weniger gut, aber unter Umständen immer noch vertretbar, wäre es vielleicht, wenn der Mailer den Newsletter nicht nur versenden, sondern auch die Verbindung zum Mailer aufbauen würde, sodass aus einer Klasse zwei Klassen würden. Abbildung 8.1 macht deutlich, dass nicht alle Verantwortungen gleich weit voneinander entfernt sind.

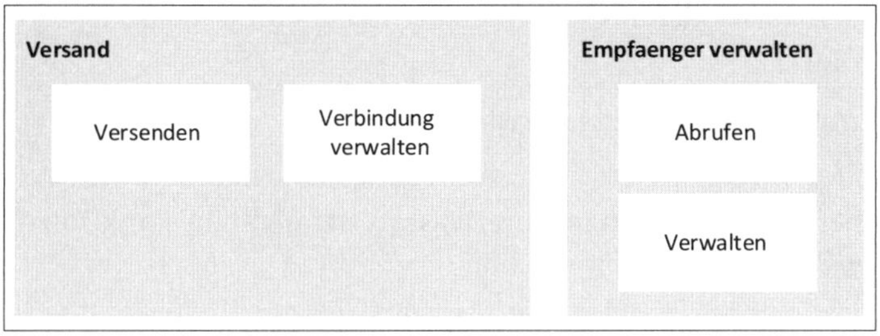

Abbildung 8.1 Die vier Verantwortungen beim Newsletter-Mailer

Ein gutes Zeichen für eine enge Kopplung ist es, wenn zwei Klassen gegenseitig ihre Methoden aufrufen und auch sonst im Wesentlichen die Klassen miteinander teilen. Und wenn die Klassen außerhalb des Kontexts nicht für andere Zwecke verwendet werden. Das ist beim Abrufen und Verwalten der Daten sicherlich der Fall, weswegen wir die Verantwortungen vermutlich ungestraft zusammenlegen können.

Bei den beiden anderen Verantwortungen muss das nicht so sein, daher sind sie auch weiter voneinander entfernt. So könnte die Verbindung zum Newsletter-Mailserver auch noch für andere Klassen infrage kommen, beispielsweise für eine Klasse zum Abruf der Versandstatistiken oder für eine Klasse zum Verwalten der Einstellungen. Dann sollten wir die Verwaltung der Verbindung in eine eigene Klasse auslagern, weil sie dann eine unabhängige Verantwortung übernimmt. Im Zweifel sollten Sie sich immer für die Trennung entscheiden, im Beispiel also drei statt zwei Klassen entwerfen. Praktisch gesehen ist das Zusammenlegen von Klassen später zudem häufig einfacher als deren Trennung.

8.2.2 O – Open-Closed-Prinzip

Zunächst die Definition:

> **Open-Closed-Prinzip**
>
> Softwareentitäten sollten offen für Erweiterungen sein, aber geschlossen für Modifikationen.

Im Kern geht es also um die Erweiterbarkeit von Softwaresystemen. Oder anders gesagt: Wenn eine Erweiterung einer Software zu einer ganzen Welle von Änderungen überall im Quellcode führt, dann ist das Design schlecht. Wenn sich die Anforderungen ändern, dann sollte die Software so erweiterbar sein, dass der dadurch entstehende neue Code nicht mit vorhandenem Code bricht. Veränderung ist in dieser Denkweise vorwiegend auch Erweiterung. Erweiterung steht also für neue Funktionen und ein verändertes Verhalten bestehender Systeme.

Auch dieses Prinzip kann man wieder auf verschiedenen Ebenen im Klassendesign anwenden. Einige Beispiele:

- Klassen lassen sich durch Vererbung leicht erweitern.
- Durch Überladen von Methoden lassen sich Erweiterungen vornehmen wie auch durch das Überschreiben der Methoden in Unterklassen, das nicht die Funktion in der Oberklasse verändert.
- Auf Ebene der Komponenten kann man Schnittstellen leichter erweitern, aber zumeist nicht mehr ändern, ohne dass die Komponenten inkompatibel würden.

Die meisten Ansätze dieses Prinzips beruhen also auf Vererbung und auf deren Prinzip des polymorphen Verhaltens. Im Grunde sollte man Code nur anfassen, um Fehler zu beheben, nicht aber, um Erweiterungen einzubauen, weil das meist mit bestehendem Code bricht, der darauf aufbaut. Etwas allgemeiner formuliert, ist der Lösungsgedanke der, Abstraktionen einzuführen, also z. B. Basisklassen oder Schnittstellen.

Wie ich bereits erwähnt habe, bedeutet »Erweiterung« nicht unbedingt, dass die Schnittstelle einer Unterklasse erweitert wird, sondern es kann auch bedeuten, dass eine Funktion in einer Unterklasse anders implementiert ist – die Erweiterung entsteht also dadurch, dass es zwei verschiedene Implementierungen einer Funktion gibt.

Das ist natürlich die Domäne der OO-Sprachen. Das bedeutet aber nicht, dass man dieses Prinzip mit objektorientierten Sprachen geschenkt bekäme, wie folgendes Beispiel zeigt:

```
public float ermittleMwstSatz(int produktArt)
{
  switch(produktArt)
  {
    case 1:
    case 2:
    case 3:
    return 19;

    case 4:
```

```
    case 5:
      return 7;

    default:
      return -1;
  }
}
```

Listing 8.1 Mehrwertsteuerermittlung unter Missachtung des Open-Closed-Prinzips

Damit diese Funktion erweitert werden kann, muss sie verändert werden, wenn beispielsweise die Produktart 8 dazukommt. Das läuft dem Prinzip aber zuwider, nach dem Softwareentitäten (hier eine Methode) zwar offen für Erweiterungen sein sollen, aber eben zugleich geschlossen für Veränderungen.

Um das Prinzip zu wahren, gibt es eine Reihe von Mustern, die in diesem Buch beschrieben sind – das Strategiemuster beispielsweise, das die Berechnung des Mehrwertsteuer-Satzes in eigene Klassen auslagert; hier etwas vereinfacht dargestellt:

```
public interface MwstSatzErmittlung
{
  float ermittelMwstSatz();
}

public class ProduktArt1 implements MwstSatzErmittlung
{
  public float ermittelMwstSatz()
  {
    return 19;
  }
}

MwstSatzErmittlung mwst = new ProduktArt1();
float mwstSatz = mwst.ermittelMwstSatz();
```

Listing 8.2 Diesmal wird das Prinzip gewahrt.

Das war vielleicht offensichtlich, die `switch`-Anweisung aus Listing 8.1 sah ja schon nach Ärger aus. Dass Software schwer erweiterbar ist, weil eine Erweiterung eben nur durch eine Änderung möglich ist, kann indes schnell passieren. Ein weiteres Beispiel:

```
public Kunde erzeugeKunde(String name, String vorname, …) { … }
```

Wenn später Angaben hinzukommen sollen, sagen wir die Umsatzsteuer-Identnummer bei Geschäftskunden (wo die Software bisher doch nur Privatkunden verwalten konnte), muss die Schnittstelle natürlich erweitert werden, was eine Änderung an allen Codeteilen erforderlich macht, die diese Methode verwenden. Da helfen auch Default-Parameter wenig, wie sie einige Sprachen anbieten, weil diese das Problem nur nach hinten verschieben – zur Laufzeit hin.

Auch hier kann eine neue Klasse die Lösung sein:

```
public Kunde erzeugeKunde(KundeRequest request) { … }
```

`Kunde` und `KundeRequest` lassen sich fortan weiterentwickeln, durch Ableitungen, also z. B. `GeschaeftsKunde` und `GeschaeftsKundeRequest`.

Neben den Beispielen hier finden Sie im Buch an vielen Stellen Code, der dieses Prinzip sicherstellen soll – viele Entwurfsmuster setzen dieses Prinzip um. Daher erwähne ich an dieser Stelle nur noch das »Aber«, das sich schwerer fassen lässt: Aber übertreiben Sie nicht! Kein Code kann vollständig geschlossen sein, und bei jeder Veränderung Subklassen zu bilden, kann im Extrem zu einer vollständigen Historisierung aller Änderungen führen. Das macht ihn umfangreicher, komplexer, und Sie müssen alle Varianten über die Jahre mitziehen, von denen Sie vielleicht gar nicht mehr wussten, dass sie im Code noch umgesetzt sind.

Entscheidend ist daher, die Auswirkungen einer Änderung abschätzen zu können, was man gelegentlich als Impact-Analyse bezeichnet. Wenn eine Änderung genau feststellbar und lokal begrenzt ist, dann spricht häufig nichts gegen eine Änderung. Wenn hingegen Clients verschiedenen Alters parallel laufen, sodass die Geschäftslogik in verschiedenen Versionen benötigt wird, oder wenn die Änderungen umfangreich und damit riskant sind oder gar nicht vollständig ermittelt werden können, dann sollten Sie von Änderungen Abstand nehmen.

Zum Abschluss noch einige Empfehlungen:

- Schnittstellen helfen, dieses Prinzip umzusetzen, sind aber selbst schwer erweiterbar, weil eine neue Methodensignatur in einer Schnittstelle sofort mit jeder Klasse bricht, die diese Schnittstelle implementiert.
- Globale Variablen sollten tabu sein, wenige Ausnahmen sollten diese Regel bestätigen.
- Alle Variablen, die innerhalb einer Klasse benötigt werden – sogenannte Membervariablen – sollten als privat deklariert werden. Kapselung ist eine wichtige Voraussetzung, um eine Klasse gegenüber Änderungen zu schließen.
- Tricks wie Reflection sind in Hinblick auf dieses Prinzip kritisch zu beurteilen, weil sie zur Laufzeit das Verhalten einer Anwendung ändern können, ohne dass der Compiler dies verhindern könnte.

8.2.3 L – Liskovsches Substitutionsprinzip (LSP)

Dieses Prinzip ist nach Barbara Liskov benannt, die das Prinzip entwickelt und zusammen mit Jeannette Wing beschrieben hat. Ich formuliere es diesmal auf drei verschiedene Arten, die aber letztlich dasselbe bedeuten.

Liskovsches Substitutionsprinzip

Für den Verwender einer Klasse soll das Objekt einer Unterklasse sich genauso verwenden lassen wie ein Objekt aus dessen Oberklasse. Eine Unterklasse sollte die Funktion einer Oberklasse lediglich erweitern, aber nicht verändern oder gar einschränken.

Das klingt erst einmal vernünftig und auch logisch. Kümmern sich nicht der Compiler und die Laufzeitumgebung schon von ganz alleine darum? Nein, diese beiden sind erst einmal primär für die Zuweisungskompatibilität zuständig. Und die ist von Sprache zu Sprache und von Version zu Version sehr wohl verschieden. Betrachten wir dazu ein Beispiel aus C#:

```
public class Oberklasse {}
public class Unterklasse : Oberklasse { }

public class EinClient
{
    public delegate void EinDelegate(Unterklasse u);

    public EinClient()
    {
        EinDelegate d = EineMethode;
    }
    public void EineMethode(Oberklasse u) { }
}
```

Hier wird eine Klassenhierarchie erstellt (`Oberklasse` und `Unterklasse`) und ein `delegate` (eine Art Funktionszeiger, also ein Typ, der auf eine Funktion verweist). Obwohl die Signatur der Methode, auf die wir verweisen (die Methode `EineMethode`), nicht der Signatur des Delegates entspricht, funktioniert der Code, weil `EineMethode` die Klasse `Oberklasse` verwendet und gemäß dem liskovschen Substitutionsprinzip daher auch mit der Unterklasse »gefüttert« werden kann. Nicht so bei .NET 1.0: Dort muss die Signatur zu 100 % übereinstimmen. Wenn wir von Vererbungshierarchien und der Kompatibilität der Typen und Signaturen sprechen, dann bezeichnet der Begriff *Kovarianz* den Zustand, bei dem der Typ eines Methodenparameters in einer Oberklasse ein Obertyp desselben Parametertyps in der Unterklasse ist.

Das liskovsche Substitutionsprinzip geht allerdings weiter bzw. hat einen anderen Schwerpunkt: Es geht weniger darum, ob ein Klient eine Unterklasse verwenden kann (oder ob der Compiler das verwehrt), sondern darum, ob er das ohne Probleme tun kann.

Warum ist das wichtig?

- Automatisierte Tests würden sonst fehlschlagen, wenn wir Objekte einer Unterklasse verwenden.
- Es käme zu »Überraschungen« bei der Verwendung, die wir bei der Erstellung vielleicht gar nicht auf dem Radar haben.
- Änderungen sind einfacher, wenn wir genau wissen, was die Oberklasse kann und die Unterklasse also auch können muss.

Eine Benutzeroberfläche zur Manipulation von grafischen Objekten, beispielsweise eine CAD-Anwendung, wäre ein Beispiel dafür, wie schnell man dieses Prinzip verletzen kann. Dort gibt es Kreise und Ellipsen, und gemäß der OO-Vererbungsphilosophie »Eine Unterklasse ist eine (is a) Oberklasse« wäre also der Kreis ein Spezialfall einer Ellipse (siehe Abbildung 8.2).

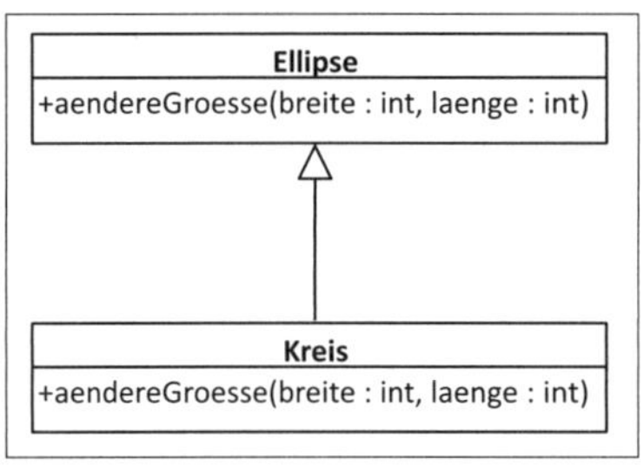

Abbildung 8.2 Das UML-Diagramm von Kreis und Ellipse

In Java sieht das dann so aus:

```
public class Ellipse
{
  protected int breite;
  protected int laenge;

  public Ellipse()
  {
    this.breite = 0;
    this.laenge = 0;
  }

  public void aendereGroesse(int breite, int laenge)
  {
```

```
    if (breite < 0 || laenge < 0)
      throw new RuntimeException(
       "Breite und Länge müssen größer als null sein");
    this.breite = breite;
    this.laenge = laenge;
  }
}
public class Kreis extends Ellipse
{
  public Kreis()
  {
    super();
  }

  public void aendereGroesse(int breite, int laenge)
  {
    if (breite != laenge)
      throw new RuntimeException("Die Breite muss der Länge entsprechen");
    super.aendereGroesse(breite, laenge);
  }
}
```

Listing 8.3 Der Kreis als Spezialfall einer Ellipse

Ein Klient (sagen wir, der Zeichencanvas der CAD-Anwendung) würde ein Event auslösen, wenn der Anwender ein Objekt in seiner Größe ändern möchte, und dabei die folgende Methode aufrufen:

```
public void aendereObjektgroesse(Ellipse e, int breite, int laenge)
{
  e.aendereGroesse(breite, laenge);
}
```

Das Problem dabei sind aber die im Code der Klasse `Kreis` fett markierten Codezeilen. Sie schränken den Wertebereich ein, nämlich auf solche Kombinationen, in denen die Länge der Breite entspricht, was ja die Definition eines Kreises ist. Außerdem – und das macht die Sache nicht besser – löst der Code eine Exception aus, die in der Oberklasse nicht enthalten ist.

Kurz: Ein Klient kann die Unterklasse nicht genauso verwenden wie die Oberklasse, weil sie sich anders verhält – das liskovsche Substitutionsprinzip wurde verletzt. Im konkreten Beispiel könnte man auch argumentieren: Ein Kreis ist eben keine Ellipse im Sinne dieses Prinzips.

Die 1-Million-Dollar-Frage ist nun: Spielt das überhaupt eine Rolle, sollen wir deshalb auf die bequeme Klassenhierarchie verzichten? Nun, man muss hier Praxis und Theorie trennen. In der Praxis würden wir vielleicht eine Methode erstellen wie die folgende:

```
public bool erlaubeNichtProportionaleGroessenaendernung()
{
   return true; //Für Ellipse
   return false; //Für Kreise
}
```

Der grafische Designer würde die Methode aufrufen, den Rückgabewert auswerten und bei `true` die beiden »Anfasser« ❶ und ❷ (siehe Abbildung 8.3) aktivieren und bei `false` diese deaktivieren.

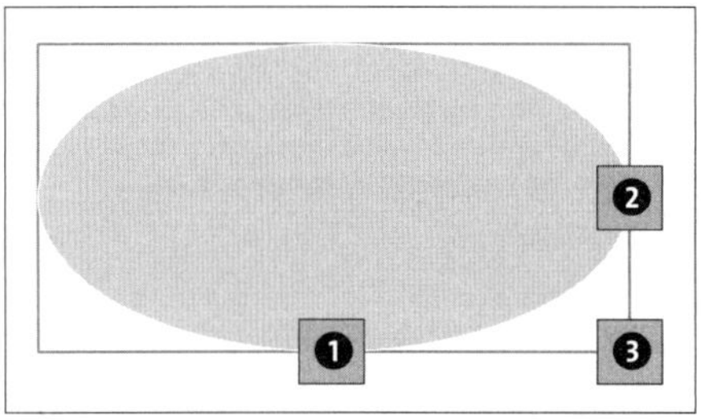

Abbildung 8.3 Anfasser bei einer Ellipse

In der Folge würde die Methode `aendereObjektgroesse` des Eventhandlers nie mit falschen Werten aufgerufen, und das Problem würde in der Praxis nie auftreten – vorläufig jedenfalls, denn natürlich wären die Spezialfälle an vielen Stellen zu berücksichtigen: beim Laden einer Szene, zum Beispiel, oder beim Ändern der Größe von mehreren Objekten auf einmal.

Will man Überraschungen vermeiden, also verhindern, dass sich das Problem jemals negativ auswirkt, dann müsste man andere Wege bestreiten, um das liskovsche Subsitutionsprinzip zu wahren. Einige Beispiele:

- Wir müssen `Kreis` und `Ellipse` jeweils direkt von einer Klasse `GrafischesObjekt` oder `RundesObjekt` ableiten, beide also nicht in eine direkte Is-a-Beziehung stellen.
- Wir müssen zwei Methoden erstellen: `aendereGroesse(int breite, int laenge)` und eine Methode `aendereGroesseProportional(int breiteUndLaenge)`. Da wir Erstere aber in der Klasse `Ellipse` definieren müssten, würde die Klasse `Kreis` diese Methode dennoch erben. Aber wir könnten dann wenigstens nichts tun, müssten also keine Exception auslösen oder könnten die zweite Methode nur mit dem Breitenparameter aufrufen.

- Um diesen Nachteil auszugleichen, könnten wir gegen Verträge, also Schnittstellen, programmieren.
- Wir könnten ein Muster aus diesem Buch verwenden und z. B. die Fähigkeiten eines Objekts aus kleineren Elementen zusammensetzen, sie also zu einem Verhalten machen und nicht zu einem festen Bestandteil der Klasse.

Das Problem tritt praktisch gar nicht auf, wenn wir es vermeiden, von konkreten Klassen zu erben, und stattdessen lieber von abstrakten Klassen erben, weil erst die konkreten Klassen das gewünschte Verhalten implementieren, während die abstrakten Basisklassen Funktionen implementieren, die für alle abgeleiteten Klassen sinnvoll und möglich sind.

Das kann als Idealvorstellung durchgehen, in der Praxis wird es aber häufig genug nicht möglich sein. Dann kann man den Code der abgeleiteten Klasse aber immerhin noch auf einige offensichtliche Verletzungen des Prinzips untersuchen:

- Wird der Wertebereich eingeschränkt?
- Wird eine Exception ausgelöst, die in der Basisklasse nicht enthalten ist?
- Wird eine Exception nicht ausgelöst, die in der Basisklasse aber vorhanden ist?
- Wird die Typprüfung umgangen oder »verbogen«, z. B. mit expliziten Casts oder Reflection-Mechanismen?
- Ist die Unterklasse wirklich eine Spezialisierung der Oberklasse, oder wurde die Klasse nur aus Komfortgründen gebildet?

8.2.4 I – Interface-Segregation-Prinzip

Dieses Prinzip wird gleich klarer, wenn man es anders benennt: Schnittstellenaufteilungsprinzip.

Interface-Segregation-Prinzip

Zu große Schnittstellen sollten in kleinere Schnittstellen aufgeteilt werden.

Das bedeutet, dass Schnittstellen schlank sein sollten und idealerweise nur eine Zuständigkeit (oft auch *Rolle* genannt) haben sollten.

Schlanke Schnittstellen haben einige handfeste Vorteile:

- Sie sind besser zu warten, schon allein deshalb, weil weniger Klassen betroffen sind.
- Klassen müssen nur noch die Methoden implementieren, die sie für ihre Schnittstellen wirklich brauchen.
- Enger definierte Schnittstellen helfen bei der Entkopplung, weil eine Klasse weniger Aspekte bei ihrer Implementierung berücksichtigen muss.

Dass Schnittstellen eine gute Idee in einem OO-Entwurf sind, hat sich herumgesprochen – so sehr, dass die Kehrseite darüber in Vergessenheit gerät, und eine Kehrseite gibt es ja immer:

- Schnittstellen lassen sich nur schwer ändern, weil parallel zur Änderung alle Klassen geändert werden müssen, die die betroffene Schnittstelle implementieren.
- Da Schnittstellen in vielen Sprachen keine Implementierung haben können, droht eine Mehrfachimplementierung in den implementierenden Klassen. Und in Sprachen, die das erlauben, stellt sich die Frage, ob eine Schnittstelle dann wirklich noch eine Schnittstelle ist.
- Gegen eine Schnittstelle zu programmieren verdeckt den konkreten Typ – was ja genau der Sinn und der Vorteil ist –, aber versteckt eben auch die Möglichkeiten der konkreten Klasse.
- Jede Schnittstelle ist ein neuer Typ für den Compiler. Das erhöht auch hier wieder die Komplexität einer Anwendung, bevor man die Vorteile daraus ernten kann.

Es gibt also auch gute Gründe für eine (abstrakte) Basisklasse anstelle einer Schnittstelle, wenigstens für bestimmte Anwendungsfälle. Auf jeden Fall aber sind Schnittstellen wie Verträge, und Verträge sind einzuhalten. Besonders wichtig ist es daher, auf die Schnittstellen große Sorgfalt zu verwenden. Und ein Aspekt daraus ist das Interface-Segregation-Prinzip, wonach Schnittstellen nur eine Rolle erfüllen, also schlank bleiben sollen.

Ein Beispiel ist eine Software für die Zeiterfassung, die mit verschiedenen Systemanbietern kompatibel sein soll. Diese Systemanbieter erstellen dann jeweils ein herstellerspezifisches Modul, indem sie eine Schnittstelle implementieren, die der Anbieter der Zeiterfassungssoftware vorgibt:

```
public interface ZeiterfassungSchnittstelle
{
   void abmelden(User u);
   void anmelden(User u);
   void nachtschaltung(uhrzeit von, uhrzeit bis);
   void sperren();
   void entsperren();
   ArrayList<User> getAngemeldeteUser();
}
```

Das Problem dabei ist, dass diese Schnittstelle vier Rollen umfasst:

- Grundfunktionen, zum An- und Abmelden von Benutzern
- Nachtschaltung

- Sperren und Entsperren, z. B. gekoppelt mit einer Schließanlage
- Benutzerauflistung

Weitere Rollen sind natürlich denkbar und wahrscheinlich. Anbieter, die einzelne Leistungsmerkmale nicht unterstützen, müssen dennoch diese Methoden implementieren – entweder indem sie eine Art »Not-Implemented-Exception« auslösen oder z. B. eine leere Liste der angemeldeten Benutzer, wenn diese Funktion nicht vorhanden ist. Beides ist wenig sinnvoll und treibt den Implementierungsaufwand sinnlos in die Höhe.

Die Schnittstellen nach dem Interface-Segregation-Prinzip aufzuteilen wäre schon besser:

```
public interface Meldung
{
   void anmelden(User u);
   void abmelden(User u);
}
public interface Nachtschaltung { … }
public interface Sperrung { … }
public interface Benutzerverwaltung { … }
```

Selbstredend kann man dieses Prinzip auch übertreiben, also Schnittstellen zerfleddern. Besonders problematisch sind dabei Markerschnittstellen, also Schnittstellen ohne Methoden, die lediglich dazu dienen, einzelne Klassen als einer Schnittstelle angehörig auszuzeichnen.

8.2.5 D – Dependency-Inversion-Prinzip

Der Name bedeutet übersetzt »Umkehr der Abhängigkeiten«.

Dependency-Inversion-Prinzip (DIP)

Klassen höherer Ebene sollten nicht von Klassen niederer Ebene abhängen. Beide sollten mittels Schnittstellen abstrahiert werden.

Schnittstellen sollten nicht von den Details, sondern die Details sollten von den Schnittstellen abhängen.

Gelegentlich ist statt von Klassen auch von Modulen die Rede, aber das Prinzip wird doch die meiste Zeit über auf Klassen angewendet.

Zunächst ist festzuhalten, dass wir hier von Ebenen sprechen, was eine Hierarchie ergibt. Ich denke, man muss hier zwischen Ebenen (also Layern) und Klassenhierarchien unterscheiden.

Während bei Ebenen das gewünschte Verhalten häufig so ist, dass Ebenen der oberen Ebene von ihren unteren Ebenen abhängen, weil sie diese für die Erfüllung ihrer Aufgaben brauchen, ist es bei einer Klassenhierarchie häufig so, dass Oberklassen auch Funktionen anbieten, die von den Unterklassen benötigt werden. Eine Klassenhierarchie hat also eine viel engere Kopplung als eine Hierarchie von Ebenen oder Modulen.

Konzentrieren wir uns vorerst auf Ebenen. Da gibt es ein Problem, das Abbildung 8.4 deutlich machen soll.

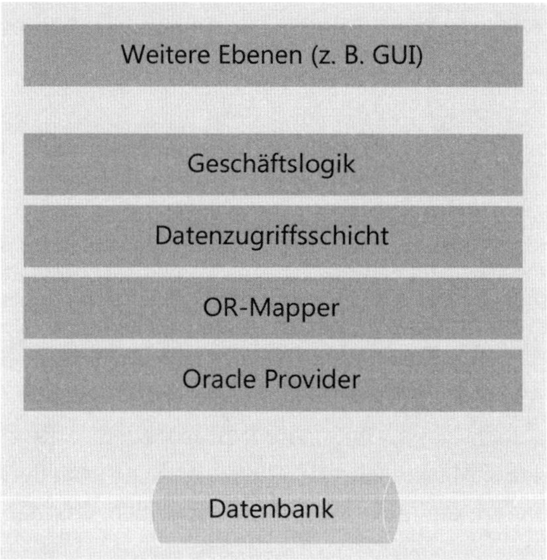

Abbildung 8.4 Beispiel für die verschiedenen Ebenen einer Anwendung

Im Beispiel leben die Entitäten (Klassen, die für Datenbankobjekte stehen) in der Ebene *OR-Mapper*. Diese Entitäten sind aber abstrakt, sodass sie nichts mit dem Laden und Speichern der Daten zu tun haben. Die Persistenz ist also Aufgabe des jeweiligen Providers. Und davon gibt es natürlich mehrere; z. B. neben dem Oracle-Provider auch einen für den SQL-Server und einen für MySQL. Das ist der Sinn von Ebenen: Höhere Ebenen kümmern sich um höherwertige Aufgaben, während Ebenen weiter unten konkretere, detailliertere Aufgaben verrichten.

Wenn wir also eine `Save()`-Methode auf der Ebene der Datenzugriffsschicht aufrufen, dann wird diese alle Entitäten kennen, die sich geändert haben bzw. die entsprechende `Save()`-Methode des OR-Mappers aufrufen. Diese Methode wiederum wird sich der `Save()`-Methode bedienen, die der aktuelle Datenbankprovider bietet, der dann wiederum SQL-Statements baut, diese an den in der Konfiguration hinterlegten Datenbankserver schickt, das Ergebnis von diesem in Empfang nimmt und die Ebenen nach oben weiterleitet.

Weil aber der Oracle-Provider austauschbar ist, können wir die Abhängigkeit zwischen OR-Mapper und Oracle-Provider nicht im Code definieren, sodass der Compiler das bereits durch statische Bindung erledigt.

Wenn der Oracle-Provider ausgetauscht wird, wollen wir im OR-Mapper natürlich keine Änderungen vornehmen. Und schon gleich gar nicht wollen wir bei einer Änderung des Datenbanksystems die Geschäftslogik ändern müssen.

Das besagt das erste Teilprinzip:

Klassen höherer Ebene sollten nicht von Klassen niederer Ebene abhängen ...

Wie soll das aber gehen, wenn höhere Ebenen niedrigere Ebenen doch zur Verrichtung der »feineren« Arbeit benötigen? Um die Unabhängigkeit zwischen den Ebenen zu gewährleisten, ist der zweite Teilsatz des Prinzips da:

... beide sollten mittels Schnittstellen abstrahiert werden.

Der OR-Mapper definiert also Schnittstellen, die der Oracle-Provider implementiert. Der OR-Mapper hält keine statischen Referenzen auf den Oracle-Provider, sondern arbeitet intern ausschließlich mit seinen Schnittstellen, an denen zur Laufzeit Objekte des Oracle-Providers hängen können oder auch die eines anderen Providers – die Abhängigkeit wurde umgekehrt.

Die Schnittstelle selbst, das ist eine wichtige Voraussetzung, ändert sich selten bis nie, während es verschiedene Implementierungen geben kann, die sich unter der Haube (also unter der Abstraktion der Schnittstelle) durchaus häufiger ändern kann. Das ist ein Grundprinzip der OO-Welt überhaupt: Alles, was konkret ist, ändert sich deutlich häufiger als die Abstraktion. Unter Abstraktion verstehen wir in der OO-Welt üblicherweise entweder eine Schnittstelle oder aber eine abstrakte Klasse.

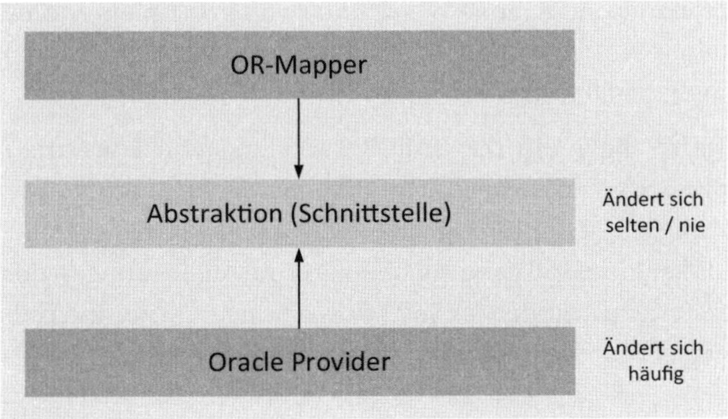

Abbildung 8.5 Die mittels DIP umgekehrte Abhängigkeit

Gehen wir einen Schritt weiter: Wer entscheidet darüber, welche Objekte nun ganz konkret instanziiert und den Schnittstellenreferenzen der oberen Ebene zugewiesen werden? Das können in der Praxis *Inversion-of-Control*-Container (IoC-Container) sein, also letztlich Tools, die (beispielsweise über die Konfiguration) Objekte instanziieren und der oberen Ebene zur Verfügung stellen. Auf diese Weise wird die Abhängigkeit »dynamisch«, also erst zur Laufzeit einer Anwendung aufgelöst.

Diese Umkehrung und Dynamisierung der Abhängigkeiten hat Vorteile, ohne Frage:

- Die Klassen der oberen Ebene können viel besser isoliert getestet werden, weil die Klassen der unteren Ebene »simuliert« werden können (sogenannte *Mockups*).
- Die untere Ebene kann beliebig erweitert und ausgetauscht werden, manchmal sogar zur Laufzeit, ohne dass Änderungen an einer höheren Ebene nötig wären.
- Die höhere Ebene muss viel weniger über die untere Ebene wissen. Alles, was sie wissen muss, erhält sie aus der Schnittstelle.

IoC-Container sind mächtige Werkzeuge, und entsprechend bringen sie ihre eigene Komplexität in eine Lösung hinein. Dabei ist die Umkehr der Abhängigkeiten auch mit anderen Mitteln möglich. Das Beobachter-Muster kehrt diese um, wenn auch zu einem anderen Zweck: Es sind die Beobachter, die sich bei der »höheren« Ebene melden und sich selbst für gewisse Ereignisse registrieren. Und mittels einer Factory lässt sich auch zur Laufzeit auflösen, welche Typen von Objekten erzeugt werden sollen.

Die Grenzen dieses Prinzips finden sich im stumpfsinnigen, also unreflektierten Erzeugen von Schnittstellen für jede Klasse. Das allein verdoppelt erst einmal nur die Anzahl der Typen und damit die Komplexität.

8.3 Das agile Manifest

Das agile Manifest beschreibt vier grundlegende Werte und zwölf Prinzipien, wie sie in einer agilen Welt (also in einer Welt mit häufigen und kurzfristigen Änderungen) für die Softwareentwicklung von Nutzen sind.

Das agile Manifest – oder ganz allgemein die agile Entwicklung von Software – umfasst deren gesamten Prozess, umfasst also von der Planung bis zur Wartung alle Phasen der Softwareentwicklung. Es ist daher zu großen Teilen außerhalb des Fokus dieses Buchs. Ich fasse mich daher kurz und gehe vor allem auf die Auswirkungen des agilen Gedankenguts auf den Entwurf moderner Softwaresysteme ein. Sie sind teilweise vonnöten, um zum Beispiel wichtige Leitlinien zu verstehen, die ich weiter hinten beschreibe.

8.3.1 Agilität allenthalben

Die Bezeichnung »agiles Manifest« ist nicht zu hoch gegriffen, denn es ist – getreu der Definition eines Manifests – eine öffentliche Erklärung mit Zielen und Absichten zum Thema agile Softwareentwicklung. Nun ist es nicht so, dass die Entwicklung früher völlig starr und unflexibel gewesen wäre: Allen Behauptungen zum Trotz sind nicht nur unbewegliche Monolithen entstanden. Wenn auch die Sprache ein wenig altbackener war und statt Agilität von Flexibilität die Rede war oder das Backlog als schnöde Prioritätenliste daherkam: Die Notwendigkeit, dass Software den Geschäftsprozessen folgen muss, gab es schon immer, und Software, die das konnte, ebenfalls.

Allerdings besteht die große Leistung des agilen Manifests darin, dass es als sauber formulierter gedanklicher Überbau die Grundlage für viele Prozesse und Methodiken im Bereich der Softwareentwicklung ist, für das *Extreme Programming* (XP) zum Beispiel oder auch für das *Test Driven Development* (TDD) und SCRUM. Und dass es den Gedanken der agilen Entwicklung erst in die Breite und dann in die Tiefe getragen hat. Heute sind viele Tools verfügbar, die aus dem agilen Manifest und den Entwicklungen aus seinem Dunstkreis entstanden sind: Tools für das kontinuierliche Bauen und Verteilen von Anwendungen (Continuous Delivery) oder Tools für das Projektmanagement von Projekten mit hohem agilen Anteil.

Was hat das alles aber mit Entwurfsmustern zu tun? Nun, zum einen sind einige Richtlinien und Leitlinien daraus entstanden, zum Beispiel das später noch beschriebene YAGNI (siehe Abschnitt 8.3.4), das dem Prinzip entspringt, schnell etwas Auslieferbares zu erzeugen, und das in kurzen Intervallen. Außerdem tragen auch einige der klassischen Entwurfsmuster dazu bei, die Ziele des agilen Manifests zu verwirklichen. Das Kompositum-Muster kann komplexere Strukturen aus einfacheren Klassen erzeugen, was die Komplexität beherrschbarer macht, weil sie eine potenziell monolithische Struktur (eine Monsterklasse mit vielen Methoden und Attributen) in verwaltbare Einheiten zerteilt. Oder die Fassade, die eine Schnittstelle von einem System entkoppelt und damit Systeme loser aneinander koppelt. Das Grundprinzip ist dabei einfach: An die Stelle von großen, monolithischen Anwendungen, die nur schwer und langsam zu manövrieren sind, treten kleinere, wendigere Softwareeinheiten, die in kürzeren Intervallen weiterentwickelt werden können und die nur lose miteinander interagieren.

Allerdings scheint es mir, muss die Agilität für so ziemlich alles herhalten. »Agilität« entwickelt sich zu einem inhaltslosen Buzzword, und nicht selten werden Versprechen gegeben, die mit der Realität nichts zu tun haben – und die Missverständnisse werden nicht kleiner.

Die Gründe für agile Entwicklungsmethoden sind vielfältig:

- Anforderungen entwickeln sich immer schneller.
- Anforderungen ändern sich immer schneller.
- Anforderungen werden immer häufiger erst während eines Projekts klar.

- Unternehmen möchten ihren Kunden kürzere Produktintervalle angedeihen lassen, beispielsweise im Rahmen eines Cloud-Dienstes, der im Abo bezogen wird und folglich auch jährlich gekündigt werden kann.
- Auftraggeber möchten nicht mehr so lange auf die Einführung einer Software warten. Stattdessen akzeptieren sie einen Abschlag in der Funktionsmenge.

Beispiele gibt es zuhauf, denken Sie nur an Windows XP, das uns sechs Jahre auf seinen Nachfolger warten ließ – solche Produktzyklen sind heute undenkbar.

Die in diesem Buch beschriebenen Entwurfsmuster sind auf vielfältige Weise geeignet, dem entgegenzuwirken. Zwei Beispiele habe ich schon genannt, hier sind noch einige weitere:

- Mittels Dependency Injection lassen sich Softwarekomponenten lose miteinander koppeln.
- Mittels SOA können Daten und Geschäftslogik in kleinen, »wendigen« Services bereitgestellt werden, die wiederverwendbar und unabhängig evolvierbar sind.
- Mittels einiger der »klassischen« Entwurfsmuster aus Kapitel 3, »Strukturmuster«, lassen sich Softwaresysteme feingranularer entwickeln und damit auch feiner weiterentwickeln.
- Die weiter hinten aufgeführten Leitlinien helfen dabei, in agilen Fragestellungen bessere Entscheidungen herbeizuführen.

Es kann also nicht schaden, die Werte und Prinzipien des agilen Manifests kurz vorzustellen.

Sie finden es unter *http://agilemanifesto.org*, und der Name ist durchaus passend gewählt. 17 »Hauptunterzeichner« haben sich inzwischen öffentlich dazu bekannt, alles bekannte Namen im Geschäft, sowie unzählige Entwickler und andere Personen. Aktuell sind 58 Sprachen aufgeführt.

8.3.2 Die Werte

Das Wichtigste vorweg: Die hier vorgestellten Werte sind *kein* Freifahrtschein, um zum Beispiel keine Dokumentation mehr erstellen zu müssen, auch wenn das agile Manifest häufig für solche oder ähnliche Entscheidungen als Begründung herhalten muss.

Es heißt nicht umsonst:

> *... obwohl wir die Werte auf der rechten Seite* ***wichtig finden****, schätzen wir die Werte auf der linken Seite* ***höher ein****.*

Es geht also um Priorisierung. Das Manifest kennt die folgenden vier Wertepärchen.

Individuen und Interaktion – mehr als Prozesse und Werkzeuge

Gemeint ist, dass Menschen lieber häufiger miteinander kommunizieren sollten, als sich allzu sehr auf Prozesse, Werkzeuge und andere Formalien zu verlassen.

Das ist eine notwendige Konsequenz daraus, dass sich in der agilen Welt Anforderungen (zu) häufig ändern, um sie in jedem Fall effizient durch einen starren, vordefinierten Prozess treiben zu können. Oder anders gesagt: Wo man sich schnell einmal (um)entscheidet, ist der kurze Dienstweg, von Mensch zu Mensch, notwendig.

Gemeint ist hingegen nicht, dass man in der agilen Softwareentwicklung keine Prozesse und Tools mehr braucht – im Gegenteil, Prozessbeschreibungen wie Scrum oder Entwicklungsmethoden wie TDD sind gerade in der agilen Welt eben erst aufgekommen. Aber solche Prozesse und Methoden sind nicht immer so flexibel wie die agilen Anforderungen, weswegen im Zweifel Prozesse und Tools umgangen und durch den persönlichen Kontakt ersetzt werden sollten. Keinesfalls sollten Prozesse und Tools so »aufgebohrt« werden, dass sie alle Eventualitäten abbilden können – dann wären wir wieder bei großen, komplexen monolithisch organisierten Prozessen.

Funktionierende Software – mehr als umfassende Dokumentation

Gemeint ist, dass in einer agilen Welt die häufigen Änderungen, Ergänzungen (also Produktinkremente) im natürlichen Widerspruch zu einer sauberen und lückenlosen Dokumentation stehen, und dass man daher von Fall zu Fall unterscheiden muss. Ist beides nicht hundertprozentig zu erreichen (und das ist der Regelfall), dann ist es wichtiger, eine funktionierende, fehlerfreie/fehlerarme Software ausliefern zu können, auch wenn die Dokumentation dann vielleicht nicht perfekt ist.

Um das ins rechte Licht zu rücken, wird es manchmal übersetzt mit »Funktionsfähige Produkte haben Vorrang vor ausgedehnter Dokumentation«, was die Extreme deutlicher macht, denn eine ausgedehnte Dokumentation ist sicher verzichtbar, oder?

Nicht gemeint ist aber das Fehlen jeder Dokumentation oder eine veraltete oder schlampige Dokumentation. Man kann aber darunter verstehen, dass man manche Formen von Dokumentation für entbehrlich hält. Was erforderlich ist und was nicht, entscheiden ja nicht nur wir, sondern auch der Gesetzgeber oder die Erwartungen unserer Kunden.

Zusammenarbeit mit dem Kunden – mehr als Vertragsverhandlung

Diese reichlich idealisierende Formulierung bedeutet, dass Kunde und Auftragnehmer auch innerhalb eines Vertragsgefüges zusammenfinden müssen, um z. B. Change Requests außerhalb des vereinbarten Umfangs zügig zu regeln.

Auch das ist eine zwangsläufige Konsequenz des agilen Denkens, in der ein Teil des Weges erst beim Gehen sichtbar wird, weswegen, häufig jedenfalls, kein vollständiges Pflichtenheft vorhanden ist, das als wasserdichte Vertragsgrundlage herhalten könnte.

Gemeint ist nicht, dass Verträge unnötig werden: Keine Sorge, dafür sorgen schon Ihre Auftraggeber und deren Justiziare. Vielmehr sollten wir in Verträgen Spielräume vorsehen, die in der direkten Zusammenarbeit mit den Kunden während des Projekts gefüllt werden. Das setzt Vertrauen voraus, aber auch eine vernünftige Organisation des Entwicklungsprozesses.

Reagieren auf Veränderung – mehr als das Befolgen eines Plans

Das »Herz« des agilen Manifests offenbart sich in seiner letzten Wertevorstellung, denn agil heißt ja »beweglich«, also das Umgehen mit Veränderung. Daher ist es nur folgerichtig, dass das Manifest von den Beteiligten ein hohes Maß an Flexibilität erfordert, was wiederum die vorherigen drei Werte erforderlich macht. Wer flexibel sein will, der muss häufig miteinander sprechen, auch kurzfristig, und der braucht einen flexibleren Umgang mit Verträgen und der Dokumentation.

Gerade dieser Satz wird aber häufig missverstanden. Man liest dann, dass z. B. Zeitschätzungen in agilen Projekten sinnlos sind oder dass Projektpläne ausgedient hätten. Das aber ist ausdrücklich nicht gemeint – und auch ziemlich nutzlos: Welcher Auftraggeber würde schon Geld in ein Projekt investieren, wenn es nicht vorher einen Plan gäbe, der Umfang wenigstens grundlegend feststünde und das Budget nicht nach oben hin gedeckelt wäre? Im Gegenteil also: Pläne zeigen der Agilität ihre Grenzen auf (und ermöglichen diese). Auch in agilen Projekten verlangen Auftraggeber in aller Regel, dass Meilensteine eingehalten werden, und sei es nur deshalb, weil daran Zahlungsziele geknüpft sind. Pläne sind gut, besser noch ist es aber, diese nicht in Stein zu meißeln, sondern sie – stets in Zusammenarbeit mit den Kunden – auch während des Projekts ändern zu können.

8.3.3 Prinzipien

Die »Zwölf Prinzipien agiler Softwareentwicklung« sind konkreter und leiten sich gedanklich aus den Werten ab. Obwohl sie von ihrer Natur her ein wenig »idealisierend« sind, leiten sich aus ihnen wiederum konkrete Methoden (beispielsweise Scrum), ihre Rollen und Regeln ab. In Scrum gibt es zum Beispiel *Sprints*, die dem 1. und 3. Prinzip entsprechen, und *Daily-Scrum-Meetings*, die die Forderung erfüllen, Entwickler und Auftraggeber mögen doch täglich (möglichst von Angesicht zu Angesicht) zusammenarbeiten. Hier sind nun die zwölf Prinzipien:

1. Unsere höchste Priorität ist es, den Kunden durch frühe und kontinuierliche Auslieferung wertvoller Software zufriedenzustellen.

2. Heiße Anforderungsänderungen selbst spät in der Entwicklung willkommen. Agile Prozesse nutzen Veränderungen zum Wettbewerbsvorteil des Kunden.
3. Liefere funktionierende Software regelmäßig innerhalb weniger Wochen oder Monate, und bevorzuge dabei die kürzere Zeitspanne.
4. Fachexperten und Entwickler müssen während des Projekts täglich zusammenarbeiten.
5. Errichte Projekte rund um motivierte Individuen. Gib ihnen das Umfeld und die Unterstützung, die sie benötigen, und vertraue darauf, dass sie die Aufgabe erledigen.
6. Die effizienteste und effektivste Methode, Informationen an und innerhalb eines Entwicklungsteams zu übermitteln, ist das Gespräch von Angesicht zu Angesicht.
7. Funktionierende Software ist das wichtigste Fortschrittsmaß.
8. Agile Prozesse fördern nachhaltige Entwicklung. Die Auftraggeber, Entwickler und Benutzer sollten ein gleichmäßiges Tempo auf unbegrenzte Zeit halten können.
9. Ständiges Augenmerk auf technische Exzellenz und gutes Design fördern Agilität.
10. Einfachheit – die Kunst, die Menge nicht getaner Arbeit zu maximieren – ist essenziell.
11. Die besten Architekturen, Anforderungen und Entwürfe entstehen durch selbstorganisierte Teams.
12. In regelmäßigen Abständen reflektiert das Team, wie es effektiver werden kann, und passt sein Verhalten entsprechend an.

8.3.4 You Ain't Gonna Need It (YAGNI)

YAGNI steht für *You Ain't Gonna Need It*. Man könnte es in etwa mit »Sie werden es nicht brauchen« übersetzen oder aber etwas praxisnäher wie folgt:

YAGNI

Wenn Sie sich nicht absolut sicher sind, ob Sie eine Funktion wirklich brauchen, dann lassen Sie es zunächst. Es besteht eine gute Chance, dass Sie dadurch Zeit sparen und dem Anwender und Tester Gutes tun. Stellt sich das später als Fehler heraus, dann ist dieser spätere Zeitpunkt genau der richtige Zeitpunkt, um diese Funktion nachträglich zu implementieren.

Der Gegenentwurf zu dieser radikalen Sichtweise ist die nicht weniger radikale *Featuritis*, also das Einbauen von Funktionen auf Vorrat oder – besser gesagt – auf Verdacht.

YAGNI wird häufig im Zusammenhang mit *Extreme Programming* (XP) erwähnt, ein agiles Vorgehensmodell in der Entwicklung von Software. Dort heißt es:

Halten Sie die Dinge so einfach wie möglich, und zwar so lange wie möglich, indem Sie niemals Funktionen einbauen, bevor sie nicht benötigt/terminiert werden.

Aber eigentlich ergibt sich das aus dem Denken der agilen Welt an sich, das wiederum zu großen Teilen auf dem *agilen Manifest* beruht, welches ich weiter vorn en détail beschreibe.

Dort heißt es:

Liefere funktionierende Software regelmäßig innerhalb weniger Wochen oder Monate, und bevorzuge dabei die kürzere Zeitspanne.

Das bedeutet nichts anderes, als dass sich das Funktionsangebot (die Software) und die Funktionsnachfrage (der Auftraggeber) immer weiter annähern und im Laufe der Zeit durch kleine Produktinkremente eng zusammenbleiben, die Software sich also agil mit den Anforderungen mitentwickelt. Funktionen auf Vorrat haben da naturgemäß keinen Platz, und man braucht sie auch nicht, weil ein Auftraggeber eben nicht bis zum nächsten Major Release in zwei Jahren warten muss, bis eine Anforderung umgesetzt wird.

Leider, leider sagt einem niemand im konkreten Fall, wo die Trennlinie verläuft, und natürlich gibt es auch einige Gründe, die für das Einbauen einer Funktion von Anfang an sprechen.

Für die Implementierung spricht	Dagegen spricht
Die Entwickler sind im Thema, die Implementierung wird also vermutlich jetzt effizienter sein.	Die Entwicklung kostet Zeit, ebenso wie Debugging, Test, Dokumentation, Schulung des Supportteams usw.
Zum jetzigen Zeitpunkt sind die Anforderungen noch viel klarer und umfangreicher im Gedächtnis.	Weniger Umfang bedeutet weniger Komplexität und damit einfachere Wartbarkeit und Evolvierbarkeit.
Die Funktion kann mitgetestet werden; man braucht also nicht von Neuem mit den Tests zu beginnen.	Die Funktion konkurriert mit anderen Anforderungen höherer Priorität.

Tabelle 8.1 Was spricht für und was gegen eine sofortige Implementierung?

Die folgenden Fragen können Ihnen aber dabei helfen, im Zweifelsfall eine begründete Entscheidung zu treffen, ob Sie eine Funktion einbauen oder lieber aus der aktuellen Version heraushalten:

- Ist die Funktion wirklich eine neue Funktion, oder war nur die Anforderung ungenau bzw. unzureichend? Ist die Funktion also »nicht sichtbar« in der bestehenden Anforderung versteckt?
- Schließen Sie gerade von sich auf andere? Oder, anders gesagt: Nur weil Sie eine Option toll finden, kann einen Anwender die zusätzliche Wahlmöglichkeit auch unglücklich machen.
- Wann ist der nächste Zeitpunkt, um über die Funktion neu zu entscheiden?
- Was fällt über den Tellerrand, wenn die Anforderung umgesetzt wird (*Trade off*)?
- Kann ich die Entscheidung darüber nicht auch noch später treffen?
- Welchen Aufwand kostet die Funktion wirklich, also inklusive aller Aufwände, die sich im Softwareerstellungsprozess verstecken?

YAGNI begegnet einem in vielen Variationen. Donald Knuth, der ehrwürdige Algorithmen- und Softwarepionier beklagt:

> *Premature optimization is the root of all evil.*
>
> *(Vorzeitige Optimierung ist die Quelle allen Übels.)*

Und, etwas weiter gefasst, besagt *Ockhams Rasiermesser* dasselbe:

> *Entitia non sunt multiplicanda praeter necessitatem.*
>
> *(Entitäten dürfen nicht über das Notwendige hinaus vermehrt werden.)*

Man nennt es nicht umsonst das *Sparsamkeitsprinzip*, und man schreibt ihm eine ganz universelle Gültigkeit zu. Und dennoch: Wer könnte leugnen, dass unsere Welt – und mit ihr unsere Software – immer komplexer wird?

Was können Sie mit YAGI nun anfangen? Nun, vor allem vier Dinge:

- Sie können ein Gefühl dafür entwickeln, was Notwendigkeit und was entbehrlich ist.
- Sie können sich selbst und Ihr Team immer wieder hinterfragen.
- Sie können die eigene Motivation hinterfragen und die uns Entwicklern naturgegebene Featuritis erkennen und bekämpfen.
- Und vor allem: Sie können eine Funktion im Zweifel nicht implementieren.

8.4 Designprinzipien

Die hier aufgelisteten Prinzipien sind mit den anderen Inhalten dieses Kapitels verbunden. *Don't repeat yourself* (siehe Abschnitt 8.4.2) beispielsweise gehört zu dem Merkmal *Unnötige Wiederholungen* (siehe Abschnitt 8.1.4), und auch das Single-Responsibility-Prinzip (siehe Abschnitt 8.2.1) gehört in diese Kategorie. Es sind aber durchaus unterschiedliche Schwerpunkte vorhanden, und eventuell begegnen Ihnen diese Prinzipien in Blogs, Büchern, Artikel und anderen Quellen immer wieder. Dennoch kann ich mich nach dem Gesagten ein wenig kürzer fassen.

8.4.1 Keep It Short and Simple (KISS)

Für KISS, ein weiteres dieser Akronyme, gibt es verschiedene Bedeutungen, die aber weitgehend austauschbar sind. Ich definiere KISS gerne als:

> **KISS**
>
> Keep it short and simple.
>
> Halte es kurz und einfach.

Damit passt diese Leitlinie zur vorherigen (YAGNI), bezieht sich aber eher auf die Art und Weise, wie eine Funktion implementiert wird, nachdem einmal entschieden wurde, ob sie implementiert werden soll. Man könnte sagen, KISS kommt nach YAGNI.

KISS klingt erst einmal banal. Wer macht schon etwas absichtlich komplizierter als nötig? Meist ist es die Zeit, die eine einfachere Lösung erfordern würde, oder die Lösung entspricht nicht der Anforderung.

Aber auch hier können wenige Fragen der Lösung einen Spiegel vorhalten:

- Ist die Anforderung ausreichend genau, oder beinhaltet die Lösung Teile, die in der Anforderung gar nicht vorkommen?
- Ist die Funktion wichtig genug, um für eine einfache Lösung zusätzlich Zeit zu investieren (*premature optimization* ...)?
- Löst die Lösung genau das Problem oder mehr als das Geforderte?
- Kann man die Lösung in wenigen Sätzen einem Außenstehenden erklären?
- Verstehe ich die Lösung selbst noch im Detail, komme ich selbst mit der Komplexität noch klar – auch noch in einem Jahr?

Die Vorteile einer einfachen Lösung sind natürlich bestechend:

- Einfache Lösungen sind häufig leichter zu bedienen.
- Man kann sie leichter jemandem erklären, und ganz allgemein werden weniger Fragen dazu gestellt werden, was Support und Schulung vereinfacht.
- Anwender werden mit weniger Wahlmöglichkeiten meist zufriedener (wenn die meisten Entwickler auch das Gegenteil behaupten würden).
- Die Qualität der Software nimmt zu, weil eine einfachere Lösung meist auch kürzer ist und damit leichter und vollständiger zu testen.

- Eine einfache Lösung kostet (in der Umsetzung, häufiger aber nicht in der Spezifikation) weniger Zeit, was die Produktivität erhöhen kann.
- Einfachere Lösungen neigen dazu, einfacher wartbar und evolvierbar zu sein – man kann sie also leichter erweitern, modifizieren und umbauen (Refactoring).

Um eine Lösung einfacher zu machen, müssen Sie erst mal dem Drang widerstehen, die »perfekte« Lösung umsetzen zu wollen, was manchmal schwer genug ist. In seinem famosen Buch *Why Software Sucks* beschreibt der Autor David S. Platt recht eindringlich, wie wir uns als Softwareentwickler von unseren Anwendern unterscheiden – und wie das Missachten dieser Tatsache zu völlig überkomplizierter und gebrauchsunfreundlicher Software führen kann.

Das Einstein-Zitat zu Beginn dieses Kapitels »So einfach wie möglich, aber nicht einfacher« ist da Losung und Herausforderung zugleich.

Vor allem aber gilt: Elegante, kurze, einfache Lösungen – da muss man sich nichts vormachen – kosten Zeit. Oder, wie Blaise Pascal schon meinte:

> *Entschuldigen Sie, dass ich Ihnen einen langen Brief schreibe, für einen kurzen habe ich keine Zeit.*

8.4.2 Don't Repeat Yourself (DRY)

Das nächste Prinzip wirkt aus der Zukunft in die Vergangenheit. Es besagt:

> **DRY**
>
> Don't repeat yourself.
>
> Wiederhole dich nicht.

Da eine Wiederholung erst beim wenigstens zweiten Mal auftreten kann, ist diese Leitlinie (die schon mehr ist, sagen wir ein Grundprinzip) die vielleicht am häufigsten verletzte Leitlinie in der Entwicklung von Software überhaupt.

Klar, es geht darum, Redundanz zu vermeiden, und zwar dann, wenn sie zu entstehen droht. Wir müssen also zum Beispiel

- redundanten Code in Methoden oder Klassen packen.
- einen Service schreiben, anstatt dieselben Funktionen in mehrere Programme zu packen.
- Funktionen in DLLs auslagern, anstatt sie in verschiedene Executables einzukompilieren.

Aber warum entstehen Duplikate, also Redundanz?

- **Wir wissen es nicht, Teil I:** Ein Kollege hat vielleicht die Umrechnung vom US- ins metrische System bereits entwickelt, ohne dass wir das wissen.
- **Wir wissen es nicht, Teil II:** Es gibt vielleicht schon eine Standardkomponente oder ein allgemein anerkanntes Open-Source-Projekt für diese Umrechnung, die bzw. das wir aber nicht kennen.
- **Es muss schnell gehen:** Redundanz zu erkennen, zu vermeiden oder gar später zu beseitigen (mittels Refactoring) kann mehr Zeit kosten, als das Problem jetzt an Ort und Stelle – und an dieser Stelle vielleicht nur zum benötigten Grade – zu lösen.
- **Bequemlichkeit:** Das Suchen von Codeduplikaten ist ein zusätzlicher Arbeitsschritt, der nicht nur Zeit, sondern auch Überwindung kostet.
- **Mangelhafter Prozess:** Im eigenen Prozess der Softwareerstellung spielt das Thema keine Rolle bzw. wird dort nicht behandelt (beispielsweise durch Code Reviews oder durch automatisiertes Erkennen von Codeduplikaten).

Dass redundanter Code unerwünscht ist, leuchtet sofort ein:

- Er muss geschrieben werden.
- Dazu muss er noch getestet werden.
- Er vergrößert die Auslieferungspakete.
- Vielleicht ist er geringfügig anders (gewollt oder ungewollt), was ein hässliches Maß an Komplexität in die Software bringen kann.
- Vermutlich ist eine der Lösungen ausgefeilter als die anderen Lösungen.

Häufig, aber nicht immer, entstehen Codeduplikate durch das Duplizieren von Code, also einfach gesagt durch `Strg`+`C` / `Strg`+`V`. Das lässt sich leicht erkennen und vermeiden.

Schwieriger sind die Fälle, in denen Entwickler »schnell mal ein Problem lösen wollen«.

Berücksichtigen Sie folgende Tipps, um Redundanzen zu vermeiden:

- Bauen Sie ein Repository auf, in das Sie zum Beispiel Bibliotheken nebst ihren Beschreibungen einpflegen. Ein gut gemachtes Repository (das Teil der Quellcodeverwaltung ist) ist im Idealfall höchst angenehm zu verwenden, und jeder Entwickler sieht dort lieber nach, bevor er die Mühe auf sich nimmt, selbst eine Lösung für ein allgemeines Problem zu entwickeln.
- Verwenden Sie Tools zum Identifizieren und Benennen von Codeduplikaten und anderen Artefakten (wie duplizierten Dateien).
- Führen Sie häufiger Code-Reviews durch.

- Etablieren Sie eine Kommunikationskultur im Team, sodass (vor allem neue) Teammitglieder erst einmal fragen, bevor sie in die Tasten greifen. Oder richten Sie ein entsprechendes Forum in Ihrem Unternehmen ein, in dem gezielt Funktionswünsche geäußert werden können.
- Setzen Sie Standards, sodass z. B. nicht zwei Entwickler verschiedene Bibliotheken für den Zugriff auf CSV-Dateien einsetzen, die im Wesentlichen aber dasselbe tun.
- Vor allem aber: Geben Sie der vorhandenen Lösung eine Chance, auch wenn sie nicht zu 100 % dem entspricht, was Sie sich vorstellen.
- Evolvieren geht vor Duplizieren, Refaktorieren geht vor Duplizieren, und Duplizieren geht (immerhin noch) vor Neuentwickeln.

Manchmal scheint es aber auch gefährlich zu sein, eine bestehende Funktion zu verwenden, die wir vielleicht nicht hundertprozentig verstehen, oder – schlimmer noch – eine bestehende Funktion so zu erweitern, dass unsere Anforderungen damit abgedeckt werden.

Wenn es den Urheber des Codes im Unternehmen noch gibt: Fragen Sie ihn, ansonsten helfen die Dokumentation oder auch ein Blick in den Testcode.

8.4.3 Separation of Concerns (SoC)

Während das Single-Responsibility-Prinzip (siehe Abschnitt 8.2.1) vornehmlich auf Klassen abzielt, ist diese Leitlinie universeller zu verstehen.

Separation of Concerns

Dieses Designprinzip besagt, dass in einem EDV-System verschiedene Belange in verschiedenen Elementen der Lösung repräsentiert sein sollen.

Ein *Concern* ist also ein Belang und damit etwas Gröberes als die Verantwortung einer Klasse. Ein Belang kann auch die Sicherung des Übertragungswegs auf einer physikalischen Leitung sein. Üblicherweise lässt sich jede Verantwortung genau einem Belang zuordnen. Im Falle des Beispiels könnte man den Newsletter-Versand als Belang verstehen, der drei Verantwortungen beinhaltet, nämlich die Empfängerverwaltung, den Versand und die Verwaltung der Verbindung zum Mailer.

Dass es dabei Schwierigkeiten in der Abgrenzung geben kann und es infolgedessen verschiedene »Deutungshoheiten« geben kann, ist eigentlich mehr ein akademisches Problem. Meist liegen Sie richtig, wenn Sie mit Auftraggebern eher gröber, also in der Kategorie »Belange«, sprechen und mit Entwicklern eher auf der OOD-Welt bleiben, also über Verantwortungen reden. Wenn Sie jetzt noch eine Verbindung zwischen Belangen und Verantwortungen herstellen und die Begriffe konsistent verwenden, ist die halbe Ernte schon eingefahren.

Der Vollständigkeit halber sei kurz erwähnt, dass es in einem Softwaresystem *Kernfunktionen* (bzw. Belange), sogenannte *Core Concerns*, geben kann, wie auch Funktionen, die sich quer durch eine Softwareanwendung hindurchziehen (*Cross Cutting Concerns*). Beispiele für Letztere sind Logging, Instrumentierung, Authentifizierung, Autorisierung oder Verschlüsselung.

8.4.4 Das Gesetz von Demeter

Die Definition dieser Leitlinie ist ein wenig länger und auf den ersten Blick erst einmal schwer verdaulich:

Das Gesetz von Demeter

Ein Anbieterobjekt der Methode *M* ist ein Objekt, an das aus *M* eine Nachricht gesendet wird. Die bevorzugten Anbieterobjekte dieser Methode sind die unmittelbaren Bestandteile des Objekts von *M*, Objekte, die *M* als Argumente übergeben wurden, und Objekte, die in *M* erzeugt wurden.

Aus dieser Empfehlung wird ein Gesetz, indem im Weiteren definiert wird, dass Methoden eben nur mit solchen bevorzugten Anbieterobjekten kommunizieren dürfen.

Das klingt komplizierter, als es ist. Im Grunde geht es einfach darum, dass Objekte keine weitverzweigten Netzwerke aufbauen, sondern mit den Objekten in ihrer Nachbarschaft reden.

Erlaubt sind demnach:

- Methodenaufrufe innerhalb einer Klasse (sozusagen `this`-Methoden):

```
public class EineKlasse
{
   public void methodeA() { … }
   public void methodeB() { methodeA(); }

}
```

- Methoden der übergebenen Parameter:

```
public void eineMethode(EinObject o)
{
   o.dessenMethode();
}
```

- Methoden der Objekte, die in der Methode selbst erzeugt wurden:

```
public void eineMethode()
{
   EinObjekt o = new EinObjekt();
   o.dessenMethode();
}
```

- Methoden von Objekten, die dem Objekt bekannt sind:

```
public class EineKlasse
{
   EinObjekt o;
   //Konstruktor, Objekt o wird erzeugt
   public void eineMethode() { o.dessenMethode(); }
}
```


Das klingt vollständig, aber es gibt doch (vor allem) zwei Ausnahmen, die eben nicht erlaubt sind:

- der Aufruf von Methoden globaler Objekte: Diese sollten stattdessen beispielsweise einer Methode als Aufrufparameter übergeben werden.
- die Verkettung von Methodenaufrufen:

```
EinObjekt o = new EinObjekt();
o.dessenMethode().methode2().methode3();
```

Gerade das zweite Beispiel hat seine Tücken. So ist es nicht ungewöhnlich, Klassen hierarchisch zu organisieren, weil es die Lesbarkeit erhöht und die Elemente pro Klasse reduziert.

Die Motivation hinter dem Gesetz von Demeter ist klar: Die Kopplung einer Klasse soll begrenzt werden; die Klasse soll wenig über die Struktur außerhalb wissen müssen und diese nicht beeinflussen können. Das hilft dabei, die Auswirkungen von Änderungen zu begrenzen und Seiteneffekte auszuschließen. Das Besucher-Muster ist übrigens ganz gut geeignet, um das umzusetzen.

8.4.5 Design by Contract

Das Prinzip besagt:

Design by Contract

Entwickle immer mit und gegen formale Verträge (Contracts), die Vor- und Nachbedingungen sowie Invarianten aufweisen können.

Contracts sind nicht neu, allerdings haben sie sich erst in den letzten Jahren auf breiter Front durchgesetzt. Nehmen Sie z. B. Windows 8. Wenn Sie für Windows 8 entwickeln wollen, also Modern-UI-Apps schreiben möchten, dann müssen Sie Verträge erfüllen, um solche Funktionen wie das Teilen oder die Suche zu implementieren.

Im praktischen Leben sind Verträge dafür da, Anbieter und Kunde bereits vor dem Geschäftsvorfall klar zu machen, welche Bedingungen beide zu erfüllen haben. Das Ziel ist also das möglichst reibungslose Zusammenspiel zwischen zwei oder mehr Parteien.

Das ist auch bei diesem Designprinzip nicht anders. Aber auch, wenn solche Verträge synonym mit Schnittstellen verwendet werden, steckt doch mehr dahinter. Denn neben den statischen Voraussetzungen der Schnittstelle (eine implementierende Klasse muss alle darin enthaltenen Methoden signaturkonform implementieren) gibt es vor allem noch zwei Ergänzungen:

- Vorbedingungen

  Diese muss der Aufrufer einhalten. Beispiel: Bevor eine Methode Daten aus einer Datenbank lesen kann, muss diese vorher geöffnet worden sein.

- Nachbedingungen

  Diese sind durch den Aufgerufenen einzuhalten. Beispiel: Nach der Arbeit muss die Datenbankverbindung wieder geschlossen werden.

Daneben gibt es noch Invarianten, die man als Art Bedingungen für den Zustand des gesamten Objekts betrachten kann.

Damit das Design-by-Contract-Prinzip einzuhalten ist, gibt es beispielsweise in Eiffel eine Sprachunterstützung. Andere Sprachen bringen Klassen dafür mit (in .NET die Klasse `System.Diagnostics.Contracts.Contract`), oder die Technologie bietet eine Unterstützung, wie die Java-Beans.

Sieht man sich die .NET-Klasse z. B. an, dann gibt es wiederum Methoden für jede Bedingung:

```
public static class Contract
{
   Requires(diverse Überladungen) //Vorbedingungen
   Esures(diverse Überladungen) //Nachbedingungen
   Invariant(diverse Überladungen) //Invarianten
}
```

Ob man sich wegen dieses Prinzips unbedingt an eine vorgegebene Klassenhierarchie anhängen möchte, sei dahingestellt. Besser wäre es schon, wenn die Sprache eine Unterstützung dafür hätte. Die .NET-Klasse ist statisch, sodass wir beispielsweise Folgendes schreiben können:

```
public void EineMethode(DatenbankConnection conn)
{
   Contract.Requires(conn.IsOpen());
   Contract.Ensures(!conn.IsOpen());
}
```

Aber auch .NET macht es einem reichlich schwer, weil man die Funktion erst einmal aktivieren (und unter Umständen erst installieren) muss.

8.4.6 Das Selbstdokumentationsprinzip

Der Name sagt es schon:

Das Selbstdokumentationsprinzip

Alles, was man zu einer Klasse wissen muss, sollte in eben dieser bereits enthalten sein.

Auch hier kann man die Ebene wieder weiter fassen und anstatt von Klassen auch von Komponenten, Modulen oder gar Systemen sprechen.

Unter diesem Prinzip kann man sich natürlich viel vorstellen. Ich folge hier einer breiteren Definition und fasse kurz zusammen, was ein Entwickler dafür tun kann:

- Er kann Abhängigkeiten miniminieren, die Klasse also im Wesentlichen »self-contained« halten.
- Er kann den Quellcode leichter lesbar gestalten: durch Einrückung, Vermeidung von Stenografie-Code, durch eine klare Benennung und durch ausreichend Hinweise im Code – um nur einige Beispiele zu nennen.
- Er kann von weniger Annahmen ausgehen und die verbliebenen Annahmen im Code oder in einer Konfigurationsdatei dokumentieren.
- Er kann Bezeichner und andere Codeelemente konsistent verwenden.
- Er kann domänenspezifische Sprachen (DSL) verwenden. Für komplexere Geschäftsfälle kann dies die Lesbarkeit und Verständlichkeit allgemein deutlich erhöhen.

8.4.7 Single-Choice-Prinzip

Hier geht es um Alternativen:

Single-Choice-Prinzip

Wenn es verschiedene Alternativen gibt (beispielsweise verschiedene Algorithmen), dann sollten diese in einem einzigen Modul abgebildet sein.

Nehmen wir einmal eine Lagerverwaltung als Beispiel, die verschiedene Modelle zur Lagerführung abbildet, vielleicht sogar einige kostenpflichtige Modelle, die von Dienstleistern gestellt werden.

Das Prinzip verlangt nun nicht, dass alle Modelle in einem einzigen Modul unterzubringen wären – das wäre vermutlich wenig praktikabel. Sondern es verlangt nur, dass die Alternative an einer einzigen Stelle ausgewählt werden soll.

Die Liste der Alternativen sollte mit anderen Worten also nur an einer Stelle verwaltet werden, und die Entscheidung sollte an einer Stelle getroffen werden.

Das kann im einfachsten Fall eine einfache `switch`-Anweisung sein:

```
public LagerModul gibLagermodul(int modell)
{
   switch(modell)
   {
      case 1:
      case 2: return new LagerModul1(;
      case 3: return new LagerModul2();
   }
}
```

Das erfüllt das Prinzip bereits, weil die Liste der Alternativen (hier bestehend aus zwei Elementen) eben nur in der `switch`-Anweisung enthalten ist und in der Methode die Entscheidung getroffen wird. Praxisnäher ist aber die abstrakte Fabrik, ein Entwurfsmuster, das hier beschrieben ist.

Das Prinzip hat aber noch eine subtilere Seite, nämlich immer dann, wenn `switch`-Anweisungen wie die obere an mehreren Stellen vorkommen, jeweils um andere Aspekte abzubilden:

```
public boolean sollNachbestelltWerden(int aktuellerBestand, int meldeBestand,
 int kritischerBestand)
{
   switch(aktuellesModell)
   {
      case 1:
      case 2: return (aktuellerBestand < meldeBestand);
      case 3: return (aktuellerBestand < kritischerBestand);
   }
}
```

Auch hier könnte man argumentieren, dass die Entscheidung über die Bestellung ja nur an einer Stelle getroffen wird, die auch die Liste aller Alternativen kennt. Aber letztlich werden nur verschiedene Aspekte der Klasse `Model` (bzw. der konkreten

Implementierungen) an jeweils verschiedenen Stellen im Code behandelt. Woanders finden wir dann eine Liste, in der – abhängig vom Modell – der Lagerbestand bewertet wird.

Die Lösung ist natürlich, die Aufgabe der jeweiligen Klasse zu überlassen, also (wie im ersten Beispiel) nur die Auswahl des entsprechenden Moduls zu treffen, und weitere Entscheidungen dem instanziierten Modul zu überlassen, also beispielsweise über die Nachbestellung:

```
boolean sollBestelltWerden = gibLagermodul(aktuellAusgewaehltesModell)
 .sollNachbestelltWerden( … );
```


Das kommt, nebenbei bemerkt, auch dem Open-Closed-Prinzip und einigen weiteren Prinzipien entgegen.

Aber auch bei dieser Vorgehensweise können sich Fehler einschleichen, nämlich immer dann, wenn die Unterklassen (also in den konkreten Lagermodulen) jeweils dieselben Entscheidungen treffen, die besser in der Basisklasse `LagerModul` zentral getroffen werden.

8.5 Design Smells und Anti-Patterns zu Abstraktionen

Zum Abschluss dieses Kapitels wird es wieder konkreter. Es geht um *Design Smells*, also um Merkmale in Software, die schlechtes Design ausmachen. Manche dieser Design Smells sind regelrechte Antimuster (*Anti-Patterns*), also eine Anleitung dafür, wie man es nicht machen sollte.

Ich habe diesen Abschnitt dazugenommen, um das bereits Gesagte anhand von Codeschnipseln zu verdeutlichen und weiter auszuführen sowie um Lösungsmöglichkeiten aufzuzeigen. Es ist eine ganz und gar subjektive Auswahl, schon allein deshalb, weil es mühelos möglich wäre, allein mit Smells und Anti-Patterns das gesamte Buch zu füllen – ich musste also eine Auswahl treffen.

Die meisten Muster in diesem Buch haben ein zentrales Thema: Abstraktion und damit verbunden Komplexität. Oder anders gesagt: Durch das Generalisieren, also das Erkennen von Gemeinsamkeiten und das Abbilden dieser Gemeinsamkeiten (z. B. in Oberklassen), vermeiden wir Wiederholungen und verbessern die Wartbarkeit und die Evolvierbarkeit, also die Fähigkeiten, eine Software ändern und weiterentwickeln zu können. Außerdem vereinfacht eine Abstraktion ein Thema durch Weglassen von Details und Nebenaspekten.

Das ist auch nötig, denn heutige Software kann schon einmal Millionen an Codezeilen umfassen, die nicht selten Zehntausende Klassen und viele einzelne Projekte und Module beinhalten.

Die Frage ist nur: Wann ist es genug? Wann dient also eine weitere Abstraktion dem Ganzen und nutzt mehr, als sie kostet? Und wann wiederum verkehrt sich das Prinzip ins genaue Gegenteil? Gemeint ist, dass zu viele Abstraktionen die Komplexität über Gebühr erhöhen, ohne eben Wartbarkeit und Evolvierbarkeit merklich zu verbessern. Denn die Summe an Komplexität steigt mit der Abstraktion, also mit jedem Layer, jeder neuen Klasse und jedem neuen Modul unaufhörlich, auch wenn durch die Abstraktion einzelne Teile der Software leichter zu pflegen sind.

Bevor Sie eine neue Abstraktion einführen, sollten Sie Ihre Designentscheidung anhand der folgenden Punkte hinterfragen:

- Hat die neue Abstraktion mit der Domäne, also dem Geschäft zu tun?

  Gemeint ist, dass eine Abstraktion häufig am besten funktioniert, wenn sie einen konkreten Bezug zur zu lösenden Aufgabe hat. Beispiel: Arten von Getrieben, für die es eigene Klassen gibt, erhalten eine Basisklasse `Getriebe`. Man erkennt das häufig daran, dass es kein Problem darstellt, die neue Abstraktion fachlich sinnvoll zu benennen.

  Abstraktionen, die nur aus softwaretechnischen Gründen eingeführt werden, können auch sinnvoll sein, sollten aber strenger hinterfragt werden, um zu vermeiden, dass sich die Software am Ende überwiegend mit sich selbst beschäftigt. Beispiel: Sicherheitsgruppen mehrerer Autorisierungssysteme sollen in einem eigenen Layer abstrahiert werden.

- Kann die Abstraktion sinnvoll abgegrenzt und begrenzt werden?

  Für die Abstraktion spricht, wenn man die Grenzen gut definieren kann, also sagen kann, wofür sie zuständig ist und wofür nicht, und die Abstraktion auch nur eine Verantwortung übernimmt. Außerdem sollte die Abstraktion das Problem möglichst vollständig lösen. Beispiel: Eine Klasse `Twain` kapselt alle Aspekte, die die gleichnamige Schnittstelle anbietet, während einzelne Unterklassen für spezifische Twain-Treiber stehen, die wiederum alle Funktionen der damit verbundenen Geräte abdecken.

- Verhindert die Abstraktion das Duplizieren von Code?

  Damit ist gemeint, dass eine Abstraktion selbst nur einmal vorkommt, aber auch, dass durch die Abstraktion Code an einer zentralen Stelle gebündelt und damit Redundanz vermieden wird.

- Bietet die Abstraktion einen Mehrwert?

  Ein Mehrwert könnte beispielsweise sein, dass an diesem Teil des Codes besonders häufig Änderungen durchgeführt werden und die Abstraktion die Auswirkung von solchen Änderungen begrenzt. Oder aber die Abstraktion macht einen Code leichter lesbar und damit durch fremde Entwickler leichter evolvierbar. Oder eine Abstraktion vereinfacht das automatisierte Testen und steigert damit indirekt die Codequalität beträchtlich. Wenn Sie keinen solchen Grund finden oder der Grund eher leichtgewichtig daherkommt, sollten Sie lieber auf die Abstraktion verzichten.

Kommen wir nun aber zu den konkreten Smells und Anti-Patterns.

8.5.1 Zu viel Abstraktion

Eine Abstraktion ist unnötig oder den Aufwand nicht wert, den sie verursacht, und sollte daher vermieden werden.

Etwas weiter gefasst könnte man darunter auch Abstraktionen verstehen, die überhaupt nicht gebraucht werden, also z. B. Oberklassen, zu denen es überhaupt keine konkreten Klassen gibt, oder Module, die in keinen Projekten referenziert werden.

Symptome und Probleme

Zu viel Abstraktion erkennt man zum Glück leicht:

- Die Benennung ist unklar. Man findet also nicht leicht einen eindeutigen und aussagekräftigen Namen.
- Schon kurze Zeit später ist einem selbst nicht mehr so recht klar, warum eine Abstraktion erzeugt wurde.
- Die Abstraktion findet man, nahezu mechanisch dupliziert, in vielen Teilen einer Anwendung.
- Die Lernkurve ist sehr steil.
- Wartbarkeit und Evolvierbarkeit nehmen ab – entgegen der ursprünglichen Absicht.
- Die Abstraktion löst Probleme, die man eigentlich gar nicht wirklich hatte.
- Die Abstraktion wird nirgendwo genutzt bzw. referenziert.
- Es gibt »Frameworks«, also ganze Code-Kathedralen für im Wesentlichen domänenfremde Aufgaben – häufig deshalb, weil bestehende Systeme irgendein Detail nicht »angemessen« berücksichtigen würden.
- Es gibt Wrapper, ohne dass der Wrapper einen offensichtlichen Vorteil brächte.
- Es gibt Schnittstellen für alles.
- Viele Probleme, auch die sehr einfachen, werden mithilfe von Entwurfsmustern gelöst.
- Es gibt viele Miniklassen oder Klassen, die schon sehr abstrakt benannt sind, z. B. mit »...agent« oder »...adapter«.

Ursachen

Ich habe absichtlich mit diesem Antimuster begonnen, weil es überhand zu nehmen scheint. Es gibt viele Gründe, warum unnötige Abstraktionen Einzug in Softwaresysteme finden:

- **Es ist nicht bekannt, dass eine ähnliche Abstraktion vorhanden ist.** Beispiel: Es gibt bereits ein Modul für die Kapselung der Verschlüsselung.
- **Man nimmt an, dass in Zukunft eine Funktion ausdifferenziert wird.** Beispiel: Vielleicht soll eine Software in Zukunft andere Dateisysteme unterstützen, weswegen das Dateisystem bereits jetzt abstrahiert und austauschbar entwickelt wird.
- **Bequemlichkeit:** Eine Abstraktion bietet just zum Zeitpunkt der Entwicklung einen gewissen Komfort. Beispiel: Eine Funktion in einem eigenen Service zu kapseln macht es unnötig, einen vorhandenen Service zu erweitern, den man dafür erst einmal verstehen muss.
- **Prozedurales Denken, also Denken »in Methoden«.** Das ist häufig der Fall, wenn Entwickler Klassen für Verrichtungen zweckentfremden, also als direkten Ersatz für Methoden, anstelle eine Klasse als Kapselung von gemeinsamen Eigenschaften, Daten und Funktionen zu betrachten. Beispiel: Es gibt eine Klasse `EmailSender`, die eine E-Mail versendet.
- **Das Gefühl, etwas richtig zu machen, oder das »Entwickeln nach Prinzip«.** Beispiel: Für jede Klasse wird aus Prinzip eine zugehörige Schnittstelle entwickelt, weil sich das »richtig« anfühlt – es könnte ja sein, dass man die Klasse später austauschen oder erweitern möchte.
- **Das Gefühl der »Vollständigkeit«,** also z. B. die Annahme, dass es eine Basisklasse für jede konkrete Klasse geben müsse oder dass zwei verwandte Aspekte immer auch unter einem Dach zusammengefasst werden müssten.

Beispiel

Anstelle einer einfachen `switch`-Anweisung wie der folgenden, die vielleicht nur an einer Stelle benötigt wird, ...

```
switch(einheitensystem)
{
   case SI_CELSIUS: //Wert als Grad Celsius behandeln
   case SI_FAHRENHEIT: //Wert als Grad Fahrenheit behandeln
   case SI_KELVIN: //Wert als Grad Kelvin behandeln
   default: throw new UnknownOperationException(…);
}
```

... wird das Strategiemuster verwendet, was wenigstens vier zusätzliche Klassen erfordert. Dabei ist es doch unwahrscheinlich, dass wir es je mit anderen Einheitensystemen zu tun haben werden.

Tipps zur Vermeidung

Im Grunde gibt dieses Kapitel selbst viele Empfehlungen (KISS, YAGNI etc.), und auch die Fragen im vorherigen Abschnitt können helfen. Daher folgen hier nur drei ganz praktische Tipps:

- Lassen Sie andere drüber schauen, oder – besser noch – stellen Sie eine Abstraktion vorab zur Diskussion.
- Hinterlassen Sie im Zweifelsfall einen Kommentar im Code. Auf diese Weise wissen andere, dass Sie sehr wohl darüber nachgedacht hatten, eine Abstraktion einzuführen.
- Machen Sie sich den Trade-Off bewusst, also das, worauf Sie zeitlich verzichten müssen, eben weil Sie eine Abstraktion in die Software einbauen wollen.

8.5.2 Zu wenig Abstraktion

Eine Abstraktion fehlt, und ihr Fehlen macht die Software unverständlicher. Man kann die Software schlechter warten, und die Weiterentwicklung ist erschwert.

Wie unschwer zu erkennen ist, ist das der Gegenentwurf zum vorherigen Design Smell.

Symptome und Probleme

Einige Beispiele aus der an sich umfangreichen Liste der Symptome sind:

- Eine Erweiterung erfordert Anpassungen am Code an ganz unterschiedlichen Stellen, die scheinbar nichts miteinander zu tun haben.
- Es fällt schwer, einem unbeteiligten Entwickler die Funktionsweise des Codes zu erklären.
- Klassen und andere Entitäten sind so benannt, dass sie bereits mehrere Funktionen im Namen beinhalten.
- Die Kapselung wird aufgebrochen, Daten werden wild hin und her gereicht.
- Die Software lässt sich nicht mehr automatisiert testen.

Ursachen

Interessanter als die Symptome, die offensichtlich sind, sind vielleicht die Gründe, die zu diesem Dilemma geführt haben:

- Die Software ist »organisch« gewachsen, sprich: gewuchert. Neue Funktionen wurden hinzugefügt, und bei jeder einzelnen Funktion schien es den Aufwand nicht wert, Struktur, also Abstraktion einzuführen.
- Es gibt viele verschiedene Entwickler, die sich nicht oder nur unzureichend abstimmen.
- Im Vorfeld wurde kaum Zeit für Analyse und Design aufgewendet.
- Ein »Prototyp« hat sich verselbstständigt.
- Die Angst vor dem Refactoring ist zu groß.
- Der (unmittelbare) Zeitdruck in der Entwicklung ist zu groß.
- Das Wissen um Entwurfsmuster ist nicht vorhanden oder unzureichend.

Konkreter:

- Zwei Klassen könnten gut eine gemeinsame Oberklasse gebrauchen, um Codedoppelungen zu vermeiden.
- Einen Layer hätte man besser in zwei Layer getrennt, um eine getrennte Weiterentwicklung betreiben zu können.
- Ein Service übernimmt Aufgaben aus zwei verschiedenen Geschäftsbereichen.

Beispiel

Das Gegenbeispiel zum vorherigen Abschnitt würde so aussehen:

```
float rabattsatz = 0;
switch(kundentyp)
{
   case 1: rabattsatz = 0;
   break;
   case 2: rabattsatz = holeAusDatenbank(kundentyp);
   break;
   case 3 : ...
}
```

Klar, Kundentypen sind erweiterbar und beinhalten viele Aspekte, die in Entwurfsmustern und den zugehörigen Klassen prima aufgehoben sind.

Tipps zur Vermeidung

Im Wesentlichen kostet es einfach Überwindung, den monolithischen Moloch namens Software aufzureißen und beispielsweise zu modularisieren.

- Kalkulieren Sie Zeit für ein Refactoring ein, denn die dafür nötige Zeit fällt nicht vom Himmel.
- Refactorings sind ebenfalls Tickets, die geplant und zugeteilt werden müssen, auch – und vor allem – in einem agilen Team.
- Bei einer Änderung sollten Sie nicht nur die Änderung betrachten, sondern auch ähnliche Fälle in der Vergangenheit. So erkennen Sie leichter die Notwendigkeit für mehr Abstraktion.
- Zeigen Sie den Code einem unbeteiligten Dritten.
- Machen Sie sich klar, warum die Lage so ist, wie sie ist. Es macht keinen Sinn, die Vergangenheit infrage zu stellen und im heutigen Licht Entscheidungen zu kritisieren. Stellen Sie sich der neuen Realität, die eben anders ist als die damalige.

8.5.3 Unvollständige Abstraktion

Eine Abstraktion umfasst nicht alle Aspekte, die nötig wären, lässt also z. B. Methoden vermissen.

Dieses Problem tritt vor allem dann auf, wenn man Abstraktionen hinzufügt, im Moment des Erstellens aber nur das aktuelle Problem sieht. Eine Abstraktion sollte alle Aspekte umfassen und klar begrenzt sein.

Symptome und Probleme

Unvollständigkeit ist schon schwerer zu erkennen als eine übertriebene oder fehlende Abstraktion. Meist fehlt etwas. Man muss also einen Teilaspekt selbst implementieren, der eigentlich in die Basisklasse gehört, oder es entstehen mehrere parallele Abstraktionen.

Ursachen

Der Hauptgrund ist, dass die übergreifende Idee fehlt. Man möchte ein Problem lösen und erstellt eine Abstraktion (sagen wir, eine Klasse), die eben genau auf das aktuelle Problem zugeschnitten ist. Wichtige andere Aspekte werden einfach übersehen oder aus Zeitmangel nicht berücksichtigt.

Beispiel

Nehmen wir an, ein Entwickler möchte eine Abstraktion für Transaktionen erstellen, berücksichtigt dabei aber nur die ganz konkreten Möglichkeiten eines Datenbankservers, vergisst also beispielsweise, Savepoints zu abstrahieren.

Oder, etwas konkreter: Eine Basisklasse `Kunde` überschreibt nicht die `equals`-Methode. Auf diese Weise sind zwei Kunden nur identisch, wenn deren Variablen auf dasselbe Objekt zeigen, wo doch eigentlich Kunden identisch sein sollten, die dieselbe Kundennummer haben. Das wiederum führt dazu, dass in abgeleiteten Klassen an verschiedenen Stellen anstelle des Vergleichsoperators eigene Vergleiche angestellt werden müssen – unvollständige Abstraktion eben.

Tipps zur Vermeidung

Im Grunde muss man den Begriff *Abstraktion* richtig deuten. Abstraktion bedeutet das Überführen auf etwas Allgemeineres. Dadurch werden die Details abstrahiert, also weggelassen, sprich an Unterklassen delegiert. Das Allgemeine, die Abstraktion, muss aber einen vollständigen Rahmen um die Details bilden. Konkret heißt das:

- Kennen Sie die sprachspezifischen, bibliotheksspezifischen und laufzeitspezifischen Konventionen, also überschreiben Sie z. B. die `equals`-Methode.
- Überlegen Sie sich Beispiele für konkrete Klassen für die von Ihnen gerade erstellte Oberklasse.
- Ziehen Sie einzelne Aspekte aus der Oberklasse heraus, z. B. in Schnittstellen. Machen Sie die Oberklasse also nicht zu mächtig.

8.5.4 Abstraktionen ohne ausreichende Abgrenzungen

> Eine Abstraktion hat mehr als eine Verantwortung, kümmert sich also um zu viele Aspekte eines Problems.

Gemeint ist, dass eine Abstraktion gegen die zentrale Regel verstößt: Sie sollte eine klar umrissene, begrenzte Verantwortung haben, also ein Problem lösen oder eine Sache umfassen – also dem Single-Responsibility-Prinzip gehorchen.

Symptome und Probleme

Die »Klassiker« sind:

- Es gibt mehr als einen Grund dafür, z. B. eine Klasse anzufassen.
- Abgeleitete Klassen können mit einzelnen Funktionen der Oberklasse gar nichts anfangen, weil diese in Wirklichkeit zu einer anderen Verantwortlichkeit gehören.
- Eine Abstraktion weist besonders viele Fehler auf.
- Eine Abstraktion lässt sich schwerer testen, weil sich die nötige Codeabdeckung nur schwer erreichen lässt.
- Die Benennung einer Abstraktion ist schwammig und deutet auf vieles hin, z. B. auf eine Klasse namens `DataAdapter`.

Ursachen

Mehrere Verantwortungen schleichen sich häufig einfach ein. Das kann aus Bequemlichkeit geschehen, wenn es z. B. bequemer ist, eine Klasse um eine Verantwortung zu erweitern, anstatt an Ort und Stelle eine neue Klasse zu erstellen.

Nicht immer sind die Verantwortlichkeiten für jeden stets klar zu trennen, wie im folgenden Beispiel deutlich wird. Oder aber die Dinge laufen erst im Laufe der Zeit auseinander und man verpasst den richtigen Zeitpunkt, um aus einer Abstraktion vielleicht zwei zu machen.

Beispiel

Autorisierung und Authentifizierung sind zwei völlig verschiedene Aspekte des Hauptthemas Sicherheit. Es wäre völlig in Ordnung, wenn man beide Aspekte in einem Modul, nennen wir es `SecurityManager`, zusammenfassen würde. Es würde aber zu weit gehen, beide Aspekte z. B. in einer einzigen Basisklasse abstrahieren zu wollen:

```
public abstract class Security
{
   public void authentifiziere ...
   public void autorisiere ...
}
```

Da beide, Autorisierung und Authentifizierung, auch kaum gemeinsame Merkmale besitzen, wäre auch eine Schnittstelle `Security` vermutlich keine sinnvolle Option, würde also gegen die Empfehlungen aus Abschnitt 8.5.1 verstoßen.

Tipps zur Vermeidung

Es gibt viele Muster, die einzelne Aspekte aus einer Klassenhierarchie herausziehen können, z. B. die Zuständigkeitskette. Diese können helfen, aus der Abstraktion eher ein Verhalten zu machen.

Außerdem ist ein wenig Wachsamkeit vonnöten, eben weil die Verantwortungsbarrieren häufig erst mit der Zeit aufweichen. Und natürlich ist auch die Bereitschaft erforderlich, bei auch nur einer zusätzlichen Verantwortung eben auch die Abstraktionen infrage zu stellen und zu refaktorisieren.

8.5.5 Weitere Probleme mit Abstraktionen

Im Folgenden betrachten wir weitere Probleme, wie man sie in der Praxis immer wieder antrifft.

Triviale Abstraktionen

Trivial sind Abstraktionen, wenn sie eigentlich unnötig sind, wenn sie sich also nicht selbst rechtfertigen. Markerschnittstellen fallen häufig in diese Kategorie, also Schnittstellen, die nur dazu dienen, einer Klasse eine gewisse Zugehörigkeit zuzuschreiben. Sie sind sozusagen ein Spezialfall des Design Smells »Zu viel Abstraktion« (siehe Abschnitt 8.5.1).

Triviale Abstraktionen kommen häufig dann zustande, wenn man »nach Schema F« vorgeht, also beispielsweise grundsätzlich für jede Klasse eine Schnittstelle entwickelt oder in Erwartung einer Erweiterung gleich einmal eine Oberklasse vorsieht, wo diese noch gar keine Methoden oder andere Member besitzt. Das widerspricht dem »Daseinsprinzip« einer Klasse, nachdem eine Klasse nur dann eine Berechtigung hat, wenn sie auch eine Verantwortung übernimmt.

Nicht selten führt eine sehr kleinteilige Entwicklung zu trivialen Abstraktionen, zum Beispiel dann, wenn aus einer prozeduralen Sichtweise heraus eine Klasse für jede Operation vorgesehen wird, wie im nächsten Design Smell.

Die Nachteile sind:

- das ungünstige Verhältnis zwischen Code, der zur Lösung des Problems beiträgt, und Code, der formal erforderlich ist
- die hohe Anzahl an nötigen Testfällen, die obendrein ebenfalls oft unnötig sind
- eine steigende Komplexität, ohne dass dem ein entsprechender Nutzen entgegenstünde
- eventuell höhere Aufwände beim Deployment, bei der Versionierung und beim Bauen der Anwendung

Imperative Abstraktionen

Der Name, *imperativ*, sagt es ja schon: Es geht darum, dass eine Klasse lediglich dafür da ist, eine einzige Operation auszuführen. Aus einer Methode wird also eine Klasse.

Das ist freilich nicht der Sinn einer Klasse. Man kann sie aber wenigstens leicht erkennen:

- Solche Klassen sind häufig nach einem Verb benannt oder enthalten ein solches (Beispiel: `ProductDeleter`).
- Oder sie enthalten nur eine einzige Methode, die zudem im Wesentlichen genauso benannt wurde wie die Klasse, zu der sie gehört.
- Die Klasse ist nicht Teil einer Vererbungshierarchie, steht also für sich allein.

Die Nachteile ähneln den Nachteilen von trivialen Abstraktionen. Dazu kommt, dass ein Prinzip der Objektorientierung durchbrochen wird, nämlich die Einheit von

Daten und Operationen, mit allen möglichen Folgen für die Beherrschbarkeit eines Softwareprojekts.

In einigen Fällen nötigen einem die Programmiersprache oder die verwendeten Bibliotheken dennoch eine solche Klasse auf, dann lässt sich nichts dagegen ausrichten. Im Allgemeinen sollten Sie aber imperative Abstraktionen vermeiden.

Ungenutzte Abstraktionen

Ob trivial oder nicht, ungenutzte Abstraktionen sind natürlich unnötig, weil sie niemals verwendet werden. Solche verwaisten Abstraktionen können entfernt werden, ohne damit Schaden anzurichten.

Ungenutzte Abstraktionen blähen das System auf (von der Quellcodeverwaltung bis hin zum Konfigurationsmanagement), ohne einen konkreten Nutzen zu bieten.

Doppelte Abstraktionen

Besonders in größeren Teams ist es schwer, Abstraktionen zu vermeiden, die – im Wesentlichen – dasselbe tun. Häufig sind sie zwar nicht identisch, sie erfüllen aber ähnliche Aufgaben und unterscheiden sich nur geringfügig in ihren Schnittstellen. Davon zu unterscheiden sind verschiedene Implementierungen, die aber (vermutlich versehentlich) identische Benennungen, Schnittstellen, Signaturen etc. aufweisen.

Einige Beispiele:

- Zwei Klassen leisten dasselbe, sind aber unterschiedlich benannt.
- Zwei Klassen leisten Unterschiedliches, sind aber identisch benannt.
- Zwei Methoden haben dieselbe Signatur, aber unterschiedliche Implementierungen.
- Zwei Methoden haben dieselbe Implementierung, aber verschiedene Signaturen.

Die Nachteile für doppelte Implementierungen sind:

- Zeitverschwendung durch doppelte Entwicklungs- und Testaufwände.
- Verständnis- und Anwendungsprobleme durch im Detail doch verschiedene Implementierungen.
- Unnötige Komplexität durch unnötige Abhängigkeiten, weil ja jede doppelte Abstraktion auch Beziehungen zu anderen Abstraktionen unterhält.

Nicht besser ist es um doppelte Benennungen bestellt. Sie führen zu Missverständnissen, erschwerter Lesbarkeit des Codes, größerem Einarbeitungsaufwand und schaffen potenzielle Probleme, wenn Entwickler die Implementierung nicht an der Abstraktion erkennen und z. B. die falsche Klasse verwenden.

Übersehene Abstraktionen

Besonders häufig kommt es vor, dass eine Schnittstelle vorhanden ist, im Code aber – unnötigerweise – mit der konkreten Klasse gearbeitet wird. Oder aber es ist eine (vielleicht abstrakte) Basisklasse vorhanden, der Code greift aber auf die konkrete Unterklasse zu, ohne deren Funktionen auch zu nutzen.

Das kann zwei Gründe haben:

- Die Abstraktion ist nicht bekannt, wurde also wirklich übersehen.
- Die Abstraktion ist zwar bekannt, aber der Entwickler vermutet, dass er später doch noch die konkrete Klasse brauchen wird, und verwendet sie daher schon jetzt.

Natürlich kann auch der Entwickler der konkreten Klasse vergessen haben, eine (sinnvolle) Abstraktion zu erstellen. Das fällt dann aber unter die Design Smells aus Abschnitt 8.5.2, wo ich die Nachteile fehlender Abstraktionen beschreibe.

Passive Abstraktionen

Nicht immer ein Problem, aber doch wenigstens verdächtig sind Klassen, die lediglich Daten beinhalten, aber keine Implementierung. Man erkennt solche Klassen leicht daran, dass sie keine (oder nur triviale) Methoden aufweisen.

Das könnten *Data-Transfer-Objekte* (DTOs) sein, die für die Kommunikation mit einem Service verwendet werden, was in Ordnung wäre; oder die Klasse gehört zu einer anderen Klasse, in der die Implementierung zu finden ist, was vermutlich nicht in Ordnung geht, weil eine Klasse nun einmal Funktionen und Daten kapselt.

Passiv können Abstraktionen auch dann sein, wenn sie nur dazu verwendet werden, um Nachrichten von einer zur anderen Abstraktion zu schicken.

Zu einem Problem werden solche Klassen, wenn es doch Funktionen gibt, die aber an anderer Stelle zu finden sind, also nicht dort, wo die Daten gespeichert sind. Dann wird die Einheit der Klasse aufgebrochen, was dem Wesen einer Klasse zuwiderläuft.

Zu große Abstraktionen, zu komplexe Abstraktionen

Das können Layer mit zu vielen Klassen sein, Projekte mit zu vielen Packages oder auch Klassen mit zu vielen Methoden und anderen Membern. Aber auch Schnittstellen, die viel zu viel von ihren Implementierern verlangen.

Es kann auch vorkommen, dass Abstraktionen in ihrer Implementierung oder in ihren Beziehungen zu anderen Abstraktionen sehr komplex sind (oder in beidem). Das kann daran liegen, dass eine Abstraktion zu viel erledigt, also mehr als eine Verantwortung übernimmt. Oder es liegt einfach an einer sehr komplexen Aufgabenstellung. Manchmal sind die Abstraktionen aber auch einfach wie Spaghetti miteinander vermengt, und dem Gesamtsystem fehlt eine saubere, durchdachte Struktur.

Naturgemäß beginnen die meisten dieser Abstraktionen klein und werden erst mit der Zeit zu groß, ohne dass man diesen Zeitpunkt explizit benennen könnte. Oft scheut man den Aufwand für die Aufteilung, der im krassen Gegensatz zu der »einen Methode mehr« steht, die im Moment gefordert ist.

Zu große Abstraktionen und auch zu komplexe Abstraktionen haben aber ihre Nachteile:

- Sie sind schwer zu verstehen.
- Häufig sind sie noch schwerer zu warten.
- Und dazu sind sie noch schwerer zu erweitern.
- Die Testbarkeit nimmt ab, schon allein deshalb, weil die Anzahl der Testfälle immer größer wird.
- Es wird immer schwerer, grundsätzliche Regeln einzuhalten. Zum Beispiel bei der statischen Codeanalyse werden zahlreiche Probleme ermittelt.
- Komplexe Abhängigkeiten erweitern das Netzwerk an Abstraktionen, die man bei einer Erweiterung auf dem Schirm haben muss.
- Optimierungen, z. B. im Laufzeitverhalten, werden schwieriger.

Abstraktionen, die vor allem an anderen Abstraktionen interessiert sind

Gemeint ist, dass z. B. eine Klasse vorwiegend Operationen in anderen Klassen aufruft. Das kann der Fall sein, wenn eine Abstraktion eine andere Abstraktion kontrolliert, wie das bei Klassen der Fall ist, die der Orchestrierung dienen – also höherwertige Aufgaben übernehmen.

Es kann aber auch darauf hindeuten, dass die Klassen eigentlich zusammengehören oder eine dritte Klasse mit einer gemeinsamen Verantwortung die bessere Lösung ist. Oder aber die Klassen sollten zu verschiedenen Modulen gehören, was dann wieder auf ein Problem bei der Modularisierung hindeutet.

8.6 Design Smells und Anti-Patterns zur Kapselung

Die Kapselung in der OO-Welt ist klar definiert: Sie schottet die interne Implementierung gegen einen direkten externen Zugriff ab. Stattdessen darf der Zugriff nur über klar definierte Schnittstellen erfolgen. Aber auch die anderen Ebenen haben (in der Regel) eine Kapselung. Im Falle von Services beispielsweise erfolgt die Kommunikation üblicherweise mithilfe gemeinsamer Verträge; auch Services haben ihre ganz expliziten Grenzen. Oder denken Sie an einen GUI-Layer, der zwar auf die Geschäftslogik zugreifen darf, nicht aber die Geschäftslogik auf den GUI-Layer.

Das hat natürlich Methode. Kapselung führt dazu, dass man sich als Entwickler überhaupt auf etwas verlassen kann. Dadurch werden ganze Fehlerklassen ausgeschlossen oder minimiert. Wenn der Geschäftslogik-Layer keine direkte Beziehung zum GUI-Layer unterhält, kann man die GUI einfach gegen eine Weboberfläche austauschen.

Probleme mit der Kapselung berühren daher diese Vorteile – nicht automatisch, aber sie laden dazu ein.

8.6.1 Fehlende oder lückenhafte Kapselung

Eine Abstraktion ist zu großzügig mit den Zugriffsrechten, gewährt also Zugriff von außen, wo kein Zugriff notwendig wäre.

Kapselung gibt es auf jeder Ebene. Auf Ebene einer Klasse könnte ein einfacher Zugriffsmodifzierer, `public`, das Problem sein, oder aber die Sicherheitsrichtlinien für ein Modul erlauben den Zugriff darauf, wo jedoch kein Zugriff möglich sein sollte.

Eine fehlerhafte Kapselung ist auch immer ein Verstoß gegen das Prinzip des *Information Hidings*, also des Verbergens von Daten vor dem Zugriff von außen. Der Zugriff darf, wenn überhaupt, nur über exakt definierte und eingeschränkte Schnittstellen erfolgen.

Das ist aber nur die eine Hälfte des Problems. Die andere Hälfte ist eine Folge der ersten, nämlich dass eine Abstraktion Implementierungsdetails an ihre Verwender verrät. Das kann ein Rückgabeparamater einer Methode sein, der ein großes Objekt mit Interna zurückgibt, oder eine Exception, die alle möglichen Details zur Fehlerursache und damit zur Systemkonfiguration verrät.

Symptome und Probleme

Fehlende oder lückenhafte Kapselung ist häufig unsichtbar, bis sie jemand ausnutzt und auf diese Weise Probleme verursacht.

- Eine Abstraktion verrät Interna über ihre öffentliche Schnittstelle, eine Methode gibt z. B. ein Objekt einer ansonsten nur intern genutzten Klasse zurück.
- Die Zugriffsmodifizierer werden nicht restriktiv genug eingesetzt.
- Eine Software zeigt Seiteneffekte und/oder nicht reproduzierbare Fehler, die daher nur schwer zu lokalisieren sind.
- Eine Lösung lässt sich mithilfe eines »Hacks« umsetzen, weil die unzureichende Kapselung dies zulässt.

- Es gibt globale Variablen und global nutzbare Datenstrukturen.
- Multihreadingprobleme haben häufig ihre Ursache in zureichender Kapselung.

Ursachen

Die Ursachen lassen sich grob in zwei Kategorien einteilen: Achtlosigkeit und Bequemlichkeit.

- Aus Gründen der besseren Testbarkeit werden die Zugriffsmodifizierer »aufgebohrt«.
- Ein Problem lässt sich »auf die Schnelle« lösen, indem ein Zugriff von außen ermöglicht wird, denn die bessere Lösung wäre im Moment deutlich zu aufwendig.
- Mittels Refactoring wird das Unmögliche möglich gemacht, also beispielsweise der Zugriff auf private Variablen – die Kapselung wird aufgebrochen.
- Das Denken in prozeduralen Kategorien verleitet einen dazu, globale Variablen und öffentlich zugängliche Datenstrukturen einzuführen.
- Schnittstellen sind häufig zu grob und schon deshalb geschwätzig.
- Aus Gründen der Performance wird oft ein direkter Zugriff ermöglicht.

Beispiel

Zu einer Schnittstelle gehören nicht nur Übergabeparameter und Rückgabeparameter, sondern auch die Informationen, die ein Aufrufer im Fehlerfall erhält. Einige Webtechnologien, *Windows Communication Foundation* (WCF) zum Beispiel, können im Standard so eingestellt werden, dass ein Aufrufer vollständige Exception-Details erhält. Auf diese Weise erfährt ein Angreifer, der einen Service bewusst mit fehlerhaften Daten füttert, viel über die Infrastruktur, also z. B. über den Namen des SQL-Servers oder den Namen der Datenbank.

Im Beispiel ist die Lösung einfach. Wir setzen eine Option in der Konfigurationsdatei:

```
<serviceBehaviors>
  <serviceDebug includeExceptionDetailInFaults="false" />
```

Tipps zu Vermeidung

Das Entwerfen von guten Schnittstellen ist eine schwierige Sache, die Sorgfalt und Zeit erfordert. Daneben gibt es aber noch ganz praktische Empfehlungen:

- Verwenden Sie möglichst immer *immutable*, also unveränderliche Datenstrukturen, die Seiteneffekte schon vom Prinzip her ausschließen.
- Arbeiten Sie mit feingranularen Schnittstellen, und berücksichtigen Sie das Interface-Segregation-Prinzip (siehe Abschnitt 8.2.4).

- Berücksichtigen Sie auch das *Principle of least privilege*. Vergeben Sie also zunächst im Zweifel weniger Rechte, nicht mehr Rechte.
- Unterziehen Sie Schnittstellen einem gelegentlichen Review.
- Suchen Sie nach (externen) Verwendern von internen Klassen, in der Hoffnung, keine zu finden.
- Arbeiten Sie, im Zweifel und wo möglich, mit geschachtelten Klassen und/oder anonymen Klassen.
- Messen Sie zuerst, ob die Performance durch einen direkten Zugriff von außen wirklich nennenswert verbessert wird, bevor Sie einen solchen zulassen.
- Mithilfe von statischer Codeanalyse lässt sich ein Teil dieser Probleme finden, wenn auch längst nicht alle.

8.6.2 Über Modularität

Die nächste Klasse an Design Smells hat mit der Verschaltung der Abstraktionen zu tun, der Modularität. Es geht also darum, dass zwei oder mehrere Abstraktionen in irgendeiner Form miteinander zu tun haben. Das kann eine einfache Beziehung sein (Klasse A hält eine Variable vom Typ B) oder aber eine Beziehung, die erst zur Laufzeit entsteht, zum Beispiel beim Laden von Komponenten mithilfe eines DI-Containers.

Die Regeln der Modularisierung sind dabei einfach formuliert, aber ungleich schwieriger umzusetzen:

- Module sollten untereinander so wenige Beziehungen wie möglich unterhalten, also *lose gekoppelt* sein.
- Module sollten in sich ihre Aufgabe vollständig abbilden, und die Einheiten des Moduls sollten dabei jeweils ihre eigene, klar umgrenzte Aufgabe haben, also eine *hohe Kohäsion* aufweisen.

8.6.3 Zyklische Benutzungsbeziehungen

Zwei Abstraktionen hängen direkt oder indirekt voneinander ab, beziehen sich also aufeinander.

In der Entwicklung von Software hat sich über die Jahre herausgestellt, dass es selten eine gute Idee ist Klassen wechselseitig voneinander abhängig zu machen. Das gilt aber auch für Layer und für andere Ebenen der Abstraktion. Eine Abhängigkeit sollte im Ideal nur in eine Richtung gehen, und zwar von oben nach unten.

Dass das nicht immer möglich ist, hat sich aber auch schon herumgesprochen. Aber selbst wenn ein Layer einmal auf einen höheren Layer zugreift: Zyklische Abhängigkeiten sind ein Problem für sich. Ja, es gibt sogar ein eigenes Prinzip dafür, das *Acyclic Dependencies Principle* (ADP), das das technisch so formuliert: Abhängigkeitsgraphen von Paketen oder Komponenten sollten keine Schleifen aufweisen (siehe Abbildung 8.6).

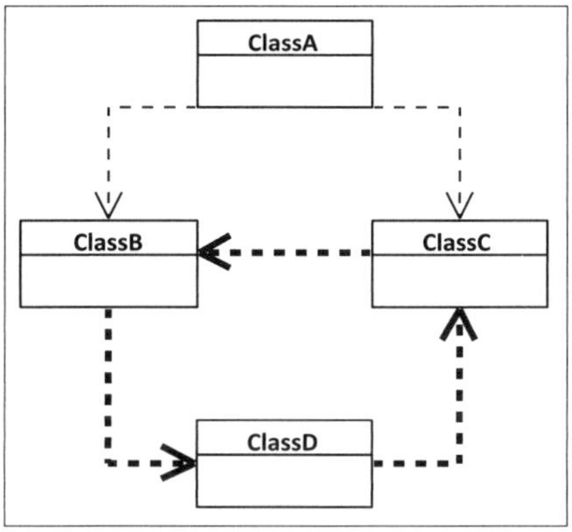

Abbildung 8.6 Zyklische Abhängigkeit zwischen den Klassen B, C und D

Symptome und Probleme

Zyklische Abhängigkeiten lassen sich nur schwer erkennen, auch schon in einem Projekt mit wenigen Abstraktionen. Sie äußern sich häufig erst spät, wenn überhaupt, in subtilen, schwer zu lokalisierenden Fehlern und Problemen, die da wären:

- Seiteneffekte, d. h., das Ändern einer Abstraktion hat unerwartete Auswirkungen auf andere Komponenten.
- Es ist immer notwendig, mehrere Abstraktionen gemeinsam anzupassen.
- Das Testen ist unerwartet schwierig, weil die Abhängigkeiten beim Testen aufgelöst werden müssen.
- Das Deployment verlangt eine besondere Sorgfalt, weil der Abhängigkeitsgraph aufgelöst und die darin enthaltenen Abstraktionen ausgeliefert werden müssen.
- Die Versionierung kann zum Problem werden, weil unter Umständen immer alle Abstraktionen des Zyklus versioniert werden müssen.
- Unter bestimmten Umständen verursacht der Code selbst, oder die Tools, die darauf angewendet werden, Endlosschleifen.

Ursachen

Leider sind zyklische Abhängigkeiten schnell erzeugt, und nur in wenigen Fällen verbieten die Entwicklungswerkzeuge solche Abhängigkeiten, beispielsweise wenn Projekte zyklisch voneinander abhängen.

- Callbacks führen häufig dazu, dass Klassen voneinander abhängig gemacht werden.
- Includes, Importe etc. (`#include`, `using`, `import` etc.) können Abhängigkeiten begründen.
- In Drittsystemen (z. B. beim Bauen oder beim Deployment von Anwendungen) können zyklische Abhängigkeiten entstehen.
- Eine Methode oder ein anderes Konstrukt wird versehentlich in der falschen Klasse untergebracht.
- Eine Referenz zu sich selbst wird verteilt, was in der Klasse, die die Referenz erhält, eine Abhängigkeit notwendig macht.

Beispiel

Hier sehen Sie ein kleines Beispiel in Java, das in Folge der zyklischen Abhängigkeit einen Stackoverflow-Fehler erzeugt, wenn es versucht, ein Objekt vom Typ A oder B zu instanziieren:

```
public class B
{
   public A a;
   public B()
   {
      a = new A();
   }
}
public class A
{
   public B b;
   public A()
   {
      b = new B();
   }
}
```

Tipps zur Vermeidung

Grundsätzlich sind Zyklen natürlich vermeidbar, allerdings oft nur um einen hohen Preis, sodass es nicht Wunder nimmt, dass auch in kommerziellen Bibliotheken zyklische Abhängigkeiten vorkommen. Mögliche Maßnahmen sind:

- Erzeugen einer weiteren Abstraktion, in der die gemeinsamen Abhängigkeiten untergebracht werden

- Entkoppeln z. B. mittels Schnittstellen bzw. mithilfe des *Dependency-Inversion-Prinzips*
- Verwenden eines der zahlreichen Tools, um Abhängigkeiten überhaupt erst einmal aufzudecken

8.6.4 Zu viele Beziehungen

Eine Abstraktion unterhält viele Abhängigkeiten zu anderen Abstraktionen.

Gemeint ist, dass die Kopplung zwischen Abstraktionen zu eng ist, was meist damit einhergeht, dass die Kohäsion innerhalb des Moduls zu schwach ist. Man spricht dann manchmal auch von einem *Hub-Modul*.

Oder aber eine Klasse ist eine *Man-in-the-middle-Klasse*, also eine zentrale Klasse, die zwischen vielen anderen Klassen steht und zwischen ihnen vermittelt.

Symptome und Probleme

Die Symptome sind vergleichbar mit denjenigen der vorherigen Design Smells. Allerdings unterscheiden sie sich ein wenig, je nachdem, auf welcher Ebene der Abstraktion wir uns befinden. Wenn ein Service sehr viele andere Services kennt, kann das einfach seine Orchestrierungsfunktion notwendig machen. Wenn hingegen ein Layer zu viele andere Layer kennt, ist das meistens ein Problem des Softwaredesigns.

Außerdem ist es natürlich wichtig, ob eine Beziehung eingehend ist oder ausgehend, ob also z. B. eine Klasse vor allem verwendet wird oder aber selbst sehr viele andere Klassen für ihre Arbeit benötigt.

Ursachen

Wie so häufig sind auch hier zu viele Zuständigkeiten das Problem. Das wiederum ist häufig darauf zurückzuführen, dass die Zuständigkeiten einfach nicht klar aufgeteilt wurden.

Manchmal werden auch »Querschnittsklassen« gebildet, die als eine Sammelstelle für alle Belange dienen, die nirgendwo anders untergebracht werden konnten. Sie werden meist als Hilfsklassen bezeichnet oder als Utility-Klassen.

Tipps zur Vermeidung

Einige Vorschläge:

- Teilen Sie z. B. eine Klasse auf, wenn die Klasse eine zusätzliche Verantwortung bekommen soll.

- Achten Sie auf eine hohe Kohäsion: Eine Klasse sollte ihre Aufgabe möglichst »self-contained« erledigen.
- Verwenden Sie einige der hier vorgestellten Entwurfsmuster, z. B. die Zuständigkeitskette, wo das Abhängigkeiten reduziert.
- Fassen Sie, wo es sinnvoll möglich ist, Klassen zusammen, wenn diese ohnehin viele Abhängigkeiten aufweisen, oder bilden Sie eine natürliche Vererbungshierarchie.

8.7 Design Smells und Anti-Patterns zu Hierarchien

Bei Hierarchien geht es um das Ranking und die Reihenfolge von Abstraktionen, also auch um Vererbungshierarchien.

Hierarchien gibt es in der (Geschäfts-)Welt natürlich zuhauf. So gibt es z. B. ein internationales System zur Benennung von Wolken, das eine Hierarchie von Gattungen, Arten und Unterarten aufbaut.

Hierarchien helfen uns, Komplexität beherrschbar zu machen, indem sie z. B. Wolken einteilen, sodass wir beispielsweise alle Cirruswolken auf einmal ansprechen können, wenn wir über Eigenschaften reden, die eben alle Cirruswolken aufweisen.

Die Hierarchie der Wolken ist, in Software abgebildet, eine Typhierarchie, die in der OO-Welt üblicherweise durch Vererbung dargestellt wird. Wir können dann sagen, dass *castellanus* eine Art der *Cirrusgattung* ist (Is-a-Beziehung). Daneben gibt es noch die Objektkomposition (wie sie das Kompositum-Muster beherrscht), die eine Objekthierarchie zum Ziel hat. Während Ersteres also eine Designeigenschaft ist (die Klassenhierarchie wird ja zur Designzeit erstellt), ist Letztere (häufig) eine Eigenschaft der Laufzeit – häufig begründet durch die konkreten Daten, die zur Laufzeit verarbeitet werden.

Das Ziel aller Bemühungen ist daher die Erstellung einer vernünftigen Typhierarchie, die das Geschäftsproblem abbildet, aber auch den Belangen der Softwareentwicklung Rechnung trägt (also z. B. für Vermeidung von Redundanz sorgt und die in diesem Kapitel beschriebenen Prinzipien berücksichtigt).

8.7.1 Zu komplexe bzw. unnötige Hierarchie

Ein Vererbungsgraph ist zu tief, zu breit oder auf andere Weise zu komplex oder schlichtweg unnötig.

Vor allem aber geht es bei diesem Design Smell um zu tiefe Hierarchien, also in aller Regel um zu viele Zwischenklassen.

Was zu tief oder zu breit ist, darüber wird noch gestritten. Ich persönlich finde, dass fünf Ebenen (ohne die Wurzelklasse »object«, wenn es eine solche denn gibt) bereits »riechen«, also zum Nachdenken anleiten sollten. In der Breite ist der Spielraum größer, aber spätestens zehn direkte Ableitungen sollten Ihnen ebenfalls spanisch vorkommen.

Symptome und Probleme

Das Problem dabei ist, das Verhalten einer Klasse einschätzen zu können, die vielleicht auf Ebene 7 einer Hierarchie existiert, weil diese Klasse ja eine große Menge an Methoden von ihren Oberklassen erbt. Je nach Sprache verschärft sich das Problem, wenn beispielsweise Methoden in C# nicht automatisch virtuell sind. Eine Unterklasse könnte dann einige Methoden neu implementieren, andere aber überschreiben und dort ja auch noch auf die Methoden der Oberklasse zugreifen. Und das über mehrere Vererbungshierarchien hinweg. Was genau tut die Klasse in diesem Moment?

Abgesehen davon ist die schiere Menge an Methoden und anderen Membern nicht gerade übersichtsfördernd. Sie erschwert das Erlernen und auch das Ändern, denn vor einer Änderung muss ein Entwickler erst einmal herausfinden, welche Ebene die richtige für das gewünschte Verhalten ist. Gleiches gilt für Erweiterungen.

Das Testen von Hierarchieebenen ist aufwendiger, schon weil mehr Klassen im Spiel sind, und außerdem, weil ja Unterklassen das Verhalten der Oberklassen ganz individuell ändern können, was wiederum zusätzlichen Testaufwand verursacht.

Zu tiefe Hierarchien werfen auch regelmäßig die Frage nach der richtigen Basisklasse für die eigene Klasse auf. Zudem wird die Benennung mit steigender Tiefe immer schwieriger, was an sich schon ein Zeichen für eine zu tiefe Hierarchie ist.

Kurz: Eine zu tiefe Hierarchie macht die Implementierung schwieriger, weil komplexer und unverständlicher. Eine zu breite Hierarchie tut dies ebenfalls, wenn auch aus anderen Gründen.

Ursachen

Häufig ist es die voreilige Erwartung zukünftiger Änderungen, also der Blick in die Glaskugel, die das Problem beschert – vermeintliche künftige Anforderungen sollen bereits zum Designzeitpunkt in die Klassenhierarchie eingebaut werden.

Aber auch das Vermeiden von Redundanz um jeden Preis kann eine Ursache dafür sein. Natürlich heißt es »Don't repeat yourself«, aber man muss auch hier abwägen: Ist eine zusätzliche Oberklasse die eingesparten drei Codezeilen wert?

Häufig gäbe es Alternativen: Beispielsweise könnten Sie das Verhalten einer Klasse in andere Klassen auslagern, um auf diese Weise die Tiefe zu reduzieren. Ein häufig zitiertes Prinzip lautet daher:

Favor composition over inheritance.

(Verwende Komposition anstelle von Vererbung.)

Eine weitere Problemklasse sind Erweiterungen, also zum Beispiel das Ableiten neuer Klassen, die eine Hierarchie in der Breite wachsen lassen. Auch hier ist es eine Herausforderung, den richtigen Zeitpunkt für ein Refactoring nicht zu übersehen.

Beispiel

Beispiele für tiefe Hierarchien finden sich leicht, vor allem in Bibliotheken für grafische Steuerelemente. Gerade dort gibt es häufig abstrakte Basisklassen und solche, von denen Entwickler ihre eigenen Implementierungen ableiten können. Abbildung 8.7 zeigt ein Beispiel aus dem `PresentationFramework` und noch nicht einmal eine der tiefsten Hierarchien.

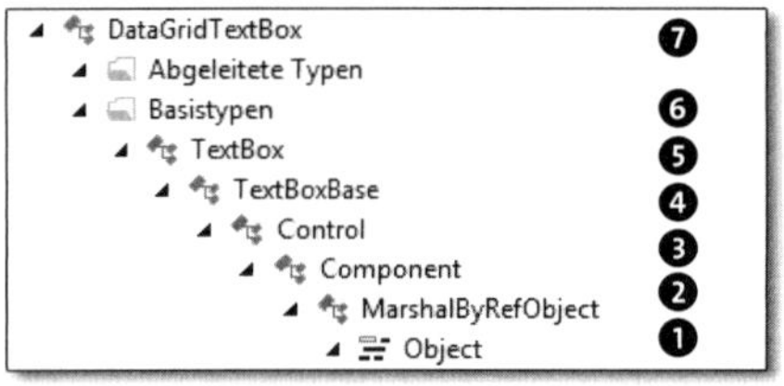

Abbildung 8.7 Sieben Stufen bis zur »DateGridTextBox«

Das Beispiel zeigt aber auch: Ein Design Smell bedeutet nicht automatisch, dass ein Problem vorliegt.

Tipps zur Vermeidung

Einige wenige Ratschläge können helfen, die Typhierarchie so flach wie möglich zu halten:

- Legen Sie für die Tiefe eine Obergrenze für Ihre Anwendungen fest, die irgendwo zwischen 5 und 8 liegen sollte.
- Legen Sie für die Breite eine Obergrenze fest, die zwischen 8 und 12 liegen sollte.
- Verwenden Sie ein Tool zur Messung der *Depth-of-Inheritance*-Metrik.
- Bauen Sie keine Zwischenklassen auf Vorrat.
- Denken Sie über Komposition anstelle von Vererbung nach.

- Unter Umständen ist eine Schnittstelle ausreichend, wenn ohnehin keine Implementierung gewünscht ist.
- Wägen Sie die Kosten durch eine zusätzliche Hierarchieebene gegen die Kosten für die Doppelung von Code ab.

8.7.2 Zu flache bzw. fehlende Hierarchie

Kommen wir zum Gegenteil einer zu tiefen Hierarchie mit vielleicht unnötigen Klassen, nämlich zu fehlenden Hierarchieebenen, die häufig in zu flachen Hierarchien münden.

> Das Verhalten einer Klasse wird im Code ausdifferenziert, wo es besser wäre, das Verhalten stattdessen in einer eigenen Klasse zu kapseln.

Damit ist dieser Design Smell ein Sonderfall des weiter vorn beschriebenen Falls »Zu wenig Abstraktion« (siehe Abschnitt 8.5.2).

Symptome und Probleme

Dieses Designproblem beginnt meist ganz unschuldig, und zwar in Form von `switch`-Statements oder in Form ausgedehnter `if-else`-Ketten, in denen das Verhalten in Abhängigkeit eines Wertes ausdifferenziert wird.

Später muss das Verhalten an weiteren Stellen innerhalb der Klasse unterschieden werden. Das – spätestens – wäre der richtige Zeitpunkt, um darüber nachzudenken, das Verhalten in Klassen zu kapseln. Unterbleibt das, führt das zu

- schwer wartbarem Code, weil Änderungen jeweils an mehreren Stellen durchgeführt werden müssen, die man vielleicht gar nicht mehr kennt.
- schwer erweiterbarem Code, und zwar aus denselben Gründen. Das betrifft sowohl neue Methoden als auch neue Typen, nach denen zusätzlich differenziert werden soll.
- nicht gut verständlichem Code, weil man ihn erst zur Gänze lesen muss, um zu wissen, an welchen Stellen eine Fallunterscheidung vorgenommen wird.
- schwer testbarem Code, weil man die Methoden, in denen das Verhalten differenziert wird, in verschiedenen Kontexten testen muss.
- Code, der sich nur schwer wiederverwenden lässt, weil die Fallunterscheidungen meist nur in der einen Klasse Sinn machen.
- Vor allem aber schleichen sich Fehler ein, weil an einer Stelle vergessen wurde, eine Fallunterscheidung zu pflegen oder zu erweitern.
- Auch sehr viele Ableitungen, also eine sehr breite Hierarchie, deutet häufig darauf hin, dass Zwischenklassen fehlen.

Nicht einfacher wird das Problem dadurch, dass an der einen oder anderen Stelle für einen gewissen Wert gar keine Implementierung gewünscht ist, was wir in einer Klasse einfach dadurch zum Ausdruck bringen, dass wir die entsprechende Methode der Basisklasse nicht überschreiben.

Die häufig inflationär verwendeten Enums lösen das Problem nicht, sondern verstärken es eher, weil Enums zwar eigene Typen sind, aber kein Verhalten implementieren.

Ursachen

Der vielleicht häufigste Grund für zu flache oder fehlende Hierarchien ist die Bequemlichkeit verbunden mit Zeitmangel. Ein erstes `switch`-Statement mag in Ordnung sein; dieselbe Differenzierung an anderer Stelle erneut vorzunehmen würde aber bedeuten, dass man den Code jetzt an Ort und Stelle refaktorisieren müsste – was Zeit und Mühe kostet und potenziell mit allen Verwendern der Klasse bricht.

Einfaches Design ist gut, zu einfaches Design aber eben nicht. Die Argumente des vorigen Abschnitts sollen ja nicht bedeuten, dass Hierarchien schlecht wären, sondern nur deren Grenzen und Alternativen aufzeigen.

Auch hier zeigen vor allem Anhänger der prozeduralen Entwicklung Schwächen, in der Fallunterscheidungen im Code ganz normal sind, weil es keine andere Möglichkeit gibt. Prozedurale Entwicklung gibt es häufiger, als anzunehmen wäre, schon weil es noch viel C-Code gibt, der gewartet werden will, und weil auch z. B. in PHP längst nicht alle Entwickler Klassen verwenden, die erst spät in der Entwicklung von PHP hinzugefügt wurden – zu einer Zeit, in der sich das prozedurale Denken schon tief in die Gewohnheiten vieler Entwickler eingegraben hatte.

Beispiel

Das Beispiel in Abschnitt 8.5.2 eignet sich auch gut, um die Probleme flacher oder fehlender Hierachien zu verdeutlichen.

Tipps zur Vermeidung

Wie so häufig ist die Benennung schon ein erster Indikator dafür, dass eine Klasse mehr als einen Job macht und deswegen differenziert werden sollte. Klassen fassen gemeinsame Merkmale und Daten zusammen, begründen also eine »Is-a«-Beziehung. Und eine einzige Klasse, ein einziger Typ also, zeigt für gewöhnlich nur ein Verhalten. Die Differenzierung in langen `if-else`-Ketten ist also für sich genommen schon ein Code Smell.

Das Einführen von neuen Klassen, das Refactoring, unterstützen Tools inzwischen ganz brauchbar, inklusive dem Aufsuchen von Verwendern der Klasse, die ja ebenfalls angepasst werden wollen.

8.7.3 Rebellierende Hierarchien

Eine Unterklasse steht zwar logisch in einer »Is-a«-Beziehung zur Oberklasse, implementiert aber viele Methoden nicht oder löst sogar eine Not-Supported-Exception aus.

Gemeint ist, dass eine Unterklasse zwar fachlich korrekt angeordnet ist, das Verhalten aber nicht passt. Die Unterklasse rebelliert also gegen das Verhalten ihrer Oberklasse.

Symptome und Probleme

Zuerst zu den Symptomen. Die Unterklasse überschreibt die Methode der Oberklasse zwar,

- aber mit einer leeren Implementierung.
- löst dort aber lediglich (z. B. in Java) eine `UnsupportedOperationException` aus.
- loggt die Ausführung aber nur als Fehler.
- gibt dem Aufrufer aber lediglich `null` oder einen Fehlercode zurück.
- lässt das Programm abstürzen bzw. beendet es kontrolliert.
- setzt aber lediglich die Daten, also den aktuellen Status, zurück.

Im Grunde sind das alles Symptome, die zeigen, dass etwas nicht stimmt. Die Klasse möchte ihre Wurzeln eigentlich verleugnen, erbt aber durch die Ableitung eben auch all die Methoden, mit denen sie eigentlich gar nichts anfangen kann. Die Unterklasse soll das Verhalten ihrer Oberklasse spezialisieren oder erweitern, nicht aber dagegen rebellieren.

Die Probleme, die daraus entstehen, drehen sich im Wesentlichen um das liskovsche Substitutionsprinzip (siehe Abschnitt 8.2.3), das auf diese Weise verletzt wird – weil anstelle der Oberklasse eben nicht so ohne Weiteres die Unterklasse verwendet werden kann:

- Ein Verwender der Klasse stößt auf unerwartete Probleme, z. B. eine Exception, die er nicht erwartet und auch nicht zu erwarten braucht.
- Der Testcode muss mit all den Besonderheiten in der Unterklasse zurechtkommen.
- Unter Umständen offenbaren sich die Probleme erst zur Laufzeit, wenn erst dort entschieden wird, welche konkrete Klasse instanziiert wird.
- Die Hierarchie lässt sich schwerer erweitern, weil neue Unterklassen für jede Methode neu darüber entscheiden müssen, ob eine Implementierung möglich ist.

- Das wiederum schränkt die Wiederverwendbarkeit ein, die nur unter den Umständen gegeben ist, in denen das (vielleicht unerwartete) Verhalten einer Unterklasse akzeptabel ist.

Das Problem lässt sich, etwas allgemeiner, auch auf Schnittstellen ausdehnen, wenn eine Klasse zwar eine Schnittstelle implementiert, aber nicht alle Methoden der Schnittstelle bedienen kann.

Ursachen

Das Hauptproblem findet man meist nicht in der Unterklasse, sondern in der Oberklasse, die einfach zu groß und zu undifferenziert ist. Sie bietet zu viel an, sodass die Ableitungen davon einen Teil der Funktionalität gar nicht brauchen können oder – schlimmer noch – einen Teil der Funktionalität zurücknehmen oder nullifizieren müssen. Die Lösung besteht dann darin, die Klassenhierarchie aufzubrechen und neu zu überdenken.

Es kann aber auch vorkommen, dass man beim Ableiten einer neuen Klasse keine passende Oberklasse findet, sodass man »die beste Alternative« auswählt und das, was eigentlich nicht passt, durch rebellierenden Code passend macht. Dann wäre vermutlich der richtige Zeitpunkt gekommen, die eigene Klasse lieber weiter oben anzusiedeln und vielleicht eine eigene Zwischenklasse einzuziehen, die das gewünschte Verhalten aufweist.

Manchmal werden bereits auf Vorrat Abstraktionen eingebaut, die erst zu einem späteren Zeitpunkt nachgerüstet werden.

Oder aber eine Unterklasse möchte wieder eine Vereinfachung in eine Klassenhierarchie bringen oder durch das Weglassen einer Methode (durch das Überschreiben der Methode mit einem leeren Inhalt) die Performance verbessern.

Beispiel

Nehmen wir einmal eine einfache Listenklasse mit zwei Methoden zum Hinzufügen von Elementen:

```
public class Listenklasse<T>
{
  ArrayList<T> elemente;

  public Listenklasse()
  {
    elemente = new ArrayList<T>();
  }
```

```
  public void elementHinzufuegen(T element)
  {
    elemente.add(element);
  }

  public void elementHinzufuegen(int index, T element)
  {
    elemente.add(index, element);
  }
}
```


Listing 8.4 Die Basisklasse

Davon leiten wir nun eine Unterklasse ab, die sortierte Listeneinträge verwaltet:

```
public class SortierteListenklasse<T> extends Listenklasse<T>
{
  public void elementHinzufuegen(int index, T element)
  {
    throw new UnsupportedOperationException(
     "Nicht erlaubt in einer sortierten Liste");
  }
}
```

Listing 8.5 Die »rebellierende Unterklasse«

Da die Unterklasse ihre Einträge sortiert, ist das Einfügen an einer bestimmten Stelle natürlich nicht mehr möglich. Die Unterklasse muss daher mit der Oberklasse brechen und eine Exception auslösen.

Die Lösung für dieses und ähnliche Probleme besteht darin, entweder Zwischenklassen zu bilden oder aber die Eigenschaft »Hinzufügen an einer bestimmten Position« über eine Schnittstelle einzubringen.

Tipps zur Vermeidung

Zunächst: Es mag gute Gründe für das Verhalten geben. Im Java-Framework findet man an vielen Stellen ein solches Verhalten, beispielsweise in der `Collection<T>`-Schnittstelle, bei der schon im Kommentar steht:

```
boolean removeAll(Collection<?> c);
//@throws UnsupportedOperationException if the <tt>removeAll</tt> method
//is not supported by this collection
```

Das Ausdifferenzieren aller Möglichkeiten in Zwischenklassen oder in Schnittstellen könnte zu viel des Guten sein, sodass eine Exception vielleicht die wirklich elegantere Lösung ist.

Ansonsten ist die Lösung technisch einfach: Bauen Sie neue Zwischenklassen, oder differenzieren Sie eine Schnittstelle, sodass die implementierenden Klassen genau die Funktionen aussuchen können, die sie bedienen wollen und können.

8.7.4 Zyklische Hierarchien

Sehen Sie sich dazu bitte Abschnitt 8.6.3 an, der das Wesentliche zusammenfasst. Zyklische Hierarchien sind ein Spezialfall, der sich auf die Typhierarchie bezieht.

8.7.5 Unechte Hierarchien

Unechte Hierarchien sind Hierarchien, bei denen eine Unterklasse gar nicht in einer »Is-a«-Beziehung zur Oberklasse steht oder sogar die Unterklasse eigentlich die Oberklasse ist, die Beziehung also umgekehrt wurde.

Eine Möglichkeit wurde schon beschrieben: Rebellierende Hierarchien können (müssen aber nicht) auf ein solches Problem zurückzuführen sein.

Symptome und Probleme

Auch hier geht es im Kern wieder um das liskovsche Substitutionsprinzip, denn wo die Unterklasse in gar keiner »Is-a«-Beziehung zur Oberklasse steht, kann diese auch nicht als Ersatz für die Oberklasse herhalten. Daher sind Probleme vorprogrammiert, bei denen ein Übergabeparameter statt vom Typ der Oberklasse vom Typ der Unterklasse ist. Das ist besonders lästig, wenn der konkrete Typ erst zur Laufzeit bestimmt wird.

Zudem ergeben sich in der Praxis schwere Verständnisprobleme. Das wiederum erschwert die Wiederverwendbarkeit und die Erweiterbarkeit.

Zudem drohen Ober- und Unterklasse schnell auseinanderzulaufen. Denn selbst wenn zum aktuellen Zeitpunkt eine Unterklasse alle Methoden der Oberklasse nutzen kann, ist es doch unwahrscheinlich, dass dies bei künftigen Erweiterungen der Oberklasse immer noch so ist. Schließlich sind Ober- und Unterklassen verschiedene Dinge.

Im Grunde rüttelt dieses Designproblem also an den Grundfesten einer Typhierarchie und führt – potenziell und auch oft tatsächlich – zu Code, der sich unzuverlässig verhält.

Ursachen

Die Frage ist nun: Warum wurde die Hierarchie so erstellt? Vor allem, weil die Unterklasse vielleicht doch Methoden der Oberklasse braucht, auch wenn sie selbst kein echter Unterklassentyp ist.

Das Adaptermuster ist außerdem ein Kandidat für eine Beziehung, die gar keine ist, vor allem bei Klassenadaptern. Nicht zuletzt ist es ja gerade Aufgabe des Adapters, inkompatible Schnittstellen kompatibel zu machen; und ein Grund, warum die Schnittstellen inkompatibel sein können, besteht darin, dass Adapter und adaptierte Klassen in keiner echten Beziehung zueinander stehen. Da Klassenadapter (nach dem in diesem Buch beschriebenen Muster) aber ohnehin Mehrfachvererbung voraussetzen, tritt das Problem wohl vorwiegend im C++-Umfeld auf. Der Objektadapter hat dieses Problem naturgemäß nicht.

Eine dritte Kategorie sind Fälle, in denen gar nicht recht klar ist, ob eine Unterklasse wirklich in einer »Is-a«-Beziehung zur Oberklasse steht, weil die Klassen selbst recht abstrakt sind und nicht aus dem Domänenmodell stammen. Es kann schon vorkommen, dass man das erst später in der Implementierung bemerkt.

Beispiel

Ein bekanntes Beispiel aus dem Java-Framework ist die Beziehung der beiden Klassen `Vector` und `Stack` (siehe Abbildung 8.8).

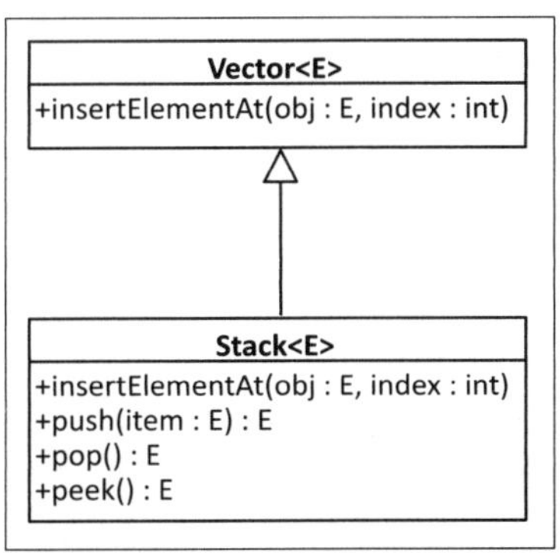

Abbildung 8.8 Ein Stack ist kein Vector.

Ein `Vector`, so beschreibt es die Dokumentation, ist einfach eine Array von Objekten, das größer werden kann. Darum ist es auch völlig in Ordnung, dass es dort eine Methode gibt, mit der ein Objekt an einer bestimmten Stelle eingereiht werden kann.

Auf einen `Stack` hingegen kann man der Reihe nach Objekte legen, und man muss die Objekte in der umgekehrten Reihenfolge auch wieder entnehmen. Das zuletzt hinzugefügte Objekt muss also als erstes wieder vom Stack genommen werden – man nennt das *Last In First Out* (LIFO).

Warum also erbt Stack von `Vector`, wo ein Stack doch eindeutig kein `Vector` ist? Auf diese Weise kann man die Methoden des `Vector` auch auf einen `Stack` anwenden, also beispielsweise ein Element an einer bestimmten Position einfügen – was bei einem Stack gar nicht möglich sein darf. Aber andererseits konnten die Entwickler eben auch Teile der Implementierung übernehmen, die passen. So recht geheuer ist das den Designern von Java jedoch nicht, weswegen es in der Dokumentation heißt:

> *A more complete and consistent set of LIFO stack operations is provided by the Deque interface and its implementations, which should be used in preference to this class.*

In .NET übrigens ist die vergleichbare Klasse `System.Collections.Generic.Stack<T>` direkt von der Basisklasse `Object` abgeleitet, erbt also überhaupt nichts Spezifisches.

Tipps zur Vermeidung

Am besten ist es natürlich, bereits beim Design kritisch zu hinterfragen, ob tatsächlich eine »Is-a«-Beziehung vorliegt oder ob einfach Teile der Implementierung in der Unterklasse übernommen werden sollen. Darüber hinaus gilt:

- Der Objektadapter kann helfen, wenn es nur darum geht, zwei Klassen zusammenzubringen.
- Wenn es unvermeidbar ist, dann müssen Sie abwägen, ob Sie – wie bei `Stack` – die (unsinnige) Implementierung dennoch zulassen wollen oder eine Exception auslösen, was dann aber wieder zum Problem »Rebellierende Hierarchie« (siehe Abschnitt 8.7.3) führt.
- Auf jeden Fall sollten Sie Ausnahmen sorgfältig dokumentieren.

8.7.6 Redundante Hierarchien bzw. mehrere Pfade in Hierarchien

> Eine Klasse erbt sowohl direkt als auch indirekt von einer Oberklasse. Es gibt also mehr als einen Pfad zur Oberklasse.

In den meisten Sprachen ist ohnehin nur relevant, dass eine Klasse eine Schnittstelle sowohl direkt als auch über eine Oberklasse implementiert (siehe Abbildung 8.9).

In C++ wäre hingegen eine echte Vererbung über mehrere Pfade möglich, wenn auch der Microsoft-Compiler über die Warnung C4584 darauf hinweisen würde.

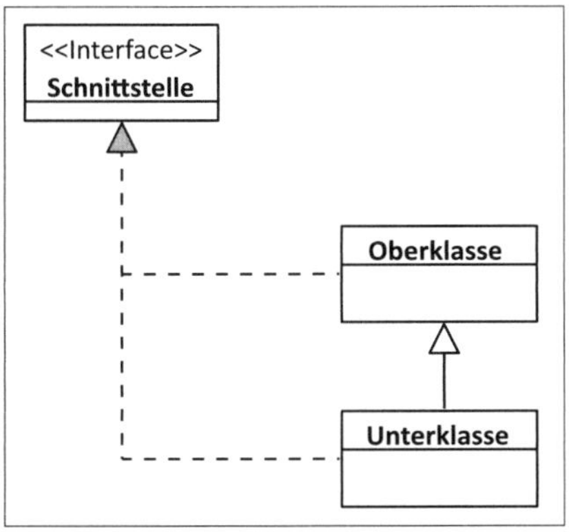

Abbildung 8.9 Multipath-Implementierung der Schnittstelle

Symptome und Probleme

Durch fehlende Mehrfachvererbung wird die Situation zwar entschärft, aber dennoch kann es unerwünscht sein, Schnittstellen auf mehreren Wegen zu implementieren, weil es die Verständlichkeit des Codes erschwert (»Ich habe doch die Schnittstelle aus der Klasse gerade entfernt, warum muss ich jetzt immer noch die Methoden implementieren?«).

Außerdem hat im Beispiel ja schon die Oberklasse die Schnittstelle implementiert. Es gibt also schon eine konkrete Implementierung, auf die die Unterklasse zugreifen kann und vermutlich sogar zugreifen sollte. Die erneute Implementierung kann diesen Umstand verdecken, sodass wir in der Unterklasse dieselben Methoden erneut und vielleicht ganz anders implementieren.

Ursachen

Im Wesentlichen kommt Bequemlichkeit als Ursache infrage. Ein Entwickler möchte einfach sicherstellen, dass eine Schnittstelle auch wirklich implementiert wird, ohne den gesamten Vererbungspfad daraufhin zu untersuchen, ob bereits eine Oberklasse dieselbe Schnittstelle implementiert.

Dazu kommt der umgekehrte Weg, denn natürlich müsste man auch alle abgeleiteten Klassen daraufhin untersuchen, sobald eine Oberklasse eine neue Schnittstelle implementiert – was bedeutend mehr Arbeit ist, weil die Vererbung nach unten hin natürlich auch in die Breite wächst.

Beispiel

Die Klasse `ArrayList<E>` implementiert die Schnittstelle `List<E>` direkt, aber auch noch ein zweites Mal über die abstrakte Oberklasse `AbstractList<E>` (siehe Abbildung 8.10).

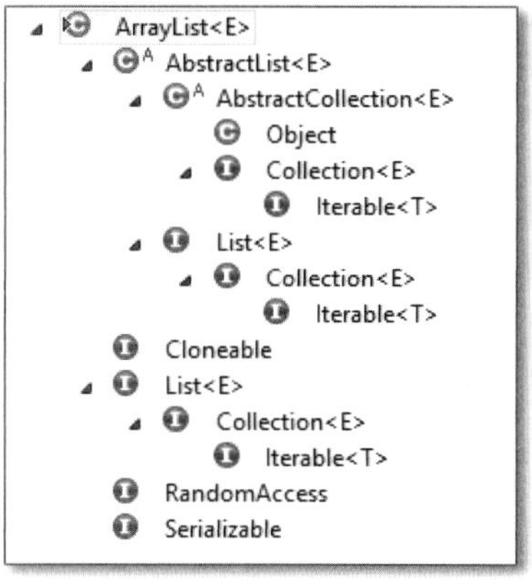

Abbildung 8.10 »Open Type Hierarchy« – Darstellung der Supertype Hierarchy

Tipps zur Vermeidung

Im Grunde kann man das Problem ignorieren. Oder man sucht nach gleichnamigen Methoden in der Basisklasse. Da die Methoden ja von oben nach unten vererbt werden, ist auf diese Weise sichergestellt, dass alle Methoden bis hin zur Wurzelklasse gefunden werden, die so heißen wie die Methoden der Schnittstelle.

Natürlich sind auch Objektbrowser, Javadoc & Co. eine Alternative. Mit Open Type Hierarchy kann man z. B. in Eclipse leicht feststellen, wie die Vererbungshierarchie aufgebaut ist und welche Schnittstellen bereits versorgt werden. Abbildung 8.10 zeigt einen Screenshot aus diesem Tool.

Literaturverzeichnis

Der Erfolg hat viele Väter, gerade wenn es um das weite Feld der Entwurfsmuster geht. Dabei besteht die Leistung häufig nicht so sehr darin, die Muster zu »erfinden« sondern deren Gebrauch in ungezählten realen Softwareprojekten zu erkennen, formal zu beschreiben und weiterzuentwickeln; sowie deren Verwendungszweck und auch deren Grenzen zu erforschen.

Da ich das Thema Entwurfsmuster in diesem Buch etwas weiter fasse, ist auch diese Literaturliste ein wenig breiter. Und damit das Buch nicht zu umfangreich wird habe ich nur an ganz wenigen Stellen auf die Urheber (oder die Förderer) eines Musters hingewiesen – zu schnell wäre ein Geschichtsbuch entstanden. Diese Literaturliste ist also auch zugleich meine Respektsbekundung an alle Ingenieure, Wissenschaftler, Entwickler und Architekten, die das Thema Entwurfsmuster vorangebracht und die Softwarequalität damit so nachhaltig verbessert haben.

Entwurfsmuster

- *Entwurfsmuster: Elemente wiederverwendbarer objektorientierter Software*
  Erich Gamma, Richard Helm, Ralph Johnson, John Vlissides
  6. Auflage, Addison Wesley, 2010
- *Patterns of Enterprise Application Architecture (PoEAA)*
  Martin Fowler
  Addison Wesley (Signature Series), 2002
- *Service Design Patterns: Fundamental Design Solutions for SOAP/WSDL and RESTful Web Services*
  Robert Daigneau (mit Beitrag von Ian Robinson)
  Addison Wesley (Signature Series), 2011
- *SOA Design Patterns*
  Thomas Erl
  Prentice Hall, 2008
- *Implementation Patterns*
  Kent Beck
  Addison Wesley (Signature Series), 2007
- *Enterprise Integration Patterns: Designing, Building, and Deploying Messaging Solutions*

Gregor Hohpe, Bobby Woolf

Addison Wesley (Signature Series), 2012

- *Pattern-Oriented Software Architecture, A System of Patterns: Volume 1*

  Frank Buschmann, Regine Meunier, Hans Rohnert, Peter Sommerlad, Michael Stal

  Wiley, 2013

- *Pattern-Oriented Software Architecture, Patterns for Concurrent and Networked Objects: Volume 2*

  Douglas C. Schmidt, Michael Stal, Hans Rohnert, Frank Buschmann

  Wiley, 2013

- *Pattern-Oriented Software Architecture, Patterns for Resource Management: Volume 3*

  Michael Kircher, Prashant Jain

  Wiley, 2013

- *Pattern-Oriented Software Architecture, A Pattern Language for Distributed Computing: Volume 4*

  Frank Buschmann, Kevin Henney, Douglas C. Schmidt

  Wiley, 2009

- *Pattern-Oriented Software Architecture, On Patterns and Pattern Languages: Volume 5*

  Frank Buschmann, Kevin Henney, Douglas C. Schmidt

  Wiley, 2009

- *Applying Domain-Driven Design and Patterns: With Examples in C# and .NET: Using .Net*

  Jimmy Nilsson

  Addison Wesley, 2006

- *Exploring CQRS and Event Sourcing*

  Julian Dominiquez, Grigori Melnik, Fernando Simonazzi, Mani Subramanian, Dominic Betts, Greg Young

  Microsoft pattern & practices, 2012

Verteilte Systeme

- *Principles of Transaction Processing*

  Philip A. Bernstein, Eric Newcomer

  Morgan Kaufmann, 2009

- *Verteilte Systeme: Prinzipien und Paradigmen*
  Andrew S. Tanenbaum, Maarten van Stehen
  Addison Wesley, 2007
- *Fallacies of Distributed Computing*
  Bill Joy, Tom Lyon, L. Peter Deutsch, James Gosling

Software Design, Softwarearchitektur und Agilität

- *SOA Principles of Service Design*
  Thomas Erl
  Prentice Hall, 2007
- *UML 2.5: Das umfassende Handbuch*
  Christoph Kecher, Alexander Salvanos
  Rheinwerk Computing, 5. Auflage, 2015
- *Lehrbuch der Softwaretechnik: Entwurf, Implementierung, Installation und Betrieb*
  Helmut Balzert
  Spektrum Akademischer Verlag, 3. Auflage, 2012
- *Lehrbuch der Objektmodellierung: Analyse und Entwurf mit der UML 2*
  Heide Balzert
  Spektrum Akademischer Verlag, 2. Auflage, 2004
- *Refactoring for Software Design Smells: Managing Technical Debt*
  Girish Suryanarayana, Ganesh Samarthyam, Tushar Sharma
  Morgan Kaufmann, 2014
- *Agile!*
  Bertrand Meyer
  Springer, 2014

Index

D

E

K

L

M

N

O

P

R

S

T

- Von den Sprachgrundlagen über XAML bis zur eigenen App im Store
- Ob C#, asynchron oder mit LINQ: Hol dir die Juwelen aller Versionen
- Durchblicken, mitmachen und genießen!

Bernhard Wurm

Schrödinger programmiert C#

Das etwas andere Fachbuch

Die volle Packung C#. Schrödinger lernt nicht nur die Sprachgrundlagen, sondern beispielsweise auch, wie er eigene Apps für den Windows-App-Store entwickeln kann. Die nötige Theorie, viele Hinweise und Tipps [im Büro], Unmengen von gutem, aber auch schlechtem Code, der verbessert und repariert werden will [in der Werkstatt] mit viel Kaffee und Übungen und den verdienten Pausen [zu Hause im Wohnzimmer]. Und mittendrin ist Schrödinger, und natürlich du!

760 Seiten, broschiert, in Farbe, 49,90 Euro
ISBN 978-3-8362-2381-2
erschienen März 2015
www.rheinwerk-verlag.de/3366

Alle Bücher auch als E-Book: www.rheinwerk-verlag.de

- Einführung, Praxis, Referenz
- Sprachgrundlagen, Objektorientierung, Modularisierung
- Migration, Debugging, Interoperabilität mit C, GUIs, Netzwerkkommunikation u.v.m.

Johannes Ernesti, Peter Kaiser

Python 3

Das umfassende Handbuch

Für Einsteiger und fortgeschrittene Python-Programmierer die erste Wahl! Sprache, Standardbibliothek und Profi-Themen werden ausführlich beschrieben. Darüber hinaus wird auf die wesentlichen Unterschiede zwischen Python 3 und früheren Versionen eingegangen. Praktische Hilfestellung erhalten Sie für die Migration Ihrer bestehenden Projekte.

1.032 Seiten, gebunden, mit CD, 39,90 Euro
ISBN 978-3-8362-3633-1
4. Auflage 2015
www.rheinwerk-verlag.de/3789

Rheinwerk

Wie hat Ihnen dieses Buch gefallen?
Bitte teilen Sie uns mit, ob Sie zufrieden waren, und bewerten Sie das Buch auf:
www.rheinwerk-verlag.de/feedback

Ausführliche Informationen zu unserem aktuellen Programm samt Leseproben finden Sie ebenfalls auf unserer Website. Besuchen Sie uns!

Rheinwerk
www.rheinwerk-verlag.de